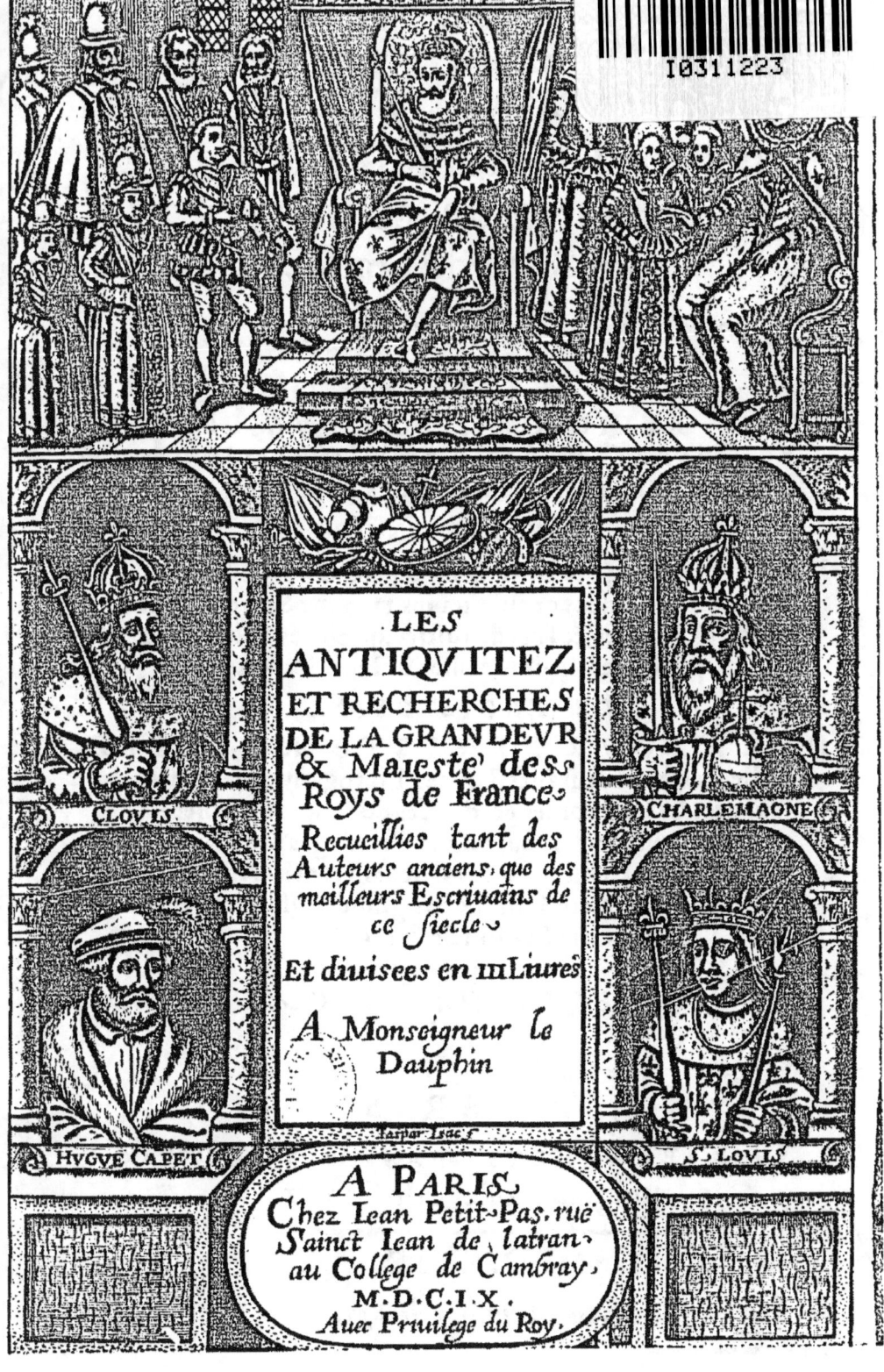

LES ANTIQVITEZ ET RECHERCHES DE LA GRANDEVR & Maiesté des Roys de France.

Recueillies tant des Auteurs anciens, que des meilleurs Escriuains de ce siecle.

Et diuisees en III Liures.

A Monseigneur le Dauphin

A PARIS,
Chez Iean Petit-Pas, ruë Sainct Iean de latran, au College de Cambray.
M.DC.IX.
Auec Priuilege du Roy.

LES ANTIQVITEZ
ET RECHERCHES DE LA GRANDEVR ET MAIESTÉ
des Roys de France.

DIVISEES EN TROIS LIVRES,

LE PREMIER,

DE LA RELIGION, FOY, VAILLANCE, Autorité, Pieté, Iustice, Clemence, & Preseance des Roys de France sur tous les Roys de la Terre.

LE SECOND,

DES HABILLEMENS ROYAVX, ET Ceremonies gardees de tout temps, tant aux Sacres, Couronnemens, Entrees, & Lits de Iustice, qu'autres Solemnitez publiques, & Funerailles de leurs Maiestez.

LE TROISIESME,

DE LA COVR ET SVITE ROYALLE, Excellences & Grādeurs des Roynes, Prerogatiues des Enfans de France, & Ceremonies pratiquées de toute ancienneté à leurs Naissances & Baptesmes: Priuileges des Princes du Sang, Institution des Cheualiers des Ordres, & premiere Origine des grands Officiers de la Maison de France.

A MONSEIGNEVR LE DAVPHIN.

A PARIS,

Chez IEAN PETIT-PAS, ruë sainct Iean de Latran, au College de Cambray.

M. DC. IX.

Auec Priuilege du Roy.

A MONSEIGNEVR LE DAVPHIN.

ONSEIGNEVR, Les Merueilles que DIEV a voulu faire voir au Monde en la naiſſance & progres de la vie & des actions de noſtre grand ROY, voſtre Pere, ont eſté iuſques icy les effets de ſa Juſtice diuine, pour conſeruer à noſtre ſouuerain Prince l'heritage legitime de ſainct LOVYS. Mais ce que nous voyons maintenant en vous, auec admiration de ceſte grande benediction que nous n'auions veuë depuis le ROY

ã iij

EPISTRE.

CHARLES huictiesme, nous est vn tres-asseuré tesmoignage de sa diuine Bonté, & de ce qu'il a ordonné pour le bien de tout le Royaume. Le temps par son acoustumée inconstance, menaçoit nostre bon-heur d'vne grande cheute, nous ne iouyssions du repos qu'auec crainte de le perdre, nos prosperitez n'estoient que des fueilles, nostre Paix n'estoit qu'vne fleur, l'histoire pitoyable de nos desordres passez nous mettoit deuant les yeux vne image effroyable des malheurs de l'aduenir, nos plus beaux iours estoient troublez par les nuits des ennuys qu'vne violente imagination nous rendoit presens. Dieu a voulu que pour l'entiere reuolution du bon destin de la France, elle vous ayt veu naistre, vous sacré Fleuron de la Royalle fleur, apres lequel elle souspiroit sans peuuoir respirer en ses peines.

Les Dauphins sont presages de la

EPISTRE.

tourmente sur la mer: mais vous, DAVPHIN ROYAL, nous estes vn gage de l'Eternité de nostre salut, & de l'asseurance de nostre repos. Vous estes le plus sainct des desirs de nostre bon Roy, & le plus digne suiet des vœux communs des François. Du mesme iour que vous auez veu la lumiere, chacun s'est prononcé redeuable de tous ceux qu'il auoit iamais faits pour le bien de cest Estat. On a couru incontinent aux actions de grace. Les feux de ioye ont paru par tout le Royaume, & les peuples de France, estimants ceste derniere grace comme l'asseurance du fruict de toutes les precedentes, voire la tenants d'autant plus chere, qu'ils en estoient demeurez priuez plus de soixante ans, vous ont tous recognu pour leur Prince & souuerain Seigneur, souz le Roy vostre Pere, & la Royne vostre Mere,

ã iiij

EPISTRE.

& deflors ont offert à vostre Altesse leurs vies, leurs personnes, & leurs fortunes, pour l'hommage de leur tres-humble, & tres-fidelle subiection. Et si vous n'entendiez encore que par le langage des enfans, qui sont les pleurs, vous auez eu cognoissance des affections de leurs cœurs, par les larmes de ioye qui sortoient de leurs yeux, louants Dieu de ce qu'il luy auoit pleu leur donner vn Prince issu de la premiere Couronne du monde, qui porte au cœur la generosité du Pere, & aux yeux la douceur de la Mere, Prince qui en grandeur de courage, & en reputation de braues & immortelles actions passera toute la gloire des Princes de la terre, & de la mer, comme le Dauphin passe en vitesse & legereté tous les animaux de la terre & des eaux.

Ces belles recognoissances rendues ces annees passees à vostre naissan-

EPISTRE.

ce Royalle, voicy MONSEIGNEVR, que prosterné aux pieds de vostre Enfance, ie les accompagne d'vn beau & Royal present. C'est vn Tableau entier de LA GRANDEVR ET MAIESTÉ DES ROIS DE FRANCE, vos Predecesseurs, richement elabouré & embelly de diuerses figures tirées des meilleurs Escriuains de ce siecle. Des grandeurs si nobles & illustres, & des marques de Majesté si magnifiques & rayonnantes, sont dignes du bon-heur de vos glorieuses vertus, & de l'honneur vertueux de vos bien-heureuses gloires. Puis que vous auez esté reserué du Ciel, pour perpetuer la sacree tige de nos Rois, & rendre leur succession esgale à la duree du Monde, elles n'estoient deuës à autre mieux qu'à vous, en qui la Nature a assemblé auec la Grandeur & Noblesse de la Maison de France, tous les plus riches dons, & tous les plus precieux tresors de son espargne pour vous faire

EPISTRE.

l'ornement des FLEVRS DE LIS, qui sont l'ornement de toute l'Europe. Les petits Aiglons sont exposez aux rayons du Soleil pour preuue de leur generosité naturelle, & ie vous ay recognu seul capable d'aprocher de pres, & regarder à veuë franche ceste glorieuse MAIESTÉ FRANÇOISE, qui des raiz de ses Grandeurs Royalles, esclaire non seulement la France, mais tout le Monde. Tous autres yeux se fussent esblouys à l'aspect d'vne si brillante lumiere, les vostres seuls soustiendront cet eclair, & par vne douce reflexion le serain de vostre face, Royalle releuera au plus haut Ciel de felicité, les esperances de celuy qui ne cherche point d'heur en ce Monde qu'en vostre seruice, ne d'honneur qu'en son obeissance, & qui vous voyant esleué pour entretenir vn iour cest Estat en l'armonie & consonance à laquelle l'ont nourry soixante & trois Rois, qui l'ont auparauant gouuerné,

EPISTRE.

vous consacre tous les iours sa vie, comme il fait presentement son cœur, ses affections, & ses esprits, pour demeurer à iamais vostre tres-humble, tres-fidelle, & tres-obeyssant seruiteur.

A. Dv Chesne.

AV LECTEVR,
Salut.

Es statues erigées à la memoire des grands hommes, leur Vertu peinte és Histoires, & leurs noms grauez dans le marbre & le porphire : és Pyramides, és Obelisques, és Arcs triomphaux, ne seruent pas seulement à combatre le temps pour l'immortalité de leur gloire, & empescher qu'elle ne descende dans le tombeau: mais encore à enflammer la posterité aux belles actions, par vne honneste ialousie de leur reputation. Car il n'y a rien si capable de toucher les ames & les affections, que les exemples des personnes illustres, que l'on void arriuées au feste de la gloire, par la grandeur de leur courage. Pour ce sujet Iules Cesar s'estant mis à lire quelque Histoire des faits d'Alexandre, apres l'auoir couruë, demoura longuement

AV LECTEVR.

penſif en ſoy-meſme, & puis eſpandit des larmes. Dequoy s'eſmerueillans ſes amis, & luy demandans quelle pouuoit eſtre la cauſe de ceſte douleur, il leur reſpondit, *Ne vous ſemble-t'il pas que ce ſoit aſſez pour s'affliger, que le Roy Alexandre en l'age où ie ſuis ſe ſoit rendu le Maiſtre de tant de terres, & de pays, & que ie n'aye encore rien fait digne de memoire?* Et auſſi toſt il ſe veid porté à de belles choſes qui ont fait douter ſi Ceſar doit ceder à Alexandre, ou Alexandre à Ceſar. Et qui ne ſçait que la gloire d'Achille fut vn poignant eſguillon à Alexandre meſme qui la liſoit dans les beaux vers d'Homere? Les pleurs qu'il ietta à ſon tombeau, les parolles qu'il y tint, le teſmoignent aſſez.

Que ſi és conſiderations eſtrangeres les exemples ont eu ceſte grande force, elle ne doit point eſtre eſtimée moindre en nos choſes propres. Et pource les Fráçois ōt touſiours voulu publier au iour auec loüáge la veritable Hiſtoire des plus remarquables actions de leurs Rois, qui cóme Eſtoilles luyſantes, ains comme des Soleils, ont brillé par leur vertu dās le Ciel de la Chreſtienté, afin que les viues eſtincelles de leur gloire peuſſent embraſer les cœurs de ceux qui apprendroient le diſcours de leur vie.

AV LECTEVR.

Et l'Histoire Françoise s'est tousiours vantée d'estre la piece qui manquoit aux chariots de triomphe de si grands Monarques, par ce qu'encores qu'ils eussent graué leur nom au temple de memoire, à la pointe de leur espée, les années qui emportent tout, en pouuoient effacer les traits, si la plume ne les eust entretenus, les plus grands Princes n'estás apres leur mort que ce qui plaist à l'Histoire. Ils ont battu leurs ennemis pour conseruer leur Couronne, elle a combattu le temps pour l'eternité de leur gloire, a fait voir ce qu'ils estoient, & qu'il faudroit courir plusieurs Royaumes, pour trouuer de si grands Rois.

Pour ceste iuste raison ay-ie creu faire chose profitable à la France, recueillant de l'Histoire LA GRANDEVR ET MAIESTE' de ses souuerains Princes, & peignant, quoyque d'vn foible pinceau, toutes les Vertus qu'ils ont plus heureusement exercées, voire toutes les merueilles qu'ils ont plus magnifiquement assemblées au Throne de leur gloire, que les autres Princes de la terre, afin de surhausser l'excellence de leur Diademe des perles & pierreries d'vn honneur immortel. Car ainsi il se pourra faire, que tant de beaux Fleurós de

AV LECTEVR.

noftre Royalle fleur, oyants en leurs deuanciers les grandes actions qui leur ont donné vn Empire de felicitez & de grandeurs, & voyâts en leurs Majeftez les marques & enfeignes qui ont conferué la grandeur & felicité de cet Empire, fe formeront le defir de fuiure leurs pas, fous la conduite de l'efprit de Dieu, qui affifte toufiours ceux qui font des projets fi faints. Et certainement comme les images dreffées à l'honneur des vainqueurs animent les Athletes & luiteurs, comme les recompenfes promifes encouragent les foldats : de mefme les louanges de ces grands ROIS DES LIS, repréfentées à leurs yeux, recitées à leurs oreilles, les enflameront à la Vertu, & leur donront les defirs de bien faire.

Mais pour efclaircir du tout mon deffein, ie ne me fuis point propofé vn Auteur particulier, pour objet de cet Oeuure, ains comme Zeuxis voulant épandre toutes les fleurs de fon art fur l'image de Iunon, & la rendre de tout point parfaite, choifit nombre des plus belles filles, & les mieux accomplies qu'on luy peut bailler, afin de tirer de chacune d'elle quelque trait rare & delicat pour l'embelliffement de fon ou-

AV LECTEVR.

urage : Ainſi deſireux de pourtraire la GRANDEVR ET MAIESTÉ DES ROIS DE FRANCE, auſquelles rien ne manquaſt des belles parties qui doiuent recommander la Couronne de ſi grands Monarques, i'ay taſché d'aſſembler en ce Liure les diuers rayons qui en brillent és doctes & delicats eſcrits de noſtre ſiecle, & les luy ay fait comme propres, pour luy donner plus de perfection. Car ne plus ne moins qu'vn grand amas d'eſtoilles, tel qu'il ſe fait en la huictieſme Sphere, qui eſt le Firmament, au Cercle appellé Galaxie, enuoye vne plus grande ſplendeur, & eſpand dauantage de lumiere, que nõ pas vne toute ſeule: Auſſi ne peut-on nier que maintes belles grandeurs de la Majeſté Françoiſe eſparſes en diuers Eſcriuains, ralliées & raſſemblées en vn, ne la rendent plus eſclatãte & parfaite. Et n'eſt pourtant mon ouurage de l'etofe de l'Orateur de Ciceron, de Cyrus, de Xenophon, ny de la Republique de Platon, qui ne nous ont laiſſé que des vaines Idees des choſes qui n'ont iamais eſté, & ne ſeront iamais. Moins encore luy peut-on appliquer la repartie de ce Spartiate, lequel contemplant vn Tableau peint, auquel y auoit des Atheniens qui tuoyent des Lacedemoniés, comme

AV LECTEVR.

me quelqu'vn des assistans eust dit, *Ils sont vaillans hommes ces Atheniens icy*, Ouy, dit-il, *en peinture.* Car combien de Roys de France ont eu ensemble toutes les hautes parties, & toutes les grandes Vertus que i'ay assemblées en cet Oeuure? que de veritables exemples trouue-t'on, de Religion, de Foy, de Valeur, de Pieté, de Iustice, de Clemence, és Clouis, és Dagoberts, és Charlemagnes, és Capets, és Roberts, és S. Louys, és Charles cinquiesmes, és Louys vnziesmes, és Henris quatriesmes, tous Roys de ce Royaume François, que sainct Denis grand Senateur du Parlement d'Arcopage dressa au modelle de la Religion & iustice Chrestienne? Mais outre que plusieurs auec louange ont remarqué les particularitez de leur vie, i'ay voulu m'estendre en vn sujet, à la gloire duquel l'Assemblee de tous les Princes des Lis ensemble contribuast du sien.

Et en cela certes sommes nous plus heureux & plus riches que les peuples estrangers, parmy lesquels il ne s'est iamais peu trouuer assez dequoy former vn modelle accomply, & vne Idee parfaite de la VERTV, quelques grands personnages qu'ils ayent eu, non pas mesme y comprenant

AV LECTEVR.

le merite de ceux, que la Fortune leur a fait estimer les plus heureux de la terre. Les Rois de France sont ceux, que le Roy des Rois a donnez aux autres, non seulement pour modelles de la perfection, & pour idees de la vertu infiniment parfaite, mais encore sur leur exemple en a formé d'autres, sur lesquelles façonnans leurs actions, ils ne peuuent forligner du deuoir de la Royauté. Ce sont ceux dont la memoire est honorable, pour s'estre valeureusement portez contre l'irreligion, l'infidelité, l'impieté, l'iniustice, la cruauté, les agés & les supposts de la Tyrannie. Ce sont ces grands Princes sur lesquels tous les Princes doiuent ietter les yeux, leurs vies & leurs regnes estans comme des Tableaux, ausquels la supreme & redoutable Majesté de Dieu a peint ses graces & faueurs, afin que leur beau rayon comme d'astres brillants, donnant iusques aux plus esloignez Rois du monde vne si douce & agreable lumiere, les leur face admirer & ensuyure auec autant de respect & de reuerence, comme deuotement & humblement ie leur en presente icy les exemplaires.

Au demourant ceux qui verront que ceste pompe de paroles belles & choisies

AV LECTEVR.

qui luist auiourd'huy és plumes mieux faites, m'ayt manqué aussi bien que leur eloquence, pourront s'ils en ont les dons & richesses en recommander l'honneur du Sceptre François, & la Gloire des Monarques qui le portent: quoy faisant ils s'acquerront vne gloire & reputation vrayment solide, & qui ne doit point estre negligée. Si ce mien premier Essay est agreable au public, ie m'oblige de luy donner bien tost plus de perfection, & de l'accompagner d'vn autre. Ce seront les *Antiquitez & Recherches des Villes, Chasteaux, & Places plus remarquables de toute la France*. Toutes celles qui sont au seruice de nos souuerains Princes, y seront recognues, & seruiröt à publier leur vaillāce & leur gloire aux estrangers. Fay donc, Lecteur, que le iugement que tu feras de ce premier œuure m'esleue le courage, & donne de nouuelles forces à ma plume pour voler en tant de lieux, & en recueillir les singularitez plus signalees & belles.

TABLE DES DISCOVRS
DV PREMIER LIVRE.

DE la Religion des Roys de France, & comme ils l'ont procurée & auancee sur tous les Roys de la terre. pag. 13.

De la Foy des Roys de France, & comme ils ont fait par tout reluire la verité de leurs paroles, sur tous les Roys du monde. pag. 41.

De la Valeur des Roys de France, & comme par icelle ils se sont portez victorieux au dessus de toutes les valeurs du monde. pag. 77.

Du Pouuoir des Roys de France, & comme les priuileges de leur Couronne ont tousiours fait admirer leur Authorité sur tous les Princes Chrestiens. pag. 123.

De la Pieté des Roys de France, & comme ils ont aymé la deuotion sur tous les Roys & Princes Chrestiens. pap. 197.

De la Iustice des Roys de France, & comme ils l'ont tousiours renduë sur tous les plus iustes Roys de la terre. 232

Table des Discours.

De la Clemence des Roys de France, & comme ils ont fait luire les traits de leur douceur au dessus de tous les Roys du monde. pag. 276.

De la Preseance des Roys de France, & comme pour l'excellence de leurs Vertus ils ont le premier rang d'honneur sur tous les Roys Chrestiens. 301.

TABLE DES TRAITEZ DV SECOND LIVRE.

De la Maiesté des Roys de France, & quelles sont les marques & enseignes Royalles de leur Monarchie. pag. 339.

De l'Habillement Royal aux Sacres & Couronnemens des Roys de France, & quel est l'ordre des Ceremonies qui s'obseruent en iceux. pag. 368.

Des Entrees des Roys de France, & le bel ordre des pompes & magnificences publiques qui se font en icelles. pag. 477.

De l'Habit des Roys de France aux festes solemnelles, & comme ils les celebroient auec vn haut & magnifique appareil. pag. 497.

De l'Habit des Roys de France en leur Lit de Iustice, & quel estoit le magnifique appareil de

ẽ iij

Table

leurs Maiestez, tenans leurs Parlemens.
pag. 504.

Des Obseques & Funerailles des Roys de France, & quel est l'ordre des magnificences & ceremonies qui s'y obseruent. pag. 530.

TABLE DES CHAPITRES
DV TROISIESME LIVRE.

DE la Cour Royalle. pag. 550.
Du Roy de France, & quel est le respect dont vsent les François parlans à sa Maiesté. pag. 558.

Des Grandeurs, Authoritez, & Prerogatiues des Roynes de France. pag. 565.

Des ceremonies & magnificences obseruees de tout temps aux Naissances & Baptesmes des Enfans de France. pag. 592.

Des Tiltres, Grandeurs, & Excellences des Enfans de France, & de leurs Apennages, pag. 608.

De Mesdames filles de Fräce, & de leurs Auantages & Preeminences. pag. 639

Des Princes du Sang, & de leurs Prerogatiues & Grandeurs. pag. 650.

des Chapitres.

Des Cheualiers des Ordres, & de leurs Preeminences. pag. 661.
Des grands Officiers de la Maison & Couronne de France estans ioignant la personne de nos Roys, & de leurs Priuileges, & Prerogatiues. pag. 678.

FIN.

LES PREEMINENCES ET GRANDEVRS DES Roys de France.

Liure Premier.

AVANT-PROPOS.

LA MAIESTÉ des Roys de France est vne MAIESTÉ si haute & si grāde, que nulle langue d'homme n'en peut dire assez, ny en discourir dignement. Ceux qui ont poussé iusques au Ciel la gloire de si vaillās Princes, encore qu'ils ayent esté poussez à cela de la verité, & par l'obligation qu'ils doiuent à l'immortalité de leur nom : si n'ont ils entierement satisfait aux merueilles de leurs Royales vertus. Car ceste opinion n'est point en creance dans les cœurs des François, dite aussi hors le cœur de la France, *Que le langage des hommes nourris souz la Royauté est tousiours plain de vaines ostentations, & faux tesmoignages; chacū éleuāt indifferemment son Roy à l'extreme ligne de valeur & de grandeur souueraine.* Au contraire, comme on ne sçauroit of-

Maiesté des Roys de France au dessus de toutes louāges humaines.

A

frir aux Dieux assez de parfums, aussi ne peut on donner assez de belles paroles aux ROYS DE FRANCE. Elles doiuent estre toutes de soye, comme disoit la mere de Cirus.

Roys de France nō susceptibles de flaterie comme les autres.

Et en conscience, quelles voix scauroient tant épandre de benedictions, ou quelles trompettes & clairons tant resonner de louanges, qu'autant & beaucoup plus n'en porte le merite de si vertueux Monarques, qu'ils se sont rendus admirables aux qualitez de leur Sceptre, desirées mesme des plus vertueux, pour se faire cognoistre plus dignes de dignité que les autres? Si bons que tous ceux qui iettent l'œil sur les actions de leurs vies & de leurs regnes, & qui voyent les raions qui en éclatent, non sur leurs sujets seuls, ny sur leurs voisins seulement, mais sur leurs ennemis mesmes, & sur ceux qui leur ont faict la guerre à outrance, touchez de soudain ébahissement en viennent à vn tel respect & reuerence, qu'ils croient que c'est plus d'heur de donner des Panegiriques & Chants diuins à l'honneur de ces grands Roys, que de receuoir des Theatres d'aplaudissement des autres Princes?

Royautez vrayes quelles

Il y a plusieurs Roys qui ne sont Roys formez diuinement & vertueusement, mais Roys faicts ou par fortune, ou par tyrannie. Les Royautez vsurpées sont odieuses, les fortuites indignes d'honneur: celles qui viennent du CIEL, & de la VERTV, iuste mesure des felicitez, & prosperitez, sont seules agreables à DIEV, & esmerueillables aux hommes.

Or les ROYS DE FRANCE, sont Roys esleuz & choisis de Dieu, Roys selon son cœur,

Roys qui par le diuin caractere, que son doigt a imprimé sur leur face, ont l'honneur d'estre à la teste des Roys de toute la Chrestienté, & non aux pieds : d'estre des monts de Liban, non des valons de Raphaim: d'estre des Chesnes hauts & sourcilleux, non de petites Bruieres : d'estre des Soleils, non de basses Estoilles: d'estre des Tibres & non des ruisseaux: ou plustost d'estre des Mers de grandeur, & des Oceans de toute dignité & amplitude. Ce sont leurs Vertus, qui comme beaux degrez, les ont portez à ce souuerain THEATRE d'Honneur: & les Dons qu'en particulier DIEV leur y a departis, & qui ne sont communs aux autres Roys, sont les Merueilles, qui les rendét esmerueillables aux plus éloignez Roys du monde. DIEV & la VERTV ont fait enuers eux, ce que faisoient les Roys de Perse enuers leurs Enfans aisnez ; c'est de leur auoir faict des aduantages, qu'ils n'ont point faict aux puisnez.

Roys de France esleuz & choisis du Ciel, pour estre les chefs de la Chrestiété.

Et certes, il n'y a personne de ceux qui courétles mers, lequel voyāt en l'Archipelago le môt d'Athos, comme vn grand Roy des basses Campagnes, s'esleuer si haut sur la superficie de la terre, & jetter son ombre si auāt dedās la mer, iustemét ne s'en estône. La Majesté des ROYS DE FRANCE, en la personne desquels Dieu faict tant de Miracles, verse tant de largesses & benedictions, est ainsi haut esleuée sur la troupe des Roys, & qui regarde sa sommité, ou seulement qui cōtemple son ombre, il ne remarque que merueilles, il ne void qu'ebahissemens, il ne ressent que rauissemens.

Roys de France cōparez au môt Athos.

A ij

Monarchie Françoise parāgonée aux Atours du chef des Roynes.

I'oyseray prendre comparaison des Roynes leurs Espouses en chose qui approche si fort de leur Royauté : Car comme on void ordinairement que leurs Atours, & principalement ceux dont elles parent leur chef, sont tout semez d'émail & de pierres precieuses. Aussi l'etoffe dont Dieu a orné ce Chef des Monarchies, & cette souueraine Teste des Royaumes, ne consiste qu'en choses rares & singulieres : Ce sont toutes Emeraudes, tous Diamans & Rubis, qui ont les éclats si brillants, qu'ils font des éclairs aux yeux les plus fermes, & des ébahissemens aux ames les plus resoluës.

Roys de Frāce comparez au Soleil, & aux Planetes.

On dict des Indiens Gymnosophistes, que depuis le matin iusques au soir ils regardoient continuellement le Soleil, & ne regardoient autre chose. Ils auoient raison, puis qu'il y a dequoy tousiours s'esmerueiller en luy, & tousiours dequoy contempler sa lumiere. C'est le Gouuerneur des saisons, c'est le Prince des Astres, c'est le Monarque de ce Monde visible : bref, c'est celuy, sous la puissance duquel se meut la disposition & composition de la nature elementaire. Ie dis celuy qui à chaque moment opere entre nous des choses merueilleuses, & qui nous taille à chaque iour dequoy louer sa beauté, & dequoy admirer ses œuures. Il en est ainsi des ROYS DE FRANCE : Car qui jettera les yeux sur les graces qui leur font compagnie en toutes leurs actions, il verra vne source de rayons admirables, & vne fecondité de hautes habitudes dont DIEV les a comblez, & dont le Ciel & la Terre s'estonnent. Si les hommes seulement regardent les Cieux, & qu'ils contemplent les Planettes esleuees si haut sur leurs testes, la veuë bien souuent leur faict mal, & sont en leur contemplation contraints, pour la recueillir, de la retirer en terre. Aussi ceux qui arrestent leur regard sur les Prerogatiues de ceste Principauté Françoise, esblouys d'vne grandeur si haute, & d'vne hautesse si grande, sont le plus souuent par debilité de leur veuë, forcez de reuenir à terre, & laisser sa sommité sans plus longue disquisition.

Ie sçay bien toutefois que cette maxime est commune, Que les Roys sont les viues Images de Dieu: & qui en doute, doute du iour, & faict des nuicts en plein midy. Car encore que tous les hommes soient faicts à l'Image & semblance de Dieu: cela neantmoins est dict des Roys, par speciale prerogatiue, parce qu'en tant que Roys ils sont personnes publiques, & comme terrestres Diuinitez, obligent les autres par les beaux actes de leur pouuoir & de leur vertu, ne visans qu'au bien des peuples qu'ils ont en charge, à l'imitation de la souueraine Majesté de Dieu Roy des Roys, qui a faict & faict tout pour sa Creature raisonnable. *Roys viues Images de Dieu.*

Mais ie sçay bié aussi que comme les Fondeurs, qui font des Images de plomb & de cuiure, en font aussi d'argent & d'or: & celles d'or & d'argent estans de plus excellente matiere, sont aussi de plus grand pris que les autres; Aussi DIEV, ce grand Fondeur, faict les Roys ses Images, de tous metaux, & de toutes figures, en la boutique du Monde: Mais où l'or & l'argent des LIS est employé, il est bien de plus grande estime, que ny *Dieu côparé à vn Fondeur.*

le cuiure des Lyons, ny l'eſtain des Aigles, ny le plomb des Croiſſans. Depuis qu'il a honoré la dextre des ROYS DE FRANCE, du Sceptre Chreſtien, il a par excellence marqué leur cœur des traits les plus riches & les plus beaux de ſon Image. Car comme on ne faiſoit pas les Mercures de tout bois, ny le Royal vnguent des Perſes de toutes eſpiceries : Auſſi peut-on dire auec verité, que de tout aloy il n'a pas formé leur Auguſte Perſonne. Il faut bien que Titan & la Nature ayent long temps couué & recuit l'or qui a entré en ceſte compoſition, & faut que la matiere ayt eſté bien rare & ſinguliere, puis qu'il l'a prepoſee ſur les autres auec autant de hauteur, qu'en a le firmament ſur les plus baſſes contrées de la terre.

Roys de France, Images de Dieu plus excellentes que les autres Roys.

Ce ſont les ROYS DE FRANCE qui ont eſté ſi agreables à Dieu, qu'il les a choiſis pour eſtre ſes Lieutenans en terre. Ce ſont eux qui le ſecondent, qui ſont les conducteurs des Chreſtiens, les Paſteurs de tant de troupeaux humains, voire les Anges gardiens de tant d'ames raiſonnables : bref c'eſt par leur bouche que ſe prononcent les Arreſts de la bonne ou mauuaiſe fortune des hommes. Qui eſt ROY DE FRANCE, il eſt tout : & qui a ceſte qualité, il eſt riche en quantité, & n'a plus rien que deſirer en terre.

Roys de France Lieutenãs de Dieu.

Les ROYS DE FRANCE couchent en la chambre de la Maiſtreſſe des Dieux, ce ſont ſes mignons & ſes fauorits. Ils dorment ſouz ſon pauillon, ils ſommeillent ſur ſon oreiller, & à pleins voiles ils jouiſſent du vent de la proſ-

Vertu Maiſtreſſe des Dieux, & l'Amante des Roys de France.

perité, & des delices du monde. Les autres, ont bien des branches de la Vertu qui leur produisent quelques fruicts ; mais ces Enfans du Ciel, ce sont ceux qui ont l'arbre tout entier : c'est ce part glorieux de la riche Iunon, qui repose entre les bras de ceste belle Amante, dont le visage, à qui le temps ne peut donner de rides, ne paye iamais aucun tribut à la fortune : & les ans pour n'estre sacrileges n'osent toucher à sa beauté sacrée, ains passans auec reuerence deuant elle, s'offrent aux humains pour vn loisir honorable, afin qu'ils la seruent, & luy rendent obeissance.

On a veu & leu des Princes assez qui ont eu diuerses parties belles, qui la Religion, qui la Foy, qui la Pieté, qui la Iustice, qui la Clemence, qui la Grandeur de Courage, qui vne vertu, qui l'autre : Mais de grans Princes en general, & ayans tant de belles pieces ensemble, & en tel degré d'excellence, qu'on les admire & prefere à tous ceux, que nous honorons des siecles passez, & des nostres, l'Histoire qui combat le temps pour l'immortalité de la repuration des Roys, n'en faict voir nuls que les ROYS DE FRANCE. *Roys de France douez à l'extreme ligne des plus belles qualitez de tous les autres Roys.*

Celuy qui a ietté les premiers fondemens de cette Souueraineté Chrestiéne, les a jettez par des voyes si justes & legitimes, qu'on y recognoist des visibles tesmoignages de la Prouidence de Dieu, pour recōpenser le Zele, la Iustice, & la Religion de ce grād personnage, lequel en a laissé de si miraculeuses marques en ses Successeurs, que les ans, qui emportēt tout, ne les effacerōt iamais. *Clouis premier Roy Chrestien.*

Preeminences & prerogatiues des Roys de France sur les autres Roys.

Auec la Foy la dextre du Tout-puissant a espandu sur leur Couronne les thresors de mille graces, & perfections, qui empeschent le reste des Roys de marcher du pair auec eux. Car comme premiers & plus anciens Roys des Chrestiens ils ont le premier rang d'honneur sur tous les autres, & les precedent en toutes Preeminences. Ils sont premiers en Religion, ils l'ont receuë pour la departir : premiers en Valeur, qui les porte victorieux, au trauers de toutes les Valeurs du monde: premiers en Pouuoir, pour bien pouuoir, faisans possible l'impossible: premiers en Pieté & en Iustice, qui sont les deux vertus qui les canonisent, les deux Colonnes sur la constance desquelles ils sont asseurez de la durée de leur Estat : premiers en Clemence, premiers en Honneurs, premiers en toutes Royales vertus.

Et parce que Dieu qui regarde ces Roys autrement que les autres (car le Soleil void d'vn autre œil Iupiter que Saturne) & qui les a mis à part pour les faire des Miracles de Nature, leur a donné particulierement & en extreme ligne tant de Prerogatiues & Grandeurs, qui sont de tres-hautes, & tres-auguste marque: i'oseray m'ingerer d'en dire quelque chose, pour l'adiouster aux publiques louanges de ceux qui magnifient l'honneur de leur Couronne, & joindray ma plume parmi les riches Discours, escris pour releuer la gloire de leurs Majestez. Car me tairoi-je du tout estant François, en ce sujet dont toute la France parle? Et ne feroi-je rien, où chacun est afferé à crediter l'estimation, aussi bien que l'affection qu'il doit aux merueilles de leurs Excellences?

On ne sçauroit faire triomphe sans l'effigie d'Hercule, ny representer quelque chose de grand sans les exemples de ces Hercules Gaulois, qui pour douze labeurs que l'on donne à l'autre, en ont passé & acheué plus de douze mille, pour conseruer les illustres aduantages, & & pour enrichir les glorieux Titres, qu'on ne leur peut oster par la loy de Dieu, de la Nature, & de l'Estat.

Roys de Frācevrais Hercules Gaulois.

C'est pourquoy voulant des choses plus singulieres & belles de toute l'Antiquité Françoise, éleuer les Trophées de la France, la premiere pensee qui m'est venuë en l'ame, quand i'ay pris la plume en main, ç'a esté de grauer icy quelques traits & pourfils des Preeminences de ces grands Roys, que fueilletant les liures de leurs Histoires, i'ay trouué n'appartenir qu'à eux, à fin que ceux qui les ayment & reuerent, les voyent au frontispice de l'Oeuure, & donnent quelques heures de loisir à les lire en faueur de leur heureuse souuenance.

Ie les diuise generalement en huict Discours, dont voicy l'ordre & le dessein abbregé.

Ordre & dessein de ce Liure.

Le premier est de la RELIGION, qu'ils ont tousiours procurée & auancée de tout leur pouuoir, n'épargnans pas mesme leurs propres testes pour la porter ore en l'Orient, & ores en l'Occidēt; pour laquelle ils ont ouuert le sainct & franc Asyle de leur France à tous fidelles molestez, & prins dans luy l'Oriflambe sacré pour aller remettre les Papes en leurs Sieges, les Roys en leurs Estats, & les Princes en leurs Villes.

Le second est de la FOY, par laquelle ils ont

faict reluire la verité de leurs paroles, & credité la fermeté de leurs alliances & confederations sur tous les Roys & Princes de la Terre.

Le troisiesme de la VALEVR, au moyen de laquelle ils ont creu leur Empire, & en la croissance de sa concorde fortifié leur Sceptre d'armes & d'ames inuincibles, pour faire en aptes leur gloire ordinaire de subiuguer les ennemis de la Religion Chrestienne, de la cultiuer és plaines barbares, & de cueillir les Lauriers de leurs Triomphes és regions plus eloignées à la pointe de leur espée.

Le quatriesme du POVVOIR, auec lequel ils ont paru comme des Estoilles du matin au milieu des nuees meridionales, emporté la couronne de gloire & de liberté sur tous les Monarques du monde, & maintenu les Priuileges de leur Principauté sur toutes leurs Autoritez & Puissances.

Le cinquiesme de la PIETE', le premier fleuron de leur Couronne, la plus belle vertu de leur ame, par l'exemple de laquelle ils ont graué la deuotion dans les cœurs plus impies, & rendu les Téples de Dieu tout de marbre, encore qu'ils ne les ayent trouuez que de brique au commencement.

Le sixiesme de la IVSTICE, Soleil de leur Empire, par laquelle ils ont curieusement entretenu leurs sujets; egallement les grands auec les petits, souz mesmes loix, terminé les differens qui sont suruenus entre les peuples Chrestiens, & toujours preferé le bien public à leur particulier contentement.

Le septiesme de la CLEMENCE, gratieuse Lune de leur Monarchie, qui luisant de tout temps deuant leurs Maiestez, a toujours rafraichy de ses rosees, les ardantes chaleurs de ce Soleil, & les a moderees d'vne si douce temperature, qu'au moyen d'icelle ils ont esté les Amours du genre humain, & le desir des enfans des hommes.

Et le huictiesme finalement des Honneurs de la PRESSEANCE, qu'ils ont non seulement meritée par ces grandes Lumieres, mais aussi conseruée par l'excellence de leur Courone sur tous les Roys & Princes Chrestiens, ne permettans pas mesme, pour necessité quelconque, ny pour occasió que ce fust, que leurs Ambassadeurs ayét tenu autres que les premiers rangs aux Assemblées publiques.

Ou si vous le voulez en moins de mots, & plus en gros; tous les huict de la Valeur & du Pouuoir par lesquels ils ont acquis vn Empire de felicitez & d'honneurs à leur Religion & à leur France: & de la Pieté & Iustice, par lesquelles ils ont conserué les honneurs & les felicitez de cet Empire.

C'est ce que, me promenant dans les parterres & compartimens des Fleurs de FRANCE, j'y ay remarqué n'apartenir qu'à ses grands Princes, & prendre proprement sa dignité dans la dignité de leur Sceptre.

C'est vn don que je luy presente: non qu'elle en ignore les graces ny les beautez, (car qui est-ce non de ses peuples, mais de toute la terre, qui ne les sache, & qui ne les ayt goustées & senties?) mais pour en louer & recommander auec elle les douceurs & les amœnitez.

L'inuention, & l'etoffe de l'Ouurage n'eſt pas mienne, ie n'y ay qu'vn peu de diſpoſitiõ : elle eſt pour la plus part des bouches mieux faictes de ce temps, qui en diuers endroits ont publié le grand deſſein de Dieu, d'auoir aſſemblé tant de grandes Perfections, & tant de parfaictes Grandeurs en vne ſeule Couronne de nos grands Princes, pour la rendre admirable par l'excellence de ſes Merueilles, & la faire cognoiſtre eſmerueillable par le nombre de ſes Miracles. Ce ſont perles & pierreries qui ſurhauſſent proprement la foibleſſe du langage, ſans y rien gaſter ny confondre. Et comme le Paon que l'Empereur Adrian conſacra au Temple de Iuno en Negrepont, fut trouué excellent, non pource qu'il eſtoit tout d'or, mais parce qu'il eſtoit enrichi de diuerſes pierreries. Auſſi veux-je que ceux qui liront ce liure, s'ils y trouuent du contentement, qu'ils en donnent la gloire, non à ma plume, mais à la pompe des matieres plus belles & choiſies, qui brillent ſur ce ſujet, és plus doctes & delicas eſcris de noſtre ſiecle.

DE LA RELIGION DES ROYS DE FRANCE,

Et comme ils l'ont procurée & auancée sur tous les Roys de la terre.

DISCOVRS I.

'A tousiours esté le propre office des ROYS DE FRANCE, de procurer & auancer la RELIGION de tout leur pouuoir. Ils l'ont receuë les premiers pour la defendre, & la departir aux autres, Et sur la constance d'icelle ont esté asseurez de la durée de leur Empire. Ils n'ont eu en toutes leurs vies plus viue pensee que celle du seruice de Dieu: Et si les saincts desirs de leurs Majestez eussent esté par tout secondez des forces de l'obeissance Chrestienne, long temps y a que l'Eglise esleuee au feste de l'honneur, verroit adorer ses mysteres à tous ceux qui blasphement sa doctrine.

Roys de Frāce ont de tout tēps procuré l'auancement de la Religion.

Qui en veut voir les exploits, porte les yeux, mais plutost l'ame sur les Royales actions de leurs vies & de leurs regnes, il y verra reluire le zele incroyable qui leur a faict, & faict encore aujourd'huy rechercher auec de l'ardeur le salut des humains en la ruine de leurs erreurs : & auouera quant & quant que la defence & la protection de l'Estat de Dieu, qui est son Eglise, est la plus grande & meilleure reputation de leur Septre, & la plus asseuree Colonne qui soutient & rend hereditaire l'Estat florissant, que Dieu leur a liberalement donné : Comme aussi n'y a-il presage plus certain du malheur ineuitable d'vn Prince, que quand on voit qu'il ne se soucie de son seruice.

Religion, colonne de l'Estat. Mespris de la religion, ruine & malheur des Princes. Religiō necessaire à la societé des hōmes.

Et à la verité la Religion est si propre à l'homme, & à la societé des hōmes, que comme l'homme sans elle ne peut estre hōme, aussi ne se trouue il peuple tant barbare soit-il qui viue sans quelque ombre d'icelle. Mesme ceux qui par leur insuffisance ne se sont peu assez payer d'vne bōne monnoye en cet endroit, on leur y a emploié encore la fausse. Ce moyen a esté pratiqué par tous les Legislateurs; & n'a esté police où n'y ait eu quelque meslāge, ou de vanité ceremonieuse, ou d'opinion mensongere, qui ayt seruy de bride à tenir le peuple en office. C'est pour cela que la plus part ont eu leurs origines & commencemens fabuleux, & enrichis de mysteres supernaturels. C'est cela qui a donné credit aux Religions bastardes, & les a fait fauorir aux gēs d'entendement. Et pour cela que Numa & Sertorius, pour rendre les hommes de meilleure creance, les paissoient de cette sottise, l'vn que la Nymphe Egeria, l'autre que sa Biche blanche, luy apportoit de la part des Dieux tous les conseils qu'il prenoit. Et l'authorité que Numa donna à ses Loix, sous titre du patronage de ceste Deesse,

Religions nouuelles & fausses inuentees pour tenir les peuples en bride.

de la France, Liure I.

Zoroastre Legislateur des Bactrians & des Perses, la donna aux siennes souz le nom du Dieu Oromazi: Trismegiste des Egyptiens, de Mercure: Zamolxis des Scythes, de Vesta: Charondas des Chalcides, de Saturne : Minos des Candiots, de Iupiter : Licurgus des Lacedemoniens, d'Apollo : Dracon & Solon des Atheniens, de Minerue. Et toute Police a eu vn Dieu à sa teste : faussement les autres, veritablement celle que CLOVIS a dressee au peuple François sorti de Germanie.

Dieux mensongers patrons & tuteiaires des polices anciennes.

Mais les louanges que les plumes profanes donnent à ces grands Chefs Payens & Infideles sont aujourd'huy estimées vaines & ridicules entre les vrays Chrestiens, pour estre separées de ceste constante & immuable affection au seruice d'vn vray Dieu, qui est la vraye marque de nostre Verité, comme elle est aussi la plus celeste marque, & la plus genereuse. Et tout ainsi que dans le sacré Liure qui nous a laissé ceste verité pour la croire l'elite & la fleur de l'armée d'Israël se veid moissonnee par les glaiues impiteux des Philistins, sur les infortunées montagnes de Gelboé, à raison dequoy Dauid conjuroit le Ciel, ne leur enuoyer ny pluye ny rosee: Ainsi sur les montagnes du Paganisme & de l'Infidelité perissent les merites des actions plus signalees & belles.

Legislateurs Infideles & Payens indignes de louange.

De cette façon les premiers FRANÇOIS, ausquels nous deuons la premiere composition de cette Monarchie, pendant' qu'ils ont eu des Roys ennemis de la paix & du repos de l'Eglise, les Gaulois ne les ont pas estimez vne armee

Estat des François anât qu'ils fussent Chrestiës.

de soldats, mais vn camp de voleurs, vn peuple ramassé au milieu d'eux pour les troubler, & exercer toutes les furies de leur ambition sur leurs biens & sur leurs terres. Mais quand ils ont recognu que le Ciel s'estoit reserué leurs Princes, comme cause plus esleuee que les autres, pour produire au monde vn si bel effect qu'est l'vnique & saincte Religion du Fils de Dieu, les tirant hors d'eux mesme, pour les attirer par ses secrets mouuemens au spectacle agreable du diuin Baptesme de Clouis & du celeste presēt de ses Armes: Quand ils ont, di-je, recognu que selon l'ordonnance de Dieu, les preceptes de nostre Seigneur, & le Sacremēt du Baptesme, ils n'ont plus tenu, pour ne la quiter, que la verité d'vne seule Religion, & que la Foy seule, toute crainte des loix & chastimens mise en arriere, gouuernoit leur Royaume : ils en sont venus à vn tel respect & reuerence, qu'ils ont creu que c'estoit plus d'heur d'obeir à des Roys si religieux, que de commander aux autres.

Baptesme de Clouis & des François.

La Religion est le lien & le firmament de l'Estat, & le Prince qui en faict estat, est plus asseuré de sa durée: Car d'elle vient à naistre vne amitié, & vn honneur que l'on luy porte, & volontiers ny les estrangers ny les sujets n'offensent celuy qu'ils recognoissent estre chery & fauorisé de Dieu. Quoy plus? quand ceux-cy mesmes en sont meilleurs & ceux-là plus craintifs? Il n'y a chose qui adoucisse pl⁹ les mœurs & les humeurs que la Religion, de sorte que depuis qu'elle est deualée en vne poitrine, vne troupe de vertus suit apres, vne certaine douceur & modestie vtile

La Religiō concilie de l'affection aux Roys & Princes, & les enrichist de belles vertus.

vtile à ceux qui commandent, & qui rend souples & maniables ceux qui doiuent de la subiection & obeissance, bref vn monde d'honneurs & felicitez temporelles; ayant de tous siecles esté remarqué, que Dieu agrādist ceux qui le seruent, & que les Princes qui ont eu de la Religion, ont esté comblez de prosperitez.

Ce que ie dis à propos de nostre grand Clouis, deuant lequel la domination des François en la Gaule, ne s'est point veuë estenduë plus auant que la forest d'Ardennes. Mais depuis qu'il se fut faict baptiser, luy & son peuple, en la vraye, pure, & orthodoxe Religion, il s'élargit aisément iusques à la Seine, & en fin à la Loire & à l'Ocean. En telle façon toutefois que la force de ses armes ne luy seruit pas plus, que le gré & consentement des habitans qui se donnoient à luy à l'enuy & à la foule, pour ce qu'il se comportoit & accommodoit auec eux en si grande douceur & modestie, qu'il ne changeoit rien en leur police ny en leurs loix, ains les y confirmoit & maintenoit. Occasion pourquoy les Euesques Gaulois estoient les plus ardens à l'appeller & semondre, voire solliciter de venir à eux, de peur d'estre preoccupez des Visigots & Bourguignons, qui vsoient de grande violence enuers ceux qui ne vouloient faire banqueroute à la Verité, pour embrasser leurs erreurs. De quoy nous auons des fideles asseurances, & de tres certains tesmoignages dans Gregoire de Tours, & en Procope vn singulier & bien exprés, où il declare que, *Les soldats mesme & gens de guerre des Romains, lesquels auoient esté laissez en Gaule, pour la tuition & defense*

Estenduë de la Domination des François auāt Clouis, & depuis souz luy mesme.

Modestie & douceur de Clouis.

Legions Romaines se donnent aux Fráçois apres leur Baptesme.

des frontieres d'icelle, ne pouuans plus retourner à Rome, ny se donner aux ennemis, parce qu'ils estoient Arriens, se rangeans du costé des François auec leurs enseignes, mirent entre leurs mains les places qu'ils gardoient pour les Romains, & se comporterent de telle maniere auec eux, que conseruans continuellement leurs Coustumes & façons de faire, ils les laisserent à leur posterité.

Romains chassez du tout des Gaules par Clouis.

Ainsi la FRANCE reduite souz vne mesme Religion, a si bien fermé par l'vnion de sa Foy le pas des Termopiles aux entrées des conquestes du Romain, qu'il n'a plus sçeu depuis jetter aucun venin dans ce vaisseau remply & bousché: ce rempart a repoussé tous ses assauts, & cette bâde sacrée de Thebes n'a peu se voir ouuerte souz ce Drapeau des Chrestiennes Fleurs de Lis.

En quel siecle, & pourquoy Clouis se fist baptiser auec son peuple.

Mais pour fouiller plus auant au sujet de ce Discours, & réueiller les anciennes memoires des merites de nos grands Roys enuers la Chrestienté, faut remarquer que Clouis fut baptisé auec son peuple l'an 500. de nostre salut, estant emporté à ce faire par le brâle de la victoire qu'il auoit miraculeusement gaignée sur les Allemans & Bauariens: Au moyen de laquelle il se rendit ces deux nations là sujettes & tributaires: dôt sa Monarchie fut augmentee de là le Rhim, laquelle n'auoit lors son estenduë en la Gaule que depuis iceluy, iusques à la riuiere de Loire & à l'Ocean, estant tout ce qui est delà iusques aux Pyrenees & aux Alpes possedé des Visigots: & ce qui est deçà le Rhosne & la Saone iusques au Piémont, & par delà le mont de Iou, occupé des Bourguignons, lesquels viuoyent dans les tenebres de l'impieté Arrienne.

Ce qui eſmeut Clouis à declarer la guerre, & venir aux priſes contre les vns & les autres, tant pour ſe rendre maiſtre & ſeigneur vniuerſel de toute la Gaule, que pour la purger & nettoyer de l'infection des Arriens: Mais il n'obtint que demie victoire des Bourguignons, laquelle il laiſſa pourſuiure à ſes Fils, à fin de s'attacher aux Viſigots & à leur Roy Alaric. Qui furent en telle ſorte finalement menez par luy, que leurs forces eſtans rompuës en vne groſſe bataille, & leur Prince occis des propres mains de Clouis, toute la Guiene depuis la Loire iuſques aux Pirenees, auec la Gaule Narbonnoiſe, prindrent les veritables cachets de ſon pouuoir, pour ſeeller la fidelité de leur obeiſſance. Au moyé dequoy elles ſe veirẽt ſorties des fers de deux cruelles priſons: de la ſeruitude Viſigote, & de l'erreur Arriéne.

Guerres de Clouis pour la Religion, contre les Arriens.

Defaite des Viſigots par Clouis.

Guiëne retirée des erreurs Arriennes par Clouis.

Ce qui agrea tellement à l'Empereur Anaſtaſe, qu'il luy enuoya vne Couronne ſemee de pierreries, le Manteau Royal, & ces autres marques de reuerence & de reſpect, dont les Romains honoroient les Princes qu'ils receuoient à leurs alliances & confederations: & le confirma en la poſſeſſion de tout ce qu'il s'eſtoit acquis és Gaules, deſquelles il ſembloit qu'il deuſt bientoſt ſoumettre tout ce qui reſtoit, à ſon Sceptre, ſi la mort enuieuſe de ſa gloire ne l'euſt oſté du monde, pour le faire viure vne vie beaucoup plus heureuſe dans les Cieux.

Preſés enuoyez à Clouis par l'Empereur Anaſtaſe.

Mort de Clouis.

Et c'eſt ce religieux Prince, qui a laiſſé en la Fráce vne ſi bõne odeur de ſon diuin zele au ſeruice de Dieu, que depuis luy les Fráçois ont eſté ſur toutes natiõs eſtimez Orthodoxes, & Cãth. &

leurs Roys à son exemple tenus pour protecteurs & conseruateurs de la vraye & vnique Religion. Dequoy nous auós de veritables asseurances, & des tesmoignages veritablement asseurez dans toute l'Antiquité. Agathias parlant de ce berceau de la Principauté Françoise, *Ils sont tous Chrestiens*, dit-il, *& suiuent entre tous les autres la vraye & droite opinion. Ils ont en leurs villes des Euesques & des Prestres: Ils obseruent & solennisent les iours des festes, ainsi que nous faisons.* Voylà ce que dict vn estranger, auec lequel se ferment ces deux autres, mais qui nous allouent ceste preference bien plus hautement: Froissard au second volume de sa Chronique, quand il escrit que, *Le Royaume de France est la Fontaine de Creance, & d'excellence, pour les nobles Eglises qui y sont, & les hautes Prelations.* Et en vn autre endroict, que l'on tenoit à Rome que, *Le Roy de France estoit le souuerain Roy de la Chrestienté, & par lequel l'Eglise deuoit estre illuminée.* Et Monstrelet, où il recite que l'Ambassadeur des Roys de Hongrie & de Boheme estant à Tours dist ces paroles au Roy Charles VII. *Tu es la Colonne de la Chrestienté, & mon souuerain Seigneur est l'escu. Tu es la Chrestienne maison, & mon souuerain Seigneur est la muraille.*

C'est ce grand Monarque qui leur a esté vn eguillon à ceste belle gloire, digne de leur nom & de leur magnanimité, que non seulement ils n'ont esté non plus schismatiques, & diuisez en creances, que soupçonnez d'impieté ou d'irreligion: mais aussi qu'ils n'ont iamais denié ny leur authorité pour faire paroistre la verité en ce qui ne peut rien souffrir de faux, comme la Religion:

François tres-religieux sur toutes nations.

Roys de Fráce, souuerains Roys, & fermes Colones de la Chrestieté.

ny leur puissance pour releuer les forces des fideles affligez.

Qu'ils ayent esté mortels ennemis des schismes & diuisions, en voicy de certaines preuues, & d'autant plus certaines qu'elles sont tirées de deux personnages de probité & d'integrité, canonisez en l'Eglise pour le merite de leurs bonnes vies, & l'vn d'eux estant estranger, & plutost ennemi qu'ami. Car il y a des emulations entre les peuples, qui par vne ialousie prenent ombrage à la louange de leurs voisins. La premiere est de sainct Hilaire en son liure des Synodes contre les Arriens, où il loue les François d'auoir esté tousiours constans en la Religion Catholique & Apostolique. Et la seconde de sainct Hierosme, natif de Hongrie, escriuant contre Vigilance en ces termes, *L'Espagne a esté suiette aux Gerions*, l'Italie aux delices, & l'Allemagne au pere Liber: *La seule Gaule s'est conseruée pure & nette de toutes sortes de Monstres.* Ausquelles i'en joindray deux autres: l'vne de Monstrelet aussi estranger. *Les Roys de France*, dit-il, *ne voulurent iamais soustenir le schisme de l'Eglise, mais l'on trouue és Escritures, qu'ils ont tousiours aydé à remettre sus les Eglises.* Et l'autre tresclaire de Sigonius l'vn des plus rares esprits, & plus polis de toute l'Italie, bien qu'il ait esté de ce temps, lequel parlant du Baptesme de Clouis, couche de ces termes, *Depuis luy la gent Françoise a retenu auec vne telle ardeur, & fermeté, le nom & la foy de Iesus-Christ, & en est venuë à vn tel respect & reuerence, que iusques à nous, elle n'a mis aucune tache d'heresie en sa reputation, & est toujours demeurée constante tant en la discipline de l'Eglise Catholique, qu'en*

Roys de France ennemis des Schismes & diuisiōs.

l'autorité souueraine du S. Pere de Rome. Mais plus amplement encor que tous ceux-là, le tesmoigne l'Abbé de S. Thierri, qui a fait la vie de Monsieur S. Bernard. LA FRANCE, disent les belles paroles de ce grand personnage, *n'a iamais esté polluë des Schismes, ny souillée d'erreurs, ainsi que les autres Pays. Elle ne s'est point forgé d'Idole dans l'Eglise, ny n'a point adoré de Monstre sur le Siege sacré de S. Pierre.* Car en telles causes ses Roys n'ont point redouté la terreur des Edits souuerains, ny preferé leur profit particulier à l'vtilité publique: mais traitãs les mains pures auec leur cõscience, & les affectiõs des personnes auprés de leurs Maiestez n'ayans point de credit pour cela, ils ont fait qu'encor aujourd'huy l'Eglise les benist.

Roys de Frãce n'ont iamais denié leur puissance aux fideles affligez.

Qu'ils ayent secouru les fideles molestez, & les ayét remis en leurs Estats & Dignitez, ce témoignage tiré de la bouche des Anglois leurs vieux ennemis en dõne des asseurances assez certaines. Car leur Liure appellé, *Quadrilogue, ou de la vie de S. Thomas de Cantorbie*, martirisé pour la liberté de l'Eglise, recite que Louys VII. Roy de France disoit cõmunément ces mots. *C'est l'anciẽne dignité de la Courõne des Roys de France, que tous fideles refugiez, & principalemẽt les Ecclesiastiques trouuẽt du repos & de la seureté dãs leur Royaume, & y soiẽt defẽdus contre les iniures & violẽces de ceux qui les molestẽt.* Et au Chap. 16. *La France a de tout tẽps accoustumé de receuoir benignement tous les miserables & affligez, & particulieremẽt ceux qui sont bãnis pour le droit & equité, les entretenir soigneusement, & les mettre à l'abry de tous outrages, tãt qu'elle leur ait dõné paix & trãquilité.* Et nous le mõstrerons cy apres par l'Histoire.

C'est, di-je, ce premier Roy Chrestien, lequel a acquis & asseuré à ses Successeurs les glorieuses qualitez, de Tres-Chrestiens, & de Fils aisnez de l'Eglise: pour auoir à son exéple fait florir la vraye Religion en leur Royaume plus qu'en autre lieu de la Chrestiété: & s'estre mostrez auec leur peuple plus affectionez, ardents, & zelez à la conseruer, maintenir, exalter, publier, & comuniquer à ceux qui ne l'auoient encor receuë : ensemble à côbatre & s'opposer aux ennemis d'icelle, qu'aucús autres Roys & peuples : & le mesme zele & deuotio s'y estre continué & entretenu sans interruptio des premiers iusques aux derniers, par le témoignage & approbation de tous les siecles ensuiuäs, confession & recognoissance de toutes les natiós. Dont nous auons pour preuue ce que dit S. Gregoire en vne siéne Epistre au Roy Childebert. *D'autant que la dignité Royale, fait-il, surpasse toutes les autres, d'autãt aussi l'excellence de vostre Royaume est par dessus les autres. Car ce n'est pas chose esmerueillable que d'estre Roy, pource que d'autres le sont aussi, mais estre Catholique, c'est vn particulier effet de vostre valeur, d'autant que les autres ne le meritent pas. Car côme la lueur d'vn grand flambeau paroist plus en l'époisseur d'vne noire nuit par la clarté de sa lumiere: ainsi la lumiere de vostre foy reluit parmi la perfidie des autres natiõs. Or de tout ce que les autres Roys se vätent d'auoir, vous en estes pourueus, mais vous les surmõtés du tout en ce point, que vous auez le principal bien qu'ils n'ont pas.*

Illustre tesmoignage certes, & capable de faire rougir ceux qui nous ont voulu debatre cette gloire. Auquel i'en joindray deux autres: l'vn de S. Ambroise, lequel dit, escriuãt à l'Empereur Gratian, *qu'il n'y a Titre, qui honore dauantage vn Roy, que celuy de Tres-Chrestien.* L'autre de

Roys de France appellez Tres-Chrestiens, & fils aisnez de l'Eglise.

Sigonius, lequel monstre assez que cette qualité ne leur a point esté attribuée par les Papes, ny pour quelques particuliers bienfaits enuers eux; mais qu'ils en ont esté enrichis dés le commencement de leur cóuersion au Christianisme. Car apres auoir parlé du Baptesme de Clouis, & de son peuple en la façon que nous auons recitée cy dessus, il joint à ses paroles cette conclusion. *Dés depuis les Roys de France ont toujours, & à iuste titre, porté le nom de Tres-Chrestiens*: Et celuy de Fils aisnez de l'Eglise, ils en ont pareillement esté honorez depuis le premier Concile d'Orleans, auquel on void ce grand Clouis appellé *le Fils de l'Eglise Catholique* par les Euesques.

Guerres des enfans de Clouis.

Mais passons du Pere aux Enfans & à leurs successeurs, & publions aussi quelques vns de leurs exemples en si noble suiet. Premierement quant à ses Filz, iceux ayás exterminé les Roys & l'erreur Arrienne de leur Royaume, & retiré cósequemment à eux la Prouence, dont les Ostrogots d'Italie s'estoiét rendus possesseurs, ils veirēt la Monarchie des Gaules entieremét reduite souz leur Sceptre, & souz vne mesme Religion. Parquoy cōme tant de bons succés leur fussent autant d'eguillons à de plus grands desseins, l'occasion se presenta d'aller fondre de toutes leurs forces sur la Turingie, de laquelle, apres en auoir éteint les Roys, ils firét vne Prouince de leur Royaume, & grauerét aussi leur loi dás les cœurs barbares d'aucūs peuples de Saxe les plus proches d'eux. Auec cela ils enuoyerét & firent passer quelques vnes de leurs armées en Italie contre ceux de l'Empire, en faueur des Ostrogots. Et peu de temps apres les Lombars s'estans venus jetter en grande abondance sur la France, non seulement ils les repousserent rudement, mais aussi les allans voir à leur tour sur leurs terres, les y menerent si mal, qu'enfin ils les firent soubmettre à de grands & auātageux accords, & qui furent de lōgue durée.

Apres eux que fit CHARLES MARTEL, ayeul de Charlemagne? Ayāt par sa vaillance allié les deux Mairies en sa personne, qui auoyent occupé les armes des François vn long espace de temps en guerres ciuiles, il contraignit toutes les nations qui s'estoient desbandées de la Monarchie Françoise, à le recognoistre, fors Eude Duc d'Aquitaine, lequel ne se sentant asses fort sollicita les Sarrazins dix ans apres leur arriuée en l'Espagne de le venir secourir. A quoy ils furent d'autant plus prōpts qu'il leur sembla que delà le chemin leur estoit ouuert en toute l'Europe: & s'y acheminerent auec vne multitude si effroiable, qu'on ne la voudroit pas croire, si elle n'estoit attestée des estrāgers, faisans cognoistre que leurs proiets tendoient plus loing que la France, d'autant mesmement que leur nombre estoit cinq ou six fois plus grand que celuy auec lequel ils auoyēt subjugué les Espaignes. Neantmoins les espees Françoises luisantes comme esclairs, frapantes comme foudres, & bruiantes comme tonnerres sur ces monstres, en firent vne si grande boucherie, qu'ils en remporterent vne des plus illustres & glorieuses victoires, que le Soleil ayt veuës és siecles passez. Ce qui a fait dire à Paul Diacre en quelque endroit de ses escrits. *Charles qu'on peut parangonner à tous les plus grands hommes qui ayent esté, entre toutes les grandes guerres qu'il a eues, a tellement ruiné les Sarrazins, que iusques à ce jour d'huy ceste*

Guerres de Charles Martel cōtre les Sarrazins & autres infideles.

race redoutable & fiere redoute encore les armes des François. Perte qui incita ceux qui eſtoient reſtez de remetre ſus quelques annees apres vn nouuel amas de gens, pour retourner prédre vengeance de la hôte des premiers, ſouz la confiáce d'aucũs rebelles de Prouéce, qui les mirent dedás les villes d'Auignon & Narbonne. Ce qui toutefois n'empeſcha qu'ils ne fuſſent auſſi rudement traitez qu'auparauant en diuerſes rencontres.

Guerres de Pepin.   Pepin ſon fils & ſucceſſeur leur fiſt bien auſſi ſentir la longueur de ſa main, & les étonna tellemét par ſes heureux ſuccez, que toute l'Eſpagne miſerablemét maſtinée ſouz leur Tyrannie commença déſlors d'eſperer que la ſuite de ſes victoires rendroit la liberté à leur vie, & le trióphe à la Religion. Il chaſtia auſſi par pluſieurs fois les rebelliõs des Allemans, Saxons, Bauariens, & Friſons, vint aux mains auec les Sueuiens qu'il ſubjuga, & eut encore affaire aux Lombards, contre leſquels il paſſa par deux fois en Italie, en faueur du Pape & des Romains, auſquels ils faiſoient la guerre. Tellemét que leur ayant oſté l'Exarchat de Rauenne, il en gaatifia le S. Siege.

Empire Romain transferé aux François par Charles le Grand. Guerres & victoires de Charles le Grand pour la Foy.   Qni plus eſt Charles le Grãd, qui fut Autheur d'vn nouuel Empire, & qui des Romains, ou pluſtoſt des Barbares, (car ils dominoiét en Italie) le trásfera aux François & Allemans: luy, diſ-je, a receu à la veuë de tout le monde ſon tiltre, & la couché en ligne de cõpte pour la protection des choſes ſacrees, & du ſeruice de Dieu. Par trois fois il a mené des armees en Italie, & les a ramenees victorieuſes, afin de remettre le Pape en liberté, & en ſa dignité, & luy reſtituer la paix & le repos, que luy troubloient les factions des ſeditieux &

de ses ennemis: mesme l'amplifia de pouuoir & de bornes, par le don qu'il luy fist en droit perpetuel du domaine de l'Exarchat, & d'autres lieux en Italie. Luy en reuint-il aussi quelque autre cōmodité pour son particulier? Nulle à la verité: car si tost qu'il fut Empereur, il mena les mains si heureusement contre les ennemis de la foy, qu'il en fist éclorre des victoires signalees & louables à merueilles. Les Saxons, Danois, Esclauons, Vinides, Vuilses, & Abodrites, ensēble ceux de Boeme, Morauie, Carinthie, auec les Huns, & Auares tant de la haute Pannonie, qui est aujourd'huy l'Austriche, que de la basse que nous appellons Hongrie, il les mena tous en triomphe, non sien, mais de Iesvs Christ. Car à la plus part il osta les fausses opinions qu'ils tenoiēt, & fist passer en eux la lumiere de nostre verité. Les Maures d'Espagne & d'Affrique, il les a non seulement chassez des costes d'Italie & de France, & fait barri ere de ses armes à leurs courses & pirateries, mais aussi a retiré de leurs mains les Isles de Sardaigne, Corsique & les Baleariques: a soumis à soy le Royaume de Nauarre, auec les Côtez de Barcelonne & Roussillon, ensemble les villes de Huesca & Tortose, & tout ce qui est de l'Espagne, iusques à l'Ebre, contenāt deux cens mille d'estenduë en longueur: & par ses victoires a finalemēt fortifié l'Estat des Espagnols, qu'il a fait Chrestiens, en telle sorte, que les Sarrazins n'ont oncques sçeu depuis auoir l'aduantage sur eux.

Ie diray donc, & le diray auecque verité, que toute la Chrestiété n'a point trouué de Princes ny plus genereux à procurer & auancer son Estat, ny plus religieux à le soutenir & conseruer, que les

Roys de France peres & protecteurs de la Chrestienté.

Roys de France. Car outre que l'Espagne & l'Allemagne choperoient peut estre encore en leurs antiques erreurs, si ce grand CHARLES du fer de sa vaillance n'eust graué la Religion & son Auteur, dans leurs barbares poitrines ; Les Papes mesme toujours & en tout temps n'ont trouué autre refuge que les Fleurs de la Couronne de France, comme les passans les arbres fueillus durant le foudre de l'orage. Pepin, Charlemagne, Loys Debonnaire, Charles le Chauue, ont les premiers ouuert les chemins impenetrables des Alpes, pour leur donner secours, les ont gratifiez de l'Exarchat, & leur ont faict don du Domaine, que possede encore aujourd'huy leur Eglise. Desquels merites, ou de la plus part nous auons vn ample tesmoignage en la Harangue que le Pape Iean VIII. feist à Pauie en vn Synode de Prelats, assemblez pour l'election de CHARLES LE CHAVVE, où il dict. *Entre lesquelles nous voyons ce grand Astre en nos iours, CHARLES, Prince Tres-Chrestien, que la souueraine Prouidence auoit preueu & esleu auant la fondation du Monde, voire predestiné par l'abondance de ses misericordes enuers nostre salut, selon son bon plaisir, & comme il estoit necessaire en ces dangereux temps, petit fils de ce grand CHARLES, qui accreut son Estat par ses batailles, l'estendit par ses victoires, & l'enrichit par sa prudence: lequel apres auoir releué toutes les Eglises, eut tousiours vn desir singulier (comme il se voit en ce qui est escrit de luy) de remettre l'Eglise Romaine en son premier Estat & dignité. Cause qui le poussa à luy faire de grands honneurs, & luy departir des richesses d'vne dextre grandement liberale : tellement qu'il luy*

Frāce asyle & refuge des Papes.

Papes secourus, & enrichis par les Roys de France.

Louäges de Charles le Chauue, Charles le grand, & Louys Debonnaire.

restitua des villes qu'elle auoit autrefois perdues, & luy donna encore de celles de son Royaume vne bonne partie. Mais tout ce qui s'en est dict est peu, au pres de ce qu'il a faict pour l'auancement de sa Religion. Car ayant trouué l'Estat de Dieu tout souillé d'erreurs, il y restablit les sainctes Lettres, & l'embellit de sciences diuines & humaines, le remplit de bonnes doctrines, & en bien peu de temps, fist tant par l'ardeur de son diuin Zele, que le monde esclairé de si belles lumieres, sembloit tout nouuellement éclos. Duquel le fils, LOVYS, d'heureuse memoire, grand Empereur, pere de celuy-cy, Prince esleu de Dieu, CHARLES toujours Auguste, a tellement imité & ensuiuy son pere en deuotion & pieté, que non seulement il l'a esgalé en ce qui estoit du seruice diuin, & confirmé ses liberalitez enuers les Peres de l'Eglise souueraine : Mais aussi leur a donné de grands benefices, comme heritier de ses vertus. Mais CHARLES fils illustre de celuy-là, serenissime & tres-pacifique Empereur, duquel nous auons maintenant à parler, qui, comme nous auons dict auparauant, en ces derniers siecles, où nous soustenions presque toutes sortes de miseres & calamitez, nous est suruenu comme vn Astre fauorable enuoyé du Ciel, n'esgala pas seulement la liberalité de son pere, mais surpassa toutes les affections de ses ayeuls, & surmonta en ce combat de Religion & de Iustice, tous ses Predecesseurs, ayant enrichy les Eglises du Seigneur par diuerses œuures, honorant les Prestres, en excitant les vns aux Philosophies, & exhortant les autres à suiure la vertu, cherissant les gens doctes, respectant les Religieux, aydant aux pauures : bref s'adonnant à tout bien, & abhorrant entierement toute sorte de mal. Voyla ce qu'vn Pape a confesé des bien-faits des ROYS DE FRANCE.

Papes remis en leurs sieges par les François.

D'auantage, qui a soubmis & rendu tributaires au Siege Romain les Rayaumes de Naples & de Sicile, sinon les Normans François, & faits Chrestiens par les Roys de France? Et d'où est venu l'estat de Gonfalonnier de l'Eglise, si non de là mesme? Qui a remis le Pape Vrbain en son Siege, sinon les Roys de France? Pourquoy est-ce que le mesme Pape Vrbain, & ses Successeurs, Paschal, Calixte, Alexandre, Innocent IV. & autres, se trouuant molestez des Empereurs en Italie, n'ont eu leur refuge & retraite ailleurs qu'en France? Et pourquoy encore l'Abbé Suggere en la vie de LOVYS LE GROS, dit-il du Pape Honoré, que, *Descendant par mer aux costes des Gaules, il choisit le tresnoble Royaume de France, pour Asile & seure deffense de sa personne Ecclesiastique?* Mais pendant le temps qu'ils y ont sejourné, qui les y a nourris, eux & leur Cour, sinon la mesme France? Qui a secouru & defendu cette Chaire Apostolique contre Manfroy fils de l'Empereur Frederic, sinon Charles de Prouéce, frere du Roy S. Louys, qui alla pour le voir, & qui ne le vid que pour le vaincre?

Pour tous ces merites le Roy Philippe Auguste, se plaignāt de l'ingratitude du Pape Luce, qui vouloit distraire l'Euesché de Dole de la Soubmissiō qu'elle deuoit à l'Archeuesché de Tours,

Plaintes de Philippe Auguste cōtre le Pape Luce.

lui escriuit ces mots: *Si la mere peut oublier le fruit de son ventre, aussi fera le Royaume des François, l'Eglise Romaine, l'vn & l'autre estant de droit impossible, de nature difficile, & de fait tres-enorme.* Car que pourriōs nous auoir fait pour nostre mere, que nous n'ayons faict pour elle iusques icy, cōme aussi nos Peres? Nous nous som-

mes resiouis en sa prosperité, & auons pleuré en son affli-
ction, ayans beu la coupe d'amertume & de liesse auec elle
sans aucune dissimulatiō. Et pour les persecutiōs qui luy
sont assez souuēt arriuees, nos Peres les Roys de France les
ont portees cōme sur leurs espaules, & les en ont tirées à
force de bras. D'en alleguer les exēples, c'est reprocher les
bien-faits, desquels la memoire doit demeurer nō deuers
celuy qui les a faits, mais à celuy qui les a receus. Et vn
peu apres. Sont-ce là les biē-faits deus aux merites de
nostre Royaume? sont-ce les recognoissances de la deuotion
& fidelité, que nos Peres ont tousiours tesmoignée à l'E-
glise Romaine, tousiours prests en toutes vos persecutions,
de commāder fidelement à leurs sujets pour l'Eglise du
Seigneur, & de resister courageusemēt aux estrangers?
Voyla ce qu'escriuoit ce Roy Tres-Chrestien,
enuiron l'annee 1190. qui eust eu vn bien plus
ample sujet, s'il eust esté viuant pour l'escrire cēt
ans apres.

Et qui encore des autres Princes de la Chre- *Bien-faicts*
stiété a autant fait pour ces grās Pasteurs des trou- *de Louys*
peaux humains, ces Anges gardiēs de tant d'ames *XII. enuers*
raisonnables, cōme a fait LOVYS XII. lors qu'il a *les Papes.*
rēdu au Pape Iule, sans salaire ny recōpense aucune, toutes les villes que les Venitiēs auoiēt prises de l'étēduë de sa domination, apres les auoir
vaincus de ses forces à la iournee d'Agnadel? Ou
biē qui a fait passer en Italie, à ses propres frais &
dépens, deux armées telles qu'ont esté, l'vne que
le Seigneur de l'Autrech y mena, qui cōtraignit
les Espagnols de remettre en liberté le pape Clemēt, qu'ils auoiēt pris vif au sac de Rome, & mis
à vne excessiue rāçon: l'autre que Héry II. enuoia
souz le Duc de Guise au secours du Pape Carafe,

contre les mesmes Espagnols, qui luy faisoient la guerre dedans le terroir de Rome?

Zele des Roys de France au seruice de Dieu, espãdu par toute la terre.

Mais le feu de ce diuin zele, qui a toujours bruslé dans l'ame de ces grands Monarques, ne s'est pas contenu enserré dans les confins & bornes de l'Europe seulement, pour le bien des peuples ja Chrestiennez, & pour l'honneur de la Religion. Il s'est encor estendu & espandu bien loin au delà, & a passé iusques dans l'Asie & dans l'Afrique, pour l'accroissement de l'Eglise vniuerselle, selon les occasiõs que la course du monde coulant a faict naistre à leurs Maiestez, obligées par leur Couronne à vne perpetuelle souuenance, que toutes les fois que cette Religion le demanderoit, ils deuoyent estre prests de prendre les armes, & d'épancher leur sang pour l'auancement & conseruation de son seruice.

Terre Saincte asseruie à l'infidele.

La Iudée & la Terre Saincte estoit occupée par les mescreans & ennemis de nostre foy, qui mettoient en derision, & profanoient les lieux que Iesvs-Christ nostre Dieu a cheminez de ses pieds, & arrousez de son sang: Et les Chrestiens miserablement mastinez souz la Tyrannie de ces barbares, imploroyent le secours du grand Pere Porte-clef des Cieux, pour redonner la paix & le repos à l'Estat de l'Eglise, qui ne doit estre qu'vne, puis qu'en ceste vnité se trouue la verité qui n'est qu'vne, & Dieu mesme qui est vn, voire tres-vn, & cette vnité est, comme dit Mercure Trismegiste, le commencement & la racine de tout. Le Pape Vrbain second, sage Pilote de ce Vaisseau, qui ne respiroit que le bien & salut des hommes, pour prendre vengeance de ces opprobres

bres s'adresse à nostre FRANCE, assemble vn Cõcile à Clermõt en Auuergne, & fait promesse du Paradis à tous ceux qui se voudront acheminer à vne expedition si glorieuse.

Que fait GODEFROY Duc de Lorraine, & de Bouillon, Vassal de nos grãs Roys? Combien sont ardents les eslancemens de son ame, qui le portent à entreprendre & mettre la main à vne besongne, dont malaisément on viendroit à bout auec toutes les forces de l'Europe? Ce tres-deuot Heros (ie le dois ainsi nommer, & à la verité il auoit en luy quelque chose plus que de l'homme) en vn creue-cœur il leue vne armee, il y employe ce qu'il auoit amassé de richesses, ce qu'il auoit eu par succession de ses peres, & mesme deux de ses freres: *Il met ensemble iusques à six cens mil hommes de pied, & cent mil de cheual.* Ie sçay que plusieurs Princes Chrestiens nobles de race, & illustres de vertus, le suiuirent à cette expedition de ses conquestes, mais que peut auoir esté leur secours à comparaison de celuy qui partit de nostre France, qu'vne Mouche à proportion d'vn Elephant? En Syrie donc, *il veint* & (pour parler des termes de Iules Cesar) *veid, & vainquit.* On le fist Roy de Hierusalem, mais il n'y voulut iamais porter la Couronne d'or sur le chef, pour ce que son Maistre, & le nostre à tous y auoit porté la Couronne d'espines: & y finist ses iours, ayant acquis vne si saincte reputation pour ses victoires & sa vie, que plusieurs se sont émerueillez de ce qu'il n'est canonisé, & mis au rang des Saincts.

LOVYS LE IEVNE, l'vn de nos Roys, fut

Expedition de Godefroy en la Palestine.

Godefroy Roy de Hierusalem.

quelque temps apres enflammé de mesme zele, par vn iuste déplaisir des maux que les Chrestiens auoient naguere receus des Turcs. Et si vn tant noble deuoir s'est rendu au grand Godefroy, vassal de la France, ce Chef n'y eut pas moindre assistance que le membre, ny moindres effets à prouuer le dessus de son excellence.

Voyage de Louys le Ieune outre mer.

PHILIPPES second, dit le Conquerant, ne leur dénia pas non plus son autorité, à la nouuelle qu'il eut que Saladin auoit pris Ierusalem, & la plus grande partie de la Palestine, ains pour faire plus grandes leuees de gens, imposa cette grande Disme, que la posterité nomma, *la Disme Saladin*, qui estoit que chacun qui auoit sa demeure establie en la France, deuoit payer la dixiesme partie de son reuenu. Et lors, dit vn vieux Historien, *par le conseil de ce grand Roy, & des Barons du Royaume, fut commandé, crié, & estably, que pour l'aide des Pelerins à aller à la Terre Saincte, & les biens, & les meubles de toutes manieres de gens fussent dismez, & que chacun payast la Disme de ce qu'il eust, c'est à dire de tous ceux qui en la Terre Sainte ne pouroiet ou ne voudroient aller.*

Voyage de Philippe second.

Disme Saladin.

BAVDOVIN Comte de Flandre a secouru les mesmes Chrestiens, & a passé en l'Asie contre les infideles, afin de replanter les bannieres de la Foy iusques dans l'Orient, dont l'impieté les auoit encor dechassees.

Expeditiõs de Baudoüin.

Mais à bon escient ce LOVYS, les vertus & merites duquel luy ont faict naistre le titre de Sainct qu'il porte deuant son nom, s'est jetté pour la restauration & defense de la Religion parmy les perils, voire parmy les défaueurs de la

Voyages de S. Louys.

fortune. C'estoit vn tres-bon Prince en sa vie, & en ses mœurs, vnique protecteur de Iustice qui auoit en horreur les Farceurs & Comediens, & souloit esloigner de soy tous fauteurs d'impieté. Roy, depuis l'âge de douze ans iusques à cinquante six qu'il deceda, duquel les actions ont esté (pour dire en vn mot) dignes du Ciel, & de son titre. Mais de luy, ce qui fait à propos pour le sujet que ie traite, il a par deux fois pris les armes pour la Religion. Premierement il a passé outre mer en Egypte, où ses affaires luy ont si mal succedé, qu'il y fist perte de son armee, de ses munitions, & de son artillerie: Mais de courage, non. Il est retourné en Affrique auec nouuelles forces ayant laissé femme, enfans, & Royaume. Et n'y a esté plus heureux que deuát. En vne chose pourtant il s'est tenu pour tel, de ce que n'ayant redu l'esprit en combatant, il la rendu faisant la guerre, c'est à dire qu'il en a fait don à la Religion. Vne grande gloire ne se peuuoit acquerir à moins, les beaux lauriers ne s'arrosent que de sang, il n'y a ny peine ny peril qui egale le fruit de ces glorieuses expeditions, qui ont tout le mõde pour Theatre. Il est decedé en Affrique, mais en lignee a vescu long téps & vit encores en nostre grand HENRY IIII. qui regne à present heureusement.

Saincteté de Louys IX.

Et pour monstrer que nos Roys ont vsé de tels voyages, nõ pas proprement comme de guerres, ains comme de veux & pelerinages de deuotion, pour la recousse de la Terre Sainte : Ceux qui y entroient, apres s'estre rendus confés selon leurs qualitez, les vns deuant leurs Euesques, les autres deuant leurs Curez, prenoient de leurs mains la Croix & le Bourdon au lieu d'Escharpe, s'asseurans d'vne vie eternelle s'ils mouroient & demouroient en telles entreprises. D'où est venu que ceux qui ont voulu tenir quelque rang soux ces drapeaux du Christianisme, on a dict qu'ils se sont Croisez, & que l'on a qualifié ces expeditions du nom de Croisades.

Croisades d'où denommees.

Ces exemples nous forment vne science asseurée que les trophees des ennemis du nom Chrestien, ne s'ésleuent que sur les dépouilles du vouloir de la France, non de son pouuoir, qu'elle peut parfaire s'elle veut entreprendre, & qu'elle ne peut entreprendre que pour trouuer l'effet asseuré de son vouloir, & faire voir les Fleurs de Lis, comme on les a veuës autrefois, fleurir en la Palestine, en Hongrie, au Bosphore.

La Iustice de la guerre qui a plus de forces & de pouuoir que toutes les forces du monde mises ensemble, ne sçauroit donner plus de point & de resolution en vn courage Chrestien, que le desir de voir la ruine de ce grande Empire, qui est puissant de l'afoiblissement des autres, & qui n'aspire qu'à la Monarchie de l'Vniuers. Si l'on cherche en la guerre vne iuste cause, il y a mille ans que le droit en est acquis. Si l'on y demande de l'autorité, Dieu, sa parole, son Eglise prononce telles entreprises non seulement iustes & sainctes, mais louables & necessaires. Si l'on veut l'exemple, le flambeau de ces grands Princes, des Louys, des Philippes, des Godefrois, marche deuant, qui tous ont estimé qu'il n'y auoit Triomphe plus glorieux, Victoire plus vtile, ny mort

Guerre cō- tre les Infi delles sainte & iuste.

plus honorable. Phocas disoit que ceux qui rendoient les derniers abbois en ces expeditions deuoient estre reputez Martyrs.

Ces exemples sont les traits qui grauent en ces ames barbares, la crainte qu'on void luire sur leurs fronts, de voir bien-tost à leurs portes cette foudroyante espee dont l'Alcoron les menace. Ce sont, di-je, ces exemples qui seruent de clairons à reueiller les anciennes Propheties, qui chantent ja en esprit diuin la gloire d'vn de nos ROYS DE FRANCE dans les Palais superbes du Serail, qui grauent du fer de leur eternité les Fleurs de Lis dans les frontispices des Chasteaux & forteresses de l'Orient debellé, & en parent les Autels du Fils de Dieu, profanez, abbatus, & ruinez par cette gent inique, qui trouuera son salut en ses ruines seruant au lieu d'vn Tiran fratricide, vn Prince bon, clement & legitime, qui vray nourrissier de ses sujets, succe le venin de leurs poitrines, aymant mieux voir sa vie au hazard, que celle des siens hors d'asseurance de salut & de vie. *Prophetie parmy les Turcs qu'vn Roy de France ruinera leur Estat.*

Ie dis vn Prince, qui succe le poison des ames de son peuple, par le desir ardent qu'on void briller & brusler dans son cœur, du bien & salut de ces vagabonds hors l'enclos de l'Eglise Catholique, errans par les desers de leurs opinions comme plus dignes de compassion. Car son auguste Maiesté n'a cessé, & ne cesse d'employer tous les moyens de douceur, de courtoisie, & de bien-vueillance, dont se peut aduiser vn Prince tres-clement, vn Roy tres-sage, & vn Pere tres-soigneux, pour les retirer de la gueule du loup, & *Affection grande de Henry IV. à l'Eglise Catholique.*

C iij

les remettre au parc des Brebis du Sauueur, monstrant à toutes rencontres par effets, par paroles, & par la serenité de son visage, la singuliere ioye qu'il a quand on luy donne nouuelle de la reduction de quelqu'vn: Et si au contraire, quelqu'autre charmé par les feintes apparences du mensonge veut renoncer à la Foy Catholique, cette mesme Maiesté s'efforce de luy arracher de l'ame ceste pernicieuse resolution, non en le catechisant par des raisons d'Estat, ou l'obligeant comme son Prince, mais le combatât par les tesmoignages de la verité, & l'instruisant comme son Pere.

Differēt de Venise & du Pape appaisé par le Roy.

Desir ardent certes & zele tres-diuin d'vn Roy si magnanime! dont encor le S. Siege tenu auiourd'huy par nostre S. Pere Paul V. sacré Parrain du grand Fleuron des LIS, a ressenty la douce & forte chaleur au different interuenu entre luy, & le Venitien ces annees passees, quand par l'entremise du tres-Illustre Cardinal François de Ioyeuse, vray François d'affection, comme de nom & de nation, & Prelat de tres-rare prudence & pieté, sa Majesté l'a si heureusement demeslé & composé, obligeant d'vn eternel bienfait celle noble & ancienne Seigneurie toujours affectionnee à cette Couronne: ains toute la Chrestienté menacee par vne petite bluette, de se voir ardre d'vn esclandre, dont la flame eust donné iusques aux Estoilles du Ciel, & les cendres iusques au centre de la terre.

Les Chrestiens des pays plus esloignez en ressentiront aussi bien tost les fruits, sa Maiesté leur ayant de-ja obtenu du grand Seigneur, vn domicile de ceux de la Compagnie de IESVS, à Pera lés Constantinople, pour y employer leurs trauaux, & porter le signe de la Croix, parmy les troupes Mahumetanes ennemies du nom Chrestien, & faire resonner le doux Nom de IESVS aux oreilles Chrestiennes en la barbe de Barbarie.

Iesuistes établis à Pera lés Constantinople par la faueur du Roy.

De sorte que si les tesmoignages de l'Antiquité innocente & veritable, ont à leur gloire honoré cette FRANCE de cette reputation, qu'elle a tousiours ouuert les bras à l'Eglise en ses afflictions, qu'elle a esté l'abry où elle se retiroit durant ses tourmentes: le Champ que Dieu cultiuoit, & dont il arrachoit mesme les espines de sa main: la Fleur du Lis, à l'ombre de laquelle il dormoit, & se reposoit au midy : l'Heritage le plus precieux, & qui luy estoit le plus acquis : le Sejour de ses delices : le Temple & la maison où il habitoit auec sa gloire; le Chanaà où au sortir de l'Egypte, & des fers de la Gentilité, il auoit faict reposer son Arche : Le Iardin où il arrosoit ses plus belles plantes: le Sanctuaire le plus plein de vœux & d'offrandes; & le plus doux air, & le plus doux respirer du Christianisme, où l'Eglise trouuoit plus de ferueurs, & la voix des Pasteurs plus d'obeissance. Ces louanges ne seront encore ingrates, & seront aussi meritées de la Posterité; laquelle adioustera encore à ce Tableau quelques traits & quelques couleurs, à fin qu'il soit l'Image parfaicte du plus grand Roy qu'ayét iamais veu les Siecles passez: & luy dressàt de plus glorieux monumés de sa main, elle dira que son zele à recueillir les Conseils de l'Eglise, que son

Belles louanges de la France.

Zele & affection de nostre Roy à l'Eglise.

C iiij

affection à faire garder ses preceptes, que son soin à faire obeir aux Loix que le S. Esprit donne par sa bouche, ce sont des effets qui esleuent plus haut les premiers honneurs de son Royaume.

Et nous cependant qui auons l'honneur d'estre les tesmoins de ces exemples, les publierons par tout, afin qu'on cognoisse que si ce grand Prince n'eust receu des Roys ses deuanciers, l'Auguste nom de Tres-Chrestien, & l'honneur de premier Fils de l'Eglise, il en asseureroit les titres & qualitez à ses Successeurs.

Mais me taisant icy, de peur que ces pures louanges ne soient estimees flateries : Ie diray seulement, qu'auoir remis par quatorze fois les Papes en leurs Sieges, auoir tant de fois mené les mains contre les Goths, Arriés, & Sarrazins, iusques à en faire tomber plus de cent mille en vne seule fois, auoir par trois fois pasé des armees grandes de nombre & de courage en Leuant, & fait contre les Infideles mille beaux exploits de guerre: auoir porté la Religion Chrestienne iusques aux extremitez du monde : auoir repurgé l'Espagne, comme vne autre estable d'Augee, de tant de Payens & Heretiques, qui y fourmilloiēt en abondance : auoir contraint les Saxons apres tant de belles victoires acquises sur eux, de receuoir la Foy de Iesvs-Christ: mis les Danois en l'Eglise, & innumerables peuples : auoir défaict l'Heresie dans les champs Albigeois, & de fraische memoire auoir remis l'Eglise en honneur, & son honneur en telle seureté, que les orages & tempestes ne troublent plus tant le serein de son repos: ce sont les belles & veritables preuues de l'affection & du deuoir que les ROYS DE FRANCE ont toujours eu à la Religion, & qui les ont non seulement fait estimer de vray, & paroistre en effect tres-Religieux sur tous les Princes de la Chrestienté ; mais qui ont aussi imprimé en l'ame de leurs sujets, & des peuples estrangers, que toutes leurs Actiós sont bonnes, & qu'elles ne peuuent estre que prosperes & genereuses, estans aymez de Dieu, & ayans tant d'ardeur à son seruice. Si bien qu'ils peuuent dire enuers vn seul Dieu ce qu'Aurelius disoit enuers plusieurs, quand Faustina sa femme luy demãdoit ce qu'il feroit perdant la bataille contre Cassius : *Ie ne sers pas si mal mes Dieux, qu'ils me vueillent enuoyer vne telle infortune.*

Actions des Roys de Frãce toutes bonnes & heureuses.

DE LA FOY DES ROYS DE FRANCE,

Et comme ils ont fait par tout reluire la verité de leurs paroles, sur tous les Roys du monde.

DISCOVRS II.

Foy, Colône de l'Estat.

DE tout temps, & entre toutes Nations, ç'a esté vn Oracle de la Nature, & tenu en l'Escole de tous les Sages, que la RELIGION & la Foy sont les deux Colonnes, qui asseurent & soutiennent les Estats, comme la Perfidie & l'Irreligion en sont la peste & la perte. Nous auons cy deuant parlé de la premiere, & nous dressons maintenant ce Discours de la seconde, à fin de faire voir, que c'est vne autre particuliere faueur de la Couronne que Dieu a donnee aux ROYS DE FRANCE, & qui est certainement de haut lustre, & de grande splendeur parmy tous les Roys de la terre; Que non seulement ils n'ayent iamais donné sujet de douter de leur parole, voire n'en ayent iamais manqué à leurs amis, ennemis, ny à leurs propres sujets: mais que sur les autres Princes du monde, ils ayent aux Alliances, & Confederations traité rondement, sincerement, & doucement, faict partout reluire la verité de leurs promesses, & exceller leur bonne Foy, qui pour necessité quelconque, ny pour occasion que ce soit, ne leur a permis de tromper, non pas mesme pour l'etablissement de leurs affaires. *Roys de France fideles & veritables sur tous les Roys du monde.*

Les Anciens ont dict que la Foy estoit le fondement de la Iustice, l'honneur du Ciel & de la Terre, sans laquelle le monde ne pouuoit estre en paix: & ont dressé son Autel tout proche d'vn Iupiter Foudroyant, pour monstrer que Dieu est vengeur du violement de la Foy. Comme elle a la meilleure part de l'essence & de la solennité des alliances & confederations, ausquelles Dieu est inuoqué pour tesmoin, & iuge de l'intention de ceux qui promettent, & s'obligent: aussi est-elle grandement offensee au violement des promesses. Il faut plusieurs actes de vertu pour acquerir & conseruer vne bonne & grande reputation: vne seule action au contraire, telle que celle-cy, la fait perdre & en étouffe la memoire. C'est pourquoy les louanges qu'on donne à plusieurs Nations sont estimées vaines, & ridicules; pour estre separees de ceste constante & immuable affection de garder sa Foy. Comme les Grecs ont esté louez de plusieurs actions de vaillance & de vertu: lesquelles toutesfois s'esuanouissent honteusement aux reproches qu'on leur a faict en tout temps de se desdire promptement de leurs paroles, & de leur *Louange de la Foy. Autel de la Foy pres de Iupiter à Rome. Violemēt des promesses. Grecs sans parole & sans Foy.*

propre science de ne s'obliger que pour ne rien tenir. Au contraire la memoire est immortelle de la foy & de la constance des Romains, qui auoient en horreur le manquement des promesses, & tenoient crime inexpiable le violement des Traitez. Ce ne sont pas les armes seulement, mais la fermeté & la Religion de la Foy promise qui a conduit leur fortune à vn si haut point de puissance, qu'ils ont tenu en leurs mains les renes de toutes les Prouinces de la terre habitable.

Estat de l'ancienne Rome.

Au commencement les peuples voisins n'estimoient pas Rome vne ville, mais plutost vn nid de tyrannie, vne citadelle au milieu d'eux pour les mastiner. Mais quand ils recogneurent que la foy & simple serment, toute crainte des loix & des chastimens mise en arriere, gouuernoit la ville, ils s'estimerent assez heureux d'obeir à vn peuple si genereux en ses actions, si constant en ses paroles, si religieux en ses sermens, que comme dit fort bien Quintus Marcius dans Tite Liue, *Les Dieux ont fauorisé la Pieté & la Foy, auec lesquelles il est venu à si grand Empire*. Et fort bien pour le Roy des Perses, qui mettoit toute son esperance en ses ruses & tromperies, se souciant peu des Traitez qui estoient faits auec luy.

François fideles & loyaux.

Les Fortunes des François ont de grandes conuenances & conformitez à la Republique des Romains: & tout ainsi qu'ils ne leur cedent rié en valeur & generosité, aussi ont ils tousiours conserué comme eux la religion de leurs paroles & de leurs promesses, estimans la Foy publique la base & le fondement de leur Estat. Ie dis tousjours: c'est à dire apres que *ceste venerable Deité* de la Foy leur a tendu sa main dextre, le tres-asseuré gaige du salut des humains, au Christianisme de leurs Princes. Car ce que Saluianus Massiliensis les a reprochez de perfidie, se doit entendre pendant qu'ils estoient encore errans és tenebres du Paganisme, comme luy mesme l'auouë en ces termes. *Ie parleray premierement des Payens, à cause que leur erreur est la plus detestable. Les Saxons sont cruels & farouches, les Francons infideles.* Et vn peu plus bas. *La deloyauté des Francons est-elle tant à blasmer que celle des Chrestiens? Si les Francons se pariurent, pourquoy ne le feront-ils, puis qu'ils estiment que le pariure soit plutost vne façon de parler, que non pas faute, ou crime? Et se faut-il ébahir si les barbares ont telle opinion, eux qui n'ont point de loy, & qui ignorent Dieu, veu que la plus grande partie des Chrestiens en est là logée, qui toutefois sçauent fort bien qu'ils pechent?* Et le reproche aussi que leur en faict Agathias en ces mots. *Tout soudain les François mirent en oubly les confederations & sermens qu'vn peu auparauant ils auoient faits tant auec les Romains, qu'auec les Goths, estant cette nation par dessus tous les hommes mortels, tres-facile à rompre sa Foy,* Ce reproche, di-je, ressent à pleine bouche la mesme Gentilité de ce peuple encor infidele.

Comme le premier trait de la corruption des mœurs, c'est le bannissement de la verité, aussi l'estre veritable est-ce le commencement d'vne grande vertu, & le premier article que Platon demande au gouuerneur de sa Republique. Les ROYS DE FRANCE s'y sont formez, apres que l'vnique Religion qui n'est que verité, & qui ne peut rien souffrir de faux, les a marquez de ses

Veritére- quise en vn Roy.

perfections : ils s'y sont façonnez ainsi qu'à vn exercice d'honneur, & prenans cette sentence pour gouuernante & maitresse de leurs cōseils & actions, *qu'il n'est rien plus clair que la lumiere, riē plus luisant de gloire que ce tesmoignage, que quād la verité reluit en l'ame, & l'ame se mire en la verité*, ils se sont d'autāt moins departis de la verité de leurs paroles, qu'aussi tost que par vn decry general de perfidie & de lascheté, quelque Republique a donné sujet de douter de sa foy, il est certain que pour trouuer creance parmy les autres Estats & peuples incognus, il faut qu'elle inuente des formes de Religiō pour qu'ils se fiēt à ses promesses : Car ceux qui cognoissent les trōpeurs se gardēt de la tromperie. Ces grands Princes ne tendans qu'à estre grands & heureux, ont si constamment tendu leur dextre à cette Deesse : & l'ont si religieusement respectée, que leur Royaume en fait seul des trophees en ses Deuises publiques, qui sont telles, VN DIEV, VN ROY, VNE LOY, VNE FOY : Et que sainct Gregoire la vante sur la deloyauté de tous les Roys de la terre, en vne sienne Epistre au Roy Childebert, où il dit ces belles & veritables paroles. *Comme la lueur d'vn grand flambeau paroist plus en l'epoisseur d'vne noire nuict, par la clarté de sa lumiere : ainsi la lumiere de vostre Foy reluit parmy la perfidie des autres nations.* C'est ceste veritable Deité, qui a affermy par sa puissance, & rēdu hereditaire l'Estat fleurissant que la Religion leur auoit si liberalement acquis. C'est ceste Foy, di-ie, qui a credité leur reputation, & magnifié leur gloire par tout l'Vniuers, de laquelle on lit des tesmoignages merueilleux, &

Roys de France veritables en leurs paroles, & soigneux de garder la foy donnee.

des exéples sans nóbre dans leurs Histoires : mais ie me cótenteray d'en reciter quelques vns des plus signalez & beaux : pour contenter l'oreille des plus curieux.

IEAN I. ayant esté vaincu en vne grande bataille, pris, & mené prisonnier en Angleterre, y fut quatre ans entiers sous garde, non du tout si estroite : reuint en son Royaume ayát traité auec son ennemy à certaines conditions : lesquelles apres auoir recogneu qu'elles estoient trouuees insupportables par ses sujets, & que les villes à rendre aux Anglois ne receuroient facilement vn nouueau ioug ny garnison d'eux, luy pour adoucir son ennemy, & tesmoigner sa foy, passa pour la seconde fois en Angleterre, & là mourut de maladie. Il a fait parler de soy pour la grande bataille qu'il perdit : mais il a releué l'honneur de sa reputation, parce qu'elle a esté au loing estendue & entendue, par la constance de sa foy.

Foy grande de Iean premier, vers les Anglois.

I'en reciteray encor vn autre non moins remarquable, de FRANÇOIS premier. Ce fut ce grand Roy de France, qui receut, logea & conduisit par son Royaume affablement & Royallement, Charles Quint, appuyé sur la seule foy de Roy & sur sa fortune, lors qu'il estoit pressé de passer en Flandres cótre les rebelles de Gand. Entr'eux y eut diuers propos, & mesme pour confirmer la paix, proposé de dóner à Charles fils du Roy le Duché de Milan, suyuát le pourparler qui en auoit esté commencé entr'eux. Mais depuis estant paruenu au Throsne de l'Empire, & les orages qui troubloyent le calme & la tranquilité de sa domination estans appaisez, il sembla

Loyauté de Fráçois premier, enuers Charles le Quint, Empereur.

sur cét affaire vier de remise, par-ce peut estre qu'au parauant son intention n'estoit pas d'y entendre à bon escient. Et apres ceste Royale franchise & facilité fut batuë & rebatuë des discours de plusieurs en diuerses façons, *Pourquoy il n'auoit retenu cest homme, sur lequel estoit l'importance de tous affaires ? En quel temps se presenteroit si belle occasion ? Qu'vne tant auantageuse vtilité valoit bien, que l'on entreprist hardiment vn beau fait, au peril de quelque mescontentement ou mauuais bruit. Au moins s'il luy eust faict faire quelque chose de stable & d'asseuré : maintenant que peut-on auoir gaigné, sinon vne vaine gloire entre les plus simples, & vne moquerie entre les plus aduisez ?* De tout cela ce grand FRANÇOIS n'en estoit pas ignorant : & depuis en Assemblee celebre des plus grands de son Royaume il leur dist cecy, tant pour s'excuser enuers eux, que pour les aduertir de ce qui estoit de son deuoir en celà : *Encores que la Foy seroit bannie de tout le monde, toutefois les Roys la doyuent garder, parce qu'elle est celle seule, auec laquelle, & non auec la crainte, ils puissent estre contrains & pressez.* Ceste parole est bien notable, & cela est bien la verité. Nous autres sommes retenus par la loy ou la peine : les Princes ne le sont que par la hôte & la foy.

La Foy ne doit estre rompue par force, ny par fraudes.

Où sont maintenant ces nouueaux Docteurs, qui n'ont ny autel, ny foy, ny aucuns paches ou paroles asseurees ? qui empoisonnent les oreilles des Princes & les exhortent de mépriser toutes choses iustes, & honnestes, si par ce moyen ils peuuent auoir le dessus ? qui recuisent ces mots ja long temps morts, *Qu'il est*

est loisible pour regner de violer le droit, pourueu qu'en toutes autres choses l'on obserue la pieté? O miserables & vains! La foy n'est forcee d'aucune necessité à tromper: elle ne peut, ne doit estre corrompuë, ny pour aucun prix violee: elle est preferable aux plus grands, & plus riches Royaumes.

Les perfides entremeslent des fraudes, & petites surprises, & n'ont iamais faute de pretexte, pour ne tenir point leurs paroles, voilàs tousiours leurs tromperies de quelque asseurance de droit. Mais c'est vne autre obseruation en la Prouidence diuine, que ces finets & deloyaux, pour subtiles que puissent estre leurs intentions, rarement ou iamais ne paruiennent à grande puissance, ou s'ils y paruiennent, ils n'y sont iamais asseurez: qu'ils escoutent ce que dit le braue Brasidas. Qu'il est plus vilain à ceux qui sont en quelque degré d'autorité & dignité, de deguiser frauduleusement les choses honnestes, ou les offencer finement, que de le faire à voye ouuerte. Toujours la mauuaise foy est punie, ou en ceux qui la violent, ou en leur posterité. Ce qu'Homere mesme recognoist veritable, (bien que ce soit vn grand étaleur de bagatelles Poëtiques, & vn doux & delicieux menteur) en ces propres termes.

Perfides & desloyaux ne prosperée iamais, & sont tost ou tard punis de Dieu.

Non en vain les sermens n'auront esté prestez,
Ny le sang des Aigneaux, ny les accords traitez,
Ny de la bonne main les couples solemnelles,
N'auront à demeurer parmy nous infidelles.
Car bien que sur le champ, le grand Olympien
Plein de iuste couroux n'en execute rien,
A la longue il mettra parmy eux si grand trouble
Qu'ils se verront contrains de le payer au double,

D

Ou sur leurs propres Chefs, ou (s'ils en sont exans)
Sur leurs femmes, ou bien sur leurs propres enfans.

Espagnols perfides. Et les Espagnols en sçauroient bien que dire, desquels la perfidie & deloyauté, aussi bien que la paillardise, & les sensualitez de leur Roy Roderic, furent le seul motif de faire acheminer les infideles en Espagne, de leur faciliter l'entree en icelle, & leur donner le moyen de la reduire en leur puissance.

Foy doit estre gardee à l'infidelle mesme. Ce qu'aucuns disent pour excuse, *Que la foy ne doit point estre gardee à l'infidele*, est vn erreur. Il la faut garder aux perfides mesmes, voire parmy les armes, & celuy là est vrayement homme de guerre, qui a cette maxime pour but & commencement de ses affaires. C'est pourquoy Pierre Martir enuoyé par Ferdinand en Ambassade vers le Souldan d'Egypte, pour traiter de confederation auec luy, fut contraint de renier honteusement le mauuais traitement & la deloyauté, dont il sçauoit bien que son Maistre auoit vsé enuers les Maures de Grenade: Maures, de l'ame desquels la perfidie est inseparable, comme la noirceur de leurs corps. Au contraire nostre grand S. Lovys prisonnier és mains de l'Infidele, comme le sieur de Ioinuille, qui luy tint compagnie en sa captiuité & en sa deliurance, nous donne bien à entendre en sa vie, fut si conscientieux, qu'il ne voulut onc mettre le pied hors d'Egypte, qu'il ne fust asseuré que ses Tresoriers auoient rendu aux Mamelus vne grosse somme d'or qu'ils leur auoient corbinee en payant sa rançon. Qui fut non seulement vn trait de Roy de France, non d'vn auare Espagnol, tel qu'on la veu au payement de la rançon du grand Roy FRANÇOIS: mais vn exemple vrayment Royal, & d'assez grand poix, enuers ses sujets, pour faire preualoir la foy donnée à l'vtilité particuliere. Comme de fait il se trouue plusieurs hommes de bien, qui ayans esté pris dés voleurs, & remis en liberté auec serment du payement de certaine somme, ne penseroient estre quittes de leur foy sans payer estans hors de leurs mains, & ce que la crainte leur auroit fait vne fois vouloir, ils se sentiroient tenus de le vouloir encore sans crainte. Et quand elle n'auroit forcé que leur langue sans la volonté, encore s'estimeroient-ils obligez de faire la maille bonne de leur parole. Autrement de degré en degré, nous viendrons à abolir tout le droit qu'vn tiers prend de nos promesses : En cecy seulement ayant lieu l'interest priué, de nous excuser de faillir à nostre promesse, si nous auons promis chose méchante & inique de soy.

Certes, il n'y a qualitez dont les Princes puissent mieux faire leurs affaires, que de la verité & loyauté: nulles autres marques ne leur peuuent attirer & mesnager les volontez des peuples, comme celles-cy. Par ceste proportion nos Roys se trouuent grands & rares, comme les Ottomans, race peu soigneuse de l'obseruance des paches & promesses, se trouuent pygmees & populaires à la proportion de nos Roys. Ausquels il est vulgaire de voir des Princes religieux en l'obseruance de leurs paroles, ny doubles, ny soupples, ny accommodans leur foy à la volonté d'autruy & aux

Verité & loyauté, qualitez propres des Roys de France.

occasions. Plutost lairroient ils rompre le col aux affaires, que de plier leur foy pour leur seruice. Car quant à ces nouuelles vertus de feintise & dissimulation, qui sont à cette heure si fort en credit parmy les corruptions de nostre siecle, ils les ont tousiours capitalement hayes : & bien qu'elles tiennent parmy les opinions communes de notables qualitez, si est-ce qu'entre'eux, qui sont demeurez dans les termes de l'ancienne rondeur, & integrité, & qui ne sçauent les ruses & piperies des nouueaux venus, les peuples qui en sont diffamez ont perdu tous leurs amis.

Feintise & dissimulation hayes des Roys de France.

De tous les vices, ils n'en ont trouué aucun, qui tesmoigne tant de lascheté & bassesse de cœur. C'est vne humeur couarde & seruile de s'aller déguiser & cacher souz vn masque, & de n'oser se faire voir tel qu'on est. Par là les autres se dressent à la perfidie. Estans duits à produire des paroles fausses, ils ne font pas conscience d'y manquer. Leur cœur genereux n'a iamais dementy leurs pensees, ils se sont toujours fait voir iusques au dedans : C'est la premiere & fondamentale partie de leurs vertus : ils l'ont aymee pour elle mesme. Aristote estime office de magnanimité, hayr & aymer à descouuert, iuger, parler auec toute franchise, & au pris de la verité ne faire cas de l'approbation ou reprobation d'autruy. Leur ame de sa Royale complexion a toujours refuy la menterie, & hay mesme à la penser. Ils n'ont pas toujours dit tout: car c'eust esté simplicité; mais ce qu'ils ont dit, ou promis, il a esté tel qu'ils l'ont pensé.

Dissimulatiõ & feintise esmoins de lascheté & couardise.

Ie ne sçay pas quelle commodité attendent

quelques Princes de ce temps, de se feindre & contrefaire sans cesse, si ce n'est de n'en estre pas creus lors mesme qu'ils disent verité. Cela peut tromper vne fois ou deux les hommes: mais de faire profession de se tenir couuert, & se vanter, comme ont faict aucuns, *qu'ils iecteroient leur chemise au feu si elle estoit participante de leurs vrayes intentions,* qui est vn mot de l'ancien Metellus Macedonicus: Et, *Qui ne sçait se feindre, ne sçait pas regner,* c'est tenir aduertis ceux qui ont à les pratiquer, que ce n'est que piperie & mensonge qu'ils disent & promettent. Ce seroit vne grande simplesse à qui se lairroit amuser ny au visage, ny aux paroles de celuy, qui fait estat d'estre tousiours autre au dehors qu'il n'est au dedans, comme faisoit Tibere. Et ne sçay quelle part telles gens peuuent auoir au commerce des hommes, ne produisant rien qui soit receu pour comptant. Qui est desloyal enuers la verité, l'est aussi enuers le mensonge.

Feintise & dissimulatiō inutiles au Prince.

Ceux qui de nostre temps ont consideré en l'etablissement du deuoir d'vn Prince, le bien de ses affaires seulement: & l'ont preferé au soin de sa foy & conscience, diroient quelque chose à vn Prince, de qui la fortune auroit rengé les affaires à tel point, que pour tout iamais il les peut establir par vn seul manquement & faute à sa parole. Mais il n'en va pas ainsi. On rechet souuent en pareil marché, on faict plus d'vne Paix, plus d'vn Traité en sa vie. Le gain, qui les conuie à la premiere desloyauté, & quasi toujours il s'en presente, comme à toutes autres meschancetez: les sacrileges, les meurtres, les rebellions, les tra-

Les Princes qui meprisent la foy, ne sçauroiēt bien faire leurs affaires.

hisons s'entreprennent pour quelque espece de fruit. Mais ce premier gain apporte infinis dommages suiuans : jettant le Prince hors de tout commerce, & de tout moyen de negociation, par l'exemple de ceste infidelité.

Detestatiō de la perfidie.

L'Ambition, qui oste & remet les Dieux en l'entendemēt de ses esclaues, comme il luy plaist, a inuenté ceste execrable maxime, qui permet de violer la Religion pour regner, & qui conseille de ne se soucier de la foy donnee quand il y va des moyens d'agrandir son Empire. Mais les Roys de France qui ont tous eu bonne opinion des choses de l'autre monde, se sont tousiours souuenus, Que Dieu est offensé au violement des promesses, qui se font en l'inuocation de son sainct nom : Que c'est vn deplorable aueuglement de se laisser vaincre à la perfidie, pour accroistre ses Estats d'vne ville, ou d'vne Prouince. Car quand ce seroit de tout vn Royaume, il y a encor si peu de proportion entre ce qui se gaigne, & ce qui se perd, que toute ceste grande estenduë des terres & des eaux, pour laquelle

Nulle proportion du Ciel à la Terre.

nous voyons si estranges remuemens, n'est non plus en comparaison du Ciel, qu'vne miette de terre au respect de toute la Terre : & quand le tour du monde terrestre auroit tous les stades & Olympiens, & Pythiens, & Italiens, que luy donnent les Mathematiciens, & Aristote, & Censorinus, & Eratosthenes, & Alphragan, & les autres, qui ont quasi fait tout le tour de toute la Terre, ce ne seroit qu'vn Atome, ou vn festu, au respect non du Ciel Empiree, dont la grandeur est incomprehensible, mais du huictiesme de la France, Livre I. 55

Ciel, dont la sphere est vingt-deux mille & six cens fois plus grande, que celle de l'eau, & de la terre.

La forme la plus solennelle des Traitez est le serment qui oblige ceux qui traitent & promettent. Et ces grands Princes les ont toujours d'autant plus soigneusement gardez, qu'ils les ont iurez par les actes les plus religieux de leur Religion, le nom du Dieu viuant, qui ne doit estre pris en vain, & qui est pollu par la legereté du serment, y estant inuoqué pour tesmoin & iuge de leurs intentions. Ce n'a iamais esté assez qu'ils les ayent signez, & engagé la fermeté de leurs paroles, pour les maintenir, ils ont voulu appeller comme pour iuge & tesmoin de leurs pensees le Dieu du Ciel, remettans entre les mains de sa Iustice leur Foy pour l'asseurance de leurs promesses. Comme les anciens iuroient en mettant les mains sur les Autels, ces Roys ont toujours iuré en touchant les saincts Euangiles. Et leur serment estoit conceu en ces termes. *Nous promettons sur nos foy & honneur, & en parole de Roy, & iurons sur la Croix, saincts Euangiles de Dieu, & Canon de la Messe, pour-ce par nous touchez, Que nous obseruerons & accomplirons plainement, realement & de bonne foy, tous & chacuns les points & articles, portez par le Traité de Paix, reconciliation & amitié, faict, conclud, & arresté à .... le .... iour du mois de .... dernier passé &c. Et ferons le tout entretenir, bien garder, & obseruer inuiolablement de nostre part, sans iamais y pouuoir contreuenir, ny souffrir y estre contreuenu en aucune*

Formulaire des Sermēs de nos Roys, en leurs Traitez.

D iiij

sorte & maniere que ce soit, en foy & tesmoignage de-quoy nous auons signé ces presentes de nostre propre main &c.

Paix de Veruins.

Ainsi iura nostre grand Henry aux ceremonies du serment de la Paix conclue à Veruins entre luy & le Roy d'Espagne, en l'Eglise nostre Dame de Paris le Dimanche 21. Iuin 1598. voulant que la sincereté de son intention fust cogneuë à tout le monde, & Paris tesmoin du serment qu'il faisoit, de garder la Paix aussi religieusement, qu'il auoit faict la guerre iustement.

Ceremonies des sermens des anciens.

Les anciens chargeoient cest acte de Religion de plusieurs ceremonies, se soumettans à des peines espouuentables s'ils manquoient de parole. Les Fecialiens ou les Herauts tuoient vn pourceau, & s'escrioient qu'il en fut de mesme de celuy, qui le premier romproit sa foy, & violeroit le Traité. Les cheueux dressent à la teste de celuy, qui lit le serment par lequel les Romains & les Carthaginois iurerent leur accord, inuoquás leur Iupiter d'octroyer toutes choses prosperes à celuy qui sans fraude & droituricrement faisoit l'accord & le serment. *Que si ie le fais, & pourpensé d'vne autre sorte,* disoit celuy qui iuroit, *tout le reste sain & sauue, & moy seul au milieu des Loix & du droit de ma patrie propre, dedans ma propre habitation, dans mes propres temples, en mes sepulcres propres, puissé-je perir malheureusement, tout ainsi que cette pierre partira de ma main*: & en disant celà iettoit la pierre.

Cette Foy publique, & ceste Religion des ROYS DE FRANCE, en leurs sermens, & en

de la France, Liure I. 57

leurs promesses, ont toujours esté si fermes & si durables, que n'ayans iamais peu estre changees, ny alterees, elles ont donné par tout bonne preuue de la droiture & sincerité de leurs intentions : & ont fait estimer, voire desirer & rechercher l'Alliance de France sur toutes les autres, à tant de Republiques, qui les ont toujours tenus & maintenus pour Protecteurs & defenseurs de leurs dominations, & de leurs droits.

Tesmoin la Seigneurie & Communauté de Venise, alliee de tout têps, & tres affectionnee à leur Couronne, pour s'estre veuë & se voir encor' tres-etroitement obligee de leurs eternels bien-faits. *Alliances de Venise.*

Tesmoin celle de Florence, *qui toujours a esté* (pour vser des propres mots d'vn de nos Lovys en l'annee 1478.) *si affectee à nous : aux Roys, & à la maison de France, qu'ils les ont tenus pour leurs singuliers Protecteurs. Et en signe de ce, à chacune fois qu'ils renouuellent les Gouuerneurs de leur Seigneurie, ils font serment d'estre bons, & loyaux à la Maison de France, de garder leur honneur, & eux entretenir en leur amitié, bien-vueillance & seruice.* Et par vne mutuelle obligation de foy & loyauté, les mesmes Roys de France *n'ont iamais peu dissimuler la guerre & oppression qu'on a faicte ausdicts de Florence leurs anciens amis & alliez, & à cause d'eux au Duc & Seigneurie de Venise.* Florence, l'vn des yeux d'Italie, comme Athenes l'a esté autrefois de la Grece : Florence, di-je, ordonnee de la Prouidence de Dieu, pour produire en ce temps vn quatriesme Roy en France, comme elle en a deja fait naistre trois : la Sagesse eternelle, qui resout *Alliance de Florêce.*

les Mariages des Princes au Ciel & les benift en terre, n'ayant voulu marier cette Princeſſe niepce de ſon Duc, à l'Empereur, pour la reſeruer au bien, & pour le bien d'vn plus grand Empire, & n'ayant pas eu aggreable que la France cherchaſt les moyens de perpetuer la Couronne en la poſterité du Roy, ailleurs qu'en cette floriſſante Republique de Florence.

Iules X. faict Pape & paruenu au Pontifical en vne nuict, & ayant l'eſprit terrible & impetueux, comme dict Paul Ioue, & deſireux de remuer en Italie, s'eſtoit efforcé de ſeparer de l'amitié des Roys de France, ces Florentins, qu'il ſçauoit auoir eſté par eux ſi genereuſemét defendus de la furie de leurs ennemis, apres la mort ſanglante de Iulian de Medicis. Mais il recognut en fin, que, comme ſelon Tullius, *La guerre n'eſt iamais entrepriſe par vn Eſtat ou Republique bien reglee, que pour la Foy, & pour le ſalut:* C'eſt auſſi la foy, qui a incité & porté nos Princes, à deffendre le ſalut de ceux, auec leſquels ils auoiét traité alliáce & ſocieté, ou pour vſer des termes du Philoſophe, qui leur a fait *prendre les armes pour repouſſer l'iniure qui leur auoit eſté faicte, pour ſecourir & ayder leurs amis & alliez qui auoient eſté offenſez.*

Teſmoins encore, mais teſmoins ſur to⁹ honorables & glorieux, les Seigneuries & Cómunautez de tant de vieux Capitaines Suiſſes, & Griſons, qui ont ſeruy & ſuiuy leurs Maieſtez aux guerres d'Italie, qui les premiers ont ouuert ces chemins impenetrables des Alpes, & qui ne voiét encor aujourd'huy leurs enfans marquez d'autre liuree que de la Fleur de Lis.

Alliáce de Fráce & des Suiſſes.

Et à la verité si les choses sont considerees par leur origine, on trouuera en la source de ceste alliance des principes si saincts & iustes, des effets si heureux & certains, qu'on ne doutera point qu'elle n'ayt pour fondement la Iustice, pour ciment la foy, pour preuue le temps, & que ses racines estans attachees au Ciel, elle ne merite d'estre appellee vrayment le traité de sel, que la parole de Dieu donne aux confederations plus fermes & asseurees.

Si les François deuoient estre alliez auec quelques Nations, ce ne pouuoit estre qu'auec celle qui a toujours eu vne grande reputation de valeur & de vertu. Quand Cæsar vrayement grãd aux expeditions militaires, comme en la science de cognoistre les peuples, parle de plusieurs grãdes Nations du monde, il semble qu'il y ait passé comme par des deserts remplis d'hommes farouches: mais quand il parle des Suisses, c'est comme des plus vaillãs des Gaules, & des Gaules comme de la plus vaillãte & genereuse Natiõ du monde. *Iugement que Cæsar fait des Suisses.*

Que si ceux-là doiuent estre estimez entre les premiers peuples du mõde, qui retiennẽt plus de ceste premiere liberté, souz laquelle les hommes desirẽt naitre: il est certain que ces deux emportẽt le prix, n'y ayãt Monarchie au mõde, dont le joug soit plus doux, ny où il y ait moins de seruitude qu'en France, ny Republique où la liberté soit mieux limitee de la Iustice & de la raison, que celle des treize villes confederees. De sorte que si l'amitié peut venir de quelque conformité ell'a eu tant de rencõtre entre ces deux Natiõs, qu'ils ne pouuoient estre separez que de montagnes *Frãçois libres surtous peuples.*

& de riuieres, non d'affections & de desseins, & ces deux peuples estimez de tout temps les premiers fils de la vaillance, ne pouuoient estre que freres.

La vaillāce a conioint par amitié les Gaulois & les Suisses.

Elle en monstra les premiers effets quand ils firent ceste grande & haute resolution, de les affranchir d'vne domination, que la grandeur de leur courage iugeoit honteuse & insuportable: Ils n'eurent lors meilleurs voisins, & n'ont depuis esprouué meilleurs amis, que les François, qui leur tindrent la main en ce mauuais pas.

Suisses affranchis de la domination d'Austriche.

Apres ces memorables batailles pour asseurer leur liberté, dont toute l'Europe parle auec autant de reputation, comme autrefois toute l'Asie de celles de Miltiades, Leonides, & Themistocles, pour la franchise des Grecs contre l'ambition des Perses, le Roy CHARLES VII. iugea, qu'estant en valeur la premiere Republique de l'Europe, ils deuoient estre plus estroitement liez à la premiere Monarchie des Chrestiens. Et fut cette premiere ligue & confederation faicte le 4. Auril, 1453.

Louys XI. fauorisa les Suisses contre le Duc de Bourgongne.

LOVYS XI. la confirma à Abbeuille le 27. Nouembre 1463. & continua apres ces trois memorables rencontres, dont ils ont encore parmy eux de si glorieuses enseignes, contre le dernier Duc de Bourgongne leur commun ennemy.

Le Roy CHARLES VIII. auant que passer en Italie voulut que les Traitez d'Alliance entre sa Couronne & les Ligues fussent confirmez, se seruir de leurs soldats en guerre pour corps d'armee & garde de sa personne, & pour ornement de sa Maiesté Royale en temps de Paix.

L'Empereur Maximilian marry des grands effets de ceste bonne intelligence, pour separer ce qu'il ne pouuoit rompre, ne cessa qu'il ne les eust faict departir de l'Alliance, par la Ligue hereditaire de Constance, l'an 1508. La prudence & la bonne fortune du Roy LOVYS XII. les y ramena. *Suisses departis de l'Alliance.*

Et tout aussi tost que le Roy FRANÇOIS I. fut paruenu à la Couronne, & que l'Empereur le sollicita de s'entendre ensemble contre eux, il demeura en cette Alliance, & y adiousta des conditions plus aduantageuses pour ceste Republique, qu'il garda si fermes & entieres, tát en guerre, qu'en Paix, qu'il s'est acquis parmy les Suisses le glorieux surnom de bon Pere de la nation des Ligues. *François premier appellé pere des Ligues.*

Le Roy HENRY II. pour serrer d'vn nœud plus estroit ceste Alliance, les fist ses comperes, & n'eut rien qui luy donnast plus de contentemét en la renouuellant, que de voir leurs amitiez moins communes, & que les autres Princes qui les ont acquis depuis, en estoient esloignez.

Aussi est il certain que ceste Republique n'a rien de plus glorieux que de se vanter d'auoir pour allié le premier Roy des Chrestiens. Alexandre accepta la Bourgeoise que les Corinthiens luy presenterent, par ce que Hercules ne l'auoit refusee. Et les plus grands Princes de l'Europe ont recherché & desiré le mesme auec les Ligues, quand ils ont veu qu'vn Roy de France en faisoit estat, que LOVYS XI. ne *Alexandre bourgeois de Corinthe.*

dédaignoit de s'appeller Bourgeois de Suisse, comme Antigonus & Demetrius Roys d'Asie, Euagoras Roy de Cypre, & Denis de Syracuse reputerent à honneur d'estre Bourgeois d'Athenes.

Alliance renouuellee auec les Suisses.

Ceste amitié & Alliance finie par le decés de HENRY III. a esté renouuellee ces annees passees par nostre grand Roy HENRY IIII. toute telle & semblable, voire plus auguste & glorieuse qu'ils ne l'auoient encore euë auec les Roys de France ses Predecesseurs.

Les Ambassadeurs des treize Cantons vindrent à Paris pour la iurer en l'annee mil six cens deux : & bien que nul d'eux doutast de la parole du Roy, qui doit estre tenue aussi asseuree que l'effet, ils voulurent toutefois que tous les articles du Traité fussent signez auant que d'aller au fermét, duquel furent les solennitez & ceremonies faictes en l'Eglise nostre Dame, le Dimanche vingtiesme du mois d'Octobre, où le Roy leur promist de soy toute l'affection & bien-veillance qui se peut esperer du Prince leur meilleur amy, allié & confederé. Et comme il estima & accepta tres-volontiers les offres de leur secours, il leur promist aussi en foy & parole de Roy, qui n'a iamais manqué en ses promesses, de les assister de toutes ses forces & moyens, voire de sa propre personne à l'encontre de ceux qui voudroient opprimer leur liberté ou entreprendre à leur preiudice. Ce qu'il les pria croire auec toute asseurance, *comme* procedant de la pure & vraye sincerité de son cœur, estant prest de iurer auec eux le Traité d'Alliance auec intention de l'obseruer inuiolablement, en toute rondeur & franchise. Et apres que Monsieur le Chancelier le leur eut dit plus amplement de sa part, il les inuita au serment, & à mettre les mains par ordre de Cantons, & d'alliez sur les Saints Euangiles, comme en la presence du Dieu viuant, qui ne peut point estre appellé à tesmoin d'vne perfidie, & leur dict. *Vous iurez & promettez sur les Saints Euangiles, au nom de vos Seigneurs & superieurs, de bien & fidellement obseruer le Traité d'Alliance fait entre sa Maiesté & vos Superieurs, sans aller ny faire aucune chose au contraire, directement ou indirectement.* Apres que tous les Ambassadeurs eurent iuré, le Roy dist tout haut qu'il iuroit aussi de sa part l'obseruatiō du Traité, ainsi qu'il auoit esté conuenu, & le faisoit purement & de bon cœur.

Forme du Sermēt des Suisses.

I'estime qu'il seroit superflu de vouloir demonstrer combien ceste heureuse Alliance a esté cy deuant vtile aux vns & aux autres, d'autant que c'est chose notoire à tous, qui se manifeste par les effets, & n'a besoin de preuue. Le succés & la suitte des choses aduenues donnent vn grand tesmoignage du bien qui est en icelle.

Vtilité de l'Alliance.

Du viuant du Roy François I. de tres-glorieuse memoire, nous vismes en l'an mil cinq cens quarante quatre, toute l'Allemagne, le pays bas de Flandres, les Espagnes, & presque toutes les Italies, coniurées à la ruine du Royaume de France, souz la conduicte de ce grand Empereur

Charles Quint, auquel aussi s'estoit ioint le Roy Henry VIII. d'Angleterre. Le Roy François n'auoit lors autre amy, allié, ne confederé à son secours que la nation des Ligues, dont ayant fortifié ses armees, il fist donner, & gaigna la bataille de Cerisoles, s'opposa aux grandes forces que ledit Empereur auoit mises ensemble de toutes les parts de la Chrestienté, luy fist consommer son armee qui estoit entree en Champagne, & le contraignit de demander la Paix, qui luy fut depuis accordee à Crespy.

Paix de Crespy en Valois.

Comme l'Alliance auec les Ligues a esté heureuse à la France, aussi il se peut dire que l'Alliance de nos Roys a porté ce bō heur à leur Nation, que comme l'on a veu la France iointe d'amitié & d'Alliance auec les Ligues, ny les Empereurs, ny aucun Prince de leur maison, ou autre, ont osé entreprendre de leur faire la guerre, bien qu'auparauant du temps de l'Empereur Maximilian premier, & de ses predecesseurs, ils ayent esté contraints pour la conseruation de leur liberté de hazarder plusieurs batailles, dont la grace à Dieu, la victoire leur est tousiours demeuree.

Nous recognoissons librement & fort volontiers, que l'assistance, & le secours de leurs gens de guerre, qui en diuers temps & plusieurs occasions ont esté employez dedans & dehors le Royaume, a esté grandement vtile pour le secours des Roys & de la Couronne de France. Et ie m'asseure aussi que de leur costé ils recognoissent assez, combien l'Alliance & l'amitié de France leur a esté fauorable & propice: depuis

laquelle

laquelle ils ont esté non seulement respectez des Princes & Potentats, qui leur sont plus voisins, mais encore ont esté recherchez des plus éloignez, n'ont esté molestez ny attaquez d'aucuns, & par ce moyen se sont accreus de moyens, de pouuoir, & d'autorité, & leur Estat s'est rendu plus heureux & plus florissant qu'il n'auoit iamais esté. Aussi leurs sages Predecesseurs ont ils tres-bien iugé que nulle autre Alliance ne leur pouuoit estre si commode pour plusieurs raisons qu'ils sçauent bien se representer.

Les Roys de France & leurs Ministres, se sont *Le France* toussiours employez, pour persuader & conser- *a interest* uer la paix & vnion entr'eux : & se peut dire auec *que se sallies* verité que l'Alliance de France est le plus propre *soient en* & le plus ferme lien de leur conjonction & de *paix.* leur amitié: pour par ceste commune intelligence se maintenir puissans & bien-heureux ensemble, ce qui ne peut estre quand ils seroient separez & diuisez.

Le Roy LOVYS XI. s'est employé pour composer les differents, qui estoient entre leurs illustres Predecesseurs, & la maison d'Austriche, & par son autorité & entremise fut fait & conclud le Traité de la ligue hereditaire auec l'Archiduc Sigismond, en l'an 1474. lequel depuis a esté confirmé par ses Successeurs, & dure encore à present.

En l'an 1531. les cinq Cantons ayans quelque dissention auec ceux de Zurith, furent contrains contracter auec Ferdinand lors Roy des Romains, & depuis Empereur, frere de l'Empereur Charles Quint.

E

Guerre civille en Suisse.

Le fruit de ceste nouuelle amitié, fut vne guerre ciuile suscitee entre lesdits Cantons. Ceste guerre fist donner vne bataille au mois d'Octobre, de l'an mil cinq cens cinquante & vn, en laquelle Zuingle premier Ministre de Zurich fut tué: mais elle fut entierement appaisee par le soin & vigilance du ROY FRANÇOIS, qui rendit capables les vns & les autres de ce qui leur estoit necessaire pour leur propre bien & conseruation. La Paix fut concluë, mais il fut par exprés accordé, que les lettres & seaux de ceste nouuelle Alliance seroient rendus (comme si elle eust esté la cause principale de ce nouueau trouble).

En l'an 1582. Le feu ROY HENRY ne monstra pas moins d'affection & de solicitude pour empescher le commencement de guerre, qui estoit apprehendé entre Monsieur de Sauoye, & Messieurs de Berne, secourus par quelques autres Cantons. Il y a plusieurs viuans qui peuuent tesmoigner le bon deuoir, qui fut rendu par Messieurs de Mandelot & de Hautefort, pour étoufer ce trouble dés sa naissance. Comme en toutes autres occasions les Roys de France & leurs Ministres ont rendu preuue de leur affection pour le bien & repos de Messieurs des Ligues.

Et de fresche memoire au contraste & trouble d'entre le Comte de Fuentes & des Grisons, dõt la cause estoit née de ce que celuy lav ouloit contraindre ceux-cy de rompre l'Alliance faicte vn peu deuant auec les Venitiens, & de rendre comme inutile celle qu'ils ont auec la France. Car nostre grand HENRY aduerty de ces menees, commanda à Monsieur de Vic

de la France, Livre I.

son Ambassadeur d'aller à Coire, & representer à ces peuples esbranlez au changement, & au violement de leur foy sur le pendant glacé des promesses immenses de ce Comte, l'iniure qu'ils feroient à leur reputation en se departant de la Foy & obseruation de leurs Traitez.

Aussi est-ce vne impieté extreme, vouloir que cet Esprit souuerain, ceste infinie, immuable, & incomprehensible Essence, qui est toute iustice, toute verité, soit tesmoin de nostre lascheté, & de nos mensonges, que la sainteté de son nom couure nostre feintise, sa iustice nostre iniure, sa verité nostre tromperie, & approuue ce que la raison naturelle ne peut approuuer. Impieté tant esloignee de l'ame de nos Roys, que craignans la vengeance diuine & l'infamie des hommes, ils ont mesme faict conscience de se pariurer en choses legeres, & qui pouuoient souffrir de l'excuse, autant louables en cela, que les Egyptiés des premiers siecles, parmy lesquels il y auoit beaucoup de bonnes choses, & qui auoiét ceste Loy entre les autres, *Periures seront punis de mort, par ce qu'ils se laissent aller à deux méchancetez: Ils violent la Pieté pour le regard des Dieux, & chassent la Foy d'entre les hommes, qui est le plus grand lien de la societé.* C'estoit bien dict, *de la Pieté*. Car qui est le periure qui ne méprise la puissance de Dieu, & le nom sur lequel il a iuré?

Periures punis de mort en Egypte.

Nous en auons vn bel exemple dans Iean sieur de Ioinuille en la vie de S. Louys, lequel ayát par colere, iuré qu'vn Cheualier ne rétreroit

S. Louys tres-religieux en ses sermens.

iamais dans sa maison, fut prié par le Connestable de luy pardonner. A quoy, dit le Sire de Ioinuille, il respondit qu'il le vouloit bien, mais qu'auparauant il falloit qu'il eust dispense du Legat de Rome. Ce neantmoins le Legat dist qu'il ne le vouloit dispenser, parce qu'il auoit iuré. Toutefois ce serment n'estoit, si ainsi le faut dire, volontaire, mais fait par vne colere. Que ce ne fust pecher je n'en doute, mais qu'vn tel peché ne peust receuoir quelque relasche à celuy qui la demandoit au Legat, & de l'auoir rejettee pour luy auoir esté refusee, cela nous monstre de quel respect & reuerence leur estoit l'entretenir du serment.

Sermēt que signifie & d'où ainsi appellé.

Aussi le mot mesme nous l'enseigne, par ce qu'en nostre Religion, nous n'auons point plus grands & saincts instrumens pour sa manutention que les Sacremens de l'Eglise : Et nous auons par vn special priuilege de nostre foy appellé entre les Chrestiens, *Sacrement*, ce que les Payens appelloient *Iurement*, & de ce mot, fait par racourcissement celuy de *Serment*.

Mais à propos, vous grands Roys, pardonnez moy, & me permettez de ranger en vostre bande quelque chose de vos sujets, non pas pour mettre quelque tache en vostre gloire, ains pour y apporter de la lumiere & de la splendeur. Car il y a des exemples & coutumes touchant la foy & religion des Sermens entre les plus grands qui ne se peuuent passer souz silence, qu'au desauantage de ceste Royale & vrayement Françoise vertu.

Ie trouue en France vne espece de procedures & de preuues fort ancienne pratiquee mesme

és plus grands crimes, qui se faisoit par le Ser- *Serment*
ment, desquels celuy qui estoit accusé, iurant, *employé*
quelquefois seul, quelquefois auec quelques *aux preuues*
siens parens, & desaduouant par serment le fait, *des crimes,*
estoit declaré innocent: tant auoit de creance la *en deux fa-*
parole d'vn François. *çons.*

Du premier l'exemple est beau dans vn ancien Autheur, escriuant la vie de Louys Debonnaire, où Bernard grand Chancelier ayant esté soupçonné & accusé d'auoir abusé de l'Emperiere Iudith, declara deuant le Roy, se vouloir purger par le Gage de Bataille, & à faute de trouuer champion qui voulust entrer contre luy en champ clos, il s'en purgea par son serment. *Bernard allant trouuer l'Empereur, porte le texte, luy demanda le moyen & la licence de se purger à la façon des François, c'est à sçauoir en se presentant deuant celuy, qui le reprochoit de ce crime, pour en effacer la tache par les armes. Mais l'accusateur, encore que recherché, ne comparoissant point, à faute d'armes, il se purgea par le Serment.* Ce qui fut en vn Parlement, où ceste affaire fut traictee pour l'importance du faict.

Quant au Serment auquel on adioustoit celuy des proches parens, cela se pratiquoit specialement en matiere de mariage. Car quand la femme estoit accusee d'adultere, on estimoit qu'il ne falloit point traiter ceste cause auec plus de longueur, que par le Serment d'elle, & de ses parens. Toutefois ceste regle n'estoit pas perpetuellement infaillible. Car en la vieille Cronique de sainct Denis, vn Seigneur accusant sa femme d'adultere, qu'il appelle Aduoutrie, *Elle*

E iij

requit, dict le texte, son pere, sa mere, & ses parens à ayde & secours, & ceux qui saine & innocente la cuiderent de ceste chose, iurerent à son Baron & à ses amis sur Saincts, en l'Oratoire de Sainct Denys, qu'elle n'auoit coulpe en ce dont on l'acusoit. Toutefois la suite du passage porte que les parens du mary n'y voulurent adiouster foy, & ne dict l'Historiographe quelle fut l'issue de ceste accusation.

Et ceste coustume a esté semblablement pratiquee en Germanie & Italie par le moyen de nos Roys, venus à l'Empire. Car le Pape Leon estant accusé par le peuple Romain, on conte que CHARLES le Grand voulut qu'il se purgeast deuant tout le monde par Serment, & qu'il fust son iuge & son tesmoin tout ensemble : Et fut depuis faict le semblable par l'Euesque d'Albe accusé qu'estant Legat du Sainct Siege, il auoit vendu les Ordres de Prestrise. Ce que nous apprenons d'Yue de Chartre en son Epistre, 260.

Mensonge reproché aux François les offense plus aigrement qu'autre vice, & pourquoy.

Ainsi ayant souuent consideré d'où pouuoit naistre ceste autre coustume, que tous les François obseruent si religieusement de se sentir plus aigrement offensez du reproche de mensonge, que de nul autre vice : & que ce soit l'extreme iniure qu'on leur puisse faire de parole, que de leur reprocher le mépris de la verité. Sur cela, ie trouue, que leur propre office est à la Religiō, à la Iustice, & aux armes : & que n'y ayant pareille Iustice, que de rechercher la verité ; pareille victoire, que de confondre le mensonge: pareil seruice à Dieu que d'empescher l'oppression du vray ; il leur est naturel de defendre le plus les vertus, aufquelles ils font le plus obligez. Il femble que ce reproche auec le mefpris de Dieu, enuelope la couardife & lafcheté de cœur: dont ils ont toujours efté autant eloignez que le Ciel de la Terre, cóme nous monftrerós au Difcours fuiuāt. En eft-il de pl⁹ expreffe que fe defdire de fa parole? Quoy? fe defdire de fa propre fcience ? Il n'y a lafcheté ny baffeffe de cœur plus odieufe que de celuy qui dement fes penfees, & qui dict autrement qu'il ne fçait. C'eft vn vilain vice, & qu'vn ancien peint bien-honteufement, quand il dit que mentir c'eft donner tefmoignage de méprifer Dieu, & quant & quāt de craindre les hommes. Il n'eft pas poffible d'en reprefenter plus richement l'horreur, la vilité & le dereglement. Car que peut-on imaginer plus vilain que d'eftre couard à l'endroit des hommes, & braue à l'endroit de Dieu ? Noftre intelligence fe conduifant par la feule voye de la parole, celuy qui la fauffe trahift la focieté publique. Et eft fort à craindre que la fureur de Dieu, qui eft la mefme verité, ne vienne fur ceux qui la banniffent.

Seroit-ce point auffi qu'il n'appartient qu'aux ames viles & ferues de mentir, & aux libres de dire vray? En eft-il de plus libres que les FRANÇOIS, qui font leurs plus grands trophees des glorieux titres de la mefme franchife ? Seroit-ce pas les faire rougir honteufement, que de les defcrier par le reproche d'vn vice fi feruile, dans le franc Afyle de leur France? *Verité vraye vertu des François.*

C'eft certes vn noble partage que Dieu leur a

fait, que donnant les autres Prouinces aux autres Roys il leur ayt reserué la France. Ie dis la France, dont la franchise seule n'a point de col pour les loix seruiles, ny de mains à tistre des nœuds de seruitude comme les autres. Et comme elle a coupé les filets de captiuité à tous les Princes captifs du monde, elle est demeurée aussi iustement libre, malgré toutes les oppressions de la terre.

Franchise & liberté de la Frāce.

Cest vsage de si exactement poiser & mesurer les paroles à la balance de Verité, n'estoit pas anciennement entre les Romains & les Grecs : Et n'est pas nouueau ny estrange de les voir se dementir, & se reprocher le violement de la foy, sans entrer pourtant en querelle.

Les seuls François y attachent leur honneur par vn vray zele enuers leur religion, & saincte affection à imiter les vertus de leurs Princes, lesquels ont tousiours estimé l'obligation de la verité, & la verité de la parole donnee, estre de telle necessité, qu'elle se deuoit garder mesme aux ennemis : comme aussi en ont-ils laissé de memorables exemples, & s'en lisent de merueilleux contes és Histoires de leurs regnes, tant autour de leurs sujets, qu'enuers les peuples estrangers, n'ayans iamais voulu rompre les promesses qu'ils ont iurees auec eux, encore qu'ils ayent souuent descouuert leurs tromperies, & que les principaux de leur Conseil les ayent souuent suppliez de s'en departir. Ils estiment la premiere & essentielle vertu de leurs ames d'estre veritables, & ont le soin de ceste verité, comme leurs Roys la tiennent pour la meilleure & plus seure regle de la conseruation de leur Estat. La loy de leur conduite veut qu'ils s'affectionnent à la fermeté de leurs paroles, oomme la loy de la conscience a tousiours obligé leurs Princes à tenir constamment leurs promesses, & maintenir en ceste constance la religion de leur Foy, sur tous les plus religieux Princes & Monarques de l'Vniuers, qui leur cedent en ce sujet, & d'vne commune voix les honorent du glorieux tiltre de tres-Fideles.

La France est encore cette Royne des Nations qui deuant toutes a porté l'enseigne de fidelité & deuotion enuers la Maiesté Royalle : les recommandations des Histoires en sont belles en sa faueur, lesquelles publient qu'elle a toujours pris pour sa principale louange, la gloire d'obeissance aux commandemens de ses Roys. Ses armes ne se sont remuees és siecles passez, que pour la conseruation & defense de leur dignité, & ne les a t'on iamais veues jointes & dressees contre leur autorité, que ces annees dernieres, qu'on a commencé à soutenir que l'obeissance ne se deuoit rendre au Roy, que souz le bon plaisir de celuy qu'on establissoit son Superieur : Car delà on a passé plus auant : que l'obeissance ne luy estoit deue : Et en fin vn abysme ouurant vn autre abysme, que le peuple François non seulement estoit deliuré du Serment de fidelité à luy presté, mais aussi qu'en seure conscience il se pouuoit armer contre luy : En quoy la France s'est veue presque entierement decheue de son ancienne reputation; d'exemples tres-parfaits de fidelité, estans sortis des rejettons de perfidie &

France tres-obeissante à ses Roys.

felonnie dementans l'excellence & bonté de la racine. Ses armes di-je auant ces diuisions n'ont esté employees que contre les estrangers: Elle a toujours acouru à ses Roys comme à vn astre luysant & gracieux, & imprimé en ses enfans vn desir de receuoir mille & mille playes, se rompre à toutes sortes de peines, pour asseurer leur grandeur, & les a preparez à se presenter pour eux aux espees de leurs ennemis, s'opposer à toutes sortes de dangers, auec resolution mesme de leur faire vn pont de leurs corps, si pour leur conseruation il eust esté besoin, qu'ils eussent marché par dessus leurs membres taillez en pieces : par milliers la teste baissee dans le milieu de la fureur des armes estrágeres, & par mille & mille morts, ils ont souuent racheptê la vie de leurs Princes.

Serment de fidelité des François à leurs Princes.

Quand ils ont faict le serment de fidelité à leurs Roys, ils ont tous & toujours iuré, non du bout des leures, ains du fonds du cœur, apprehendans auec raison les iustes menaces de Dieu, contre ceux qui iurent faussement en son nom: notamment en ce qui est deu à ses Oingts establis pour le representer icy bas: Veu mesme qu'en ce Royaume, qui se defere par succession, la force des Sermens des sujets enuers le Prince, est bien plus expresse, parce que dés que nous naissons, nostre naissance nous rend obligez enuers celuy qui n'est pas encore, mais que la Prouidence, en son Conseil eternel a arresté qu'il seroit, & nous rend obligez en son endroit plus beaucoup que si solennellement nous luy auions iuré & promis la foy.

L'air que nous commençons à respirer, & la

terre sur laquelle nous posons nos premiers vestiges, l'eau & le feu, necessaires instrumens de la vie en laquelle nous entrons, sont pour nous ce ferment, & se constituent comme pleges & cautions de nostre fidelité. Que si c'est grande mechanceté de feindre auec la bouche la profession du serment, & retenir en l'ame l'impieté de la perfidie. Si c'est trahison extreme de iurer à son Roy, & luy preuariquer la foy iurée. Si c'est audace signalée de prouoquer le iugement de Dieu, qui prononce à haute voix, *Ie mettray hors la malediction, & ira en la maison de celuy qui iure faussement en mon nom, demeurera au milieu, la consommera, & le bois & la pierre.* Que seroit-ce, quand en ce serment le Ciel son throne, & la terre l'escabelle de ses pieds, sont conjoincts? Quand l'eau y est meslee, non ceste eau corrompue & sanglante de l'Egypte, ou ceste autre mensongere d'vn Prophete, mais l'eau le premier element & cómencement du móde, sur laquelle auparauant sa creation, l'esprit diuin estoit porté, & sans laquelle nulle chose animee ne peut viure, de sorte que pour ceste raisó elle a esté surnómée *Amitié estroite de la vie*: Quand en ceste promesse le feu y est aussi appellé, qu'aucũs ont à peu prés estimé cóme nous, depuis mieux instruits, la semence & la fin du móde, qui est la matiere de la lumiere, la cause efficiéte & la cóseruation des ars qui policét la vie humaine, si qu'à c'este occasion les Poetes ont fait de Vulcain vn Roy des mestiers. Quand tous les Elemens, desquels la Diuinité a cóposé, & nous, & tout ce que nous voiõs, seroiét violez; quelle esperance, quelle alliance, apres vne sacrosaincte & inuiolable foy, née quant & quant nous, enfrainte & poluë? Les vrais François ont toujours detesté en leurs ames telles perfidies, & les effets de leur obeissance sont encor' aujourd'huy les veritables cachets, qui seellent leur fidelité enuers le plus grand & fidele Roy de tout le monde.

DE LA VALEVR DES ROYS DE FRANCE,

Et comme par icelle ils se sont portez Victorieux au dessus de toutes les Valeurs du Monde.

DISCOVRS III.

CE sont les Tiltres communs des Roys, d'estre appellez les Grans pour leur sublimité, les Heureux pour leur prosperité, les Augustes pour leur excellence & hautesse, les Pasteurs des Peuples pour leur prudence, les Debonnaires pour leur douceur & courtoisie. Mais de porter le nom de Tres-Chrestiens, de Tres-fidelles, & d'Inuincibles, cela est immediatement deu aux ROYS DE FRANCE. Ils ont esté de toute ancienneté enrichis de la qualité de Tres-Chrestiens, & reputez dedans le monde premiers fils de l'Eglise, pour auoir viuement defendu les querelles de la Foy & Religion Chrestienne contre les infideles & sedi-

Titres communs des Roys.

Titres particuliers des Roys de France.

tieux perturbateurs du repos de l'Estat Apostolique : Ils ont eu l'honneur de porter le nom de Tres-Fidelles, pour leur foy & loyauté incomparable : Et par leur VALEVR & puissance qu'ils tirét de Dieu, comme vn enfant tire du pere les traits & lineamens de son visage, ils se sont faict recognoistre INVINCIBLES au dela de toutes les Nations du monde.

Roys de France seuls Inuincibles.

Vaincre sans iamais estre vaincus, & faire possible l'impossible, c'est l'vnique partage de nos Roys, & l'exercice ordinaire de leur espee. Ceste gloire leur est reseruee du Ciel, comme deuë à leur Valeur & à leur Puissance : Valeur qui porte leur courage au dessus des plus genereux courages; & Puissance, qui rend redoutable leur Sceptre aux pouuoirs des Othomans, qui peuuent bien les deuancer en personnes, non en hommes, qui ont plus de gardes, non plus de gens-d'armes, plus de Courtisans, non plus de Nobles, plus d'Officiers, non plus de Capitaines. Car comme disoit Fredegonde aux Austrasiens & Bourguignons, les Roys de France sont inuincibles, non par le nombre, non par la fleur de leur âge, & vigueur de leur corps, mais par la seule Maiesté de leur nom & reputation, par la vaillance de leurs armes, & fidelité de leurs sujets : Iamais la France n'est si vuide & despourueuë de forces, qu'elle n'ayt toujours assez d'armes, & assez d'ames, pour resister à la force des estrangers. Plutost sortiroient de la terre des hommes armez & se formeroient les soldats sur le dos de ses seillons, qu'elle fust dépourueue de Noblesse qui vueille perdre la teste pour sa defense. C'est vn

Valeur & puissance des Roys de France.

Roys de France comment inuincibles.

Frāce assez forte d'elle mesme pour resister à tous ses enemis.

de la France, Liure I. 79

pré que l'on peut tondre & faucher tant que l'vn veut, l'herbe y prend toujours nouuelle croissance.

Quand Cesar, vrayement grand aux expeditions militaires, comme magnanime en courage, parle des Suisses au commencement de ses Commentaires de la guerre des Gaules, il en parle comme de la plus vaillante nation, qui fut deçà les Monts: mais quand il parle des Germains, c'est comme des plus vaillans & genereux du Monde. Il y a, si ie ne m'abuse, deux passages chez luy, par lesquels il semble taisiblement monstrer, qu'il redoutoit si fort la Valeur de ce peuple, qu'il presagissoit aucunement que la ruine de l'Empire, si florissant pour lors, ne deuoit, ny ne pouuoit venir que de son pays. *Germains, natiō vaillante & genereuse.*

Au premier Liure de ses Memoires de la Gaule, on lit qu'ayant défait les Suisses, *Ceux qui furent atteints on les traita comme ennemis. Tous les autres qui donnerent ostages, rendirent les armes, & les fuitifs, il les receut à mercy. Ordonna qu'ils retournassent en leurs anciennes demeures, & leur commanda de rebastir leurs villes, & bourgades qu'ils auoyent bruslees,* afin de venir enuachir la Gaule, & la reduire à leur sujection & obeissance. *Ruine de l'Empire Romain, presagie de uoir venir des Germains.*

Ce qu'il fit principalement, dit-il, pour raison qu'il ne vouloit pas que les lieux abandonnez par les Suisses demeurassent sans habitans, de peur que les Germains de delà le Rhin alleche$z$ *de la bonté du terroir, ne passassent de leur pays en celuy-là, & ne fussent voisins de la Prouence,* qui estoit lors sujecte au peuple Romain. Et peu apres au mesme

Liure, oyant qu'Ariouiste Germain auoit occupé quelques terres du Sequanois, voulant contre luy entreprendre le party & protection de la Gaule (comme il disoit, mais en verité pour le profit de luy ou de sa patrie, comme l'effect le monstra) apres quelques propos par luy deduits sur la cause & motif de son entreprise, il adjouste tout d'vne suite. *D'auantage, il voyoit le cas estre tres-dangereux pour les affaires du peuple Romain, que les Germains s'accoutumassent ainsi peu à peu de passer le Rhin, & se venir en si grand nombre habituer en Gaule; se doutant bien que telles gens si fieres & barbares ne se retiendroient pas (apres auoir occupé toute la Gaule, comme les Cimbres & les Theutons auoient fait autrefois) de passer en la Prouence, & de la prendroient le chemin d'Italie.*

On peut voir par ces deux passages que les Romains auoient ja les Germains pour suspects, comme gens du tout aguerris & exposez au faix & trauail de la guerre. Au moyen dequoy ce valeureux Cesar, d'vn esprit militaire, & preuoyant de longue main le desastre, qui par eux pouuoit aduenir à l'Empire, leur vouloit couper broche, & oster tout moyen de sortir hors de leur pays. Chose que depuis ses successeurs eurent en mesme recommandation. Car estant l'ordre de la Republique deuolu en la personne d'vn seul, ils entretindrent bien longuement le long du Rhim, sept ou huict Legions Romaines, (tantost plus, tantost moins, selon les occasions) esquelles consistoit la plus grande force de l'Empire, tant pour mener la guerre à ces peuples, que pour en faire rempart & defense aux courses qu'ils qu'ils eussent peu faire sur les terres du Romain, & leur barrer les trauers de la riuiere.

Ce que ie veux estre dit pour decouurir le berceau de la Valeur des Roys de France : car que nos François soient issus de ces Germains, que comme tels ils ayent porté ce nom, & que les premiers ils ayent demembré petit à petit vne grande partie des Prouinces de ce grand Empire, par la force de leurs armes, les tesmoignages en sont tres-fideles & asseurez tant en la bouche des Escriuains estrangers, qu'en l'Histoire de leurs effets militaires. Agathias & Procopius Autheurs Grecs, aux Liures qu'ils ont faits de la guerre des Goths, *Les François,* disent-ils, *estoient auparauant appellez Germains, & comme iceux eurent au commencement ce nom.* François appellez Germains, au commencement.

Ils planterent leurs premiers pauillons en vn pays marescageux, ioignant le riuage du Rhin, du costé ou il commence à perdre son nom dans la mer Oceane, & establirent leur demeure au voisinage des Sueues, commençans ja de se soucier de la Gaule, & aspirer à ses biens. *Es Gaules,* disent ces mesmes Auteurs, *il y a plusieurs Fleuues. Mais entr'autres il y a le Rhosne & le Rhin, desquels par voyes contraires l'vn tombe en l'Ocean, & l'autre en la mer Tyrrhene. Il y a aussi en ces lieux plusieurs grans palus & marets, esquels au commencement les Germains, qui sont gens barbares, demeuroient, & desquels pour lors on ne faisoit pas grand conte. Iceux maintenant s'appellent* François. *Apres suiuent les Sueues & Allemans.* Desquelles parolles, on recueille aisément que les Germains (dits depuis François,) & Allemans, estoient nations differentes. Ancienne demeure des Fraçois.

F

Et ny plus ny moins que les Sueues (ainsi que recite César) par vne profession annuelle, & qu'ils faisoient d'an en an, estoient coutumiers d'enuoyer nouueaux gens d'armes çà & là pour guerroyer leurs voisins: Aussi les François pour la proximité & voisinage qu'ils auoyent auec eux firent vn perpetuel veu de conqueste, & contre les Gaulois, & contre toutes autres nations, iusques à ce que finalement ils atteindrent au dessus de la Gaule. Qui est la cause pour laquelle nous lisons en quelques endroits de Marcellinus & d'Eutropius, que par diuerses fois les François accompagnez des Saxons (qui sont les anciens Senois, compris souz la diuision des Sueues) ont entrepris plusieurs courses encontre la nation Gauloise.

Desseins & proiets des Frāçois sur la Gaule

Et en ces entreprises les François s'abandonnoient plus hardiment, pour deux raisons: estans d'vn costé fauorisez du Rhin, de l'autre de la mer Oceane: & d'ailleurs en la plus part de leurs pays, enuironnez de grands bois & marescages. Qui estoit cause qu'aisement ils assailloient, & en cas de mauuais succés, en leurs retraites estoient malaisement assaillis par les Nations estrangeres, à l'occasion des eaux, & difficultez des passages. Si que oncques Prince estranger n'y mist le pied que l'Empereur Iulian, & ce encore par surprise: ainsi que Marcellinus l'asseure, quand il dit en sa vie, que, *Luy se fiant tant en son bon heur, qu'en la vaillantise des siens, ayant passé le Rhin, occupa dés l'instant mesmes, l'vne des contrees des François qui se nommoyent Antuariens. Lesquels par luy surpris furent facilement vaincus pour autant qu'ils se con-*

François hardis aux entreprises, & malaisemēt assaillis en leur premiere demeure.

fioient en l'afsiette de leur pays, & que de leur memoire oncques Prince estranger n'y auoit mis le pied, pour la difficulté des aduenues & chemins. Mais cette victoire ne fut capable de faire barriere à leurs courages.

En cette façon voyons nous que par telles commoditez, souz l'Empire de Probus, ils coururent la Grece, l'Asie, la Lybie, & à leur retour prindrent & pillerent la ville de Siracuse, & estendirent mesmement leurs forces iusques au pays des Espagnes, en sorte qu'ils tenoient toute la mer Oceane en leur subiection. Au moyen dequoy ils estoient sur toutes nations de la Germanie redoutez par les Romains: & à la moindre victoire qu'ils obtenoient encontre eux, les Orateurs de ce temps-là applaudissans aux Empereurs, mettoient en premiere ligne de compte & leur allouoient hautement, qu'ils auoient rendu les mers coyes & asseurees, ayans repoussé les François : comme si par leur seul moyen tout l'Ocean fust troublé. Ce que nous apprenons tant d'vn Panegiric addressé à l'Empereur Maximianus, que d'vn autre de Nazarius à Constantinus. Et se peut aucunement aussi recognoistre d'vn passage d'Agathias, par lequel outre plusieurs pays d'autour le Rhin, & vne grande partie des Gaules, il attribue encore à ce peuple la ville de Marseille qui a tousiours esté fort renommee & en tres-grande creance parmy les mers, & le loue de ciuilité sur toutes les Nations barbares. *Ce peuple des François*, disent les veritables paroles de ce Gregeois, *est fort proche d'Italie, & ioignant la frontiere d'icelle.*

Valeureuses courses des premiers François.

Les anciens ont dit qu'ils estoient Germains : ce qui peut estre notoire par leur demeure, laquelle est és enuirons du Rhin, possedans iceux plusieurs pays d'alentour, & la plus grande partie des Gaules, non point comme Seigneurs proprietaires, mais comme vsurpateurs d'icelle. Ils ont en outre sous leur puissance, la ville de Marseille laquelle est vne ancienne Colonie des Ioniens, & laquelle les Phocenses chassez de leurs demeures par les Medes, auoient anciennement possedee, durãt le regne de Darius fils d'Idaspes. Maintenant d'vne ville Grecque elle est faicte Barbare. Car ayant delaissé ceste ancienne façon de viure, elle vse pour le present des coustumes & loix de ceux qui luy commandent, combien que toutefois elle ne semble point estre beaucoup diminuee de sa premiere splendeur, & dignité, n'estans point les Germains, comme plusieurs barbares, qui ne tienent rien que des Pasteurs & autres telles gens ruraux. Car ils vsent & se seruent de la police, & de plusieurs autres institutions des Romains & viuẽt auec pareilles loix, tãt pour leurs accords, & assẽblees, que pour leurs mariages & pour leurs façons de guerir & mediciner. Et certainement iceux encor qu'au reste ils soient barbares, me semblent toutefois douez & remplis de tres-bonnes mœurs, & estre grandement ciuils, Et n'y auoir rien en eux, qui les doiue rendre estrangers d'auec nous, excepté la barbarie qu'on peut remarquer en leurs habits, & en l'accent de leur voix, & de leur langage naturel. Paroles que i'ay d'autant plus largement estenduës, qu'honnorablement elles recommandent & publient la gloire des premiers parens & ancestres de nostre France.

Ainsi doncques ces anciens François ayans & la commodité du Rhin à passer, & estans (s'il

faut ainsi dire) sossoyez de toutes pars, & rempa-
rez de la commodité de leurs eaux, baillerent
mille secousses au Romain, & specialement vers
les parties de la Gaule, sur laquelle ils auoient ar-
resté tous leurs desseins. Ce qui ne fut pas en
tous les autres peuples de Germanie: car les au-
cuns eurent la commodité du Rhin, mais leur de-
failloient les retraites; & les autres, côbien qu'ils
eussent les marets à propos, ne furent proches
voisins de ce Fleuue, par l'entrejet duquel est se-
parée la Gaule de la Germanie. Car, comme dit
Paul Diacre, *Les Saxons estoient aussi bien que les*
François, en terre marescageuse, toutefois n'estans
attenans du Rhin ne se peurent si facilement
adomestiquer de la Gaule, comme firent ces bra-
ues François: mais prenans auecque les Anglois
la route de la mer Oceane, descendirent de fois à
autres en la grand Bretagne, de laquelle en fin ils
se firent maistres: & les Lombars par les Panno-
nies vsurperent aussi l'Italie.

François redoutez des Romains en la tuition de leur Gaule.

 Voilà comment, & par quelles voyes la Va-
leur des premiers Fráçois fut redoutee de la plus
victorieuse & belliqueuse Nation du monde, en
la tuitiō & deffense de ses Gaules, luy faisans con-
tinuellement guerre au moyen de leur assiete.
En quoy ils prospererét petit à petit si heureuse-
ment, que ces Romains, non point souz Valen-
tinian, pour combatre les Allains, comme contét
nos Annales, mais auparauant & apres s'ayde-
rent de leurs armes. Car & Proculus, qui vsur-
pa l'Empire au pays de Gaule, se disoit extrait de
la nation Françoise : & par la gendarmerie des
François, qui estoient à la soulde de l'Empereur

François recherchez d'alliance par les Romains & employez en leurs guerres.

F iij

Conſtantius, vn Siluanus ſe fiſt proclamer Empereur en la ville de Colongne. Semblablement Gratianus par le moyen de Mellobaudes Roy des François, tua Macrianus Roy des Allemans, & déconfit auſſi vne infinité de Lants. Qui nous donne à cognoiſtre en quel bruit & reputation eſtoient lors ces François enuers les Romains, puis que les Empereurs recherchoient ſi ſoigneuſement leur alliance. Laquelle toutefois n'eſtoit de telle duree, que pour aucuns qui menoient les mains & les couteaux pour l'Empire (car ils eſtoient diuiſez en pluſieurs peuples, comme Saliens & Antuariens) les autres ne paſſaſſent ſouuent le Rhin, pour endommager les Romains, ainſi qu'ils firent à meilleures enſeignes lors qu'ils s'emparerent de leurs Gaules & les chaſſerent entierement, tant d'icelles, que de tout le pays, qui releuoit d'eux en l'Allemagne, qui fut tout l'entrejet de temps depuis l'Empire de Valentinianus premier, iuſques à Zenon Empereur de Conſtantinople.

François opiniaſtres en la conqueſte des Gaules, contre le Romain.

Certes, de pluſieurs endroits des Hiſtoriographes anciens, qui ont eſcrit deuant & apres l'entree des François en Gaule, on peut diuerſement recognoiſtre la grande opiniatreté, qui leur donnoit branſle & les portoit à s'empieter d'icelle, & comme de la Valeur de leur dextre prouint la ruine de ce fleuriſſant Empire de Rome. Par ce que deuant meſme qu'Aurelianus fuſt inueſti de l'Empire, c'eſt à dire ſouz Valerianus & Galienus, *ils faiſoient pluſieurs rauages en ce pays*, ſi nous donnons de la creance à Vopiſcus. Et Eutropius raconte, que ſouz

Diocletianus, *ils couroient toutes les mers de la Gau-le Belgique, & de la petite Bretagne.* Aussi Nazarius en vn sien Panegiric tesmoigne, que souz Constantius pere de Constantinus, *ils auoyent occupé tout le pays de Hollande,* duquel ils furent chassez par luy. Et Marcellinus en quelque lieu escrit que Iulian l'Apostat, *estant empesché aux affaires de la Germanie, à son retour les trouua s'estre faicts Seigneurs de deux villes.* Et peu apres adiouste que le mesme Iulian, *voulant tourner tout son esprit à la guerre des Germains, la premiere recommendation qu'il eut, fut de s'adresser aux François, qui auoyent maintefois osé entreprendre quelque chose sur les marches du Romain.*

Ce ieune Prince auoit esté depesché en Gaule auecque quelques legions, par l'Empereur Constantius, pour faire barriere aux valeureuses expeditions des François & Saxons, qui, (comme nous apprenons de Zosimus) auoyent pillé quarante villes assises ioignant le riuage du Rhin, & enleué en leurs pays vne infinité de personnes captiues. Où il accompagna sa fortune d'vne si sage conduicte, que tant & si longuement qu'il commanda, ce fut vn fort bouleuert contre toutes les auenues des François. Et neantmoins quelques heureux succés qu'il eust contre eux, si fut-il contrainct de caler la voile à leur tempestes, & mesmes esperant de les gaigner par douceur, il en prist plusieurs à sa soulde, & leurs fist tenir rang souz ses Enseignes. Qui ne fut pas à la longue vne petite playe au corps de ce grand Empire.

Iulian l'A-postat en-uoyé contre les Francois en Gaule.

Par ce que depuis il y eut des plus grands Capitaines de France, qui commanderent aux trouppes Romaines, fouz l'authorité des Empereurs, comme Mellobaudes, Bandon, & Argobaste: Argobaste, di-je, qui non feulement tua impunement l'Empereur Gratianus, mais auſſi fiſt tomber la Couronne de l'Empire és mains d'Eugenius.

Capitaines Francois de grande Valeur fous les Empereurs

D'apriuoiſer au milieu de nous vne Nation eſtrange, belliqueuſe, & conuoiteuſe de bien & d'honneur, c'eſt vne choſe de tres-dangereuſe conſequence, & de beaucoup plus perilleux effect. Tout ainſi que la preſence de Iulianus grād guerrier contint quelque temps tous les peuples de la Germanie dãs leurs bornes: auſſi apres ſon decés ils commencerent de ſe déborder plus licentieuſement qu'ils n'auoient faict auparauant. Et ſpecialement contre Valentinianus premier du nom, lequel pour leur faire teſte, renforça ſes garniſons le long du Rhin, nonobſtant leſquelles il fut défait en bataille rangee, dont pourtant il ſçeut fort bien apres auoir ſa reuenge: Car il les combatit & batit en vne autre iournee auec vn tel carnage & boucherie, qu'il ſembloit qu'ils ne s'en deuſſent iamais releuer. Mais les victoires que les Empereurs gaignoient ſur eux reſſembloient à celles d'Hercule contre l'Hydre, à laquelle ayant coupé vne teſte, il en renaiſſoit ſept autres, qui paroiſſoient ſur les rangs de la premiere. C'eſtoit vne fourmilliere de peuples, qu'on ne pouuoit deſenger.

Effets des Francois cōtre Valentinianus.

Valentinianus eſtant mort delaiſſa Gratianus

son fils Empereur, depuis lequel Theodosius fut appellé à la Couronne, & apres luy Arcadius & Honorius ses enfans. Tout cet entrejet de temps fut vn pesle-mesle d'affaires, non seulement en la Gaule, mais en plusieurs autres pays. Dont il est à presumer que PHARAMOND premierement que nous contons le premier de nos Roys, puis son successeur CLODION, voyans l'Empire en tel desordre, ne demeurerent engourdis, estans d'vn naturel instinct, comme tous leurs deuanciers, portez à des entreprises grandes, & hazardeuses. Aussi qu'ils y estoient taisiblement semons & conuiez par les factions & secrettes intelligences de Stilico beau-pere de l'Empereur Honorius, lequel estant du tout bandé à faire tomber la Couronne de l'Empire, du Chef de son gendre, en celuy de son fils Eucherius, brassoit souz main toutes sortes de troubles auec les Nations estranges, afin que plus aisement il peust venir au dessus de ses projets, quand Honorius seroit attaqué de toutes parts. Tellement qu'à lors il ne fut mal-aisé à PHARAMOND, & depuis à CLODION, d'occuper les terres que tenoient auparauant les Romains le long du riuage du Rhin. Desquels Roys le dernier fist quelques courses sur le Cambresis: car quant à PHARAMOND, il est certain, & ne sont les doctes personnages balancez d'aucun doute en ce sujet, qu'il ne passa iamais iusques à nous: comme Paul Diacre en donne d'assez veritables, & non foibles asseurances en la vie de Gratianus, où deduisant les menees sourdes de Stilicon auecque les Sueues, Bourgui-

Courses de Pharamōd & Clodion sur les pays voisins du Rhin.

gnons, Allains, & Vandales, pour moyenner par leurs orages l'Empire du Ponant à son fils : Parquoy, dit-il, l'*Espagne Betique* escheut aux *Vandales*: le pays de *Gallice* aux *Allains & Sueues*: aux *Goths* le *Tholosain & Languedoc*: aux *Cattiens & Allains*, la *Catelongne*. Pendant lesquelles mutations Etius gouuerneur des Gaules (qui n'estoient tombees en la puissance du Goth, ou Bourguignon) entretint toujours en deuoir dessous l'Empire, le *Tourangeois*, l'*Angeuin*, & le *Breton*. Ce neantmoins entre ces grandes reuoltes les François commencerent à leuer la teste. Et ores que par quelques fois ils eussent esté repoussez par Etius en leurs pays, ce neantmoins voyant leur apoint sous la conduite de CLODION ET MEROVEE, (ainsi faut-il lire au lieu de *Cleon & Neronee*, qu'ont tous les exemplaires) releuans leur force & puissance, commencerent à courir les Gaules, & dresser leurs sieges & Royaumes és villes d'Orleans & Paris.

Merouee troisiesme Roy des Frãçois, & premier qui se promena hardiment par la Gaule.

Et à tant peut-on à plus pres voir par là, de quel temps les François aborderent en ce pays, & que PHARAMOND ne passa de guere les confins & limites du Rhin, ains sans plus CLODION son fils, & apres luy MEROVEE, qui entre les autres Roys se donna le premier loy de se promener hardiment, & en toute asseurance, par les Gaules: soit que par la valeur de ses armes il s'ouurit la voye en ce pays, ou que par capitulation faicte auecque les Romains, luy fust donnee assiete en ceste Gaule : D'autant que du temps de Valentinianus III. il se trouua auec Etius en la bataille qui fut donnee vers Chaalons contre Attila Roy des Huns. Et pour ceste cause nos Anceſtres le recognoiſſans quaſi comme premier Roy qui paſſa en ce pays, appelloient les FRANÇOIS, Merouingiens, de ſon nom.

Francois appellez Merouingiens.

Depuis luy regna CHILDERIC, qui fut chaſſé de ſes Eſtats, puis reſtitué, par ſes ſujets, & enjamba aſſez auant en la Gaule par la vaillance de ſes armes.

Childeric IV. Roy des Francois.

Finalement vers le temps de Leon & Zenon Empereurs de Conſtantinople, naſquit ce grand CLOVIS, que les Allemans appellent Luduith, ou Luduin: auquel à bien dire, nous deuons rapporter la vraye entree, & enſemble l'eſtabliſſement & promotion des François en ceſte Gaule: d'autant que les quatre premiers ſe tenans toujours clos & couuerts, & ayans la grandeur du nom Romain pour ſuſpecte, n'auoyent faict que gauchir, eſpians l'opportunité pour s'aduancer. Laquelle ſe trouua par la magnanimité & proueſſe de ce valeureux Roy, qui en extermina de tout point toute la puiſſance des Romains, ſans que depuis ils y ayent eu aucun regrez: leurs legions meſmes qui eſtoyent eſtablies à la garde des limites, s'eſtans donnees à luy pour combatre ſouz ſes drapeaux, & tenir rang parmy ſes ſoldats.

Clouis vray promoteur des Francois en la Gaule.

Et pour autant qu'il luy reſtoit encore à gaigner tout le pays que tenoyent les Bourguignons & Viſigots ſouz leur puiſſance & domination: Pour le regard des Bourguignons ils furent par deux ſubſecutiues deſfaictes faicts ſes tributaires, & finallement leur Royaume entierement aboly par ſes enfans. Et quant

Exploits de Clouis côtre les Viſigots & Bourguignons.

aux Visigots, ne pouuant donner ny de repos à sa dextre, ny de tranquilité à son ame, qu'il n'eust l'entiere souueraineté de la Gaule, il eut de si grandes prinses auec eux, que l'auantage de la guerre luy estant demeuré, & Allaric mis à mort de ses propres mains en champ de bataille, il rompit non seulement le courage de cette gent inique, & fist tomber leur puissance souz ses ruines, mais encore vsurpant vne grande partie de ses pays, & le reste demourant és mains de Theodoric Roy d'Italie, comme tuteur d'Amalaric, fils d'Allaric, ledit Amalaric qui auoit pris l'vne des filles de Clouis à femme, & qui luy faisoit mauuais traitement, fut finalement tué en bataille rangee par CHILDEBERT, auec si grande perte des siens, que depuis la memoire des Visigots s'esuanouit de la France, tout le peu qui restoit de ceste défaicte, ayant pris la fuite vers les Espagnes.

Qui voudra donc porter l'ame aussi bien que l'œil sur ce premier Estat de nos affaires, & mettre sans passion la Valeur de ce grand Prince à la balance auecques les valeurs des plus magnanimes Roys, qui ne void qu'aisement cette-cy emportera les bassins, & laissera les autres de bien-haut? De ce grand Prince, di-je, lequel ayant forcé les Gaules par la force de ses armes, & rendues souz luy paisibles, n'eut encore chose en plus grande recommendation, pour perpetuer sa Monarchie, & gaigner le cœur de ses sujets, que de s'accommoder à la commune Iustice, & à la Religion du pays.

Il y auoit encore vne partie de la Prouence,

qui souz ombre d'vne curatelle estoit demeuree és mains des Ostrogots successeurs de Theodoric au pays d'Italie: Toutefois le tout fut remis és mains des Enfans de ce grand CLOVIS, lors que l'Empereur Iustinianus, par l'entremise de Belissarius liura la guerre à Theodoric, puis à Vitige leurs Roys, craignans iceux Ostrogots, qu'estans d'vne part empeschez contre l'Empereur, les François (qui estoient des-ja fort redoutez) ne leur donnassent d'vn autre costé à dos.

En effet, voilà comment les François, dicts auparauant Germains, conformément aux presages de Cesar, effacerent entierement le nom des Romains de ceste Gaule, & s'en firent vniuersels possesseurs: ayans premierement par diuerses courses donné mille algarades à ces ennemis de leur gloire: delà souz Valentinianus premier, s'estans mis en deuoir de fourrager les terres de leur obeissance en ce pays: puis à meilleures enseignes auec leur Roy Pharamond, ayans occupé du temps d'Honorius, les appartenances du Rhin: & souz Valentinianus III. vne partie de la Gaule, iusques a la venuë de CLOVIS, qui mist fin à leurs hauts & longs projets.

Et depuis que ce magnanime Prince eut si heureusement faict sentir le fer de sa vaillance à vn si florissant Empire, le seul nom des Roys de France, ses successeurs, a toujours eu plus de trais de crainte à ficher és ames de ses aduersaires, que les Parthes n'auoient de fleches à larder les troupes Romaines defaictes en la défaicte de Crassus: Depuis di-je, que tant de merueilles victo-

Nom des Roys de France redoutable.

rieuses, & tant de victoires merueilleuses eurent magnifié par tout le courage de ce belliqueux Roy, iamais la France ne s'est veue assaillie, qu'auec la honte, & le regret des assaillans. C'est vne Panthere, qui a toujours ruiné & deuoré ceux, qui l'ont poursuiuie pour son odeur. Son estat s'est toujours soustenu de son propre poids, sans que les impetueux orages des guerres l'ayent peu esbransler. Et ses plus grands ennemis ont esté contraints, apres des fleuues de sang, & des montagnes d'hommes morts, de confesser qu'elle ne se peut vaincre que par les François mesme, qu'elle reprend ses forces comme Anthee, de sa cheute, qu'elle se releue du profond de ses ruines, & ne bronche que pour marcher plus seurement contre les bataillons de ses aduersaires.

France inuincible que par soy-mesme.

Quel de nos Roys faute de vertu, s'est veu par vn Prince estranger dechasé de son throne? Les yeux des plus puissans Roys, se sont-ils esjouis, de voir vn de nos Princes mendiant leurs dextres, comme à la Cour de nos Princes, les Roys mesme de presque toute l'Europe? Quels hommes ont iamais vaincu nos François pour les destruire? Ils ont bien quelquefois esté surmontez, mais comme Romains asseurez apres les routes de Cannes, ils ont remply leurs rangs, & reporté la puissance de leurs Roys au dessus de toutes les puissances de ce grand Vniuers.

France comparee au feu.

Le Royaume de France est l'aliment du feu parmy tous les autres Royaumes, il subsiste seul, & leur sert n'ayant besoin que de son

pouuoir, & foulageant les autres qui tran-
ciroient de froid és glaces de leurs neceſſitez,
fans ſa flamme qui les anime, pour les ani-
mer à ſe recognoiſtre qu'ils ne ſont que par
luy.

 Qui eſt celuy, ie vous prie, qui ne trouue
grandement eſmerueillable, quand apres la
mort de ce grand CLOVIS, le Royaume ne
venant encore que d'eclorre & produire les
premiers effets de ſa grandeur, il ſe trouua
par deux fois démembré en quatre parties, auec
vne infinité de guerres ciuiles, & neantmoins
que la fortune fut de tant fauorable à la Valeur de nos Roys, qu'apres tant de diuiſions,
il ſe reconſolida en fin de comte en vn ſeul
& ſouuerain Prince? Ne fut-ce point choſe
eſtrange & non accouſtumee d'eſchoir, qu'à
ceſte belle occaſion, aucuns eſtrangers n'ont
jetté en leurs ames, le deſir ambitieux de ſe
leuer ſur les aiſles de nos diuiſions, pour eſleuer leurs trophees des déſpouilles de nos
marches, comme nous auions peu auparauant faict de celles de ce grand Empire qui
tenoit les renes en la main de tant de puiſſantes
Prouinces.

 Et s'il nous faut paſſer plus bas, quel plus
grand miracle de fortune e Vaillance ſçauroit-
on dire, que quand le Royaume fut diuiſé
en tant de Ducs & de Comtes, qui depuis
CHARLES LE SIMPLE, iuſques bien
auant ſous la lignee de HVGVE CAPET, faiſoient contre teſte à nos Roys, & toutefois à la
fin finale fut le tout reuny à la Couronne, & en la

personne du Roy ? Le Royaume estant au dessous de toutes affaires a toujours enfanté quelques braues Princes, & Seigneurs, quasi pour releuer à point nommé la grandeur de ceste nostre Monarchie.

Tesmoin en est Charles Martel, qui pendant les guerres des Maires des deux Palais, lesquelles empeschoient les François d'occuper leurs armes ailleurs, rallia par sa vaillance ces deux Mairies en sa personne, & ayant contraint du fer de sa magnanimité les peuples qui s'estoiét debandez de l'Estat François, de luy rendre les vœux de leur obeissance, poursuiuit si viuement les Sarrasins en toutes leurs traces, qui faisoient d'ignominieux preparatifs pour le receuoir, que la memoire en frappe encore l'ame de leur race.

Roys de France ont tousiours releué la grandeur de leur Monarchie par leur vaillance.

Tesmoins en sont les Pepins & les grãds Charles, lesquels ont relancé vne autrefois, & chassé loin des terres de la France, cette gent infidelle.

Tesmoin vn PHILIPPE, surnommé le Conquerant, ayeul de Sainct Louys, par la vaillance duquel nos Roys sont demourez en partie tels que nous les voyons aujourd'huy : combien qu'au precedent, pour la multitude des Ducs & Comtes, ils ne seruissent quasi que de monstre. Car comme il est porté en la Defense des Libertez de l'Eglise Gallicane addressee par la Cour de Parlement au Roy LOVYS XI. *Par sa valeur il rangea la Normandie & la Guienne à son seruice, & r'allia à son Diademe les Duchez & Comtez d'Aniou, de Poitou, Touraine, Maine & Pontoise.*

Et depuis

Et depuis les Anglois defertans la France, par plufieurs ans, parut finalement ce braue Roy CHARLES VII. qui par la prouesse & prudence de fes bons Capitaines, les en extermina de tout point, & releua magnanimement la grandeur de cette Monarchie, que l'estranger fouloit aux pieds, & faifoit ja litiere de fes dignitez anciennes.

Valeur de Charles VII. contre les Anglois.

Tous ces grands Princes, & infinis autres qui ont regné depuis, ont bien fait fentir aux ennemis de la France, qu'elle est incapable d'aucun branfle, qui la puiffe emporter au panchant de fes grandeurs, ou la faire tomber fouz fes ruines.

Mais qui fur tout aujourd'huy ne demeure efperdu, confiderant la Majefté Royalle de noftre grand HENRY dans le chariot de fes triomphes? qui le contemple fans eftonnement dans fon Thrône, comme ROY DE FRANCE, c'eft à dire Roy des Roys? qui fans tremblement foutient les diuins efclairs de fon courage? Ie puis dire que tout ce que les genereux efprits peuuent conceuoir & perceuoir en vertus, ce grand Augufte l'a en abondance, & que Dieu, qui met les Sceptres dans la main des Roys, eft l'œil qui ne s'eft iamais fermé en fa faueur, & qui luy a donné mille Anges gardiens.

Louanges de Henry IV. noftre grand Roy.

Sa valeur fe mettant comme la muraille entre luy & fes ennemis, luy a donné les Palmes qu'il tient, a rompu les fers fouz lefquels gemiffoit non la France, mais l'Europe, a effuié les larmes des Chreftiens, a mis la difcorde abbatuë à fes pieds, a fait toute la France Françoife, & tous les Fráçois vn corps vuidé de fes mauuaifes humeurs

G

& remply des esprits de concorde & d'obeissance: a di-je fait que ce grand Mars va desarmé par tout, que Mercure luy a rendu le Mâteau d'Hermines, que les plus grands Capitaines de l'Europe iurent par son espee, que la rebellion a vomy toute sa colere en vn coin du Royaume, que les cœurs que ceste Meduse auoit endurcis en rochers, se sont amollis souz l'ineffable impression des Fleurs de Lis. Il a par sa vaillance releué le Téple de la Paix, a jetté l'eau sur le feu de nos embrasemés, a dóné guerison à nos playes, a rapellé les Loix & la Iustice fugitiues, & a faict que la France, du lit mortel, où elle estoit, pasle, defiguree, & de qui l'on ne recognoissoit dé-ja plus le premier vilage, est auiourd'huy l'estonnement & l'espee qui donne crainte aux plus puissantes Monarchies : l'Estoille qui a les plus grandes illuminations du Ciel de la fortune : & l'heureux Empire, pour qui les destins semblent auoir renoué de plus grandes destinees, & iuré solennellement sur les Autels de l'Eternité de plus grandes promesses.

Qu'au milieu de tant d'orages il ayt ramené auec tant de prosperité le nauire au port : qu'au milieu de tant de mains coniurees, il ayt rompu la presse, & donné iour à sa gloire : que de la fortune de tant de perils, sa fortune soit retournec couuerte de tant de dépouilles : ait rappellé la tranquilité, donné l'harmonie & le temperament à ce grand corps malade, agité de Symptomes, & de tant de conuulsions de nos animositez: Que la France qui se laissoit tomber sur ses propres ruines, & se jettoit entre les bras, & à la mercy du deſeſpoir meſme, aydee de ſa main, ſe ſoit ſi heureuſement releuee: & qu'en fin toutes ſes actions, & tous les ſuccés de ſes affaires ayent eſté autant de Miracles: Ce ſont des effets peu communs de ſa vaillance, qui feront que ſa memoire ſera cherement receuë au Temple de Memoire; & que la poſterité ſe tiendra autant obligee de ſe vouer à ſon nom, que ſon nom ſe tient heureux de ſe conſacrer à la poſterité.

Il tient encore maintenant en vray Alexandre le pied ferme ſur le milieu du cuir: il regne heureuſement dans les cœurs des François, comme dans le cœur de la France, & la preſence de ſes vertus tient les choſes en tel eſtat, que rien ne bouge, rien ne s'eſleue, ſes ennemis n'ayans pas moins d'occaſion de le craindre, que ſes ſujets de l'aymer, & les Roys meſme ſes voiſins ne pouuans celer, *Qu'ils ne peuuent reſſentir vn tourment plus extreme que de ſe voir priuez de ſa veue & de ſa preſence, comme de l'obiet qu'ils deſirent le plus au monde, les actions duquel ils eſtiment non ſeulement immortelles, mais diuines, & ne ſçauent s'ils doyuent plus enuyer ſa fortune, qu'aymer ſa valeur, & admirer ſon merite, tāt l'vn & l'autre ſurpaſſent les merueilles du mōde.* Dit notable de la feue Royne d'Angleterre.

Que voulez vous plus? Il n'eſt Couronne plus noble que d'Oliuiers & de Lauriers. Les Oliuiers de la paix, pour laquelle tous ces honneurs ont eſté ſi heureuſemét cueillis, & le ſerõt encore cy apres, ne cedét point aux Lauriers de la guerre. Les Oliuiers portét du fruit, & les Lauriers n'ont que des graines. Si autrefois des armes ennemies on a fait les trophees des vainqueurs: la Frāce de cete Paix en eſleue auiourd'huy des triõphes à ſon Prince.

Les Cesars ont anciennement porté les Lauriers & les ont faict planter deuant leur porte, comme le May de leurs victoires. Mais de porter les Oliuiers & les Lauriers assemblez, & les voir plantez à l'huis d'vn Louure, qui de beauté & de maiesté ne cede à la maison des Cesars, il n'a iamais appartenu qu'au victorieux & vertueux Roy de France, qui est vn Cesar, je dis vn Cesar qui en Valeur & en Puissance, en Iustice & en Droiture a surmonté tous les Cesars. Par celles-la il a mis la France en Paix, & par celles-cy il maintient la Paix en honneur, & en telle seureté, qu'en vain maintenant les vens & les flots grondent & murmurent contre ses vaisseaux puis qu'il sont au port, & qu'vn DAVPHIN les garde.

Royaume de France, premier affranchi de la seruitude de l'Empire.

Non seulement doncques le Royaume de France a esté le premier affranchy de l'Empire tant par la vertu, & prouesse de CLOVIS, que par la cession & resignation liberale & volontaire du droit que les Empereurs y auoient, ou y pouuoient pretendre, & de ce que les anciens habitans se soubmirent à la puissance de son Sceptre plus de leur bon gré & vouloir, que par force, auec ce qu'il ne leur changea & diminua rien de leurs anciennes libertez, & polices, souz ceste nouueauté: Mais encore peut-on dire auecque verité, que depuis la cheute de l'Empire Romain, il n'y a eu Royaume ny Empire mieux ny tant bien asseuré en ses droits & en sa duree, ny tant ou plus souuerain & libre de toute recognoissance superieure, que celuy de la France.

Lequel a eu outre cela de plus, que par ses

Roys a esté derechef relevé l'Empire Romain, & remis sus en Occident en la personne de CHARLES le Grand, non titulairement seulement, ains realement & de faict possedé & gouverné par eux à la maniere des anciens Empereurs : tellement que toutes les Histoires d'Italie conviennent, qu'elle n'a iamais esté en vn plus heureux & florissant Estat, que souz leur domination. Et d'iceluy semblablement sont sortis ceux qui allerent depuis conquester & posseder par vn bon espace de temps l'Empire de Constantinople, & les Royaumes de Naples, & de Sicile par deux ou trois fois, d'Angleterre, de Ierusalem, & les plus grandes Provinces de l'Asie, Syrie, & Palestine : & ceux aussi qui possederent par droict hereditaire les Royaumes de Hongrie, & de Navarre.

Empire Romain relevé en Occident par les Roys de France.

Royaumes conquis par les François

Ceux, di-je, dont les Turcs, qui apres avoir subiugué l'Orient iusques à la mer de Grece se vantoient estre les premiers du monde au faict de la guerre, y ayans esprouvé la force & vaillance des François, se persuaderent qu'vne si belliqueuse Nation ne pouvoit auoir tiré son origine que de mesme race & souche qu'eux, & que partant il n'appartenoit qu'aux François, & à eux, de faire le mestier de Cheuallerie, & des armes.

Et puis, n'est-ce pas grand honneur à cette grande Monarchie, d'auoir faict rempart & defésé de ses armes courageuses, cóme de ses courages armez au reste de la Chrestiété, contre les infideles, & heretiques ? de les auoir déconfis & chassez, non de chez soy seulement, mais de

G iij

toutes les terres de l'Europe, sans les y auoir laissez nicher ny asseurer leur demeure? Elle a esté en perpetuelle occupation & exercice des guerres & des armees pour la defense & protection de l'Eglise, depuis le baptesme de CLOVIS qui qui se fist l'an 500. iusques apres plus de l'an 1300. ou contre les nations de la Germanie, ou autres du Septentrion, Payennes & Idolatres, à sçauoir, les Allemans, Sueues, Turingiens, Bauariens, Saxons, Frisons, Esclauons, Vinites, Abodrites, Vuilses de Boesme, de Morauie, de Carinthie, Istrie & Styrie, ensemble les Danois, Normans, & Auarois? ou contre les peuples heretiques & Arriens, tels que les Vvandales, Huns, Visigots d'Espagne, Ostrogots, Lombards d'Italie, & Bourguignons? ou contre les Mahumetiques, comme Maures, Sarrasins, Arabes, Perses, Turqmans, Turcs, Beduins, Assassins, Brassions, tant dedans, que dehors ses limites en Italie, en Sicile, en Grece, en Asie, en Cypre, Syrie, Palestine, Ægypte, & Affrique : signamment en Espagne, où ses Roys n'ont pas moins fait, ny guere moins de temps combatu pour l'auancement & l'honneur de la Chrestienté, que les Espagnols mesme, ayans eux seuls, & sans iceux, deliuré vne bonne partie de leurs Prouinces de la main de l'infidele, & aydé à deliurer l'autre, & par leurs victoires si bien rendu l'auantage aux Chrestiens qu'il leur y est demeuré : tellement que sans grande ingratitude, elle ne se doit ny ne se peut recognoistre guere moins redeuable à eux pour sa deliurance, qu'à ses propres Princes.

Celuy qui a faict depuis quelques annees le

Exploits valeureux des Roys de France contre les infideles & heretiques.

Mercurius Belgicus, & qui estant Flamend est croyable d'auantage, dit fort bien & en peu de paroles, *Les armes des François sont cognues en l'Orient, contre les Turcs: au Midy, contre les Affricains, & les Arabes : au Septentrion contre les Hussites & Normans : & chez eux, contre les Albigeois.* Et Robert Guaguin en vne Æpistre qu'il escrit à Monsieur Doriol jadis Chancelier de France, *Les Roys*, dit-il, *& la Nation mesme des François, se sont toujours monstrez si grands aux expeditions militaires, & ont faict de si beaux exploits en faueur de la Republique Chrestienne, que toute l'estendue & amplitude qu'elle s'est acquise depuis les Apostres de* CHRIST, *elle la tient à iuste titre de la Valeur des Roys de France.*

Et certes la Valeur des Roys de France est si gráde, que quand ie jette l'œil sur ses merueilles, & que je voy toutes ces grandes actions, qui eussent estonné autant d'Hercules, & qu'ils ont heureusement acheuees, pour restituer le repos & la tranquilité à leur Estat, non, mais à celuy de toute la Chrestienté, il me semble que ce qu'est l'Esprit, qui fait mouuoir le corps selon son appetit, telles sont leurs courageuses Maiestez, qui font mouuoir les Estats de la Chrestienté, selon leur volonté.

Roys de France protecteurs & Chefs, de toute l'Europe.

Ils les etayent de la Vaillance de leur Sceptre, contre la tyrannie des audacieux, leur donnent de la frayeur pour leurs ennemis, moderent la terre & la mer pour leur salut ; & disposent pour eux de la paix & de la guerre.

Ainsi les Papes, les Empereurs, & les plus grans Princes Europeans se sont toujours & en tout temps venus mettre à l'abry souz les ailes de leur Magnanimité, pédant l'orage de leurs troubles. Dequoy nous faict vne belle & honnorable recognoissance Benoist XIII. en vne sienne Epistre au Roy CHARLES VI. en ces termes. *N'a-ce pas toujours esté le propre office de vos deuāciers, non seulement de dissiper les orages qui ont troublé le repos de l'Eglise, & de remettre les souuerains Pontifes en leurs Sieges: mais de tendre leur dextre genereuse indifferemment à tous fidelles molestez? comme si la noble Maison de France estoit vn Temple de Misericorde, tel qu'on dit auoir iadis esté dedans Athenes, où tous les affligez auoyent recours, pour y trouuer promptement leur secours.* Et toutes les fois que le foudre Othoman a menacé la Chrestienté de ruine, elle s'est toujours venuë targer & refugier souz les Fleurs de leurs Lis, & souz les fueilles de leurs Lauriers, afin que le son de leur Valeur dissipast ce tonnerre, qu'elle escoutoit pour le redouter, & le redoutoit pour l'escouter éclater sans perte.

C'est le deuoir qui leur fut rendu, lors que tant de Princes Chrestiens firent espaule à la vaillance de ce grand GODEFROY, vassal de nos Roys, pour la conqueste de la Terre Saincte. Et nos Roys mesme les Philippes, les Louys, comme Chefs, qui gouuernēt les autres Chefs, n'ont eu moindres assistances, ny produit moindres effets que leurs membres, quand ils sont allez grauer leur nom aux Mosquees de ces infideles, auec des traits d'excellence, que les annees, qui emportent tout, ne pourront iamais effacer, puis que la Valeur de leur dextre en entretient la memoire, mesme apres leur mort.

Valeur & pouuoir des Roys de France seuls Capables de ruiner le Turc.

Et ce qui est plus admirable en ce sujet : c'est qu'il n'a esté sçeu, ny veu vn seul Capitaine de marque, & de renom, qui ayt eu charge ou conduite en ces expeditions genereuses, qui s'y soit fait valoir par la grandeur de son courage, qui ayt laissé bonne creance de sa reputation par quelque beau fait d'armes, qui n'ait esté du sang François ou du Norman issu de France. Pareillement aussi que tous les Royaumes, Prouinces, & Citez qu'on y conquesta, furent laissees en la garde & possession des François. D'auantage que depuis ces merueilleuses victoires, les affaires de Hierusalem & de la Terre Saincte ont esté toujours conduites & gouuernees par gens & hommes de Natiō Françoise, iusques à la totale perte d'icelle. Et mesmement que le titre de Roy n'a onc esté porté en Hierusalem, ny depuis à Acre, que par des Princes & Seigneurs de la France.

Vaillance des François contre les Infideles.

Qui ne sçait que de là est venu que les peuples d'Orient, pensans n'auoir veu deuers eux autres que François, & que tous ceux d'Occident fussent compris souz eux, les ont tous honnorez du nom de Francs ? Tellement que les Espagnols mesme à leur premiere arriuee en toutes les Indes, en la Chine, & en l'Ethiopie, ne se sont veuz apellez & cogn°souz autre nō que celuy-là.

Ces annees passees encor, Monsieur le Duc de Mercure dedaignant l'oysiueté de la Cour, & les aises de sa maison, s'est-il pas employé au secours des Chrestiens contre le plus grand ennemy de leur Religion ? A-il pas vsé dignement du bien de la Paix, preferant les incommoditez d'vne si iuste guerre, qu'il estimoit ses delices pour la cau-

Voyage du Duc de Mercure en Hongrie en Octobre 1599.

se de Dieu, aux allegresses & resiouissances, dans lesquelles il voyoit fondre la Fráce? Godefroy de Bouillon s'en alla en la terre Saincte, y fonda ceste Chrestienne Monarchie du Royaume de Hierusalem, & y fist la guerre aux Sarrazins. L'vn de ses descendans a entrepris sur vn si glorieux exemple le voyage de Hongrie, & y a mené le Comte de Chaligny son frere auec quelques Gentils-hommes à ses despens, proposant d'employer ses biens, aussi bien que sa vie en vne si saincte guerre, ayant fait veu d'y seruir deux ans la Chrestienté à ses depens. Il y parut non moins grand Capitaine pour deffendre, que pour assaillir: luy qui n'estoit que Mercure en France, fut vn Mars en Hongrie, où il mettoit tous les iours en liberté tant de pauures Chrestiens.

Mais la mort ayant enuié vn si braue Seigneur à la gloire de nos Roys, & de tous les Princes Chrestiens: on a veu les Seigneurs de Neuers & de Laual renaistre de sa cheute, & y releuer apres luy leurs honneurs: la plus salutaire resolution qu'ils sçauoient donner aux esprits de France, qui ne pouuoient demeurer en paix, estant d'aller en Hongrie : où ils ont faict croistre les Lauriers aussi espais souz les enseignes des Chrestiens, comme souz la statuë de Cesar à Trulles.

Voyages de Messieurs de Neuers & de Laual.

Et à la verité, si quelque Nation auoit droict d'y aller, c'estoit la Françoise, qui autrefois a veu ses Princes y regner, & n'en a pas moins tiré de butin que les Romains de la guerre contre Philippe de Macedoine. Outre ce que par les Roys de France, les Hongres ont esté faits Chrestiens, & leur ont fait confesser, comme autrefois aux

Romains, qu'ils ne sçauoient que c'estoit que de combatre pour defendre leurs vies, iusques à ce qu'ils auoient veu en campagne la Cauallerie de France, n'ayant auparauant combatu que pour l'honneur & la gloire.

Ceux qui recognoissent par l'experiéce quelle est ceste Valeur de nos Roys, n'ignorent pas, que comme ils ont esté choisis de Dieu, pour presider sur tant de peuples Chrestiens, & reseruez du Ciel, pour estre les souuerains Monarques de la Chrestienté, voire de tout le Monde, qu'ils ne puissent encor vn coup mettre souz le joug de leur obeissance, toutes ces Prouinces Infideles, quand il leur plaira de faire vn effort égal à leur pouuoir. Il ne faut pas douter que ceux qui ont tant de fois pasé les mers, ne passent bien encor la mer Tyrrhene: & que les Princes, qui ont triomphé de tant d'ennemis, n'adioustent aisement les Turcs au char de leur Triomphe, & les contraignent à leur donner de l'eau, & de la terre pour signe de subiection. Ceux qui combatront, sont les mesmes courages, qui ont rompu, combatu, & batu cette gent inique, delà les mers: Le courage ne leur manque pour passer encor vn coup les arenes infideles, pour debatre les droits de la Chrestienté à la pointe de leur espee.

L'Ambassadeur du Roy de Georgie (c'est la Cappadoce & Mesopotomie) disoit aussi du Roy de France, *Que son enseigne veue par delà, & vn Capitaine, qu'il y enuoyeroit en son nom, espouuanteroit plus le Turc & toute son armee, que ne feroyent autres cent mille personnes.* Et de-ja.

Mahommet privé d'asseurance,
Sçachant que son nom cessera,
Dit qu'il n'est, voyant sa Puissance,
Puissant, que tant qu'il luy plaire.
Et quand il luy plaira
Le corps de sa puissante armee
Conduite auec son iugement
Domtera la race Idumee
Auec le bruit tant seulement,
Et les peuples de toutes sortes
Par son braue nom surmontez,
Luy ouuriront soudain les portes
De leurs cœurs & de leurs citez.

Rien ne le peut empescher qu'il ne ioigne à sa Couronne cet Empire, sinon qu'en se pouuant il pense l'auoir fait. Heureux le champ de bataille qui sera tout trempé, heureuses les armes toutes teintes, heureuses les nouuelles toutes escrites du sang de ces infideles, qui voudroient que tous les Chrestiens n'eussent qu'vn col pour l'abatre d'vn coup.

Valeur & generosité des Princes de France.

MAIS comme le Ciel a son Soleil, & il a ses estoilles: Aussi la France a son Roy, & si elle a ses Princes. Et comme entre les estoilles il y a des Planettes dignes chacune de gouuerner vn Ciel: ainsi entre ses Princes, la terre a iugé qu'il y en auoit de dignes de commander à ses Prouinces, & dignes d'estre aymez & desirez des autres peuples.

Ce qui me fait souuenir d'vne autre excellence singuliere, & d'vne autre qualité sureminente & remarquable de ceste genereuse Royauté. Car si nous auons particulierement esgard à la valeur

& au courage, qui plus valeureux & courageux que ses Princes ? Tout ainsi qu'il y a des choses desirees pour les lieux où elles croissent, & que la Palme est recommandee des Iardins du Roy de Perse, les Myrtes du pays d'Egypte, les Oliuiers de l'Attique, & les Lauriers plantez au parterre des Cesars : ainsi ont esté les Princes tirez & triez du iardin delicieux de la maison de France, pour leur valeur & generosité. Et comme on dit que les Mages estoient en Babylone, les Philosophes en Athenes, & les grands Senateurs à Rome, aussi les grands & valeureux Princes se sont toujours trouuez entez & plantez au terroir de la France. On admire les Cedres du Liban, les Chesnes de l'Apennin, les Citrons du mont Atlas, les Sapins des Alpes, mais on renomme les Princes nez au sol François, pour la hautesse de leur courage.

Et certes ce terroir en a toujours esté fort peuplé, & dés les siecles plus antiques, la France a esté le delicieux sol, où ont creu, fleury & boutonné les hautes fustayes de la vaillance. Aussi le Ciel n'est point si luisant en ses diuerses clartez, comme en diuers effets de valeur nos Princes ont esclaté par tout le monde. Car qui n'a veu, ou qui n'a leu, que les Couronnes de Naple, Sicile, & Poulongne sont de la conqueste des fils puisnez de France ? Ie puis dire qu'en quelque part qu'ils se soient parquez, ils ont esté veux & recognus brillans & esclatans d'vn monde de vertus guerrieres qui les acompagnoient, & qui les ont fait aymer & desirer de toutes les nations de la Chrestienté.

Ce sont ces vieux enfans de Iupiter, que l'Antiquité fabuleuse a tant & si hautement louez pour la grandeur & generosité de leur courage.

Ce qui me fait souuenir de ce qu'escriuent les Philosophes en discourant de la nature du corps de la Terre. Car disent-ils, quelquefois il exhale par ses pores, principalement apres vne grande pluye, vn parfum si odorant qu'il n'y a odeur qui luy soit comparable. A cette occasion, comme ils escriuent, naturellement on le desire, naturellement on l'approche, & naturellement on le suit en quelque part qu'il se rencontre. On en peut dire autant de nos Princes, qui ont exhalé de si suaues odeurs de magnanimité, par les pores de leurs dextres victorieuses, que toute la terre a esté esprise comme d'amour, afin de iouir & faire barriere de leurs personnes à ses ennemis.

Parfum d'odeur esmerueillable.

Ainsi les anciennes Villes de Grece & d'Asie cognoissans en Homere quelques marques & apparences de diuinité, se sont debatues du lieu de sa naissance, & l'ont vendiqué comme leur Citoyen. C'est pourquoy Ptolomée Roy d'Egypte, luy donnant vn superbe Temple en son pays, le fist peindre assis auecque grande grauité en vne chaire, & tout autour de luy les douze villes qui se battoient pour l'honneur de l'auoir engendré. Et certes les hommes ont de nature cet appetit, que toutes choses belles & odorantes ils les desirent.

Temple d'Homere en Egypte.

Ce desir a espoint toutes les Nations de la Terre, qui voyans la splendeur & generosité des

Princes de France, les ont aymez & desirez pour s'assujettir à eux, les seruir & honorer, & leur rendre les vœux de leur obeissance comme à leurs Princes. Car tout ainsi que le riche Laboureur tire de son grenier le fromét le plus beau pour en faire la semēce de ses terres: de mesme façō, Dieu qui est le grand Pere de famille, qui cultiue tout cet Vniuers, choisit du grenier de la France le pur froment de la Noblesse Françoise, pour en semer les champs Chrestiens, & tous les plus riches heritages du Monde. De là sont venus les Foulques d'Anjou, Roys de Ierusalem: delà les Lusignens, Roys de Cypre: delà nos Enfans de Fráce, Roys de Naples & de Sicile: delà nos Louys, Roys de Hongrie: delà nos Philippes, Comtes de Flandres: de là nos Henris, Roys de Poulongne, & infinité d'autres, qui pour la reputation de la maison de France, & pour les excellentes parties, dont Dieu les auoit honorez, ont esté appellez aux Couronnes estrangeres, & aux gouuernemens des plus insignes Empires de la terre. Car on les a tirez de la Principauté & Noblesse de France, comme on tire d'vn magazin plusieurs belles pieces de marchandise, pour les enuoyer en toutes les parties plus éloignees du Monde. *Princes de France recherchez des Nations estrangeres pour leur commāder.*

Cela me faict ressouuenir de ce bel estuy trouué par Alexandre apres qu'il eut défaict Darius. Car comme il estoit orné de la plus noble & riche pierrerie, qui fust non seulement en Asie, mais en tout l'Orient: Ainsi la FRANCE a esté le riche Estuy, dont on a tiré les plus illustres Princes, & les plus precieux & *Estuy riche de Darius trouué par Alexādre.*

nobles Diamans, dont on ayt orné le corps de la Chrestienté, voire le chef glorieux de tout l'Vniuers.

Princes de France cóparez aux Dieux Tutelaires des Romains.

Les Romains escriuent, qu'au Capitole de Rome, contre le grand Autel de Iupiter Capitolin, il y auoit plusieurs Autels dediez à des Dieux particuliers, où de Rome non seulement, mais de toutes les parties d'Italie, on y enuoyoit des offrandes, afin d'implorer leur secours és choses de leur Estat. Ainsi outre la souueraine Maiesté de nos Roys, infiniment & perpetuellement aymable & respectable, qui a esté le secours & l'amour de tous les Roys affligez, on a veu la grandeur de nos Princes François, que les Nations ont aymez & recherchez, pour leur donner leurs Sceptres, & les orner de leurs Couronnes: Ausquels comme à des Dieux Tutelaires de toute la rondeur de la terre, on a ordonné des offrandes. Et de celà les Histoires sont si pleines, que s'il n'y a rien si capable de toucher les ames & les affections, que les exemples des personnes illustres, que l'on void arriuees au feste de la gloire, par la grandeur de leur courage, & si de present on les lit, on y trouuera de grands aiguillons pour courir à la vertu: Des aiguillons, di-je, beaucoup plus grands que ceux, ny des Lacedemoniens, entre lesquels en leurs festes solennelles, se recitoient les beaux faits d'armes des plus vaillans, afin que la ieunesse ialouse de leur honneur, se fist desireuse d'imiter leur valeur: ny des Romains, qui faisoient en leurs festins chanter les louanges de ceux qui auoient accreu l'honneur de l'Empire: encore que cela,

dit

dit Valere le Grand, *donna à leur Republique les Camilles, les Scipions, les Fabrices, les Marcels, & les Fabiens, qui s'efforcerent d'egaler la vertu de leurs deuanciers, picquez de leur gloire.*

Mais il y a encore pour nos Roys vne particuliere recommandation de ceste marque, que les autres vertus ont bien quelque mise entre la commune, mais que la Vaillance, elle est toute populaire en leur Noblesse, & qu'en cette partie s'est toujours trouué parmy elle des ames fermes iusques à la perfectiõ, & en grand nombre: si que le triage en est impossible à faire. Quelle Nation tant bien armee & forte de pouuoirs vnis a peu iamais supporter le choc de nostre Caualle- rie Françoise qui n'a qu'elle qui luy resiste, à toute autre inuincible, & souz la conduicte des plus belliqueux & victorieux Roys du monde? On peut dire d'eux, ce que l'on a dit des Romains, *Preneurs & coureurs de Mondes, qui cherchent les mers, quand les terres leur defaillent,* l'Orient ny l'Occident ne les a peu remplir. *Vaillance populaire en France.*

Edouard Prince de Vuales, celuy qui regenta si long temps la Guienne, personnage duquel les conditions & la Fortune ont beaucoup de notables parties de grandeur, ayant esté bien fort offensé par les Lymosins, & prenant leur ville par force, ne peut estre arresté par les cris du peuple, & des femmes, & enfans abandonnez à la boucherie luy crians mercy, & se jettans à ses pieds, iusqu'à ce que passant toujours outre dans la ville, il apperceut trois Gentils-hommes François, qui d'vne hardiesse incroyable soustenoiét seuls l'effort de son armee victorieuse. La consi- *Magnanimité de courage de trois François.*

H

deration & le respect d'vne si notable vertu reboucha premierement la pointe de sa colere, & commença par ces trois, à faire misericorde à tous les autres habitans de la ville.

Vaillance du Capitaine Bayard, & de ses ancestres.

Et qui pourroit dignement louer la magnanimité du Cheualier Bayard, vaillant dessus les vaillans ? Les autres Royaumes n'ont point d'hommes assez genereux, pour marcher du pair auec la grandeur de ce courage, qui le fist aymer des grands, & honorer des petits, & par mesme moyen remporter le titre de *Bon Cheualier sans peur & sans reproche*. Son trisayeul mourut aux pieds du Roy Iean à la iournee de Poitiers, son bisayeul en celle d'Azincour souz Charles VI. son ayeul en la bataille de Monthery, & son pere grieuement blessé en celle de Guinegaste. Belle production certes d'vne Genealogie pour rendre recommendable le Gentil-homme dont je parle, & neantmoins peu de chose, si sa recommendation principale ne prouenoit de son propre fonds. Iamais ne fut guerrier en son tout accomply de tant de bonnes parties que ce bon Cheualier, qui n'auoit autre impression en son ame, premierement que l'honneur de Dieu, puis le seruice de son Roy, pour la defense de sa Couronne : En toutes les escarmouches se trouuant tousjours à la pointe pour faire teste à l'ennemy, & aux retraites le dernier, pour seruir d'espaule aux siens : Sage en ses aduis aux deliberatiõs de la guerre, magnanime & prompt à la main aux executions : magnanimité ordinairement suiuie d'vn monde de prosperitez, & d'heureux succés : Aymé non seulement des nostres, mais aussi de nos ennemis qui le redoutoient. Il pouſſa petit à petit ſa fortune, premierement Gendarme de la compagnie du Comte de Ligny, puis Guidon, en apres Chef d'vne compagnie de Gend'armes, & finalement Lieutenant de Roy. Seruit trois Roys, Charles VIII. Louys XII. François I. Et ſingulierement ce dernier, pour les grandes vertus qu'il recognut en luy, le choiſit pour receuoir l'Ordre de Cheualier par ſes mains. Mais il fit preuue ſur tout de ceſte ſienne excellence, au ſiege de la Breſſe, ſouz Monſeigneur de Nemours Lieutenant general du Roy Louys XII. en Lombardie, où il ſe hazarda ſuiuy de ſa compagnie ſeule, qui eſtoit de 150. hommes d'armes à la mercy des harquebutes ennemies, & ſe jetta d'vne telle furie à l'aſſaut, qu'il entra le premier, & paſſa le rempart, & apres luy plus de mille ſoldats: de ſorte qu'ils gaignerent le premier fort, & en fin la ville. Vray eſt que ceſte hardieſſe luy fut cher venduë, car il y receut vn coup de picque dedans le haut de la cuiſſe, qui entra ſi auant que le bout rompit, & demeura le fer & vn bout du fuſt dedans: coup dont il fut longuement & grieuement malade. Eſt-il quelque trophee aſſigné pour les vainqueurs, qui ne ſoit mieux deu à ce vaincu, qui n'a eſté abbatu en combatant, qu'apres auoit batu, & fait acheter aux ennemis ſa bleſſure la plus chere qu'il luy a eſté poſſible? Le Duc le venoit ſouuent viſiter pour le conſoler, & entre autres propos luy diſoit ſouuent. *Monſieur de Bayard mon amy, penſez de vous guerir, car ie ſcay bien qu'il faudra que donnions vne bataille aux Eſpagnols entre-cy & vn mois, & ſi* ainsi estoit i'aymerois mieux auoir perdu tout mon bien que n'y fussiez, tant i'ay grande asseurance en vous. Asseurāce certes digne de sa propre vertu & magnanimité, & du nom François.

Cecy encor est digne d'estre consideré, que les Gentils-hommes François donnēt à la Vaillance le premier degré des vertus, comme son nom monstre, qui vient de la Valeur: & qu'à leur vsage, quand ils disent vn homme qui vaut beaucoup, ou vn homme de bien, au stile de la Cour, ou de la Noblesse, ce n'est à dire autre chose qu'vn vaillant homme, d'vne façon pareille à la Romaine. Car la generale appellation de vertu prend chez eux ethimologie de la force. La forme propre, & seule, & essentielle de Noblesse en France, c'est la vacation militaire. Il est vray semblable, que la premiere vertu qui se soit faict paroistre entre les hommes, & qui a donné aduantage aux vns sur les autres, ç'a esté ceste-cy: par laquelle les plus forts & courageux se sont rendus Maistres des plus foibles, & ont acquis rang & reputation particuliere, d'où luy est demeuré cet honneur & dignité de langage ; ou bien que ces Nations estans tres-belliqueuses, ont dōné le prix à celle des vertus, qui leur estoit bien plus familiere, & la plus digne de leur generosité. Tout ainsi que nostre passion, & ceste fieureuse solicitude que nous auons de la chasteté des femmes, faict aussi qu'vne bonne femme, vne femme de bien, & femme d'honneur & de vertu, ce ne soit en effet à dire autre chose pour nous, qu'vne femme chaste : comme si pour les obliger à ce deuoir, nous mettions à nonchaloir

Vaillance, premiere vertu des François.

Femme de bien & d'honneur quelle.

tous les autres, & leur laschions la bride à toute autre faute, pour entrer en composition de leur faire quitter cette-cy.

En tous les exploits de guerre, (pour toucher quelque chose de nostre temps) qui se sont faits en Hongrie ou Transsiluanie ces années passées, les Turcs ont bien recognu quand il y auoit des François, & mesme de ces furieuses espees, dont les peres en nombre de quinze cens, mirent en route plus de trois cens mille Sarrazins. Ils n'ont iamais rien veu de si furieux qu'vne Caualletie Françoise, le coutelas au poing, rien de si determiné que l'infanterie, à la gresle & à la pluye des boulets & des feux. Les autres Nations comme mercenaires veulent estre exortees, & quelquefois priees aux entreprises : les François y vont comme s'il y alloit de la deffense de leur pays, du salut de leurs femmes & enfans, & par tout où ils vont, il faut que le nombre cede à leur courage.

Valeur des François sãs exemple.

C'est pourquoy le grand Seigneur a souuent prié nostre grand Roy de ne permettre plus aux François d'aller chercher la guerre en Hongrie: & pour l'obliger à en faire vne estroite defense luy accorda tout & plus que sa Maiesté ne pouuoit desirer pour la reparation des injures & publiques & priuees, contre la liberté du commerce, & à la seureté de la nauigation en Leuant, troublez par les Pyrates d'Angleterre & de Barbarie, qui s'attendoient à la Piraterie, comme autrefois les Illiriens & les Etoliens.

Il a bien, & les Empereurs ses Peres, traité alliance & amitié auec les Princes Chrestiens, souz

H iij

conditions qu'il fuſt permis à leurs ſujets, d'aller ſur mer comme Marchans en toute ſeureté & liberté, mais il a ſur la ſimple plainte de noſtre ſeul Roy exautoré des Gouuerneurs & Vicerois, pour auoir manqué au deuoir de la foy publique, & à la protection des Marchands François; & a pour eux ſeuls tenu ſes promeſſes inuiolables: Comme auſſi tous Traitez doyuent eſtre reputez pour ſaincts enuers ceux qui reuerent la loyauté deuë aux perſonnes, auſſi bien que la foy & Religion.

Et pour monſtrer dauantage l'eſtime honnorable qu'il fait de ſa Maieſté en comparaiſon des autres Princes Chreſtiens, auſquels la Maiſon des Otomans ne parle que hautement & imperieuſement, il luy donne, quand il luy eſcrit, des Titres ſi pompeux & ſi fauorables, qu'ils ſemblent luy appartenir autrement, qu'à tous les Potentats de la Chreſtienté : car ſon ſtile graue ces mots au frontiſpice, eſcrits en groſſes Lettres, AV GLO-

Titres magnifiques que le Turc donne au Roy de France en ſes Lettres

RIEVX, MAGNANIME, ET GRAND SEIGNEVR DE LA CROIANCE DE IESVS-CHRIST, ESLEV ENTRE LES PRINCES DE LA NATION DV MESSIE, TERMINATEVR DES DIFFERENDS QVI SVRVIENNENT ENTRE LES PEVPLES CHRESTIENS, SEIGNEVR DE GRANDEVR, MAIESTE, ET RICHESSES, ET CLAIRE GVIDE DES PLVS GRANDS.

Mais qu'eſt-ce, que la conqueſte de ſon Empire, promiſe aux Fleurs de Lis, qui luy fait ainſi cherir l'amitié de noſtre France? Il ne tient pas à luy que les François, plus industrieux au commerce du Leuant, que nulle autre Nation, ne soient toujours bien recueillis par toutes les villes de son Estat en Grece, en Barbarie, en Egypte, & aux terres des autres Princes ses voisins, tant il craint que les Lis de leurs Roys n'entortillent les cornes de son Croissár, pour le jeter par terre.

Empire Mahometā promis à la Valeur des Fleurs de Lis.

Mais il a beau faire: ses trophees ne s'éleuent que pour estre les dépouilles de leur Valeur, & ses faueurs ne sont qu'autant de craintes, que le Ciel ennemy de ses iniques prosperitez ne mesle bien tost parmy les triomphans Lauriers qu'il a cy deuant acquis, les mortuaires Cyprés, tristes ombrages de son tombeau. C'est le partage reserué au courage de nos genereux Princes, qui n'auront si tost le pied dans le Throne de l'Empire, qu'ils n'ayent le glaiue dans la gorge de cette gent perfide. Deja les Aigles estraignans les Dragons à leur naissance, les portent en presage au feste des grandeurs Imperiales, pour de là fondre sur ces Basilics empestez. De-ja la fortune à fils noirs ourdist la toile malheureuse, où elle veut enueloper ces Serpens Orientaux, pour les faire tomber au plus bas de l'infortune. Et de-jà le Destin les conduit au port malheureux où il a jetté l'ancre de leurs desastres, afin que la vertu du sang François, entant le tige Royal de sa Couronne dans les Prouinces extremes, y augmēte sa gloire auecque le nombre des Chrestiens, & la graue du fer immortel de sa valeur, dedans les Eternitez.

Empire des Turcs, selā la profetie de Torquatus, doit prendre fin en l'annee 1615.

Ce sont les asseurāces veritables que Dieu promet à nos Rois de la duree de leur monarchie, c'est

H iiij

la bonne & grande renommee qu'il met à part pour recompenser la Valeur de ces grands & genereux Princes, qu'il a voulu estre ses premiers Lieutenans en terre: & dont la course est si noble & si antique, qu'elle est infinie, n'ayant iamais debondé de son premier lit, & fluant d'vne douce haleine de siecle en siecle iusques au nostre.

Prenez garde aux anciennes & florissantes Principautez, il n'y en a point qui puisse debatre de la noblesse & antiquité de leur sang contre celuy de nostre France. Appianus a escrit au commencement de son œuure, *que les trois Empires des Assyriens, des Medes, & des Perses ensemble ne pourroient venir iusques au temps que l'Empire Romain a duré.* Mais soit qu'il se trompe, & qu'il n'y ait moyen de l'excuser, pource que tout cet espace de temps qui se conte depuis la fondation de Rome iusques à l'Empereur Adrian, ne contient qu'enuiron *neuf cens ans*: Encore suyuant les asseurances que nous en donnent les plus veritables Historiens & Chroniqueurs: celle d'Assyrie n'a demeuré entiere que *douze cës quarante ans*, ou comme quelques vns disent plus, iusques à *treize cens*: les Medes n'en ont duré à peu prés que *deux cens soixante*, & les Perses que *deux cens trente trois*.

Duree des plus florissantes Principautez petite au prix de celle de France.

Et pour parler des Principautez Europeanes, en Espagne l'on comte bien *trenteneuf* Roys Goths depuis l'an de Iesus-Christ 308. iusques à Dom Rodrigo, auquel faillit cet estoc par l'vsurpation des Mores. Et depuis Dom Pelayo qui reprist la Royauté l'annee 717. iusques à Philippe III. il y a bien *quarante huit Roys*, en ordre continuel, *de la France, Livre* I.   121

& sans interruption. Mais quelle comparaison y a-il auec la puissante Monarchie de France? Depuis PHARAMOND premier Roy, iusques au grand HENRY IV. qui regne à present, il se trouue *soixante trois Roys*, & ce durant vnze cens quatre vingts vnze ans, à sçauoir depuis l'annee 418. iusques au iourd'huy 1608. que ce noble & ancien sang commence plus fort que iamais à renforcer son cours souz les Vulturnes de la grace diuine, qui se plaisent à s'exercer dans cet Ocean beny, pour estre infiny, & cet Ocean se plaist à leur complaire pour sa gloire.

Ceste illustre antiquité est auouée de tous, & les estrangers mesmes confessent ingenuement, qu'elle a duré cet espace de temps, toujours tres-belliqueuse: voire Onuphrius la recognoist iusques au regne de Henry II. par vn illustre tesmoignage qu'il laisse à la posterité de la Grandeur & Vaillance de nos Roys, en ces belles paroles, *C'est vne chose esmerueillable & digne de remarque, que n'y ayant iamais eu aucune Nation, qui n'ayt ou receu des Princes estrangers, ou chasé, voire malheureusement assasiné ceux qu'elle auoit receus: c'est le propre & particulier des seuls François, de ne souffrir aucuns Roys de dehors: mais d'aymer & honorer tellement ceux de leur pays, qu'ils ont coutume d'employer non seulement leurs biens, mais aussi leurs vies, beaucoup plus cheres que les biens, pour defendre la dignité de leurs Maiestez. Et de là faut croire estre aduenu, que par l'espace de presque mille & deux cens ans, tant de Princes, qui ont commandé aux François, n'ont tiré l'excellence de leur origine que de trois familles, depuis* PHARAMOND *premier Roy, iusques à* HENRY II. *qui gouuerne maintenant l'Estat de la France.*

Par les guerres doncques, nos Roys ont donné de certains tesmoignages & signalees espreuues de leur Valeur. Estans quasi necessitez à ce faire par vne violence du Ciel, nul autre soin ou pensement n'est demeuré en eux sinon la puissance des armes contre les estrangers. Par là ils se sont ouuerts vn sentier à vne gloire eternelle, par là ils ont esté estimez, non seulement entre les leur, mais aussi par tout l'Vniuers; & posé que les entreprises n'ayent toujours sorti tel effet que leurs vaillantises meritoient, si n'ont-ils laissé d'estre redoutez au dessus des autres Princes & Monarques du monde.

DV POVVOIR DES ROYS DE FRANCE,

Et comme les Priuileges de leur Couronne ont toujours fait admirer leur Autorité sur tous les Princes Chrestiens.

DISCOVRS IIII.

OMME la France est la premiere Monarchie des Chrestiens, & ses Roys les premiers Princes de la Terre, qui par leur exemple ont fait paroistre à viues enseignes, que le propre mestier des vrays Roys, est d'employer la longueur de leur main pour le seruice de Dieu; qui seuls ont plus conduit d'armees, & auec plus de Valeur combatu pour la Foy Chrestienne contre les Infideles: qui ont plus deuotement & courageusemét exposé leurs forces, leurs moyens, & leurs propres vies, pour étédre & auácer le Christianisme, que tous les autres Princes du monde. Cóme di-je ces grādes Vertus, sont les plus belle fleurs que l'on puisse cueillir parmy les Lis au riche champ de leurs Escus, & qui sur toutes les plus sainctes agreent à celuy, qui est le protecteur, & conseruateur de leur Estat: Aussi le Ciel n'a-il point honoré de

tant de benedictions, ny beny de tant d'honneurs & priuileges tous les Sceptres de l'Vniuers ensemble, que particulierement le POVVOIR & l'Autorité de ces siens Fauorits, premiers soldoyez de gloire, & premiers enrichis du glorieux titre de franchise.

Roys & Monarques enfans de Dieu, voire Dieux en terre.

Les Pouuoirs de tous les Monarques sont grands, & les charges qu'ils soutiennent amples & glorieuses. Quiconque a dit qu'ils estoient des Dieux en terre, & les enfans du Pere treshaut, il a dit la verité. Car la science nous l'apprend, l'experience nous l'asseure, & les demonstrations en sont si claires, que s'y trop arrester, ce seroit les vouloir aduertir qu'il est iour en plein midy, & que c'est vne leçon que leurs sujets sçauent dés leur enfance.

Les Hebrieux, à qui nous deuons la composition des Lettres sainctes, & qui ont eu les grandes familiaritez auec Dieu, nous ont deuant tous enseigné ce secret. Et par ce que c'est le Liure de doctrine & de verité, ils nous ont laissé cette doctrine pour l'apprendre, & ceste verité pour la croire. Car discourans des Roys & des Puissances souueraines, ils en parlent en ces beaux termes.

Tous vous estes des Dieux en terre triomphans,
Et du Pere tres-haut vous estes les enfans.

Et certes ce qu'est l'ombre au corps, l'image à la chose, & le rayon au Soleil, les Princes souuerains le sont à la Diuinité. Comme ombre ils la suyuent, comme image ils la representent, comme rayons ils en sortent & tiennent de sa splendeur, de sa beauté, & de sa subtilité. Leur point est vn point de ceste ligne, leur degré vn degré de ce Meridien, leur cercle vn cercle de cette Sphere.

Les hommes Grecs, qui ont Royallement discouru de la Royauté, mais à la Grecque, ont pareillement appellé les Roys enfans des Dieux, leurs amis & confabulateurs ; voire les Dieux mesmes, les Dieux humains, les Iupiters du monde, & les ont approchez si prés de la diuine Essence, qu'ils en ont fait vne particuliere de cest Vniuers de sublimité.

I'en puis dire autant des Romains dont vn Senateur disoit en opinant, *Que les Princes representans les Dieux icy bas, on ne leur deuoit rien requerir qui ne fust iuste, puis qu'il n'estoit loisible de faire aux Dieux vne requeste iniuste.*

Et tous les anciens Peres à l'enuy les vns des autres se sont efforcez d'extoller la Grandeur Royale, la mettre la premiere apres la diuine, & assuiettir à elle toutes autres Grandeurs humaines.

Aussi le Roy Porus estant prisonnier, comme Alexandre luy demanda en quelle sorte on le traiteroit, il dist, EN ROY, & adiousta que disant en Roy, il disoit tout, & qu'il n'estoit besoin d'autre chose. C'est pourquoy Euripide escrit ces Vers qui sont certes dignes de remarque.

Vn Roy comme vn grand Dieu vit en sa Royauté,
Rien ne luy peut manquer fors l'immortalité.

Et veritablement c'est vn grand heur, non seulement de commander à l'homme (bien qu'il ne se trouue rien plus doux qu'vn iuste commandement) mais d'auoir puissance sur ses biens, sa vie,

& son honneur, lequel il repute cent fois plus que la vie. C'est vn grand heur di-je, d'auoir la reserue des gouuernemens, la collation des offices, & le pouuoir d'aliener en la necessité du peuple, le sacré domaine de ses villes.

Mais toutes ces grandeurs, & tant d'authoritez & prerogatiues sont communes aux ROYS DE FRANCE auec les autres Roys. Dieu toutefois leur en a donné de particulieres, qui signalent les faueurs & graces singulieres qu'ils tiennent de luy, & dont ils luy sont d'autant estroitement obligez, qu'il les en a par dessus tous, noblement & glorieusement apennagez. Leur POVVOIR est sacrosainct, ordonné de la Diuinité, principal ouurage de sa prouidence, chef d'œuure de ses mains, image viue de sa sublime Maiesté, & proportionné auec son immense grandeur. C'est d'eux que se doit penser enuers vn Dieu, ce que Seneque disoit de la grandeur & autorité Imperiale enuers plusieurs. *C'est moy dit-il souz la personne d'vn grand Empereur, qui ay esté si agreable aux Dieux, qu'ils m'ont choisi pour estre leur Lieutenant en terre: C'est moy qui les seconde, c'est par ma bouche que se prononcent les Arrests immuables de la bonne ou mauuaise fortune des humains.* Et ce sont leurs sujets, qui doyuent employer à la reuerence de leurs Maiestez, ces belles paroles de Tertullian. *Nous honorons l'Empereur* dit cet ancien Pere, *ainsi qu'il est permis, & que sommes tenus & obligez de faire, comme second homme apres Dieu, & seul de toutes les Creatures moindre que le seul Dieu.* Paroles qui les égalent auec la gloire des Vertus & Puissances du Ciel, & les

Autorité merueilleuse des Roys de France.

de la France, Livre I. 127

mettent au dessus de tout ce qui est de plus excellent en la terre.

Aussi est-ce vne Autorité souueraine, d'estre seuls Roys, qui ont toujours paru sur les premiers rangs entre tous les Roys de la Chrestienté, & d'estre seuls Chefs qui ont gouuerné tant de Chefs. C'est vne riche fortune à ces grands Princes, qu'en quelque endroit qu'ils se parquent, tout leur obeist, tout les regarde : & que si le Soleil se leue, ç'est pour les recreer, s'il se couche, ç'est pour les soulager : & que partout où ils marchent, le Ciel les esclaire, la Mer les reuere, quelque grossier element qu'elle soit, & que la Terre, qui amoureusement les honnore, ne leur produise souz les pieds, que des roses, & des violettes & des Lis. C'est vne grande felicité, de commander à tant de gens si sublins en esprits, si opulents en richesses, si grands en forces, & que de leur petit doigt, ils fassent mouuoir toutes les machines de la Republique Chrestienne, & les appliquent à leurs desseins, comme vn Architecteur faict les siennes aux pieces de son bastiment. Car comme Archimede par ses instrumens de Mathematique, faisoit jouer ses Automates : Ainsi les Roys de France, par les hommes, qui sont les roues de leur Estat, conduisent leurs affaires à leur point, & les font virer & tourner comme bon leur semble.

Ie dis encor que c'est vn grand Pouuoir, de se voir souz les pieds l'estenduë d'vn si grand Royaume, & d'auoir ce contentement de dire, Ie veux, & il est fait: Le desire, & ce desir s'accomplit, & que le seul clein d'œil le face entédre, le moindre remuëment de leures le face executer. C'est di-je vn grand pouuoir, & qui se mesure à la volonté absoluë de leurs souueraines Maiestez, iusques-là que l'Empereur Charles Quint, admirant que les Roys des Fleurs de Lis pouuoient tout ce qu'ils vouloient, osa dire au grand Roy FRANÇOIS, que c'estoit commander à des bestes. C'est vn noble partage que Dieu leur a fait, comme à ses fils aisnez, de reseruer les autres Royaumes pour les autres Princes, & leur donner la France : je dis la France, splendeur du monde, Lumiere de la Chrestienté, sans aucune tache qui peust marquer sa reputation, renommée en fidelité & obeissance, florissante en Pieté & en Religion, & vrayement *cet argent choisi, cuit & recuit par plusieurs fois dans le fourneau*, dont font tant de cas les mystiques paroles de l'Escriture Saincte. France di-je, encor vn coup, laquelle s'ils ont par precaire, c'est de Dieu seul & tant & si longuement qu'il plaira à ce grand Seigneur, lequel s'est seulement reserué le droict de Souueraineté sur eux dans les siecles extremes, les chargeant de foy & hommage lige, & de fidelle & perpetuelle recognoissance & obeissance : comme à autres conditions il ne leur fait ceste glorieuse inuestiture.

Louanges de la France.

Et certes, quand ie considere l'Autorité des Roys de France, que i'en prens les longueurs & les mesures, que i'en sonde les profondeurs & les hauteurs, que i'en regarde les entrees & les progrez : il me semble voir vn grand fleuue, dont la source noble & profonde, sortie du pied de

Puissance des Roys de France cóparée à vn grand fleuue.

de grandes montagnes, pousse au commencement ses eaux contraintes dedans des valons, & les roule auec difficulté : Mais quand il vient à s'estendre, & qu'il se deueloppe, c'est lors que plaisant & gracieux en sa couche argentee, il serpente & tournoie les riches campagnes, il arrouse le pied des monts voisins, il refraichit les vertes prairies, il recree les villes, & toutes les places où il se pourmene, & leur depart de sa gracieuse fraicheur & humidité. Et s'il y a quelques torrens bourbeux & impetueux qui le troublent, & s'opposant au cours de ses eaux, le fâchent & emplissent de colere, c'est lors que ronflant, bouillant, & escumant de dueil, il renuerse ses digues, il noye les terres, il arrache les arbres, il esbranle les ponts, il effroye les villes, & que nul ne le void sans estonnement, nul ne le passe sans tremblement. C'est l'estat de la Puissance de nos gras Princes, que les premiers Chrestiens, tres-seueres Censeurs en leur discipline de l'honneur, qui se doit à Dieu, mais apres Dieu tres-affectionnez aux Roys, n'ont iamais soumise qu'à Dieu, qu'apres Dieu ils ont toujours preposee sur toutes les Puissances & Grandeurs de la terre, & que soumetant à la supreme & redoutable Maiesté de Dieu, ils ont renduë esmerueillable non aux Princes voisins seulement, mais à tous les plus puissans Potentats du monde. Et qui en discourra bien, & courra par toutes ses parties, & qui pensera aux aduātages peu communs, que la diuine Essence leur a faits en icelle, pour dissiper les obstacles, & rompre les empeschemens qui se sont opposez à ses ondes, c'est dequoy il

Autorité des Roys de Frāce soumise à Dieu seul.

I

s'esmerueillera encore plus.

 Aussi-tost que les Gaulois veirent que le grand Clouis premier fondateur de la souueraine Autorité des Roys de France, se portoit à tant de belles choses, que son esprit guidoit toutes ses actions par le sentier honorable de la vertu, & qu'il se rendoit tous les iours le maistre de tant de terres & de pays, sur les idolatres Romains, ils luy cederent tous librement & de leur bon gré la possession de ce noble Royaume, dont l'acquisition est encor tant glorieuse à ses successeurs : Et ne se peut dire que depuis il y ait eu Estat ny Empire, dont les fondemens ayent esté jettez par des voyes si iustes & legitimes, ny qui se soient tenus & maintenus tant souuerains & libres de toute recognoissance superieure, que celuy de nostre France.

Royaumes donnez ou vendus par Cesar

 Les autres Roys ont presque tous, & presque de tout siecle, ou tenu leurs Sceptres par achapts, ou receus leurs Couronnes de la liberalité des Empereurs, à quelques tiltres, ou vsurpé leurs Diadesmes par Tyrannie. Au septiesme Liure de Epitres que Cicero écrit à ses Familiers, il y en a vne qui s'adresse à Cesar, estant lors en la Gaule, en laquelle Cicero redit ces mots, qui estoient sur la fin d'vne autre Lettre, que Cesar luy auoit escrite: *Quant à Marcus Furius, que tu m'as recommandé, ie le feray Roy de Gaule: & si tu veux que i'auance quelqu'autre de tes amis, enuoye le moy.* Il n'estoit pas nouueau à vn simple citoyen Romain, comme estoit lors Cesar, de disposer des Royaumes: car il osta bien au Roy Dejotarus le sien pour le donner à vn Gentil-homme de la ville de Pergame nommé Mithridatés. Et ceux qui eſcriuent ſa vie enregiſtrent pluſieurs Royaumes par luy vendus : & Suetone dit, *qu'il tira pour vn coup du Roy Ptolomæus, trois millions, ſix cens mille eſcus*, qui fut bien pres de luy vendre le ſien.

Tous les Royaumes qu'Auguſte gaigna par droit de guerre, il les rendit à ceux qui les auoiét perdus, ou en fiſt preſent à dés eſtrangers. Et ſur ce propos Tacitus parlant du Roy d'Angleterre Codiginus, nous faict ſentir par vn merueilleux trait ceſte infinie liberalité : *Les Romains*, dit-il, *auoient accouſtumé de toute ancienneté, de laiſſer les Roys qu'ils auoient ſurmontez, en la poſſeſſion de leurs Royaumes, ſouz leur autorité, à ce qu'ils euſſent des Roys meſme outils de la ſeruitude.* Royaumes laiſſez par Auguſte à leurs poſſeſſeurs à foy & hómage.

Nos Peres ont veu que Soliman a fait liberalité du Royaume de Hongrie, & autres Eſtats, allegant ceſte conſideration, qu'il eſtoit ſaoul & chargé de tant de Monarchies & de Dominations, que ſa vertu, ou celle de ſes Anceſtres luy auoient acquis. Hongrie donnee par Soliman.

Et les Principautez, qui ſont auiourd'huy floriſſantes en l'Europe, ont eſté redeuables de quelque hommage ou à l'Empire, ou au Sainct Siege.

L'Eſpagne reduite par les Viſigots en vne plus cruelle & honteuſe ſeruitude de corps & de conſcience qu'elle n'eſtoit ſouz l'Empire Romain, s'eſt meſme veu tenir des Empereurs d'Occident, iuſques en l'annee 1000. de noſtre ſalut, ou enuiron, qu'elle en fut afranchie & exemptee ſouz le Pape Vrbain, & ne ſçauroit ſans demétir Eſpagne feudataire de l'Empire, & de la France.

I ij

tous ses Historiens domestiques, ni qu'elle ne se soit recognuë feudataire de la Courône de Frâce, par l'espace de plus de 500. ans depuis Charles le Grand, à raison des Comtez de Barcelonne, & de Serdaigne : comme aussi je ne pense pas qu'elle vouluſt diſſimuler qu'elle ne doiue quelque cens & ligeance au Siege Romain à raison des Couronnes, tant de Castille, Leon, Arragon, Portugal, Nauarre, que de celles de Naple, Sicile, Maiorque, & Minorque.

Pays bas ne sont souuerains.
Des Pays bas, on sçait que les vns sont membres de la Monarchie Françoise, les autres releuent de l'Empire, & luy rendent quelque hommage & recognoiſſance.

Tyrannies de peu de duree.
Et quant aux Eſtats mal acquis, on sçait par experience que iamais aucun ne les a peu bien gouuerner, ny long temps, pource que toute puiſſance mal acquiſe n'eſt pas de duree. Les Tyrannies ne vieilliſſent point, les Autoritez vſurpees, toſt ou tard, il les faut rendre, Dieu ne permettant iamais que telles conqueſtes demeurent long temps aux Succeſſeurs du conquerant : les Payens meſme ayans remarqué, que les plus policees & plus tolerables occupations n'ont durees, & n'ont eſté endurees plus de cent ans.

Frâce seule franche & souueraine.
La ſeule France premiere libre & affranchie l'a nõ ſeulement toujours eſté depuis le Roy CLOVIS, mais n'a pas meſme faict aucune perte de ſa Souueraineté, au tranſport de l'Empire aux Allemans, d'autant qu'elle ne releuoit en ſon acquiſition que de la Vaillance de ſes Roys, non de la gratification des Empereurs, ou de la

courtoisie des Papes, que l'on a veu si liberalement disposer des Couronnes & Diademes plus illustres de toute la Chrestienté.

Car quant aux cinquante mille escus, que les François ont autrefois deuz & payez aux Anglois par certain traité de paix, la franchise, & souueraine puissance de leurs Princes n'en a esté iamais amoindrie, ny diminuee pour iceux : ne plus ne moins que les Espagnols ne se voudroient adouer priuez & decheuz de la leur, par les cent mil qu'ils sont tenus de payer à nos Roys pour le Royaume de Naples.

Les tesmoignages sont signalez que tous les Escriuains tant François qu'estrangers, ont rendus à la posterité, de ceste Puissance souueraine, comme Guillaume Benedicti *in repet. c. Raynutius, in verb. duas habens filias, nu.* 72. où il couche ces belles paroles. *Les Roys de France*, dit-il, *ne font aucun hommage, ny ne rendent aucune obeissance pour leur Estat, & Couronne puis qu'ils ne recognoissent autre Superieur que l'Eternel*, qui est le Roy des Roys. Mais les raisons en sont bien plus asseurees, & les exemples beaucoup plus veritables, que toutes les Histoires celebrent dans les siecles extremes, les grauant d'vn pinceau immortel dedans l'eternité.

De toutes les Maximes de l'Estat de France, celle-cy est la plus en creance, & qui manque la moins d'effects, *Que ses Roys ne tiennent point leur souueraineté temporelle d'autre que de Dieu seul, & ne recognoissent de Superieur par dessus eux,* pour le gouuernement temporel de leur Royaume, autre que Dieu. Ils auouent bien ingenuement, & auec toute honorable deuotion que les Papes sont Chefs & Primats de l'Eglise vniuerselle, mais tels toutefois, Qu'ils ne peuuent rien entreprendre sur leur Monarchie, ny contre leurs Maiestez: Qu'ils ne peuuent sonner de Croisades contre la France, en faueur des Princes estrágers: & Qu'ils ne peuuent former aucuns desseins contre l'autorité des Arrests de leurs Parlemens.

Papes n'ont aucun pouuoir sur le temporel de la France.

Et certainement ce seroit fort peu de la grandeur de ce Throne Royal, si mesmes en ce qui concerne le temporel, il n'estoit que le marchepied de la terre Pontificale: & miserable seroit la condition de nos Roys, si en lieu d'auoir le Ciel pour aspect, & la terre pour fondement, il failloit que leurs Sceptres & Couronnes fussent assuieties aux perturbations & desirs ambitieux que la corruption de la nature jette dans les esprits des hommes. Ceste qualité qu'ils prenent de *Regnans par la grace de Dieu*, seroit sans doute fausse, si comme les ioueurs de Tragedies escoutent leurs protocoles, ils estoient necessitez d'ouyr autruy, pour entendre les bornes & mesures de leur Puissance. Ce seroit establir vn autre Royaume en leur Royaume, qui apporteroit autant presque de mal, que deux Soleils luisans au Ciel en combleroient l'Vniuers.

Comme ce Royaume est le premier Estat Chrestien, & nos Roys ont acquis ce Titre hereditaire de Tres-Chrestiens, & premiers Fils de l'Eglise: Aussi n'y a-il princes au Monde qui ayent plus obligé par leurs armes, les Papes & le

Sainct Siege, qui doyuent aux François la grandeur & l'estenduë de leur domination temporelle. Et si la France, qui est par leur tesmoignage, l'admirable carquois ceint au costé de Dieu, duquel il tire les fleches choisies, pour les decocher auec l'arc de son bras puissant contre l'infidelité: Si la France, di-je, pleine de deuotion enuers l'Eglise, & enuers ses principaux Ministres, ne leur eust donné retraite, autant de fois qu'ils ont esté chassez de Rome, leur Autorité, mesme la spirituelle, qui les consacre en nos esprits, & les rend diuins en l'opinion des peuples, se fust trouuee grandement alteree, & eust soufert de grands preiudices.

Obligation que depuis nostre grand CHARLES par vne longue suitte d'annees, & successiuement ils ont assez recognuë: & tant s'en faut qu'ils se soient donnez licence d'attenter ouuertement à la Puissance temporelle de nos Roys: que non seulement ils confessent ingenuement leur bassesse, & auouent n'auoir rien fait auec leur Autorité, dont la deffense leur eust esté trop foible, mais publient hautement, que l'assistance des François au milieu des perils, les a faict vaincre, & que leur Principauté est souueraine. *Papes qui ont recognu les Roys de France souuerains.*

Innocent III. au c. *per venerabilem, tit. qui fil. sint legitimi*, dit en termes exprés que, *Le Roy de France ne recognoist aucun superieur au temporel: & que pour cela il peut releuer les enfans illegitimes des defauts de leurs naissances.* Où la Glose aduersaire fait defense & rempart de ceste distinction, qu'il ne recognoist aucun Superieur en effet, mais que de droit

I iiij

il en doit recognoistre. Mais, comme a tres-bien remarqué Iean Maioris en la distinction 24. question 3. *c'est vne glose d'Orleans, & qui corrompt le sens naif d'vn tant illustre texte.* Car si ainsi estoit, le Pape de Rome n'eust suffisamment respondu à ce Gentil-homme de Mont-pellier, qui demandoit vne dispense pour son fils illegitime, que le Roy la luy pouuoit donner de pleine autorité Royale. Car le Pontife Romain dist clairement, Le Roy de France est souuerain au temporel de son Royaume. *Ee s'il eust dit,* en effet, *la response eust esté de nulle valeur, pour ce que le Gentil-homme eust peu repartir en cette sorte.* Ie ne le recognois dés à present, *ou,* Ie ne le recognoistray cy apres souuerain qu'en effet.

Leon IV. fist bien dauantage, & rendit bien plus de respect à vn Empereur & Roy de France, respect incapable de contredit, veu mesme qu'il est remarqué, &, comme on dit communément, canonisé dans le grand Decret, C'est à Louys le Debonnaire, auquel ce Pape escriuant, declare, que s'il a commis quelque faute, il entend qu'elle soit corrigee par luy, & par ses Lieutenans.

Papes qui se sont soumis à l'autorité des Empereurs.

Et deuant que nos Princes se fussent éleuez sur les ailes de leur valeur à ce glorieux Throne de l'Empire, les premiers Papes principaux successeurs des Apostres auoient recognu ceste suiection legitime; & ce qui est à noter, en temps où leur volonté ne pouuoit plus estre contrainte par la force, ains ausquels par la diminution de la puissance Imperiale en Italie, il leur estoit loisible de s'en departir librement, & sans courir fortune.

Depuis Sainct Pierre, qui a esté plus grand & plus sainct, qui plus soigneusement, & auec plus de vigilance a regi l'Eglise, qui auec plus de doctrine la instruite, & plus constamment conserué ses droicts que Sainct Gregoire? Lisez ses Epistres, vous trouuerez qu'il appelle l'Empereur Maurice son Seigneur, luy escrit comme à son superieur, proteste de demeurer toujours obeissant à ses commandemens, & parle de luy & de ses enfans, auec tant d'humilité, & de respect, que nous n'en vsons pas de plus expresse enuers nos Roys. *Moy*, dit-il, *parlant à mes Seigneurs, qui suis-je sinon poudre & ver de terre?* Et apres. *A ces choses respondra Iesus-Christ par moy son seruiteur, & le vostre.* Et ce qui suit sur le sujet d'vne Loy qui contenoit defenses de receuoir les Soldats en Religion: Laquelle bien que tres-inique & impie, & introduite premierement par Iulian l'Apostat: Toutefois tant s'en faut, qu'il luy fasse barriere de l'anatheme, antimoine de ses derniers effets, qu'au contraire, il y apporte toutes les plus respectueuses remonstrances qui se pouuoient imaginer, & ne laisse pas neantmoins deuant qu'auoir eu responce, de prester l'obeissance entiere, & d'enuoyer la Loy par les Prouinces, selon le commandement auquel il se recognoissoit soumis. *Estant suiet à vostre commandement*, escrit-il, *i'ay faict porter vostre Loy par diuerses parties de la terre: & pour-ce qu'elle est contraire à la toute-puissance de Dieu, voylà que i'en aduerti mes illustres Seigneurs par mes Lettres. I'ay donc payé de part & d'autre, ce que ie deuois, qui ay rendu les vœux de*

Loy impie des Empereurs prohibitiue de receuoir les Soldats en Religion.

mon obeissance à l'Empereur, & n'ay celé ce qui me sembloit regarder l'honneur & l'interest de Dieu. Icy dés le premier commandement ce bon Pape publie vne loy si contraire à l'Eglise, le nom du premier Autheur de laquelle deuoit estre capable de luy en faire faire le rebut. Mais encor ne luy fist il bailler publiquemét saLettre, ains prie Theodore le Medecin de la luy presenter secrettement, & en temps opportun. Et en la Lettre qu'il escrit au Medecin, en laquelle il pouuoit pousser des plaintes plus asseurees & dresser des pointes plus acerees contre cette Loy, il ne touche neantmoins que ces deux mots. *Car il me semble fort dur, qu'il arrache ses soldats du seruice de celuy, qui luy donne liberalement toutes choses, & permet qu'il preside non seulement sur les soldats, mais aussi sur les Prestres & gens d'Eglise.* Mots qui expriment vne tres-respectueuse recognoissance du pouuoir Imperial sur le Sacerdoce: recognoissance continuee par la plus part de ses Successeurs.

Ces bons & saincts Papes n'auoient garde d'entreprendre sur la iurisdiction des Princes souuerains, ny s'attribuer la proprieté du glaiue temporel par dessus eux, ny contester qu'ils n'en auoient l'vsage que par leur concession, & pour ce le tenoient comme en foy & hommage de leur Puissance.

Mais pour reuenir à nostre France, depuis que les papes ont temerairement commencé de tenir de là presomption, & presomptueusement releuer de la vanité, ils ne se sont contentez d'auoir leur part au monde, mais l'ont encor voulu tirer tout entier à eux, n'egalans pas seulement leur puissance à celle des Roys, ains l'eleuans beaucoup au dessus: dont le premier coup d'essay qu'ay tressenty la France se fist en faueur de Lothaire, contre Louys le Pie son pere : essay de si peu d'effet, qu'instruite par la parole de ses Prelats & Docteurs, & deffenduë par la constante fidelité de ses peuples, elle a resoluement conserué cette Dignité premiere & souueraine contre ses efforts. Ce qui se decouure du Traité qu'Agobard Euesque de Lion a escrit *De la Comparaison de l'vn & l'autre Gouuernement*, où l'on trouue ces mots. *La rebellion de Lothaire auoit attiré presque toute l'Italie, le Pontife, & mesme plusieurs Euesques de la France, par le moyen desquels il peut chasser* LOVYS *son Pere de l'Empire. Les vrais François s'opposent à ces nouueaux proiets, citent Agobard, il les recuse. Ils font Assemblee, en laquelle ces Conclusions furent arrestees contre son opiniastreté, pour la confirmation des libertez & franchises du Royaume.*

I. *Que la Maiesté des Empereurs estoit de plus grande autorité en l'administration de l'Eglise, que celle des Pontifes.*

II. *Que l'Empereur ne peut estre deshonoré par vne presumptueuse & temeraire excommunication.*

III. *Que les Euesques pour le fait de la fidelité, ont coustume de prester le serment entre les mains de l'Empereur.*

IIII. *Qu'Agobard Primat d'Aquitaine, n'auroit plus d'ores en auant aucune puissance de censurer, ny aucune iurisdiction sur les autres Dioceses, s'il obeissoit plutost au Pontife qu'à l'Empereur.*

V. *Que l'Euesque qui obeiroit plutost au Pontife qu'au*

Concile de l'Eglise Gallicane, seroit priué de ses honneurs & dignitez.

Et c'est pour cela que le Concile tenu à Paris en l'annee 829. souz ces deux Empereurs Louys & Lothaire ne recommande rien tant que l'obeissance à nos Roys. *Il est certain, dit-il, que la Puissance Royalle doit equitablement procurer le bien & le salut de tous ses sujets: mais il faut aussi que les sujets luy rendent tous vne fidelle & vtile obeissance, pource que qui resiste aux puissances ordonnées de Dieu, resiste à l'ordonnance de Dieu mesme, suyuant le precepte de l'Apostre Sainct Paul.* & ce qui suit de l'honneur & fidelité deuë au Prince, qui est la teste de l'Estat, de la part de sõ peuple, auquel cõme il n'y a au corps humain rié de si diuin que le chef, aussi rié ne doit estre si sacré que l'Autorité du Prince.

Autorité si exactement conseruee & defenduë, qu'il ne s'est trouué du depuis qu'vn seul Boniface VIII. qui se soit presumptueusement efforcé de luy faire breche en l'annee 1301. efforcé di-je, par vne arrogance & temerité assez blasmee de ceux qui ont décrit sa vie, quand ils ont dit *qu'il a plutost graué de la terreur sur les fronts des peuples, que de la deuotion dans leurs ames.* Car entre autres choses, il mettoit en auant, *Que le Roy ne deuoit seulement par tout droit sacré & Pontifical honorer & respecter le Pape, comme le pere de tant d'ames Chrestiennes, mais aussi qu'il le deuoit recognoistre pour son souuerain Seigneur & Prince en toutes choses.*

Mais l'Histoire du remede qu'y apporta Philippes le Bel est notoire. Le Concile de l'Eglise Gallicane tenu pour cet effet à Paris en la presence du Roy & des Princes y pouruent: des lors ce-

Boniface voulut eniamber sur la puissance de nos Roys, mais en vain.

ste ambitieuſe propoſition fut condamnee, & les bulles dont il s'eſtoit ſeruy cōme de principaux miniſtres de ſon iniquité pour troubler le repos de la Frāce, publiquemēt lacerees, & bruſlees du propre feu qui ſortoit des éclairs de leur foudre.

Clement V. mieux auiſé que Boniface confeſſant ingenuement que la gloire fille aiſnee de la vanité auoit diſposé les eſprits inconſtants de ce ſien predeceſſeur à ſes impreſſiōs, decerna bulles cōtraires, par leſquelles il auoua que la Puiſſance de nos Roys eſtoit ſouueraine: & que ſi luy eſtāt en leur Royaume auoit eu Iuſtice, c'eſtoit, nō de l'autorité de ſes clefs, mais par la courtoiſie & permiſſion de leurs Maieſtez. Et ne laiſſerent les Docteurs de l'Egliſe Gallicane de tenir ceſte maxime pour certaine & indubitable, *Que leur Royaume dependoit de Dieu ſeul: Que comme le Pape & les Eueſques pour le ſpirituel eſtoient ſes Vicaires, les Roys l'eſtoient pour le temporel: Que cōme à eux le glaiue ſpirituel eſtoit accordé, auſſi priuatiuement par deſſus eux ſous aux Roys appartenoit le temporel.*

Clemēt V. auoua l'autorité de nos Roys ſouueraine.

Ainſi S. Bernard Docteur François, eſcriuāt au pape Eugene s'efforce de luy perſuader qu'il ne ſe meſle point de la temporalité, & ſe cōtente du glaiue ſpirituel, *Ceins toy*, dit-il, *de tō glaiue, ſçauoir eſt de l'eſprit, qui eſt la parole de Dieu*, & luy remōſtre qu'en ce cōſiſtoit ſa vraye grādeur: *Car ce faiſant, cōtinuë-il, tu dōteras les Loups, & ne domineras pas aux Brebis*, non point à vſurper le glaiue tēporel, c'eſt le mot dōt il vſe, ny pretēdre vne dominatiō laquelle il tiēt prohibee par l'ordonnāce diuine, aux Apoſtres, & à leurs Succeſſeurs. Car il trāche le mot, *Soit, que tu ne māques en cela de raiſons; S. Pierre*

Papes ne ſe doyuēt meſler de la tēporalité.

pourtant ne t'a peu donner de droict Apostolique, ce qu'il n'a point eu: Ie n'ay, dit-il, aucun argent : ce qu'il auoit, il te l'a donné, sçauoir est le soin & vigilance sur les Eglises, & non la domination.

Oncques puis n'a esté parlé en France de ceste fausse & erronee Proposition, iusques en l'année 1561. qu'elle fut tenuë & disputee en Sorbonne, par Maistre Iean Tanquerel lors Bachelier en la faculté de Theologie, en ce premier article des positions de son grand Ordinaire. *L'Eglise, de laquelle le Pape Vicaire de Christ, est le seul Monarque, & qui a souueraine puissance sur le spirituel & temporel, contient en sa suiection tous les Princes fidelles, & peut priuer ceux qui mesprisent ses preceptes de leurs Royaumes & Dignitez.* Mais la Cour de Parlement apres auoir remonstré que le contenu audit article ne deuoit estre mis en dispute, ayant autrefois esté condamné apres le decés du Pape Boniface VIII. lequel auoit maintenu ceste proposition veritable, & icelle faict publier en forme de Constitution, luy fist & à quelques Docteurs de la Faculté de Theologie, procés extraordinaire à l'instâce & requeste du Procureur General du Roy ; & s'ensuiuit Arrest, par lequel Tanquerel fut condamné declarer en pleine Sorbonne en presence des Doyens & Docteurs de ladite Faculté, qu'indiscretement ceste proposition auoit esté par luy tenue, & qu'il auoit ferme creance du contraire : & porte l'Arrest les clauses & defenses sur ce sujet dignes de la grauité du Parlement.

Neantmoins comme Gracchus disoit, *qu'il auoit forgé les espces dont les citoyens s'entrefaisoient*

Arrest dóné contre Iean Tanquerel pour auoir nié le Pouuoir de nos Roys estre souuerain.

la guerre : Aussi ceux qui tiroient pension des seditions dernieres pour attiser leurs feux, ont derechef voulu faire croire ceste proposition veritable, & l'ont jettée dans les poitrines du simple peuple, pour faire tomber ceste glorieuse Monarchie souz ses ruines: ç'a esté le flambeau, qui a allumé, puis embrasé, & en fin quasi consommé la France: car du secret de ceste proposition dependoit le dessein pernicieux d'exposer sa Couronne à la proye & vsurpation de l'estranger.

C'est pourquoy en l'annee 1595. Frere Florentin Iacob, Prestre Religieux de l'Ordre Sainct Augustin, & Bachelier en Theologie, ayant fait imprimer les Positions de sa grand Ordinaire, pour icelles soutenir & defendre publiquement le 10. iour de May en la Sarbonne souz Maistre Thomas Blanzy Docteur en Theologie, & Principal du College de Caluy, dont le cinquiesme article contenoit ces mots. *A ce Sainct Siege a succedé Clement VIII. dt ce nom, supreme & souuerain de tous les Pontifes, lequel tenant le Lieu de Iesus-Christ en terre, ne faut point faire de doute que les choses temporelles, aussi bien que les Spirituelles ne depédent de sa Puissance: car il a autorité spirituelle & temporelle sur tous.* Et le neufiesme, *La maison Ecclesiastique estant en possession du double glaiue, elle permet l'vsage du temporel aux Roys & Magistrats, pour defendre les bons, & faire punition des méchans.* Les Interrogatoires faits par l'vn des Conseillers de la mesme Cour à ce commis, audit Iacob & Blanzy prisonniers és prisons de la Conciergerie du Palais, Conclusions du procureur general du Roy, ouys lesdits Iacob & Blanzy sur ces articles, ouy

Autre Arrest contre Florentin Iacob pour le mesme suiet.

aussi le Scindic de la Faculté de Theologie pour ce mandé: Ladicte COVR a declaré lesdits articles faux, schismatiques, contraires à la parole de Dieu, saincts Decrets, Constitutions Canoniques, & Loix du Royaume, & tendans à troubler la tranquilité & le repos du peuple : A condamné ledit Iacob, pour les auoir composé, fait imprimer, & presenté pour les soustenir, estre conduit des prisons de la Conciergerie en la grand salle de Sorbonne, en laquelle les Doyen, Sindic, Docteurs, Licétiez, & Bacheliers seroiēt appellez au son de la Cloche, & illec estant teste nuë & à genoux, assistāt ledit Blanzy teste nuë & debout, dire *Que temerairement & indiscretement il auoit composé & publié lesdites positions, pour estre disputees & par luy soustenues en son dit Acte de grand Ordinaire, dont il se repentoit, & en demandoit pardon à Dieu, au Roy, & à Iustice.* Ce fait furent lesdictes positions rompues & lacerees, fist ladicte Cour inhibitions & defenses à tous Bacheliers d'en composer & presenter de semblables ou autres contre la puissance du Roy, & obeissance à luy deuë par tous ses sujets, establissement de l'Estat Royal, & Droits de l'Eglise Gallicane: & aux Doyen, Scindic, & Docteurs de la Faculté de les receuoir, ny permettre qu'elles fussent imprimees ne disputees, sur peine d'estre declarez criminels de leze Maiesté, & indignes de iouyr des priuileges octroyez à la Faculté de Theologie par les Roys predecesseurs du Roy regnant, & par luy confirmez. Ordonné que le present Arrest seroit escrit és Registres d'icelle Faculté, & leu par chacun an à la premiere assemblee de
la

la Sorbonne, le Bedeau de ladicte Faculté. Et enjoint au Scindic de certifier ladite Cour de la lecture dans trois iours apres qu'elle auroit esté faicte, sur peine de desobeissance aux Arrests.

Ainsi ce Parlement bon conseruateur, & fidelle gardien de l'Empire de ses Roys, a si constamment fait rempart & defense de ses Arrests contre toutes telles entreprises qui ont touché la seureté & etablissement de leur Estat, regardé l'excellence, & souueraineté de leur Couronne, & cy deuant engendré tant de diuisions entre eux & les Souuerains Pontifes (combien qu'entr'eux il y eust vne confederation & alliáce, non humaine, mais presque du tout diuine) qu'encor auiourd'huy, *Les Roys de Fráce*, (ainsi que nous aprenós de Guillaume Benedicti, *in ver. uxore nomine Adelasiam, num. 30.*) *ne sont tenus de rendre hommage au Pape nouuellement promeu au Pontifical, mais seulement obeissance filiale, comme au Vicaire de Iesus-Christ, & Successeur de Sainct Pierre.* Ce que fortifie de certaine asseurance le signalé texte du chap. *ego Ludouicus*, sur la fin distin. 63. où le *nouueau Pape, si tost qu'il est consacré, doit enuoyer ses Legats vers le Roy de France, pour confirmer l'amitié & alliance pacifique entr'eux.*

Et ce qui signale dauantage toutes ces Grandeurs, c'est que comme disent les Paroles du Liure des Libertez & franchises de l'Eglise Gallicane, *Le Pape n'enuoye point en France de Legats à latere, auecque faculté de reformer, iuger, conferer, dispenser, & faire tous les autres actes, qui ont coustume d'estre expressément nommez és Bulles de son Pouuoir, si non à l'instance, ou du consentement du Roy Tres-Chre-* | Legas à latere côme exercent leurs facultez en France.

stien: Et n'vse point le Legat de ses facultez, qu'il n'ayt presenté au Roy vne promesse par escrit seellée de son propre cachet, & fortifiée par iurement solemnel, qu'il n'vsera desdites facultez en son Royaume, qu'autant de temps qu'il plaira à sa Majesté, & qu'aussi tost qu'il aura receu de certaines asseurances du changement de sa volonté, il desistera de sa charge. Item, qu'il n'vsera point desdictes facultez, que par le consentement dudict Seigneur, & qu'il ne fera ou entreprendra rien, qui puisse preiudicier aux Saincts Decrets, Conciles Generaux, Immunitez, libertez, & Priuileges de l'Eglise Gallicane, Vniuersité & Escoles publiques de ce Royaume. C'est pourquoy les facultez des Legats sont presentees à la Cour de Parlement, où elles sont veues, examinées, verifiées, publiées, & enregistrées auec les modifications que ladicte Cour iuge vtiles & profitables à l'Estat : Et selon icelles tous les procés, & differens meus sur ce suiet sont terminez, & non autrement.

Et veritablement d'autant plus que l'Autorité Ecclesiastique se contient en ses bornes, d'autant plus est-elle puissante & perdurable : où au contraire passant ses limites, elle est toujours fluctuante, dependante des mouuemens inconstans de la volage fortune, & roulant continuellement sur le precipice de sa ruine. Car il est certain que ceste autorité depend du respect qu'on luy porte, lequel consistant en la volonté, est maintenu par la creance. Creance qui se pert à l'endroit des Roys & Princes si tost qu'ils recognoissent que les Prelats de l'Eglise, depouillás la qualité venerable de Peres spirituels, prenent celle d'ennemis : ils les tiennent pour tels, quand ils entreprenent sur leur puissance, à laquelle *de la France, Liure I.* 147

voire iufques en fes moindres parties, on fçait combien ils font enflammez par vne honnefte ialoufie de leur grandeur.

Qv a n t à l'Empire, comme nos Roys n'ont iamais permis que les Papes ayét fait d'importans projets fur leur Autorité fouueraine; auffi n'ont-ils foufert que les Empereurs ayent iamais faict luire les traits de leur puiffance en leur Royaume, au preiudice de la Dignité Royalle.

En l'annee 1416. l'Empereur Sigifmond vint en France vers Charles VI. auec grande compagnie de Princes & Seigneurs, Allemans, Hongres, & Boemes, pour compofer les diferens qui eftoient entre luy & le Roy d'Angleterre. Les François n'oublierent aucune magnificence ny honnefte ceremonie pour le receuoir. Il alla au Parlement de ce grand Prince, & entra dans le redoutable lit de fa Iuftice, dans la Chambre, où repofoit quelquefois fa Maiefté fouz ce Poifle tát honorable: je dis la Chambre dont les planchers font dorez, & les facrez aureilliers remplis de Fleurs de Lis. Deux Aduocats des plus eloquents plaiderent deuát luy vne belle caufe dont voicy le fujet. Il y auoit procés entre deux Gétilhommes pour la Senefchauffee de Beaucaire. L'vn d'eux eftoit Cheualier, & l'autre ne l'eftoit point. Celuy qui n'eftoit point Cheualier auoit bien meilleur droit, & eftoit plus eftimé que l'autre: & le Cheualier fondoit le fien fur fa Cheualerie: qui fembloit aux Iuges eftre vn grád auantage pour luy. Ayans les deux Aduocats eloquemment plaidé pour leurs parties, l'Empereur qui prefidoit ne voulant permettre que ce-

Sigifmond Empereur en France.

Caufe plaidee deuant l'Empereur.

K ij

luy qui n'estoit point Cheualier, & qui auoit esté tort hautement loué de plusieurs beaux actes de guerre, & de l'Antiquité de son noble sang, perdist sa cause & son Estat, le fist bien monter temerairement vers luy, & presumptueusement luy donna l'ordre de Cheualerie. Mais le Roy trouua mauuais que son aisne composee d'vne humeur ambitieuse se fust esleuee sur les aisles de la vanité à vn tel pouuoir dont elle n'estoit nullement capable, & tança la Cour de Parlement de l'auoir permis, alleguant ceste consideration, *Qu'il auoit donné audit Empereur vne Autorité par sa courtoisie, non par titre, de pouuoir exercer vn acte d'Empereur en son Royaume, qui n'est aucunement sujet à l'Empire.*

Sigismond refusé d'eriger vn Duc en France. Et du depuis ce mesme Parlement empescha d'vne Autorité constamment resoluë, que ledit Sigismond estant à Paris, (autres disent à Lyon) durant ces grandes diuisions de la France, n'erigeast le Comté de Sauoye en Duché, soutenant pour l'honneur de la Principauté Françoise, contre le Roy mesme, lequel vouloit fauoriser en cela l'Empereur son proche parét, que ce Prince estráger n'auoit aucū droit d'Empire en ce Royaume, & n'y pouuoit exercer aucun acte d'Emp.

Loix imperiales de quel vsage & effet és Parlemens de France. Car encore qu'és Cours souueraines, on se serue des Loix Imperiales, si est-ce que la Couronne de nos Monarques n'y est point sujette; ains ils s'en aydent seulement pour raison des Coustumes anciennes fondees sur le droit Romain, ne voulans ces bons Princes abolir les libertez de leurs sujets. Car lors que les Edits & Ordonnances de leurs Maiestez paroissent sur les rangs, ou que l'on auance les Arrests des Parlemens, desquels ils sont l'ame, le Droit Imperial est muet : & n'a point de voix qu'où les Coutumes font faillite, & que les Nations n'ont aucunes Loix & Pratiques des premiers parens & ancestres de leur race, qui les puissent regler en iugement. Sur lesquelles Loix & Pratiques, les Roys estendent encore la lõgueur de leur main, & donnent licence à leur POVVOIR de les changer, ou reformer en tout ce qui regarde l'interest de l'Estat & du bien public. Pouuoir certes tresgrand, qu'eux qui sont mortels, prenét leur pouuoir mesme sur les Loix immortelles : & que pour le profit de leur Royaume ils se donnent la volonté de les changer contre la volonté de leurs sujets. Pouuoir di-je si grãd que ce qui leur plaist leur est licite, & que ce qu'ils disent, est reputé comme Loy, mais auecque ceste moderation Royalle d'vn Roy, *qu'encor qu'ils puissent tout, toutefois il n'y a que les choses iustes & louables, qui leur sont permises.* {Pouuoir des Roys de France sur les Loix & Coutumes.}

Et ceste Autorité & puissance souueraine & Royale repugne à la definitiõ de Roy que le Philosophe dõne & assigne tres-mal, & auec vne grãde absurdité, quand il dit, *Que le Roy est celuy qui est éleu, & qui cõmande au desir des suiets.* Et en vn autre lieu, *Que le Roy deuiẽt tyrã, pour peu qu'il cõmande contre le vouloir du peuple.* Il n'y a point de bases ny de fondemẽs en France sur lesquels il puisse estre asseuré de ces definitiõs : Car si elles auoient lieu, & qu'elles fussent autorisées, le Roy n'auroit puissance de dõner loy aux sujets, ains seroit luy mesme contraint de se former à la volonté bonne ou mauuaise de son peuple, qui est vn animal {Definitiõ de Roy par Aristote insupportable en France.}

K iij

fantasque, dur, & fascheux à gouuerner, & qui marche rarement où il luy faut, s'il n'y est conduit de son liberal arbitre.

Voylà donc en effet comme les Roys de France ne recognoissent aucun superieur que Dieu, & ne tiennent ny du Pape ny de l'Empire : en quoy se void apertement qu'ils sont plus grans que les autres Princes ; pource que les autres releuent ou de l'Eglise de Rome, ou des Empereurs, ou recognoissent l'vn & l'autre, ou quelque autre Monarque pour Superieur. Ils rendent bien vne filiale obeissance au Pape, comme Pasteur & souuerain Euesque des Chrestiens: mais ils ne sont pas au nombre de ceux qui luy sont vassaux Feudataires ou Tributaires, comme plusieurs autres Roys, & se sont toujours contre les entreprises du S. Siege, glorieusement maintenus en l'ancienne & souueraine franchise de leur Couronne.

Depuis l'exemple horrible de Gregoire VII. contre l'Empereur Henry IIII. qu'il traita si mal, que, comme dit vn personnage d'honneur de son temps, qui a escrit sa vie, *il remist à tous les sujets de luy le serment de fidelité, dont ils luy estoient obligez, afin que ceste absolution les excitast contre celuy, enuers lequel l'obligation du serment les retenoit en obeissance. Chose qui depleut à plusieurs, si toutefois il est loisible à aucun de trouuer mauuais, ce qui est fait par le Pere Apostolic.* Depuis cet exemple dis-je les Papes n'eurent presque iamais de differends auec Prince, qu'ils ne l'excommuniassent, & missent ses terres & Seigneuries au ban de la Papauté, comme pretendans estre Seigneurs temporels,

Excommunications de Gregoire VII. contre l'Empereur Hery IIII.

de la France, Livre I.

& spirituels de toute la Chrestienté, & comme si les Empereurs, Roys, & Monarques tinssent d'eux en foy & hommage leurs Couronnes. On n'a veu depuis ce temps là que guerres, que sang, que violences en l'Eglise, les Papes tantost victorieux, tantost vaincus, & se donner de tresgrands auantages sur les autres Princes, lesquels ils sçauoient combatre par leur glaiue spirituel, par le moyen duquel captiuans la conscience des subiets ils ont souuent depouillé les plus foibles de leurs Royaumes & Principautez pour en reuestir les plus forts.

Vn Henry IIII. dont i'ay n'aguere parlé, vn Iean Roy d'Angleterre, vn Raimond Comte de Tholose, vn Guillaume fils de Roger, Roy de Naples, vn Mainfroy, vn Louys de Bauieres, les Galeaces enfans de Mathieu Duc de Milan, vn Pierre d'Arragon, vn Federic I. Empereur de ce nom, vn Andalo Duc de Venise en peuuent porter tesmoignage. Et encore que les Papes n'obtindrent pas sur eux tous ce qu'ils desiroient, si leur taillerent-ils de la besongne, qui rendit leurs Estats infiniment estonnez. *Roys & Princes excommuniez par les Papes, & depouillez de leurs Royaumes.*

Nos seuls Roys de France entre toutes les autres Nations, ont eu ce priuilege special de n'auoir esté iusques icy exposez aux passions desreglees de ceux qui pour estre pres des Papes vouloient abuser de l'autorité de l'Eglise à leur desauantage. Et pource que ces grands Peres auoient vne leçon generale, que s'ils auoient conceu quelque mal talent contre vn Prince, ils se pouruoyoient premierement par Censures Ecclesiastiques contre luy, puis s'il ne se recon-

K iiij

cilioit auec eux, ils le faisoient declarer heretique: & apres abandonnoient son Royaume à celuy qui le pourroit premier occuper: Ces nostres grands Monarques ont eu de tout temps & ancienneté trois grādes propositions, qui leur ont seruy de bouclier en cecy: Propositiōs non point fondees sur la voye de fait, ains de droit, n'ayans opposé aux censures Ecclesiastiques que le glaiue spirituel. La premiere, *Que le Roy de France ne peut estre excommunié par l'autorité seule du Pape*. La seconde, *Que le Pape n'a nulle iurisdiction ou puissance sur le temporel des Roys*. Et la troisiesme & derniere, *Que le Concile general & vniuersel est par dessus le Pape*.

Propositions cōcernantes l'autorité des Roys de France.

La dignité Royale est si grande en France, que ie ne me puis estancher en ce que i'en ay cy dessus discouru, touchant le teporel de nos Monarques, ains puis qu'ils n'ont autre Autorité en leur Royaume, que celle que la Loy, & les priuileges de leur Couronne leur promettent, ie veux y ioindre quelques exemples & raisons pour monstrer qu'ils sont en effet & de toute ancienneté affranchis des excommunications de la Cour de Rome.

Nous recognoissons bien en France le Pape, pour chef de l'Eglise vniuerselle: & pour cela n'est point hors de propos, que nos Roys soient frācs & exempts de la censure: Ainsi que nous voyons tous les Monasteres anciēs estre sujets à la Iurisdictiō de leurs Diocesains, & neātmoins qu'il y en a plusieurs qui par priuileges en sont exempts.

Roys de Frāce frācs & exempts des censures de la Cour de Rome.

Nos anciens Roys furent les premiers protecteurs de l'Eglise Romaine, tāt contre la tyrānie des Empereurs de Côstantinople, que contre les courses des Lôbards qui estoient iournellement aux portes de Rome. Vn Roy Pepin gaigna tout l'Exarchat de Rauëne dōt il fist present aux Pape: deliura leur ville du lōg siege qu'Astolfe Roy des Lôbards y auoit mis. Et Charles le Grand son fils chassa de la Lôbardie leur Roy Didier, & toute sa race, se faisāt Roy de la ville de Rome, & de toute l'Italie, où il fut depuis couronné Empereur de l'Occidēt par le Pape Leon, lequel il remist tout d'vne main en sa liberté cōtre l'insoléce du peuple Romain, qui le gourmandoit. Et dés lors ie m'asseure que luy & sa posterité furēt affranchis de l'excōmunication du S. Siege. Car encor que nous n'en voyōs la côstitution expresse, si est-ce qu'on la peut tirer de l'Ordonnance de cest Empereur representee par Yue Euesque de Chartres en ses Epi. 123. & 195, *Si le Roy, dit-il, reçoit quelqu'vn en sa grace & faueur, ou admet à sa table quelques pecheurs, il faut aussi qu'ils soiēt receus par les Prestres & le peuple en la comunion des fidelles: Afin que ceux que la pieté du Prince embrasse, ne soiēt reietez de l'Eglise cōme Ethniques.* Que si la table, ou faueur de nos Roys rendoit l'excōmunié franc des césures Ecclesiastiques, il faut biē dire que nos Roys estoiēt hors de toutes excommunications. Ils auoient droit de cōfirmer les Papes apres leurs elections, comme nous monstrerons en son lieu cy apres, droit, di-ie, que les Papes disēt leur auoir esté par eux remis: Aussi ne nous doit-on plus enuier, que de tout tēps immemorial on ait quitté dedās Rome à nos Roys toutes excōmunications que l'on voudroit faire contre leurs Maiestez.

Monsieur Pasquier en ses Recher.

Table des Roys de France afranchist les excōmuniez de toutes Césures.

Tant y a que le Pape Gregoire I V. voulant y contreuenir, pour gratifier aux enfans du Roy Louys le Debonnaire, qui estoient en mauuais mesnage auecque luy, tous les bons Euesques & Prelats de la France, luy manderent auant qu'il y fust entré, que s'il venoit pour excommunier leur Roy, il pouuoit hardiment reprendre le chemin de Rome, *Par ce que luy mesme s'en retourneroit excommunié.* Parole brusque, ie le confesse, mais qui fut de tel effet que Gregoire pour couurir son jeu, dist qu'il estoit venu seulement *afin de pacifier toutes choses.* Et de fait il moyenna la paix pour quelque temps entre le pere & les enfans.

Plus hardie fut la responce de nostre Noblesse Françoise au Pape Adrian, quand sur vne querelle iuste il voulut excommunier le Roy Charles le Chauue.

Censures du Pape Adriã cõtre Charles le Chauue cõme reiettees en France.

Lothaire Roy d'Austrasie delaissant à son decés Louys son frere, Empereur & Roy d'Italie son heritier, le Roy Charles le Chauue leur oncle s'empara du Royaume d'Austrasie, par vn droit de bien-seance. Louys eut recours au Pape, qui prist la cause pour luy, & admonnesta le Chauue de faire droit à son nepueu, à peine d'excommuniment. Toutefois Charles le Chauue n'y obeyt, au moyen dequoy le Pape voulut interposer ses censures auec aigres comminations: mesme sçachant la grande autorité qui residoit en Hincmare Archeuesque de Reins, luy enjoignit de ne l'admettre à sa communion, sur peine d'estre priué de la sienne. Iamais Ordonnance de Pape ne fut plus iuste & sainte que cette-cy. Car quel pretexte y auoit-il qu'vn oncle frustrast son nepueu de la succession de son frere? Toutefois iamais Ordonnance ne fut plus mal receuë que celle-là. Parce que Hincmare ayant communiqué les Lettres Apostoliques à plusieurs Prelats & Barons de la France, pour sçauoir comment il se deuoit gouuerner en cet affaire, il escriuit au Pape Adrian ce qu'il auoit recueilly de leurs opinions : & nommément qu'eux tous se scandalizoient de son Decret, disant que iamais on n'auoit veu tels commandemens, bien que les Roys fussent heretiques, schismatiques, ou tyrās. Soustenans que les Royaumes s'acqueroient par la pointe de l'espee, & non par les excommunications du S. Siege, ou des Prelats. Et quand ie leur couche (disoit Hincmare) de la puissance donnee par nostre Seigneur à S. Pierre, qui est transmise aux SS. Peres de Rome ses Successeurs, ils me respondent. *Recherchez nostre S. pere le Pape, comme s'il pouuoit estre Roy, & Euesque ensemblément. Ses predecesseurs ont disposé de l'Ordre Ecclesiastic, qui estoit de leur vray estoc, & non du fait d'vne Republique, qui appartient aux seuls Roys. Qu'il ne nous commande point d'auoir vn Roy, lequel habitué en pays lointain nē nous puisse secourir contre les courses inopinees & frequentes des Payēs, & n'enioigne à nous qui sommes François, de seruir contre nos volontez : C'est vn ioug que ses deuanciers ne nous imposerent iamais. Aussi est-il escrit dans les sainctes Lettres, que chacun doit combatre iusques à la mort, pour la manutention de sa liberté, & de son bien. Partant si nostre S. Pere le Pape recherche la paix, qu'il la recherche de telle façon, que ce soit sās nouuelle noise.* Et apres tout cela, Hincmare ferme sa Lettre en ces mots. *Et comme ie co-*

gnois par experience, dit-il, ny le Roy, ny les principaux Seigneurs de son Royaume, ne delairront point de poursuiure leur premiere route, quelque interdiction, ou glaiue spirituel que i'y interpose, s'ils ne sont détournez par quelque autre obstacle. De laquelle missiue on peut recueillir que le Pape nõ seulement vouloit censurer Charles le Chauue, par faute de luy obeyr en vne querelle tres-juste, mais aussi se declaroit iuge des Empires & Royaumes. A quoy ny le Roy, ny ses sujets ne voulurent condescendre: soutenans que cela n'estoit de son autorité & puissance, & qu'ils estoient resolus de luy faire teste à quelque prix que ce fust. Comme estant vne Loy nouuelle dans la Frãce, qu'il vouloit introduire au preiudice des Roys, & de leur Estat.

Tant la France embrassa dés lors cet illustre priuilege, qu'on le peut dire, ou estre né auec leur Courône soudain que Clouis fut fait Chrestien, ou bien souz la seconde lignee, peu apres que nos Roys eurent prins en main la defense & protection de l'Eglise Romaine. Car ainsi le voyons nous successiuement auoir esté obserué en Charles le Grand, Louys le Debonnaire son fils, & Charles le Chauue son arriere fils.

Ie ne veux pas dire que nos Roys soiét francs & exempts des censures Ecclesiastiques, & que par ce moyen ils se puissent donner toute licéce: mais bien qu'ils ne peuuent estre censurez par la seule main du Pape. Souz la lignee dũ grãd Clouis, ils ne recognoissoient en riẽ les fulminations de la Cour de Rome, encore qu'en leur Histoire il y ait eu deux ou trois particularitez qui meritoiét bien d'estre censurees. Et combié que souz la seconde lignee les Papes eussent commécé de s'apriuoiser de la France, par la correspondance qui auoit esté entr'eux & le Roy Pepin, & que depuis souz la troisiesme ils y eussent pris grand pied, si est-ce que iamais nous ne voulumes tolerer en France qu'ils excómuniassent nos Roys de leur autorité absoluë. La police que l'on y tint fut d'enuoyer vn Legat en Fráce, & d'y faire assembler vn Cócile National, par lequel nos Roys estoient excómuniez s'ils vouloient s'opiniastrer en leurs fautes. Ainsi fut-il pratiqué cótre le Roy Lothaire, de la famille de Charles le Grand, par le Pape Nicolas I. Ainsi contre le Roy Philippes I. souz la troisiesme lignee par Vrbain II. à raison d'vn mariage mal ordóné qu'il auoit fait au preiudice de sa vraye & legitime Espouse : Le Pape se donnant bien garde de le vouloir excommunier de sa puissance vnique & absoluë, mais y interposant auec luy l'autorité de l'Eglise Gallicane, au Concile de Clairmont en Auuergne.

Roys de France, quád, commét, & par qui peuuent estre excómuniez:

Celuy qui premier voulut franchir le pas au des-aduantage de nostre Couronne, fut Boniface VIII. qui commença de proceder à belles censures contre Philippes le Bel, absoluant tous ses sujets du serment de fidelité, & par mesme moyen mist en interdiction le Royaume, duquel il fist present à Albert Empereur d'Allemagne, qu'il couróna Roy de France. C'estoit assez pour estonner de prime face vn Roy, mais luy sage & aduisé assembla toute son Eglise Gallicane, & par son aduis appella de ces censures au futur Concil general. Quoy voyát l'Empereur, & que ceste interdiction n'auoit desarroyé les membres d'auec

Excommunications, de Boniface VIII. côtre Philippe le Bel.

le Chef, se contint dedans ses limites, dont Boniface indigné, pour n'auoir peu atteindre au dessus de ses entreprises, mourut de dépit.

Censures de Benoist XIII côtre Charles VI

Le semblable fit Benist XIII. dit Pierre de la Lune, tenant son siege en Auignon sous le regne de Charles VI. Et il s'en trouua autant mauuais marchand que l'autre. Car estant sommé premierement par le Roy de se demettre de la Papauté pour le bien du public, il respondit brusquemēt qu'il n'en feroit rien, & que ce n'estoit de nous qu'il deuoit receuoir la loy, ains nous de luy. Et d'vne mesme main depescha deux Legats en France qui apporterent vne longue Bulle de sa part, par laquelle il mettoit le Roy, & tout son Royaume en interdiction pour s'estre souftrait de son obeissance. Au moyen dequoy le Roy le 21. iour de May 1418. vint au Palais en son Lit de Iustice, où assisté de plusieurs Princes du sang, & autres Seigneurs de son grand Conseil, il representa la Bulle d'interdiction: Et là deuant sa Majesté vn Docteur en Theologie, nommé Courtecusse, monstra par plusieurs raisons les abus de ceste Bulle. A maniere que par arrest fut dit qu'elle seroit publiquement laceree, puis bruslee. Et que Gonsalue & Conseloux qui l'auoient apportee, seroyent pris, escharfaudez, mitrez, & preschez publiquement. Cecy fut fait auec le plus d'ignominie qu'ō sçauroit dire, au moys d'Aoust ensuyuant. Et dit Enguerrant de Monstrelet, *Qu'ils furent emmenez du Louure au Palais sur vne claye, vestus d'habillemens* (ou comme il est porté dās vn papier journal de ce temps là, *d'vne tunique de toile*) *où estoiēt figurees les Armes de Pierre de la Lune à l'enuers, & au pres de la pierre de marbre, aux pieds des*

Legats de Benoist XIII. en France escharfaudez & mitrez.

grands degrez du Palais, fut vn escharfaut leué, & illec monstrez à tout le peuple, estant escrit sur leurs Mitres, CEVX SONT DESLOYAVX A L'EGLISE ET AV ROY. Enfin l'Arrest executé en tout selon sa forme & teneur.

Iules second voulut suiure ceste mesme piste contre nostre bon Roy Louys XII. surnommé le Pere du peuple: Mais par l'Assemblee Conciliaire de l'Eglise Gallicane, tenue en la ville de Tours, en l'an 1510. ses censures furent censurees: Et entre autres propositions, celle-cy ayant esté auācee, que *Si le pape procedāt de fait iniustemēt a main armée, sans garder l'ordre du droit, prononçoit ou publioit quelques censures contre les princes qui luy resisteroient, & contre leurs subiets & confederez, asçauoir mon s'il faudroit obeir a icelles, & quel remede il y faudroit apporter?* Fut vnanimément conclud & arresté par le Concile, que telle sentence seroit nulle, & ne lieroit ny de droit, ny en aucune autre façon ou maniere.

Excommunications de Iules II. côtre Louys XII.

Sans nous éloigner de nostre temps, pendant les Troubles derniers, pareilles censures vindrent de Rome, contre nostre grand Roy à present regnant. Et par Arrest, tant du Parlement de Paris transferé à Tours, que de la Chambre souueraine seante à Chaalons en Champagne, il fut ordonné, que les Bulles seroient bruslees par l'executeur de la haute iustice, comme elles furent. Comme il n'est pas que l'Arrest depuis donné contre Iean Chastel, le vingt-neufiesme Decembre 1594. ne portast ce chef particulier, *Qu'entre autres choses il estoit condamné à mort pour auoir soustenu deuant ses Iuges, que*

Censures côtre Héry IV. nostre Roy brulees

nostre Roy Henry IIII. n'estoit en l'Eglise iusques à ce qu'il eust l'approbation du Pape. Dont il declareroit faisant l'amende-honorable, auant que d'estre exposé au dernier supplice, qu'il se repentoit, & demandoit pardon à Dieu, au Roy, & a Iustice.

Ceste question concernant le priuilege de la dignité de nos Roys, au preiudice de l'excommunication faicte en cour de Rome, tint aucunement les Successeurs de Boniface en ceruelle, pour le scandale aduenu entre luy & le Roy Philippes le Bel. Qui fut cause que Philippes le Lõg son fils delegua Maistre Raoul de Presles, l'vn de ses Maistres de Requestes, à Rome en l'an 1316. pour en estre esclarcy : lequel fist vn ample extrait de tous les Priuileges Ecclesiastics de nos Roys. Mesmes y en auoit deux dont le mesme Boniface leur en auoit passé condamnation au-parauant qu'il fust vlceré cõtre nostre Roy : L'vn que, *Le Roy de France, la Royne sa femme, & leurs enfans, ne pouuoient estre excommuniez* : L'autre que, *Le Confesseur du Roy les pouuoit absoudre de tous pechez sans exception & reserue.* Proposition si arrestee en ceste France, qu'au Traité de paix, qui fut fait en la ville d'Arras l'an 1481. entre le Roy Louys XI. & Maximilian Archeduc d'Austriche, & des Estats du pays bas, les Deputez de Maximilian, & des Estats, stipulerent des nostres, que le Roy promettoit d'entretenir le Traité, & à cette fin luy & son fils se soubmettoient à toutes censures Ecclesiastiques. *Nonobstant le priuilege,* portoit la capitulation, *des Roys de France, par lequel ny eux, ny leur Royaume, ne pouuoient estre contraints par censures Ecclesiastiques.* Traité depuis confirmé le mesme

Priuilege des Roys de France cõtre les censures de Rome.

mesme an par le Roy Louys, au Plessis du Parc lés Tours, portant la confirmation en ces mots. *Auons soubmis, nous, & nostre fils, & nostre Royaume, à toutes censures Ecclesiastiques pour l'entretenement dudit Traité, nonobstant le priuilege qu'auons, que nous, nos Successeurs, & nostre Royaume ne deuons estre soubmis ny contraints par censures.*

Maxime qui fut encor confirmee par Arrest donné en l'an 1549. sur vn sujet qui fut tel que je deduiray presentement.

CHARLES Cardinal de Lorraine Archeuesque de Rheins, pour immortaliser sa memoire par vne tres-noble & illustre entreprinse, fonda vne Vniuersité dedans Rheins auec plusieurs grands priuileges. Ce qui luy fut premierement permis par le Roy Henry II. puis par le Pape Paul III. en ce qui regardoit le Spirituel, lequel decerna ses Bulles bien amples, qui portoient entre autres clauses cette-cy. *Parquoy*, dit la Bulle, *louans grandement le bon & louable zele du Roy Henry, & de Charles Cardinal, l'absoluons de toutes excommunications, suspensions, interdits, sentences Ecclesiastiques, & censures, peines de droit, ou ordonnees par les hommes, pour quelque subiet & occasion que ce soit, & en quelque maniere qu'il en puisse estre lié. Le tout seulement en consideration des presentes, & à fin qu'elles sortent leur effet.* Plus grande faueur ne pouuions nous receuoir de Rome que celle-là: Que le Roy Henry, sans aucune sienne supplication fust declaré absout de toutes excommunications qu'il auoit peu encourir de fait ou de droit. Toutefois de mesme liberalité qu'elle fut offerte, la Cour de Parlement de Paris la refusa; D'autant

L

que par la verification tant des Bulles que Lettres patentes du Roy, il fut dit par Arrest du penultime Ianuier, mil cinq cens quarante neuf. *A la charge que nonobstant ceste pretendue absolution, on ne pouuoit inferer que le Roy eust esté, ou pouuoit estre à l'aduenir aucunement, ny pour quelque cause que ce fust, sujet aux censures & excommunications Apostoliques, ny preiudicier aux droits, priuileges, & preeminences du Roy, & de son Royaume.*

Nos Roys ont donc leur Authorité pour rempart & barriere contre les assauts de la Cour de Rome, lors que sans sujet elle se veut armer contre eux des censures Apostoliques: ce que n'ont pas les autres Princes seculiers. Ils ont l'Appel comme d'abus au futur Concile general contre les induës entreprinses des Papes, auquel combien qu'ils ayent la preseance, si est ce que la pluralité des voix les peut & les doit emporter; Ainsi les trois Estats assemblez en la ville de Tours en Ianuier, Feurier & Mars 1483. pour le bien & profit du Royaume, *Protesterent* (ce sont les mots de leur Cayer presenté au Roy, & à son Conseil) *qu'au cas que nostre S. Pere voudroit aucune chose faire au preiudice de l'Estat, droits & libertez dudit Royaume & Dauphiné, d'auoir leur recours au prochain Concile à venir: auquel S. Concile & determination d'iceluy se sousmeirent sous lesdits trois Estats en cette matiere. Et aussi si nostre dit S. Pere vouloit entreprendre sur les droits & preeminences du Roy & de sa Couronne, d'en auoir & poursuiure reparation en temps & lieu.* Et se comportans en cette sorte, ils n'ont senty en aucune façon les traits des excommunications Romaines (car l'appel en

Appel côme d'abus au futur Côcile general.

suspend l'effet) & encore moins ont esté estimez heretiques. Au contraire ils ont toujours demeuré en reputation de tres-religieux & fidelles Catholiques, & fils aisnez de l'Eglise: & comme tels ont esté de tout temps appellez Roys Tres-Chrestiens entre tous les Princes Chrestiens.

Voire & cet illustre priuilege s'étend iusques aux Officiers de leur Estat & Couronne, pour ce que la famille iouyst de mesmes franchises que le Seigneur. Et de ce nous auons vn ample & glorieux témoignage au Liure des Libertez de l'Eglise Gallicane, où cette Constitution paroist entre les autres, que *Le Legat d'Auignon, lors que ses Facultez s'etendent au deçà des terres possedees par le Pape, auant qu'il puisse vser desdites Facultez au Royaume de France, s'oblige nommément, & par mesme serment & promesse escrite que le Legat à latere, qu'il n'entreprendra rien sur la Iurisdiction seculiere, ne detournera point les cœurs & volontez des sujets de l'obeissance du Roy, n'vsera d'interdits ou excommunications contre ses Officiers, & ne fera rien au preiudice des libertez de l'Eglise Gallicane, Edits, Coutumes du pays, Statuts & Priuileges. Souz lesquelles modifications & conditions, ses Facultez sont verifiees au Parlement du Dauphiné, & és autres, ainsi qu'il appartient chacun endroit soy, aprés qu'elles leur ont esté presentees auec requeste & Lettres patentes du Roy.*

Officiers du Roy francs des censures de Rome.

Il y a d'autres Droits veritablement beaux & particuliers à la Maiesté & Puissance souueraine des Roys de France en leur Royaume: comme battre monnoye, donner graces, naturaliser les estrangers, legitimer les bastards, donner la garde noble, ou sauuegarde des mineurs, imposer

Droits cōmuns & ordinaires des Roys de France.

daces, & faire autres leuées de deniers, aufquels ie n'arreste ma plume, pour estre iceux assez cognus de chacun.

Et leur grandeur paroist encore en ce que tous Prelats, Princes, Seigneurs, Cheualiers, & autres estrangers receuans bien-faits d'eux, par Traitez, conuentions ou autres moyens, leur en ont fait hommage, qui ne duroit pas plus que le bien-fait. Comme elle reluist aussi au particulier priuilege de seeler en cire jaune, qui n'est à cet effet permise aux autres Princes. Les autres Roys seellent en cire rouge, ou verte: & la jaune, elle est reseruee aux Roys de France sur tous les Seigneurs & Iusticiers de la terre: bien que Louys XI. la permist d'vne faueur speciale à René d'Anjou Roy de Sicile. Mais ie laisse ces Prerogatiues d'Estat, pour faire vne monstre en blot & en gros des auantages peu communs, que Dieu leur a departis en l'Eglise, & qui les lient aussi enuers luy à des ressentimens peu communs.

Cire iaune particuliere au seau des Roys de France.

La Religion & l'Estat sont les deux premieres & plus anciennes Colonnes de la Societé humaine, deux freres germains de mesme sang, & de mesme nature, qui ont jetté en France les fondemens d'vne duree infinie, & d'vne eternité, pour auoir esté tous deux de tout temps soumis à la protection & autorité de nos grands Roys, qui n'ont iamais esté tenus purs laiques, mais ornez du Sacerdoce, & de la Royauté tout enséble.

Estat & Religion freres Germains.

Qui voudra repasser sur l'Ancienneté, il trouuera bien, que ce fut vne commune coutume pratiquee parmy les peuples, & fort familiere à tous Roys, d'allier à leur Royauté l'assemblage,

& la cognoiſſance des choſes ſacrees & ſpirituelles, pour ſe rendre plus reuerables à leurs ſujets. Car afin que ie paſſe pluſieurs exemples de ce diſcours, & m'attache ſeulement aux plus notables: Ores que les Romains euſſent chaſſé les Roys de leur Republique, auec vn veu & ſerment ſolemnel, de ne receuoir iamais en leur ville la puiſſance d'vn ſeul; ſi eurent ils ceſte propoſition en telle recommendation, & l'eſtimerent tant, que nul ſacrifice ne pouuoit eſtre faict entre eux ſans l'authorité d'vn Roy: & lors meſme que plus ils auoient en horreur l'Autorité Royalle, ils introduiſirent pour leurs ceremonies vn Roy, qu'ils appellerent Sacrificateur. *Roy des Sacrifices entre les Romains.*

Ainſi pluſieurs ſont teſmoignez auoir eſté Roys & Preſtres, non ſeulement dans Homere, par vne marque de grande Antiquité, mais depuis dans Virgile en ſon Eneide, & dans Papinius en ſa Thebaide, & en pluſieurs autres endroits des bons Auteurs. Et dans les Liures, particulierement des Poetes Payens, on ne trouue que Roys & Preſtres enſemblément. Encore deuant tout cela, & dans la Bible ſe trouuent des gens ornez de la Royauté & du Sacerdoce tout enſemble. *Roys ornez de la Preſtriſe.*

Entre les Ceſars, Iules, qui fut le premier, ioignit à ſon Eſtat la grand Preſtriſe. Et Auguſte qui le ſuiuit, n'oſa pas de ſon viuant en depouiller Lepidus (car le ſouuerain Pótificat ne ſe depoüilloit que depoüillant la vie) mais luy mort il s'en empara pour auoir la ſur-intendence des choſes ſacrees, comme il s'eſtoit fait maiſtre des choſes prophanes, & du reſte de l'Eſtat.

L iij

Ce qui estoit peut estre aussi le but où visoient les Roys de Perse, qui ne permettoient iamais que leurs enfans fussent appellez à la conduite de leur Royaume, qu'ils n'eussent premierement appris en l'ecole des Mages les ceremonies & les mysteres de leur Religion. Instruits qu'ils estoient en ce secret, que comme l'harmonie du second monde suit l'harmonie du premier, & que toutes les actions & les effets de la Nature ne sont que portraits & lineamens qu'elle a tiré sur les vrays exemplaires cachez dans le Ciel : Il falloit aussi, pour former l'heureuse Oeconomie d'vne Police, que l'Oeconomie de leur Religion fust tirée sur l'image des choses celestes: & que l'Estat politic en apres fust vn second portrait tiré sur l'image & sur les traits du Tableau de la Religion.

Enfans des Roys de Perse instruits en la Religion, auant que prendre la Couronne.

Harmonie du Ciel premier patrō de la Religion.

Religion premier pourtrait de l'Estat.

Mais tout cela se faisoit souz vne autre banniere que la nostre: Car nos Roys ayans receu les glorieuses qualitez de premiers Chrestiens, & fils aisnez de l'Eglise, par le sainct caractere de la vraye Religion, que Dieu voulut comme imprimer de son doigt sur la face du grand CLOVIS, ils sont quant & quant honorez des visibles faueurs que sa saincte Prouidence luy distribua lors à main ouuerte, quand ils montent à cette supreme Royauté : faueurs qui par vn mystere caché nous ont de tout temps faict tenir ces grands Princes en opinion de personnes, qui ont grande participation auec l'Eglise par le Sceptre qu'ils portent en la main.

Et certes pour monstrer qu'ils sont ornez de la Prestrise & de la Royauté, tout autrement, &

d'vne façon beaucoup plus diuine, que les autres Monarques: ils sont premieremēt oingts à leurs Sacres comme les Prestres, & autres Roys, mais d'vne liqueur celeste apportee par vn Ange, en la S. Ampoulle, au Christianisme de Clouis. Liqueur au moyē de laquelle, la grace diuine nous a toujours fait voir ces Sacres de leurs Maiestez si heureux, & accompagnez de tant de beaux & merueilleux effets, qu'ayans la vertu confirmée de ce premier parent de leur Royauté Chrestienne, ils ont seuls & par leurs attouchemens seulement guery ceste cruelle maladie des Escrouelles dont le souuerain Medecin a mis le remede singulier en la secrette puissance de leurs mains Royalles. Dequoy ne faudroit autres tesmoignages que le grand nombre de tels malades, qui vient encore tous les ans d'Espagne, pour se faire toucher à nostre pieux & religieux Roy: dont le Capitaine qui les conduisoit en l'annee 1602. rapporta attestation des Prelats d'Espagne, d'vn grand nombre de gueris par l'attouchement de sa Maiesté: si ceste grace & benediction singuliere n'estoit assez recommandee pour son ancienneté en nos Histoires, qui en parlent assez honorablement au Couronnement de Charles VII. en l'annee 1430. en ces termes. *Le Dimanche ensuiuant le Roy Charles alla au matin en l'Eglise Metropolitaine de la ville de Rheims, & là fut apportee la Saincte Ampoulle, de laquelle nous auons parlé en la vie de Clouis premier Roy Chrestien, & laquelle est touiours depuis ledit Clouis religieusement gardee en l'Eglise S. Remy. Charles selon la coustume de ses Ancestres fut oint, sacré, & couronné Roy de France, par Regnault*

Roys de France participans de la Prestrise autrement que les autres Roys.

Sacre & onction des Roys de France.

Ecrouelleux gueris par les Roys de France.

de Chartres Archeuesque de Rheims & Chancelier de France. Au partir de Rheims apres son Sacre, il alla, selon la coutume & deuotion ancienne des Roys ses predecesseurs, à S. Marcou dependant de l'Abbaye S. Remy de Rheims, au Diocese de Laon, auquel lieu on dit estre donnee de Dieu aux Roys de France, puissance de guerir la maladie des Escrouelles. Ainsi leur Sacre est suiuy d'vn effet beaucoup meilleur que celuy des Empereurs de Constantinople, qui estans sacrez d'vn baume sainct loué par Balsamon Archeuesque d'Antioche, pensoient que leur onction apportoit la guerison & l'expiation à leurs crimes inexpiables. Sacre, auquel ils sont oints non seulement aux espaules comme les autres, mais particulierement au Chef & en la poitrine, afin que fortifiez par la benediction de cette onction Royalle, ils soient non seulement inuincibles de courage, pour le bien de leur Estat, mais procurent aussi l'aduancement & protection de l'Estat de Dieu, qui est l'Eglise. Onction telle qu'estoit jadis celle des Roys de Iudee, de laquelle l'efficace & la vertu fut si grande, que Dieu ne vouloit pas qu'ils fussent touchez par leurs sujets, ains comme a descrit Optatus Euesque de Mileuite en tres beaux mots, & bien choisis, se priua luy mesme de pouuoir mettre la main sur leurs personnes.

Sacre des Empereurs de Constantinople.

Le commandement du souuerain Seigneur portoit absoluëment, *Gardez vous de toucher à mes Oingts*. Et l'exemple de Dauid si remarquable sur iceluy ne pourroit eschaper à ma plume, qu'au preiudice de nos Roys. Il estoit luy mesme l'Oingt du Seigneur, esleu & appellé par luy au

Oingts de Dieu ne doiuët estre touchez ny maudits de personne.

Royaume d'Israel, & sacré par les mains du grād Prestre Samuel pour commāder à tout le peuple. Toutefois ayant le Roy Saul en sa puissance, bien que ce fust vn cruel Prince, & cruellement alteré de son sang, qui se souilloit iournellement de plusieurs crimes & mechansetez, tant s'en faut qu'il le voulust offenser, qu'au contraire il empescha qu'on luy mésit, aymant mieux estre banny de son pays, priué de la veuë des siens, camper çà & là en perpetuelle crainte, hanter les deserts en continuel danger d'estre surprins par les embusches Royalles, & finallement contraint mendier la faueur des ennemis de sa Nation, & viure souz leur impitoyable misericorde, qu'entreprendre aucunement sur sa personne, accompagnant ceste vertueuse action de ce mot vertueux & tout Royal, *Qui estendra sa main sur l'Oingt du Seigneur, & sera innocent?* De laquelle action vn sainct Pere de l'Eglise discourant, dit que la crainte que Dauid portoit, ou plutost le respect qu'il rendit à l'huile, de laquelle Saül estoit oingt, sauua son ennemy, & que Dieu punit la defense & protection de son huile, d'autant que si le peché est de l'homme, que l'huile toutefois est de la Diuinité, laquelle crie à haute voix qu'on ne touche à ses Oingts, à fin que frapant sur le peché de l'homme, l'huile qui est sienne ne soit offensee. Et passant plus auant il soutient que Dieu mesme par son exemple a donné la Loy, & prescrit la necessité d'en vser en la sorte, s'estant lié les mains pour vn temps, & contenu vne longue patience sur les fautes de ceux qu'il auoit appellez à la Royauté, & ce principalement pour

Dauid ne voulut offenser Saul son ennemi, & pourquoy.

obliger les hommes à patience & retenuë de leur part. Ce qu'il iustifie par les paroles sorties de la propre bouche de Dieu, quand il dist qu'il se repentoit d'auoir oingt Saul: parolles qui n'eussent esté necessaires, cóme sont toutes celles que cete bouche ineffable pronóce, si ceste admirable Sagesse eust iugé deuoir oster l'huyle qu'elle auoit donné.

Cela me remet en memoire l'obeissance que nous deuons à la Maiesté sacree de nos Roys, auec autant plus de respect & de reuerēce, qu'ils sont oingts d'vne huyle beaucoup plus diuine, & comme enuoyee de la diuine bonté mesme, pour les rendre non seulement venerables au dessus de tous les Roys des siecles passez, mais pour manifester aussi par ce miracle & tant d'autres, qu'il luy a pleu prendre en protection les affaires de ces bons Princes, & de leur puissant Royaume.

Medisances contre les Roys de France defendues à peine d'excommunication.

Respect qui doit detourner leurs sujets non d'attenter malheureusement d'effacer de dessus leurs Maiestez ceste huile celeste, & arracher de leurs personnes sacrees ce caractere indeleble, mon ame en refuit le penser mesme, mais bien de medire en aucune sorte de leurs actions, ou calomnier les deportemens de leurs vies. La deffense en est expresse au Liure 6. des Capitulaires de nostre grand Charles, en ces mots. *Il faut que tous fidelles, & tous ordres se prenent soigneusement garde, qu'en secret, ou publiquement ils ne sement aucuns blasmes & mesdisances de l'Oingt du Seigneur, se reglans sur l'exemple de Marie, laquelle a esté infectee de lepre, pour auoir mal parlé de Moïse seruiteur de Dieu:*

& sur ce dire du Psalmiste, Gardez vous de toucher à mes Oingts, ou dresser quelque ignominieuse calomnie contre mes Prophetes. Ioint ce *que Dieu dit par la bouche de Moyse*, Tu ne blasmeras point les Dieux de la terre, & ne médiras des Princes de ton peuple. *Et si Dauid le plus iuste des Roys, n'a point esté si presomptueux, que de mettre la main sur Saul, qu'il sçauoit estre reprouué & reietté du Seigneur: à plus forte raison se faut-il garder de faire des preparatifs indiscrets de medisance, & deshonneur contre l'Oint de l'Eternel.* Et les Conciles de l'Eglise Gallicane excommunient d'vn mutuel consentement tous ceux qui pointent indiscretement quelques blasmes, ou dressent malicieusement les pointes de quelque calomnie contre ces sainctes & augustes Maiestez de nos Princes. Lesquels ont cela de plus que leurs Maisons sont comme des Eglises, & leurs pieds comme les Autels, d'où il n'est raisonnable de retirer ceux qui sont à refuge pour les mener au supplice. *Maisons des Roys reputees sacrees.*

Ils sont aussi reputez Chanoines par le seul titre de leur Couronne, & se sont toujours retenus les premieres Prebendes des Eglises Cathedrales de leur Royaume, comme d'Angers, du Mans, de S. Martin de Tours, S. Hilaire de Poitiers, & sur toutes de S. Iean de Lyon, l'vne des plus celebres du monde. Priuilege qui ne manque ny de raisons, ny d'exemples. Car si par leur Christianisme l'autorité du Clergé a pris vn grãd accroissement en France, & que lors premierement on a commencé d'y esleuer des Temples riches & somptueux, pour les dedier à l'honneur des Saincts, & les honorer de leurs noms: Que *Roys de France premiers Chanoines des Eglises Cathedrales de leur Royaume.*

pouuoient moins ces plus grandes & celebres Eglises de l'Europe, qu'auoir pour Chanoines d'honneur les premiers Princes Chrestiens du monde, és terres desquels & par lesquels elles ont esté fondées? Ainsi l'Empereur est Chanoine de Rome, & lors qu'il est couronné, il est mis en possession de sa Chanoinerie de sainct Pierre comme dit le Cerimonial.

Chanoine d'honneur que c'est.

Cette place de Chanoine d'honneur n'est pour l'office, ny pour la charge, ains seulement par reuerence & priuilege. Car comme le Prince qui est Chanoine d'honneur, n'est obligé à autre chose qu'à iurer la protection & conseruation des droits de l'Eglise: Aussi n'en tire-il autre profit que la participation des prieres qui s'y font. Cest honneur seroit peu de chose, si la grandeur des Princes qui l'ont desiré, ne le rendoit grand en ces grandes Eglises, qui pour estre les premieres de France en antiquité comme en dignité, ont porté leur reputation aux Nations plus éloignees, lesquelles ont ordonné leurs Eglises sur ce modelle, & singulierement sur celuy de S. Iean de Lyon. En laquelle si cest honneur a esté deferé à d'autres Princes & Ducs tant naturels qu'estrangers, qui par leur pieté ont obligé l'Eglise à ceste recognoissance d'honneur, aux Ducs de Sauoye, Comtes de Villars, aux Ducs de Bourgongne, aux Ducs de Berry, aux Dauphins de Viennois, qui tous ont esté receuz Chanoines d'honneur en ceste Eglise : telles receptions toutefois ont esté bien differentes de celles de nos Roys tres-Chrestiens : car en celles des autres on n'a point chanté de *Te Deum*, on ne leur a point presenté de Poile, comme à nos Roys, & les a t'on obligez à monstrer les preuues de leur Noblesse, encore qu'aux Archiues de ceste Eglise se trouuent les receptions de plusieurs Princes, dont les armes monstroient assez l'antiquité & la grandeur de leur extraction.

Les Ducs de Sauoye comme Comtes de Villars, & souuerains de ceste Comté du pays de Bresse, ont eu en ceste Eglise vne place de Chanoine d'honneur, laquelle leur a esté presentee la premiere fois qu'ils sont entrez.

Ducs de Sauoye Chanoines d'hōneur à S. Ieā de Lyon comme Comtes de Villards.

Ce mesme honneur fut ces annees passees demandé par le Duc passant par Lyon, comme on l'auoit donné à son pere, quand il y vint apres la paix de l'annee 1559. Le Chapitre de cette Eglise auoit de grandes occasions de traiter ce Prince comme ses predecesseurs, puis que le Roy vouloit qu'on le receust comme sa Maiesté, & luy donner ce tesmoignage d'honneur, qui honoroit autant ceux qui le donnoient, que celuy qui le receuoit s'en pouuoit sentir honoré. Mais parce que par la conqueste du Roy le Comté de Villars n'estoit plus souz son obeissance, que les choses estoient encore en doute de paix ou de guerre, que les Princes souuerains sont toujours offensez de la communication de tels honneurs, il resolut de ne rien faire en cela que ce qu'il plairoit au Roy d'en ordōner: Et en demanda l'aduis au Gouuerneur de la ville, sur lequel la Faye, l'vn des Comtes de ceste Eglise fut depesché en Cour pour receuoir les commandemens de sa Maiesté sur ceste difficulté. Le Roy luy demanda que c'estoit que Chanoine d'honneur, & si la reception du Duc de Sauoye estoit semblable à la sienne. A quoy la Faye respondit, Qu'aux Archiues de ceste Eglise se trouuoient les receptions de plusieurs Princes souuerains apres auoir monstré l'antiquité & la grandeur de leur extraction: que iaçoit que toute l'Europe sçeust que le Duc Emanuel Philibert estoit de la iuste descente des Ducs de Sauoye, & des Roys de Portugal, ce neantmoins il passa par ceste Loy, & enuoya son Chancelier au Chapitre pour en faire apparoir. Le Roy demanda aux Seigneurs de son Conseil ce qui leur en sembloit, & par leur aduis respondit, Que Monsieur de Sauoye ne tenant plus le Comté de Villars, ne deuoit plus pretendre les droits qui en dependoient, que venant en France pour se reconcilier auec sa Maiesté, il feroit si peu de seiour à Lyon, qu'il ne pensoit pas qu'il deust s'arrester à vne simple ceremonie : Que s'il demandoit ceste place de Chanoine d'honneur, comme on l'auoit donnee au feu Duc son pere, le Chapitre s'en deuoit excuser, iusques à ce qu'il sçeust la volonté du Roy, pour à son retour faire le deuoir. Le Duc fort offensé du refus de ce qu'il estimoit qu'on luy deuoit & qu'on auoit donné au feu Duc son pere: ne dissimula pas son mescontentement, n'ayant voulu mettre le pied en cette Eglise, quoy qu'il fust logé à l'Archeuesché, ny passer sur la place qui joint la principalle porte de l'entree. Et quand le Doyen auec le corps de l'Eglise l'alla saluer, il luy dist qu'il auoit toujours honnoré ceste compagnie, comme ayant l'honneur d'en estre.

Mais encor seroit-ce peu de chose de toutes ces *Autorité de* dignitez & prerogatiues au prés de la grandeur *nos Roys* de ces Monarques, si leur puissance n'estoit riche *Colonne de* d'autres beaux & singuliers aduantages, qui les *l'Eglise.* font paroistre sur tous les autres Roys & Princes Chrestiens. Car ils sont les Colonnes de l'Estat de Dieu, comme de celuy de leur Royaume, & leur Autorité la base & le fondement qui assure & soutient les Priuileges & franchises de l'Eglise, par l'excellence de ses Droits illustres & glorieux. Ils ont pareil pouuoir en icelle qu'auoit Iosias, ainsi que tesmoigne Charles le Grand *Puissäce des* en la preface de ses Capitulaires: pareille puissäce *Roys sur* que Constantin, qui se publioit *Euesque des choses* *l'Eglise.* *exterieures en l'Eglise*, comme le recite Eusebius au Liure 4. de sa vie: non afin de baptiser ou euangeliser, mais pour auoir le soin que ceux qui ont ceste charge ne se portent negligemment en leur deuoir, & que les droits Ecclesiastiques ne soient mesprisez. Ils ont di-je, iurisdiction souueraine sur l'Estat de Dieu & sur ses Prelats, tiennent l'œil sur la discipline & sur les mœurs du Clergé, prenent cognoissance de ses differents, & sont de tous temps recognus sinon Chefs souuerains, pour le moins comme faisans l'vne des meilleures, & plus saines parties de l'Eglise. Ce qu'il est facile de prouuer tant par les tesmoignages & raisons, que par les exemples & effets de toute l'Antiquité plus venerable.

 Le Concile tenu en la ville de Paris souz l'Empereur Lothaire porte signamment au second article ces belles paroles. *Les Princes & Seigneurs temporels quelquefois exercent dedans l'E-*

glise le haut point de la puissance qu'ils ont, afin que par elle ils reparent la discipline Ecclesiastique. Au demeurant les Puissances & Autoritez ne seroient desirees en l'Eglise, sinon de tant que ce à quoy l'Ecclesiastic ne peut paruenir par Presches & sainctes exhortations, il faut que le Magistrat le commande & le fasse executer par la crainte de sa police. Assez souuent le Royaume des Cieux profite & s'auance par l'ayde du Royaume terrestre, c'est à sçauoir quand ceux qui au milieu de l'Eglise viuent contre la foy & discipline Ecclesiastique, sont opprimez par la rigueur des Princes, & qu'à ceste discipline que l'Eglise ne peut exercer à son vtilité, sont reduits les plus hautains & superbes par la puissance souueraine du Roy, lequel par ce moyen se rend venerable enuers vn chacun. Que les Princes doncques entendent qu'ils rendront vn iour conte à Dieu de l'Eglise, qui leur a esté par luy baillee en garde.

Passage que i'ay tiré de cet ancien Concile de Paris, parce qu'il fut expressément dressé pour nos Roys en ceste ville capitale de France : & qui est grandement fortifié de cest autre particulier de tres-haute & tres-auguste marque, tiré des diuines benedictions que l'Archeuesque de Rheims verse ordinairement sur leurs Maiestez lors qu'il les consacre. Qu'il ayt, dit ce grand Prelat du Roy qu'il oingt de l'huile celeste, *la vertu & l'autorité de gouuerner, telle que Iosué la receue au camp, Gedeon au combat: S. Pierre és Clefs, & S. Paul en la doctrine.* Ausquels deux tesmoignages, je joints cette raison, qu'en la distribution de leur Iustice souueraine, qui represente leur Maiesté, leur Parlement est vn corps mixte, & composé part de Iuges Ecclesiastics, & part de Laiques,

Parlement de Iuges Laics & Eccl. siastiques.

Laiques, pour monstrer qu'autant s'estend ceste leur Puissance bien reglee sur les gens d'Eglise, comme sur les seculiers. Et l'exemple en est clair en Louys Debonnaire Roy de France & Empereur, lequel, ainsi que dit l'Histoire de sa vie, & de son regne, *estant à Lyon en l'an* 839. *voulut prendre cognoissance du differend qui s'estoit esmeu entre les Euesques de Lyon & de Vienne, tant sur leur rang & presseances, que sur les finages de leurs terres. Mais pour ce que lesdits Euesques qui auoient esté sommez de venir vers l'Empereur, ne comparurent point, cela demeura pour l'heure indecis*; & par cet exemple & autres on peut voir que lors les Empereurs & Roys de France auoient Iurisdiction souueraine sur les Eglises & sur leurs Ministres. *Iurisdictiō des Rois de France sur les Eglises.*

A quoy conformément S. Bernard, claire lumiere de la France, escriuant au Pape Eugene s'efforce de luy persuader, comme il l'estime, qu'il n'a pas mesme la domination sur les Eglises. Ce que *Sainct Pierre a eu,* dit-il, *il la donné à ses successeurs, à sçauoir le soin & vigilance, non pas la domination, sur les Eglises.* Et en vn autre endroit il conclud plus generalement *que la domination est defendue aux Apostres & Apostoles.* Voire il semble qu'à l'exemple des Apostres il retranche à leurs Successeurs toute Iurisdiction, quand il dit n'auoir leu qu'ils se soient iamais assis pour iugez, mais bien qu'ils ont esté debout pour estre iugez. On ne sçauroit prouuer, dit cet illustre Docteur, qu'aucun des Apostres se soit iamais assis quelque part pour pacifier les differends des hommes, ou de leurs fins & limites, ou pour distribuer les terres: Ie lis finablement que les Apostres se sont tenus debout pour estre iugez, non *Domination interdite aux Papes de la part de Dieu.*

Papes n'auoient anciennement aucune iurisdiction.

qu'ils se soient iamais assis pour iuger. Et pour monstrer que la Iurisdiction Ecclesiastique n'est pas vrayement iurisdiction, c'est qu'anciennement elle estoit appellee Audience, Cognoissance, & de tout autre nom plutost que de celuy de iurisdiction, ainsi qu'en fait foy le Titre de nostre Code, *De l'Audience Episcopale*.

<small>*Conciles assemblez en France par l'autorité de nos Roys.*</small>

Pour cette mesme cause l'ouuerture des premiers & anciens Conciles de l'Eglise Gallicane, s'est toujours faicte non souz l'autorité du Saint Siege, ains souz celle de nos Roys, esquels presidoit par fois le Metropolitain du lieu, par fois celuy qui entre les Prelats pour sa saincte vie estoit en plus grande reputation, & par fois celuy qui estoit plus agreable à leurs Maiestez, lesquelles y ont souuent eu les premieres seances elles mesmes. Et afin de fouiller dans la plus profonde ancienneté, qui commença par le Baptesme de Clouis, il y eut cinq de ces notables Con-

<small>*Conciles celebrez souz la premiere lignee.*</small>

ciles assemblez en la ville d'Orleans. Le premier par le commandement du mesme Clouis, où se trouuerent 33. Euesques: le second souz Childebert I. auquel presida Honorat Archeuesque de Bourges: le troisiesme souz le mesme Childebert le 26. an de son regne, où presida Loup Archeuesque de Lyon: le quatriesme souz le mesme Childebert: & le cinquiesme celebré le 38. an du regne du mesme Roy. A l'exemple dequoy en furent diuersemét tenus plusieurs autres à Clairmont, en la ville de Tours, & à Paris, selon que les affaires & necessitez Ecclesiastiques le desiroient. Souz le Roy Gontran deux à Lyon, deux à Mascon, vn à Valence.

Et par ce que parauenture l'on pourroit dire que c'estoient simples Conciles Prouinciaux, esquels n'estoit requise l'authorité du S. Siege, encore y a il passage exprés d'Euesque qui florissoit de ce temps-là ; & qui tenoit l'vn des premiers lieux de la France, tant pour la dignité de luy que de son siege, par lequel on peut indubitablement recueillir que non seulemét les Conciles particuliers & Prouinciaux, mais aussi generaux & Nationnaux, esquels il s'agissoit de la foy, s'ouuroient par l'autorité de nos Roys. C'est Gregoire de Tours, lequel ayant esté enuoyé par Childebert II. en Ambassade auec autres Prelats & Seigneurs, par deuers Gontran Roy d'Orleans, executant le fait de sa charge, entre autres choses fist ces remonstrances à Gontran, comme luy mesme atteste au 9. Liure de son Histoire. *Vous auez*, dit-il, *notifié à Childebert vostre nepueu, qu'il eust à faire assembler en vn lieu tous les Euesques de son Royaume, parce qu'il y à plusieurs difficultez, dont il se faut esclaircir: toutefois il estoit d'aduis que selon la coustume ancienne des saints Decrets, chaque Metropolitain assemblast ses Euesques comprouinciaux, & que lors ce qui se trouueroit de malefaçon en chaque Prouince, fust reformé par Sanctions Canoniques. Car quelle raison y a il de faire maintenant si grande congregation, veu qu'il n'y a nul peril eminent à nostre Eglise, & qu'il ne se presente aucune nouuelle heresie? Quelle necessité y a il donc que tant d'Euesques s'assemblent? A quoy le Roy fist responce. Il y a plusieurs choses dont il faut cognoistre.*

Et souz la seconde lignee, bien que l'autorité du S. Siege Apostolic fut lors tres-grande, si ne

M ij

faut-il estimer que pour cela s'euanouist l'ancien vsage de nos Conciles, ny par consequent des Priuileges de nos Roys, ains furent diuersement tenus souz Pepin, Charles le Grand, & Louys le Debonnaire, sans en rien changer la forme qui auoit esté suiuie souz ceux de la premiere lignee, *voire de plus grande efficace en plusieurs articles.* Car entre autres il en fut celebré vn à Vernun, pour la reformation de toutes les Eglises de France & d'Allemagne, auquel n'est faite mention des Papes, non plus qu'en ceux qui furent tenus és villes de Paris, Cõpostelle, Strasbourg, Arles, Aix, Majence, Tours, Chaalons, & autres situees part en la France, part en Allemagne & Espagne, lesquels estoient souz la domination de ces Roys, & Empereurs : singulierement est fait grand estat de cinq Conciles qui furent celebrez souz Charles le Grand, que d'vn mot corrompu nous appellons communément Charlemagne, *Les Euesques*, dit Rheginon, & apres luy Adon de Vienne, *par le commandement de l'Empereur assemblerent cinq Conciles parmy la Gaule, dont l'vn fut à Majence, l'autre à Rheins, le tiers à Tours, le quart à Chaalons, & le cinquiesme à Arles. Et toutes les Constitutions qui furent faictes en chaque Concile furent confirmees par l'Empereur, desquelles qui voudra auoir plus certaine information, il les pourra trouuer en icelles villes, combien qu'il y en ayt autant és archifs & thresor du Palais.* Passage merueilleusement recommendable pour monstrer, que non seulement la police Ecclesiastique de France passoit en ce temps là par nos Conciles, mais aussi que l'on y requeroit l'Autorité du Prince, tant pour

Conciles celebrez souz Charlemagne.

l'ouuerture, que confirmation d'iceux. Tout ainsi que pour le iourd'huy l'emologation d'vne Cour de Parlement. Chose qu'il ne faut trouuer estrange. Car aussi est-ce la verité que ces Conciles recognoissans prendre autorité par nos Roys determinoient indifferemment ce qui concernoit tant la police seculiere qu'Ecclesiastique. Qui fut à mon iugement cause que le mesme Rheginon a souuent confondu les mots de *Synodus* & *Placitum*, combien que celuy-là fust seulement destiné pour les choses Ecclesiastiques & cestuy pour les seculieres. De là est pareillement venu qu'Ansegise Euesque reduisant par escrit les anciennes Constitutions de Charlemagne & Louys le Debonnaire son fils, mesle & le spirituel & le temporel dans icelles, le tout par vn entrelas de puissance, afin que tout ainsi que nos Prelats, par la tolerance, ou permission de nos Roys, jettoient l'œil quelquefois sur le reglement de la police seculiere, comme si elle eust esté de leur fonds: aussi le Roy auoit loy sur toutes les deux: & appelloit-on des Ecclesiastics par deuant luy en son Parlement comme luy en appartenant naturellement la cognoissance par les anciens Conciles & reglemens de ceste France. C'est aussi ce que nous enseigne Aymon au Liu. 5. de son Histoire, quand il dit, *que le Debonnaire fist publier vn Liure concernant la discipline Ecclesiastique*. Chose dont cet Auteur pouuoit d'autant plus seurement parler, qu'il estoit de ce mesme temps. Pareillement que les Constitutions Conciliaires n'auoient lieu, sinon de tant, & en tant qu'elles estoient confirmees par nos Roys, &

Constitutions de Charlemagne & de Louys Debonnaire.

mises aux Archifs de leur Palais, comme nous voyons qu'il fut fait pour les cinq Conciles tenus diuersement par le commandement du susdit Debonnaire, où signamment il est dit en celuy d'Aix que les Canons promulguez par eux, sortiront leur effet par autorité Pontificale, & Royale Majesté. Et de ce mesme fonds ont esté tirez ces deux Articles de la defense des Libertez de l'Eglise Gallicane presentee au Roy Louys XI. par son Parlement de Paris.

I. *Que le Roy, nostre supreme & souuerain Seigneur, qui est le grand fondateur, protecteur, gardien, defenseur & conseruateur des Eglises de son Royaume, lors que la liberté d'icelles est violee, a droit & puissance d'assembler les Prelats, & autres personnes Ecclesiastiques de ses terres & Seigneuries; afin de faire barriere aux desseins & entreprises de ceux, qui oseroient temerairement former quelques proiets au preiudice de cette liberté. Et cette congregation est ordinairement appellee, l'Assemblee de l'Eglise Gallicane.*

II. *Qu'en ces Assemblees tenues par l'autorité Royalle, il a esté sagement ordonné de plusieurs choses, non sans l'aduis & meure deliberation tant des Princes du sang Royal, que des gens d'Eglise, & autres sujets du Royaume, afin de contrequarrer les iniures, & vexations indues, qui estoient faictes à leur Couronne par la Cour de Rome, au grand interest & dommage de tout leur peuple. Et ces Constitutions ont esté de grande authorité deuant ce siecle, & obseruees auec grand soin & diligence.*

Constitutions à la verité dignes de la grandeur de leurs Maiestez, & qui leur ont apporté ces grands biens, que ny les Prelats, ny la Noblesse, ny le demourant du peuple, ne se sont débandez d'eux, quelque respect & reuerence qu'ils portassent au S. Siege. Constitutions di-je, lesquelles, ainsi que porte vn autre article de la susdite Defense, *ayans esté longuement gardees, & la Cour de Rome, par laps de temps, s'estant donné grāde licence cōtre cete liberté de l'Eglise Gallicane, le Roy Charles VI. assemblāt les Princes, Prelats, Abbez, Colleges, Vniuersitez, & autres rares prrsonnes tant de son Royaume, que du Dauphiné, fist publier vne Cōstitution en l'annee 1406. par laquelle il remist l'Eglise Gallicane en ses anciennes franchises.*

Ce qui me fait souuenir de l'ordre que Sainct Louys auoit long temps auparauant apporté pour la manutention des franchises anciennes de la mesme Eglise Gallicane. Ce Prince porté en ce point de pareille deuotion qu'en toutes ses autres actions, voyant en l'annee 1267. comme les Eglises de son Royaume vaguoient en incertitude, pour la grande autorité que la Cour de Rome auoit empietée sur les Ordinaires, s'estant donné toute prerogatiue au preiudice tant des elections, que collations, voulut par l'aduis de son Clergé, & des Principaux de son Royaume reduire les choses en l'anciēne dignité, au moins mal qu'il luy seroit possible : Et fist ceste belle Ordonnance que quelques-vns appellent la Pragmatique Sanction de S. Louys. Sanction depuis publiee par Charles VII. au Parlement de Paris le treisiesme Iuillet 1458. qui la voulut confirmer pour l'approuuer, & l'approuuer pour la tenir.

Pragmatique Sāction.

Ainsi ces sacrez Monarques creez de Dieu

pour la protection & defense de leurs Eglises, traitans d'vn visage respectueux auec la Religion, escoutans volontiers les entretiens & les deuis qu'elle auoit souuent auec eux pour le seruice de Dieu, ils luy ont promis, & luy ont toujours iuré par elle mesme, & par les plus veritables, & plus religieux ressentimens de leur conscience, qu'ils ne seroient iamais qu'vne offrande & qu'vn holocauste tout bruslant en sacrifice pour l'Eglise, que le soin des Roys ne seroit que le soin de l'Eglise, & que le soin de l'Eglise ne seroit que le soin des Roys.

Ce qu'apres eux le feu Roy Henry III. que Dieu absolue, auoit entrepris de ramener en vsage, & nous faire voir en nos iours, si ses pieux desseins n'eussent esté rompus par vne mort trop inhumaine & cruelle: Et de cela nous auons vn bel & illustre tesmoignage au Synode tenu dans la ville de Tours en l'annee 1584. qui porte ces mots grauez au frontispice de ses Constitutions; *Ce Synode present a tout premierement ordonné que graces seroient rendues à Dieu, comme il rend, de ce que par l'inspiration de son diuin Esprit, nostre Roy tres-Chrestien, desirant en toutes façons fortifier l'estat & ordre de l'Eglise, a non seulement eu agreable qu'on celebreroit des Conciles Prouinciaux par tout le Royaume de la France, mais l'a aussi fait publier, esperant que par ce moyen les heresies, qui ont cy deuant signalé leur venin à nostre grand desaduantage seroient estoufees: les abus qui deforment honteusement l'Eglise, abolis, & la paix tant souhaitée par les veux & prieres des gens de bien, entierement restituée à la France affligee iusques icy de seditions continuelles.* Mais encore iouist il de cette gloire non petite, qu'il a laissé vn Successeur qui est à cette Eglise cōme le bouclier des forts, & comme l'espec de Ionathas, qui n'est iamais retournee en arriere. C'est luy qui luy a osté sa robbe de dueil, luy a leué le sac & la cendre, qui l'a oingte d'onguents de myrrhe, comme les filles des Hebrieux disoyent de leur Prince : C'est luy qui l'a reuestuë d'escarlate, qui honnore ses Sabbaths, & les iours solemnels de ses Calendes, qui dresse toutes ses actions à son seruice, comme au centre de ses sainctes volontez, au blanc où visent ses pieuses affections : & qui faict mesme aux Conferences pour sa reformation, ce que font les Presidents aux disputes des plus celebres Vniuersitez.

Les Tributs d'Israel ne pouuoient prendre alliance hors de leur famille, fors la seule Tribu de Iuda, où estoit le Sceptre & la Royauté, qui se pouuoit allier à la Tribu de Leui, où estoit la Sacrificature. Ce que ie dis pour decouurir la lumiere d'vn autre beau priuilege annexé & conjoint à cette sacrée Authorité de nos grands Roys, Que l'Estat de l'Eglise, & le leur ayans toujours esté de toute ancienneté, je dis dés le baptesme de Clouis, vnis comme par les nœuds inuiolables d'vn sainct mariage, aucun n'a iamais peu estre Euesque en France, ny obtenir aucunes des grandes Prelatures & dignitez Ecclesiastiques de leur Royaume, sans le consentement & permission de leurs Royalles Maiestez. Dequoy meilleur ne plus fidele tesmoin ne pouuons nous alleguer que ce grand

Mariage de la Royauté auec l'Eglise.

Euesques pourueus par les Rois de France.

Gregoire de Tours, qui fut du temps de leur premier Chriſtianiſme; S'il vous plaiſt courir toute ſon Hiſtoire, à peine que vous trouuiez vne ſeule prouiſion d'Archeueſché ou Eueſché, que ce ne ſoit par le commandement du Roy, ou du moins par l'interpoſition de ſon Autorité. Qu'ainſi ne ſoit, vous y lirez vns Onomace, Theodore, Procule, Diuiſe en la ville de Tours; Monderic, Papole, dans celle de Langres: Quantin à Clairmont; Theodore, Innocence, à Rhodés: Domnole au Mans: Sulpice à Bourges: Dodon à Bourdeaux; Loere à Arles: Vice à Vienne; Paſceme à Poitiers; Nomuches à Nantes, auoir eſté ſucceſſiuement Eueſques, mais par le vouloir de nos Roys. Nonobſtant que les Elections des Prelats euſſent lieu en France, ſuiuant les anciens Canons & Decrets. Et cela eſt ſi certain & arreſté en ceſt Auteur, qu'en tous les endroits où il parle des Prouiſions des Prelats, il dit ceſtuy auoir eſté pourueu *par le commandement du Roy*, ceſtuy-là *par ſon conſentement*, l'autre, *pour auoir eſté de luy choiſy*: & ſur tout, pour vn general refrein, *Le Clergé ſe rend ſuppliant enuers le Roy, qu'il luy plaiſe auoir pour agreable l'Election par luy faicte*, comme eſtimant qu'elle ſeroit de nulle valeur, ſi le Prince n'y interpoſoit ſes parties.

Couſtume qu'il ne faut point trouuer eſtrange, qui conſiderera comme les affaires de l'Egliſe paſſoient adoncq, d'autant que nos Princes l'emprunterent nommémét des mœurs de l'Empire. Car c'eſtoit vne regle generale, que nul Eueſque ne s'oſoit immiſcer en ſa charge, ſans que premierement l'Empereur l'euſt receu; & eſt yne chose certaine que de tous les peuples, qui butinerent l'Empire, il n'y en eut iamais aucun qui raportast toutes les marques de la Maiesté Imperiale, comme le François.

Et tant furent nos Roys ialoux de ce droict, que combien que les Gouuerneurs des Prouinces eussent presque toute puissance en leurs gouuernemens, toutefois nos Roys ne leur donnoient le pouuoir de consentir à telles Elections, ains voulurent que l'on eust recours à eux. Et c'est la cause pour laquelle nous lisons qu'apres la mort de Ferrobe Euesque de Prouence, Diname Gouuerneur de ce pays-là, ayant fait pouruoir Albin en cet Euesché sans en aduertir le Roy, Iouin receut commandement exprés de luy d'y en commettre vn autre: mais Albin estant decedé auant ce mandement receu, & Diname ayant preuenu Iouin, & fait pouruoir Marcel Diacre, il en fut dechassé, comme ce droit de confirmation dependant nuement de la volonté du Roy, & non d'autre. Droit approuué par tous les Conciles : comme par le premier tenu dans Paris en l'annee 559. où l'article huictiesme defend nommément, *Que nul ne peust estre appellé à la dignité Episcopale que par l'Election du peuple & du Clergé confirmee de la volonté du Roy* : auec inionctions expresses à tous les Euesques Suffragans & Comprouinciaux de n'en receuoir par autre voye sur peine d'excommunication. Et au cinquiesme Concile tenu auparauant à Orleans en l'annee 552. l'article dixiesme portoit, *Que nul ne paruint aux Eueschez par dons ou argent, ains par election du Clergé & du peuple auec le vouloir du Roy,*

Elections confirmees par le Roy seul en France.

Qui est vn Concile Gallican, par lequel vous voyez l'authorité du Roy estre receuë pour les Eueschez, moyennant qu'elle fust jointe auec les Elections. A quoy i'adiouste encore ce que raporte Flodoard d'vne Epistre du Pape Formose à Foulques Archeuesque de Rheins, *Que suyuant l'autorité ancienne des saincts Canons, sur le faict des Elections, l'election faicte par le Clergé & le peuple, il failloit en apres le consentement du Prince: Et ce faict les autres Euesques procedoient puis apres à l'imposition des mains dessus cet esleu.* Qui est vn passage merueilleusement à propos, pour monstrer que nul Euesque ne pouuoit receuoir l'imposition de la main, iusques à ce que le consentement du Roy y eust passé.

Si ce priuilege fut en nos Roys souz leur premiere famille, il ne faut pas estimer qu'il ayt esté perdu souz la seconde, & qu'ils n'ayent eu en icelle aussi bonne, si non meilleure, & plus illustre part aux promotions & confirmations des Prelats, que souz celle de Clouis. Car outre qu'ils les tenoient en France de leur Royauté, ils furent encore gratifiez, estás paruenus à l'Empire, de celles de tout le Christianisme & des Papes mesme par priuilege special du Pape Adrian accordé à nostre grand Charles & à ses Successeurs Porte-Lis en vn Côcile tenu à Rome, pour auoir restitué la paix & le repos à l'Estat de Dieu, & fait estat du seruice de son Eglise. Ce grand Pere porte-clef des Cieux, voulant pour signaler les faueurs & graces singulieres qu'il tenoit de nos Roys, que les plus grandes Dignitez de l'Vniuers, & les premiers rangs en toutes preemi-

Confirmations des Prelatures de tout le Christianisme donnees aux Roys de France par les Papes.

nences fuſſent le Theatre, où cette premiere Monarchie Chreſtiéne fiſt monſtre de ſes honneurs & recompenſes: ce ſainct Pere di-je fiſt deſlors vne Ordonnance authentique & pompeuſe, que tous les Archeueſques, Eueſques, & Abbez de la Chreſtienté fuſſent inueſtis de leurs Benefices par les Roys de France, & ſi aucuns s'y vouloient eſtablir par vn temeraire mépris de leur puiſſance, qu'ils ne peuſſent eſtre ſacrez, & que leurs Maieſtez ſe ſaiſiſſent de leurs biens.

Ordonnance que pour rendre plus celebre, il eſtendit iuſques là, que les Papes meſmes eſleuz ne pouroient entrer en l'exercice de leurs charge, qu'ils ne fuſſent auant tout œuure confirmez par luy & ſes Succeſſeurs. Et quant aux Empereurs, bien qu'ils receuſſent la Courone de l'Empire par les mains des Pōtifes ſouuerains, ſi n'enuierent-ils pourtant ceſte recōmandation, ny ne refuſerét cette gloire à nos Roys, qu'en tant que Roys de France, & non en tant qu'Empereurs il ont eu ſeuls entre les Princes Chreſtiés ce droit honorable de pouuoir cōfirmer les Pōtifes éleuz, & ordonner du Siege Romain toutefois & quātes qu'il ſeroit vacquant. Droit couché & comme canoniſé dās les Liures du Decret publiez par Gratian: où il eſt expreſſement dit, *que le Pape Adrian du conſentement & aduis du Concile general, donna au Roy Charles pouuoir & authorité d'élire les Pontifes de Rome, & ordonner du Siege Apoſtolic lors qu'il ſeroit vacquant: cōme auſſi que les Archeueſques & Eueſques de toutes les Prouinces Chreſtiēnes ſeroient inueſtis par luy, & que ceux qui n'auroiēt receu leur inueſtiture du Roy, ne fuſſent conſacrez d'aucun.*

Papes eſleus confirmez par les Rois de France.

Et ainsi Leon estât éleu, pour ne jetter de dereglement dans l'œconomie d'Adrian son Predecesseur, enuoya les clefs & la banniere S. Pierre à Charles le Grãd, tant pour le prier d'auoir agreable son election, qu'afin aussi qu'il enuoyast à Rome quelques Seigneurs de sa Cour, pour prendre le serment de fidelité des Romains.

Mais Louys le Debonnaire ayant du depuis renoncé au droit de confirmer les Papes, la Deffense des libertez de l'Eglise Gallicane presentee au Roy Louys XI. par le Parlement de Paris, asseure, *que le droit de Regale succeda en son lieu*, sans preiudice toutefois des Prouisions, & Inuestitures annexées de tout temps, tant à la Royauté de France, qu'à la Maiesté de l'Empire. Droit magnifié déslors comme l'vn des plus beaux fleurons de la Couronne de nos Roys, credité de siecle en siecle iusques au nostre, qui void encor leur saincte Chapelle sainctement recompensée des profits & emolumens d'icelle.

Droit de Regale.
Ce droit est qu'auenant vacatiõ de certains Archeuesches & Euesches sur les terres de nos Rois, ils en recueillét les fruis, & conferét les Dignitez, Prebendes & Chappelles, qui en dependent sans charge d'ames, iusques à ce que l'Euesché soit remply d'vn nouueau Successeur, & qu'il en ayt presté le serment de fidelité entre les mains de leurs Maiestez. Droit tant specialement affecté à la Royauté, que combien qu'vn Prince Regent ayt toute puissance souueraine au milieu de nous, si ne peut-il conferer les Benefices vacans en Regale. Et quand le Roy faict grace à quelque Prelat de le receuoir à foy & hommage

par Procureur, il entend bien par cete receptió luy donner plaine main-leuee de son temporel, mais non de la collation des Benefices, ainsi que nous apprenons de l'Ordonnance de Charles VII. que ie coucheray icy pour exemplaire parfait de toute ceste matiere.

Charles par la grace de Dieu Roy de France, A nos amez & feaux Conseillers, les gens tenans & qui tiendront nostre Parlement à Paris, les Maistres des Requestes de nostre Hostel, aux Preuost de Paris, Baillis de Vermandois & d'Amiens, & à tous nos autres Officiers & Iusticiers, salut & dilection. Il est venu à nostre cognoissance, qu'à l'occasion de ce que nous octroyasmes à feu le Cardinal Euesque de Terouenne, qu'il nous peust faire le serment de feauté dudict Euesché de Terouenne par Procureur. Ce qu'il fist, & par ce moyen luy deliurasmes les fruits & reuenu de la temporalité d'iceluy Euesché, que parauant tenions en nostre main, à cause & par le moyen de nostre droit de Regale, ledit feu Cardinal ou ses Vicaires, souz couleur & au moyen de ladicte deliurance par nous à luy faicte desdits fruicts, (combien qu'il ne nous eust fait le serment en presence) eust donné & conferé plusieurs Prebendes & autres Benefices vacquans à la collation dudit Euesque depuis la reception dudit serment de feauté par Procureur, & la deliurance desdits fruits: Et pareillement les auons donnez & conferez à autres par le moyen de nostre-dit droit de Regale. Surquoy se sont meuz & assis plusieurs procés pardeuant vous auec ceux qui ont eu collation dudit Cardinal & de ses Vicaires: & à ceste occasion sont plusieurs desdictes Prebendes & autres Benefices contentieux en grande inuolution de procés, au grand preiudice & detriment de ladicte Eglise, & du

Ordonnáce de Charles VII pour la Regale.

seruice diuin. Et pour ce que voulons & desirons pouruoir à la confusion & detriment desdits Benefices, & multiplications desdits procés, & aussi pouruoir à l'entretenement dudit seruice diuin, & à la conseruation de nosdits droits de Regale, & qu'auons esté auertis & acertenez des droits de nostre Couronne, & l'usage ancien auoir esté qu'és Eueschez où auons droict de Regale, mesmement quant à la collation des Benefices, ladicte Regale demeure tousiours ouuerte, iusques à ce que les nouueaux Euesques nous ayent fait en personnes, les sermeuts de feauté, quelque serment qui nous en soit fait par Procureur, & quelque deliurance que fassions des fruits de la temporalité. Auons declaré & declarons que par la reception du serment de feauté dudit Cardinal par Procureur, & par la deliurance à luy faicte des fruits du temporel dudit Euesché, nous n'auons entendu, ne n'entendons nous estre departis ne desistez de la collation des Benefices dudit Euesché, comme vaquants en Regale, ne la transferer audit Cardinal: Ainçois estoit, & est nostre intention de donner, & conferer lesdits Benefices comme vaquants en Regale, iusques à ce que ledit Cardinal nous eust fait en personne le serment de feauté, ainsi qu'il est accoustumé de faire en tel cas : Si vous mandons & expressément enioignons, que nostre presente declaration vous entreteniez & gardiez & faictes entretenir & garder selon sa forme & teneur sans aucunement venir au contraire. Car ainsi nous plaist il estre fait, nonobstant quelconques Lettres subreptices, impetrees ou à impetrer à ce contraires. Donné à Montil lés Tours le 14. Feburier 1451. & de nostre regne le 30.

Ainsi les Papes sçachans que nos Roys iouyssent de la Regale par benefice du S. Siege, ne
leur

leur en ont iamais querellé le priuilege : Et ne s'est trouué qu'vn Boniface VIII. qui nous la mal à propos voulu reuoquer en doute par vne Bulle qu'il enuoya l'an 1309. au Roy Philippes le Bel par l'Archidiacre de Narbonne, dont la teneur estoit telle.

Boniface Euesque, seruiteur des seruiteurs de Dieu, à Philippes Roy des François. Crains Dieu, & obserue ses commandemens. Nous voulons que tu sçaches que tu és nostre sujet, tant en Temporel, qu'au Spirituel, & que ce n'est à toy de conferer aucunement, ny Prebende, ny Benefice aucun. Si tu as la garde de quelqu'vn d'iceux, si faut il que tu en reserue les fruits pour celuy qui y succede. Si tu en as consceré quelqu'vn: nous ordonnons que la collation en soit nulle, reuoquons tout ce qui en aura esté fait, & estimons fols & estourdis ceux qui croient le contraire. Donné à Latran le 4. des Nones de Decembre, le 6. an de nostre Pontificat.

Brauerie du Pape au Roy Philippes le Bel.

Mais le Roy commanda au porteur d'icelle de vuider promptement du Royaume, & neantmoins fist ceste responce à Boniface, par laquelle renuiant assez hardiment sur ses pretensions, il luy fist faire le premier penitence de sa temerité.

Philippe par la grace de Dieu Roy des François, à Boniface soy disant souuerain Euesque, peu ou du tout point de salut. Soit aduertie ta grande folie & esgarée temerité, qu'aux choses temporelles nous n'auons que Dieu pour superieur, & que les vacquans de quelques Eglises & Prebendes nous appartiennent de droit Royal, & que c'est à nous d'en perceuoir les fruits & nous deffendre au tranchant de l'espee contre tous ceux qui nous en voudroient empescher la possession, estimans fols & sans ceruelle ceux qui pensent autrement.

Mepris du Pape Boniface comme illegitime.

France n'a que Dieu de souuerain.

Le Roy ayant receu ces belles Lettres du Pape, fist assembler les Prelats de son Royaume en la ville de Paris, & en leur presence racompta la nouuelle façon de faire de Boniface contre luy, en ce qu'il l'auoit excommunié & mis son Royaume en proye, & dist que d'autant qu'il n'estoit point legitime Pape, il appelloit de ce fait au Siege Apostolic lors vuide de Pasteur. Puis il dist aux Prelats. *Ie vous demande Messieurs, à qui deuez vous la fidelité & obeissance, & dictes moy, à qui deuez vous hommages des Euefchez, Iurisdictions, villes, & honneurs que vous tenez ?* Tous ces Prelats d'vne commune voix respondirent qu'ils n'estoiēt sujets ny vassaux d'hommes du monde que de luy, & ne deuoient obeissance ny seruice à autre qu'à luy, pour la personne, Couronne, grandeur & Maiesté duquel ils estoient prests d'employer leurs vies, & leurs biens, comme ses tres-humbles & tres-obeissans seruiteurs & sujets.

Et certes, comme c'est vn propre droict de nos Roys d'eleuer aux charges de l'Eglise les Prelats que leurs merites y appellent, aussi a il tousjours esté requis, qu'ils leur fissent le serment de fidelité auant qu'ils peussent entrer en l'exercice de leurs charges, tant à cause de leur temporel, que d'autant que par ce grade ils deuoient estre des premiers Conseillers de leur Couronne. Ce que nous recueillons de la dispense de la Regale que Philippes Auguste accorda aux Euesques d'Arras en l'an 1203. par laquelle entre autres choses, il permist aux Doyen, Chanoines & Chapitre de pouuoir librement proceder à l'Election des futurs Euesques sans luy en deman-

Serment de fidelité fait au Roy par les Euesques

der congé, ny à ses Successeurs. *Les Chanoines de ladicte Eglise,* porte la dispense, *pourront librement elire, sans nous demander ny à nos Successeurs la permission de ce faire: mais ils nous presenteront celuy qu'ils auront éleu, apres qu'il aura esté confirmé, afin qu'il nous fasse le serment de fidelité, comme ont acoustumé faire les autres Euesques.* Et n'ont pourtant iamais entendu pour cela rien attenter sur le titre qui regarde la puissance spirituelle. Tellement que quand ie voy la longue contestation qu'ont eu les Papes auec toute opiniatreté contre les Empereurs d'Allemagne, pour les Inuestitures des Eueschez, voire iusques à en venir aux mains au grand scandale de toute la Chrestienté, & qu'ils n'ont pas fait grande instance contre nos Roys pour le serment de fidelité par eux requis: ie prens ayfement croyance que ce fut d'autant qu'iceux inuestissans les Euesques auec l'anneau & le baston Pastoral, dont ils leur faisoient present, estimoient aussi conferer le titre contre l'autorité du S. Siege. *Inuestiture cont stee par les Papes aux Empereurs, non à nos Roys.*

Or outre ce serment de fidelité que tous les Archeuesques & Euesques de la France doyuët, encor estoient la plus part deux, anciennement tenus de fournir à nos Roys gens de guerre, quand la necessité le requeroit. Et bien que de leur courtoisie ils les ont auec le temps deschargez de ce seruice militaire: si ne leur ont ils si aisément voulu remettre le droit de Subuention & Procuration, que nous appellons en langage François droit de Giste, qu'ils deuoient à leurs Maiestez quand ils passoient sur leurs Euesches ou Abbayes. Mais en fin apres les seruices de *Gens de guerre fournis à nos Roys par les Euesques anciës.*

Droit de Giste.

guerre, ces droits de giste ayans eu pareillement les termes que le temps ordonne aux choses qui perissent, & sont sujettes à ses Loix, l'octroy des decimes sur le Clergé prist leur place, par les louables & genereux desseins que nos Roys doyuēt à la paix & tranquilité de l'Eglise, sur laquelle ils ont puissance d'imposer, sans exaction toutefois par special priuilege que n'ont pas les autres Princes temporels, qui ne peuuent leuer telles impositions, sans le consentement, charge & octroy du Pape.

Decimes & Impositions permises aux Roys sur le Clergé.

Voyla les illustres Appanages de l'Excellence & Autorité des grans Roys de France, mais plustost les glorieux Fleurons de la Couronne souueraine, qui orne le Chef de ces premiers Princes du monde: Appanages & Fleurons de telle efficace & vertu que ny la puissance des Papes, ny le pouuoir des Conciles, ne sont capables de les abroger, comme estans fondez sur vne raison saincte & generalle qui ne peut receuoir d'alteration par le temps: raison qui ne vise qu'au repos de l'Eglise vniuerselle, à la destruction des schismes, & à la honte de l'ambition & de l'auarice meres nourrices de l'heresie & de l'erreur. C'est vne police & discipline vrayment Chrestienne, & fondee par des voyes si iustes & legitimes, qu'on y recognoist les visibles faueurs & particulieres graces de celuy qui veut affermir par l'obeissance de leurs Majestez à son seruice, & rendre hereditaire l'Estat fleurissant qu'il leur a si liberalement donné.

DE LA PIETE' DES ROYS DE FRANCE,

Et comme ils ont aymé la Deuotion sur tous les Roys & Princes Chrestiens.

DISCOVRS V.

LEs Roys de France sçachans que la Pieté & la Iustice sont les Colonnes & fondemens de leur Royaume, qui se conseruent souz la Religion ; toutes deux sœurs germaines, lesquelles ils iurent garder à leurs Sacres : ont joint les Temples de ces deux Deesses (s'il faut ainsi parler) ensemblément, comme iadis le Temple d'Honneur & de Vertu, & celuy de Castor & de Pollux, pour monstrer qu'ils les honoroiét autrement & d'vne plus respectueuse reuerence que tous les autres Roys & Princes Chrestiens. Et les ont voulu aparier & mettre en mesme lieu, pour monstrer que l'vn ne pouuoit estre sans l'autre. Car ils ont logé la Iustice en leurs Chãbres, & au milieu de leur Palais: & la Pieté & Religion en leur S. Chapelle, qui est cõme le Sanctuaire où reposent les precieuses marques de nostre Redépt.

Deuant qu'entrer en ce Temple de Iustice, l'on trouue de front le Temple de Pieté, à fin que de la Religion l'on passe à la Iustice. Car c'est vne regle vraymēt eternelle, & eternellement vraye, que nul ne fut & ne sera iamais bon Iuge, qui ne soit religieux enuers Dieu. Et c'est pourquoy i'auance icy sur les premiers rangs la Pieté de nos Roys, & luy fais preceder leur Iustice, à fin que comme on commence encore aujourd'huy en leurs Parlemens, par l'inuocation du nom de Dieu à rendre la Iustice aux parties, ma plume soit veuë faire marcher leur Deuotiō deuant l'Equité & Droiture, qui a credité & magnifié la reputation de leur Sceptre par toute l'etenduë de la Terre.

I'ay parlé de leur Religion au premier Discours de ce Liure, & monstré comme ils l'ont procuree & auancee par leurs armes, plus que tous les Monarques du monde ensemblement : Et je dresse encore cettuy-cy, pour faire voir comme ils ont aymé la Pieté, & par leur exemple graué la deuotion dans les poitrines plus impies & barbares. Ie commenceray à louer cette Royalle Vertu par la bouche d'Agathias autheur Grec, lequel dās les Liures qu'il a escrits de la guerre des Goths, nous en fait ceste belle & signalee recognoissance, *Tous les François*, dit-il, *estans paruenus en la Pouille, & en la Calabre, vsoient d'vne grande reuerence & pieté enuers les choses sacrees, comme suyuans les meilleures institutions, ainsi qu'ils estoient obseruateurs de la vraye foy*. Et le tesmoignage qu'en rend aussi l'Empereur Iustinian est notable en vne Epistre qu'il adresse à l'vn de nos Roys, &

Pieté des Roys de France recognue par es estrangers.

d'autant plus notable, qu'il fort d'vn Empereur, leur demandant main forte contre les Goths, en ces beaux termes, *C'est raison, que vous nous donniez ayde & secours en ceste guerre, puisque nous tenons les vns & les autres la commune & meilleure foy*, fortifiée des deuoirs peu communs de la vraye pieté, *& que nous haïssons également les Goths, qui signalent la mecognoissance de nostre Religion, par l'erreur Arrienne.*

Mais qu'est-il besoin de fouiller dauantage dans les memoires d'autruy, puis qu'abregeant ceste peine, nous auons les moyens de satisfaire à ce sujet, & pouuons sans partir de chez nous, nous arrester à des effets plus dignes de nostre consideration, sans que la vanité nous emporte és regions plus éloignees? *C'est vne pauureté reprochable, quand faute de cultiuer & faire profiter le sien, l'on est contraint d'emprunter d'autruy.* Et le diuin Platon ne vouloit point que le Laboureur, à qui les fontaines auec vn peu de trauail, pouuoient sourdre en son propre heritage, allast puiser de l'eau ailleurs.

Puis donc que les plumes Françoises, qui ont donné des louanges à ce diuin partage qui est escheu du Ciel à nos Roys(i'entends ceste Pieté qui fait fleurir leur Sceptre entre les Sceptres des autres Roys, ainsi que fleurit la verge d'Aron entre les verges des autres lignees) sont capables de contenter nostre curiosité: pourquoy comme si la disette nous pressoit, irions nous chercher bien loin des preuues & raisons? Depuis que Clouis eut orné la France de la Foy Chrestienne, & de tout point effacé la puissance des Romains de la Gaule, il n'y a Roys qui ayent plus reserué, non leurs forces seules ny leur sang seulement, mais leur biens & honneurs, pour les conuertir en des témoignages de Pieté & deuotion, que ceux de Lis. Comme en temps de guerre, ces genereux Princes se sont jettez à corps perdu dans les dangers pour la defense du nom Chrestien contre les Payens & infideles, & ont acquis de belles morts pour couronner leurs vies au noble sujet de la Religion. Aussi ont-ils sainctement menagé les occasions de la Paix, pour tesmoigner l'affection qu'ils auoient au seruice de Dieu, & ont liberalement ouuert leur espargne pour enrichir les Eglises de leur Royaume de tant de beaux edifices, & precieux ornemens, qui les rendent celebres sur toutes les plus celebres de la Chrestienté. Dequoy ie ne sçaurois apporter vne plus glorieuse attestation que celle qu'en a graué le Parlement de Paris sur le front de la defense qu'elle presenta au Roy Louys XI. pour les libertez de l'Eglise Gallicane contre la Cour de Rome: où entre autres articles ces deux paroissent les premiers, comme vouez & consacrez à cette Pieté du Diademe François.

Eglises enrichies et fondees par les Roys de France.

1. *Premierement donc, il est certain que la Foy Catholique, depuis qu'elle a esté plantée au Royaume de France, & principalemēt depuis Clouis premier Roy des Chrestiens, y a fleury sans aucune tache d'erreur, plus qu'en aucun autre lieu de la Chrestienté.*

Et tant par l'insigne Pieté des Roys, qui ont commandé en iceluy, que par l'affection ardāte, qu'ils ont toujours eue à l'auancement & protection de la Religion, le nom de Dieu y a esté exalté, son seruice grandement accreu &

la liberté de son Eglise defendue. Car & le zele a si ardamment bruslé, & le desir si sainctement brillé dans le cœur de nos Roys, pour la gloire de l'Estat de Dieu, qu'ils ont liberalement employé leurs thresors immenses, tant aux sumptueux bastimens des Temples sacrez, qu'aux fondations & reuenus magnifiques des Eglises. Et n'ont rendu moindres preuues de leur affection en la conseruation d'icelles: s'estans par ce moyen acquis le nom tant honorable, & le titre hereditaire de Tres-Chrestiens.

II. Il n'y a aucun Royaume en toute la Chrestienté, auquel se voient tāt, d'illustres Monasteres, ny tāt de celebres Eglises, nul où les edifices des Eglises & Monasteres soient si sumptueux, les reuenus si amples, ny la multitude des gens Ecclesiastiques, si grāde. Ce qui a tiré son origine tāt de la liberalité & magnificence des Roys & Princes, que des dons & largesses du peuple deuot & religieux. Voyla vn tesmoignage general, auquel ie veux joindre des exemples particuliers pour surhausser l'excellence de ceste vertu Royale. Et premierement de Clouis, qui ayant pris le Christianisme, non seulement comme bon fils, pour des couronnes d'espines & de martyre, dont les premiers Papes paroient leurs testes, leur en donna d'or & de pierreries: mais aussi fist bastir au nom de S. Pierre & de S. Paul l'Abbaye S. Geneuieue, qui est encores à Paris, & le grand Tēple tant renommé de Strasbourg. Aimon le Moyne racōte les offices de pieté qu'il fist aux Eglises, & particulierement à S. Martin de Tours. Et l'Histoire plus ample de sa vie luy dōne encore ceste gloire singuliere, que de son tēps le Clergé print grāde autorité, & cōmença en Frāce l'edification des Tēples, & à estre dediez à l'honneur des SS. & à estre nommez de leurs nōs

Pieté & liberalité de Clouis enuers les Temples.

Couronne d'or enuoiee à Rome par Clouis.

S. Geneuieue.

Dagobert I. ayant au commencement de son regne pacifié le trouble qui euſt peu auenir entre luy & ſon frere, s'adonna du tout à la Pieté & à la Iuſtice, qui ſont les deux premieres choſes, auſquelles vn Prince doit s'employer, par leſquelles les Roys regnent, & qui ſont les deux Colonnes d'vn Eſtat. Et ſe ſouuenant du vœu qu'il auoit fait à S. Denys, & à ſes compagnons, il les fiſt en l'annee 632. inhumer honnorablement dedans des riches cercueils, & leur baſtit le Temple S. Denis, tel qu'auiourd'huy on le void, le Chœur duquel il fiſt couurir tout d'argent fin. Il y en a qui diſent qu'il en fiſt couurir toute l'Egliſe, laquelle il decora & orna de grands & precieux ioyaux, & y miſt des Moynes qu'il dota de pluſieurs grands biens & reuenus. Et eut encore cette particuliere perfection en ſes deuotions qu'il merita par la force d'icelles, d'eſtre diuinement marqué de cicatrices, ainſi que S. François.

Ie pourrois ſuiure le fil de ce ſujet depuis ce grand Prince iuſques au dernier de ſa lignee: & bien auant en la ſeconde: Mais pour n'eſtre ennuyeux, je ſauteray de ce Roy Tres-Chreſtien & deuot au plus pieux & Catholique Prince que noſtre France ayt iamais porté, & duquel les Roys eſtrangers ont voulu faire leur patron, & former à ſes vertus le modelle de leur vie, & de leur mort : C'eſt le Roy Sainct Louys, grand ayeul & grand predeceſſeur du Roy qui eſt aujourd'huy, & tige de ſa Royale maiſon, lequel appellé à la Couronne l'an 1224. ou ſelon aucuns 26. edifia vne infinité d'Egliſes, Monaſteres, & Hoſpitaux : Dans Paris la Saincte Chappelle

Pieté de Dagobert.

Fondation de l'Egliſe S. Denys.

Egliſes baſties & enrichies par S. Louys.

pour y faire, comme il faisoit sa deuotion, & où
ceux qui luy demandoient iustice, & ceux qu'il *S. Chap-*
commettoit pour la rendre, & luy mesme le pre- *pelle.*
mier, alloient inuoquer le sainct Esprit. Et porte
l'enqueste de sa Canonisation, qu'il dépendit au
bastiment de ceste magnifique Eglise *plus de quarante mille liures tournois*, & que l'ornement des
chasses & reliques qu'il donna, valloient bien
cent milles liures: qui estoient grandes sommes
pour le temps. Comme aussi, qu'il donna tant
de bled & de rente à dix ou douze Chanoines
qui y estoient, qu'ils receuoient bien *cent liures
par chacun an*, & qu'il leur fist bastir des maisons
pour leur commodité. Il fist aussi edifier les quatre Mendians, l'Eglise de saincte Croix, les Char-
treux, les Blancs Manteaux, les Filles Dieu,
l'Hospital des Aueugles, que l'on appelle Quinze Vingts, l'Hostel Dieu, tous enrichis par luy
de grands reuenus, decorez de riches ornemens,
& annoblis de beaux & authentiques priuileges;
En l'Euesché de Beauuais l'Abbaye de Reyau-
mont, les Hostels-Dieu de Compiegne, Pontoise, Vernô, l'Abbaye Sainct Mathieu à Rouen.
Et donna en outre à sa Saincte Chappelle plu- *Reliques*
sieurs beaux & riches thresors, la Couronne *de la S.*
d'espines de nostre Seigneur, vne partie de la *Chappelle.*
vraye Croix, l'Esponge, le fer de la Lance, qui
sont les plus beaux ioyaux qui soient demourez
à nos Roys, & à la conseruation desquels ils se
doyuent autant & plus estudier, qu'à la conseruation de leur Couronne.

Les Annales d'Aquitaine disent que le Roy
Robert en l'Abbaye d'Angerac donna en don,

& pour offrande à Monsieur sainct Iean Baptiste, vne coquille de pur or pesant trente liures, auec plusieurs riches ornemens d'Eglise.

Coquille d'or donnee à S. Iean Baptiste par le Roy Robert.

Et Louys XI. eut non seulement vne singuliere deuotion enuers Monsieur S. Louys, & Monsieur sainct Charlemagne faisant descendre leurs images estans en leurs niches dans le Palais & au rang des autres Roys, pour les poser richement en la petite Chappelle où l'on dit la Messe pour Messieurs tant à cinq heures du matin & à l'entree de la Cour, qu'à dix heures à la sortie d'icelle, lesquelles images se voyent encore: Mais aussi fist principalement paroistre sa pieté à l'endroit de la mere de Dieu, à laquelle apres Dieu, il auoit grande confiance. Car il voulut que la Comté d'Artois releuast non de luy, mais de nostre Dame de Boulongne. Et la Chronique de Monstrelet dit de luy, qu'il fist de grands dons à plusieurs Eglises, & à diuers Saincts: Car il vint visiter l'image de la benoiste Vierge Marie de la Victoire pres Senlis, où il donna deux mille francs, qu'il voulut estre employez à faire des lampes d'argent deuant l'Autel de la Vierge, & aussi fist couurir d'argent la chasse de Monsieur S. Fiacre. Outre pour la grande & singuliere confidence que de tout temps il a eu à Monsieur S. Martin de Tours, voulut & ordonna estre fait vn grand Treillis d'argent tout autour de la chasse dudit S. Martin, lequel y fut fait, & pesoit de seize à dix-sept mille marcs d'argent, qui cousta auant que d'estre prest & tout assis, deux cens mille francs. Et est à sçauoir que pour finer ladicte grande quantité d'argent, à faire les ouurages dessusdits, furent ordonnez Commissaires, pour prendre & saisir toute la vaisselle d'argent qu'on pouuoit trouuer à

Chasses de S. Louys & Charlemagne en la petite Chappelle du Palais.

Treillis d'argent à S. Martin de Tours.

Paris, & autres villes, laquelle vaisselle fut payee raisonnablement, mais nonobstant ce, en fut grande quantité musssee, & ne fut plus veuë és lieux où elle auoit accoustumé de courir. Mais ce Treillis fut pris & pillé durant les troubles.

Ce qui me fait souuenir d'vne autre & sureminente marque de cette Pieté de nos grands Princes, qui auoient accoustumé de frequenter les Sepulcres des saincts, auec vne deuotion singuliere & d'y aller en pelerinage. On ne void rien de si frequent en nos Histoires Françoises, que *Charles alla à S. Denis pour louer & prier Dieu.* Et dans Nitard, *Il alla à S. Germain, pour y faire ses oraisons.* Ils en escriuent autant de Rome, *Il s'achemina à Rome, pour y faire ses prieres.* Et signamment Flodoard en la vie de Charlemagne en Latin, de S. Martin de Tours, *Delà, dit-il, s'estant coulé sur le riuage de la mer Oceane iusqu'à la ville de Rouan, il passa la riuiere de Seine, & alla à Tours pour visiter le Sepulchre de S. Martin, & y payer ses vœux.* Brief ils ne parlét que de ses pelerinages, les vns à Rome, les autres en la ville de Tours, & les autres en diuers autres lieux Saincts. De sorte qu'estant mort, dessus ses habits imperiaux on mist son manteau de Pelerin, & sa besace, laquelle il souloit porter faisant ses voyages, comme dit l'Auteur de sa vie qui est sans nom. (*Pelerinages de Charlemagne.*)

Sainct Hierosme parlant du pelerinage de Hierusalem, dit que de son temps les plus grands de la France y alloient, *Quiconque est sur les premiers rangs des Seigneurs en la Gaule, il s'achemine icy,* dit-il en l'Epistre de Paule à Marcelle. (*Pelerinages des Seigneurs Gaulois en Hierusalé.*)

Pelerinage des Roys de France à Rome.

Ces Roys & Princes se prosternoient à terre aux tombeaux des Saincts Apostres S. Pierre & S. Paul, où ils alloient en pelerinages. Car la vie de Louys le Debonnaire dit en ces termes, *Vn sainct desir se forma dans son ame, de visiter la ville de Rome, autrefois Dame & Maistresse de l'Vnivers, & se prosternant aux pieds du Prince des Apostres, & du Docteur des Gentils, leur recommander sa personne & ses enfans. Ce qu'il accomplist heureusement, & selon ses vœux.* Rigordus escriuant de Philippe Auguste dit ainsi, *Passant par Rome il visita les Sepulcres des Apostres, & delà reuint en France.* Et Suggere Abbé de S. Denys parlant de Louys le Ieune, *Il se prosterne à deux genoux comme deuant le Sepulchre de sainct Pierre.* Et dans les gestes de Philippes III. *Il vint à Rome, d'où, ayant reueremment honoré les Apostres, il passa à la ville de Viterbe.*

Autres pelerinages en diuers autres lieux Saincts.

Ils alloient aussi en diuers autres lieux Saincts, pour y payer leurs vœux, & faire les offrandes tant de leurs biens que de leurs prieres. Monstrelet parlant de Louys XI. *Le Roy se partit d'Amboise, dit-il, & alla au mont S. Michel en pelerinage.* Comme aussi ailleurs il fait mention de ses pelerinages à nostre Dame de Haut pres Bruxelles. Et en vn autre lieu, *Apres la mort du Duc de Bourgongne, le Roy se partit de Tours pour aller en pelerinage à sa deuotion, & apres s'en retourna à Chartres, à Villepreux, à Hauberuillier, à nostre Dame de Victoire, & apres à Noyon, & à Compiegne.* Et dans le Manuscrit de la vie de Monseigneur Louys de Bourbon II. & fils de Pierre, il est dit, *Qu'il fist vn pelerinage à Sainct Anthoine de Vienne, & à nostre*

Dame du Puy. Le Roy François I. alla à S. Suaire en pelerinage, comme l'addition du sufdict Monstrelet le porte. Et n'y a celuy qui n'ayt leu les pelerinages de Clouis à S. Martin de Tours, & ceux de Philippe Auguste, & autres de nos Roys en Hierusalem & au sainct Sepulchre. Et particulierement dés qu'vn Roy de France est sacré, il doit vn voyage à sainct Thierry prés de Rheims.

Il n'y a point encore de Roys, qui ayent plus honoré, ny tant deferé par religieuses submissions à ceux qui ont eu dignité ou ministere es choses sacrees, que les nostres. Submissions certes bonnes & louables, & qui ont agrandi leurs Maiestez.

Vne femme nommee Sarriette plaidant contre le Sieur de Fueilleuse Cheualier, pardeuant Monsieur S. Louys, & n'estât iugee si tost qu'elle eust voulu, luy dist comme il descendoit de sa Chambre. *Fi, fi, deusses-tu estre Roy de France? Moult mieux fust qu'vn autre fust Roy que tu. Car tu és Roy seulement des Freres Mineurs, & des Freres Prescheurs, & des Prestres, & des Clercs. Grand dommage est que tu és Roy. C'est grand merueille que tu n'és bouté hors du Royaume de France.* Luy, defendit à ses Sergens de la toucher, & respondit, ainsi que porte l'enqueste manuscrite faicte lors de sa canonisation, *Certes vous dictes voir, Ie ne suis pas digne d'estre Roy, & s'il eust pleu à nostre Seigneur, c'eust esté mieux qu'vn autre eust esté Roy que ié, & qui mieux sceust gouuerner le Royaume.* Et commanda lors à vn Chambellan qu'on luy donnast argent, & eut quarante sols. Le Seneschal de Ioinuille

S. Louys deferoit beaucoup aux Prestres & Religieux.

dit aussi de luy auec ladicte Enqueste, *qu'il portoit auec le Comte Thibaud de Champagne, & Roy de Nauarre* (car il estoit l'vn & l'autre) *la derniere chasse, estant habillé, comme vn Diacre auec sa Dalmatique*, pource que les autres Princes portoient les autres.

Mais à bon escient ROBERT, combien d'honneur portoit-il aux Prestres, & combien estimoit il sa dignité les deuoir accompagner? Il voyoit ordinairement les Escoles, & les Eglises, il prenoit place auec eux, non seulement vacquoit à prieres & oraisons parmy eux, mais aussi psalmodioit en public, & mesmes auiourd'huy l'Eglise se sert des Cantiques sacrez, lesquels il composa, & mist en lumiere. *Il fut si humble*, dit Helgand, *qu'il bailla lui mesme vn Marche-pied, pour mettre souz les pieds de l'Euesque de Langres en vn Sinode*, demanda qu'on luy fist l'honneur d'estre gardien en l'Eglise du Corps de nostre Seigneur, & des saincts Vaisseaux, qui y estoient, dont il s'acquita si bien, qu'on eust iugé que c'estoit sa propre chose, & non celle de l'Eglise. C'estoit vn Prince de rare & profonde deuotion, & Dieu mesme le luy tesmoigna par miracle, quand luy estant deuant la ville de Melun, les murailles tomberent d'elles mesmes, comme il estoit à chanter des Hymnes & Louanges en sa téte auec des Prestres.

Il se lit de plusieurs autres de ces grands Monarques en diuerses Histoires de leurs regnes, qu'ils alloient chanter au cœur entre les gens d'Eglise durant le seruice diuin, comme le Roy Henry II. de bonne memoire, que durant la Messe

Robert soit affectionné aux gens d'Eglise.

Deuotion grande du Roy Robert.

Miracle fait en sa faueur deuant Melü.

Pieté d'Henry II.

Messe quittoit son Siege, & s'en alloit tenir sa partie au Leutrin entre ses Musiciens, comme celuy qui sçauoit fort bien la Musique. Et dit Tegan en la vie de Charles le Grand pour marque de sa grande pieté, *qu'il auoit vne affection trespieuse au seruice diuin, & vn Zele si ardent à l'exaltation de la saincte Eglise, qu'on le le louoit & magnifioit on publiquement non comme Roy, mais comme Prestre.*

Zele de Charlemagne au seruice diuin.

Mais cette Pieté de ces grands Roys, grands Roys en credit, en valleur & en fortune, ne s'est veuë bornee du seruice de l'Eglise, & de l'honneur de ses Ministres, ains a espandu son odeur sur leurs personnes mesmes, & sur les membres de Dieu, qui sont les pauures.

Ce qu'on leur a veu principalement pratiquer au Printeps, qu'ils employoient à ieusner la quarantaine, & ouyr les predications & prier Dieu, & à visiter les prisonniers, & faire plusieurs œuures pieuses, comme estant le quart de l'annee qu'ils donnoient à Dieu, pour leurs ames, ne vacquans pas mesme à autre chose, si non que la necessité y fust grande.

C'est chose assez notoire qu'ils ne se brouilloient lors d'affaires, & qu'ils donnoient toutes leurs actions au seruice de Dieu, & à leur salut és grãdes villes pour dõner exẽple à leurs sujets. Les Annales d'vn Auteur incertain, parlãt de Louys le Debõnaire en l'annee 874. *Aux iours de la quarantaine,* disent elles, *il quittoit les affaires du monde pour s'occuper à prier Dieu.* Et peu apres, *Le Roy Louys alla au Monastere de Fulde la Semaine de Pasque pour s'employer à l'oraison.* Le mesme Autheur en

Prieres des Roys en temps de Caresme.

l'année 878. *Le Roy demeura tout le Carefme, iufques au mois de May en la ville Royalle, appellee Saliz.* Et Helgand parlant du Roy Robert. *Voulant paffer la Saincte Quarantaine à Poiffy, il fe met en chemin auecque nous*, qui eftoit pour vacquer à l'oraifon. Il n'y a rien fi frequent en leurs Hiftoires, que ces deuotes & vrayement Royales prieres en vn temps fi fainct.

Pour le regard de leurs perfonnes, nous auons de merueilleux contes de leurs frugalitez & aufteritez, au tour d'icelles: Frugalitez qu'ils ont apportees à leurs repas: & aufteritez que la rigueur de leur dextre a exercées fur leurs chairs delicates.

Ieufnes des Roys de France.

Tegan parlant de la fin de Louys le Debonnaire, *Auec l'offrande de fa Confeffion*, dit-il, *il prefentoit le facrifice d'vn efprit contrit, & d'vn cœur humilié, que Dieu n'a point à mefpris. Car pendant la Quarātaine il fe paiffoit du facré Corps de noftre Seigneur, beniffant inceffamment la Iuftice de Dieu, & difant; Tu és iufte, Seigneur, & pource que ie n'ay paffé le Carefme en ieufnes, du moins employray-je par contrainte ce mefme efpace de temps à jeufner.* Il recognoiffoit eftre obligé à jeufner, & pource qu'il ne l'auoit pas fait en fanté, il le faifoit en vn autre temps, & par maladie. Et certainement il ne le pouuoit ignorer, luy qui eftoit fçauant aux chofes Ecclefiaftiques, & qui fçauoit les Chapitres de fon pere, qu'il auoit tous recueillis des Conciles & en faifoit fes loix de France. C'eft donc la verité qu'ils ieufnoient, s'ils n'eftoient occupez de maladie. Car le mefme Auteur parlant du mefme Prince, dit, *Il commença le ieufne de la Quarantaine auec fa femme & fon fils Charles; luy qui auoit acon-*

stumé de solenniser tout ce temps en Chants & Pſalmes diuins, en aſsiduité d'oraiſons, celebrations de Meſſes & en aumoſnes & largeſſes, auec vne tres-ſaincte deuotion, de ſorte qu'il ne s'entremeſloit aucun iour d'affaires ſeculieres, fors vn ou deux qu'il employoit à l'exercice du corps.

Dans l'enqueſte de Monſieur S. Louys, il ſe void qu'il donna congé à vn ſien vallet de Chambre pour n'auoir ieuſné vn ieuſne commandé. Par où que peut-on penſer que fiſt le Maiſtre, ſinon de ieuſner tous les ieuſnes commandez, puis qu'il s'en indignoit tant contre ſon ſeruiteur?

Philippes ſon fils aiſné, dit l'Hiſtorien, *dompta tellement ſon corps par ieuſnes, le matta par vne ſi eſmerueillable abſtinence de viandes, & garda vne frugalité ſi eſcharce iuſques à ſa mort, qu'on le pouuoit pluſtoſt nommer Moyne, que Soldat ou Roy.* Et ſi aux ieuſnes volontaires il eſtoit tel, que faiſoit il en Careſme & aux ieuſnes commandez?

Philippe Auguſte non content de ces ieuſnes de l'Egliſe, s'en faiſoit auſſi de nouueaux, & en la Prophetie qu'on fiſt de luy, il y auoit: *Ce petit Lyon viſitera la retraite de ſon pere, ſeruira Dieu ſainctement, renouuellera les ioyes de ſon peuple, & augmentera les ieuſnes tenus en l'Egliſe, de cinq iours nouueaux.* Car cinq iours deuant les Cendres il commençoit ſon Careſme, & ne ſe debordoit au Carneual, ny aux maſques & balets de Careſme-prenant.

Mais principalement la Semaine ſaincte que nos vieux François appelloient *la Semaine peneuſe*, leur plus commun ieuſne eſtoit de ne manger que le Soleil ne fuſt couché, & ce qu'ils mangeoient n'estoit que choses seches & arides: mesme il y en a eu qui passoient le Vendredy Sainct, & le Samedy veille de Pasque sans rien manger, & qui ne rompoient leur jeusne sinon, *apres le Chant nocturne du Cocq, le iour de Pasques, & le Soleil estant leué.*

Et est à croire que cette Quarantaine ils ne portoient point d'espee, estant vn temps dedié à la penitence, ce qui leur estoit, & aux nobles, en autre temps inacoustumé, mais accoustumé toutefois en ce temps de penitence. Comme on void encore tous les ans de grands Princes ne porter espee le Vendredy Sainct, & faire leurs deuotions à pied en la ville de Paris, mesme le Roy Henry II. souloit auec toute sa Cour visiter à pied, & sans espee toutes les Eglises, qui n'estoit pas vn petit voyage.

Espees deposees en Caresme allant visiter les lieux saincts.

Voylà des frugalitez esmerueillables, pour de si puissans Roys, & ausquelles ie veux joindre des austeritez non moins dignes d'estonnement en ces mesmes Monarques.

Nous apprenons par tesmoin tres-digne de foy, que le Roy S. Louys porta la Here, iusques à ce que pour sa vieillesse, só Cófesseur l'en dispésa, & que tous les Vendredis il se faisoit battre les espaules par son Prestre, de cinq chaisnettes de fer, que pour cet effet on portoit emmy ses besongnes de nuit. Ce Prince estoit si deuot, à ce que nous apprenons par l'enqueste de sa canonisation, qu'il alloit pieds nuds chacun Vendredy : mais pour n'estre apperceu en cest estat, il auoit des chausses ayans vn auant pied, qui couuroit le soulier, comme celles des Corde-

Austeritez grandes de S. Louys.

liers. Tous les matins, il difoit fes heures de noſtre Dame dans le lict, & les Dimanches & Feſtes il alloit à Matines, & donnoit deuant que de ſe coucher à ſes ſeruiteurs quelque peu de bougie, leur enjoignant de ne le laiſſer dormir, ſi non tant que la bougie dureroit.

Long temps deuant luy ſainct Cloud enfant d'vn de nos Roys auoit quitté les delices de la Royauté pour eſpouſer la rigueur monachale, & renonçant au monde pour auoir part en l'heritage celeſte, auoit pris le Froc, au lieu qu'on appelle aujourd'huy de ſon nom. Et du depuis vn grand nombre d'autres Princes de ce noble ſang Royal ſe ſont veux exercer d'autres grandes auſteritez autour de leurs perſonnes.

Guillaume dernier Duc de Guyenne, pere de ceſte Alienor, qui tranſmit ce Duché aux maiſons de France & d'Angleterre, porta les dix ou douze derniers ans de ſa vie, continuellement vn corps de cuiraſſe ſouz vn habit de Religieux, par penitence. Foulques Comte d'Anjou alla iuſques en Ieruſalem, pour là ſe faire fouetter à deux de ſes valets, la corde au col, deuant le Sepulcre de noſtre Seigneur. Et a t'on n'a pas long tếps veu tous les jours du Védredy S. en quelques lieux de ce Royaume, de grans Seigneurs ſe battre iuſques à ſa dechirer la chair & percer iuſques aux os. *Auſterités de Guillaume Duc de Guyenne & de Foulques d'Anjou.*

Quant aux priſonniers & neceſſiteux, les Roys de France ont paru anciennement les plus charitables Princes en leur endroit, qui ayent iamais eſté au monde; & de toutes les maximes de leur Eſtat, ils ont principalement faict eſtat de celle des Hebrieux, & l'ont tenue pour la plus veritable, que la seule conseruation des biens gist és aumosnes, lesquelles ils taxoiēt à la dixiesme partie du reuenu de chacun, pour l'employer enuers les Ministres de l'Eglise, & les pauures.

Ie diray premierement pour la remarque d'vne solennité, qui s'obserue encore aujourd'huy, qu'ils ne failloient de visiter les prisonniers, à Pasques principallement & aux Festes solennelles, & quelquefois les remettre en liberté, Ainsi le tesmoigne l'addition de Monstrelet en ces termes. *Apres toutes ces choses ainsi faictes & ordonnées, le Roy s'en vint à nostre Dame, illec aornée, & puis aprés s'en tira à Paris, où il ne seiourna guieres, & y estoit retourné de la Feste S. Denis, à la reuerence duquel sainct il deliura tous les prisonniers estans en ses prisons du Chastelet de Paris, & puis s'en alla à Tours & à Amboise.* Et s'ils n'estoient en la ville ils enuoyoient leurs Commissions aux Iuges pour ce faire. C'est pourquoy la Cour aux quatre bonnes festes, ne faut point encore de descēdre à la Cōciergerie, & s'en aller au Chastelet, & souuerainement vuider les causes des prisonniers, admonestant les geoliers de leur donner eau & paille fresche, & les tenir nets, pour ce que la prison n'est pas vn supplice, ny vne peine, mais seulement vne asseurance qu'on veut auoir de la personne des prisonniers.

Est-il possible de voir vn Roy plus charitable & plus grand aumosnier, qu'estoit Robert, fils de Hugue Capet, qui monstra le premier à ses sujets & Successeurs, exemple de Charité? *Car tous les iours*, dit Helgand *il nourrissoit mille pauures, leur*

Robert Roy de France grand aumosnier.

faisant donner non seulement *pain & vin abondamment*, mais aussi leur fournissant de cheuaux & montures pour suiure sa Cour afin de le benir, & prier Dieu pour sa Maiesté; laquelle par ce moyé prospera tellement, qu'il ne se trouue Roy, lequel ayt plus long temps regné, & auec plus grande paix & vnion que luy: son Royaume florissoit, il estoit grand, & à nul autre comparable à cause de ses prosperitez. Le mesme Helgand dit encore que le Ieudy sainct il seruoit enuiró trois cens pauures de sa propre main, & le genouil en terre leur distribuoit des herbes, du poisson, du vin, & du pain, & à chacun de l'argent, & leur lauoit les pieds. Ce que les Roys de France font encore à present tous les ans le mesme iour du Ieudy sainct.

Pauures seruis par nos Roys le Ieudy S.

La charité de Louys XI. est aussi fort recommendable, lequel outre qu'il a fondé & doté vingt-huict Corps & Colleges en son Royaume, auoit encore ordinairement à sa suite six vingts pauures, & en Caresme douzevingts, les nourrissant des viandes de sa table. Par ce moyen il regna 44. ans, laissa neuf enfans legitimes, & vescut en grand' honneur, redouté de ses ennemis, reueré de ses amis, & adoré de ses sujets, & laissa à son Successeur le Royaume riche & florissant, auquel il recommanda principalement la deuotion enuers Dieu, & la charité enuers les pauures, comme vrays moyens par lesquels vn debonnaire Prince peut longuement regner, & conseruer son Estat & les felicitez de sa grandeur.

Louys XI. fort charitable.

Mais afin que je termine ce Discours par où je

O iiij

l'ay commencé, ie veux encore sommairement repasser sur les actions plus deuotes de ces glorieux Monarques, & faire comme vne monstre particuliere du zele ardent qui les a toujours enflammez au seruice de Dieu, & de son Estat, qui est l'Eglise, & de la Pieté toute autre que celle des autres Princes, par laquelle ils ont monté au supreme degré de faueur & de felicité mondaine, que ce souuerain Seigneur leur a faicte, & se sont acquis vne telle reputation dans les cœurs des hommes, qu'on ne peut croire qu'ils ayent presque iamais rien entrepris, dont ils n'ayent esté comme asseurez de venir à bout.

Pieté de Clouis.

Clouis estant encore Payen, portoit vn tel respect & reuerence aux Eglises des Chrestiens, qu'il ne vouloit mesme permettre que ses soldats estendissent la main sur les richesses & thresors immenses qui estoient en icelles. Ainsi *apres auoir défait Siagrius*, dit l'Histoire de sa vie, *il ruina la ville de Soissons, & venant à celle de Rheims, voisine de Soissons, n'y voulut faire aucun mal*, Toutefois ses soldats insolens (comme la guerre est la foire de tous vices, & que l'insolence & la licence y tiennent leur boutique) & dauantage Payens, pilloient les thresors des Eglises, par où ils passoient, non au sçeu de Clouis, lequel bien qu'il fust Payen, ne vouloit permettre le pillage des Eglises. Entre autres Eglises, celle de

Calice pillé par vn soldat au sac de l'Eglise de Rheims.

Rheims fust pillee, & au sac d'icelle vn soldat François se saisit d'vn Calice de grande & inestimable valeur. Remy Euesque de Rheims, homme de saincte vie, extrememēt marry de ces insolēces, enuoya vers Clouis des Prestres, pour le supplier de faire rendre ce Calice. Clouis irrité de ce larcin, assembla son conseil, par l'aduis duquel il fut arresté qu'il seroit rédu. Mais le soldat ayant refusé de ce faire, le cassa d'vn coup de pique. Dequoy le Roy fut tãt indigné, qu'vn iour que ce soldat ne pensoit plus qu'il se souuint de l'offense, il degaina son cimeterre, & luy en dóna si grãd coup sur la teste, ainsi qu'il ramassoit sa pique tõbee de ses mains, qu'il le coucha mort par terre, punissant en téps & lieu ce Sacrilege presomptueux & temeraire. Respect & reuerencé, *Clouis tua vn soldat Sacrilege.* qui luy fut depuis vne route glissante vers le Christianisme, auquel que peut on péser qu'il fist sinõ qu'il ayma parfaictemét Dieu, auteur de son estre, obiet de sa beatitude, & souuerain bié de son ame: & tint pour ennemis mortels tous ceux qui portoiét les armes à la guerre de ses SS. Téples & de son seruice. Ayãt pris le baptesme, gregoire de Tours tesmoigne, qu'il en fut baptisé plus de trois mille, tant des premiers de sa Noblesse que d'autres: Aymon le Moyne parlãt de luy, & de Rhanacaire son parent, dit *qu'il le haïssoit à cause de la corruption de ses mœurs, encore qu'il luy fust conjoint d'vn estroit lien de consanguinité*: Et l'Histoire de sa vie racontant ses offices de pieté enuers les Eglises, dit qu'entre autres dons & offrãdes qu'il fist à S. Martin, il luy fist present du Coursier sur lequel il estoit mõté en ses batailles, & victoires. *François baptisez auec Clouis.*

Childebert son fils suiuãt ce zele alla retirer sa sœur Clotilde des mains d'Almaric son mary, qui auoit les yeux couuerts des voiles de l'erreur Arriéne, qui l'empeschant de voir clair en la Religion, & de discerner le bié d'auec le mal, qu'il prenoit l'vn pour l'autre, luy faisoiét si mal traiter son Espouse, qui n'estoit pas heretique cõme luy, *Clotilde sœur de Childebert mal traitée de son mary Arriẽ.*

que quand elle alloit à l'Eglise, ou autres lieux saincts, ses sujets luy jettoient des pierres & de la fange, & luy dressoient mille ignominieux preparatifs de paroles, pour la receuoir sur la porte de ses deuotions. Gregoire de Tours dit que Childebert y alla seul de ses freres, & qu'il passa auec vne gaillarde armee, iusques au fonds des Espagnes, où il luy donna la charge si à propos, que s'il ne peut renuerser ses forces à terre, il ne remporta pas moins de gloire de les auoir attaquees.

Cloud ren-du Moyne à S. Cloud. Ie pourrois suiure ce fil du premier, iusques au dernier de ceste lignee, n'estoit que ie craindrois d'estre ennuyeux, & notamment de Monsieur sainct Cloud, lequel foulant aux pieds la pourpre Royale, & faisant litiere des pompes & grandeurs du monde, se fist Moyne prés de Paris: où il signala sa saincteté par vn monde de beaux miracles.

Pieté de Charle-magne. En la seconde lignee qui est de Charles le Grand, sa pieté se remarque en ces termes que dit celuy qui a fait les Gestes de Charles le Chauue, petit fils de ce grand Charles, lequel apres auoir releué toutes les Eglises, eut tousiours vn desir singulier de remettre l'Eglise Romaine en son premier Estat & dignité. Cause qu'il luy fist de grands honneurs & l'enrichit de grandes liberalitez, tellement qu'il luy rendit des villes qu'elle auoit autrefois perdues, & luy en donna encore de celles de son Royaume vne bonne partie. Mais tout ce qui s'en est dit est peu au prix de ce qui se peut representer qu'il a faict pour l'auancement de sa religion. Car ayant trouué l'Estat de la Religion tant depraué d'erreurs, il y restablit les sainctes Lettres,

& l'embellit d'vne science diuine & humaine, en purgea les erreurs, le remplit de bonne doctrine, & en bien peu de temps, fist tant par l'industrie de sa pieté, que le monde sembloit tout nouueau, orné de si grands luminaires. Pieté chere amie de son contentement, & qui ne luy faisoit estimer les richesses, les grandeurs, l'or, les pierreries, & tout ce qu'icy bas apaste les mortels par sa vaine beauté, & qui par sa splendeur esblouit bien souuent la veuë des plus clairs voyans, que pour la pieté mesme, & pour le seruice de celuy qui en est le premier Autheur. Pieté di-je que Nitard fortifie encore de ceste belle recognoissance. Charles Empereur, dit-il, que toutes les nations honorent à iuste titre du nom de Grand, conuertit les Saxons auec beaucoup de peine & de trauail, à la vraye & Chrestienne Religion, & leur fist quiter le vain & faux seruice qu'ils rendoient aux Idoles, ainsi qu'il est notoire à tous les peuples de l'Europe.

Quant à Louys le Debonnaire, voicy comme son pere luy recommanda l'Eglise, & comme apres la promesse de ce faire il le mist en possession de sa Couronne. Charles alla à l'Eglise, de laquelle il auoit jetté les premiers fondemens, & monta deuant l'Autel qui paroissoit esleué sur les autres Autels, & qui estoit consacré à l'honneur de nostre Seigneur Iesus-Christ : sur lequel il fist mettre vne autre Couronne d'or que celle qu'il portoit sur son chef. Apres qu'ils eurent longuement prié luy & son fils, il parla à son fils, en la presence de tous les Prelats & Seigneurs de sa Cour, & l'admonesta premierement d'aymer & respecter le grand Dieu tout-puissant, de garder ses saincts preceptes, gouuerner les Eglises de Dieu, & les defendre

Eglise recomandee à Louys le Debonnaire par son pere

de la tyrannie des méchans. Il luy recommanda puis apres qu'il fist perpetuellement luire les traits de sa douceur & misericorde, sur ses sœurs & freres moindres d'age, sur ses neueux, & sur tous ses parens : qu'il honorast les Prestres comme ses peres, aymast son peuple ainsi que ses enfans, & contraignist les superbes & mechans de se fermer en la voye de leur salut : qu'il fust le consolateur des Monasteres, & des pauures : qu'il éleuast aux charges de l'Eglise des Ministres fidelles & craignans Dieu, aupres desquels les presens & dons iniustes n'eussent point de credit : qu'il ne depouillast aucun de ses dignitez indiscretement & sans cause, & parust toujours irreprehensible deuant Dieu & tout son peuple. Apres qu'il eut frapé l'oreille de son fils de ces belles paroles, & plusieurs autres, deuant toute l'assistance, l'interrogeant s'il voudroit obeir à ses preceptes, il respondit qu'il y obeiroit librement & de tout son cœur, & que moyennant l'ayde de Dieu, il accompliroit tout ce qu'il luy auoit recommandé. Alors son pere luy commanda qu'il leuast de ses propres mains la Couronne qui estoit sur l'Autel, & la mist sur son chef en memoire de tous ses preceptes. Ce qu'il fist auec vne grande allegresse : & apres auoir entendu la Messe, ils s'en retournerent au Palais. Pour executer laquelle promesse le mesme Roy admonnestoit son fils Lothaire Roy d'Italie, qu'il se souuint, que quand il luy auoit donné le Royaume d'Italie, il luy auoit aussi commis le soin & la protection de la saincte Eglise.

Pieté du Roy Robert.

Le Roy Robert ne voulut iamais, & le contesta contre Lothaire Archeuesque de Sens, que l'on iurast sur le Corps de nostre Seigneur, pour la reuerence qu'il portoit à ceste manne celeste, vray pain des Anges & des hommes. Aussi auoit-il esté nourry & enseigné par Gerbert Archeuesque de Rheims, qui depuis fut Pape, souz le nom de Clement II. Et dit cecy de luy Glaber Rodolphus, qui confirme encore sa pieté. *Le Roy Robert estoit si prudent, & docte, si doux en son parler, & si signalé en pieté, que par la preuoyance de la Misericorde diuine, le souuerain Seigneur de toutes choses, auoit mis à part cet homme pour seruir principalement en cette saison la, de defense & de rempart au peuple Catholique. Car du temps de son regne, s'éleuerent de grandes tempestes contre l'Eglise Chrestienne, qui eussent longuement troublé le calme de son seruice, si ce Roy secondé des faueurs du Ciel, n'eust sagement faict barriere à leur violence.* Voilà de belles louanges pour ces religieux Roys des Lis, & qui sont plus religieusement Roys que tous les Roys du monde: ausquelles je joindray encores celles-cy.

L'Abbé Suggere escrit en la vie de Louys le Ieune, *Louys dés l'aage d'adolescence illustre & genereux protecteur du Royaume de son pere, procuroit le bien & le profit des Eglises.* Ce Prince passa en Leuant contre les Infideles, afin d'arborer l'estendard de la Foy Chrestienne iusques dans les forteresses & Chasteaux d'Orient, dont l'impieté l'auoit dechassee. Et en son Royaume, il n'y eut personne des Grands qui s'estoient remplis des commoditez de l'Eglise, à qui il ne fist rendre gorge, ayant faict condamner les vns en iugement, & aux Parlemens que tenoit son pere, & pris luy-mesme les armes, afin de degager les richesses sacrées que les autres vsurpoient par tyrannie, & empescher qu'ils ne les tinssent plus auant.

Pieté de Louys VII.

Aussi Dieu l'ayma si singulierement que son desir naturel luy ayant fait requerir vn fils par ses prieres, il l'obtint aussi tost & fut Philippe Auguste, appellé à cette occasion Dieu-donné, pour la direction duquel, afin qu'il gouuernast bien l'Estat, & le peuple à luy commis, il s'habilla en pelerin, & fist vn voyage au Sepulcre de Monsieur sainct Thomas de Cantorbi. Ce que nous apprenons du Liure premier de la Philippide de Brito, où parlant de Louys VII. & comme il laissa sa Couronne à son fils, il couche de ces termes. *Quatre ans s'estans escoulez deuant ce iour-là, son pere porté d'vn esprit deuot s'achemina en habit de pelerin, & alla visiter l'Eglise, où reposent les os de Thomas Martyr, à fin de presenter ses prieres à ce sainct homme, dont les vertus rendent par tout le monde vne si bonne odeur de l'ardent zele, qui luy fist patiemment souffrir la mort pour le nom de son Dieu. Ce pieux & deuot Monarque prosterné deuant le Sepulchre du Martyr, fist entendre ces voix entr'autres baignees d'vn fleuue de larmes qui couloit de ses yeux. Ie commets, ô sainct Pere, mon fils en ta protection: conserue-le, fauorise ses entreprises, sois les premier conseruateur de ses droits. Ie te recommande seulement ce seul enfant, fais luire, ô bon Pere, vn amour & soin de vray Pere, sur celuy, que la diuine Clemence a liberalement donné à son seruiteur vieil & caduc par les merites & vœux des saincts hommes, & par les tiens.*

Et de la Pieté de ce Philippe Auguste, pour lequel il auoit tant faict de Prieres, & qu'il auoit de son viuant faict couronner en la presence de Henry Roy d'Angleterre, qui à son sacre portoit sa Courõne. Voicy les panegyriques & louanges que Rigordus en dresse, traitant de son institution. Dés le bas-age, il eut la crainte de Dieu pour Pedagogue, pour ce que le commencement de Sapience c'est la crainte de Dieu, & demandoit humblement à Dieu en ses prieres ordinaires, qu'il guidast ses pas, & toutes ses actions. Il ayma la Iustice comme sa propre mere, exalta la Misericorde en plein Iugemẽt, ne permist iamais qu'on trainast impudemment la verité dans les prisons du mensonge, & honora sa maison de la continence coniugale sur tous les Roys de la terre. De sorte que d'autant que ce Prince auoit signalé ses premiers ans en l'exercice de ces belles vertus: il auint de là par la progrés du temps que comme il respectoit & reueroit Dieu, aussi voulutil que le mesme fut obserué de tous ceux qui suyuoient sa Cour. Et ce qui est plus esmerueillable, il eut en si grande horreur les iuremens enormes, dont les ioueurs & brelandiers auoient coustume de souiller leur ame, que quand de fortune vn soldat ou autre iouant en la presence du Roy, blasphemoit, il estoit aussi tost plõgé dans vne riuiere, ou dans quelque lac par le commandement de sa Maiesté. Et enioignit que cest Edit fust tres-etroitement obserué à l'aduenir. Prince deuot à la verité, & qui acheua toutes ses actions, autant vertueusement qu'il les auoit commencees: Car la main du Seigneur estoit auecque luy. *Supplice contre les Iureurs.*

Celuy qui a escrit *Des Gistes de Louys VIII.* dit de luy; *Homme vrayment Catholique, & d'vne saincteté si merueilleuse en tous les iours de sa vie, qu'il ne mist pas mesme vne petite tache en la gloire de son ame pure & nette.* *Pieté de Louys VIII.*

Il y a vne Tombe en la Chappelle de Bourbon aux Iacobins à Paris qui porte ceste inscription, *Cy gisent les entrailles du Roy Philippe le vray Catholique*, inscription laquelle grauée dans le marbre ne sert pas seulement à releuer sa pieté glorieuse, & empescher qu'elle ne descende quāt & luy dans le tombeau, mais encor à enflammer les grands Princes qui la lisent, à la deuotion, par vne honnorable ialousie de sa reputation.

Monsieur S. Louys a esté si religieux, qu'il a esté canonisé. De sorte que cela suffiroit pour monstrer comme il a aymé la Pieté, quand la Pieté l'a tant aymé. Mais ie veux dire que celuy qui a escrit sa vie, parlant de la Deuotion, de la Iustice, & de la Sapience qui estoit en luy, il adiouste, *Pendant que ces trois vertus seront pratiquees en la France conjointes & estraintes ensemble d'vn tresfort & tres-estroit lien, le Royaume sera asseuré de sa duree*. L'enqueste de sa Canonisation porte qu'estant arriué à Thunes, *Il enjoignit à Maistre Pierre de Condé, qu'il n'oubliast le Ban de nostre Seigneur Iesus-Christ, & de son Sergent Louys Roy de France*, c'est à dire, *de son seruiteur*. Car nos anciens en leur Latin employoient le mot de *Seruiens*, pour signifier celuy de *Sergent*. Il souloit dire *que le plus grand honneur qu'il eut iamais estoit d'auoir esté baptisé & mis au rolle des Chrestiens*. Et de fait, quand il vsoit de ses hauts & authentiques Titres, & de ses plus insignes qualitez, il s'appelloit, *Louys de Poissi*, pour ce qu'il auoit esté baptisé à Poissi. Il auoit vne mere autant excellente femme en religion & en pieté, qu'elle estoit insigne en beauté de visage. Ceste Princesse nommee Blanche (& dont toutes les Roynes venues depuis, apres le deceds de leurs maris, voulurent estre

Pieté & deuotion de S. Louys.

Blanche mere de S. Louys.

de la France, Liure I. 225

estre nommees Roynes Blanches par vne honorable memoire tiree de la prudence & sagesse de ce Soleil, qui resplendissoit de mille vertus) cette deuote Princesse di-je, eut du Roy Louys VIII. son mary qui luy garda vne foy inuiolable, de grands & d'insignes Princes, lesquels elle fist si religieusement nourrir, que la terre les a tous aymez & esmerueillez. Mais entre les autres, elle disoit au Roys son fils, *Messire Louys, ie vous ayme sur toutes creatures, mais i'aymerois mieux vous voir mourir soudain & deuant mes yeux, que de vous voir offenser Dieu mortellement.* Et luy mesme dist vn iour au Seneschal de Ioinuille, *qu'il aymeroit mieux estre meseau,* (c'est à dire ladre, ou lepreux,) *que d'offenser Dieu mortellement.* Allant à la Terre Saincte, il ne voulut iamais leuer aucuns deniers sur son Clergé, bien qu'il en eust le pouuoir ainsi que tous Roys de France, ains volontairement ils luy donnerent vne Decime. Il enuoyoit à ses enfans, & particulierement à la Royne de Nauarre sa fille, des haires, & des boistes d'yuoire, où il y auoit des chaisnes de fer, dont ils se disciplinoient, & luy-mesme exerçoit pareilles rigueurs sur son corps, ainsi que i'ay dit cy deuant. Il osta le Gage de Bataille, qui estoit vn combat de seul à seul en champ clos: à fin d'empescher la perte des ames. Et fit dresser en Paris des Eschelles par les quarrefours, & en toutes bonnes villes, où il faisoit mettre & attacher les blasphemateurs, & puis auec des brouailles de bestes & crachemens, les y faisoit vergoigner. Dequoy les marques restent encore à Paris tant en l'Echelle du Temple que de Sainct Martin, comme

Eschelles dressees dãs Paris pour punir les blasphemateurs.

P

des tesmoins visibles de l'ancienne pieté de ce religieux Prince.

Pieté de Charles V. Charles V. à ce que dit Monsieur des Vrsins, auoit grande esperance en Dieu, *& en Monsieur Sainct Denis.* Et pour la reuerence de l'Eglise il ayda Henry, contre Pierre son frere Roy de Castille, pource qu'il ne vouloit obeyr au sainct Siege.

Pieté de Charles VI. Charles VI. passa deuant deux Notaires vn Acte, par lequel il protestoit de vouloir viure & mourir en l'Eglise Catholique, Apostolique, & Romaine. Ce qu'il fist à cause qu'vn Doyen de Rheims nommé Filiastre, homme de bien toutefois, & pourueu de grādes Lettres selon le temps auoit lors fait vn Sermon, reprenant l'action de ce Prince, qui auoit commandé aux deux Antipapes & singulierement à Pierre de la Lune, autremēt dit Benoist XIII. qu'ils eussent à se demettre de leur autorité au Concile, pour y estre pourueu de celuy que ledit Concile éliroit. Le mesme Roy, ayant ouy de l'Ambassadeur du Roy d'Armenie, comme le Turc l'auoit chassé de son Estat. *Quand nous pourrons,* dist-il, au rapport de Froissard, *nous le conforterons de gens d'armes, & de voyage, & luy ordonnerons à recouurer son heritage. Nous en auons bonne volonté : car nous sommes tenus d'exaucer la Foy Chrestienne.* Ce mesme Autheur parlāt du Schisme de l'Eglise souz Benoist XIII. dit Pierre de la Lune, *L'opinion commune du Royaume de France estoit,* dit-il, *que iamais il n'auroit parfaiéte santé iusques à ce que l'Eglise fust en autre estat, & luy donna-on à entendre que le Roy Charles son pere, de bonne memoire, au lict de la mort en auoit chargé son*

Conseil, & en tenoit sa conscience moult chargee. Et le Pape Nicolas l'ayant requis de faire paix aux Anglois, il respondit, *Qu'il estoit prest d'y entendre en toutes bonnes voyes, & qu'il estoit prest d'obtemperer à toutes raisons, & de soy employer sur lesdits mescreans, en ce qu'il luy seroit possible, & d'employer grandes finances pour repousser les Sarrasins.*

Charles VII. fut si pieux, & si reuerend enuers l'Eglise, que comme le Pape Pie II. autremêt dit Eneas Siluius luy eust escrit vne lettre vn peu dure, il la leut & y respondit fort modestement & sagement, sçachant bien qu'il estoit fils de l'Eglise, voire fils aisné, & que l'humilité qu'il luy donnoit, il la donnoit à Dieu. Sa pieté se recognoist encore en ce que se leuant la nuict & faisant ses prieres, il demandoit à Dieu, *que s'il estoit vrai Roy de France, il lui pleust l'establir, & le confirmer: s'il ne l'estoit, il lui donnast patience.* Et à la verité Dieu l'establit & le confirma par des visibles tesmoignages de sa diuine prouidence, voire chassa tous ses ennemis loing de son iuste heritage, & luy en ayant donné longue iouissance, il le laissa paisible & florissant à son fils, ainsi que la Pucelle luy auoit dict en secret, luy reuelant beaucoup de choses qui n'estoient cogñues que de luy seul en terre, & de Dieu là hault au Ciel.

Pieté de Charles VII.

Quant à Louys XI. sa Pieté & sa deuotion parut aussi en toutes ses actions Royalles, & signamment en ce que par Ordonnance expresse il introduisit ce son de Cloche extraordinaire à Midy, auquel les bonnes & sainctes gens se ramentoiuent à Dieu par vne *Patenostre* &

Pieté de Louys XI. Son de cloche à Midy pourquoy institué.

P ij

Aue Maria: afin que pour auoir la Paix, mere nourrice de cette Pieté, le peuple par cest aduertissement addressast la Salutation Angelique à la Vierge Marie, en laquelle il auoit grande confiance.

Le Roy Charles VIII. passé en Italie, y laissa les marques de sa Pieté, & de ses victoires. Et depuis luy Louys XII. qui digera fort sagement la rupture des Traitez faits auec luy, qui n'apporterent que honte & vergongne à ceux qui les rompirent, & à luy vn argument de faire paroistre la grandeur de son courage auec vne humble Pieté toujours compagne des Roys de France.

Durant les regnes de François I. Henry II. François II. & Charles XI. cette Pieté a espandu de semblables odeurs par toute la France.

Henry III. poussé de la mesme deuotion qu'il auoit commune auec ses Predecesseurs, institua l'an 1579. & celebra premierement l'ordre & Milice du S. Esprit. Souz luy fut establi en plusieurs lieux en France l'Ordre & Confrairie des Penitens, pour la pieté : & la compagnie qui en fut instituee à Paris estoit de grans Seigneurs, en laquelle ce Prince mesme ne dedaigna d'entrer comme exemple de la deuotion & de la Pieté. Souz luy fut pareillemét introduit l'Ordre des Hierominites à l'auancement de la Religion Chrestienne au Bois de Vincenne.

Pieté de Henry III.

Et le contentement & le plaisir que Henry IV. l'amour du Ciel, le sacré Ciel de l'amour, l'amour & le Ciel du monde, prend encor aujourd'huy aux predications & sur tout à celles de

Pieté de nostre Roy Henry IV.

Coton Iesuiste, ou de Suarez Cordelier Portugais, remplist toute la Cour de Pieté & deuotion. On void vn grand amandement par tout, il n'y manque que de la perseuerance. Aussi est-ce vn don du Ciel, qui n'est distribué qu'à ceux qui s'en rendent dignes, & qui comme le Chien, (animal chassé des offrandes & sacrifices du Temple) ne retournent à leur vomissement. Comme il a paru en guerre Roy des Capitaines, & Capitaine des Roys, il se monstre en paix le religieux Protecteur de l'Eglise, & le pieux Auguste de nostre Rome.

Nous rapportons en plusieurs endroits diuers exemples de la Vaillāce & Clemence de ce Roy des Roys aux Discours de ce Liure: en voicy de sa pieté & deuotion. Ayant obtenu du Pape le Iubilé de l'annee saincte en l'Eglise d'Orleans, il y alla des premiers auec la Royne, pour à son exemple qui vaut vn commandement, esmouuoir sa Cour à vne œuure si saincte & salutaire, recourant à la penitence, comme à la planche apres le naufrage. La grande Eglise saincte Croix d'Orleans, qui en ses ruïnes blasme la memoire de ceux qui l'ont ruinee, de plus d'impieté, que les Payens, qui en la fureur de la guerre espargnoient les Temples, & les iugeoient inuiolables, fut rebastie. Sa Maiesté donna des moyens pour y trauailler, & posa luy mesme la premiere pierre du bastiment. Acte pieux & deuot, vrayment digne d'vn Roy Chrestien, & de la pieté & deuotion de la maison de Bourbon, de laquelle on void de si memorables remarques par toutes les Eglises de France.

Iubilé d'Orleans en l'an 1601.

S. Croix d'Orleans rebastie.

Pieté de la maison de Bourbon.

P iij

Pieté & deuotion, qui par son exemple a cōuié & connie iournellement tant de Princes & Princesses à planter des fourmillieres de saincts Ordres par toute la France: Comme entr'autres feu Monsieur de Mercure (à qui Dieu fasse paix) lequel bastit à ses despens les Monasteres des Peres Capuchins & Minimes de Nantes, comme tres-deuot aux bien-heureux Saincts François desquels il auoit receu plusieurs faueurs signalees; & nommément Madamoiselle sa fille qu'il obtint par l'intercession de sainct François d'Assise: lequel di-je, n'a pas peu obligé la Bretagne d'y auoir planté ces deux pepinieres de saincteté & pieté: Comme les grandes & religieuses Dames qui ont ces annees passees jetté les premiers fondemens des Carmelites & Capuchines de Paris; & comme encore tant d'autres pieuses personnes de l'vn & l'autre sexe, qui ouurent largement leur main, & versent en toute liberalité de leurs biens, pour l'edification de tant d'autres Eglises & Conuents, qui publient par tout le monde la grande Pieté & la Deuotion de son regne.

Capuchins & Minimes de Nantes.

Heureux regne où l'on void le Prince aymer la Pieté, donnant l'oreille à la parolle, l'esprit aux inspirations de Dieu, & tenant son cœur au milieu des delices du monde, comme vne plante genereuse qui se dresse droit au Ciel. Il faut qu'il y estende ses pensees comme ses branches, qu'il y esleue ses mouuemens comme ses fleurs, qu'il y estalle ses parolles comme ses fueilles, qu'il y produise ses bonnes œuures comme

Prince pieux comparé à vne plante genereuse.

ses fruits, que toujours regardant au Ciel, il se rende digne du Ciel. Heureux Royaume, que l'on void gouuerné de siecle en siecle par des Roys si religieux, qu'ils sont l'ame & l'œil de l'Eglise, les Soleils du Christianisme, les astres dominans à sa felicité, les fauorables ascendans de sa gloire, les images de Dieu, & les rayons eclatans de sa diuinité parmy tous les autres Roys de la terre. Heureux Roys, que la Pieté canonise, la religion sanctifie, & la deuotion asseure de la durée immortelle d'vn Empire de felicitez.

DE LA IVSTICE DES ROYS DE FRANCE,

Et comme ils l'ont touſiours renduë ſur tous les plus iuſtes Roys de la Terre.

DISCOVRS VI.

Roys tenus de rendre la Iuſtice à leurs ſuiets.

CE n'a iamais eſté, tãt que les Roys ont eſté, qu'eſtans Roys & recognus pour Roys, ils n'ayent eſté tenus de rendre Iuſtice. Les peuples doyuent l'amour & l'obeiſſance à leurs Roys : & les Roys doyuent la Iuſtice & la protection à leurs ſujets. Ce ſont debtes mutuelles, où tous deux ſont liez de mutuelles & reciproques obligations l'vn à l'autre. Mais entre tous les Roys de la terre, qui ont aymé & chery ceſte Iuſtice, & qui l'ont diſtribuee plus curieuſement, ſont eſté les Roys de France. Ce ſont eux qui ont en depoſt la Balãce, laquelle Dieu a miſe en leurs mains pour le repos des hommes. Et comme ſouloit dire le Duc de Bourgongne Iean, *C'eſt la France, qui a ſur tous Royaumes la ſouueraine execution de Iuſtice.* Iuſtice parée des beaux fleurons des Lis François, ti-

Roys de France grãs Iuſticiers ſur tous les autres.

ches & mistiques atours, pompeux & triomphás ornemens de sa gloire, qui par son integrité s'est fait aussi-tost adorer des nations estrangeres que cognoistre.

Iustice qui a toujours conservé nos Princes sur le Throne Royal de leurs ancestres, qui a menagé la seureté & le repos de leurs peuples : l'instrument tres-parfait de la diuinité, son bras le plus fort, son œil le plus voyant, son ame, si je l'ose dire, ou du moins son plus naturel mouuement. Ame toujours semblable à soy-mesme, tousiours vne, & tousiours vniforme : Ame, s'il faut ainsi parler, & ceste ame du monde, par qui toute chose se meut : ceste liaison harmonieuse & forme vniuerselle resultant des formes particulieres des humeurs d'vn chacun. Vne eau diuine decoulant des fontaines celestes, conduisant auec soy le poids, le nombre & la mesure : non le nombre diuin, par lequel l'ouurier a disposé ce tout : mais bien ce nombre raisonnable, par lequel ayant proportion auec toutes choses, elle les peut facilement entendre : la cause, la puissance, & le principe de la proportion, & de l'ordre qui contient tout. *Loüãges de la Iustice.*

Iustice qui sied pres de nos Roys, comme à la dextre de Iupiter, ainsi que disoit Anaxarchus à ce grand Alexandre : qui est esleuee en leurs Parlemens, comme ce Dieu ancien sur vn Throne d'Yuoire, la victoire d'vne main, & de l'autre vn sceptre, ayant sur la teste vne Couronne d'Oliuiers, toute ombragee de Palmes, & son manteau Royal rehaussé & parsemé de fleurs de Lis sans nombre. C'est celle mesme, que l'on a tou- *Peinture de Iustice.*

jours veu ë l'ornement & la splendeur de ce florissant Empire, Royne des vertus Royalles, & non iamais perissables de nos grans Princes, soueraine Tutrice des mortels, à qui de toutes les parts du monde on a veu donner des offrandes.

A tant de glorieux eloges que la verité fournist a la gloire de ceste Iustice vrayment Royale, & Royalement vraye vertu, à tant de titres d'honneur qu'elle donne aux roses & aux lis de son integrité, beaux fleurons qui naissent & croissent doucement dans son sein ; à tant d'illustres marques que la France void par tout grauees dans ses prouinces, pour l'immortalité de la Droiture de ses Monarques ; à tant de trophees que seconde Lacedemone elle a erigez à ses iustes Licurgues, seconde Rome à ses Sages Catons: Ie veux adiouster à tant de tesmoignages superbes quelques exemples & raisons tirees de la plus profonde antiquité, afin que côme i'ay monstré si deuant la singuliere Pieté de nos Roys, je signale leur Iustice en ce Discours & releue leur equité sur tous les autres Roys de la terre. Car peu ou rarement vn Prince se rencontre pieux & deuot, qui ne soit aussi droiturier & iuste. Et ces deux Vertus ayant esté conjointes ensemble par le Createur, & leur amitié estreinte d'vn nœuf vrayment Gordien, qui les allie plus estroitement que ne l'estoient les Statues de Castor & de Pollux, qui se monstroient à Sparte, sont en communauté de toutes choses, & si l'vne est en creance dans vne ame, l'autre n'y manque iamais de faueurs.

Espee de Iustice.

L'espee de Iustice est vne des plus anciennes marques de nostre Royauté Françoise. Car lors *de la France*, Liure I.   225

que nos Roys anciens portoient le nõ de Roys de Sicambriens, ils auoient toufiours vne espee nuë qui marchoit deuant eux. Et estant vn iour aduenu qu'vn des enfans du Roy des Sicambriens commist vn crime capital, son pere le fist executer deuant luy, & luy dist, *Mon fils, l'espee qui flambe & reluit deuant moy, & qui te faict à present mourir, ce n'est pas mon espee, mais c'est l'espee des Loix & de la Iustice*. De mesme conte t'on que Bazan septiesme Roy des Gaulois, imitant cet Ochus Roy de Perse, qu'on surnommoit l'Espee, faisoit porter deuant luy vne espee nuë, & vn cordeau, pour marque de Iustice, afin de meriter ce nom que les Druides luy donnerent de *Bazan le iuste*. Et les Allemans, desquels nous sommes descendus, tiennent encore ceste coutume en plusieurs endroits, que le Magistrat pendant l'Audiance, tient vn glaiue nud en main, comme il est escrit és Coutumes Imperialles, au Tiltre, *Du droict public*. Coutume si particulierement gardee par nos Roys qu'il n'y a qu'eux entre tous les Roys qui à l'exemple de ces ancestres & premiers parens de leur race, ayent tenu le glaiue de la Iustice en main souz le Ciel de leur Iustice, qui est l'habit Royal qui nous est representé, tant par les vieilles peintures, que par le grand seel de France, Glaiue qui conjoint encore en ce temps *la Pieté & la Iustice* en leur Deuise d'vn si estroit lien qu'elles sont nõ seulemẽt indiuisibles, mais qu'a bõ droit on leur peut donner en la distribution des Sentences de l'Apostre, celle-cy pour partage, *Si tu as mal fait, crains: car ce n'est sãs cause qu'il porte le glaiue*.

Ceste Iustice est l'vne des Colónes de leur Estat,

Iustice d'vn Roy Sicambrien.

Bazan le iuste.

& sur la constãce de laquelle ils ont esté asseurez de la duree de leur Monarchie : c'est ceste vertu qui a comblé leur peuple d'vn monde de felicitez pendant leurs regnes. Et la duree & les felicitez de leur Empire sont vn veritable tesmoignage de cette Iustice. *La maison du Iuste*, disent les mystiques paroles de l'Escriture, *est remplie de force, & les fruits de l'inique sont talonnez de confusion.* Et en vn autre lieu. *Qui seme la Iustice, seme la benediction & felicité parmy le peuple.* Et aux Psalmies, *Ie rempliray le iuste d'vne longue suite d'annees.* Et de cette façon les Sacrificateurs Indiens quãd ils vouloient demander à Dieu en general toute benediction & bon-heur pour le peuple, ils ne demandoient que la Iustice seulement, comprenant souz ce mot tout le bon-heur, & repos du peuple.

Les Roys de France ont toujours reueré ceste Iustice, & sur tout depuis leur Christianisme, sur lequel il semble, que soit principalement fondé cet ornement de leur Couronne. Clouis entre autres louanges a remporté celle-cy mesme deuant son baptesme, *qu'il estoit fort iuste & droiturier, & qu'il punissoit rigoureusement les larcins.* Mais à si iuste titre l'a-il meritée depuis s'estant fait baptiser auec son peuple, qu'il semble que l'Oracle diuin luy eust vne lõgue suite de siecles auparauãt adressé ces paroles, cõme en esprit de prophetie. *Le Seigneur t'a choisi auiourd'huy, à fin que tu luy sois vn peuple particulier, & que gardant ses saincts preceptes, il t'éleue sur toutes les Nations, qu'il a creées pour donner des chants diuins à la gloire de son nom, afin que tu sois le peuple sainct du Seigneur ton Dieu.* Paroles,

Iustice source de tout bon-heur, & de la longue duree de la France.

Clouis grãd iusticier.

ains plutost benedictions suiuies d'vn tel monde de prosperitez en sa posterité, que depuis qu'il fut enrolé au nombre des Chrestiens la Iustice a tousiours esté le bon-heur de la France, & la France l'honneur de la Iustice. Iustice clair Soleil de la plus riche gloire des François, la gloire & le Soleil des plus grands Roys du monde. C'est ce Prince qui jetta les premiers fondemens de la souueraineté de sa maison en la France, par des voyes justes & legitimes, & ausquelles on recognoist des visibles tesmoignages de la prouidence de Dieu, pour recompenser le zele, la Iustice, & la Religion de cette maison, laquelle en a laissé des preuues en toute la terre. Car il y a pres de douze cens ans que cette Monarchie est souz ses Roys tres-Chrestiens, sans fracture & distraction. Et ce qui est plus esmerueillable, n'ayant pendant ce long espace de temps, changé que deux fois de branche : l'vne en Pepin par la lignee de Charlemagne, l'autre en Capet, qui dure encore, elle faict trophee de cinquante & neuf Roys tous Catholiques, & tous d'vne tire, sans mettre en conte les Roys payens, qui long temps auparauant l'auoient gouuernee. Mesmes il se remarque, que les masles finis d'vne lignee, la lignee subsequente s'est trouuee par les femelles venir de la lignee precedente, ne faisant qu'vne souche. Ce sont des veritables effects de la Iustice que l'on y a veuë foisonner plus glorieusement beaucoup qu'en tous les autres Estats de la terre, & qui ne manquent d'exemples, nō plus que de raisons.

Et certes si toutes les actions de Clouis estoient

Iustice Soleil de la France.

Longue duree de la Monarchie Françoise.

Iustice des enfans de Clouis.

justes & Royalles, celles de ses enfans furent moderees d'vn tel temperament, qu'encore qu'ils ayent eu des guerres entr'eux, boutiques ordinaires de l'iniustice, si est-ce qu'ils n'ont iamais passé les termes de la modestie & equité, que leur pere leur auoit prescripts. La recognoissance en est singuliere & belle dans Agathias, où entre autres louanges, il dresse ce panegyrique à la memoire de ces grans Princes, & à l'immortalité de leurs vertus. *Aussi ie les loue merueilleusement*, dit-il, *& fais grand cas tant pour leurs vertus & la Iustice dont ils vsent egallement enuers vn chacun, que pour la concorde qui est entr'eux. Car encor que plusieurs fois par cy deuant, & en ce temps icy mesme leur Empire soit diuisé souz la domination de trois, & plusieurs Princes & Roys, toutefois il est certain que iamais ils ne se sont faits la guerre l'vn à l'autre, & qu'ils n'ont iamais souillé leur patrie par aucun sang ciuil : combien que où les Potentats semblent estre grands, & non inferieurs les vns aux autres, la defiance se met ordinairement par entr'eux, & la gloire & orgueil pour plusieurs causes s'engendre en eux tant pour les honneurs, prerogatiues, qu'autres superioritez & souuerainetez, qu'à l'occasion aussi de plusieurs autres affections corrompues, & playes de seditions, & de querelles. On ne void point toutefois parmy ceux-cy de tel malheur encor que leur Empire soit diuisé. Mais si d'auanture entre les Princes il sourd quelque different, tous les autres se preparent à la guerre comme pour combatre, & ainsi equipez se mettet en campagne, & estans en veue les vns des autres, les armées des Princes contendans, quittans aussi-tost leurs haines & querelles retournent en amitié, & remonstrent à ces Princes de vuider plutost selon le droit leur* differend, que par armes, leur donnans à entendre qu'ils combatroient à leur perte & dommage s'ils faisoient autrement, n'estant raisonnable, & n'estant aussi permis par la coustume du pays que pour des inimitiez priuees le public tombast en ruine. Apres telle remonstrance ils donnent incontinent congé à tous leurs gens de guerre, & mettent les armes bas, & pacifians ainsi leurs querelles, leurs sujets peuuent en seureté conuerser les vns auec les autres, frequentans ensemble sans auoir aucune haine cachee. Par là on peut voir comme les subiets & inferieurs ayment la Iustice, & leur pays ensemble, & comme leurs Princes, quand l'occasion se presente, se monstrent doux & faciles à obeyr. Cecy est cause qu'iceux ayans leurs forces plus fermes & solides, & vsans de mesmes Loix, & sans faire aucune perte du leur, acquierent beaucoup, & se font grandement riches. Car en quelque part que la justice & la charité florissent entre les hommes, sans doute icelles rendront la Republique heureuse, & la feront stable & durable à long temps, ne la laissans aysement tomber à telle iniure & calamité, qu'elle puisse estre prinse par ses ennemis. Les François donc suyuans ceste bonne façon de viure, se surmontent premieremēt eux mesmes, & puis tous leurs voisins. Voilà ce que dit vn estrāger de la Iustice de nos premiers Rois Chrestiens. Descendons plus bas.

Dagobert premier, ayant en l'annee six cens trente deux donné le commencement de son regne aux œuures de pieté, Il voulut, dict l'Histoire de sa vie, poursuyure à faire toutes les autres choses, qui sont dignes d'vn grand Roy & de son deuoir. Et pour ce que le principal deuoir d'vn Roy, est de faire bonne iustice à tous, il s'en

Iustice grande de Dagobert.

alla en Bourgongne & en Austrasie où estoit Gontrude sa femme, là où il commença à faire le vray office de Roy: car luy mesme en personne vouloit cognoistre & iuger des differends & procés, que ses sujets auoient entr'eux, les accordoit, & reconcilioit ensemble: prenoit les veufues, pupilles, & pauures en sa protection, & les defendoit contre les violences des grands, lesquels semblablement il honoroit, selon le merite de leurs maisons, richesses & vertus. Il ne laissa en ces deux Royaumes aucune ville, qu'il ne visitast, pour sçauoir & entendre les plaintes & doleances d'vn chacun, ne se fiant de telle charge à homme de sa maison. Iustice qui le rendit si aymé des Bourguignons & Austrasiens, qu'il n'estoit possible de plus; estant là Iustice vne vertu, non seulement aymee, mais qui fait aymer tous ceux qui l'ont en recommendation, & qui l'exercent: comme à l'opposite son contraire, qui est l'iniustice est haye, & fait hayr ceux qui la mettent en pratique. Iustice di-je, qui espandit vne si bonne odeur de son nom, & estendit si auant la renommee de ses actions vertueuses, que mesme les estragers & barbares, les Sclauons & les Turcs, le supplierent d'estre leur arbitre en vn different qu'ils auoiét ensemble sur les confins de leur pays. Et les Sclauons luy manderent par ses Ambassadeurs, que s'il vouloit aller en leur pays ils le receuroient pour leur Roy. Considerez quelle force auoit dés lors la Iustice de nos Princes, mesmes au cœur des barbares, & en la premiere enfance de leur Monarchie, de desirer pour elle seule ce qu'elle seule rendoit digne d'estre desiré, qui est vn Roy bon & iuste, comme chose rare, precieuse, & peu souuent trouuee

Iustice principal deuoir d'vn Roy.

La Iustice fait aymer les Princes.

trouuee hors les limites de la France. S'il euſt eſté ſeulement vaillant, ils ne l'euſſent pas deſiré, mais ils le deſirerent pour ce qu'il eſtoit premier ſoldoyé de iuſtice, qui eſt la plus excellente des vertus Royales, & enrichy des glorieux titres de droicture & d'equité, deſquels ſont parfaictemét honorez les ſeuls Princes des Lis.

Deſcendons à la ſeconde lignee, & nous verrons que plus les choſes s'approchét de leur centre, plus viſtement & auec plus grande violence elles y ſont portees par vne inſtinct naturel, & qu'auſſi plus on s'approchera de la perfection de ceſte Iuſtice, qui eſt aujourd'huy comme en ſon centre, plus on la trouuera grande, & releuee en authorité. Deſcendons diſ-je à ces grands Roys & qui plus ſouuerainement que toutes les ſouueraines puiſſances de leurs predeceſſeurs, ont tenu les reſnes d'vn floriſſant Empire.

Cette Royalle puiſſance de Charles Martel, en qui toutes les marques de la ſouueraineté ſe rencontrerent vnies, ce fortuné Charles, di-je qui par la force de l'eſprit & du corps s'acquiſt le ſurnom de Martel, ce fut luy qui premier jetta les fondemens des Parlemens de France, ſur le ſouſtien de cette Iuſtice, & eſtablit des Compagnies ſouueraines à ſa ſuite pour rendre par l'équité, ſon vſurpation plus plauſible & ferme, & appuyer ceſte grandeur qu'il auançoit ſur le Throne des Roys: & dés lors ces celebres Compagnies s'eſleuerent ſouz l'ombre de ces nouuelles Royautez, ſans leſquelles, elles ne pouuoient ſubſiſter. *Parlemens fondez par Charles Martel.*

Pepin ſon fils en authoriſa apres luy l'eſtabliſsement, les conuoquant à toutes occurrences, pour dorer ses iugemens de l'or de Iustice, & signaler toutes ses entreprises du lustre de l'equité. Quand il entreprist la guerre d'Italie pour la deffense du S. Siege, ce fut par l'aduis du Parlement. Quand il s'arma pour punir les rebelles Saxons, ce fut auec son approbation. Quand il voulut combattre Gaifre dans Aquitaine, ce fut apres auoir assemblé le Parlement, & quand il l'eut vaincu, il le conuoqua pour deliberer sur les plus importantes affaires de l'Estat.

Charlemagne de mesme, ne veid iamais son nom plus releué, son Diademe plus illustré, que lors qu'au milieu de ces venerables Assemblees, il resoluoit ce qu'il deuoit executer, fust-ce pour marcher contre les Saxons, ou contre Didier Roy des Lombards, ou contre Tassilo, Duc de Bauiere, qui fut condamné à mort par le Parlement.

Iustice de Louys le Debonaire.

Et Tegan vieil Historiograpre discourant de la Iustice de Louys le Debonnaire, & du deuoir qu'il faisoit en la distribution d'icelle, dit non seulement *qu'il vaquoit aux iugemens des procés trois iours chaque Sepmaine, mais aussi que en mesme temps il enuoyoit ses Commis par tout son Royaume, pour s'enquerir si quelqu'vn auoit souffert quelque tort ou iniustice. Il enuoyoit di-je, des gens signalez de fidelité par toutes les Prouinces de son Royaume, lesquels estans droituriers & equitables, punissent les crimes & mechancetez, & pesassent les droits d'vn chacun à la balance de l'equité.*

Ie n'ameneray pas dauantage d'exemples de

cefte feconde lignee, pour venir aux Capets, dont l'honneur a efté fi grand, foit aux armes, foit en la Iuftice, qu'on peut vrayment dire de ce fang ce que dit le Poete, *qu'il n'y en a point eu en tout le monde de plus iufte, ny de plus grand en pieté & valeur de la guerre.* Cette troifiefme lignee eft admirable fur toutes, pource que depuis l'an mil ou enuiron, elle dure encor à prefent, & ne dure que pour la pieté & iuftice, que fes Roys ont eu, voire abondamment fur les precedentes.

Capets grãs Iufticiers.

Hugue Capet donc, quel moyen eut-il de plus propre pour fe maintenir en l'eftat, auquel les Eftats de la France l'auoient porté, que de dreffer vn corps general de ce Royaume, par l'aduis duquel il terminoit fes affaires, & compofoit les procés de fon peuple?

Robert, dit Helgand, ayant faict Roy fon fils aifné, luy dift en ces termes, *auife mon fils, que tu te fouuiennes toufiours de Dieu, lequel t'a auiourd'huy fait participant du Royaume, & te delectes au fentier d'equité & de Iuftice.* Et parlant de la punition qu'il fift des Iuifs qui auoient excité le Soldan de Babylone à deftruire les Temples des Chreftiens eftans en Hierufalem *Les Iuifs*, dit-il, *furent chaffez des villes de fon Royaume, les vns paffez au fil de l'efpee, les autres noyez és riuieres, & oftez du monde par diuers genres de mort.* Qui eft la Iuftice qu'il fift en faueur de la religion offenfee.

Louys VII. tout jeune homme qu'il eftoit, ayant recognu les Seigneurs qui s'eftoient emparez des droits de l'Eglife, & vn particulierement puiffant & renommé, les fift venir en la Iuftice du Roy fon Pere, qui lors eftoit à Pincei.

Iuftice de Louys VII.

Q ij

& les fist condamner à la restitution d'iceux. Et pour ce qu'ils estoient rebelles, il les contraignit de satisfaire par l'espee, puis qu'ils ne vouloient obeyr par la raison.

Iustice que Philippes Auguste se fist à luy-mesme.

Philippe Auguste ayant fait diuorce auec sa femme, & voyant que les Euesques de France, & le Pape ne le trouuoient bon : cependant qu'on disputoit à Soissons du droict de son diuorce, il reprint sa femme, la remist en sa bonne grace, la ramena en son Palais, & sans estre condamné se fist la Iustice à luy mesme pour monstrer exemple à ses sujets.

Louys IX. grand iusticier.

Mais à bon escient le Roy Louys I.X. riche honneur de la Iustice en ses iours, le iour & l'hōneur des plus justes Roys du monde, orna cette Deesse des parures de la droiture, l'embellit des graces de l'integrité, & la releua des grandeurs equitables de son Estat. Ce bō Prince le plus S. & iuste ayeul de nostre Roy, donnoit tout son soin paternel à exercer les loix, & estoit si curieux de rendre le droict à chacun, que prestant fauorablement ses oreilles à toutes occurrēces, aux plaintes de ses sujets, il les alloit tous les iours iuger, ayant touché des escrouelles, & s'il estoit retiré au bois de Vincennes au milieu du repos, il faisoit dresser vne table, & mettre vn tapis, & faisoit crier par vn Heraut s'il y auoit quelqu'vn qui demandast Iustice.

Par son Testament escrit de sa main, il ne recommande rien tant à son fils, *que de faire Iustice de malles gens*. Et entre les exemples qu'il graua d'icelle en la memoire de ses vertus, on conte ceux-cy pour memorables & peu com-

muns : Qu'il reuoqua la grace qu'il auoit don-
nee à vn criminel au rencontre qu'il fist du Ver- *Grace don-*
set de Dauid au Liure de ses Prieres, *Fais Iustice en* *nee par S.*
tout temps. Qu'il poursuyuist de si pres les Iu- *Louys re-*
ges corrompus, comme porte l'information *uoquee.*
faicte de sa canonization escrite à la main,
qu'vn Baillif d'Amiens fut pour ce subiect
par luy deposé, lequel deuint si pauure qu'il *Iuges cor-*
n'auoit pas mesme vn Roussin pour le porter. *rompus pour-*
Que le Comte Charles d'Anjou ayant en son *puni par*
conseil les plus doctes & insignes Aduocats *S. Louys.*
de Paris, luy mesme craignant que son aduerse
partie qui estoit pauure Gentil-homme, faute de
conseil ne perdist sa cause, luy-mesme, di-je,
de son mouuement luy en donna des plus fameux qu'il peut trouuer en son Conseil, & les
fist iurer de bien & loyalement administrer conseil à leur partie. Ie ne veux obmettre le iugement qu'il fist d'vn des plus grands Seigneurs de France, qui auoit faict pendre trois
beaux jeunes hommes Flamens, trouuez en
ses bois, sans Chiens toutefois, & sans en-
gins. Car il le fist mettre prisonnier dedans le
Louure, & le condamna à douze mille liures
parisis, & confisqua tous les bois, & ordon- *Iugement*
na qu'ils seroient dependus, & honnorable- *remarqua-*
ment, enseuelis en trois Chappelles diuerses *ble d'vn*
à Sainct Nicolas, qui à cest effect seroyent *gneur.*
basties, & dottees des biens dudit Seigneur,
& les bois appliquez à l'Eglise, & luy priué de
sa haute Iustice.

A ce iugement fut le Roy de Nauarre, & le Duc

Q iij

de Bourgongne, les Côtes de Bar, de Soissons, de Bretagne, de Blois, de Champagne, Thomas Archeuesque de Rheims, & Iean de la Torrette. L'Histoire dit, *Ce fut vn grand exemple de Iustice aux autres Roys qu'vn si grand, si signalé, & si noble personnage, accusé de crime ainsi qu'vn simple homme de la commune, peut à peine trouuer remede à sa vie en la face du protecteur de la Iustice.* Et en vn autre endroit elle propose en ces paroles ce qu'il ordonna apres estre retourné d'outre mer. *Tous & chacuns les susdits iureront, que pendant qu'ils tiendront les Bailliages, Seneschaussees, & autres offices de nostre Iustice, qu'ils rendront le droit tant aux grands & mediocres, qu'aux petits, aux estrangers qu'aux naturels & sujets, sans acception de nations & de personnes. Et iureront toutefois, qu'ils ne prendront ne feront prendre par autruy, aucuns dons ou presens de quelque personne que ce soit, en argent, ou en or, en choses mobiliaires ou immobiliaires, benefices personels, ou perpetuels, fors des victuales & beuuandes ce tant seulement qui n'excedera en valeur la somme de dix sols Parisis chaque sepmaine.*

Dons & presens defendus aux Iuges.

Philippe son petit fils, ayant faict faire ce magnifique Palais qu'on void encore, par l'aduis de Messire Enguerrand de Marigni, afin d'y loger sa personne, s'aduisa depuis d'en faire le Palais de Iustice, & le consacrer s'il faut ainsi dire à l'Equité des Monarques François ses Successeurs. Palais, où pour se decharger de l'importunité des poursuiuans, & quant & quant son peuple de la despense qu'il faisoit à sa suite, il dressa deux Chambres, & y ordonna deux sortes de Cõseillers, les vns pour iuger, les autres pour rapporter.

Palais basty par Philippes le Bel.

Chambres etablies par Philippes le Bel.

Maistre Iean Iuuenal des Vrsins en son Histoire escrite à la main, recite au commécement, que le Roy Charles V. dit le Sage, *fut plein de prudence & discretion à gouuerner ses affaires tant de guerre, que de Iustice.* Il y adiouste la Iustice expresément, pour estre le propre office, & la fonction plus naturelle des Roys de France. Et pour ce que Gaston Phœbus Comte de Foix recognoissoit ce Prince iuste & enclin à la distribution de la Iustice, il fist vn Poesme contenant le differend des Fauconniers & des Veneurs, qu'il faisoit apointer par le Roy : Soit que de verité le Prince eust composé ce differend, soit qu'il l'estimast digne de la Iustice du Roy, soit qu'il eust emprunté sa personne encline à la Iustice, pour deciçler ce faict contentieux en Iustice.

Iustice de Charles V.

Le mesme Autheur recite aussi, (ce que ie veux dire comme en passant, & pour ce qu'il est remarquable) de la Royne Ieanne de Bourbon, femme de ce mesme Roy, que cóme vn Milá poursuiuist vn oyseau, il s'alla cacher au sein de la Royne, & qu'elle le sauua des serres de ce volleur: qui estoit encore vne espece de Iustice. Ce qui auparauant elle estoit arriué à Liuia femme de l'Empereur Auguste, qui receut en son sein vne poulle blanche eschappee des ongles d'vne Aigle. Et encore auparauant à vn Philosophe d'Athenes, qui ayant aussi sauué vn oyseau qu'vn vautour vouloit deuorer, il dit, *qu'il ne failloit trahir son client, ains le deffendre contre les incursions de ses ennemis,* appellant cest oyseau son client, qui s'estoit venu rendre en sa protection & clientele.

Iustice de Ieanne de Bourbon enuers vn oyseau.

Q iiij

Iustice en crédit soux Charles VI.

Charles VI. fils du precedent, voyant ledict Messire Inuenal calomnié lors qu'il estoit Preuost des Marchands à Paris, comme les gens de bien y sont sujets, il prononça de sa bouche ceste Sentence, *Ie vous dis que mon Preuost est preud'homme, & ceux qui l'ont accusé, mauuaises gens.* Et pour monstrer l'affection qu'il auoit à la Iustice, c'est qu'acueilly de maladie, & destitué de Conseil, se demettant de son Estat, & exheredant son fils pour en inuestir le Roy Henry d'Angleterre qui espousoit sa fille, par le traité qu'il fit auec luy le 21. May 1420. en la ville de Troye, il fist mettre ceste clause, expressément, *qu'il procureroit de tout son pouuoir que la Iustice fust rendue.* Comme d'vn autre costé la France qui s'abismoit dans la confusion, par la foiblesse de son cerueau, ne trouua point plus prompt remede que de continuer les assises de ses Parlemens, qui n'estoient point encore sedantaires, afin que le Prince perdant l'vsage de la raison, la Iustice du Royaume conseruast l'Estat en son ancienne grandeur.

Iustice de Louys XI.

Le Roy Louys XI. disoit dans Monstrelet, *qu'en tant que touchoit la Iustice de tout le Royaume, il auoit desir de la faire courir par tout son Royaume, & fut content qu'on esleust personnes de tous Estats, pour y mettre remede.* Et si tost qu'il eut faict serment à son sacre, & qu'il eut juré de garder Iustice, *Il enuoya son serment à la Cour de Parlement, & la pria de le vouloir acquitter de ce qu'il auoit si solennellement iuré.*

Iustice qui le fist depuis eslire arbitre pour iuger le different d'entre les Roys de Castille &

d'Arragon oncle & nepueu, & le Roy de Catalongne, l'an mil quatre cens quarante trois. Iustice di-je laquelle a asseuré à ses Successeurs la qualité *de Terminateurs des differends de la Chrestienté*, dont les honnorent encor auiourd'huy les Princes Otomans.

Le Roy Louys XII. pour monstrer l'honneur, & la reuerence, qu'il auoit à la Iustice, ayant quitté son Palais aux Iuges, se retira au bailliage. Et pour ce qu'il auoit les gouttes, il se pourmenoit sur son petit mulet, dans les iardins dudict Bailliage, où il digeroit ses affaires d'Estat, & lors qu'il auoit besoin de conseil, il montoit au Parlement, demandoit aduis, & quelquesfois assistoit aux Plaidoiries en habit pacifique & Royal, & sur son lit de Iustice, iugeoit les causes, dont son Chancelier prononçoit l'Arrest en sa presence. A cette occasion on auoit dressé depuis le bas des grands degrez iusques au haut, vne allee faicte d'ais, & planchee de nattes, depuis le bas iusques au hault, où son mulet le montoit, pour le mener apres, iusques à la porte de la grande Chambre, où ses Gentil-hommes le prenoient, & le portoient en sa place, & soux son Daix, qui s'y void encore à present. C'est où il voyoit en la plaidoirie, les plus excellents & celebres esprits, & ceux qui plus dignement faisoient leurs fonctions en la Iustice, les notant pour s'en seruir tousiours, & en porter le nom à son obeissance.

I'ay donné le commencement & la plus grand partie de ce Discours à ces signalez & beaux

Louys XII. grãd amateur de iustice.

exemples de l'equité de nos grands Roys : mais c'est à fin de faire voir en iceux, que ce n'est pas moindre gloire aux Monarques François, d'administrer la Iustice, que de sçauoir faire la guerre : & qu'encores que leurs plus glorieux titres soiét compris en vn vers qu'Alexandre estimoit le meilleur de tous ceux d'Homère, sçauoir *de bon Roy & vaillant Capitaine*, si est-ce que ces qualitez seroient beaucoup obscurcies, si elles ne lui soient par les effets & les offices de la Iustice. Car les Princes des Lis ne sont meilleurs que les autres souuerains, qu'en tant qu'ils sont plus iustes, comme respondit Agesilaüs aux Ambassadeurs, qui disoient que leur Maistre estoit vn grand Roy, *En quoy est-il plus grand que moy, s'il n'est plus iuste?*

Les Roys de Fräce n'ont plus glorieux titres que de Iusticiers.

Ces grands Princes, comme il est impossible aux hommes de pouruoir à toutes sortes d'accidents qui sont infinis, & difficile aux Roys de mettre la main & jetter l'œil par tout, ces grands Princes di-je à qui la France doit toute sa grandeur, sçachans que leur premiere & plus saincte profession estoit celle de la Iustice, & qu'il n'y auoit science qui leur fust plus necessaire que ceste vertu, laquelle leur demeurant, les autres ne s'en pourroient éloigner, elle les contenant toutes comme le pentagone contient le triangle & le quarré : ils ont di-je dressé des Cours de Parlemens en leur Royaume, pour conseruer par la Iustice leurs sujets en concorde & tranquilité : Cours où ils ont eux mesmes long temps seruy de Presidens, & opiné les premiers comme les plus honorables tant és conseils de guerre que de paix: Cours di-je, auſquelles ils ont remis l'adminiſtration des affaires de leur Eſtat, comme s'ils euſſent voulu meſler l'Ariſtocratie, & le gouuernement des plus Sages, auec la Monarchie, faiſans que la France riche des dépouilles de Rome, imitaſt en quelque ſorte l'ordre de ceſte floriſſante Republique, laquelle dés ſa naiſſance s'eſt glorifiee de voir ſes Roys aſſocier le Senat au gouuernement public.

L'Allemagne a bien ſa Chambre Imperiale, qui iuge tout ſouuerainement, l'Eſpagne ſes quatre Cours, Arragon ſa Iuſtice, Rome la Rote, Naples ſon Conſeil, Veniſe ſes Quarante, & Milan ſon Senat: mais la France, pour le plus magnifique Throne de la gloire de ſa Iuſtice, ſe vante non de ce grands Corps d'equité, & de droiture, qui ſe tenoit au pays Chartrain par les Druydes : non des Iuges qu'on nommoit Ratimbourgs, leſquels decidoient les cauſes qui touchoient la Loy Salique : non de ces Cadis anciens; ains ſe glorifie de ſes ſacrez Parlemens, qui donnent les Arreſts, & prononcent les Oracles ſacrez à ſes peuples. *Honneur & gloire des Parlemens de France ſur toutes Iuſtices du monde.*

Les Roys de France n'ont qu'vne ſeule Iuſtice de laquelle ils commettent l'adminiſtration à leurs plus feaux Conſeillers, dont les Cours ſeparees en pluſieurs Prouinces, n'en font qu'vne en pluſieurs reſſorts. Car comme le Soleil conuertiſt en ſoy les parties dont il eſt formé, ces Princes vniſſent en eux tous les membres dont ceſte Iuſtice eſt compoſee, & deſquels leur Monarchie eſt belle & glorieuſe. Touſiours les Roys en ont eſté les chefs, & ſouz eux les Com- *Roys de France Chefs de la Iuſtice.*

tes du Palais és deux premieres lignees, sous lesquelles on y a veu enregistrer les plus grands du Royaume, Prelats, Barons (mot pour lors general aux grandes dignitez) & Maistres, tous domestiques de la maison Royalle. De ceux-là on deleguoit vn prelat & vn Duc, pour rendre iustice des moindres causes par toutes les prouinces. Ce Parlement, qui tousiours a esté composé des plus nobles de cest Estat, suiuoit par tout le Roy, iusques à ce que Philippes de Vallois le rendit sedentaire. Et depuis, l'assiduité qui estoit necessaire en ce bel exercice, a derobé peu à peu cest honneur aux gens d'espee pour la laisser à ceux de robbe longue : tant que les Roys mesme prenans leur part des plus importans affaires, ne se sont retenus que ce qui ne pouuoit estre iugé par ces Compagnies souueraines de leur Royaume.

Parlemens composez des plus grands de la France.

Parlemens sedentaire.

Iustice qu'ils ont tant honoree, qu'ils donnoient anciennement au Parlement de Paris tous les ans des robbes neufues, pour nous apprendre, que leurs Conseillers prenoient de leur main le vestement d'honneur, qui les defendoit de toute sorte d'iniure, & qu'ils se dépouilloient pour vestir cette Deesse, & la faire paroistre si belle, que tout le monde couroit apres sa beauté.

Robes neufues donnees au Parlemens de Paris par les Roys de France.

Les Parlemens où s'exerce la Iustice de ces Roys sont les premiers anneaux de ceste grande chesne du repos public, laquelle se venant à rompre, l'ame de cest Estat se mesleroit en vn tas & vn chaos confus. C'est le Manteau Royal des Monarques François, le marchepied, que

Iustice lien de l'Estat.

les Roys de France ont dressé pour monter à leur Thrône, & ce lit de Iustice, dans lequel ils reposent quelquefois, c'est le vray berceau du bon-heur d'vn chacun. C'est vn Ciel pour tant de Cieux, mais ils sont le premier mobile, & l'esprit qui les faict incessamment mouuoir. Et comme le cercle se descrit par le centre, & la distance qu'il y a iusques à la conference, qui est le lieu de la droite ligne, par laquelle il est mesuré, enseignoit ce Philosophe: aussi ne peuuent-ils pas mieux estre depeints que par la Maiesté de ces Princes, qui est le centre de ceste Sphere, & par la distance qu'il y a de la circonference de la Royauté, iusques à eux, comme estant la droicte ligne, par laquelle ils sont mesurez.

Ce sont les Roys de France qui sont l'honneur de ces sacrees Compagnies, Roys beaux astres, desquels elles reçoiuét leur lumiere, & Roys encore ces flabeaux du plus clair iour de leurs felicitez. Ils sont leur Soleil, ce Soleil qui renforce le vent & l'abaisse quád il luy plaist. Ils sont leur Soleil, non ce Soleil, duquel la maison est le Lyon, mais celuy qui tiét ses assises au signe des Baláces. Ostez à la Fráce ce Soleil, qui seul luist pour elle, que sera-ce de ses iours? ostez ce pur émal qui pare sa Couróne, que sera-ce de sa gloire? ostez la pourpre de la Iustice, quelle sera la Royauté? dépouillez-la de ceste viue escarlate, que deuiédra sa grádeur, puis que c'est delà, qu'elle emprúte sa plus viue clarté? Aussi l'Egyptié celebroit vne Feste, qu'on nómoit le baston du Soleil, voulát dire que les Roys vrais Soleils de la terre ont besoing d'vn appuy, & sur tout de celuy de la Iustice.

Roys de France Soleils de leur Parlemens.

Mais ie veux faire voir encor cette Iustice de nos Roys plus esclatante, & les esclats de cette Iustice plus glorieux parmy les Couronnes estrangeres, en surhaussant l'excellence & la gloire par quelques raisons singulieres, & du tout emerueillables.

Maistres des Requestes & leur premier office.

La premiere, & qui monstre clairement l'affection qu'ils ont toujours euë à cette Deesse d'equité, c'est que pour rendre ordinairement la Iustice, & receuoir les plaintes des sujets de France deuant l'establissement du Parlement sedentaire, ils auoient leurs Maistres des Requestes à la porte de leur Palais, voire de leurs Chambres, qui prenoient icelles, & les leur communiquoient, & les respondoient tous les iours, & si la chose meritoit plus grande disquisition, les parties ouyes on leur faisoit droict: & bien souuent les Roys y estoient presents qui iugeoient de leur bouche, ou les apointoient, sinon ils y commettoient. Qui est vne particularité que n'ont pas les autres Roys, & sur laquelle ie diray

Requestes presentees aux Roys doiuët estre iustes.

en passant ce que disoit vn Senateur Romain en opinant, *Que ces Princes representans les Dieux icy bas, on ne leur deuoit rien requerir qui ne fust iuste*, puis qu'il n'estoit loisible de faire aux Dieux vne requeste iniuste.

Palais de nos Roys consacré à la Iustice.

La seconde raison est, que non contents de rendre la Iustice à la porte de leurs Chambres, & de leur Palais, ils ont baillé leurs Chambres mesme & leur Palais pour la loger. C'est vne faueur singuliere, que faict vn Prince souuerain, de faire loger quelqu'vn en son Hostel. Le feu Roy François de bonne memoire fut fort loué *de la France*, Liure I. 255

d'humanité en ce que venant l'Empereur Charles V. en son Royaume, il le faisoit loger en ses maisons au lieu qu'il l'auoit tenu prisonnier en Espagne. Louys XII. tant regreté encore pour sa bonté en fist autant à Philippes Archiduc d'Austriche, pere de cest Empereur, lors qu'il passa par la Fráce pour aller en Espagne. Et deuant luy le Roy Louys XI. à l'Empereur Sigismond, auquel il fist ceste prerogatiue de tenir en son absence son lict de Iustice. Ainsi ces iustes Roys, voulans iustement signaler l'accord & l'amitié qu'il y auoit entre eux & leur Iustice, consacrerent leur Palais à l'Equité de leur Royaume, & la logerent pres de leur Saincte Chappelle, afin que la France eust le Temple de Pieté & de Iustice fort proches l'vn de l'autre, & en autre tenant, qu'on ne les a veu bastis entre les autres nations.

La troisiesme raison est prise de leurs Habillemens tenans leur Parlement, qui sont du tout éloignez de ceux que portent les Roys leurs voisins. Car iamais ils n'ont pris plaisir qu'on les veist armez en leurs sçaux, superbement montez sur leurs grands cheuaux, & faisans parade de leur vaillance. Ils ont laissé cela aux Princes estrangers. Mais en leur grand seau, & en toutes les vieilles medailles qui s'en trouuent on ne les void habillez que de long, & en habit pacifique, semé de fleurs de Lis, & le Lyon souz leurs pieds, portans en vne main leur Sceptre, & de l'autre la main de Iustice: pour monstrer que la cruelle force, & la forte cruauté des armes gist vaincuë & abattuë souz

Habillemēs des Roys tenans leur lit de Iustice.

Grād seau des Roys de France.

leurs pieds, & qu'en vne main ils ont la puissance, & en l'autre la Iustice, dont ils gouuernent leurs sujets. On n'a veu entre tous les Roys du monde rendans Iustice, que sur le chef des grans Roys de France, chef tout rayannant de feux, tout eclatant d'honneur, ceste magnifique couronne, ce mortier de velours, à tout son cercle d'or, antique, mais superbe diadesme des premiers Roys de France. Non ceste Tunique des Payens à teste de cloux, dont les senateurs vsoiét, non la Trabee ce vestement de Roy. Non point que sur leur dos ceste robbe de pourpre Tyrienne, dont elle paroist reuestuë & paree en son plus haut appareil: non, & non point ce manteau d'escarlate agrafé de boutons d'or, fourré d'hermines pour signe de Iustice & de Royauté. Les Roys par leurs habits font demonstration de leurs affections: car s'ils vont à la guerre, il s'habillent d'escarlate, si en festins d'vne couleur gaye, comme font aussi, & ont faict tous les peuples. Car il se lit dans Tacite que Germanicus entrant en Athenes, pour gratifier les Grecs & leur monstrer l'affection qu'il leur portoit, se vestit à leur mode. Cartage, dit Tertullian, à l'arriuee de Scipion prit la toge & l'habit Romain. Polemo pour gratifier aux Atheniens se vestit de leur habit: & me souuiét de l'Empereur Caligula, lequel aymant vne statue d'or de Iupiter, qu'il auoit en son Palais, tous les iours il la faisoit habiller comme luy. Ainsi les Roys de France se sont entré tous les autres Princes, parez de l'habit de Iustice, pour faire cognoistre qu'ils la cherissoient & gratifioient en leur
Royume

Royaume autrement & plus iustement que tous les Roys de la terre.

La quatriefme raifon eft tiree de la main de Iuftice, qu'ils portent auec leur fceptre: pour monftrer qu'ils ne bataillent moins pour la Iuftice que pour leur propre perfonne, comme ainfi foit que d'icelle depende toute leur grandeur. Car on n'a iamais veu ny leu, de tous les Roys de la terre qui font, & qui ont efté, qu'ils ayent porté le fignal & la verge de la Iuftice en main. Cela n'eft aduenu qu'aux Roys de France, que les peignans en leur lit de Iuftice, nous leur baillions à la dextre la main de Iuftice, & à la feneftre leur Sceptre, pour ce que la Iuftice eft née auec la France, & a fon droict heredital en la terre de France, comme Procope & Agathie mefme le recognoiffent, remarquans dés le téps de Clouis, qu'ils attouchét prefque, & la Religió & la Iuftice és Princes de Fráce par deffus tous autres Princes, qui auoient efleué leurs trophees des dépouillez de l'Empire. Il y a des pays qui font douez de chofes rares, & qui ne peuuent venir ailleurs. L'Inde feule a cefte prerogatiue, qu'il n'y a qu'elle qui porte des arbres odoriferans, il n'y a que le fein Perfique qui porte des perles d'excellence, il n'y a que l'Aquilon qui donne l'ambre. Auffi n'y a il qu'vne France, où s'exercent les vrayes functions de la Iuftice, & où comme dit Homere,

Main de Iuftice.

Il y a vn Roy feul, auquel le fils celefte
De Saturne le fin fon pouuoir manifefte,
En luy donnant le Sceptre, & les Droits en la main,
Afin que fur fon peuple il iuge en Souuerain.

R.

Quand les Roys ont conquis quelque pays, ils en posent les armes en leurs Escus, pour monstrer qu'ils sont Roys de ceste nouuelle terre. Car quand le Roy d'Espagne eut obtenu victoire contre les Portugais, il adiousta de nouueau l'Escu de Portugal en ses armes. Et à cete cósideration les Roys d'Angleterre sur vne fausse pretension, que la France tombast en quenouille, adjousterent les armes de France en leurs Escus, & vainement ils les possedent auiourd'huy, & en peinture seulement. Aussi les Roys de Fráce possesseurs des armes de la vraye Iustice, les portent en leur main comme estant leur conqueste. C'est de ceste Iustice dont ils s'arment, c'est d'elle qu'ils se couronnent, c'est d'elle qu'ils se glorifient. I'ay bien autrefois leu dans Froissard que les Roys d'Angleterre se faisoient porter à leur sacre, vne espee nuë, qu'ils appelloient l'espee de Iustice. Ce qu'ils faisoient pensant imiter les Roys de France. Mais il y a grande difference de la main & de l'espee, l'espee n'est que pour trancher & destruire, mais la main plante & si arrache, elle conforte & si abbat, elle maintient & si ruine. Il faut bien au terroir d'vn Estat defricher le vice, mais il y faut planter la vertu. Ce n'est pas assez au Chirurgien de couper la chair morte, il faut faire reuenir la chair viue afin de remettre le membre en parfaicte santé.

Grãs gages des Roys de Frace aux Officiers de la Iustice. La cinquiesme raison pour fortifier ce grand amour qu'ils ont eu à la Iustice, sont les grands gages qu'ils donnent aux Officiers d'icelle, à fin de la distribuer à leurs sujets. Car que l'on voye ce que dependent les autres Roys, voire le grand Turc, en tant de garnisons & d'armees qu'il a en ses pays, il se trouuera que la France l'excede au payement de ses gens de Iustice. C'est l'ordinaire des Princes que de faire grandes dépenses és choses qui leur sont affectionnees. Iules Cesar desirant d'esleuer Rome, côme elle a esté, sur toutes les villes de la terre, & la voulant construire superbement, acheta seulement vne place & vne aire qui luy cousta vne somme incroyable, de laquelle somme toutefois les anciens qui en ont escrit sont tous d'accord. La mesme affection estant en Auguste son Successeur, apres l'auoir enrichie de son insigne Palais, accompagné du Temple d'Apollon, & d'vne excellente bibliotheque, apres qu'en mille endroits de la ville, il eut encore fait des Edifices admirables, & faict venir d'Egypte ces obelisques, tous d'vne seule pierre portant quatre cens deux coudees de haut : & celuy entr'autres que le Pape Sixte a esleué n'a guere à Rome, en la place de sainct Pierre : finalement il se vanta que d'vne Rome de brique qu'il auoit trouuee au commencement, il la rendoit toute de marbre à la fin de son regne. On en pourroit autant dire des autres Princes, qui en ont autant faict en leurs Estats. Et delà il s'ensuit que nos Roys ont infiniment aymé la Iustice, puis qu'infiniment ils y ont dependu, & y dépendent encore à present infiniment, au pris des autres Roys de la terre.

Obelisque d'Egypte.

Les Ephesiens voulans monstrer comme ils honoroient leur Diane, nō pas ceste Chasseresse

portant son arc, & son Carquois : mais ceste Diane que Sainct Hierosme dit qu'on appelloit *Mammelue*, ou, *à plusieurs mammelles*, Symbole de fecondité, firent bastir vn Temple à son honneur, qui fut vn ornement de l'Asie, & vne Merueille du monde. Car ils furent deux cens vingt ans à l'edifier, & y contribua toute l'Asie, & fut basty en vn marais, pour n'estre sujet aux tremblemens de terre, ayant 425. pieds de long, & 220. de large, & 127. colomnes, chacune de soixante & dix pieds de hauteur, dont il y en auoit trente six cizelees, & l'vne de la main de cet insigne & tant renommé Scopas, & chacune d'icelles faicte aux dépens d'vn Roy : de sorte qu'il y eut cent vingt-sept Roys qui fournirent à ceste despense. Aussi pour monstrer l'honneur que nos Roys ont porté à la Iustice, soixante & trois Roys, qui tous ont esté d'vne suite, ont plus contribué à edifier le Temple de Iustice, que n'ont faict ensemble tous les Roys, voire tout le peuple d'Asie à esleuer la superbe merueille de ce Temple de Diane.

Iustice de France en grãd credit par tout le monde.

La sixiesme raison est, que ceste Iustice a esté grandement reputee, & qu'elle a eu grand bruit & recommendation par toute la terre, puis que les estrangers la sont venuë chercher iusques dans le Royaume. Car il n'y a aucun de nos voisins, qui n'ayt rapporté ses differends à vuider à la Iustice de Fráce : & luy fait-on encore cet hõneur d'enuoyer souuent d'Allemagne, des Pays bas, & de Rome, pour auoir les aduis de ses Senateurs & Aduocats.

Il n'y a vent si grand, qui coure d'vn bout de

la terre à l'autre, & n'y a tonnerre si haut, qui se puisse ouyr de l'Orient en Occident : Mesme le Soleil vniuersellement ne se peut voir en mesme heure, & en mesme point par toute la rondeur du monde, à cause de la curuature d'iceluy. Mais on sçait le mont Olympe estre si haut esleué, que de son coupeau l'on void l'vne & l'autre mer, qui est la mer d'Italie, & la mer du Pont. Aussi l'on peut louer la France que de l'vne & l'autre mer, & de la mer d'Orient, & de celle d'Occident, la Iustice de ses Roys a esté admirée. Car estans en Orient auec leurs armees, leurs ennemis ont autant loué leur Iustice, qu'ils ont eu frayeur de leurs armes : & le mesme a esté faict en Occident. On peut dire de ces Monarques, & de leur Iustice, ce que l'Escriture Saincte dit de Salomon, & de sa Sapience, que la Royne de Saba, qui se nommoit Meroüé, & qui commandoit à l'Egypte & à l'Ethiopie, comme estant Imperatrice du Midy, en oyant parler, elle eut desir de le voir, & en faire preuue, mais que l'ayant veuë, comme rauie d'estonnement elle dist à haute voix. *Ie n'auois pas creance à ce que l'on me contoit, iusqu'à ce que ie soye venue moy-mesme, & aye veu de mes yeux, & esprouué que l'on ne m'a pas dit la moitié de ce qui en est. Ta Sapience, & tes œuures sont beaucoup plus grandes, que n'est le bruit que i'en ay entendu.* D'escrire icy les differends des Roys & peuples voisins qui se sont rapportez à ceste Iustice de France, ce seroit pour faire vn gros volume. Il suffira de dire que les Empereurs & les Roys de la terre, comme de Sicile, d'Armenie, de Cypre, de Boëme, de Portugal, d'Escosse, d'Angleterre,

& de Nauarre se sont trouuez fort honorez d'auoir seance auec nos Roys en ce Throne de Iustice. Et à la verité l'honneur de la Maiesté des Roys est grand, mais celuy de la Maiesté de nos Roys de France est vne merueille, qui passe de bien loin toute merueille.

La septiesme raison est, qu'ils ne iurent en leurs sacres, que deux choses, (qu'ils ont inuiolablement gardees) de maintenir la Religion & la Iustice. Ce qui a esté pratiqué dés le serment que fist Philippes I. venant à la Couronne & qui est de l'an 1059. en May, à la feste de la Pentecoste. Ce serment vit encore, & s'est obserué, & s'obserue encore au sacre de tous Roys. Car nous lisons dans Monstrelet, & ie l'ay rapporté cy dessus, que Louys XI. si tost qu'il eut faict ce sermēt à son sacre, & qu'il eut iuré de garder ceste Iustice. *Il enuoya son Serment à la Cour de Parlement, & la pria de le vouloir acquiter de ce qu'il auoit si solennellement iuré.* C'est le serment qu'on appelle le grand serment, le haut & Royal serment, serment qui ne se faict qu'vne fois, sans le reiterer aucunement par les Roys durant leur vie. Car depuis ils ne iurent qu'en Parolle de Roy, & ces mots sont autant que tous les sermens qu'on pourroit faire au monde, d'autant qu'ils comprenent toutes les asseurances qu'on peut s'imaginer entre les hommes. Ils ne font iamais serment à leurs sujets, que celuy-là, le iour de leur sacre, & ne iuroient anciénement les Traitez ou confederations, ains autres de leurs Princes en leur lieu.

Et nos Ordonnances tant Latines que Françoises, veulent à cet exemple que tous ceux qui

Iuremens des Roys de garder la Religiō & la Iustice.

ont le maniment de la Iustice, depuis les plus grands iusques aux plus petits iurent corporellement, c'est à dire qu'ils obligent tres-religieusement, & tres-estroitement leur conscience au seruice de la Iustice, de laquelle nos Roys ont esté toujours tres-jaloux, comme vn principal fleuron de leur Couronne. Cause pour laquelle Philippe le Bel appelle les Ordonnances de la Iustice, *Ordonnances du bon estat & gouuernement du Royaume*, voulant dire par là que le gouuernail principal de ceste Monarchie Françoise despend de la Iustice. *Serment des Iuges.*

La huictiesme raison est qu'ils ont donné aux Corps souuerains de ceste Iustice, beaucoup plus grande puissance que les Atheniens ne donnoient à leur Archon, que l'Armoste n'auoit en Lacedemone, l'Esymnere en Salonique, l'Archus en Malthe, les Soixante douze Vieillards entre les Iuifs, & les Soixante Bourgeois parmy les Gnidiens, qu'on nommoit Amimones, c'est à dire sans reproche. Car combien que le peuple de Gaule de toute memoire fust coustumier d'estre regy souz puissance Royalle, toutefois s'emparans du Royaume, & dépouillans toute passió, se voulurent soumettre aux Loix de leur Iustice, & ne faire par ce moyen chose, qui ne fust iuste & raisonnable: de maniere que leurs patentes ont de tout temps esté subiectes à la verification de la Cour, non seulement sur les obreptions comme à Rome, ains sur la Iustice ou iniustice d'icelles. *Puissance des Parlemens.*

Que si bien les Roys d'Egypte, suiuant vne ancienne coustume, faisoient iurer les Iuges,

R iiij

Les Roys de France ont tāt aymé la Iuſtice, qu'ils ont ſoumis leurs Edits à leurs Parlemens.

quand ils les inſtalloient en leurs offices, que quand bien le Roy leur commanderoit de iuger contre leur conſcience, & le bien public, ils ne le feroient pas pourtant. Si Alexandre eſtimoit qu'il deuſt auoir le deſſus de toute choſe, & plier toutefois ſouz les loix de la Iuſtice: Et ſi les Roys ſont appellez d'Antigonus les ſeruiteurs de la choſe publicque. Les Roys des fleurs de Lis de meſme, plus iuſtes, & plus iuſtement Roys que tous les Roys du monde, ſe deueſtant de leur authorité en faueur de leurs ſujets, ont ſainctement ordonné, que leurs Edits n'euſſent aucune force, ſi ce n'eſtoit du iour qu'ils feroient verifiez és Parlemens. Ils ont voulu que les Ordōnances deliberees en leur Cōſeil priué, fuſſent preſentees à leurs Cours ſouueraines, auant d'eſtre publiees : afin qu'ainſi qu'entre les Grecs il failloit afficher les Edits aux Colonnes, pour les rendre irreuocables, on vid là leurs volontez attachees aux Colōnes de ceſt Eſtat François pour leur donner vigueur.

Vtilité de la verification des Edits.

Et certes leurs volontez eſtans ainſi conjointes aux reſolutions des Magiſtrats ainſi que puiſſans luminaires d'vn eſtat bien reglé, infinis beaux ſuccez en ſōt arriuez: Ne s'eſtāt iamais veu pour vne merueilleuſe approbation d'vn ſi beau reglement, que déſlors que quelque Edict a eſté verifié leur peuple ſoudain n'en ayt receu la charge, comme jadis on ne pouuoit oſter vn tableau en Athenes, ſur lequel vn Edict auoit eſté eſcrit par le Senat. Les ſujets qui voyent les volontez de leur Prince executees par force, auant qu'elles ſoient emologuees & approuuees du Conſeil, entrent aifément au mépris, & de la à la rebellion & defobeiffance. Et bien que plufieurs affaires s'expedient aux Parlemens, qu'il n'eft pas neceffaire que le Prince fçache, fi eft-ce qu'on a trouué fouuentefois vtile qu'vn chacun penfaft qu'il en euft cognoiffance, afin que l'execution en fuft moins difficile. Voilà pourquoy Clotaire deleguoit Engobalde Comte du Palais, pour affifter au Parlement, d'où il rapportoit les deliberations au Roy, lequel prononçoit fes Arrefts fur icelles. Voylà pourquoy Charles V. ayant receu les plaintes de la Guienne, affembla tous les Princes en fon Parlement, & leur dift qu'il les auoit faict venir pour auoir leur aduis, & fe corriger, s'il auoit faict chofe, qu'il ne deuft faire. Voyla comment Louys XI. voulut par fon Ordonnance ne pouuoir entreprendre nulle guerre, ny autres chofes importantes, fans le faire fçauoir aux Cheualiers de l'Ordre.

C'eft par le moyen de ces fubmiffions, que ce Royaume a efpandu l'odeur de fa Iuftice par tout le monde, & y a mefme attiré l'eftranger lors que l'an 1403. quelques Gentilhommes Efpagnols apporterent en la Cour de Parlement de Paris vn Traité de paix fait entre les deux Roys de Caftille & de Portugal, pour y eftre emologué les Chambres affemblees. C'eft par le moyen des verifications des Edits octroiees aux Parlemens, que nos Roys ont credité l'equité de leur Sceptre, & magnifié la droiture de leur main de Iuftice au deffus de tous les Roys de la terre : & d'où les eftrangers difcourans de la longue duree de leur Empire, ont eftimé que de cefte commune police des Parlemens, qui est comme moyenne entre eux & leurs peuples, dependoit toute la grandeur de la France. Comme si ces dignes compagnies deputees pour l'exercice de la Iustice, seruissent de lien pour nouër l'obeissance des sujets auec les commandemens du Prince, & pour vnir d'vn indissoluble nœud le peuple auec le Roy, trois metaux qui se peuuent entre tous allier ensemble l'or, l'argent, & Venus: afin que de l'accord de choses si discordātes entr'elles, il se fist vne belle & plaisante harmonie d'vn Estat bien-heureux.

Parlemens lien de l'Empire François.

Et posé le cas que par fois leurs Lettres ayent esté de leur mouuement, toutefois fort malaisément ont elles pasé en forme de chose arrestee, ains ont toujours reserué à ces Cours, la liberté de leur vser de remonstrances, pour leur faire entendre que leurs mouuemens deuoient s'accorder à la raison. On recite que le Roy Louys XI. portant impatiemment le refus, que le Parlement de Paris auoit faict d'emologuer quelque Edit, qui n'estoit point de Iustice, & resolu de luy oster toute l'authorité, afin de n'auoir rien qui luy peust contredire, il veid aussi-tost vne troupe de ses Conseillers, souz la conduicte de ce venerable President la Vaquerie, d'vne grauité Majestueuse offrir à ses pieds leurs chapperons, plus prests de se demettre de leurs charges, que de verifier son Edict: & qu'alors il tesmoigna bien l'estime qu'il faisoit de leur constance & fermeté, quand surpris d'estonnement, & de rauissement tout ensemble, il reuoqua deuant eux cest Edit, leur iurāt qu'il ne leur en enuoyeroit plus aucun

Edit iniuste reuoqué par Louys XI.

qui ne fuſt de commandement Royal, c'eſt à dire iuſte. Et le iura pour ne voir hereditaire en ſa poſterité le malheur de Ceſar, qui perdit ſon Empire, pour auoir meſpriſé le Senat: ou bien l'erreur du Roy Sicilien, qui fut priué de ſes Eſtats, pour ne luy auoir rien communiqué. Pour ne ſavoir imitatrice de la cruauté de Cleomenes qui ruina la Republique des Lacedemoniens ayant tué les Ephores: ou de l'imprudence de Periclés qui renuerſa tout l'ordre de la ſienne, pour auoir oſté l'autorité au ſacré ordre des Areopages.

Il ſe trouue auſſi pluſieurs Lettres eſcrites au Parlemēt, par leſquelles les Roys mandent, qu'on n'ayt aucun eſgard à ce qu'ils commanderont, s'il eſt contre Iuſtice.

La neufieſme raiſon, comme germaine & tirant ſon origine de la precedente, eſt que de toutes les parties de la Iuſtice celle-là remarquant mieux les Roix qui accompagne la liberalité: nos Princes ont remis la cognoiſſance de leurs dōs à la diſcuſſion de leur Cour, & par vne police generale ont voulu auoir en leur Monarchie gens propres & deputez, cōme eſt vne Chābre des Cōptes pour auoir cognoiſſance de leurs octrois, & enſemble de toutes autres choſes qui pourroiēt contreuenir au public. Là où les autres Roys qu'on a veu exercer toute autre Iuſtice par l'entremiſe d'autrui, ont toujours neātmoins particulieremēt reſerué ceſte partie à leur decharge.

Dons des Roys aſſuietis à la verification de la Cour & Chābre des Cōptes.

Tout Roy qui de ſa nature eſt ordinairement magnifique, à peine qu'il refuſe aucune choſe. Les gouuerneurs de l'enfance des Princes ſe piquent à leur imprimer ceſte largeſſe, comme ſi la vertu Royalle conſiſtqit le plus en icelle, & les preschent de ne sçauoir rien refuser, & n'estimer rien si bien employé que ce qu'ils donront : & toutefois les Roys de France soumettans leurs liberalitez à la verification du Corps souuerain de leur Iustice, par vne vsance de long temps pratiquee en leur Royaume, ils demeurent toujours aymez de ceux ausquels ils ont fait ces dõs, encor qu'ils n'ayent sorty leur effect. Iointqu'ayans à donner, ou pour mieux dire à payer à tant de gens selon qu'ils ont deseruy, ils en doiuent estre loyaux & aduisez dispensateurs. Et outre plus, ce moyen estant obserué, les sujets en demeurent plus riches, d'autant que moins les Roys s'apauurissent par des largesses immoderees, & moins les sujets en sont foulez. La liberalité est la seule vertu, comme disoit le Tyran Dionysius, qui se comporte bien auec la tyrannie mesme, c'est vn moyen foible à acquerir bien-veillance aux Princes, & qui rebute souuent plus de gens qu'il n'en pratique. Et si elle est employee sans respect du merite, elle faict vergongne a qui la reçoit, & se reçoit sans grace. Des Roys ont esté sacrifiez à la haine du peuple par les mains de ceux mesme qu'ils auoient iniquement auancez : telle maniere d'hommes estimans asseurer la possession des biens indeuëment receuz, s'ils monstroient auoir à mépris & hayne, celuy duquel ils les tenoiét, & se rallioient au iugement & opinion commune en cela. Les sujets d'vn Prince excessif en dons se rendent excessifs en demandes : ils se taillent non à la raison, mais à l'exemple. Il y a certes souuent dequoy rougir de leur impudence : ils sont surpayez selon Iustice quand la recompense egale leur seruice: car n'en doiuent ils rien a leurs Princes d'obligation naturelle? S'il porte leur dépense il faict trop: c'est assez qu'il l'ayde: A leur modé ce n'est iamais faict, le recceu ne se met plus en conte, ils n'ayment la liberalité que future. Ainsi plus vn Prince s'epuise en donnant, plus il s'apauurist d'amis.

Les Empereurs tiroient excuse à la superfluité de leurs jeux & monstres publiques, de ce que leur autorité dependoit aucunement, au moins par apparence de la volonté du peuple Romain: lequel auoit de tout temps accoustumé d'estre flatté par telles sortes de spectacles & d'excés. Mais c'estoient particuliers qui auoient nourry ceste coutume de gratifier leurs concitoyens & compagnons, principalement sur leur bourse, par telle profusion & magnificence. Elle eut tout autre goust quand ce furent les Maistres qui vindrent à l'imiter. Et Philippes, de ce que son fils essayoit par presens de gaigner la volonté des Macedoniens, l'en tança par vne lettre en ceste maniere. *Quoy? as tu enuie que tes sujets te tiennent pour leur boursier, non pour leur Roy? Veux-tu les pratiquer? Pratique les des bien-faits de la vertu, non des bien-faits de ton coffre.*

Liberalitez des Empereurs és ieux publics.

Parquoy les grands Roys des Lis ont estimé necessaire qu'ils eussent en telles affaires des Medecins publics, & pour obuier à ces liberalitez de leurs Maiestez, qui tiennent presque main ouuerte à toutes personnes, ils ont trouué bon, que par vne submission iuste, leur Cour & Chambre des Comptes eussent cognoissance de leurs octrois & dons bien souuent excessifs. Quoy aduenu ils en ont demeuré plus aymez: & dauantage chaque Conseiller à part n'a peu estre mal voulu des grands Seigneurs qui estoient autour de leurs personnes, d'autant que ne leur ayans gratifié, ils ont eu excuse fort prompte sur le corps total & souuerain de la Iustice Royalle, à laquelle prise en general à peine qu'vn Seigneur s'attache.

De ceste façon dit on que le Roy François premier escorna l'impudence de quelques Italiens, lesquels l'importunoient à outrance pour faire enteriner quelques prodigues lettres qui leur estoient expediees souz le grand seau. Car le Parlement n'y voulant entendre, & le Roy mandant à soy quelques vns des principaux d'icelle, apres plusieurs remonstrances à luy faictes en la presence des importuns, sur l'inciuilité des lettres, & du dommage qu'elles apporteroient à luy & à son peuple, il se colora toutefois de colere, & auec paroles d'aigeur leur enjoignit tres-expressément qu'ils eussent à proceder à la verification de ses lettres. Ces paroles ainsi proferees de la colere d'vn Roy estonnerent quelque peu les Enuoyez de la Cour. Mais neantmoins chacun estant sorty de la Chambre, il les fist appeller à l'instant mesme, & s'excusant debonnairement de son couroux, il leur dist que ce qu'il en auoit faict, estoit pour entretenir de paroles ces estrangers, desquels il auoit lors affaire, & qu'ils ne passassent que ce qu'ils trouueroient bon. Qui fut cause que continuant la Cour en sa premiere opinion, ces Italiens furent contraints de chercher leur commodité en chose moins commode pour la Couronne, demeurant neantmoins le Roy en bonne reputation auec eux, comme celuy qui n'eust voulu pour chose quelconque, en tant qu'en luy estoit, retracter sa parole : mais aussi qui auec plus de scandale eust commis beaucoup plus grand faute, si pour fauoriser sa parole, il eust voulu fausser les ordres de sa Republique, desquels tant que les Roys demeureront obseruateurs, autant demeurera ferme la grandeur de leurs Maiestez. Tirans par ce moyen ceste commodité que plusieurs Musiciens, lesquels, ore que de leur nature ils n'ayent les voix douces, ny conuenables, les vns pour la Teneur, les autres pour la Basse-contre, Dessus, ou Contre-teneur, ayants ce neantmoins gardé les accords tels que la Chanson les requiert, rendent vne armonie gracieuse, & qui contente assez l'oreille des assistans.

La dixiesme & derniere raison est, que non seulement ils ont soumis leurs Edicts & leurs largesses à la Iustice de leur Royaume, mais ne se sont pas eux mesme reseruez plus de droict en cette Iustice, qu'ils en donnent aux plus petits de leurs sujets: au contraire anciennement & le plus souuent ils y ont eux mesmes esté condamnez à tous les despens, & executez, ainsi, & tout en la mesme forme que des particuliers. Ce qui fut la cause pourquoy Charles VII. fist son Ordonnance, que les despens esquels il seroit códamné desormais, ne

Roys anciennement condamnez aux dispés & executez ainsi qu'vn particulier.

fussent payez s'ils n'estoient signez. Et s'est trouué que les Huissiers n'osans executer les Arrests donnez contre le Roy, Monsieur le Procureur general absent, c'estoit le Roy mesme qui leur donnoit permission de le faire, & qui s'executoit luy-mesme. Iustice fondee sur ceste raison qui oblige les Roys de garder aussi soigneusement les biens de leur Couronne, que le tuteur ceux de sa tutelle: Car ils ont voulu nonobstant ceste obligation que les causes en ayent esté cognues de leurs Parlemens, & se sont soumis à leur Iustice, qui ne les a en rien fauorisez, ainsi qu'il se peut voir és registres de la Cour, & qu'il est tesmoigné encore par plusieurs vieux Arrests donnez en Parlement, tels qu'en porte quelques vns ce petit Extrait. *Vn tesmoignage apparent combien les Roys de France sont doux & equitables en ce que par Arrest de l'an 1446. le Roy Charles VII. fut condamné souffrir qu'on coupast le bois qu'il auoit pres Paris, pour l'vsage du public en general, & d'vn thacun en particulier. Et qui plus est le prix luy fut taxé par l'Arrest, ce qu'on ne feroit pas à vn particulier. Et neantmoins au mesme temps Philippes Marie Duc de Milan defendoit de passer les riuieres sans auoir congé de luy qu'il vendoit à prix d'argent. Leur mesme raison en Iustice se remarque en ce que par Arrest de l'an 1266. Le Roy souffrit condamnation de payer a son Curé la dixme des fruicts de son Jardin. Et par autre Arrest de l'an mil quatre cens quinze, le Roy fut debouté des Lettres de restitution qu'il auoit obtenues pour couurir des defaux contre luy acquis. En quoy il fut moins priuilegié que son subiet.*

Et ce qui est plus digne de remarque sur la
presente

presente raison, c'est que pouuans donner la vie aux criminels de leur mouuement & sans conseil, pouuans di-je vser d'absolutions sans cognoissance de cause, ils se sont toutefois pour les graces souuent remis à cette Iustice de leurs Parlemens és crimes ausquels c'est impieté que d'auoir de la pitié, que la douceur est cruauté, la clemence cruelle.

La parole de Traian fut memorable & bien recueillie, qui donnant son espee à porter, adiousta ce mot, *contre tous*, *& contre moy le premier*. Mais la grandeur de nos Roys est plus memorable, qu'ils se soumettent les premiers à cette Iustice de leur Royaume, & font gloire que la hautesse de la maison & Couronne de France s'assubietisse à la puissance de l'Equité. Les vers de Claudian s'y conforment de si pres, qu'il semble ne les auoir mesurez que pour eux, quand admonestant les Roys il escrit ainsi. *Si tu fais quelque ordonnance que tu desires estre obseruee de ton peuple, soumets toy le premier à icelle. Les suiets gardent l'equité des Loix plus volontiers, & de meilleur cœur, quand ils voyent que l'Auteur d'icelles y obeist.* Car à la verité les Roys des Lis ont donné grand credit à leur Iustice, quand premiers ils se sont soumis à l'execution d'icelle ; & tellement soumis qu'on peut dire d'eux à iuste titre ce que disoit vn Panegiriste de Theodose, *Vous estes ceux qui tousiours auez esté, & vous est autant permis par vous mesme, comme auparauant vous en estoit permis par les Loix, vous vous soumettez à la rigueur du droict par le pouuoir & l'abondance, qui est en vous de bien faire, non par l'asseurance d'impunité à mal faire* : & puis qu'ils ont voulu garder les sainctes & louables Loix de leur Iustice comme ils ont monstré par toutes leurs actions, c'estoit raison que leurs sujets aymassent la Iustice comme leurs Princes, & leurs Princes comme les loix de la Iustice. Ils se sont monstrez bons Princes & aymables, puis que pour maintenir & conseruer leur Estat & leurs sujets, encore qu'ils fussent par dessus les Loix, ils ont voulu regner, & ont plus longuement & iustement regné que les autres, en s'accoustumant à suiure les Coutumes, puis qu'ils se sont volontairement soumis au Corps souuerains de leur Royaume, ie dis à ces Cours souueraines, qu'ils ont dresees & establies comme l'œil & l'ame immortelle de leur Iustice, pour rendre & distribuer ceste Iustice, l'œil & l'ame de leur gloire. Oeil si glorieusement esclairant, ame si clairement glorieuse, œil & ame si viuement brillants, qu'entre tant de Roys & Empereurs, qui pour leurs hauts faits se sont acquis des titres magnifiques, il ne s'en trouue point qui pour leur merite se soient asseurez le nō & l'honneur de Iustes, que ceux des Lis.

Roys de France tres-iustes sur tous Roys.

Les autres Princes ont ignoré, ou en quelque chose defauorisé cette science, engendree pour la societé humaine, & qui distribue à chacun ce qui luy appartient. Il n'y a que les nostres qui ont estimé la premiere & plus necessaire Philosophie de leurs Maiestez, de sçauoir rendre la Iustice à leurs peuples, & qui remettans le soin de l'administrer aux gens doctes qu'ils ont toujours largement payez pour cela, ont merité qu'on dresse ce bel eloge d'Homere à l'immortalité

de leur gloire dans les siecles extremes.
Leur los est tout ainsi que de Roys sans reproches,
Qui du tout sont de Dieu, & de sa gloire proches,
Qui sur vn puissant peuple ont tout commandement
Et leur Iustice font estendre largement,
La terre souz leur regne est plaine de richesse
Le froment & tous bleds y viennent à largesse,
Et les arbres chargez nous prodiguent leurs fruits,
Des troupeaux vigoureux d'autres en sont produits,
La mer qui de poissons souz les ondes foisonne
Sans qu'il faille pescher à plaine main les donne,
Et tout par le bel ordre où leur Sceptre a monté,
Dont les peuples souz eux sont en felicité.

Aussi n'a t'on point veu que nos François ayent imité ces anciens Bourguignons, lesquels auoiét ceste coustume fort estrange & farouche à l'endroit de leurs Roys, que si la terre leur manquoit de foy, & failloit à leur rapporter pour quelque annee, ils les dejettoient de la Couronne: ains comme dict magnifiquement bien Boëce, Ils n'ont pas tant reputé les annees estre bonnes, à cause de l'abondance des fruicts, qu'à cause de ceux qui ont regné & presidé iustement sur eux.

S ij

DE LA CLEMENCE DES ROYS DE FRANCE,

Et comme ils ont fait luire les traits de leur Douceur, au dessus de tous les Roys du monde.

DISCOVRS VII.

Clemence inseparable de la Iustice.

E toutes Maximes de l'Estat de France, celle-cy a de tout temps esté la plus en pratique à nos grás Roys ; & qui manque la moins, ou de raisons ou d'exemples, Que la Iustice ne se doit separer de la Clemence, à qui desire rendre son Empire ferme & durable. Ils ont tousiours rendu à l'occasion de tres-grandes preuues des deux. Leur Iustice a paru au Discours precedent. Leur Clemence flamboyera en cettuy-cy sur les autres Roys de la terre. Et comme i'ay cy deuant graué en la memoire de leurs vertus, de memorables exemples de leur Iustice, ie veux maintenant icy monstrer les arguments & les grands effects de leur Clemence.

Toutes les vertus les plus esmerueillables se sont rencontrees diuinemét en nos Roys: Mais ils ont fait eclater par dessus toutes, celle de la Debonnaireté, ne se lassant iamais de bien faire à ceux qui pour le doux fruit de la tranquilité où ils ont tousiours esté nourris, leur ont offert vne eternelle obeissance, qui ne mourra iamais qu'auec le nom François, auquel le Ciel a promis vne perpetuelle duree.

Clemence grande és Roys de France.

Et bien qu'il semble que louant ces Princes pour leur Douceur ie leur vueille allouer hautement vne vertu contraire à leur Iustice : C'est toutefois la verité qu'elle ne faict rien au contraire, que l'vne & l'autre ont mesme fin, & qu'elles visent toutes deux à mesme blanc. Leur Iustice chastie par equitable pouuoir, leur Clemence par benigne misericorde : celle-là punist, & celle-cy pardonne. Et comme les peres particuliers chastient quelquefois leurs enfans quand ils ont failly, & quelquefois leur monstrent seulement la verge, & leur font peur pour toute punition. Ainsi font nos Roys peres communs de leur peuple, ils vengent quelquefois les iniures faictes à leur Estat, & remettent souuent celles qui touchent leur interest particulier. (si la verité me permet de Ainsi le dire) ils regnent seurement par la Iustice, & longuement par la Clemence. Il est vray, que l'on peut dire plus veritablement de leur regne que Iulian ne disoit de son Empire, *qu'ils sont fort pesans à condamner* ceux qui les ont offensez,

La Clemēce n'est en riē côtraire à la Iustice.

S iij

& encore plus pesans & tardifs à pardonner apres la condamnation à ceux qui ont projetté les ruines du bien & salut de leur peuple: & quoy qu'il en soit, ou quoy qu'on en die, ces Princes, en faisant luire les traits de leur Clemence parmy les fureurs de leur Iustice, font voir qu'aux plus grās exemples de la seureté on doit mesler les effects de la douceur en la punition du peuple, & que le Roy qui est l'image viuante de Dieu viuant, doit considerer que le Deluge ayant noyé toutes les plantes & les arbres de la terre, l'Oliuier demeura en sa verdure, pour monstrer que la misericorde viura eternellement, Ils font cognoistre que comme la vie de leurs bons seruiteurs leur est chere, celle de ceux qui ne le sont pas, leur est odieuse, & n'en ont point tant de pitié que ces Roys de Perse, qui faisoient fouetter les habits des Seigneurs, qui auoient voulu troubler leur Estat, & se contentoient de punir le chapeau pour la teste.

L'Oliuier n'a point esté noyé au deluge.

C'est donc entre ces deux Deesses qu'ils sont assis, c'est entre ceste Iustice & Clemence qu'est le Throne de leurs Maiestez Royalles. Homere faict son Iupiter grauement assis entre deux Vases, l'vn de bien, & l'autre de mal. Mais c'est à luy mal recognu, mal formé, & mal figuré la Diuinité. Vn petit broyeur de couleurs eust mieux disposé ceste peinture. Fait-il son Iupiter assis au pres du mal? le fait-il distributeur des miseres qui égorgent les hommes? L'amertume ne sort point du Ciel, & la mauuaise odeur ne naist de la rose: Le mal ne vient iamais de la main de Dieu, pource qu'il n'est que douceur & bonté, Il falloit

Roys de France assis entre la Iustice & la clemēce.

plutoſt qu'il le plaçaſt entre le Soleil & la Lune, c'eſt à dire entre le Soleil de la Iuſtice, & la Lune de la Clemence & debonnaireté. Car c'eſt où iuſtement ſe parque la Maieſté de Dieu, & apres Dieu, la Maieſté des Roys, & principalement des Roys de France, qui ne viſent qu'au bien des peuples qu'ils ont en charge, à l'imitation de la ſouueraine Maieſté qui a faict & faict tout pour ſa Creature raiſonnable.

Et certes on void toujours ces genereux Princes aſſis entre le frere & la ſœur comme eſt Dieu entre la Iuſtice & la Clemence : car ce ſont les deux grands chandeliers qui luiſent perpetuellement deuant leurs Maieſtez. De ces deux ils gouuernent & temperent la France, voire toute l'Europe. Et tout ainſi qu'en certaine region d'Affrique les iours ſont infiniment chauds, & les nuits merueilleuſement fraiſches, afin de moderer l'ardeur du iour, & luy donner quelque douce temperature. Ainſi ce que l'ardeur de leur Iuſtice a bruſlé, eſt rafreſchy par la Clemence, comme on void ordinairement vne grande roſee ſuiure les chaleurs des plus grands iours d'Eſté.

I'ay prins ceſte comparaiſon du Soleil & de la Lune, comme du frere & de la ſeur, puis qu'on tient que Phebus & Diane ſont enfans de Latone, ainſi que les Poetes ont chanté. La Lune eſt ſœur du Soleil, comme eſt la Clemence ſœur de la Iuſtice, & Dieu eſt le pere immortel de tous les deux. L'vn, qui eſt le Soleil, eſt vn aſtre maſle & fort, qui diſſipe & qui eſcarte les brouillas, & qui eſleue les vapeurs, comme faict la Iuſtice.

Iuſtice & Clemence comparees au Soleil & à la Lune.

S iiij

La Lune est vn astre femelle, qui est mol & doux, & qui par sa frigidité tempere les ardeurs du Soleil, qui sont les propres actions de la Clemence. La Lune prend sa lumiere du Soleil, & la Clemence prend sa force & son lustre de la Iustice: Car on ne peut estre clement pour sauuer, qui n'a iuste pouuoir de perdre & ruiner. La Lune regarde le globe terrestre de plus pres, où le Soleil y jette les yeux de plus loing, comme la Iustice ne considere que la faute, où la Clemence regarde l'homme, & l'humeur dont il est composé. La Lune s'eclypse du Soleil par interposition de la terre. Aussi la Clemence s'eclypse du chemin ordinaire de la Iustice par interposition de la fragilité & condition humaine. La Lune quelquefois se ioint, & quelquefois se separe du Soleil. Aussi quelquefois la Clemence se doit approcher, & quelquefois s'esloigner de la puissance de Iustice.

Ie louë icy ceste Clemence, comme propre vertu des Roys des Lis, & celle que pour l'amour de leurs Maiestez nous deuons auoir en reuerence. Que tous Princes jettent l'œil sur elle, ce leur sera vn liure non escrit où ils pourront beaucoup apprendre. Et certainement nos Histoires sont si plaines des effets merueilleux que l'on en conte, que si de present i'en produits quelques vns, ils y trouueront de grands eguillons pour courir à son odeur, & en recommandans les beautez, seront contraints de recognoistre eux mesmes leurs grandes deformitez en ce mirouer pour les amender.

Depuis qu'il pleut à Dieu de rendre Clouis

victorieux & paisible possesseur du Sceptre & *Clemence* de la Couronne qui luy estoient deuës, & que *commune* les Gaulois eurent ce bien de pouuoir lire & re- *aux Rois de* cognoistre en sa Maiesté les perfections con- *France de-* jointes en tres-haut degré, lesquelles depuis la *puis Clouis* memoire des hommes se sont trouuees departies aux plus grands Princes & Monarques, qui furent oncques, & particulierement ceste grande Clemence, marque tres-asseuree d'vn cœur tres-noble & genereux, de laquelle apres tant de victoires & trophees il vsa enuers eux, se comportant & accommodant en leur pays auec si grande douceur & modestie, qu'il ne les forçoit en aucune façon en leurs Loix, & ne changeoit rien en leur police, ains les y confirmoit, & maintenoit, ils conceurent dés lors vne tres-grande esperance, que ses Successeurs vseroient enuers leur posterité de la mesme Clemence & douceur: laquelle de faict ils ont experimentée de siecle en siecle, iusques au nostre, voire en abondance, & dont voicy de signalez tesmoignages.

Ce grand Monarque estoit fort gracieux, & disoit ordinairemēt que c'estoit à faire aux Tirās d'estre violents & rudes. Il y auoit de son regne *Clemence* vn grand Seigneur nommé Sigebert, gou- *de Clouis.* uerneur de Coulongne: qui monstroit partout les playes qu'il auoit receuës pour le seruice du Roy, se plaignant d'auoir esté par luy tres mal recompensé, & publioit de tres-ignominieuses calomnies contre les actions de ce Prince, & qui ne tendoient qu'à esmouuoir & disposer les plus remuans à la rebellion. Clouis en cela ne se seruit de la cruauté, mais de la Clemence: & ne luy fist autre mal, sinon qu'il le priua de ses Estats, & les donna à son fils. Les Histoires escriuent encore de luy que Carraric ayant offensé de parolles sa Maiesté, & voulant s'eleuer sur les ailes de la vanité à vne grandeur dont il n'estoit nullement capable, il n'en fist autre poursuite, que de le faire renfermer dans l'enclos d'vn Monastere.

Mais afin que ie vienne à ceux qui sont plus pres de nous, Charlemagne vray pourtrait & exemple d'vn grand Roy, & second parent de l'honneur François, a recueilly vne gloire & reputation immortelle à cause de ceste vertu. Pepin son fils coniura contre luy : la coniuration descouuerte il luy pardóna. Il y retourne pour la seconde fois, il luy pardonne encore, & craignant toutefois que cest esprit remuant du sommet de la gloire Royalle ne se precipitast au profond de l'abysme pour la troisiesme fois, & ne fust la fable des peuples, il trouua necessaire de le faire contenir par forme de deuotion, & en fist vn Moine. En quoy il faisoit bien en deux façons, en ce qu'il vsoit de pardon enuers luy, & luy monstroit le chemin de se porter à vn meilleur Royaume. D'autre part sa fille vint à faire faute, en quoy elle l'offensa: l'Histoire est pour rire, si faut-il la mettre en auant. Il y auoit en Cour pres la personne de Charlemagne, vn nommé Eginhard Secretaire de son Cabinet, personnage sçauant pour le temps, & discret, mais non pas assez pour l'amour: Il en fut espris pour la fille de son Maistre, encore qu'il n'y eust rien en luy d'egal, & elle aussi en brusloit de sa part ; de sorte

Clemence de Charlemagne, enuers son fils Pepin, & sa fille.

qu'ils se donnerent contentement à la façon de ceux qui font l'amour, ayant trouué moyen de se voyr à l'écart, & se plonger dans les delices & voluptez que chacun d'eux desiroit. Ce qui fut couuert quelque temps: iusques à ce que par vne nuit d'hyuer, Eginhart ayant esté auec elle en vne chambre fort secrette, enuiron la pointe du iour se voulant retirer, trouua qu'il estoit tombé de la nege en abondance. Il s'arreste tout court, & a crainte que l'on descouure à ses pas qu'il y eust eu quelque homme au logis des filles. Sa Maistresse l'assiste de conseil, & de finesse là dessus: & l'ayant faict mettre sur ses espaules, le porta pendu à son col quelque trait de chemin, c'estoit vne douce charge. Voicy, ô rencontre malheureuse, & tout ensemble heureuse! Charles de fortune les aperçoit comme ils passoient ceste neige: & combien que cela luy fist bié mal, si ne peut il se garder de rire, & les remarque bié. Il dissimule de les auoir veuz, & le iour venu fait appeller au Conseil les Princes qui estoient en Cour, leur faict recit du petit faict joyeux, & deshonneste pourtant, & leur demande leur aduis sans nommer personne, quelle peine leur sembloiét auoir meritee, vn seruiteur ayāt cōmis vne offense si enorme enuers son Maistre, & vne fille enuers son pere. Ils donnent leurs voix, & concluent, à *la mort*. Alors il les fait appeller tous deux, & les faict venir deuant luy. *Les voicy, dit-il, ce sont ceux-cy qui ont fait l'offense, Vous Eginhard, & vous ma fille, comment auez vous esté si hardis? Et ne le pensez pas nier: c'est moy qui l'ay veu, qui en suis l'accusateur, le Iuge, & qui en feray Iustice.*

Qu'ayez vous merité? Ceste Compagnie vous a condãnez à la mort, & vostre propre raison vous fera croire que vous l'auez iustement meritee. Toutefois voyez combien ie suis vn bon Maistre, & vous combien ie suis vn doux pere. Je vous pardonne, à la charge de ce que ie vous diray. Eginhart vous espouserez à femme ceste là qui vous a si bien porté. Faictes bon mesnage, & desormais portez vous l'vn l'autre tant que vous voudrez. Ayant dit cela, eux remontez à vne grande ioye, de la grande frayeur où ils estoient deualez, luy rendent graces, & chacun s'en resiouit auec eux. Charles en acquist de la louange, & eux firẽt que l'on parla d'eux.

Ce que ie vay adiouster est vn peu plus serieux, mais d'vne odeur & suauité incomparable : Et qu'il me soit permis de le cueillir de deux ou trois belles fleurs de ceste douce plante au riche champ de la troisiesme lignee de ces bons Monarques.

Clemence de Charles VI. Le Roy Charles VI. fournira la premiere en ce qu'estant prié par le Duc de Brabant & le Comte de Haynaut, de ne proceder rigoureusement contre le Duc de Bourgongne, meurtrier du Duc d'Orleans son frere, il dist ainsi. *S'il veut venir, ie le receuray, s'il veut seureté ie la luy bailleray, s'il veut Iustice ie la luy feray, s'il veut misericorde, ie la luy donneray.* Parole vrayement Royale, & digne de la bouche d'vn Roy de France, laquelle ie fortifieray encore de cet exemple. Froissard racõte, que le Duc de Gueldres, vn ieune homme de cerueau leger, & temeraire, pour paroistre par sa temerité, enuoya à ce bon Prince vn cartel de defi. Le heraut si tost qu'il eut faict sa charge s'enfuit, mais il fut repris & penſoit bien en mourir. Le Roy toutefois luy fiſt donner vn gobelet d'argent, peſant quatre marcs, & cinquante francs, & le renuoya.

Cette meſme vertu a auſſi eſté fort recommendable en Louys XII. & a graué ſes effets dans les ſiecles extremes. Le Roy Charles VIII. l'auoit tenu de court, comme celuy qui eſtoit ſon preſomptif heritier, deplaiſant de ce qu'il n'auoit enfans. Et de ſi court l'auoit il tenu qu'il en eſtoit reduit en priſon fermee, & n'auoit guere dequoy s'aſſeurer de ſa vie: la plus part des grands & du peuple demeurans cois, luy eſtans contraires, ou pour dire la verité, detournans leur affection de luy, qu'ils eſtimoient miſerable. Dieu cepédant au Cabinet de ſes conſeils ſecrets ordonne autre choſe. Il appelle à ſoy Charles d'vne mort ſubite: mais il appelle cet autre à la Couronne, dont beaucoup de gens eſtoient eſtonnez, changeans de mine & de langage, & recherchans tous la bonne grace du nouueau Roy. Il y en auoit d'autres qui en diſpoſoient leurs eſprits aux impreſſions inſolentes de la vaine gloire, fille aiſnee de la vanité, leſquels auparauant eſtoient demeurez fermes à ſon ſeruice, & auoient ſcellé toutes leurs actions du cachet fidelle d'vne conſtante obeyſſance. Entre ceux-cy, vn certain homme l'abborde auecque vne grande hardieſſe, & luy demande la confiſcation d'vn bourgeois d'Orleans, qui lors de ſon aduerſité s'eſtoit mōſtré l'vn de ſes plus rudes ennemis. Mais ce Roy d'vne ame vraymēt Royale, & d'vne parole autāt douce que digne d'vn

Clemēce de Louys XII.

Roy des Lis, luy respond. *Pour vostre regard, demandez moy, & vous aurez de moy toute gratification egale à vos merites. Quant a cela ne m'en parlez pas: Car ce n'est pas à faire au Roy de France de venger l'iniure faicte au Duc d'Orleans.* Qui est vn mot tresbien dit, & plus beau que son Sceptre, voire plus grand que n'estoit grand son Empire: Car ayant esté Duc auparauant, il donnoit subtilement à entendre par ce tiltre qu'il auoit chagé de dignité, & pareillement de complexions. Il fist bien plus auec la hautesse de son courage (car c'est elle qui tousiours est mere de la Clemence) il declara publiquement, *qu'il auoit les mesmes gens de Conseil, mesmes Officiers, mesmes gardes, & à mesmes honneurs & gages que le Roy decedé.* Bon Dieu! les mesmes estre souz celuy, qu'ils auoient tant en horreur, & qui luy vouloient tant de mal! L'asseurance de la debonnaireté fist cela, & se promist que ce qu'elle sçauoit luy estre deu, luy seroit aussi rendu.

Debonnaireté qui le faisoit encore rire de ce qu'on le iouoit à la Basoche. Debonnaireté di-je, ains bonté Royale, qui auoit ioint ensemble l'Empire & la liberté du lien de la douceur.

Et de vous, florissant tige de S. Louys, les delices & l'amour du genre humain, ne dira-je rien de vostre Clemence dont toute la France parle? qui estes si bon qu'en vingt ans de vostre regne, vous n'auez faict couper qu'vne teste? si clement que plusieurs seroient miserables s'ils n'auoient esté vos ennemis? Vous auez esté comme Aglaonne, qui tiroit, comme on dit, la Lune du Ciel, & s'en faisoit suiure : d'autant que vous

Henry IV. loué pour sa clemence.

auez tiré du Ciel la Clemence qui sied au dextre costé de Dieu, pour estre vostre compagne en ceste vie, & luy auez faict epandre ses plus douces benedictions dessus vos aduersaires, qui est vn bien receu de vostre Maiesté qui n'est point petit. Aussi ne sort il rien de vous qui ne soit grand, & d'autant plus qu'vn Prince est grand, d'autant plus est-il tiré à la debonnaireté. Mais ils estiment tres-grand ce que vous leur auez donné par vostre singuliere magnificence. Ils en ont eu le plaisir & le profit, vous en auez receu l'honneur, qui est la plus belle partie. Et certes ie puis dire, que mille & mille gens de bien vous en ont loué, tant dedans que hors le Royaume: Non pour autre suiet, sinon qu'ils ont iugé auoir esté digne de vous, digne de la douceur de vostre esprit, digne de la Maiesté d'vn grand Roy, voire d'vn Roy de France, de ne laisser en peril aucun du nom François.

Ie ne passeray souz silence quelques traits remarquables de ceste bonté, & qui sont dignes de sa Maiesté Royalle. C'est que sa Clemence en mille endroits & conquestes de son Royaume ne luy ayant esté moins aduantageuse & necessaire que ses armes, l'on peut dire de sa Maiesté ce que Polybe a escrit de la generosité de Philippe Roy de Macedoine, changeant seulement les noms propres, en ces termes. *Apres que ce grand* HENRY IV. *eut vaincu en bataille, à Yury, ses suiets reuoltez, ceste victoire luy fut glorieuse, non tant par les armes que par vne certaine clemence, bonté, & generosité de cœur: car il surmonta par les armes & la force, ceux-là seulement qui luy resisterent* en la bataille, mais tous les autres François ses ennemis, par sa Clemence & douceur. Dont est aduenu que leurs rebelles courages vaincus de la magnanimité & debonnaireté de sa Maiesté, se sont changez, & comme bons suiets luy ont esté delà en auant tres obeissans.

C'est qu'estant nouueau dans Paris, l'heur l'enuironnant de toutes parts, la fortune poussant la nef de sa prosperité, à toutes voiles, estant en possession de son heritage: Au milieu toutefois de tant de plaisirs, dont le moindre eust enyuré vn esprit fort & bien timbré, il estoit bon & debonnaire, remis & non insolent, & donnoit passeport pour s'en aller à qui il pouuoit oster la vie, puis qu'ils estoient resolus de ne point demeurer, il donnoit asseurance a qui se defioit du temps, il donnoit assistance à qui le delaissoit. Et déslors il estoit aisé de iuger ce qu'il feroit estably, quand à ses commencemens, assisté de tant de puissance, & les troubles si fraischement esteints, il distilloit tant de douceur. Et c'est encore que iamais il n'a assiegé ville, que desirant euiter la ruine de tant de pauures gens innocens, il n'ayt faict offre de sa Clemence aux habitans, & essayé si elle les pourroit vaincre par sa douceur, deuant que d'employer d'autres moyens.

La Cleméce plus eclatante és Rois de France qu'és Princes estrangers.

Les vertus sont belles & bien-seantes par tout, mais selon le sujet leur lustre est bien plus excellent. La Clemence, la Courtoisie, viennent bié à tous Princes, mais elles sont si propres aux Princes des Lis, qu'ils n'ont moyen plus seur, & de moindre despense, pour acquerir les cœurs, & acquis les cóseruer, que cela. Vertus d'autant plus

plus grandes qu'elles se trouuent rares entre les Princes qui croyēt que le Soleil ne luist que pour eux: vertus di-je si propres à la grandeur de nos Roys qu'entre les nōs de louange que l'on dōne à la magnanimité du Roy François, ie m'arreste plus sur ce que les estrangers l'appelloient la gentillesse, & la courtoisie du monde, que pour ce que la France l'appelloit le pere des armes & des lettres.

La Clemence de soy, est vne pierre precieuse, qui a beaucoup de grace & de beauté: i'adiousteray encore beaucoup de singularité. Mais estant enchassée au cœur des Roys de France, & l'or de leur Couronne luy seruant de chaton, c'est lors qu'elle brille & esclatte en mille sortes. Les Roys des Lis sont l'or du monde, & comme l'or est beau, & qu'il se dilate facilement, aussi leur Clemence facilement s'estand & s'espand sur le chef de leurs sujets, voire sur leurs ennemis & sur toutes les parties de leur Estat. Les Orfeures ne firent iamais estat d'vn or rude, & iamais les sujets ne firent compte d'vn Roy cruel. Et comme les Mathematiciens tiennent que la ligne droicte est la plus courte: aussi moins de rigueur est la voye droite par laquelle nos Roys cheminent au comble de toute prosperité. C'est par la Clemence qu'ils aprochent le plus pres de Dieu: Mais par la mesme Clemence ils approchent le plus pres du cœur des hommes. Et en la perfection de leurs vertus Royales ce point y est obserué, qu'ils sont pourueus de debonnaireté sur tous les Roys de la terre. Aussi est-ce d'eux que l'on peut dire ce que Claude l'Empe-

Clemence comparee à vne pierre precieuse.

T

reur respondit à Eumenes qui luy rescriuoit de receuoir en sa grace Mithridates Roy du Bosphore défait & vaincu. La responce fut courte & digne d'vne Maiesté Romaine, mais aujourd'huy tres-digne du Sceptre François, *Qu'il y a tousiours eu en France autant de Clemence contre les vaincus, que de courage contre les ennemis armez.*

Clemence beau fleurō de la Couronne de nos Roys.

La Clemence est vn des plus beaux fleurons de la Couronne de nos Roys, voire vne des excellentes vertus de leur personne. Segeste Prince Alleman du temps de Tibere, ayant enuoyé vers l'Empereur pour luy donner secours, & pour receuoir son fils en grace, qui apres la defaicte de Varus s'estoit insolemment porté, *experimenta*, dit Tacite, *ce que valloit la Clemence Romaine*. Car on luy octroia ce qu'il requit, qui estoit le secours des Romains pour luy, & la bonne grace pour son fils: mais ceste grace n'a tousiours esté faicte. Car Parthamasius la demandant à Traian, ne l'eut pas, non plus que Baston & plusieurs autres Princes vaincus par les armes. Il n'y a que les Roys de France, qui ayent tousiours augustement pratiqué ceste auguste vertu. Et certes s'il est mal seant à vn Prince d'estre cruel, comme il luy est honorable d'estre clement, il seroit tres-mal seāt à vn Prince des Lis d'vser de cruauté, comme il leur est tres-honorable d'estre bons & debonnaires. Les Roys des mousches à miel n'ont point d'éguillō, & les ames diuines de nos Roys n'ont point de fiel. Les Lis n'ont que douceur soit en leurs fleurs, soit en leurs fueilles. Et que doyuent auoir les Roys des fleurs de Lis? C'est vn grand heur en vn Eſtat d'auoir des Princes clemens & moderez, & non addonnez à la cruauté. Mais c'eſt vn bien incomparable à celuy de la France, que les ſiens n'ayent jamais fauſſé leur naturel & la douceur de leurs Lis. Car qui oſte la clemence du cœur d'vn bon Prince, il oſte le Soleil du monde, il priue le genre humain de feu & d'eau, qui ſont les elemens plus neceſſaires, & efface de deſſus ſa face le diuin caractere qui s'y void imprimé de la viue image de Dieu, ie dis de ce Dieu, qui a faict naiſtre nos Roys Royalement & Chreſtiennement, qui leur a donné tant d'entendement, qui leur a donné vn ſi noble gouuernement: De ce Dieu qui les a faict Roys debonnaires, & Roys des Roys plus clemens, de ce Dieu qui les a comblez de felicitez, de ce Dieu, qui leur a donné la plus belle Monarchie du monde, de ce Dieu, qui les a faict ſi grands, qu'apres luy ils ſont les plus grands Princes de l'Vniuers: & bref de ce Dieu, & de ce grand Dieu, à qui ils ſont obligez de reſſentimens infinis, pour les aduantages infinis qu'il leur a ſi liberalement departis ſur tous les Princes Chreſtiens.

Mais à fin que l'eclat de ceſte riche & precieuſe pierre enchaſſee au cœur de ces venerables Princes, donne plus viuement dans les yeux de ceux qui les ayment & les reuerent & honorét: ie veux encor coucher icy l'email de quelques arguments, & raiſons dignes d'elle, & qui rendront ſa clarté plus gracieuſe & plus agreable.

Magnanimité de nos Roys, argumēt de leur Clemence.

Le premier est la magnanimité genereuse, qui a porté leur nom au trauers des generositez plus magnanimes de tout le monde. Car peu rarement void-on de grands courages qui ne soiét quant & quant tres-benings, & signalez des plus singulieres faueurs de la Clemence. Ceste vertu n'appartient pas à toutes sortes de gens, ny a tous ceux qui sont cōstituez en souueraine puissance, & qui tiennent les resnes de quelque Empire. Elle appartient particulierement aux nobles & courageux Princes, tels que sont ceux du sang François. C'est vne chose bien seante à eux qui sont grans en courage, grands en valeur, & grands en fortune, de porter la debonnaireté grauee és Lis de leur Couronne. Ce sont eux qui sur tous les Roys du monde ont si bien marqué leur hautesse des douceurs de ceste Clemence qu'on peut dire qu'elle est la propre vertu des Monarques François, & qu'ils l'ont autant glorieusement empraîte sur le visage, que la hautesse & magnanimité sont empraintes dans leur cœur.

Clemence de nos Roys cause de la duree de leur Empire.

Le second argument est la longue duree de leur Monarchie au pris des autres Principautez de la terre, ainsi que nous auons monstré aux premier & precedent Discours. Car il est certain, que le long âge soit aux hommes, soit aux Empires, est vn tres-asseuré tesmoignage de Clemence, & de ce breuuage sagement temperé. Comme au contraire tient-on que les Estats cruels ont beaucoup de terreur, mais qu'ils ont fort peu de duree. Ils sont comme est le chaud és pays froids: car il est plein d'ardeur, mais de peu de longueur. Dautant que qui conduit vn Eſtat par la puiſſance abſoluë, ſans la retenir & temperer par la douceur, c'eſt tout ainſi qu'vn cocher, qui en vne roide deſcente lairroit aller ſes cheuaux au galop, ou qui les chaſſeroit à toute bride au lieu de les moderer, & auec l'enrayoir les engarder de ſe precipiter. Et certainement celuy-là rencontroit bié, qui diſoit que la crainte eſt vn mauuais eſtançon d'vn Eſtat. Car il n'y a plus grande reuerence que celle qu'vn peuple rend à la Clemence de ſon Prince : & qui traite les hommes par la douceur, il ſçait par quelle aureille il les faut prendre. Valere diſoit de Siracuſe renduë à Marcellus, *O Siracuſe que tu t'és ſauuee doucement, ayant trouué vn ſi doux Prince.* Ainſi pouuons nous dire de la France, par le changemét de quelques mots! *O France que tu t'és conſeruee longuement, ayant eſté gouuernee par des Princes ſi benins & debonnaires.*

Le troiſieſme argument, eſt, qu'ils ont eſté les amours du genre humain, & les delices des enfans des hommes, entre tous les Roys du móde, & qu'ils ſe ſont fait deſirer non de leurs ſujets ſeuls, ny de leurs alliez ſeulement, mais de leurs ennemis meſmes. L'amour des peuples eſt enfant de la Clemence, & debonnaireté : & faut que le Prince ayt la main pareſſeuſe & languiſſante, s'il veut eſtre aymé. La voye qu'y tint au commencement Iules Ceſar, ie trouue que c'eſt la plus belle, qu'on y puiſſe prendre. Premierement il eſſaya par la clemécc à ſe faire aymer de ſes ennemis meſmes, ſe contentant aux coniurations qui luy eſtoient découuertes, de declarer ſimplemét

La Clemêce a fait aymer nos Princes ſur tous les Rois du monde.

qu'il en estoit aduerty: mais si luy fallut-il en fin prendre resolution d'attendre sans effroy, & sans sollicitude ce qui en pourroit aduenir, s'abandonnant, & se remettant à la garde des Dieux, & de la fortune: car certainement c'estoit l'estat où il estoit quand il fut tué. Et Auguste son successeur y employa bien le mesme remede, mais ce fut apres qu'il se fut apperceu que sa seuerité ne luy auoit de rien profité : car estant en grande angoisse en la Gaule sur ce qu'il auoit receu certain aduertissement d'vne coniuration que luy brassoit Cinna, & ayant pour ce mandé le conseil de ses amis, on conte que Liuia sa femme luy tint ces paroles. *Fay ce que font les Medecins, quand les receptes acoustumees ne peuuent seruir, ils en essayent de contraires. Par seuerité tu n'as iusques à ceste heure rien profité: Lepidus a suiuy Sauidienus, Murena Lepidus, Cepio Murena, Egnatius Cepio. Commence à experimenter, comment te succederont la douceur & la clemence: Cinna est conuaincu, pardonne luy, de te nuire desormais,il ne pourra, & profitera à ta gloire.* Il n'y a que les Cesars des Gaules, qui ont tous voulu viure, & qui ont tousiours regné glorieux dans le doux air de ceste vertu, honorez comme Roys, aymez comme peres, & redoutez des seuls ennemis de leur misericorde. Ils ont regné aussi en Monarques honorez, ils ont vescu en hommes priuez, ils ont caresé en parents debonnaires: & sur tout ont sçeu si bien vnir la grandeur à la clemence, & le pouuoir à la mansuetude, qu'ils n'ont commandé que pour plaire, & n'ont pleu que pour bien commander. O quelle merueille des terres! L'on a veu parmy les autres

Nations des Roys trop seueres, on en a recognu de trop simples. Les seueres ont regné dans la crainte, les simples en la pauureté: Les vns & les autres armans leurs peuples pour se defendre & pour entreprendre. Mais les nostres n'ont iamais armé personne, que pour les seruir, pour bien faire à toute personne, & n'estre mesprisez de personne, pour en faire quelques vns meilleurs par douceur, d'autres par iuste pouuoir. Ils sont puissans pour estre bons, ils sont bons pour estre desirables, pource qu'ils ont en leur benignité seule des armes assez fortes pour vaincre leurs aduersaires, & conseruer leurs sujets. Ils n'imitent pas les exemples de Cesar & d'Auguste, ains comme plus grands & plus misericordieux Princes, ils pardonnent tousiours, & non seulement à ceux qui veulent mal faire, mais encore à ceux qui ont mal fait, & ont tousiours esté fort auares du sang de leurs sujets, voire de celuy qui estoit le moins prisé.

Le quatriesme argument est, que par la fidelle obeissance de leur peuple, ils ont regné seurement & longuement sur tous les grands Princes de l'Vniuers. Car la Clemence donne aussi la seureté & la longue vie, qui procedent de l'amour : je dis de cest amour & bienvueillance des sujets, qui est vne meilleure garde, & bien plus asseurée, que ny les guets ny les hommes armez de tous costez. L'amour des peuples François, est le Capitaine des gardes de leurs Princes, & leurs vœux leurs soldats ordinaires. Et voyre bien que

La Clemence a fait longuement & seurement regner nos Roys.

l'on puisse ou par force, ou par fraude, rompre & destruire tout ce qu'il y a d'empeschemens, ce dongeon demeure inaccessible, & vne tres-forte barriere, pour arrester les courses de l'ennemy. C'est sur la constance de ce répart que nos Roys ont esté asseurez de la longueur & felicité de leur regne: c'est sur ce soustien qu'ils ont fondé la seureté de leurs vies, & appuyé le ferme establissemeut de leur Empire. Et si on considere les euenemens des temps, on recognoistra en iceux que les affaires leur ont succedé plus heureusement & seurement qu'aux autres Princes, pour auoir plus qu'eux moderé leur Puissance auecque la benignité de ce doux fleuron de leur Couronne, & que les ennemis mesmes leur ont esté plus equitables & plus courtois, que les propres sujets à ceux qui ont voulu faire defense de leur rigueur.

On dit qu'à Sulmo en Italie, les vignerons ont acoustumé de baigner & arrouser les vignes d'eau, pour adoucir l'aigreur du vin: & que ceste eau fait mourir les herbes, meurir & grossir le raisin au profit du pere de famille. L'eau de Clemence en est ainsi, qui tempere & adoucit les esprits plus aigres & plus rebelles, & qui suffoque au terroir humain, & faict mourir les herbes de contumace & ferocité, pour y faire grossir la grappe d'obeissance & d'amour, & en faire du vin d'excellence, & de longue garde. Et certes Cleomenes auoit raison qui disoit que le vray office des Roys, estoit non seulement de bien faire à leurs amis, mais aussi de leurs ennemis en faire de bós amis. Ce que fót les nostres par leur debonnaireté, & par la douceur de leur Clemence. Car tout ainsi que le Faulconnier dresse & afuste son oyseau non auec rudesse, mais auec modestie & debonnaireté, & que sa douce main apriuoise ce qui estoit farouche & sauuage auparauant. Ainsi en est-il de nos Princes, qui par douceur ont tousiours gaigné les cœurs des hommes, lesquels par la rigueur eussent pris le vent, & ne se fussēt iamais voulu assujetir, & venir sur le poing de leur Puissance.

Le cinquiesme argument, est le supreme degré de bon-heur & de felicité mondaine que Dieu leur a faicte, voire en abondance sur tous les Princes souuerains du monde. Car le bon-heur & la felicité sont enfans de la Clemence, enfans couuerts d'vn monde de plaisirs, & de beautez. Et le mot est beau, que Saluste dit des Princes clemens, & tres-bien & veritablemēt dit pour les nostres, *que ceux qui ont temperé leur commandement auec la douceur, ont esprouué en leur Estat toutes choses belles & plaisantes,* c'est à dire heureuses & prosperes. Car tout ainsi que ceux qui boiuēt le vin pur sentent vne ardeur vehemente en tout le corps, qui leur échauffe le sang, qui leur monte à la teste, & qui les precipite bien souuent en des coleres & passions extraordinaires : & qu'au contraire ceux qui le boiuent temperé auec de l'eau, sentent en eux les gracieuses fraischeurs de la temperance. Ainsi les Roys qui aualent le hanap de la puissance tout pur, se transportent bien souuent hors d'eux-mesmes, & ceux qui le boyue mixtionné & rafraischy de l'eau de clemence comme les nostres, y reçoiuēt plaisir, nourriture

La Clemence mere des prospe-ritez mondaines.

& temperament, qui est le gracieux bien de leur santé. Considerez, s'il vous plaist quand le Soleil est en conionction auec la Lune, les heureux effets qui en ensuyuent. Non seulement le iour en est plus gay, mais la nuit plus plaisante, qui luit de mille feux brillants, & qui fait honte au plus beau iour. Somme que de ce gratieux assemblage il ne sort qu'vn heureux part de prosperité. Car le miel s'y amplifie, les poissons y accroissent, & toute la nature y fait profit. Où quand ces deux flambeaux sont en eclypse, le ciel est triste, la terre obscure, tout est menacé de sinistres euenemens. C'est pourquoy la Clemence iointe à la Puissance en la naissance de nos Princes a engendré le sommet de gloire & de contentement qui luist sur leur teste. Ie me souuiens du Liure des Roys, qui parlant du regne de Salomon, le louë d'auoir esté remply d'or & de pierres precieuses. C'est à dire, que les deux choses plus estimees entre les hommes, qui sont le pouuoir & la debonnaireté, estans ensemble & à foison, elles y engendrent vn siecle plein de grandeur & de prosperité. Et certes la Debonnaireté de Clouis premier ancestre Chrestien de nos Roys, a esté le fondement de son heur, & de celuy de ses Successeurs. Elle a esté comme le presage d'estre vn iour preposez sur tant de nobles François, & tant de riches Prouinces, & d'estre les Monarques d'vn si grand & noble Royaume. Car la grandeur de l'Empire, & la multitude des sujets est la gloire des Roys.

Le sixiesme argument sont les glorieux noms de Tres-Clements, Debonnaires, & Tres-

Bons, que nos Roys ont portez seuls entre tous les Princes anciens a qui Dieu a donné d'honorables Titres. Ce sont les Titres des Roys d'estre appellez les Augustes pour leur diuinité, les Grãs pour leur sublimité, les Heureux pour leur prosperité, les Sacres, & les Aigles, pour leur hautesse & leur Excellence. Mais tous ces Titres & noms d'honneur sont communs aux Roys de France auecque les autres Roys : toutes ces rares qualitez sont en leur Couronne : & l'vne d'elles est suffisante pour beaucoup honorer leur Sceptre. Eux toutefois, se vantent de celles de leur douceur & de leur clemence, plus que de toutes les autres ensemble, & en font seuls gloire au milieu des plus grands Monarques de la terre.

Le septiesme & dernier argument, & duquel ie me suis seruy au precedent Discours pour mõstrer leur Iustice, ie l'employeray aussi pour fortifier les plus signalees douceurs de leur Clemence & benignité, c'est le hieroglife imprimé dans le grand seel de leurs Lettres, hieroglife qui faict paroistre ces Princes bons & debonnaires, sur tous les Princes de la terre. Car au lieu que les autres Princes en leur seau sont armez de pied en cap, & qu'ils sont l'espee au poing, montez sur leurs grands Coursiers, & ne faisans parade que de leurs armes. Ceux de France y sont assis pacifiques, en vne chaire Royalle, vestus d'vn long habit semé de fleurs de Lis, & la Couronne Royalle en teste, pour monstrer que la noblesse d'vn Roy de France, paroist plustost par la raison que par les armes, plustost par la debonnaireté, que par la force.

Grand seel des Roys de France argument de leur Clemence.

Il n'y a armes qui ayent tát esté senties & esprouuees par tout le monde que celles des Roys des Lis. Mais vne des choses qui leur sied le mieux, & qui leur est le plus à louange, c'est les auoir fait sentir & esprouuer, non plaines d'aigreur & d'amertume, mais remplies de modestie & de suauité. Aussi l'on ayme l'oliuier pour la douceur qui coule de son huile, comme on hayt les vnedons pour leur aigreur. Et n'est-ce pas pourquoy les arbres esleurent l'oliue pour leur Roy? On a aymé nos bós Roys pour la benignité de leur dextre, comme on a hay les tirans pour la rudesse de leurs armes. Aussi ne faut-il pas cueillir le baume auecque le couteau, il le faut rompre doucement auec la main. Les hommes se veulent auoir par la douceur, & doit-on doucement tirer le suc & le lait de leur amitié, non par la force. Le noyer se gaule, mais l'oliuier se cueille auec les doigts. L'œil ne s'essuie auec le drap, mais auec l'agreable & fresche douceur du linge. C'est pourquoy ce qu'Homere dit des parolles de Nestor, nous auós icy subiet de le dire, & peut estre auec plus de verité, de la juste Puissance de nos grands Princes, *qu'elle est plus douce que le miel*, je dis plus douce & desirable, que ne sont toutes les douceurs des Puissances souueraines de l'Vniuers.

DE LA PRESEANCE
DES ROYS DE FRANCE,

Et comme pour l'Excellence de leurs Vertus ils ont le premier rang d'Honneur sur tous les Roys Chrestiens.

DISCOVRS VIII.

I'AY iusques icy amplement, ce me semble, discouru pour la France & pour ses Monarques, i'ay combatu de la plume, & des paroles des meilleurs Escriuains de ce siecle, pour les Preeminences & Grandeurs de leurs Maiestez. Il faut à cette heure hardiment cueillir les Palmes & les Lauriers, à fin d'honorer la Couronne Royale de si valeureux Princes, il faut semer la place de fleurs, & dresser à leur gloire des arcs Triomphaux, & des trophees pour marque de leurs Vertus. Car elles sont telles que les plus grands Roys de la terre ne se peuuent assez esmerueiller de voir tant de perles briller sur vn Diadéme, de voir vn Sceptre semé de tant de pierres precieuses. Mais ce n'est point de la France seule qu'ils doiuent attendre la recompense de leurs Titres & qualitez. Ains l'Vniuers doit estre

Conclusion des Discours precedens.

le Theatre de leur triomphe. Car les eclats de leurs Excellences font des éclairs aux yeux & des merueilles aux ames, nõ de leurs fuiets feuls, mais de tous les peuples de la terre, & fi les grandeurs plus remarquables des autres Principautez font cõferées auecque celles de la Françoife, elles ne paroiftront non plus que feroit vn Moucheron aupres de l'Elefant.

Royaume de France premier de la Chreftienté.

Le Royaume de France, par confentement vniuerfel a toufiours efté tenu le premier Royaume de la Chreftienté, pour la Dignité, pour la Puifsãce, pour l'Autorité, & pour les Vertus vrayment Royales des Roys qui le gouuernent.

Pour la Dignité, d'autant qu'il a toufiours efté libre dés fon commencement, & n'a iamais releué de l'Eglife, comme a fait iadis l'Angleterre, & maintenant le Royaume de Naples: ny recognu l'Empire, comme la Boeme, la Poulongne, & quelques autres.

Le plus ancien & premier affranchy.

Outre cecy c'eft le plus ancien Royaume qui foit à prefent, pource qu'il commença 400. ou vn peu plus d'annees apres la Natiuité de noftre Seigneur Iefus-Chrift: & s'affranchit premier de l'obeiffance & feruitude de l'Empire de Rome, auquel il fouloit eftre fujet, & par l'aduis, & les effets du Roy Pharamond, il commença à fe faire des loix, à fe gouuerner, & fe defendre.

Premier Chreftien.

Il fut encore le premier à receuoir la Foy Chreftienne, au temps du Roy Clouis, quelques quatre-vingts ans apres Pharamond: à raifon dequoy le Roy de France eft iuftement appellé fils aifné de l'Eglife, & enrichi du nom & titre glotieux de Tres-Chrestien, pour ce qu'apres le Pape, qui est Chef vniuersel de nostre Religion, il n'y a Prince, Potentat, ny Royaume à present, qui se puisse vanter auec verité, d'auoir tenu la Foy Catholique auant celuy de France, ny si constamment & valeureusement combatu pour le seruice de l'Eglise.

A ceste prerogatiue, qui est la plus illustre & plus noble de toutes, il en faut adiouster vne autre, asçauoir que ce Royaume croissant tousjours en force, fut le premier qui par les merites du Roy Charles, ie dis de ce Charles appellé Grād pour la grandeur de ses faits, fut honoré du grade & de la dignité de l'Empire, qui dura long temps en sa posterité. *Premier honoré de la dignité de l'Empire.*

Et me semble qu'il ne faut negliger vne autre chose, qui est consideree par plusieurs, a sçauoir que la Coutume d'oindre les Roys, qui fut ordonnee de Dieu au temps des Hebrieux, qui est pratiquée en trois ou quatre Roys Chrestiens, & non dauantage, & qui est vn signe de grande preeminence, eut commencement en France dés le temps de Clouis, & l'on conserue à Rheims iusqu'à ce iour la Sainte Ampoulle, qui est tenue pour chose miraculeuse, de la liqueur de laquelle on oingt tous les Roys de temps en temps. *Onction des Roys cōmencee en ceux de France.*

Quant à la Puissance de ce Royaume, il ne faut certainement pas douter, qu'elle ne soit grande sur toutes les Souueraineteze Chrestiennes, veu qu'il est ample, plein de peuples, d'armes, & de richesses plus qu'aucun autre d'Europe, & comprend vnze grādes Prouinces, cōme autant de membres, qui conjoints & vnis *Puissance du Royaume de France.*

ensemble se fournissent des forces l'vn à l'autre. Au milieu comme au cœur, est la Prouince de France, qui donne le nom à tout le Royaume, & est enuironnee des autres dix, comme d'vne Couronne, deux desquelles, à sçauoir la Normandie & la Bretagne, confinent auec la mer Oceane: Languedoc & Güienne, les Monts Pirenees : & Prouence la mer Mediterranee. Le Dauphiné est aux confins de Sauoie: La Bourgongne confine auec la Lorraine, & la Champagne & Picardie auec les Pays bas : Calais & Boulongne, regardent l'Angleterre. Chacune desdites Prouinces souloit jadis auoir son Seigneur particulier, qui recognoissoit toutefois le Roy de France pour superieur : mais elles sont maintenant toutes incorporees à la Couronne, les vnes par succession, & les autres par acquisition. Ce qui a accreu de temps en temps sa grandeur & son autorité. La Couronne de France a tout cecy deçà les monts, & delà en Italie elle a certaines restes du Dauphiné, & de la Comté de Prouence, & le Marquisat de Salusses. Elle a encor aux

Terres des François aux Indes.

nouuelles Indes quelques terres, mais pour ce qu'elles sont incertaines & de peu d'importance, il ne les faut pas mettre en consideration pour autre chose que pour maintenir ceste nauigation, qu'on pratique si peu maintenant, qu'elle est presque du tout esteinte. Et cette estendue noble de tant de pays est l'vne des plus augustes faueurs que Dieu ayt faits à nos Princes, c'est vne obligation grande qu'il a sur eux de les auoir preposez sur tant de nobles François, & tant de riches Prouinces, & de les auoir faits Monarques

d'vn

d'vn si noble Royaume. Car la grandeur de l'Empire, & la multitude des sujets est la gloire des Roys. Quand les Lettres sainctes parlent d'Artaxerxes, elles le louent que son Sceptre s'etendoit sur cent & vingt-sept Prouinces, qui continuoient depuis l'extremité de l'Inde, iusques aux derniers bords de l'Egypte. Qui n'estoit pas vn petit pays. Et toutefois cette grande domination ne pourroit aujourd'huy aborder à la beauté de l'Estat François, beaucoup plus petit en quantité, mais plus noble en sa qualité.

Estat, lequel posé au milieu de la Chrestienté, est beaucoup plus commode qu'aucun autre pour vnir & diuiser les forces des plus grands Princes, & des peuples plus belliqueux, pource qu'il a deuant soy l'Italie, l'Angleterre derriere, l'Espagne à main droite, l'Allemagne à la gauche, dela les Suisses, & deça les Flamens: Et outre cela il est entre deux mers, la Mediterranee d'vne part, & l'Occeane de l'autre: à raison dequoy il peut facilement fauoriser ou troubler par mer & par terre, toutes les entreprises & tous les desseins de chaque Prince & Potentat du monde. Et quant à luy il est asseuré de tous costez, & par nature, & par art: pource qu'il est defendu par les montagnes, de l'Espagne & de l'Italie: par la mer, de l'Angleterre, & des Royaumes plus esloignez: de l'Allemague & de la Flandre par les fleuues: & en tous les pays plus importans des frontieres, il y a des places fortes, fortifiees de garnisons & de grande quantité d'armes, & autres defenses pour l'vsage de la guerre, & par tout de sages & fideles Capitaines pour l'ordonner & la conduire.

Situatiõ de l'Estat de France & la cõmodité d'icelle.

V

Aussi ne se trouue-t'il pas depuis que ce Royaume est Royaume, qu'il ayt esté vaincu par aucune autre natiō. Vray est que les Anglois en occuperét vne partie par vne continuelle & longue guerre qu'ils firent au cœur d'iceluy. Mais leur victoire fut de courte duree, veu que non seulement ils furét depouillez des villes qu'ils auoiét prises par force, mais encore de la Normandie & de Guienne: ancien patrimoine de leur Couronne.

Royaume de France inuincible.

Et si on considere encor le principal fondement de la grandeur & puissance des Royaumes estre aux hommes, la valeur & industrie desquels fait plus aux offenses & defenses que l'artillerie & les armes: quel nombre de peuples plus grand que ceux de France, laquelle a plus de deux cens villes, qui ont des Euesques, & plusieurs autres places & Chasteaux, & vne infinité de villages, & tout cela aussi plein qu'il sçauroit estre? En quelque declaration de guerre que ce soit, on void les pointes & brillantes clartez des esprits de nos grands Princes en l'ordre & disposition des garnisons & fortifications de leurs villes. On void comme ils peuuent à coup mettre suz piez, non seulement de grandes armees, mais les bien conduire, auancer, ou reposer, sans auoir indigence d'aucune chose. On pense voir des Alexandres entre les bandes Macedoniennes, des Cesars entre les legions Romaines, & des Epaminondas entre les Grecques.

France fort peuplee.

I'adiousteray de plus à ceste consideration que la France a tousiours esté estimee fort riche, & fort abondante de toutes les choses neceſſaires à l'vſage de l'homme, pource qu'eſtant preſque au milieu de la plus noble partie du monde, qui eſt l'Europe, elle iouiſt d'vn Ciel fort benin, & exempt des grandes froidures d'Allemagne, & des exceſſiues chaleurs d'Eſpagne. Et combien que l'air ſoit quelque peu venteux, il eſt toutefois fort ſain, & n'a rien de groſſier ny de mareſcageux, que la Flandre qui en eſt voiſine. Le pays eſt beau, plaiſant, plein de grandes riuieres, & toutes nauigables, & n'y a point de montagnes aſpres, ſinon aux extremitez des limites & en quelque peu d'autres endroicts : mais au milieu, il y a par tout des plaines & collines fort fertiles, & labourees, & ſi grande abondance de bleds, de vins, de Lins, de chanures, de paſtel, & autres choſes, que non ſeulement elles ſuffiſent pour l'vſage de ce Royaume, mais encore ſeruent pour enuoyer en Eſpagne, Portugal, Flandres, Angleterre, Surie, Dannemarch, & autres pays encor plus eſloignez : & que pour cette cauſe encore que la France n'ayè pas des mines d'Or, ny d'Argent, comme l'Allemagne, ny l'Eſpagne, il y eſt toutefois porté de diuers endroicts en telle quantité, qu'elle eſt la premiere de l'Europe en threſors immenſes : car à cauſe de ceſte fertilité feconde de toutes choſes, on eſtime que ce qu'on tire des fruicts de la terre monte vne annee portant l'autre quinze millions d'or, dont il y en a ſix, qui ſont du Clergé, vn

Fertilité de la France.

Richeſſes de la France.

V ij

& demy du Domaine du Roy, & le reste des Princes, Barons, & autres, qui ont des reuenus & des terres.

Autorité des Rois de France. Mais pour l'Autorité des Monarques qui president sur ceste France, qui est la troisiesme condition que i'ay proposée au commencement de ce Discours, ie dis ceste grande & puissante France pleine de gens, & abondante en commoditez & en richesses, elle depend toute de leurs Maiestez, qui sont aymees & reuerees de leurs peuples.

Anciїneté de la Couronne de France. Les Roys de France, sont Roys par nature, veu qu'ils sont anciens, & non pas nouueaux, & depuis mille deux cens annees ou enuiron, on n'a iamais cognu autre sorte de gouuernement en ce Royaume. Ils succedent à la Couronne, & ne sont pas faits par election du peuple: & pour ceste cause ils ne doyuent briguer la faueur de leurs sujets, ains le Sceptre vient par ordre naturel du pere au fils aisné, ou à celuy qui est plus proche. L'aisné succede, & si celuy-là manque, le plus proche du sang paruient à la Couronne, pour ce que le Royaume ne peut estre diuisé, mais demeure tousiours à vn seul.

Roys de France naturels François. La loy Salique exclue entierement les femmes de la succession aux biens & au Domaine. Et à ceste cause les Roys qui gouuernent le Royaume sont tousiours François, & ne peuuent iamais estre d'autre nation. A ceste cause l'on n'a iamais veu arriuer à nostre France la mesme chose qui arriue coutumierement aux autres Principautez, qui ont souuent des Roys d'vne nation haye & ennemie, comme celle d'Espagne, qui tomba au pouuoir des Allemans, & Naples & Sicile des Espagnols. Et delà vient qu'il n'y a Royaume au monde, auquel chaque Prince ne trouue quelque droit de pretension, & chacun cherche de soutenir la sienne auec les armes, & les faueurs de son party: de sorte que les Royaumes venans à estre diuisez, sont faits la proye de l'vn & de l'autre: ce qui a esté cause de mettre tät d'armes, & de coutumes & meurs estrangeres en Italie. Mais la France est exempte de ceste calamité, pource qu'auec l'exclusion des femmes, on a exclus tout le droit qu'vn estranger pourroit pretendre en ce Royaume.

Toutes ces choses sont les bases & les fondemens des armes, & de l'obeissance des peuples: pour ce qu'ayans accoustumé depuis si long temps d'estre gouuernez par des Roys, ils ne jettent en leur ame les desirs ambitieux d'aucune autre sorte de gouuernement, & cognoissans qu'ils sont nez en telle fortune qu'ils doyuent seruir & obeyr à leurs Princes souuerains, ils seruent volontiers & de bon cœur : & n'a t'on iamais veu, que ceux qui ont esté nez pour porter le Sceptre, & qui pour monster à l'Authorité Royale, n'ont employé ny la force, ny les ruses, ayent cherché d'offenser leurs sujets, pour soupçon ou doute qui balançast leur ame au sujet de leur fidelité. *Obeissance des François à leurs Princes.*

De la vient que ces grands Monarques sont si familiers auec leur peuple, qu'il est presque comme leur compagnon, & iamais aucun n'est exclus de leur presence, & si on doit traiter quelque chose qui importe, faut auoir ceste patience *Roys de France familiers auec leurs suiets.*

de la traiter deuant tant de gens, & de parler le plus bas qu'on peut, pour n'eſtre pas entendu. Ce qui remplist leurs ſujets de tant d'affection, que les vœux de leur obeïſſance anoncét par tout vne foy inuiolable au ſeruice de leurs Maieſtez.

Mais ce qui conſerue & accroiſt plus qu'autre choſe cette grande affection des François, c'eſt leur particulier intereſt, & l'eſperance du profit, pour ce que les Roys des Lis ayans à diſtribuer tant de charges, d'offices, & de Magiſtrats, & tant de biens d'Egliſe, tant de penſions, tant de preſens, & tant d'autres commoditez & honneurs, qui ſont comme infinis en ce Royaume, ils diſtribuent tout parmy leurs ſuiets naturels : Ainſi ne void-on pas arriuer en France le meſme qu'aux autres Royaumes, & principalement en celuy de Naples ; à ſçauoir que les peuples ſont tous mal contents & deſeſperez, pour ce que les offices & dignitez qui deuroient eſtre departies à ceux du pays, ſont tous donnez aux eſtrangers. Et combien que nos grands Princes fauoriſent quelques Italiens, ou autres de dehors : il y en a peu toutefois de ceſte ſorte : & ceux-la ſeulement qui par leurs ſeruices ont fait paroiſtre l'affection qu'ils auoient à leur Couronne.

Offices de la France diſtribuez aux naturels François.

Pour ceſte cauſe on n'a iamais ouy dire que les peuples François ſe ſoient reuoltez côtre leurs Roys, pour ſe donner à vn autre : les mutineries & rebelliõs ont eſté fort rares en leurs cœurs, & l'on n'en ſçait point de bien grande que celle-cy derniere de la Ligue.

Il y a peu de François bannis, & peu qui ſeruent d'autres Princes, ains tous honorent ou pluſtoſt adorent leurs Roys, chacun reſerue ſes forces, ſon ſang, & tout ſon bien, pour le conuertir en des teſmoignages d'affection vers leurs Maieſtez, chacun prodigue ſes moyens, & ſe jette à corps perdu dans les dangers, pour leur ſeruice, chacun poſtpoſe le cōtentement aux ennuys, la commodité aux fatigues, les plaiſirs aux perils, & le repos au trauail, qui pour faire ce qu'il doit, qui pour monſtrer ce qu'il eſt, & qui pour eſpoir de recompenſe.

François ayment & reuerent leurs Roys.

A raiſon dequoy, comme ces Monarques ſont ainſi aymez & obeys, & ſeruis de tous, auſſi ont ils ſouueraine & abſolue autorité au Royaume, pource que c'eſt de leur volonté que dependent toutes les deliberations de paix & de guerre, les impoſitions des tribus, les octrois des benefices, la diſtribution des offices, & la collation des gouuernemens & des Magiſtrats par tout le Royaume.

Et pour abreger, les Roys de France, ces grans Princes des Lis, ſont recognus pour vrays & tres-auguſtes Monarques, & ſeuls Seigneurs de toute choſe, & n'y a Conſeil ou Magiſtrat de ſi grande autorité, qui puiſſe donner loy à leurs actions, ny Prince au Royaume ſi hardy, qui oſe faire barriere à leurs volontez, comme il aduient ſouuent aux autres Royaumes, pource qu'il n'y a que leurs Maieſtez qui ayēt iuriſdictiō ſur le peuple: & biē que des freres les vns ſe nōment Ducs d'Orleans, & les autres Ducs d'Anjou, ils n'ont toutefois autre choſe que le titre & le reuenu, veu que les Roys commandēt par tout, & non autre.

V iiij

Et quant aux Vertus Royales qui brillent sur le Diademe de ces reuerables Maiestez i'en representeray encore le racourcissement en peu de paroles : Car si Scipion Æmilian estoit tenu entre les Romains pour bon Senateur, bon Orateur, & grand Empereur: les Roys de France ont esté de tout temps tenus pour de grands Chefs de guerre en leur Camp, pour de sages Senateurs en leur Cõseil, pour de diserts Orateurs en leurs harangues militaires. On leur a donné à bon droit les Titres, *de tres-vaillants, tres-veillans, & tçauaillans*, qui sont les trois Vertus, ou plustost les trois Couronnes immortelles dont les plus grands vainqueurs ont esté iamais honorez. Et ceux qui ont consideré de pres leurs actions, ont dit d'eux ce que l'on disoit des Israelites, qu'ils ont l'espee en main, & la truelle de l'autre: pour ce qu'ils reparent d'vne part les desordres de leur Estat par la Iustice, & par la Clemence: par la Pieté, les ruines du seruice de Dieu, & de son Eglise: & par la Valeur des armes ils l'accroissent & augmentent de l'autre.

Mais ce ne seroit assez de l'asseurer dedans par bonnes loix, & l'affermir auec bonne obeissance & correspondance de membres au chef, & de sujets à leurs Maiestez Royalles, s'ils ne le cimentoient encore par dehors auec l'amitié & confederation de tant de Roys, Princes & Potentats. En quoy ils ressemblent les Architectes, qui non contents d'auoir sur bons pilliers, bonnes arcades, & bons fondemens basti le haut ouurage de quelque grande Eglise, l'asseurent encore par dehors, l'appuient & l'etançonnent de bons arcs-boutans, & de grands, & nobles pilastres.

 Voyla les merueilles les plus vertueuses, & les vertus les plus esmerueillables qui se rencontrent diuinement aux grands Roys de la France: voyla l'essein des perfections qui sortent des sacrez Fleurons des Lis: voyla la Religion, la Foy, la Vaillance, l'Autorité, la Pieté, la Iustice, la Clemence, que Dieu donne en appanage à ces bons Princes, qui sont les nourrissons & chers enfans de sa Diuinité, voire en tres-eminent degré sur les autres Princes. Voila les sept Planettes qui de leurs diuines influencs versent vn monde de prosperitez sur la France : Voyla les sept Vertus du Diademe François, capables d'empescher le François mesme desireux de contenter son œil & son ame des belles Merueilles de l'Vniuers, d'entreprendre les voyages de l'Egypte pour voir ses Piramides, dont les pointes esleuees sembloient se cacher dans la nue: ny de Babylon, afin de contempler ses superbes murailles, ou bien ses iardins, que l'artifice industrieux auoit leuez en l'air: ny encor le reste des lieux enrichis du Labirinthe de Dedale: du Temple de Diane, du Mausolee, du Colosse du Soleil, & de tout ce que l'on a mis au rang des Miracles du monde. Car outre que l'imployable rigueur du temps, effaçant la pompe de ces ouurages, luy a rauy les moyens de se satisfaire pour ce sujet, abregeant sa peine, il peut bien sans partir de chez soy, s'arrester à ces Obiets plus dignes de sa consideration, sans que la vanité, mais la seule fidelité & obeissance qui luy fait aymer & reuerer ses Roys plus que les autres peuples de la terre, l'y em-

Autre Conclusion de ce que dessus.

Sept merueilles du monde.

porte. C'est vn bouquet façonné des sept plus belles fleurs qui se cueillent aux Iardins de leurs Maiestez, dont ie fais vn present à la France, & que ie luy mets dans le sein, pour qu'elle le porte par plaisir en faueur de leur heureuse souuenance. Car si iamais vne Dame d'honneur fut eprise d'amour & d'affection d'vn Prince, la France la esté, l'est, & le sera de ses Roys. Ie dis qu'elle la esté, & l'est encore, & le sera tant qu'elle portera le nom de France, pource que son desir ne s'assouuist par la iouissance. C'est vn present que ie luy fays, vn don dont ie la gratifie. Non qu'elle ignore la beauté, la grace & la douceur qui est aux Fleurs que ie luy presente (car qui est de son peuple, qui ne les sçache, & qui ne les ayt senties?) mais pour louer & recommander auec elle les plus beaux Fleurons de sa Couronne, & faire veoir l'obligation & l'hypoteque que Dieu a sur ses Princes, ausquels il a si liberalement donné tant de glorieux Titres, & dont ils sçauront bien vn iour luy satisfaire & rédre le profit qu'il en attéd.

 Entre les Monarchies Chrestiennes, que Dieu a honorees de Princes vertueux, c'est la France: car on luy void faire gloire par tout de la religion de ses Clouis, de la deuotion de ses Dagoberts: du cœur & de la valeur de ses Charlemagnes, du bon heur de ses Capets, de l'equité de ses Roberts, de la saincteté de ses Saincts Louys, de la sagesse de ses Charles cinquiesmes, de la bonté de ses Louys vnziesme, & de la Clemence & magnanimité de ses Henris quatriesmes : & ce qui est esmer-

ueillable, presque tousiours en vn seul suiet de
toutes ces rares qualitez, l'vne desquelles seroit suffisante pour beaucoup honorer vn Monarque. La religion, vraye & naturelle religion des François, tous les Successeurs de Clouis l'ont tenue & retenue, tenue premierment, & retenue plus constamment que les autres Roys du monde: elle a faict florir leur Estat en paix & en probité de mœurs sur tous les Estats de la terre, & leur a concilié mille victoires. Elle a esté sans alteration en eux & en leur Royaume: en eux depuis leur Christianisme, il y a pres de douze cens ans, & en leur Royaume depuis la predication de Sainct Denys, il y a presque mil cinq cens annees, & pres de trois cens auant qu'ils en fussent Roys.

C'est ceste religion qui leur a donné vn si noble gouuernement, & qui les a comblez de toutes les vertus les plus belles, mais qui par dessus toutes a fait eclater en eux la Foy auecque laquelle ils ont constamment tenu la verité de leurs promesses, la Vaillance auec laquelle ils ont procuré & auancé l'Eglise, l'Autorité auec laquelle ils l'ont defenduë & maintenuë, la Pieté auec laquelle ils ont conserué son seruice, la Iustice, auec laquelle ils ont distribué à chacun ce qui luy appartenoit, la Clemence auec laquelle ils ont fait briller & bruler en leur ame vn celeste desir du bié & salut de leur peuple: & bref c'est la religion qui les a fait si grans, & les a montez par ces degrez, à vn si haut Theatre d'hóneur qu'apres Dieu, ils sont les plus grans Princes, non des Chrestiens seulemét, mais de tout l'Vniuers:

C'est cest arc en Ciel qui courbé sur l'epine blanche non, mais sur les Lis blancs de leur Couronne les a persumez d'vne odeur merueilleuse, remplis d'vne suauité incomparable.

Pour toutes ces considerations les Roys de France ont tousiours eu le premier lieu de dignité entre les Roys Chrestiens. Il falloit passer par le Temple de la Vertu, pour entrer en celuy de l'Honneur, & pour arriuer à l'Autel des Parfums au Temple de Salomon, il falloit passer par celuy des Holocaustes, la fabrique du Tabernacle & du Temple estant ainsi disposee. Aussi par tant de Royalles vertus, & de Prerogatiues, tāt d'Autoritez, & de Grandeurs, qui signalent la Monarchie Françoise, les Princes des Lis ont le premier rang d'honneur & precedent tous les Princes de la terre: & les Ambassadeurs representās leurs Maiestez, comme estans les premiers fils de l'Eglise, les plus anciens Roys Chrestiens, & commandans sur le plus excellent Royaume du monde, tiennent les premieres seances aux Assemblees publiques, tant à Rome deuant la Sainteté, & au Consistoire & sacré College des Cardinaux, & aux Conciles generaux, qu'és Cours des autres Princes. Et quoy que les Roys d'Espagne ayent voulu debatre sur la preseance de leurs Ministres & Ambassadeurs voulans qu'ils precedassent ceux de France, comme ils les precedoient quand ils estoient à l'Empereur Charles Quint, à cause de l'Empire : les nostres toutefois l'ont tousiours maintenuë courageusement, & se la sont fait adiuger à bon droit, non seulement par dessus les Roys d'Espagne, mais aussi par des-

Premier rang d'Hōneur adiugé au Roy de France sur tous les Roys de la Chrestiēté.

fus les autres Princes souuerains, ausquels ils n'ont iamais voulu ceder cet Honneur, qui leur a tousiours esté deferé sans controuerse, hormis des Espagnols, lesquels bien qu'ils pensent auoir raison de le debatre, il n'y a toutefois aucun de leurs Royaumes, qui se puisse comparer au Royaume de France, tant pour la splendeur de sa Noblesse, que pour l'antiquité, & la gloire de ses Titres.

L'Archeuesque de Tours, & l'Euesque de Troye, Ambassadeurs au Concile de Basle, precederent l'Euesque de Coffence, Ambassadeur du Roy de Castille. Louys de Soliers Ambassadeur du Roy Louys XII. precedà au Concile de Latran, Hierosme de Vic, Ambassadeur de Ferdinand Roy d'Arragon. *Ambassadeurs des Roys de France precedent les autres.*

Les Anglois ont eu de grandes alliances auec l'Espagne, de longues guerres contre la France, & neantmoins l'amitié ny la haine, n'a peu oster entr'eux ce consentement vniuersel, que le Roy de France deuoit preceder. Car au Chapitre general des Cheualiers de la Iarretiere, en l'an 1555. la veille S. Georges, fut arresté que le Roy de France retiendroit sa place au costé droict du Chef de l'Ordre, comme le plus apparent lieu: & le Roy d'Espagne encore qu'il eust espousé Marie leur Royne, demeureroit à la gauche: & pour ce laissent encore à present la place au costé dextre dudict Chef de l'Ordre, quand ils tiennent ledit Chapitre general de la Iarretiere. *Preseance adiugee par l'Anglois aux Roys de France.*

Nos Roys ont tousiours eu de bons seruiteurs, qui en diuerses Legations pour leur seruice, ont fidellement & genereusement soustenu ceste dignité, & sont demeurez de pied ferme en leut rang, & sans craindre les trauerses de ceux qui n'ont rien peu contre eux, sinon d'enuyer en leur charge, la grandeur du maistre qu'ils seruoient.

Preseance maintenue courageusement.

Ferriere & Pibrac sortirent du Concile de Trente, & se retirerent à Venise : parce qu'on auoit donné à eux, & à l'Ambassadeur d'Espagne l'encensoir en mesme temps. Comme aussi se plaignirent-ils en vne harangue publiee sur la fin de Septembre 1563. de ce que le Pape priuoit son fils aisné de l'hôneur, qui luy estoit deu, & cela faict denoncerent aux Prelats de France qu'ils eussent à se departir du Concile.

L'Ambassadeur du Roy à Venise s'opposa courageusement à la requeste de celuy d'Espagne, qui vouloit qu'il n'assistast point aux ceremonies du serment de la Ligue entre le Pape, le Roy d'Espagne, & les Venitiens contre le Turc : & ne le pouuant empescher demanda à dire la Messe, pour se mettre hors de Ligue, & faire semblant de quiter ce qu'il n'eust sçeu obtenir.

Preseance adiugee par le Pape à nos Roys.

Le Pape Pie IIII. adiugea le mesme honneur à l'Ambassadeur de France, dequoy irrité Louys de Requesens grand Commandeur de Castille, sortit de Rome pour euaporer son mécontentement & sa colere. François Vergas fut le premier qui disputa ceste presedance de la maison de France, & la perdit par le iugement du Pape, en l'annee mil cinq cens cinquantehuict, auant laquelle iamais Prince Chrestien ne l'auoit reuoquee en doute.

Il y a trente ans que Monsieur de Belieure

estant Ambassadeur aux Grisons & en Suisse, mist la main à l'espee contre celuy d'Espagne, qui s'aduançoit pour prendre le deuant. Si l'occasion, qui estoit d'vne procession publique, & des plus solemnelles de l'annee, garda l'Espagnol du mal, son courage ne le sauua pas de la peur.

Monsieur de Sillery n'en quitta iamais rien au Duc de Sess, en son Ambassade de Rome, non pas mesme en vne ceremonie, dont le Roy d'Espagne proposoit de faire la despense, sur la Canonisation d'vn Sainct Espagnol : comme autrefois en mesme occasion, sçauoir est lors de la Canonisation de F. Diego de Alcala, le Marquis de Pizany entrant en la Chappelle du Pape, & tenant son rang de Preseance, auoit emporté le mesme aduantage contre l'Ambassadeur d'Espagne.

Mais ceste Preseance ne fut iamais soustenuë plus courageusement, que par ceux mesmes qui l'emporterent en la Conference de Veruins, l'an mil cinq cens nonante huict. La ceremonie de telles assemblees veut que le plus grand se treuue le premier au lieu assigné, pour monstrer qu'on le vient trouuer, & que le premier arriué, aille voir le dernier venu, quand c'est en sa maison & en sa terre. En l'entre-veuë du Pape Clement, & du Roy François à Marseille, le Roy s'esloigna de la ville, & donna bon loisir au Pape de deux ou trois iours pour son entree. En celle du Pape, & de l'Empereur à Boulongne, l'Empereur donna assez de temps au Pape, pour y estre le premier,

Preseance disputee au traité de la paix à Veruins.

& furuint apres luy. On l'obferua à Veruins comme cela. Les Deputez du Roy arriuez les premiers, & eftans chez eux, commencerent le compliment, & allerent voir ceux d'Efpagne. Ils s'entrefaluerent les cœurs pleins de ioye, & d'vn contentement incroyable, fe voyans enfemble pour vne action fur laquelle toute l'Europe tournoit les yeux. Ils fe promirent les vns aux autres de traiter rondement, fincerement & doucement, faire par tout reluire la verité, & exceller la bonne foy, qui pour neceffité quelconque, ny pour occafion que ce foit, ne permet de tromper. Ils fe communiquerent leurs pouuoirs, & firent reformer les defauts qu'ils y recognurent, pour entrer au Traité plus feurement & franchement, ne s'arreftans que le moins qu'ils pouuoient fur la vanité des formes, pour demeurer plus fermes en la folidité des chofes.

Mais quand ce vint aux feances, elles furent difputees auec affection, & comme celles dont on ne peut rien rabattre, ny quitter fans perdre tout. C'eft la ftatuë de Phidias, pour peu qu'on en leue, toute la taille rombe & fe rôpt. De deux contraires, il en faut quiter vn & choifir l'autre. Ou premier, ou fecond: il n'y a point de milieu.

Preſeance accordee aux Deputez du Roy par ceux d'Eſpagne.

En fin toutefois apres plufieurs remôftrances & proteftatiós des Deputez du Roy d'Efpagne, ceux du Roy de Frâce eurent le choix, de prêdre telle place qu'ils voudroient, apres le Legat & le Nonce. La Chaire du Legat eftoit efleuee fur vne marche d'vn pied, & fouz vn aiz du deffus. L'Euefque de Mantouë prift la premiere chaire au deuant du Legat, & deuers la main droicte.

Les

Les Deputez du Roy prirent les deux Chaires de l'autre costé, de sorte que le premier estoit vis à vis du Nonce: & le second vis à vis du premier Deputé d'Espagne, qui estoit ioignant le Nonce, en la seconde chaire. Taxis prist la troisiesme, Verreichen la quatriesme, le General des Cordeliers regardoit le Legat en face, & les Deputez en profile. Le 1. rang aux gens du Pape, le 2. à ceux du Roy, le 3. aux Espagnols. Et ce qui est le plus remarquable, c'est que l'aduantage que les Deputez de sa Maiesté emporterent pour la seance, leur demeura par tout le Traité: en toutes les assemblees les François estás tousiours les premiers.

Que les Roys donc, & les Princes souuerains de la Chrestienté recognoissent, que si vn Pigmee n'ayant qu'vne coudee de hauteur, se vantoit d'egaler la grandeur des Cedres du Liban, il seroit iugé auoir besoin d'ellebore & malade de l'esprit : & en le recognoissant qu'ils viennent tous icy confesser ingenuement leur bassesse, & auouer que les Grandeurs & Preeminences des Monarques de la France sont sans pair, & sans egales en la terre. Et partant que leurs vœux plus ardents les portent à l'Autel de leur gloire pour y appédre les Trophees de leurs Puissances & Autoritez, réuoyans au Soleil ses raiōs, & à la mer ses ondes, à l'exéple, si ie l'ose ainsi dire, de ces reuerables Vieillars, qui és Reuelatiōs du bié-heureux S. Iean posent leurs Couronnes au pied du Trone de l'Agneau, & auouët qu'ils tiénent tout leur bié de ses graces fauorables : puis que c'est ce mesme Agneau, auquel la France a esté si aggreable, qu'au sortir d'Egypte & des fers de la

Conclusion

X

Gentilité il y a fait repoſer ſon Arché, a dormy à l'ombre de la fleur de ſes Lis, a tenuë chere la cõpagnie de ſes Princes, & leur donnant le plus de part au pres de ſoy, a fait, & fait encores, que les plus glorieux Titres, & les plus rares qualitez de la terre ſont pour eux, & que les plus grandes dignitez & les premiers rãgs, en toutes ſortes d'Aſſemblees, ſont le Theatre, où leurs Maieſtez ſont veues & reuerees de tous les peuples du monde. Ainſi ſont recompenſez les fauoris du Ciel. Ainſi ſont honorez les Roys, que le Roy des Roys veut honorer, comme diſoit de la part du grand Aſſuerus, celuy qui fut contraint de publier la gloire de Mardochee.

FIN DV I. LIVRE.

LA GLOIRE, ET MAGNIFIQVE APPAREIL DES ROYS de France.

LIVRE SECOND.

PREFACE.

OMME les Monarques François ont toujours fait paroistre de royannants esclats de leur resplandissante Royauté, par les premieres & plus belles vertus de leurs ames: Aussi ont-ils toujours eu des marques & enseignes particulieres de respect & de reuerence pour surhausser les rayons eclatans de leurs Royales Maiestez, & leurs esprits ont tousiours esté tels, qu'il n'y a eu Roy qui ayt approché de la Grandeur & Magnificence de leur Estat. Froissard estranger le regnoist, qui escrit, que Messire

Estat des Roys de Fráce sans pareil.

X ij

Pierre de Courtenay Anglois deuisant auec la Comtesse de S. Paul, disoit, *Les Estats de France sont grands & beaux, & bien étoffez, & bien gardez : En nostre pays nous n'y sçaurions auenir.* Et le mesme Auteur dit ailleurs, *La Royne demanda au Roy des nouuelles de son grand lignage de France. Le Roy son mary luy en declara assez, & du grand Estat qu'il auoit trouué, ausquels de faire, ny de l'entreprendre à faire, nul autre pays s'acomparage.* Et pour en donner vn petit exemple, la Chronique additionee à Monstrelet porte, que l'Empereur Venceslaus estant venu en France, le Roy à son depart luy departit liberalement toute la vaisselle d'or & d'argent, dont on l'auoit seruy, & la tapisserie de salle, & de Chambre, qui fut prisée à deux cens mille florins, sans les presens qui furét faits aux Seigneurs d'Allemagne.

Que ces grands Princes ayent le premier rang d'Honneur sur les autres Princes, & qu'ils les precedent en toutes Preeminences, en Tittres, en Qualitez, en Vertus, en Dignitez, ce sont des opulentes richesses, qu'ils ont en appanage, & en auancement de l'eternelle hoirie de ce Dieu, qui les ayant trouuez selon son cœur voulut de son propre doigt imprimer sur leur face le diuin caractere de sa Maiesté : Ce sont les Prerogatiues & les Dons honorables de sa Royale Magnificéce que i'ay depeints au premier Liure, non veritablement de telles couleurs, qu'vne main plus industrieuse eust peu artistement assortir sur vn Tableau de pareille estoffe : (aussi qu'outre qu'és grands desseins les desirs vaillent presque les effets, ce seroit trop de rigueur de demander en vn premier essay la perfection de l'art.) Ce sont di-je ces Apanages, & ces Prerogatiues, qui font que comme on ne peut accuser les enfans d'Attalus, & de Cresus de pauureté, aussi ne les peut-on blasmer d'indigence. Car si ceux qui reuiennent des Indes Orientales sont coutumieremét riches en Epiceries, & les Marchands retournans du Peru sont volontiers foisonnants en lingots d'or: Ces Roys des Lis, enfans aisnez d'vn si riche & si noble pere comme est Dieu, ne peuuent qu'ils ne soient riches à merueilles: naturellemét, & dés leur naissance, ils foisonnent en zele & affectió au seruice de l'Eglise, en generosité & magnanimité, en Puissance, en Iustice, & en Debónaireté plus que le reste des Roys. Ainsi l'espine Royale en Babylone le mesme iour qu'elle est entee, le mesme iour elle germe contre l'ordinaire de la nature. Et ainsi les petits Aiglõs, qui sont les Princes de l'air, ne sont si tost éclos qu'ils regardent asseurément le Soleil: A peine leur prunelle est-elle defermee, voire formee, que desia elle fait teste; & tiét bon sans claigner, contre les raiõs de cet Astre, qui éblouit tous autres regars.

L'Antiquité Romaine a obserué en la famille des Fabiens, trois grands Princes du Senat, en celle des Curions, trois grands Orateurs. Aux vnes tant de Censeurs, aux autres tant de Dictateurs. Mais és trois lignees des Roys de Fráce, on ne remarque ny trois ny quatre, mais tous grãs & nobles Princes, qui tous ont fait paroistre la grãdeur de leurs Royalles Vertus. La terre vniuerselle a obserué en eux vne incroyable pieté, vne incóparable generosité, vne admirable fecõdité. *Roys de Fráce tous grands & genereux.*

Leur pieté contre les infideles & ennemis de l'Eglise, leur generosité contre la fortune, leur fecondité contre le temps, qui deuore tout, & qui reduit tout à la mortalité. En l'Orient a paru leur pieté, en l'Europe leur generosité, en la France leur heureuse fecondité. De sorte qu'on dit de ces trois lignees, que les femelles sont nees pour peupler la Chrestienté, & les masles pour la defendre: mais particulieremēt de la troisiesme, qui me fait souuenir de ceste vigne de pur or, dont Pithias Bithinien fist present au Roy Darius. Car il semble que Dieu ait fait vn present de ceste famille, comme d'vne vigne d'or à nostre France, pour la multiplier en diuerse fecondité. C'est vne vigne en rapport semblable à celle que Senecque achepta de Palemon le Grammairien, & qui fut vne merueille d'Italie. Aussi a elle estendu ses rameaux & ses branches, voyre ses fruits & ses prouins en diuerses contrees de la Chrestienté. Et comme les Romains enuoyerent en la Grece, pour auoir Esculape & Iupiter l'Olympien, afin de les emmener & consacrer en leur ville, & en retirer profit & commodité pour leur Estat: Ainsi les Princes de ceste lignee pleins de vertu & de vigueur, ont esté iustement desirez & demandez pour en auoir du plan, & en gouster les fruits par tout le monde. Ils estoient si genereusement nez, & si religieusement nourris, que leur feconde magnanimité & leur religieuse generosité, causoit aux hommes la cupidité de les voir, & de les auoir pour Princes. Et certes non seulement la terre en a par tout tiré des greffes, comme d'vn arbre rare & singulier,

Troisiesme lignee de nos Roys louee pour sa grādeur & fecōdité.

mais les infideles mesme en ont souuent senti la main & la grandeur, l'ont crainte, aymee, & recherchee pour leur vertu. Et quand il n'y auroit autre marque de ceste grandeur, sinon le long temps qu'elle dure, c'est assez pour luy donner vne insigne louange, voyre vne insigne place au temple d'honneur. Car si on loue les arbres pour leur âge, les Palais pour leurs ans, & les familles pour le temps : chacun sçait que ceste lignee est vn Phenix entre les nobles lignees des Roys, & que ses nobles Princes sont des Nestors entre les hommes, pour la longue duree de leur sang. Car depuis l'an 1009. ou enuiron, iusques à present elle a flory pleine de prosperité & d'honneur: & pour le comble de tout son heur, ayant esté celestement vnie à la maison de Bourbon, par vne glorieuse rencontre, & par le mariage de Monseigneur Robert de France, il y a quatre cens tant d'annees, ayant passé legerement & sans beaucoup s'arrester aux maisons de Valois, d'Orleans, & d'Angoulesme, a en fin produit la Maiesté de nostre grand Henry, comme le plus noble fleuron, & le mieux marqué d'excellence, qui viue de ceste branche. C'est ce tige florissant, qui a conduit la dignité des Lis, & le bon heur du Sceptre François dans le large & profond Ocean d'honneur, par les secrettes Vertus qui luy ont apparu, & que depuis sa Maiesté môtée sur le Theatre de la Royauté, luy a fait abondamment paroistre. Le meilleur du cinname est en la sommité, en la sommité du pin gist l'ornement & la vie de l'arbre. Et ceste auguste Maiesté est le but où elle a assigné les limites de sa

Louanges de nostre Roy Henry IV.

X iiij

Grandeur, & où elle a fait la baze de ses plus grās Trophees. C'est le point où son angle finist, c'est l'extremité de sa ligne, c'est le centre de sa circonference.

C'a tousiours esté le naturel des grands, & graues Princes, de ne rien faire que de grand, de ne rien entreprendre que de graue. Aussi disoit-on d'Alexādre, que son cœur n'estoit qu'vn Sacre empenné de grandeur: De voler haut il s'y plaisoit, de fondre à bas il ne pouuoit. Et sa compositiō mesme estoit telle, que tout ce qu'il auoit en luy, voire le plus vil, n'estoit qu'honneur & que grandeur. Car mesme sa sueur, dit Plutarque, n'estoit que musc & parfum odorant: c'estoit myrrhe, c'estoit cinname. Son esprit estoit tellement fait aux choses hautes, que si ce n'estoit pour exercer sa vertu, il dedaignoit les choses basses comme viles & de peu de lustre. S'il bastissoit c'estoit ou la ville d'Aristote son precepteur, ou celle d'Alexandrie, qui retirent encore auiourd'huy le nom, & le renom, voire l'heur & l'honneur de son Autheur. S'il triomphoit c'estoit du genre humain, s'il conquestoit c'estoit le monde entier. Encor en vouloit-il plusieurs, pour les vaincre, & son cœur plus grand que la terre (bien qu'il ne fust qu'vn point en la terre) ne pouuoit estre borné dès bornes de la terre. Trouuoit-il l'escrain des parfums de Darius? il en enfermoit son Homere. Prenoit-il Thebes? il pardonnoit à la maison & famille de Pindare. S'il vouloit vne statue, il la vouloit de la main de Lisippe, comme sa peinture de la main d'Apelles: & vouloit vne statuë, non de

Grandeur d'Alexandre en toutes ses actions.

deux ou trois coudees, mais vn Coloſſe plus grand que le mont Pelion, plus ſourcilleux que l'Olympe, plus eſleué que le plus haut mont de Thrace, & ne la vouloit oyſiue ou inutile, mais qui tint d'vne main vne grande ville, & de l'autre verſaſt vn grand fleuue, & pour ſa baze, qu'elle euſt vne grande eſtenduë de Pays. Auſſi ne penſoit-il rien auoir de mortel, ains ſe diſoit fils de Iupiter Ammon, n'ayant iamais creu qu'il fuſt homme, ſinon lors que bleſé il vid le pourpre de ſon ſang qui ruiſſeloit par la campagne.

Nos Monarques ſont des vrays Alexandres, & les Monarques meſme de ces grans cœurs, qui reſpondirent autrefois au grãd Alexandre, qu'ils ne craignoient rien, ſinon que le Ciel tombaſt ſur leurs teſtes, & les enuelopaſt en ſes ruines, ie dis ce Ciel, que leur haut vol ainſi que de Milans, trouuoit trop bas pour s'eſſorer. On dict de Demetrius, que s'il mettoit la main aux Mecaniques, où il eſtoit tres-bien verſé, tous ſes ouurages ſentoient ſa Royauté. C'eſt le naturel de nos grands Princes. Car comme en la fontaine d'Apollon, les poiſſons meſmes y eſtoient Prophetes; ainſi les plus baſſes actions & conceptions de la Maieſté des Lis ne ſont que merueilles. En la Grandeur eſt tout leur Eſtat, c'eſt l'air où ils vollent, l'Occan où ils ſe baignent, & la terre où ils font leurs courſes plus heureuſes. C'eſt la campagne, où ces courciers genereux prennent leur carriere, & où ils ſe plaiſent de jetter la pouldre au vent, & de paruenir auec longue haleine, au but de leurs Royalles intentions.

Roys des Lis, Alexandres de la France.

La bassesse leur est vne fumee aux yeux, vn fumier au nez, vn absynthe au goust, & vn horreur à leur Royalle Nature. Et s'il faut ainsi dire, tous les Roys de France, ne sont qu'vne paste de diuinité meslee auec vn peu d'humanité que la Nature effigie en forme d'hommes pour gouuerner ceste florissante Monarchie: leurs esprits sont si capables de toutes grādeurs humaines, que ceux qui ont leu les Histoires de leurs actions, confessent qu'ils n'ont iamais leu ny des Grecs, ny des Latins, chose approchante de leur generosité naturelle. S'ils combatent pour la Religion, & pour la Foy de Dieu, comme ils portent la Couronne & le Sceptre par sa grace, ils la plantēt dans les regions plus extremes de la terre habitable. S'ils veulent acquerir, il n'y a rien dont l'acquisition leur soit impossible, & prenans les armes, ils ne cessent iamais de vaincre, sinon qu'ils cessent d'estre ce qu'ils sont, & se contentent de l'estenduë d'vn si grand Empire, qui peut faire redouter leur nō en l'vn, & en l'autre mōde, & qui a eu les mesme bornes que Rome auoit lors qu'elle estoit l'Emperiere de tout le monde, le Leuant, & le Ponant. S'ils portent la main à l'Estat de la France, ils luy font la fortune tributaire, & tant plus il est foulé & accablé, plus ils l'eleuent en haut, comme celuy des Romains, toutes les armes foudroyantes de ce grand Empire du monde sont incapables de le dōpter: S'il se faut trouuer aux hazards, imaginez vous des Princes qui se portent courageusement aux endroits où le peril est plus grand: où l'on ne void plouuoir que sang, ny gresler que morts. S'il faut distribuer à à vn chacun ce qui luy appartient, representez vous des Roys les plus equitables qui ayent iamais porté Sceptre en main ny Couronne fur tete. S'il faut exercer les offices de Pieté, jettez vos yeux fur des Monarques, lesquels ayans veu le fils de Dieu s'incliner aux pieds de petits gabarriers & pescheurs, & s'abbaiser deuant la vilité des viles & pauures pecheurs par telle humiliation: eux di-je fils aisnez d'vn si puissant Seigneur, descendu des Cieux, & fait homme, ayans veu qu'il prisoit & faisoit cas de l'humilité, lauét encore tous les ans à son exemple les pieds à treize pauures, les ayant laué les baisent, leur donnét à disner, les seruent de leur main & de leurs viandes, mettent au col de chacun vne bourse de treize pieces d'argent, & font faire les mesmes ceremonies aux Roynes leurs espouses. Quels Roys a on iamais ouy ou leu, qui ayét de la façon courtisé la grandeur de ceste petite vertu ; & la petitesse de cete grãde Dame? Quels Princes ont iamais tant aymé ceste humilité, fondement de la vertu Chrestienne, & eschelle à la gloire des Cieux? qũi la iamais tant caressee? qui la tãt louee? & qui s'est iamais faict si petit pour la faire grande, & la mettre en vogue parmy ses sujets? S'il faut faire luire les trais de la Clemẽce, & de la Debonnaireté, arrestez vous à ces grandes Maiestez lesquelles sont nourries dés leur enfance, parmy les douceurs des Lis. Somme ils trouuent par tout où faire paroistre la grandeur de leur cœur & de leur esprit.

 Les Grecs ont dit aussi de leur Hercule, qu'ils ont fait fils de Iupiter, qu'il ne faisoit, voyre ne

Hercule grand en toutes ses cogitations.

pensoit rien qui ne fust grand, & grandement vtile: & que toutes ses actions, toutes ses cogitations n'estoient que grandeur. C'est pourquoy en souuenance de luy, la Grece a retenu fort lōg temps en ses mesures le pied d'Hercule, comme le grand pied. Et certainement ils recitent de luy des choses hautes & genereuses, & des actions dignes d'vn grand & magnanime Prince. Car il n'est pas si tost né, qu'ils luy font étoufer deux Serpents, ennemis de la naissance & subleuation des Roys, la Volupté & la Flaterie. Est-il adulte?

Mōstres de-faits par Hercule.

il ne combat, & n'abat que des Hydres à sept testes, des Gerions à trois corps, des Cerberes à trois gosiers, tous monstres doubles, & triples, voire deux fois triples, jettans le feu par les yeux, par le nez, & par la gorge, & qui nous representent les vices corrupteurs des Princes, & tous monstres deuorateurs des plus beaux Estats, & puissantes Republiques. Hors de ces combats ils le font infiniment religieux, qui ne iura iamais qu'vne seule fois, & luy font vn Autel commun auec les Muses, representans la douceur & mansuetude de son esprit. Somme qu'ils nous font cet Hercule, qui n'est ny Hercule, ny Roy, ny enfant de Iupiter, non pour autre subiet que pour repurger les monstrueuses ordures de la terre; & non en vn lieu seulement, mais par tout. Et pour monstrer la pureté de ses mœurs, c'est qu'apres sa mort les Grecs ne vouloient pas que les mousches & les chiés, qui ne sont qu'impuretez & vilenies, entrassent dans son Temple. Ils auoient mesme attaché sa massue en l'vne des Colonnes de la porte, pour leur en faire peur.

Les Roys des Lis sont les Hercules des François, ils ont combatu, defait, voire perdu par leur Puissance & par la longueur de leur main, maints Infideles, qui comme Monstres vouloient s'assujetir l'Estat de Dieu, ils ont laissé vn heritage net & paisible à l'Eglise, & à eux vne gloire immortelle d'auoir comme Vespasian, releué le temple d'Honneur & de Vertu. Et ce que la Grece nommoit pied d'Hercule, c'est le pied de Roy que nous disons en France, pour monstrer que nos grands Roys se sont tousiours mesurez, non au pied du vice, qui n'est qu'vn Pigmee, & vne vilité, mais au grand' pied de la vertu, & à la mesure de la valeur, grandeur, sagesse & generosité d'Hercule : voyre l'ont entierement, & de bien loin, surpassé. Car si les Poetes ont ozé dire que le premier Hercule ayant mis fin à maintes belles entreprises, fut retiré dans le pourpris de l'Olympe, pour tenir rang parmy les Dieux, qui est vne de leurs fables: que deuons nous croire de ceux-cy, qui ont acheué des combats si rudes, & si difficiles, à l'honneur du Filz de Dieu, qui leur a fourny les armes? Voyre si nous voulons les comparer l'vn à l'autre, celuy des Poetes ne sera qu'vn Thersite, & les nostres des Achilles. Auoir vaincu vn Lyon en la Forest de Nemee, tué le Sanglier Erymanthean, deffait à coups de flesches les Stimphalides Oyseaux en l'Isle de Mars : auoir coupé les testes d'vn Serpent: auoir enchaisné vn Mastin escumant de rage, auoir purgé en vn iour les Estables du Roy Augee, auoir debellé les Amazones,

Roys de France Hercules Gaulois voire plus grands qu'Hercule

Labeurs d'Hercules.

& emmené leur Royne Hypolite, & auoir encore massacré le cruel Diomedes auec ses quatre cheuaux, qu'il nourrissoit de chair humaine, leur faisant deuorer les passans : Sont ce pas les plus beaux exploits de cestuy-là, & les plus grandes choses qu'il ayt iamais faictes? Et toutefois encor que nous les accordions veritables, qui ne void que ces Alcides Gaulois l'ont surpassé de tout point? Car n'est ce point dauantage de vaincre l'Infidelité, auec les Heresies, bestes cruelles & farouches, que d'abatre vn Lyon, vn Sanglier? N'est-ce point plus de vaincre la Perfidie & Deloyauté que de tuer des Oyseaux? Tenir son ame nette des ordures de l'impieté, n'est-ce point vn acte plus digne, que de rendre vn vil seruice à Augee, repurgeant sa maison? Estoufer les semences de l'Iniustice, & de la Cruauté, que triompher d'vne troupe de femmes? Et certes cet homme tant loué par les Poetes, apres tant de monstres combatus & defaits, s'estant laissé honteusement vaincre à ses plaisirs & desirs dereglez, ne meritoit point que l'on deshonorast le seiour des heureux par sa presence. Mais les nostres se guindent eux-mesmes à l'immortalité, sur les ailes de leurs Vertus, je dis nos Hercules Gaulois, nos Hercules premiers, & plus anciens Chrestiens, non des effeminez Hercules virans le fuseau au sein des Roynes de Lydie. Hercules qui ne iurent qu'vne fois en leur vie, au iour de leur Sacre, pour le maintien de la Pieté & de la Iustice. Hercules beaucoup plus religieux que cet imaginaire & fantastic Hercule. Et Hercules encore vn coup formez de nature, non pour autre chose que pour estoufer les semences des impuretez des ames. Aussi est-ce la propre function des Roys, & la peculiere des Roys de France, de défaire & ruiner les vices: C'est la naturelle action de ces premiers fils de Dieu, de dompter les monstres, & en quoy les fils ressemblent naturellement au Pere. Car il hayt l'Impieté, l'Iniustice, l'Infidelité, le Mensonge, & la Cruauté d'vne hayne parfaicte: Autant qu'il cherit la verité & la vertu, qui sont deux lampes allumees, qui luisent eternellement deuant son Throne.

Mais ce n'est pas assez, d'auoir assemblé toutes les Merueilles de ces grands Roys, toutes ces grandes actions, qui estonneroient mesme autant d'Hercules, il faut encore porter la main à ce Royal pourtrait, & faire paroistre la Grandeur de leurs Maiestez, autant par l'Ornement externe, que par les Vertus, qui luisent en leurs esprits. Et bien que les Merueilles de leurs vies, & les Actions de leurs regnes soient les Images parfaictes du Zele, de la Fidelité, du Courage, de la Puissance souueraine, de la Deuotion, de la Iustice, de la Clemence, & du bon heur en fin des plus grands Roys qu'ayent iamais veu les siecles passez: Ils permettront neantmoins que ma plume adiouste encore à ce Tableau, quelques traits & quelques couleurs: & luy accorderont que leur dressant de plus glorieux monuments, elle publie que le haut Appareil, & le grand Estat qui fait paroistre la gloire de leurs Maiestez és seances Royalles toute estincelante de feux & de splendeur, est vne merueille qui passe toute mer-

Suiet des Traitez de ce second Liure.

ueille, Que les Honneurs magnifiques & les Magnificences honnorables de leurs Sacres, & de leurs Couronnemens, ce font des Honneurs & des Magnificences, qui éleuent plus haut leurs premieres Magnificences, & leurs premiers Honneurs: Qui feroient encore defectueux aux yeux des Lecteurs, fi vn fi grand Ouurage, qu'eft la Grandeur de leurs Maieftez manquoit de pieces de fi grande importance comme font les Ceremonies & Habits Royaux, tant de leurs Entrees, & Lits de Iuftice, que d'autres Solennitez publiques, & de leurs Funerailles.

Ce font ces Merueilles & ces Honneurs, ce font ces Magnificences, & Ceremonies, & ce font encores ces Ornemens, & ces Pompes qui fourniront de fuiet à ce fecód Liure. Et certes fi la Maiefté Royale plaift à quelques vns, fi la Gloire des Roys leur agrée, s'ils font defireux de contenter leurs yeux & leurs ames du grand & bel Appareil, qui doit briller fur les viues Images de Dieu: Ce fuiet & ce Liure les doyuent attacher, où fur tout la Maiefté, la Gloire, & le haut Appareil des Roys de France, font capables d'obliger non feulement tous leurs fens à la remarque de chofes fignalees & belles, mais auffi de leur faire ingenuement confeffer que parmy les Dignitez fouueraines de la terre : celle des Fleurs de Lis femble eftre vne Diuinité, voire l'eft en verité, eftant comme elle eft riche de tant de fingulieres raretez, & furhauffee en fon excellence de tant de rares fingularitez.

Les eftrangers qui n'en ont pas encore pris vne telle creance qu'ils deuroient, & qui font fi
mife-

misérablement aueugles, qu'ils ne pensent point qu'il y ayt d'autres Grandeurs plus glorieuses que celles de leurs Princes, d'autres Gloires plus grandes que de leurs Maiestez, semblables en cela à ce genre d'hommes, qui au rapport de Platon ayans esté nourris souz terre, sans auoir veu autre lumiere, que celle d'vne torche, ne s'imaginoient point qu'il y eust de Soleil ny de Lune en l'Vniuers: Qu'ils se tirent vn peu de cette nuict, qu'ils sortent de ces tenebres, quelle belle clarté commencera à rayer sur leurs yeux? qu'ils viennent au iour de la Grandeur de nos Princes, au iour de leur Maiesté, & ne soient pas pires que ceux qui sur vn simple rapport des richesses qui se trouuent en vne terre incognuë, font voile pour s'y transporter & s'en charger. Icy ils recognoistront combien ces Habits resplendissans dont ils se vestent en leurs seances Royalles, apportent d'honneur & de splendeur à leurs personnes & d'ornement à la Dignité qu'ils representent : icy ils gousteront combien les Ceremonies solennes de leur Rouauté sont belles, & ne se fascheront point d'auoir quitté auec la Royne des Sabeans, la region du Midy, pour se donner l'honneur & le bon-heur de voir Salomon au Throne de sa gloire, & tout le magnifique appareil de sa Grandeur, & le bel Ordre de sa magnificence. Ils pourront iustement dire icy auec elle, que ce qu'ils verront est bien plus que ce qu'ils auoient ouy dire, & que la renommee qui auoit volé à leurs oreilles n'egalloit point ce qui sera deployé à leurs yeux. Ils se pasmeront, di-je, icy en ces

Y

douces merueilles admirans la grandeur de nos Roys, & la gloire de leurs Maieſtez.

Et quant aux François, ſi leurs vieux peres ont autrefois admiré la Maieſté des Senateurs de Rome ſeans en leurs chaires d'yuoire, & richemens veſtus de leurs robbes de pourpre, croyãs que ce fuſſent des Dieux: ils trouuerõt icy ſubiet d'eleuer cette admiration à vn bien plus haut point, jettans les yeux ſur les rayons qui eclatent de la Maieſté de leurs Roys: je dis de leurs grands Roys, dõt le Royaume eſt auiourd'huy en plaine paix remis & reduit en ſon entier, & ſes limites eſtendues par la force, clemence ſageſſe, & conduite de leur prudence. Et ie dis de ces grands Roys qui ayãs à bon droit merité ce titre de grandeur par la gloire & grãdeur de leurs vertus & de leurs hauts faits, ont fait voir en leurs Habillemés Royaux, auſſi bié qu'en leur ame l'image entiere de bõs Roys, & de grands Monarques. Ils ont veu ſi deuant le recueil des premieres & plus belles vertus, eſcrites en leur ame en groſſe lettre, & grauees en la peinture parláte de nos Diſcours. Et ils pourront voir icy les meſmes vertus depeintes, comme par Hieroglifes és richeſſes & Ornemens de leurs Maieſtez. Ils y verrõt en figures muettes, comme ils ont aimé la Religion, cõme pour elle ils ont fait ſentir la valeur & la force de leurs armes pédant la guerre, & cõme ils ont fait reluire, leur Pieté, leur Iuſtice, & leur bonté en téps de Paix en leur Royaume, & cõme le tout ſe maintient paiſiblement fouz leur autorité tãt par leur Puiſſance, que pour l'amour de leurs ſujets, qui les reuerét & redoutét comme grãs Roys, les aimét & obſeruét cõme bõs Peres.

DE LA MAIESTÉ DES ROYS DE FRANCE,

Et quelles sont les Marques & Enseignes Royalles de leur Monarchie.

TRAITÉ I.

LA Grandeur a toujours esté le centre des desirs de nos Princes, & le blãc où ont visé toutes leurs affectiõs. Ils ont tousiours esté preparez à faire cognoistre aux Estrãgers que la Maiesté leur sied bien par tout, & qu'elle est honorée en eux par leurs sujets autrement que celle des autres Princes. Et ne se peut dire auec verité que quand ils ont rencontré des occasions pures Royales, & se sont trouuez en des actions où il y alloit de l'honneur & de la reputation de leur Couronne, ils n'ayent recherché tout ce qui pouuoit éleuer & eclairer la grandeur & lustre d'icelle, & la mettre au plus haut etage, estimans raisonnable de la faire paroistre autant par l'Ornement externe, que par les Vertus qui luisent en leurs esprits.

Maiesté des Roys de France.

A la verité la plus grande & la principale gloire de leur Sceptre est que leurs esprits ayent esté composez comme i'ay dit : mais pourquoy aussi ne leur eust il esté bien aduenant qu'ils se representassent de mesme pour le corps? Vn Prince né doit perdre aucune occasion de faire voir aux Estrangers la Grandeur de son Estat, pour en leur donnant subiet de l'admirer, maintenir ses sujets en la reuerence qu'ils doyuent à sa Maiesté.

Maiesté que c'est, & d'où ainsi appellée.

l'appelle Maiesté, *Vn honneur planté és ames des autres, qui a son origine de la grandeur, & magnitude:* mesme son nom vient de Magne, c'est à dire grand. Et peut-on dire qu'elle est fille de l'honneur & du respect: ainsi que le decouure Ouide auecque bonne grace, & d'vn gracieux entousiasme, en ces vers.

Maiesté fille de l'honneur.

Tant que l'honneur, & le respect decent,
Qui se cognoist au doux & bon visage,
Firent vnir en vn sainct mariage
Leurs corps touchez d'vn amour tout recent,
La Maiesté a delà pris racine.

Voyre quiconque croira qu'elle est leur mere, il ne se trompera point. Elle tire l'excellence de sa premiere origine d'vne grandeur interieure, c'est à dire des premieres & plus belles vertus d'vne ame Royalle. Mais la façon exterieure, la beauté, les bonnes graces, & les parures honorables y adioustent quelque reuerence.

Et premierement quant à la Beauté, la premiere distinction qui ayt esté entre les hommes, & la premiere consideration, qui donna les preeminences aux vns sur les autres, il est vray semblable que ce fust l'aduantage de cefte partie. Vne belle presence & Maiesté corporelle donne de l'authorité : c'est vne piece de grande recommendation au commerce des volontez.

C'est la seule volonté des peuples dequoy les Princes souuerains, & les Roys peuuent faire leurs affaires, & nulle autre qualité ne peut attirer leur volonté comme celle-là. C'est le premier moyen de conciliation des vns aux autres ; & n'est homme si barbare & si rechigné qui ne se sente aucunement frappé de sa douceur. C'est pourquoy Aristote dict appartenir aux beaux le droict de commander: & quand il en est, de qui la beauté approche celle des Images des Dieux, que la veneration leur est pareillement deuë. *Les Æthiopes, & les Indiens*, dit-il, *elisans leurs Roys & Magistrats, auoient esgard à la beauté & procerité des personnes.* Ils auoient raison : car outre qu'il y a du respect pour ceux qui le suiuent, & pour l'ennemy de l'effroy, de voir à la teste d'vne trouppe marcher vn Chef de belle & riche taille, encore le peuple a-il l'œil sur cette partie en temps de paix, & en vient aisement à vn tel respect & reuerence, qu'il ayme mieux luy obeir que commander aux autres. *Beauté requise en ceux qui commandēt.*

Nostre grand Roy diuin & celeste, duquel toutes les circonstances doyuent estre remarquees auec soin, religion, & reuerence, n'a pas refusé la recommendation corporelle, Car les mistiques paroles de l'Escriture l'appellēt *excellent en beauté sur tous les fils des hommes.* Et Platon auec la temperance & la fortitude desire la *Beauté recommādee en Iesus-Christ.*

beauté aux conseruateurs de sa Republique: beauté qu'il appelle priuilege de nature, beauté di-je si puissante & auantageuse qualité, que nous n'en auons point qui la surpasse en credit. Elle tient le premier rang au commerce des hommes: elle se presente au deuant, seduit & preoccupé nostre iugement, auec grande autorité, & merueilleuse impression. Et ie trouue, que Cirus, Alexandre, Cesar, ces trois Maistres du monde ne l'ont pas oubliée à faire leurs grandes affaires. Non pas le premier Scipion, surnommé l'Affricain, duquel Liuius dit, que *Outre ce que de nature il auoit de la Maiesté, sa perruque rauallee, & son port de corps luy donnoit lustre.*

Beauté des hommes en la proccrité & hauteur.

Les autres beautez sont pour les femmes: la beauté de la taille est la seule beauté des hommes, & entre les hommes de ceux qui president sur les hommes. Où est la petitesse du corps, ny la largeur & rondeur du front, ny la blancheur & douceur des yeux, ny la mediocre forme du nez, ny la petitesse de l'oreille & de la bouche, ny l'ordre & blancheur des dents, ny l'epesseur bien vnie d'vne barbe brune à escorce de chastaigne, ny le poil releué, ny la iuste proportion de teste, ny la fraischeur du teint, ny l'air du visage agreable, ny vn corps sans senteur, ny la iuste proportion de membres peuuent faire vn bel homme. Toute taille vn peu au dessouz de la moyenne est vn defaut qui n'a pas seulement de la laideur, mais encore de l'incommodité, à ceux principalemét qui ont des cómandemens & des charges, car l'autorité qui donne vne Maiesté corporelle, & belle presence en est à dire. C. Marius nereceuoit pas volontiers ses soldats qui n'eussent six pieds de hauteur. Et le Courtisan veut pour ce Gentil-homme qu'il dresse, vne taille commune plutost que toute autre, & de refuser pour luy toute estrangeté qui le fasse monstrer au doigt. En quoy certes il a raison. Mais de choisir s'il faut à ceste mediocrité qu'il soit plus tost audeçà qu'au delà d'icelle, il me semble ne se deuoir faire à vn homme militaire. *Les petits hommes*, dit Aristote, *sont bien iolis, mais non pas beaux : & se cognoist en la grandeur la grande ame, comme la beauté en vn grand corps, & haut.*

C'est vn grand despit qu'on s'addresse au Prince parmy les gens de sa suite, & parmy la suite de sa Cour, pour luy demander où est sa Maiesté : & qu'on n'ayt que le reste de la bonnetade qu'on fait à son valet de Chambre ou a son Secretaire, comme il aduint au pauure Philopœmen. Estant arriué le premier de sa troupe en vn logis où on l'attendoit, son hostesse, qui ne le cognoissoit pas, & le voyoit d'assez mauuaise mine, l'employa d'aller vn peu ayder à ses femmes à puiser de l'eau, ou attiser du feu, pour le seruice de Philopœmen. Les Gentils-hommes de sa suite estans arriuez, & l'ayans surpris embesongné à ceste belle vacation (car il n'auoit pas failly d'obeyr au commandement qu'on luy auoit fait) luy demanderent ce qu'il faisoit-là. *Ie paye*, leur respondit-il, *la peine de ma laideur*.

Mais ce dépit n'a iamais jetté de deplaisir en l'ame des Roys de la France, & principalement de ceux de la premiere lignee : pource que par vn commun veu ils ont remarqué leurs Maiestez

Philopœmē mécognu pour Prince à cause de sa deformité de visage.

par vne bien longue perruque pendante derriere, & comme disent les anciennes Chroniques,
lassee en tresses galonnees, c'est à dire, liees de cordons, estans les galons vne sorte de bandelettes,
& par la barbe boutonnee d'or. Chose que possible
d'autres Princes anciens ont faicte, voyre des
Romains : comme Caligule, qui se monstroit
quelquefois auec vne barbe d'or: & vn autre se-
moit ou poudroit la sienne des belles limailles
de ce metal jaunissant: comme du temps de nos
vieux peres Tammas Sophi papillotoit la sienne
d'or: si le portrait qu'on a veu de luy est veritable. Mesme René Duc de Lorraine vint voir le
corps de Charles Duc de Bourgongne, *ayant
vne barbe d'or en signe de victorieux*, ce dit vn Auteur du temps.

Longue Cheuelure ancienne Marque de la Maiesté des Roys de France.

Barbe dorée des premiers Rois.

Mais pour le regard des Monarques François,
ils ont tiré à si grande gloire & honneur la perruque, qu'il n'estoit loisible à autres que ceux du
sang Royal, d'auoir cest longue cheuelure pendante, ainsi qu'il se peut comprendre par ce qu'il
y eut vn Goudouaut qui faillit de se faire declarer Prince du Sang, souz la premiere lignee de
nos Roys, souz vne remarque de longs cheueux:
& parce que fist Clotaire premier à Bombaud,
quand il le desauoua pour filz : A quoy ie veux
joindre vn illustre tesmoignage qu'en fournist
Agathias à propos de Clodamire l'vn des fils de
Clouis, quand il dict, que ce Roy, *ayant entrepris vne guerre contre les Bourguignons, & se
fourrant durant icelle trop auant en vne meslee, eut
la poitrine offensee d'vn coup de flesche, dont il mourut, & tombant en terre, les Bourguignons auisans*

Clodamire tué par les Bourguignons en bataille.

soudain sa grande Cheuelure esparse, & espandue par derriere ses espaules le long du dos, cognurent bien qu'ils auoient tué le chef de leurs ennemis. Car les Roys François, continue cet Historien, n'osent faire coupper leurs cheueux, mais dés leur ieunesse gardent & conseruent leur perruque tellement que coustumierement elle leur pend iusqu'au dessouz de l'echine, separans les cheueux par le deuant, & les reiettans en arriere, ne les tenans point salles & meslez comme font les Turcs & autres Barbares, mais en les parfumans d'onguents, huiles odorantes & autres bonnes senteurs, les acommodant proprement auec le peigne. Ceste beauté est reputee Royale & n'est permise qu'aux Roys : Car tous leurs suiets sont tondus, & ne leur est permis porter grands cheueux. Voila ce que dit cet estranger, Gregeois de nation.

Et quãt à la barbe il ne se trouue point que ceste coutume ayt esté pratiquee par les Successeurs de Pepin ou de Hugue Capet, sinon modestement. Au contraire Louys le Ieune VI. Roy de sa maison, commença de razer sa barbe à la suscitation, ainsi que l'on dict, de Pierre Lombard Euesque de Paris : gardant sa Cheuelure longue iusques aux espaules seulement. Ce qui dura tant, que le Roy François premier fut blesé en la teste, iouant à Remorantin, car il se fist tondre pour guerir sa playe plus aysément : & du depuis porta la barbe longue de deux grands doigts. Et ceste grauité Maiestueuse, leur a esté vne arme de grande force pour le gouuernement de leur Estat, & mesme en la paix : mais elle leur a encore mieux valu pour faire la guerre & aux commandemens militaires. Et dit-on d'vn seul Charles VIII. que le defaut visible d'vne Maiesté Royalle & d'vne belle presence luy diminua la reputation qu'il s'estoit acquise par ses victoires. On le tenoit pour vn Cesar, quand entrant en Italie, il vint, il vid, & en retourna victorieux : mais quand on le vid d'vne taille si peu conuenable à la reputation de sa valeur & de son courage, ceux qui iugent du dedans par le dehors s'en mocquerent, & ceux qui ne le cognoissoient ne luy donnoient que le reste des salutations de ses officiers.

Et quant aux Parures, elles sont considerables en plusieurs sortes : car nos Roys s'habilloient diuersement selon les occurrences des lieux, & des temps, voire des assemblees où ils se deuoiēt trouuer. Ordinairement & en priué leur habit estoit commun & simple : quand il y auoit des occasions où il falloit faire voir en public ou aux estrangers la Grandeur & Maiesté de leurs personnes en leur gloire & magnificence, il estoit somptueux & riche.

Habillemēs communs & ordinaires de Roys doyuent estre simples.

Les Parures ordinaires des Princes doyuent estre ainsi que dit Liuius de Publius Scipio, *non de Piase, mais propres à vn homme, & qui plus est à vn homme de guerre*. L'or, les pierreries, les soyes, ne sont pas ornemens dignes d'vn grand Prince en toutes occurrences. Vn Marchand, ou bien vn simple Bourgeois s'en peut accommoder. Qui est celuy qui ne sçache que le Prince en a en son Palais ? Il en a & en porte s'il luy plaist, mais celuy qui a l'esprit le mieux faict,

les fait serrer, & les reserue pour la splendeur de
de sa Maiesté Royalle, se contentant d'vn habit
modeste en ses actions ordinaires. Ainsi le conseille le diuin Ronsard en l'Institution de l'adolescence au Roy Charles IX.

Ne paroisseʒ iamais pompeusement vestu.
L'Habillement des Roys est la seule vertu.
Que vostre corps paroisse en vertus glorieuses
Non par habits chargeʒ de pierres precieuses.

Et à la verité ie trouue que certains Princes, & des plus excellents l'ont ainsi ysité, & se sont proposeʒ de paroistre en vertu par dessus leurs peuples, mais de se conformer à luy en habillemens.

Auguste entre les Romains, *ne portoit*, dit Suetone, *autres habits que ceux qui luy seruoiẽt en la maison, qui estoient faits par sa femme, sa sœur, sa fille, & ses niepces.* Afin que ie me taise des autres choses, dont toutes les Histoires parlent, voyez s'il est besoin, que celuy qui n'a porté habits, sinon ceux qu'il a fait faire en sa maison, coure les terres, & trauerse les mers, pour en chercher de rares & peu communs. *Habit simple d'Auguste.*

Alexandre Seuere du nombre des bons Empereurs exposa en vante toutes les pierres precieuses qu'il trouua au Palais, en disant, *Que les pierreries estoiẽt inutiles aux hommes.* Et n'vsa pas volõtiers d'apareil magnifique ny de riche etoffe, faisant gloire *que l'Empire consistoit en la vertu, non pas en la parade*. *de Seuere.*

Au contraire le Roy de la Mexique estoit si superbe, qu'il changeoit quatre fois par iour d'acoustremens, & iamais ne les reiteroit, em-

348 *Antiquitez & Recherches*

Roy de Mexico superbe en habits.

ployant sa deferre à ses continuelles liberalitez, & recompenses, comme aussi ny pot, ny plat, ny vtencile de sa cuisine & de sa table ne luy estoient seruis deux fois. Et Caligula aymoit aussi fort à se parer hautement & somptueusement, quand il tenoit la Dignité de Cesar, à faute d'autre parure.

Habits simples des Roys de France.

Mais entre tous les Roys & Princes Souuerains, qui ont porté Sceptre en main, nous auons des contes merueilleux de la frugalité & modestie ordinaire de nos Roys autour de leurs personnes, & dont ie veux apporter quelques exemples, pour monstrer que c'est vne pusillanimité aux Monarques, & vn tesmoignage de ne sentir point assez ce qu'ils sont, de trauailler à se faire valoir & paroistre par despenses excessiues des pierreries & vestemens precieux. Ce seroit chose excusable, & peut estre necessaire à leur grandeur en pays estranger, & deuant l'estranger, ainsi que nous monstrerons cy apres. Mais parmy ses sujets où il peut tout, il tire de sa dignité le plus extreme degré d'honneur où il puisse arriuer. Au Roy, comme à vn Gentil-homme, il me semble, qu'il est superflu de se vestir curieusement en son priué: sa maison, son train, sa cuisine respondent assez pour luy. Et le conseil qu'Isocrates donne à son Prince ne me semble sans raison. *Qu'il fuye toutes magnificences qui s'ecoulent incontinent, & de l'vsage de la memoire. Et qu'il soit splendide en meubles & vtensiles: d'autant que c'est vne despense de duree, qui passe iusques à ses Successeurs.*

Ie commenceray donc par Monsieur Saint Louys grand ayeul de nostre grand Roy, lequel a esté viuant vn exemplaire à tous Roys de bien gouuerner vn Estat Chrestien. Ce bon Prince estoit ordinairement tout simplement habillé de camelot comme ses sujets, lequel le Sire de Ioinuille appelle *Camelin*, & se trouue que l'habit de Maistre Robert de Sorbonne, premier Pere & fondateur du College de Sorbonne, tant renommé pour les excellés Theologies qu'il a portez, luy qui estoit fort aimé du Roy, & tousiours proche de luy, valloit mieux que le Camelot dont le Roy estoit habillé. L'Auteur de ses gestes, parlant de son voyage en Leuant dit ainsi, *depuis ce temps la, il ne s'est iamais vestu d'estoffes vertes ny de diuerses peaux, mais d'habillemens de couleur noire, ou de Camelot, & n'a vsé par humilité, d'esperons & de freins, que tous blancs, & de fer, sans aucune dorure, ny de selles à cheual, sinon blanches, & sans broderie.* Et l'enqueste de sa Canonisation porte qu'allant dehors, il auoit vne chappe à manches: en la maison, se voulant mettre à table, il ostoit sa chappe, & prenoit sur luy vn surcot.

Monstrelet, parlant du Roy Louys vnziesme, *Il se vestoit*, dit-il, *le plus du temps de drap de petit prix, & de pourpoints de fustaine, & aymoit tous ceux, qui ayant à besongner auec luy y venoient en simple estat.* C'estoit vn vray moyen de regler les folles & vaines depenses des vestemens, engendrant aux hommes le mespris de l'or & de la soye, comme de choses vaines

Habit simple de S. Louys.

Habit modeste de Louys XI.

& inutiles: au lieu qu'auiourd'huy par vne contraire façon on leur augmente l'honneur & le prix, façon bien inepte pour en dégouter le peuple. Car dire ainsi, *Qu'il n'y aura que les Princes qui puissent porter du velours & de la tresse d'or*, & l'interdire au peuple ; qu'est-ce autre chose que mettre en credit ces choses-là, & faire croistre à chacun l'enuye d'en vser?

Habits d'or & de soye mesprisables, & pourquoy.

Plusieurs de nos Roys ont à ces exemples hardiment quitté ces marques de grandeur, en ayans assez d'autres, & ont iugé tels excés plus excusables à tout autre qu'à leurs Maiestez. Par la coustume & façon de plusieurs nations nous pouuons apprendre assez de meilleures façons de nous distinguer exterieurement, & nos degrez (ce que i'estime à la verité estre bien requis en vn Estat) sans nourrir pour cet effet ceste corruption & incommodité si apparante. C'est merueille comme l'vsage en ces choses indifferentes plante aisément & soudain le pied de son authorité. A peine fut-on vn an pour le dueil du Roy Henry II. à porter du drap à la Cour, il est certain que desia à l'opinion d'vn chacun les soyes estoient venues à telle vilité, que si on en voyoit quelqu'vn vestu, on en faisoit incontinent quelque homme de ville. Elles estoient demeurees en partage aux Medecins & aux Chirurgiens: & quoy qu'vn chacun fust à peu pres vestu de mesme, si y auoit il d'ailleurs assez de distinctiõs apparentes des qualitez des hommes. Combien soudain sont venus en honneur parmy les armees François les pourpoints crasseux de chamois & de toille: & la polissure & richesse des vestemens à reproche & à mépris? Que les Roys commencent à quitter les premiers ces despences, ce sera fait en vn mois sans Edit, & sans Ordonnance: nous irons tous apres. Nos Roys peuuent tout en telles reformations externes, leur inclination y sert de Loy. Le reste de la France prend pour regle, la regle de la Cour.

Et puis, quelle merueille est-ce que sauf nous, aucune chose ne s'estime que par ses propres qualitez? Nous louons vn cheual de ce qu'il est vigoureux & adroit, non de son harnois: Vn leurier de sa vitesse, non de son collier: vn oyseau de son aisle, non de ses longes & sonnettes. Pourquoy de mesme n'estimons nous les hommes par ce qui est à eux? Ils ont vn grand train, vn beau Palais, de precieux vestemens, tout cela est autour d'eux, non en eux. Vous n'achetez pas vn chat en poche: si vous marchandez vn cheual, vous luy ostez ses bardes, vous le voyez nud & à descouuert: Ou s'il est couuert, comme on le presentoit anciennement aux Princes à vendre, c'est par les parties moins necessaires, afin que vous ne vous amusiez pas à la beauté de son poil, ou largeur de sa croupe, & que vous vous arrestiez principalement à considerer les jambes, les yeux, & le pied, qui sont les membres les plus vtiles. Pourquoy estimant vn homme l'estimez vous tout enuelopé & empaqueté? Il ne vous fait monstre que des parties qui ne sont aucunement siennes: & vous cache celles par lesquelles seules on peut vrayment iuger de son estimation. C'est le prix de l'espee que vous

L'Homme estimable pour ses vertus non pour ses habits.

cherchez, non de la gaine: vous n'en donnerez à l'aduanture pas vn quatrain, si vous l'auez depouillé. Il le faut iuger par luy mesme, non par ses atours, & comme dit tres-plaisamment vn ancien, *Sçauez vous pourquoy vous l'estimez grand? Vous y comprenez la hauteur de ses patins.* La base n'est pas de la statue. Mesurez le sans echaces, qu'il mette à part ses precieux vestemens, qu'il se presente en chemise. A-il le corps propre à ses functions, grand, & bien proportionné? Quelle ame a-il? Est-elle belle, capable, & heureusement pourueue de toutes ses pieces? Est-elle riche du sien, ou de l'autruy? La fortune n'y a elle que voir? Si les yeux ouuerts elle attend les espces traites, s'il ne luy chaut par où luy sorte la vie, par la bouche, ou par le gosier: si elle est rassise, equable, & contente, c'est ce qu'il faut voir, & iuger par là les extremes differences qui sont entre nous : vn tel homme est cinq cens brasses au dessus des autres, & si c'est vn Prince, il est riche de plusieurs Couronnes, il a ses Royaumes & ses Duchez, & s'il est luy-mesme à soy vn grand Empire.

Habillemẽs cõmuns de nos Roys longs & fourrez.

Ie ne puis oublier que les Habillemens communs de nos Roys ont tousiours esté longs, principalement les manteaux: lesquels estans encore doublez de fourrures precieuses, tesmoignent non la froidure de leur pays originaire, ainsi que disent quelques-vns, mais vne grauité genereuse & resolue, telle qu'encore auiourd'huy nous la recognoissons aux fourrures d'hermine, & que les anciens l'ont representee aux vestemens d'Hercule, & aux robbes de
dueil

dueil des Dames Romaines, que les nostres ont aucunement voulu imiter en leur petit dueil blanc. Qui est la cause pourquoy ils sont appellez *fourrez* par les Autheurs anciens, tels que Sidonius, & autres Ecclesiastiques du temps.

Vray est que Charles le grand vestoit vn sayon de couleur bleuë, court iusques à my-jambes, & bordé de Velours. Et Charles le Chauue Empereur se vestoit comme les Empereurs de Côstantinople. Mais l'on void que toutes les plus vieilles Statues des Roys qui sont sur les portaux des plus anciennes Eglises sont vestues de manteaux en echarpe, ou retenus sur l'epaule droite à vn boutõ auec de lõgues Cottes que nous apellons maintenant Sottanes. Mais long temps apres Charles VI. s'habilla si court que Monstrelet s'en pleint bien fort, & Philippe de Comines en dit autant de Louys XI. Toutefois l'habillemét long a tousiours esté gardé par nos Roys en leurs Sacres, comme celuy qui a plus de Maiesté. Et en leur grand seau & en toutes les vieilles medailles qui s'en trouuent, on ne les void habillez que de long, voire ils l'estoient en toutes solemnitez publiques. Car Monstrelet dit du mesme Louys XI. *Le Roy estoit ce iour-là plus honnestement habillé qu'on ne l'auoit point veu deuant, car il estoit vestu d'vne robbe de pourpre desceints, & toute fourree d'hermines, qui luy seoit beaucoup mieux, que ne faisoient les courts habits qu'il auoit porté parauant,* & mesme le Iournal d'vn hôme d'Eglise Parisien, qui a escrit depuis l'an 1409. iusques à mil 1449. parlant de l'entree du Roy dans Paris, dit, *qu'il estoit vestu d'Escarlate comme les Presidents de la Cour*

Habits courts de quelques vns de nos Roys.

Z

de Parlement: & Maistre Alain Chartier en sa Chronique en dit autant.

Ce qui m'auance à l'autre consideration, des Ornemens Royaux, & marques honorables de la Maiesté & Grandeur de nos Roys. Car il est certain que quand il y a des occasions où il faut faire voir l'Autorité Royalle & sur tout aux estrãgers, les Magnifiques Atours, la robbe precieuse, & le grand estat luy donnent du credit & du respect. Ainsi lisons nous que Megabysus, estant allé voir Apelles en son ouurouer, tandis qu'il garda silence, luy sembla quelque grande chose à cause de ses chaisnes, & de sa Pompe. Et entre nous, le grand Roy François, quand quelque Ambassadeur de Prince estranger venoit pour parler à luy, prenoit sa piece de drap d'or, faicte comme vn corps de saye, & qui s'atachoit par dessouz l'aisselle, afin de paroistre dauantage, & monstrer en vn excellent habit l'excellence de sa vertu, & de sa dignité. Aussi qu'il estoit de corsage le plus haut Prince de son temps & le plus beau.

Habillemẽs Royaux donnent de l'autorité & du respect.

Comme les Dignitez ne sont considerees, qu'en tant qu'elles sont iointes par le nœud de l'oboissance & de la fidelité à leur principe, & que c'est peu de chose de la Croix, quand le Cordon bleu en est separé, le menton mesme n'estant respecté que tant que la barbe y est attachee. Aussi l'estranger fait-il peu de cas de l'Autorité du Prince si en ses actions Royales, & quand il y a de l'occasion de faire paroistre publiquement sa grandeur & sa Maiesté, il la monstre depouillee de tout Appareil magnifique. Les Boemiens se sont mocquez autrefois de Raoul d'Austriche, pource qu'il ne s'estoit mis au Throne de sa gloire, quand il voulut receuoir Ottocar leur Roy, auquel apres l'aduantage d'vne victoire, il auoit mandé qu'il eust à venir pour luy faire hommage, & prester le serment de fidelité entre ses mains. Car comme ce Roy y fust venu auec vn bel ordre, & vne suite honnorable, les hommes & les cheuaux reluisans tous en or, pierreries, & estoffes de soye, il soutint qu'on l'aduertist de sa venue, & que ceux de sa Cour luy remonstrassent, *Qu'il deuoit apprester & prendre des habits & acoustremens plus beaux & propres à representer ceste Majesté Imperiale pour receuoir vn tel Roy.* *Au contraire*, leur repartit-il, mais à la confusion de sa simplesse & nantise, *le Roy de Boesme s'est souuent mocqué de ma iaquette grise, & à present ma iaquette grise se moquera de luy. Mais vous tenez vous prests en armes, & à cheual, & vous mettez en ordonnance, comme si estiez prests d'entrer au combat. Monstrez à ces estrangers l'honneur des Armes Tudesques, & non pas de beaux habits. Cela est digne de vous & de moy.* Cet ordre estoit bon pour declarer la guerre, non pour donner le repos & la paix.

Habits Royaux meprisez font mepriser l'autorité.

Si vn Roy de France se faisoit voir aux estrangers comme cela, ils signaleroient sa grandeur de mecognoissance, & ceste grauité trop seuere & cruelle ne leur donroit moyen de rabatre vn seul point du blasme dont ils fortifieroiét les grandeurs & preeminences de sa Maiesté. Ses Titres & qualitez qui de loin paroissent grádes & le sont en effet, seroiét mesprisées de pres,

Z ij

& la reputation d'vn autre s'esleueroit sur la sienne, estant à craindre que si le Prince qui visite, est plus braue que celuy qui est visité, le peuple qui admire ce qu'il void peu souuent, ne méprise son Prince, & ne desire ce qu'il admire. Les Princes qui ont des defauts visibles se doyuent tenir pres de ceux qui les trouuent bons, sans voir les estrangers qui en dient librement ce qu'il leur en semble. On admiroit en Espagne le Roy Louys XI. comme Prince qui auoit contraint ses ennemis à se donner du repos. Mais quand on le vid à S. Iean de Lus pour iuger le differend des Roys de Castille & d'Arragon auec vne iacquette de drap tanné, & vn chapeau gras bordé de coquilles & d'images, les Espagnols disoient que c'estoit vn pelerin de S. Iacques.

Ornemens Royaux meprisez font mepriser les Roys.

Charles Quint Empereur voulant imiter le trop rigoureux mepris des marques & ornemens de la Maiesté Imperiale qu'auoit faict Raoul son ancestre, fust incontinent aussi méprisé des Italiens. Car depuis qu'il eut faict sa premiere & solennelle entrec à Milan sans ornemens & parures de grandeur, ils rabbatirent beaucoup de la crainte & du respect qu'ils luy portoient. Les bourgeois y auoient preparé toutes choses pour le receuoir, ayans paré les rues de riches tapisseries, tableaux, fueillagés, & festons, & dressé vn poesle de drap d'or, souz lequel il iroit à couuert dés qu'il entretoit en la ville. Luy qui estoit Empereur, Roy de plusieurs Royaumes, & dominateur d'vn nombre de grandes Principautez, n'ayant qu'vn hoqueton de drap noir, & vn petit bonnet bien simple, se mist la dessouz. Ils le voyoient & s'enqueroient si c'estoit luy, principalement les Dames & Bourgeoises, qui s'atendoient de voir des manteaux Imperiaux, & des pierreries qui reluiroient autour de sa teste & de son col.

O que ces Empereurs ont esté en cela dissemblables à ceux de Grece! A ce propos est fort remarquable, ce que Nicetas Choniates recite d'Alexius Ange, Empereur de Constantinople. Pour lors estoit en Italie l'Empereur Henry V. fils de Federic Barberousse, lequel ayant conquis la Sicile & Naples, poussoit plus auant ses esperances, & s'en alloit fondre sur la Grece. Il y enuoya des Ambassadeurs pour luy demander vne grande somme d'argent en forme de tribut, ou s'il la refusoit, luy declarer la guerre. Alexius ayant sçeu l'arriuee de ces estrangers, afin de leur faire luire les rayons de sa grandeur & de sa magnificence, & leur faire sentir quelque estonnement & admiration de sa Maiesté, commanda que tous ceux de sa Cour y fussent presens vestus d'habits precieux, & richement dorez & emperlez. Et pour son regard depuis la teste iusques aux pieds, il eclatoit & resplendissoit. Ce haut & magnifique appareil diminua pour lors, je le confesse de l'autorité de sa Couronne, Mais aussi estoient ce des Allemans, c'est à dire des auares, qui tant s'en faut qu'ils fussent estonnez de cette pompe & admirassent cette gloire, qu'au contraire ils se formerent aussi-tost les desirs presumptueux d'eleuer leurs trophees de si riches depouilles. Les Grecs leur auoient beau sonner hautement à l'oreille : *Qu'ils contemplassent leurs* habits, & les pierreries de leur Empereur, entre lesquels il brilloit & etinceloit si fort qu'il sembloit vn pré fleury, ou vn vray iardin d'Alcinous. Là, donnez vous le plaisir, disoient-ils, des biens & des beautez du Printemps, mesmes au milieu de l'Hyuer, & contentez vos yeux & vos ames de ces belles merueilles. Ces hommes grossiers & audacieux en leurs deportemens & dedaigneux d'vn si fauorable acueil, repartoient. Qu'il ne leur chaloit, & ne faisoient cas de ces spectacles & hauts Atours, & que le temps estoit venu que ces Grecs missent leurs ornemens bas pour changer leur or à de bon fer. Car ils auoient à s'en retourner sans rien faire en leur Ambassade : qu'ils auroient à se battre auec des gens qui n'estoient pas luisans de pierreries comme prez, ne qui faisoient gloire d'habits historiez comme Paons, mais gens qui estoient vrays enfans de guerre, & qui és combats ietoient la flame & le feu par les yeux, & la sueur venant à couler de leurs corps, les goutes en valoient perles.

À cet exemple i'en veux joindre vn autre & d'vn Roy de l'Europe que ie tire de Froissard, où il discourt de l'Election du Pape Martin cinquiesme. Là se trouuà la Maiesté de Sigismond Roy de trois Royaumes, mais en vn riche appareil, & au plus resplendissant Throne de sa gloire, tel qu'il le decrit en ces mots. *Eux estans dedans le Conclaue pour eslire vn Pape, comme ils estoient dedans, estoit dehors Sigismond Roy d'Almagne, de Hongrie, de Boheme, seant en la Chaire Royalle, portant sur son Chef couronne, & en sa main ayant verge Royalle, enuironné de plusieurs Primats & Cheualiers.*

Mais remontons vers la premiere source de cette glorieuse Magnificence, & nous verrons que plus on approche des Poles, plus ils semblent esleuez, & qu'aussi plus on s'approchera de l'excellente origine des Ornemens Royaux, qui sont comme les Poles de ceste Monarchie, plus on les trouuera grands, & releuez en autorité.

C'a donc esté vne commune Coustume de tous les Roys & Princes du monde, & pratiquee de tout temps parmy toutes les Nations de la terre, d'auoir quelques Habillemens precieux, & autres Marques & Enseignes particuliers à la Grandeur de leurs Maiestez, desquelles ils se sont parez pour se seoir aux Thrones de leur gloire, afin de surhausser de reuerence & de respect, la graue authorité de leurs beautez corporelles. Ces Habits resplandissants ont apporté honneur & splendeur à leurs personnes, ces Marques Royalles ont donné lustre à leurs Dignitez, & ces Enseignes glorieuses ont rendu leurs presences esmerueillables, à ceux qui ont jetté l'œil sur elles. *Marques & Enseignes Royalles.*

Quand Dauid parle de Dieu, Roy des Roys, il dit, *Couuert de lumiere ainsi que d'vn vestemẽt*, pource que la lumiere est le propre vestement de la diuinité, si la diuinité a vn vestement. Il y adiouste ce vestement de lumiere, pour rendre le Roy plus auguste, qui en est reuestu, & pource que le vestement surhausse la Maiesté de celuy qui commãde. Ronsard en son Hymne de l'Eternité décrit ainsi le haut Appareil de ce diuin Monarque. *Vestement attribué à Dieu, & pourquoy.*

> Tout au plus haut du Ciel dans vn Throne doré
> Tu te sieds en l'habit d'vn manteau coloré
> De pourpre rayé d'or, passant toute lumiere
> Autant que ta splendeur sur toutes est premiere,
> Et là tenant au poing vn grand Sceptre aimantin
> Tu establis tes loix au seuere Destin.

Et le bien-heureux S. Iean depeignant l'Auguste Maiesté de l'Agneau Roy des Roys, au chapitre premier de ses Reuelations, n'oublie les ornemens & enseignes Royalles de cette glorieuse Maiesté. *Et au milieu des sept Chandeliers d'or, dit-il, vn semblable au fils de l'homme, vestu d'vne longue robbe, & ceint d'vne ceinture d'or endroit les mammelles. Et auoit en sa main dextre sept estoilles, & de sa bouche sortoit vn glaiue trenchant des deux costez.* Et au Chapitre quatriesme. *Et incontinent ie fus en esprit; & voicy vn Throne estoit au Ciel, & sur le Throne y en auoit vn assis. Et celuy qui estoit assis estoit semblable de regard à vne pierre de Iaspe & de Sardoine, & l'arc du Ciel estoit à l'entour du Throne semblable de regard à vne Esmeraude,* qui est la description du Roy supreme, & d'vn Throne digne d'vne telle Maiesté.

Habits precieux de l'Ange Apostat.

Le reproche que l'Oracle celeste faict à cet Ange Apostat, souz le nom du Prince de Tyr, nous rend encore tesmoignage de ces magnifiques & Maiestueuses Enseignes. *Les perles* (disét les mystiques parolles de l'Escriture adressees à ce Cherubin infortuné) *ont brillé sur ta robbe, & fut ton acoustrement tout semé de pierres precieuses, de Sardoine, de Topase, de Iaspe, de Chrisolite, d'Onix, de Berile, de Saphir, d'Escarboucle, & d'Emeraude, leur esclat t'a esblouy les yeux, Tu t'és esleué en ta beauté:* paroles di-je qui nous font sages que tāt de perles & pierres precieuses sont nommees pour signaler l'excellence, & la preeminence qu'il auoit sur les autres Anges. Et ailleurs le mesme oracle luy attribue le Throne. *Comme es tu tombé du Ciel, dit-il, O Lucifer, O Ange qui estois si clair, & si luisant en* ton Orient? Toy qui diſois en ton cœur, ie monteray au Ciel, i'eſleueray mon Throne ſur les Eſtoilles de Dieu, ie ſeray aſsis en la montagne du Teſtament.

Les Roys enfans des Dieux, voyre les Dieux meſme, les Dieux humains, les Iupiters du monde ſe ſont approchez fort prés de la diuine Eſſence en l'imitation de ce magnifique & haut appareil de gloire.

Ainſi teſmoigne Ioſephe & mieux que luy les Actes des Apoſtres Chapitre 12. qu'Herode s'eſtant preſenté deuant ſon peuple en vn haut Tribunal, veſtu d'vne robbe de drap d'argent, & le Soleil donnant deſſus, le peuple eſmerueillé de l'eclat que rendoit cette robbe, s'eſcrioit. *Voix de Dieu, & non point d'homme.* *Robbe Royalle d'Herode.*

Ainſi les Roys des Perſes en toutes leurs actions de Roys, eſtoient veſtus de precieux habits pour donner plus d'authorité à leur preſence, ſçauoir, *d'vn bõnet droit & haut esleué* (qui eſtoit comme leur Couronne ou Thiare) *d'vn manteau de pourpre diſtingué de blanc, & de chauſſes d'ecarlate.* Toute leur Cour n'eſtoit que magnificence, *& afin que le corps des Roys fuſt plus beau & plus agreable aux yeux des regardans, ils ſe parfumoient d'huyle de myrthe.* *Enſeignes Royalles des Perſes.*

Ainſi encore les Poetes Payens diſent que les Roys en leur gloire & haut appareil de grandeur, auoient d'autres habits que les vulgaires, & d'autres marques de leurs Maieſtez. Car Virgile decriuant le Throne de Priam, & ſa Seance Royalle, dit qu'il auoit ſon Sceptre en la main, qu'il auoit ſa robbe de pourpre brochee d'or, qu'il auoit ſa Couronne, qu'il appelle ſa Thiare. *Marque de Royauté és Rois Payens chez les Poetes.*

Enseignes des Roys Israelites & Affricains.

Entre les Israelites, les Marques & Enseignes des Roys estoient le Diademe, le Sceptre, les Bracelets, & la robbe Royalle. Entre les Affricains, l'Habit de pourpre, l'Espee, le Diademe, & le Sceptre. Et entre les Romains Tarquinius Priscus emprunta de la Toscane qui les tenoit en partie des Roys de Perse, & de Lydie, les Ornemens de la Royauté, vne Couronne d'or, vne Chaire d'yuoire, vn Sceptre auec vne Aigle taillee au bout, vne Sottane de pourpre brodee d'or, & douze haches auec des faisceaux de verges portees par des licteurs. Ornemens que cette florissante Republique conserua mesme ayant chãgé de forme en son Estat, pour les grands Capitaines qu'elle vouloit honorer du Triomphe, & dont on l'a toujours veue pendant sa grandeur assez prodigue & liberale enuers les Roys ses alliez & confederez.

Enseignes Royales de la Maiesté Françoise.

Mais de toutes les Marques & Enseignes Royalles, celles de la Maiasté Françoise sont les plus glorieuses, & les mieux assorties à la grandeur de si puissans Monarques, si on en considere les mysteres. La Couronne, l'Espee, les Esperons d'or, le Sceptre d'or, & la verge de Iustice ayant au dessus vne main d'yuoire, les botines de soye de couleur bleue & azuree, semee de fleurs de Lis d'or, la Tunique ou Dalmatique, faicte comme vne chasuble que portent les Diacres à la Messe, & le Manteau Royal, sont les Ornemens & Habits, que vestent auiourd'huy nos Roys aux Ceremonies de leur Sacre, & desquels, ou de la plus grande partie d'iceux, ou d'autres autant riches & magnifiques, ils estoient iadis hautement parez & veſtus, tant aux Entrees qu'ils faiſoient en leurs bonnes villes, & tenans leurs Lits de Iuſtice, ou leurs Parlemens, qu'aux bonnes feſtes de l'annee, & autres Seances Royalles, voyre meſme aux Audiences des Ambaſſadeurs eſtrangers, & Funerailles de leurs Maieſtez: ainſi que ie deduiray l'vn apres l'autre, & chacun par vn chapitre à part.

La plus belle gloire, que nous pouuons faire de l'excellence de leur origine, eſt de croire que ce grand Clouis, à qui la France doit toute ſa grandeur, ayant receu de l'Empereur Anaſtaſe vne Couronne d'or ſemee de pierres precieuſes, vn Sceptre d'yuoire, & vn veſtement de pourpre broché d'or qui eſtoiēt les marques de la Maieſté Romaine, il les retint pour Ornemens fauorables de la Monarchie que la chaleur de ſon courage auoit nouuellement ecloſe du precipice de la grandeur & puiſſance des Romains, & en aſſeura la noble poſſeſſion à ſes Succeſſeurs, leſquels en ont de ſiecle en ſiecle ſurhauſſé la ſplendeur & les rayonnans aſpects, iuſques à ce que finablement ſouz la troiſieſme lignee, ils les ont retenus plus long temps ſur le point de leur midy, ſans les voir iamais deſcendre ny decheoir de leur authorité, où ils les auoient montez, ainſi que les Planettes voiſines du Soleil ſont longuement retenues par les rays d'iceluy és points de leurs ſtations, de ſorte qu'elles en ſont plus tardiues, & mal-aiſees à deſcendre: ny eux non plus tomber au regret de les auoir laiſſez à la plus eminente & glorieuſe Maieſté de tout le monde, &

Origine des Ornemens Royaux de la Maieſté Françoiſe.

au milieu de la France riche des depouilles de Rome, & en vn Temple plein d'Autels, ausquels on void les vrayes images de Religion, de Pieté, de Iustice, de Vaillance, & de Bon-heur, comme Platon se repentit sur sa vieillesse, escriuoit Theophraste, d'auoir donné à la terre, le milieu du monde.

Et ie me persuade cette origine d'autant plus aisemét, que ie trouue qu'elle est escrite & tesmoignee par vn braue personnage de nostre temps, quand pour marque des offices de pieté de ce grand Roy enuers Monsieur S. Martin de Tours il dit ces mots. *Il publia vne solemnelle Magnificence aux François, lesquels s'estans assemblez en grand nombre dans l'Eglise S. Martin, il s'orna des augustes presens que l'Empereur Anastase luy auoit enuoyez, à sçauoir de la Tunique, du Manteau Royal, & de la Couronne d'or enrichie de pierres precieuses : Solennité qui parut si belle à toute la France, que depuis la feste de son Christianisme, il n'auoit point rayé de semblable clarté sur ses yeux.*

Ornemens Royaux enuoyez au successeur de la Couronne par le Roy mourant.

Ces marques & enseignes Royalles estoient gardees au Palais & thresor du Roy, lequel proche de la mort les enuoyoit à son Successeur pour preuue de la Puissance & Autorité qu'il luy laissoit sur le Royaume. Ainsi dit l'Histoire de Charles le Chauue, *que par testament il laissa à son fils Louys le Begue, l'Empire de Rome, & le Royaume de France, & ordonna qu'il en fust inuesty, & pour ce faire, luy enuoya la Couronne Imperialle, les Royaux vestemens, & vne espee, appellee l'espee Sainct Pierre.* Et celle de Louys le Begue parlant de l'Emperiere sa belle mere, dit aussi *qu'elle luy rendit les Orne-*

mens Royaux, & quelqu'vnes des plus precieuses bagues du Thresor que l'Empereur son pere luy auoit laissees en garde lors qu'il alla en Italie, comme l'espee Sainct Pierre, la Couronne Imperiale, le Sceptre, & autres Ornemens dont son pere l'auoit fait son heritier.

Le Roy Philippe Auguste fist renouueller tous ces Royaux Habits & les Couronnes, sçauoir est vne grande pour seruir au sacre & Couronnement des Roys, & Roynes, & vne petite pour estre portee au disner le iour du Couronnement. Et du depuis S. Louys les enuoya en l'Abbaie S. Denys en France, pour y estre gardez, & en print l'obligation de l'Abbé & du Conuent, dattee en Octobre 1260. ainsi que le tesmoigne la vie & Histoire d'iceluy en ces mots. *Ceste espee est gardee auec la Couronne, & Sceptre Royal, & ensemble les ornemens Royaux en l'Eglise S. Denys en Frãce, lesquels les Moynes de ladicte Eglise sont obligez de faire porter quelque part que les Rois de France soient couronnez.* Ornemens Royaux renouuellez par Philippe Auguste.

Henry II. fist refaire les Camisoles, Sãdales, Tunique, Dalmatique, & Manteau de satin bleu azuré, & plus riches que n'estoient les vieils, & restablir, rebrunir, & renouueller les Couronnes, Sceptre, main de Iustice, Espee, & Esperons. Ornemens renouuellés par Henry II.

La Ligue qui est vn monstre insatiable, vn gouffre qui deuore tout, vn feu qui consomme tout, vn torrent qui ruine tout, a volé, brisé, cassé, fondu tous ces Ornemens, & Enseignes Royales: comme elle a voulu exterminer la Royauté, le nom & le noble sang des Roys de France. Et Henry IIII. qui regne à present heureusement en la vingtiesme annee de son Sceptre, annee Ornemens brisez & rompus par la Ligue.

que ie conte pour luy en souhaiter la longueur & la prosperité, se voulant faire sacrer à Chartres, comme il a esté, par l'Euesque de la ville, & oingt de la Sainte Ampoulle religieusemēt gardee en l'Abbaye de Marmoustier depuis la guerisō que miraculeusement elle aporta à Monsieur S. Martin l'vn des premiers parens du Christianisme des Gaulois, a fait faire d'autres Ornemens tous neufs, & d'autres Marques de l'Auguste grādeur de sa Majesté Royalle, que ie prie Dieu tres ardemment & tres volontiarement conseruer en luy, voire l'augmenter & amplifier au double, d'autant que l'augmentation de la Grandeur sera l'accroissement de son Estat, & celle de sa Majesté sera le respect de ses sujets, & l'effroy de ses ennemis. Et pour ce que les Princes sont mortels, disoit vn Payen, & leurs Royautez immortelles, ie prie Dieu qu'il allonge si long le fil de sa vie, accompagné tousiours des graces de la Royne sa cōpagne fidelle, que sa mortalité soit vne espece d'immortalité: Que sa vie tire à cent cinquante ans comme celle d'Argantonius Roy des Tartesses, ou bien à trois cens ans, comme celle des Roys Arcades, ou plutost à six cens ans, comme celle de ces Monarques dont parle Xenophon. Qu'il ne sorte point de ceste vie comme Apelles, que son œuure ne soit acheué, & que le riche tableau de son Estat ne soit parfait & accomply en toutes ses parties. Nous ne luy demandons ny richesses ny honneurs, ny asseurance: mais ce qui contient tout cela, qui est son salut. Nous ne le chargerons de nouueau soin, quād il y a si long temps qu'il a soin de luy, & que ses prosperitez

Vœux pour la prosperité & longue vie du Roy.

sont les tesmoignages de ses graces. Nous le prions qu'il ayt vn esprit suffisant à porter le faix de ce grand Royaume, & qu'il soit vn Prince digne de la Couronne de France, digne de la maison de Bourbon, digne de tant de grands Roys ses predecesseurs & deuanciers : digne du sang de Monsieur S. Louys, qui a esté viuant vn exemplaire à tous Princes Chrestiens de bien gouuerner vn Estat Chrestien. Et quand apres vn long terme il plaira à Dieu d'ordonner de luy, que son Royaume passe à vne longue & glorieuse posterité. Que Monseigneur le DAVPHIN luy succede, & luy succedant qu'il reçoiue le diuin caractere de Maiesté sur son visage, qu'il soit honoré à son Sacre de la Couronne, du Sceptre, du Manteau Royal, & de ces autres marques de reuebence & de respect, que son Auguste Pere a faict faire, qu'il regne long temps reluisant en vertus, excellent en puissance, & rayonnant en la gloire d'vne resplandissante Maiesté

DE L'HABILLEMENT
ROYAL, AVX SACRES ET
Couronnemens de
nos Roys.

Et le bel Ordre des Ceremonies qui s'obseruent en iceux.

TRAITE' II.

Dignité grande des Roys de France.

LA Dignité des Roys de France, est vne haute & rare Dignité, qui ne degoutte que sur le chefs des naturels François. Dieu ne mist iamais la main en ses Thresors pour faire vne largesse de semblable Couronne aux estrangers. Ce don est trop grand, & trop riche, pour estre vulgaire, & vulgairement donné & publié. Car ce qu'est le Soleil entre les Planettes, les Monarques de ce Royaume le sont entre les autres Roys. Et certes on peut dire de leurs Maiestez ce que chantoit Homere de son Agammenon.

Il n'y eut onc Roy sur terre Couronné,
A qui plus grand honneur Iupiter ayt donné.

Dieu leur fait ceste faueur de leur enuoyer à leur
Sacre

de la France, Liure II. 369

Sacre & Couronnement toutes les benedictions qu'il a autrefois dónees aux Roys qui estoiēt selō son cœur, Sacre auquel comme des Pandores, il les comble d'vne infinité de dons. Couronnement auquel, comme en nos Temples vn chacun apporte & chacun desire de les orner & enrichir, il verse sur leur chef vn monde de Miracles & de vertus, pour prendre egalement place en leurs augustes personnes. Sacre & Couronnement qu'il a premierement ordonnez, & diuinement instituez en ces premiers Roys Chrestiens, pour marque visible de la souueraine puissance qu'il leur vouloit mettre en main : & par lesquels auec les autres marques & enseignes Royalles, ils sont encore auiourd'huy mis en possession de la plus grande Monarchie du monde. Sacre di-je, & Couronnement encore vn coup, que je veux representer au present Chapitre, comme la premiere & plus importante piece de la grandeur de leurs Maiestez, auec vne ample declaration des Ceremonies, du magnifique Appareil, & du bel Ordre, qui y a tousiours esté tres-religieusement gardé depuis le Christianisme du Roy Clouis.

Clotilde tres-pieuse & deuote Royne, ayant jetté dans l'ame de ce grand Prince le desir de se faire baptiser, elle le fit instruire en la religion de Dieu, tant par Sainct Médard Euesque de Soissons, que par Sainct Remy Archeuesque de Rheims, Ie dis en ceste vraye & vnique religion, qui comme douce mere, venant à elle, la baisé si cherement, la embrasé si tendrement : Et en la religiō de ce Dieu, qui par les tesmoignages

Clouis conuerty par Clotilde.

A a

de sa prouidence a voulu recompenser vn si ardent zele, en luy arrestant & à ses Successeurs ceste Couronne tres-Chrestienne, & enuoyant de sa saincte demeure vne liqueur celeste dont ils fussent oingts à la façon de ces Roys Hebreux qu'il auoit trouuez selon son cœur. Car comme il eust deliberé de faire son entree à Rheims, afin d'y receuoir le S. Sacrement de Baptesme, ayant auparauant esté catechisé par S. Soleine Euesque de Chartres en la plus anciëne & specieuse Eglise de la Chrestienté, les rues de la ville furent somptueusement tendues : & ne se voyoit en icelle que jeux & ébatemens pour bien-veigner ce grand Roy, & le conduire au baptesme apres vne tant heureuse conuersion. Le iour duquel arriué, la grande Eglise toute tendue de riches Tapisseries reluisoit d'vne infinité de cierges allumez, & retentissoit des concerts agreables de diuerses voix, chantans Hymnes & Cantiques à l'honneur de Dieu. Le peuple semblablement s'emerueilloit de la diuersité des bonnes odeurs qui estoient respandues au dedans. Les Prestres en leurs habits sacerdotaux acompagnoient Sainct Remy, qui se monstroit plus diuin qu'humain, ceste deuote Assemblee representant vne vraye compagnie celeste. Le Roy s'en alloit au Baptesme entre ses Princes, pompeusement habillé de blanc, ayant la perruque longue sur les espaules fort artificiellement arrangee, & parfumee de senteurs tres-agreables. Car comme nous auons dit cy deuant, nos Roys remarquoient lors leur Maiesté par la Cheuelure longue, lauee, parfumee, & ca-

Magnifique entree de Clouis à Rheims, & de Rheims à l'Eglise.

de la France, Liure II. 371

ńelée. S. Remy faifant vn Sermon de l'Humilité Chreftienne abbaiſſa tellemēt ceſte hauteſſe, que le Roy mettant ſouz le pied toutes ces pompes ſe preſenta pour eſtre baptiſé autant humblement que le moindre de ſes ſoldats. Et comme il eſtoit ſur les ſaints Fonds baptiſmaux, attendant que le chreſme dont il deuoit eſtre oingt fuſt apporté, arriua, (ô merueille de la Prouidence celeſte!) que celuy qui le portoit ne pouuant rompre la preſſe du peuple pour ſe faire voye, vn Ange ſuruint miraculeuſement du Ciel, ou ſelon aucuns vn Colomb blanc, auec vne petite Ampoulle pleine d'vne ſainte liqueur, & l'offrit à S. Remy *La Sainte* qui en oignit & conſacra ſa Maieſté, & puis luy *Ampoulle* miſt la Couronne ſur la teſte. Ampoulle laquelle *Bapteſme* gardee depuis tres-ſoigneuſement dans l'Egliſe *& Sacre de* S. Remy de Rheims, a ſeruy, & ſert encore à oin- *Clouis.* dre ſes Succeſſeurs au iour de leur Sacre en l'Egliſe de Rheims. Et combien que Clouis deuant ſon Bapteſme & ſon Sacre portaſt trois Couronnes de gueules en champ d'argent, ou ſelon les autres trois Crapaux, ou Croiſſans, il priſt lors pour ſes Armes vn Eſcu en champ d'azur, tout ſe- *Fleurs de* mé de fleurs de Lis d'or ſans nombre, par la re- *Lis.* uelation qu'vn ſaint Hermitte en auoit eu d'vn Ange, leſquelles Charles VI. a depuis reduites à 3.

Voila l'exéplaire en peu de mots, ſur lequel a eſté tiré depuis celuy des Sacres & Couronemés des Rois, ainſi que nous le depeindrōs cy apres: excepté quelques magnificēces, & plus illuſtres marques de grādeur & de Maieſté, dōt ils en ont ſurhauſſé l'excellence de ſiecle en ſiecle, à fin de ſe rendre plus auguſtes & reuerables.

Aa ij

Le Sacre des Roys ordonné à Rheims.

Et premierement quant au lieu & Ministre de ce Sacre & Couronnement, les Archeuesques de Rheims pretendent ce droit appartenir à eux & à leur Eglise. Et Geruais Archeuesque de Rheims au Sacre du Roy Philippes premier, faict le iour de la Pentecoste audit Rheims l'an 1059. viuant le Roy Henry premier son pere, dist à l'assistāce que le Pape Ormisde auoit donné audict Sainct Remy apres qu'il eut baptisé & sacré ledit Roy Clouis, la prerogatiue de sacrer les Roys de France, laquelle le Pape Victor II. auoit confirmee audit Geruais. Et est vray semblable que Clouis mesme à qui appartenoit de donner ce droit, l'en auoit pareillement gratifié, en recognoissance des faueurs & graces singulieres qu'il auoit receues de luy, par l'impression du diuin Caractere sur sa face.

Ce que fortifie Yue Euesque de Chartres en l'Epistre cent seize, qu'il escrit au Pape Vrbain, en ces termes: *Il ne m'appartient pas de remonstrer à vostre prudente Saincteré, combien il est necessaire à l'Eglise Romaine, qu'elle substitue au Siege de Rheims vn ministre fidelle & affectionné à son seruice, puis qu'elle sçait que ce Siege est en possession du Diademe du Royaume, & qu'il est comme vn exemple de ruine, ou de fermeté presque à toutes les Eglises Cathedrales de la France.*

Rois sacrez ailleurs qu'à Rheims, & pourquoy.

Ie ne veux pas toutefois nier que plusieurs Roys de la seconde & troisiesme lignee n'ayent esté sacrez & courōnez ailleurs qu'audit Rheims, & par d'autres Ministres que par ses Archeuesques: mais ie dis & soutiens, qu'il y a tousiours eu quelques obstacles & empeschemens legitimes qui les ont conuiez à rompre ceste louable coutume. Le mesme Yue Euesque de Chartres, par raisons & exemples soustient bien les Sacre & Couronnement de Louys le Gros, faits à Orleans en l'an 1109. par Gilbert Archeuesque de Sens, & ses suffragans estre bien-faits, mais il ne denie pas pourtant à l'Eglise de Rheims, ladicte prerogatiue qu'elle pretendoit. Hugue Capet, Prince tref-aduisé, cognoissant que de remettre à la mercy d'vne ellection, la Couronne nouuellement transferee en sa famille, c'eust esté chose de perilleuse consequence, auoit recherché tous les moyens qu'il auoit peu, pour en suprimer l'vsage : & ne trouuant expedient plus prompt que d'agreger auec soy Robert son fils, l'auoit faict sacrer & couronner Roy dés son viuant. Coustume qui auoit esté depuis obseruee en quatre ou cinq generations successiues de nos Roys ; parce que le mesme Robert en auoit faict autant à Henry premier son fils, & luy à Philippes premier, lequel n'ayant voulu faire le semblable à l'endroit de Louys le Gros, ce jeune Prince se trouua aucunement empesché apres la mort du Roy son pere, d'autant que l'Archeuesque de Rheims, & quelques Prelats & Barons voulurent s'opposer à sa reception. Chose dont Yue Euesque de Chartre aduerty, preuint leur dessein, par vn sage conseil, qui fut de le faire promptement sacrer Roy dedans la ville d'Orleans. Ainsi l'ay-je appris d'Aimon le Moine, au chapitre 49. du cinquiesme Liure de son Histoire, où il couche ces mots. *En l'an 1109. apres la iuste & legitime celebration des obseques du Roy Phi-*

Louys le Gros sacré à Orleãs & pour quoy.

lippes, les Euesques qui assisterent à ses funerailles, à sçauoir Daimbert Archeuesque de Sens, (autres lisent Gilbert, ainsi que ie l'ay nommé icy dessus) & les Euesques, Yue de Chartres, Iean d'Orleans, Galo de Paris, Hugue de Neuers, & Himbaud d'Auxerre, estans aduertis qu'il y auoit quelques Princes & grands Seigneurs qui vouloient exciter des troubles afin de transferer le Royaume à vn autre, au preiudice de son legitime heritier & successeur, s'assemblerent à Orleans, & par vn salutaire & aduisé conseil, oignirent & sacrerent Roy Louys le Gros fils de Philippes deuant l'Autel saincte Croix, le propre iour & feste de l'inuention Sainct Estienne, mettans souz les pieds la plainte de l'Archeuesque & du Clergé de Rheims, qui soustenoient qu'à eux seuls appartenoit le droict de consacrer & couronner les Roys de France.

Et comme apres coup ledict Archeuesque de Rheims continuast de se plaindre, de ce que l'Archeuesque de Sens le priuoit de l'honneur qui luy estoit deu, cet Yue Prelat plein d'entendement, & grand homme d'Estat fist vne Apologie, qui est la soixante & dixiesme entre ses Epistres, (autres la cottent cent soixante dix, autres cent quatre-vingt cinq,) par laquelle il monstre qu'il luy auoit esté loisible de ce faire, & qu'en cas de telles necessitez, les Sacres & Couronnemens de nos Roys n'estoient non plus affectez à l'Eglise de Rheims, qu'aux autres Cathedrales, ou Metropolitaines du Royaume : non qu'il pretende oster ce droict ausdicts Archeuesque & Clergé de Rheims : mais que le bien & salut de la France le requetant ainſi, nos Roys ſe peuuent iuſtement & legitimement diſpenſer de ceſte honnorable ſoubmiſſion, qu'ils ont faicte à ce grand Siege, du Couronnement de leurs Maieſtez, & s'en ſont ſouuent diſpenſez. Voicy ce qu'il en dict, & comme il ne le dict pas tant pour offenſer cette prerogatiue, comme pour deffendre ce qu'il auoit faict au preiudice d'icelle: Et bien que le Diſcours en ſoit vn peu long, ſi veux-je l'enchaſſer icy tout entier, afin que par iceluy on recognoiſſe que s'il y a eu des Roys qui ſe ſoient faict ſacrer ailleurs qu'à Rheims, ils le l'ont faict, ou pour quelque neceſſité; ou pour autre occaſion que ce fuſt. *Sçache la ſaincte Egliſe Romaine,* [dict ce grand perſonnage de rare pieté & doctrine, *ſçachent toutes les Egliſes, auſquelles ſont paruenues les plaintes du Clergé de Rheims, que noſtre propre vtilité ne nous a point porté au Couronnement & Conſecration de Louys Roy de France, mais que nous auons ſoigneuſement & auecque grande vigilance procuré le bien & le ſalut du Royaume & de l'Eſtat de Dieu. Car il y auoit quelques ſeditieux & perturbateurs du repos publique, qui employoient tous leurs eſprits, à ce que la Puiſſance Royalle fuſt transferée en vne autre perſonne, ou de beaucoup affoiblie & diminuée. Ce que nous nous ſommes mis en deuoir d'empeſcher tant qu'en nous a eſté poſsible, aydé & ſecourus de la grace de Dieu, tant pour la conſeruation & integrité du Royaume, que pour la paix & tranquilité des Egliſes. Et faut croire que c'eſt vne enuie preſomptueuſe, ou vne* presomption enuieuse qui dispose les esprits medisans au blasme d'vne action vtile & honneste, qu'ils ne sçauroient battre, combattre, ny abattre de raisons, de loix, ou de coustume. Car si nous cherchons la raison, celuy a esté consacré par voyes iustes & legitimes, auquel appartenoit le Royaume de droit hereditaire, & dont le commun consentemont des Seigneurs & Prelats auoit de long temps faict election. Dauantage, quelle raison ont les Belges de couronner & sacrer leur Roy, bien qu'il puisse regner en d'autres Prouinces, si la volonté des Roys, & l'opportunité des temps, & des lieux le permettent ainsi: telle l'ont les Celtes, & ceux de la Guienne, qui ne tiennent rien de la Prouince Belgique, d'elire leur Roy, & luy rendre les veux de leur obeissance, encore que son Sceptre ne doyue s'etendre sur les Belges. Si nous recourons à la coustume, laquelle est principalement declaree par les exemples, nous respondons par la bouche de Sainct Augustin, que la raison doit estre preferee aux exemples, à laquelle toutefois les exemples mesmes sont conformes. Voyla que nous en auons donné la raison, laquelle ie ne puis croire qu'ils trouuent aussi forte de leur costé pour cet affaire. Ioignons y des exemples conformes à la raison. Car comme on lit en l'Histoire de France, le Royaume a esté diuisé entre les neueus de Clouis: Charibert & Guntran prirent pour leurs Royaumes les Celtes & la Guienne: & l'vn d'eux, à sçauoir Charibert establit son Siege Royal à Paris, & estendit la longueur de son Sceptre iusques à la Garumne: Mais Guntran choisit Orleans, pour y planter les pauillons de son seiour, & eut pour Royaume la Bourgongne, qui ne cede en rien à la Prouince Celtique. Ces Roys n'ont receu aucune benediction ou Couronne de l'Euesque de Rheims, mais ont esté instalez & sacrez par les Euesques des Prouinces ausquelles ils commandoient. Et depuis le Royaume de France ayant esté reuny & remis en la puissance d'vn seul par la perte & ruine de la race de Clouis: Pepin, & ses enfans Charles & Carloman, n'ont esté oingts, ou couronnez ny à Rheims, ny par l'Archeuesque de Rheims. Louys aussi nepueu de Louys le vieil, fut sacré à Ferrieres, auec la Royne sa femme par quelques Euesques, & en l'absence du Metropolitain : D'où est que nous lisons és Histoires de France. Hugue Abbé, & les autres Primats qui auoient fauorisé les enfans de Louys le vieil, entendans que Louys son nepueu deuoit venir en ce pays-là auec sa femme, enuoyerent quelques Euesques au Monastere de Ferrieres, & les firent sacrer & couronner Roys. *Item en l'Histoire de France.* Restoient deux fils de Robert Comte d'Anjou, lequel tiroit son origine des Saxons. L'aisné d'iceux estoit appellé Odo, & l'autre Robert. Les François assemblez auec les Bourguignons & Guiennois, esleurent tous Odo l'aisné contre sa volonté, pour estre tuteur de l'enfance, & gouuerneur du Royaume de Charles, qui fut oingt par Gautier Archeuesque de Sens. *Item* Charles le Simple estant en prison, fist heritier de son Royaume Rodolphe Duc de Bourgongne, fils de Richard, duquel il estoit parrein, par le conseil de Hugue le grand fils du susdit Robert, & des Seigneurs de France, Lequel Rodolphe fut sacré Roy en la ville de Soissons le douziesme de Iuillet. Et apres la mort du Roy Rodolphe, Louys fils de Charles le Simple fut ramené d'Angleterre, par l'Archeuesque Guillaume, & sa Maiesté oingte à Laon le vingt-septiesme de Iuin. Voyre apres la Translation du Royauque en la famille de Hugue le grand, Robert Roy trespieux, & fils du Roy Hugues fut sacré & couronné Roy à Orleans: & son fils Hugue le ieune oingt à Compiegne. Par ces exemples & autres semblables il appert que les Roys de France n'ont tous esté sacrez en l'Eglise de Rheims, ny par les Archeuesques d'icelle, mais plusieurs oingts en plusieurs autres lieux, & par diuerses personnes. Toutes lesquelles choses, si elles estoient icy rapportees, estendroient trop au long mon Discours, & en rendroient la dispute vaine & inutile: n'y ayant preuue aucune dans les Liures, que l'Archeuesque de Rheims ait sacré ou couronné des Roys de France, hors les limites des Belges. Veu doncques, que ceste puissance est égale à chaque Metropolitain en sa Metropolitaine, c'est chose esmerueillable pourquoy vn seul se veut attribuer comme propre partage, ce qu'il est notoire estre en commun à plusieurs: si ce n'est que peut estre quelqu'vn oze dire, que les Sacremens ont plus d'efficace & de vertu chez les vns que chez les autres, ce qui seroit schismatique, & jetteroit des diuisions dans l'Eglise. Disant ces choses ie ne blasme pas l'institution Ecclesiastique laquelle estreint d'vn lien plus estroit la paix & tranquilité de l'Eglise, lors que les inferieurs reçoiuët la dispensation des Sacremens de la main de leurs Superieurs, & ne se portët presumptueusement plus haut qu'il ne leur est permis. Mais où le pouuoir des personnes est egal, & sans obligatiō aucune que de charité mutuelle, si l'vne veut tirer à soy ce qui appartiët à l'autre, & en faire son propre, l'ambition du siecle luy voile les yeux de l'esprit. Nō certainemēt que ie porte enuie à l'Eglise de Rheims, de ce que les Roys de Frāce sont tāt zelez & affectiōnez en son endroit, ou que ie veille empescher, ny moins me plaindre de ce qu'ils aymēt mieux estre cōsacrez par son Metropolitain, que par un autre: tāt s'en faut, que si par fortune i'y asiste, ie respōdray Amē, d'aussi bō cœur, qu'vn de la cōmune. I'ay seulemēt voulu monstrer par ce que i'ay dit cy dessus que nous n'auons riē fait cōtre la loy en l'onctiō du Roy Louys. Car la loy, c'est vn cōmandement ou vne defense qui raporte à l'vtilité publique tout ce qu'elle cōmande ou deffend. Ie n'ay dōc rien entrepris cōtre icelle: pource que sans cōtradiction d'aucune defense, i'ay en ce fait pourueu au biē & salut du peuple. Que si l'Eglise de Rheims se fonde sur quelques Priuileges, tels priuileges ne sont valables en nostre endroit, pource qu'ils ne nous ont point esté recitez aux Cōciles generaux, ne nous ont point esté signifiez par lettres, & pour parler plus clairement, ne nous ont point esté donnez à entēdre par relation publique ny particuliere. Nous n'auōs donc pas enfreint la loy, dōt la memoire seulement n'a iamais frapé nos oreilles, pour se faire entēdre: & quād bien nous l'aurions entendue, elle ne deuoit mettre obstacle ny nous retirer de nos desseins. Car telle loy doit estre possible au lieu, & conuenable au tēps. Si elle est iuste, Dieu le sçait, & nous ne condānons comme iniuste ce dont nous sommes encores ignorans. Qu'elle ne fust possible, il est euidēt en ce que la Consecration du Roy ne pouuoit estre celebree en l'Eglise de Rheims, de laquelle l'Archeuesque n'estoit encore inuesty, sans grād trouble & effusion de sang. Elle n'estoit conuenable au lieu, parce que la ville estoit en sentence d'excommunication: Et l'estoit encore moins au temps, parce que si le Sacre du Roy eust esté diferé, l'Estat de la France, & de Dieu estoit en grand danger. Ce que nous auons donc faict, nous l'auons faict auecque vne salutaire & meure deliberation, ne portans enuie à personne, ne pretendans vsurper l'autorité de personne, mais nous contenans simplement en nos fins & limites. &c.

En vne si longue Dispute pas vn mot contre ce droit honorable, pas vne parolle contre l'hōneur de ceste prerogatiue, que l'ignorance qu'il en pretend, de laquelle toutefois, comme i'ay dit, nos Roys se sont souuent dispensez de leur plaine puissance & autorité Royalle, pour la commodité de leurs personnes, ou pour la distance des lieux, ou pour autre suiet, qui les ayt portez à l'election & au choix d'autres Cathedrales ou Metropolitaines: & luy mesme l'a auouee & recognue ailleurs, ainsi que nous en auons recité le tesmoignage.

Sacres de Gontrā et de Charibert.

En la premiere lignee Gontran, & Charibert neueux de Clouis, ont esté sacrez par les Superieurs des Prouinces sur lesquelles ils presidoiēt, & non par l'Archeuesque de Rheims: mais le Royaume diuisé les a empeschez de receuoir ce diuin caractere au lieu destiné par leur premier parent & anceftre.

Sacre de Pepin, ailleurs qu'a Rheims.

En la seconde le Roy Pepin ayant par l'autorité du Pape Zacharie dechassé Chilperic dernier des Merouingiens, & faict absoudre les François du serment & obeissance qu'ils deuoient audit Chilperic, pour mieux confirmer en luy, & sa posterité la Couronne, suiuant le commandement diuin obserué par les Hebreux, & tenir son ame nette de l'ordure & macule d'vsurpation, de Maire du Palais fut en l'an 751. sacré & couronné Roy en la ville de Soissons, par Boniface Archeuesque de Majence, Legat Apostolic, & l'an sept cens cinquante deux, fût par le Pape Estienne II. derechef oingt & consacré Roy en l'Eglise Sainct Denis en France: mais il

de la France, Liure II. 385

le fist, pour gratifier le Sainct Pere, & son Legat, & pour vn tesmoignage apparent du respect & reuerence qu'il portoit à l'Eglise Romaine.

Charlemagne & Carloman ses deux fils furent aussi sacrez & couronnez à Sainct Denys, non par l'Archeuesque de Rheims, ny de son autorité: mais ce fut du viuant de leur pere, apres le decez duquel (ayant egalement party le Royaume) ils obtiendrēt les Insignes Royaux, Charlemagne à Vuormes, & Carlomā à Soissons, lequel mourut peu apres, & demeura Charlemagne seul & paisible possesseur de tout le Royaume. *Sacres de Charlemagne & Carloman.*

Louys Debonnaire âgé de huict ans ou enuiron fut à Rome sacré & couronné Roy d'Aquitaine, viuant son pere, par le Pape Adrian premier. Mais ayant par sondit pere viuant esté declaré & approuué Empereur à Aix la Chapelle, il fut sacré à Rheims par le Pape Estienne IIII. *Sacre de Louys Debonnaire.*

Charles le Chauue fut à Orleans sacré & couronné Roy de France par Ganelon Archeuesque de Sens & ses Suffragans: mais il voulut honorer ce Prelat de ceste faueur, pour l'affection qu'il luy portoit, ayant esté Chappelain de sa Chappelle, & par luy fait Archeuesque. *Sacre de Charle le Chauue.*

Louys le Begue son fils fut honoré des marques & Enseignes Royalles à Rheims par l'Archeuesque du lieu & ses Suffragans. *Sacre de Louys le Begue.*

Les Roys Louys & Carloman bastards dudit Louys le Begue furent sacrez & couronnez en l'Abbaie de Ferrieres par Ansegise Archeuesque de Sens. Le Roy Eude par Gautier aussi Archeuesque de Sens: mais le Royaume estoit en troubles. Car Guy Roy d'Italie, appellé en mesme temps par aucuns de Bourgongne à la Courône de France, fut aussi sacré par Gerlon Euesque de Langres en l'Eglise dudit Langres. Mais sçachant le couronnement dudit Eude, il se retira aussi tost & abandonna son entreprinse.

Sacre de Robert fils de Capet. En la troisiesme lignee, Robert fils de Hugue Capet fut selon aucuns du viuant de son pere sacré & couronné à Orleans par l'Archeuesque de Sens : mais il y a vne autre opinion plus veritable, qu'ayant esté d'vn commun consentement ordóné, *qu'il seroit Lieutenant General de son pere, & à ceste fin seroit sacré & couróné Roy*, il le fut à Rheims, l'an 990. trois ans apres l'establissement de son pere.

Sacres hors Rheims par les Archeuesques dudit Rheims. Les Roys Raoul, Louys d'outre mer, & Hugue fils aisné dudit Roy Robert ont aussi esté sacrez & couronnez par les Archeuesques de Rheims, ou leurs Suffragans : combien que ce n'ayt esté en l'Eglise dudit Rheims : Raoul à Soissons, Louys d'outre mer à Laon, & Hugue à Compiegne.

Aussi le Roy Louys le Ieune le fut à Rheims, par le Pape Innocent II. auquel l'Archeuesque en defera l'honneur par vne filiale reuerence de sa Sainteté. Et en ce que Hincmar Archeuesque dudit Rheims, qui couronna & consacra Charles le Chauue Roy d'Austrasie en l'Eglise Sainct Estienne de Mets, en Septembre l'an 869. s'excuse luy & ses Suffragans assistans audit sacre & couronnement de ce qu'ils le faisoient en la Prouince de Treues a la requeste d'Aduence Euesque dudit Mets, & autres Suffragans de l'Eglise dudit Treues lors vacante, auec laquelle celle de Rheims de toute ancienneté fraternisoit: ce n'est pas qu'il signale la mecognoissance de sa prerogatiue, qui est de sacrer les Roys de France : mais il s'excuse de ce que pour plaire au Roy il auoit entrepris sur leurs bornes & limites: joint que ne le sacrant & couronnant Roy de la Monarchie Françoise, ains seulemét d'vne petite Prouince, il recognoist apertement que lesdits sacre & couronnement se deuoient faire par l'Archeuesque & Suffragans de la Prouince de laquelle estoit nó seulement le Sceptre dont est question, mais aussi le lieu où l'assemblee se faisoit, pour declarer & approuuer de viue voix, & par ceremonies & oraisons, implorer la grace & benediction de Dieu sur le Roy, qui est l'effet desdits Sacre & Couronnement.

Louys le Ieune voulant faire sacrer & couronner le Roy Philippe Auguste son fils, en l'an 1179. renouuella la prerogatiue dudit Sacre à l'Eglise de Rheims en faueur de Guillaume Cardinal de Saincte Sabine, frere de la Royne Alix sa femme, & Archeuesque de ladite ville : & eut ce credit ladicte Alix de faire vuider le different qui en auoit esté, pour le Sacre du Roy Louys le Gros, & bailla matiere aux Roys de l'arrester pour l'aduenir, & d'y soumettre leur autorité, sinon que quelque euidente necessité les portast ailleurs, pour receuoir ce celeste caractere. Et pour monstrer qu'il la renouuella seulemét, & la fortifia de nouuelle asseurance, c'est qu'auparauant ainsi i'ay de-ja dit, a sçauoir l'an de grace 1059. au sacre de Philippes I. *L'Archeuesque Geruais prenãt la Croce*

Sacre arresté à Rheims.

S. Remy, recita en paisible & bonne audience, comment à luy appartenoit principalement l'election & sacre du Roy, depuis que S. Remy baptisa & sacra le Roy Clouis. Et comment le Pape Ormisde audit S. Remy, & le Pape Victor à luy & son Eglise, auoient donné par icelle Croce ce pouuoir dudit Sacre, & le Primat de toute la Gaule. Lors fut sacré ledit Philippe en Roy, par l'Archeuesque Geruais. Et estant iceluy Archeuesque retourné en son Siege & assis fut apporté le Priuilege, que ledit Pape Victor luy auoit donné, & le voyans & assistans lesdits Euesques. Toutes ces choses furent faictes en toute deuotion, & tres-grande ioye, sans aucun empeschement, contradiction d'autruy, ou dommage de la Republique. A laquelle prerogatiue d'honneur est adiousté encore, que *ledit Roy Philippes lors le fist son grand Chancelier, comme ses antecesseurs Roys leurs grands Chaceliers les Archeuesques antecesseurs dudit Geruais.*

Et pour remonter aux âges plus hauts, l'Epistre que Foulques aussi Archeuesque de Rheims escriuit à l'Empereur Arnould, l'an 892. en faueur de Charles le Simple Roy de France en descouure bien quelque chose. Car apres auoir declaré les occasions pour lesquelles il s'estoit auparauant rangé du party d'Eude, esleu Roy pendant l'enfance dudict Charles le Simple, & puis l'anoit abandonné pour fauoriser ledict Charles deuenu majeur, Il dit *qu'il ne pouuoit moins faire, que d'elire Charles qui seul restoit du sang Royal: les freres & predecesseurs duquel auoient esté Roys. Que s'il vouloit soustenir qu'il falloit donc l'elire auant Eude: il respondoit que les armes des Normans pressoient tant fort la France, quand Charle le Gras deceda, & Charles heritier du Royaume estoit tant*
ieune

ieune de sens & d'age, qu'il eust esté trop dangereux d'estre gouuerné par vn cent d'hommes appellez aux affaires pendant sa minorité. Qu'il ne luy a faict tort d'elire Charles sans attendre son congé: Car c'est la Coustume des François quand leur Roy est mort de prendre vn du Sang. Où le mot d'election doit estre pris pour acceptation & soubmission, ainsi que i'ay desia dit, au Roy esleu & designé de Dieu comme vray & plus proche heritier, afin de le sacrer & luy mettre la Couronne sur le chef, non qu'il la tienne des Ecclesiastics, puis qu'il ne la recognoist que de Dieu, ou qu'ils luy puissent donner le Royaume par leur voix & election, auec celles des nobles & du peuple, puis qu'il a toujours esté reputé hereditaire tant durant le Paganisme que Christianisme, & que ceux qui par la prouidence diuine (a laquelle seule appartient de donner & oster les Roys) y ont faict les mutations l'ont transferé tel à leur posterité, & par leur merite ont acquis ce priuilege à leurs vrays heritiers d'estre preferez à tous autres tant qu'ils sont capables: Voyre que le droit de succession est tellement joint à l'aisné, que son petit fils exclud l'oncle: afin que la benediction de primogeniture demeure tant qu'il sera possible en la droicte ligne, & que les issus de l'aisné ne seruent point au puisné de leur pere, comme il faudroit si l'oncle excluoit le nepueu: Non di-je que l'Archeuesque de Rheims ayt ceste Autorité, mais seulement, à cause que le Roy suyuant les louables coustumes de ses deuanciers, veut estre oingt de sa main, & luy conseruer l'honneur dont il a tousiours jouy, comme pour vne heureuse me-

Royaume de France hereditaire non electif.

moire & recompense, d'auoir consacré la Royauté Françoise à la Religion Chrestienne.

Honneur lequel luy a tousiours esté depuis Louys le Ieune inuiolablement gardé; & n'a ledit sacre & couronnement esté fait ailleurs qu'à Rheims: Charles VII. en ayant mesme longuement differé la ceremonie, pour ce que ladicte ville de Rheims estoit occupée par les Anglois: & alla en armes pour les en chasser en l'année 1431. & s'y faire sacrer, ne le voulant estre ailleurs. Mais il a quelquefois esté faict par autre que par l'Archeuesque, à sçauoir quand le Siege a esté vacquant. Car S. Louys fut sacré & couronné à Rheims par l'Euesque de Soissons, pour ce que le Siege de l'Archeuesché de Rheims estoit vacquant. Et le Roy Henry III. fut sacré & couronné audit Rheims, par Louys Cardinal de Guise, le siege vacquant, & priua de cest honneur l'Euesque de Soissons qui pretend pouuoir & deuoir sacrer les Roys durant la vacation dudit Siege. Mais le Roy le voulut ainsi: il le voulut, & il fut fait.

Nostre grand Roy desiroit se conformer à ceste louable coustume de ses predecesseurs, & suiuant icelle estre sacré à Rheims: Mais les rebelles occupans la ville persisterent en leur opiniastreté sans compassion des malheurs qu'aporte coustumierement la continuation des guerres ciuiles, & le diuertirent de sa droicte intention. Pour ce estant informé qu'en ceste necessité il pouuoit licitement, & non sans exemple de ses deuanciers se faire sacrer ailleurs, & qu'il n'estoit estroitement astraint de receuoir la

Sacre de Charles VII.

Sacre de S. Louys.

Sacre d'Henry III.

Sacre d'Henry IIII. à Chartres.

saincte Onction en l'Eglise de Rheims, ny par les mains de l'Archeuesque du lieu; il choisit sur toutes autres Eglises celle de Chartres, pour la peculiere deuotion que ses ancestres Ducs de Vandomois (comme Diocesains, & Principaux Paroissiens) y auoient tousiours porté, & de tout temps eu peculier Archidiacre pour la direction spirituelle de leurs pays, auec chapelle propre, seruice diuin, & obits annuellement faits en ladicte Eglise de Chartres à leur intention, au lendemain des cinq festes de nostre Dame; de laquelle, & de son Eglise, le tresdeuot Prince Louys de Bourbon s'ordóna homme de sa personne en l'annee mil quatre cens treize.

Voylà donc le lieu mesme où auoit esté sacré Clouis, & le Ministre du mesme Siege qui l'auoit sacré apres son Baptesme, ordónez pour les Sacres & Couronnemens des Monarques de France. C'est ce lieu, & cette ville où s'achemine le Roy esleu & predestiné de Dieu, qui la faict & conserué le plus proche de la Couronne, accompagné des Princes & grans Seigneurs de sa Cour en bel ordre & appareil magnifique, afin de prendre son Sacre, & le caractere de diuinité & de Religion, qui a fait si heureusement regner ses deuanciers. Car le dire de sainct Iean Chrisostome est certain, *Que les Roys complaisans à Dieu ont prosperé longuement, & leurs ennemis ont esté humiliez souz eux; Ceux qui ont mal commencé leur regne, ont esté humiliez souz leurs ennemis, & chastiez en leurs personnes & Estats.*

Le nouueau dit Roy s'achemine à Rheims en bel ordre, afin de se faire sacrer.

Ainsi qu'il est arriué à ladicte ville, le Dimanche de son Sacre & Couronnement, il choisit de les plus nobles & puissans Barons, & les enuoye à la pointe du iour à l'Abbaye Sainct Remy, où l'on garde la Saincte Ampoulle auec l'huile duquel fut oingt Clouis premier Roy Chrestien de France, pour auoir ladicte saincte Ampoulle, & mesler son huile celeste auec le Chresme de l'Archeuesque suiuant la coustume. Et ils doyuent iurer aux Abbé & Eglise que de bonne foy ils la conduiront, & reconduiront à ladicte Eglise S. Remy: comme les Abbez & Religieux de sainct Denys, ont tousiours iuré de rendre ladicte saincte Ampoulle à l'Archeuesque de Rheims, quand les Roys ont esté sacrez ailleurs qu'à Rheims : & comme les quatre Seigneurs & Barons, que nostre grand Roy auoit depeschez le iour de son Sacre dés six heures du matin pour faire apporter la saincte Ampoulle de Marmoustier en l'Eglise nostre Dame de Chartre, pour estre oingt de sa celeste liqueur en defaut du sainct Huyle de l'Ampoulle sainct Remy de Rheims, ainsi que nous dirons cy apres, s'obligerent deuant Notaires à F. Matthieu Giron Secretaire en ladicte Abbaye, de conduire & reconduire de bonne foy ladicte saincte Ampoulle au Royal Monastere de sainct Pierre en Vallee, où reueremment l'auoient apportee & posee les Religieux dudit Marmontier souz la conduicte de Monsieur de Souueray gouuerneur de Touraine, si tost que le Sacre seroit acheué.

La saincte Ampoulle.

Ceste deuote coustume est bonne & raisonnable, en ce qu'à l'exemple de l'Onction de

Clouis le signe celeste d'vne singuliere grace de Dieu est joint auec le Chresme ordinaire, par ce qu'y estant adiousté il y apporte de la veneration, encore qu'il ne soit pas necessaire. Et le Roy de Fráce seul entre tous les Roys de la terre resplendist de ce glorieux priuilege, qu'il est singulierement oingt de l'huile enuoyé du Ciel. Car ie ne puis consentir à l'opinion de ceux qui maintiennent que nos Roys sont oingts, non pour suiure la ceremonie gardee au Baptesme, voire ie diray au sacre de Clouis, ains que c'est pour monstrer que Dieu leur faict cette grace par son sainct Esprit, que nos anciens Theologiens ont volontiers representee par le signe de l'huyle.

Sacre & Couronnement, & de leur origine.

Ie ne veux pas nier qu'en ceste Onction Royalle nos Euesques n'ayét suiuy l'ancienne façon des Iuifs, & aisément persuadé à nos Roys, que c'estoit vne saincte ceremonie : puis que par le commandement de Dieu Samuel en auoit vsé au Couronnement de Saul & Dauid premier & second Roys d'Israel: laquelle onction & imposition de Couronne sur la teste se pratique auiourd'huy en trois ou quatre Roys Chrestiens seulement, au lieu que les Payens assis sur vne targe estoient portez trois fois autour du camp.

S. Ampoulle enuoyee du Ciel.

Mais ie sçay bien aussi que cette pratique a eu commencement en nos Monarques, dés le premier point de leur Christianisme, & que la Prouidence diuine voulant visiblement tesmoigner l'election qu'elle faisoit de leurs Maiestez, pour y grauer les plus gratieux traits de ses faueurs, & les plus fauorables lineamens de ses graces, miraculeusement fut apporté vn sainct huyle du

Ciel, dans vne petite phiole ou Ampoule dont sainct Remy imprima le diuin caractere de la Royauté sur le front de Clouis, apres l'auoir marqué du mysterieux seau des Chrestiens. Et sçay bië encore qu'il n'y a que nos Roys qui puissent faire gloire de cette excellence, qu'il n'est employé que pour eux, & que leurs Espouses mesmes sont oingtes d'vn autre cresme.

Ceux qui ont cõbattu cette premiere & miraculeuse origine, se fondent sur ce que Gregoire Archeuesque de Tours, escrit bien que le Roy Clouis fut couronné, mais qu'il ne parle point qu'il fust oingt & sacré, ains seulement baptisé: & prenent pour soustien & appuy de ce fondemët, que S. Remy mesme n'en a point parlé dans son Testament, ains seulement du Chresme Episcopal, dont il dit auoir vsé au Baptesme dudit Clouis. Mais outre que ce miracle est autorisé par l'approbation & creance de plusieurs siecles, encore n'est-il destitué de fideles preuues, ny de tres-asseurez & certains tesmoignages. Car Aymon le Moyne qui viuoit du temps de Louys le Debonnaire fils du grand Charles, dit parlant de ce Baptesme de Clouis, *que lors vne Colombe apporta en son bec vne Ampoulle pleine d'huile, de laquelle nos Roys sont oingts quand ils sont instalez.* Et Hincmar Archeuesque de Rheims, au sacre de Charles le Chauue en Roy de Lorraine recita ledict miracle de la saincte Ampoulle enuoyee du Ciel à sainct Remy, & tesmoigna qu'il en auoit encores, qui est vne ancienne approbation de cedit miracle. Comme aussi l'Histoire de Charles septiesme en fortifie l'asseurance en ces mots. *Le Dimanche enſuyuant le Roy Charles alla au matin en l'Egliſe Metropolitaine de la ville de Rheims, & là fut apportee la ſaincte Ampoulle de laquelle nous auons parlé en la vie de Clouis premier Roy Chreſtien, & laquelle eſt touſiours depuis ledit Clouis religieuſement gardee on l'Egliſe ſainct Remy. Charles ſelon la couſtume de ſes Anceſtres fut oingt, ſacré, & Couronné Roy de France par Regnauld de Chartres Archeueſque de Rheims, & Chācelier de Frāce.*

Le Roy Louys XI. grieuement malade de la maladie dōt il mourut au Pleſſis les Tours, ſe la fiſt apotter par deuotion ſinguliere. Et le dernier de Iuillet 1483, le Parlement de Paris en forme de Cour, & les autres Corps & Coleges de la ville allerent au deuans d'elle eſtant à S. Anthoine des Chāps, & la conduiſirent ce iour iuſques à la S. Chapelle du Palais, le lendemain iuſques à noſtre Dame des Champs: A quoy ie veux ioindre la recommendation des voyages, & pelerinages des Chreſtiés, qui ſont autrefois venus des 4. coins du mōde & du milieu, & viēnent encore auiourd'huy de bien loin la viſiter le I. Dimāche d'apres Paſques, qu'on la monſtre publiquement apres les Veſpres en l'Egliſe S. Remy.

Mais pour ce que nous auōs dit cy deuant, que cete Onctiō de nos Rois s'eſt ſouuēt faite ailleurs qu'à Rheims, & ſignāment recognu que la Maieſté de noſtre grād Henry, pour rendre ſon ſacre plus venerable, deſira que l'huile celeſte reſerué en l'Abbaye de Marmouſtier fut meſlé auec le chreſme de l'Eueſque de Chartres, cōme l'huile de la ſaincte Ampoulle de Rheims l'auoit eſté auec le chreſme des Eueſques & Archeueſques,

S. Ampoulle de Mairmonſtier.

à celuy de ses predecesseurs: Ie ne penseray point mettre de tache en la gloire de ladicte sainte Ampoulle de Rheims, si ie represente icy les tesmoignages & autoritez que nous auōs pour la preuue de cet autre Reliquaire beaucoup plus ancien que celuy de Rheims.

S. Martin second Apostre de la France, & l'instrument de la saluation des François, estant vn iour reduit aux termes de rendre les derniers abois par la douleur des playes que luy auoit causees vne violante cheute, Sulpitius Seuerus disciple de ce sainct Euesque recite au premier Liure de sa vie escrite l'an 400. apres la Natiuité de nostre Seigneur, *qu'vn Ange fut veu de nuict luy essuyer ses playes, & oindre d'vn salutaire onguent les greueures de son corps: sibien que le lendemain il parut aussi sain & entier comme s'il n'eust soufert aucune incommodité.* Recit d'autant plus digne de creance, que le style de son Auteur est simple & chastié sans curiosité, comme il publioit la verité sans interest mondain. Autant en disent Fortunat Euesque de Poitiers auparauant Clerc de sainct Martin, & Albin, autrement Alcuin grand Prelat & Precepteur de Charlemagne, & Richer Abbé de sainct Martin, tous trois Escriuains anciens, & personnages dignes de foy. Par ce sainct huyle ainsi venu du Ciel, le susdit Seuerus, & saint Antoine Archeuesque de Florence tesmoignent que le susdit sainct Euesque fist du depuis vne infinité de Miracles. Et nos anciens François recognoissans combien ils estoient obligez à ce grand personnage d'auoir apres Monsieur sainct Denys d'Areopage prouigné en France la Reli-

S. Ampoulle apportee à S. Martin par vn Ange.

gion Catholique, & les bonnes mœurs, perpetuels associez & compagnons de la vraye pieté, non seulement se sont efforcez d'en honorer la memoire, & apres sa mort le tenir comme viuant en leurs esprits, recourans à luy en leurs necessitez: mais aussi ont frequenté son sepulcre, & cette liqueur celeste gardee en l'Abbaye fondee de luy, & qui porte le nom du plus grand Monastere de ce Royaume, auec vne deuotion singuliere, autant les Princes que les petits. Si tost que le Roy Clouis fut Chrestien, il l'honora de grans dons, & entr'autres du coursier, sur lequel il estoit porté à ses victoires. Et les Canons quarante quatre & quarante cinq du second Concile de Chaalons tesmoignent qu'en memoire de la Saincteté du susdit saint huile venu du Ciel, nos anciens Peres ont rendu pareil honneur au chemin de Tours, qu'aux pelerinages de Hierusalem, & de Rome. *Le Lundy, & iours feriez d'apres la feste de Pasques*, portent les paroles de ce Concile, *plusieurs Roys Catholiques viennent visiter de diuerses parties du monde, la saincte Eglise de Mairemonstier, & reuerent la saincte Ampoulle en laquelle est gardé l'huile celeste enuoyé de Dieu à sainct Martin*. Comme aussi auons nous les asseurances visibles & viuantes de plusieurs personnages tres-Catholiques, comme cette dite saincte Ampoulle est encore auiourd'huy visitee par les bós Chrestiens tout ainsi que ledict Sepulchre de sainct Martin, par voyages qui s'y font par chacun iour, ledict lendemain de Pasque & iours feriez ensuyuans.

Mais renouons le fil du Discours que nous

auons rompu pour chanter ces deux celestes & diuins Reliquaires.

Le Roy qui doit estre sacré de ceste saincte liqueur, l'ayant enuoyée querir se tient en son Palais ou Hostel, iusques à ce que les Euesques de Laon & de Beauuais l'aillent querir & l'amenét en l'Eglise pour y estre oingt & iurer la protectió de la loy de Dieu & de la Iustice, à l'exemple de ses predecesseurs couronnez de l'insigne & glorieux titre hereditaire de tref-Chrestiens, qui les a fait paroistre par dessus tous les autres Rois du monde.

Rues tapissées. Les rues sont auec tres-grand respect & deuotion du peuple tendues decentement depuis le Palais de sa Maiesté, iusques à la principale porte de l'Eglise, en laquelle les preparatifs requis pour les ceremonies accoustumées, sont faits en ceste sorte auant son arriuée.

Chaise de l'Archeuesque. Premierement le Chœur est paré de tres-riche Tapisserie, & mise vne Chaise deuant le grád Autel, pour l'Archeuesque qui doit officier.

Dais & chaise du Roy. Vis à vis de ladite chaise enuiron neuf ou dix pieds en arriere, est dressé vn haut Dais esleué de demy-pied, & deux toises & demie en quarré, couuert de tapis de soye, & posée dessus vne autre chaise tres-riche, auec vn Dais & Ciel de tres-excellente broderie, pour sa Maiesté.

Appuy d'Oratoire. Entre lesdites chaises est vn appuy d'Oratoire couuert de riche & precieuse estoffe, & deux carreaux de mesme, dont l'vn & le plus bas est de longueur d'enuiron cinq quartiers, pour seruir à sa Maiesté, & à l'Euesque officiant, lors qu'il conuient se prosterner durant le chant de la Letanie.

Derriere la chaise preparée pour le Roy, est dressée vne escabelle couuerte de satin bleu, semée de fleurs de Lys d'or, pour faire seoir Monsieur le Connestable. *Siege du Connestable*

Enuiron trois pieds plus arriere, est posee vne autre escabelle parée comme la precedente pour Monsieur le Chancelier. *Siege du Chancelier.*

Plus arriere enuirō trois pieds est mise vne selle couuerte de mesme pour Messieurs les Grād-Maistre, Chambellan, & premier Gentil'homme de Chambre qui doiuent seoir ensemble. *Selle du grād Maistre, Chambellan, & premier Gētilhomme de Chābre.*

A la dextre dudit Autel est preparé vn banc, tant pour Messieurs du Conseil d'Estat de robe longue, que pour Messieurs les Presidents & Cōseillers du Parlement quand ils sont mandez par le Roy, pour assister à ceste ceremonie. *Banc pour Messieurs du Conseil, & du Parlement.*

Au mesme endroit est vne longue forme couuerte de tapis, où Messieurs les Euesques Pairs, celuy de Laon le premier, puis celuy de Langres, apres celuy de Beauuais, puis celuy de Chalōs, & le dernier celuy de Noyon, auec les autres Euesques Suffragās de l'Archeuesché de Rheims doiuēt estre assis a part, entre l'Autel & le Roy, a l'opposite dudit Autel non loin du Roy, sans qu'il y ait entr'eux guères de personnes pour euiter l'indecence. *Forme pour les Pairs Ecclesiastiques.*

Au costé senestre est aussi parée vne autre longue selle pour Messieurs les Pairs Laiz, ou seculiers, les Ducs de Bourgongne, de Normandie, de Guyenne, Comtes de Champagne, de Flandres, & Tholouse. *Selle pour les Pairs Laiz.*

Derriere eux en est mise vne autre pour Messieurs les Ambassadeurs des Princes estrāgers qui s'y trouuent. *Siege des Ambassadeurs.*

Banc pour les Princes & Seigneurs. Au mesme rang l'on dresse vn banc pour les Princes & grands Seigneurs qui sont deputez à receuoir la Couronne Royalle, & decharger le Roy de son Sceptre, & main de Iustice, tant à l'offrande qu'à la communion, & toutes les fois qu'ils en sont requis.

Pauillon. Outre ce vn riche Pauillon pour ouyr le Roy en confession auriculaire.

Siege des Secretaires. Le lieu de la grande Chaire Pontificale est communément reserué pour Messieurs les Secretaires d'Estat.

Banc des Cheualiers. Vers le Iubé, sont mis autres Sieges pour Messieurs les Cheualiers des Ordres, & autres Seigneurs tant des affaires que du Conseil.

Eschafaux pour les Dames. Outre ce sont dressez eschafaux à l'entour du dedans du Chœur, auec escaliers de bois pour y monter par dehors, desquels le costé dextre est reserué tãt pour les Princesses, Dames de la Cour, & Damoiselles de leur suite, que pour Messieurs des Finances, Capitaines, Gentils-hommes de la Chambre, & Gentils-hommes seruants. Et le costé senestre pour les notables personnes ausquels est donnee entree par Messieurs les Capitaines des gardes, & Maistre des Ceremonies.

Les galeries du Chœur & de la nef sont delaissees à ceux qui y peuuent trouuer place par la licence de ceux qui les ont en garde.

Le Throne Royal. Au pulpitre & Iubé du Chœur au dessouz du Crucifix est dressé le Throne Royal, en maniere d'echafaut aucunement eminent, & de la façon à peu pres qui ensuit. Au milieu dudit pulpitre est faicte vne plateforme de sept à huict pieds de long, & de cinq de large, en laquelle on monte dudit pulpitre par quatre marches. Sur ceste plateforme est posee la Chaise du Roy, en telle sorte que luy estant assis peut estre veu depuis l'estomach en haut, par ceux qui sont dás le Chœur: & depuis la ceinture par ceux qui sont en la nef de l'Eglise. Au dessus y a vn Daix ou Ciel de veloux violet semé de fleurs de Lys d'or. Au deuant ladicte Chaise est mis vn appuy d'Oratoire, au dessouz duquel, & sur le plan dudit pulpitre est preparee vne selle pour Monsieur le Connestable. A la dextre sur la seconde marche de ladicte plate-forme est pareillement dressé vn Siege pour Monsieur le Grand Chambellan. A la senestre sur la premiere, & plus basse marche de ladicte plate-forme en est mis vn autre pour Monsieur le premier Gentilhomme de la Chambre. Au deuant de la Chaise preparee pour sa Maiesté sur ledit plan est à la dextre preparé le Siege pour Monsieur le Chancelier, & à la senestre pour Monsieur le Grand-Maistre. Contre l'appuy dudit pulpitre regardant la nef, sont mis Sieges pour Messieurs les Pairs d'Eglise à la dextre du Roy, & à la senestre pour Messieurs les Pairs Laiz: le tout paré de riche tapisserie. Et pour monter audict Throne sont posez dedans le Chœur deux grans Escaliers de bois à dextre & à senestre, auec barrieres & appuis ornez de tapis.

Tous ces preparatifs ainsi dressez en diligence est à presupposer que le Samedy precedant le Dimanche du Sacre & Couronnement du Roy, à l'issue de Complie, la garde de ladicte Eglise ayt esté commise aux gardes deputees par sa Maiesté,

Gardes de l'Eglise pour le iour du Sacre.

auec les propres gardes de ladite Eglise, en laquelle au silence de celle nuict il soit venu faire ses deuotions particulieres, & auriculairement se confesser à celuy qu'il auroit choisi pour cet effet, duquel ayant à genoux & en toute humilité receu l'absolution sacramentelle, se soit retiré en son Palais iusqu'au lendemain matin qu'il doit estre sacré & couronné; & mis en la possession de son Royaume, ainsi que s'ensuit.

Dés l'aube du iour que Matines sonnent, le Maistre des Ceremonies assisté du Maistre ordinaire de l'hostel du Roy, & quelques Capitaines des gardes s'y trouuent appareillez, pour garder l'entrée de l'Eglise, & les autres portes d'icelle bié fermées & garnies pour empescher la foule, desordre, & confusiō du peuple, y affluant en nombre incroyable, & admettre honorablemét & diligemmét les Chanoines & Clercs de ladite Eglise, toutes les fois qu'il leur est besoin, & faire placer vn chacun selon sa qualité.

Arriuée de l'Archeuesque à l'Eglise auiour du Sacre.

Les Matines estant sonnées & chantées ainsi qu'il est accoustumé, arriue le Reuerendissime Archeuesque de Rheims premier des Pairs de France, assisté des autres Euesques ses Suffragans, & de ses Chanoines ; fait à genoux auec eux ses prieres deuant le maistre Autel, & puis luy sont baillées vne Estolle, Chappe de drap d'or, sa Mitre & Croce, & aux susdits Chanoines, Chapes & Tuniques de drap d'or, selon le ministere auquel ils sont deputez.

En attendant la venuë de Messieurs les Pairs, ledit Euesque se sied en la Chaise a luy preparée au deuant dudit Autel, estans lesdits Chanoines autour de luy en decence & ordre conuenable.

Quelque temps apres y viennent en habits Pontificaux les Euesques de Laon, Langres, Beauuais, Chaalons, & Noyon, Pairs Ecclesiastiques, ou autres subrogez en leurs places, au cas qu'ils fussent absens, ou mal disposez, ou morts: & au mesme instant partent du Palais du Roy, les Ducs de Bourgongne, Normandie, Aquitaine, & Comtes de Tholoze, Flandre, & Champaigne, Pairs seculiers, ou autres qu'il aura pleu à sa Maiesté de choisir pour tenir les places au deffaut d'iceux. *Arriuee des Pairs en l'Eglise pour l'office du Sacre.*

Ils sont tous vestus de Tuniques precieuses & resplandissantes, longues iusques à my-jambe, & par dessus de Manteaux & Epitoges d'escarlatte violette auec collets ronds, & renuersez fourrez d'hermines mouchetees: les manteaux des vns & des autres ouuerts & fendus sur l'espaule droite, & esmouchetez sur l'ouuerture de boutons & agrafes d'exquise pierrerie, auecque quelque difference quant à l'enrichissement de ceux des Ducs & ceux des Comtes: & les vns & les autres la teste nue, & excellemment enrichie; sçauoir les Ducs de Chapeaux d'or, & les Comtes de Cercles aussi d'or: qui sont façons de Couronnes differentes: ie dy differentes pour ce que celle des Comtes n'est que greslee de perles, & celle des Ducs à fleurons auecque perles & pierreries. L'Histoire dit, que le Roy Edouard donna au sieur de Ribaumont le chappellet de perles, dont il ceignoit sa teste; qui estoit lors vne Couronne de Comte. Et les Tombeaux des Ducs les representent, ayans vn cercle d'or sur leurs cheueux, auecque des fleurons esleuez sur *Habillemēt des Pairs Laics.* *Couronnes des Comtes & Ducs differentes.*

la sommité du cercle: Aux Celestins à Paris, en la Chapelle des Ducs d'Orleans, la Duchesse de Dunois n'a sur le chef qu'vn cercle d'or greslé de perles. Et le Duc d'Orleans au mesme lieu a sa Couronne Ducale à cercle rehaussé de fleurons. Son fils qui est Charles, aussi Duc d'Orleans, a la sienne de Duc, mais diferente de son pere: car il n'y a nuls fleurons: mais au lieu d'iceux il y a des pointes, à la sommité desquelles il y a des perles, qui monstrent que c'est vne Couronne de Duc.

Conference des Pairs. Ces Pairs apres auoir faict leurs prieres, & s'estre mutuellement rendu les caresses & offices de la salutation, conferent ensemble auec l'Archeuesque de Rheims afin de deleguer deux d'entre eux qui aillét querir le Roy en son Hostel, & l'ameinent en l'Eglise pour y estre sacré: Et par vne ancienne coustume inuiolablement ob- *Pairs deputez pour aller querir le Roy.* seruee en ces Sacres des Roys, sont deputez & commis à ce faire les Euesques de Laon & de Beauuais, ou ceux qui les representent en cet acte.

Habillemẽt du Roy preparé pour son Sacre. A l'instant ils partent pour y aller, vestus de leurs habits Pontificaux, portans reliques des SS. en leur col. Les Chanoines & enfãs de chœur marchent au deuant d'eux portãs croix, chandeliers, encensoirs, & benoistier. Tous entrent en la premiere chambre, en laquelle est vn lict richement paré, & sur iceluy le Roy couché, vestu d'vne chemise de toile de Hollande fendue deuant & derriere pour receuoir la saincte Onction, & par dessus la camisole de satin cramoisy fendue aussi deuant & derriere pour mesme cause.

Dessus

deſſus laquelle il a pareillement vne robbé longue, qui va iuſqu'à terre, comme celle d'vn Pre-
ſtre, ou en façon de robbe de nuit. Et ſur la teſte,
il a vn bonnet de velours noir auecque vne
plume blanche, & des boutons d'or, & aux pieds
des ſouliers blancs , & des bas de meſme aux
jambes, & aux mains des gands blancs ſans parfum, & ſans aucun agencement.

Leſdits Eueſques ayans apperceu le Roy, eſt *Conduite du Roy à l'Egliſe.*
par l'vn d'eux dicte vne Oraiſon, & icelle finie,
baiſans leurs mains, ſouſleuent ſa Maieſté de deſſus ſon lict, l'vn par le coſté dextre , & l'autre par
le ſeneſtre auec toute exhibition d'honneur,
comme à leur Prince ſouuerain, repreſentant en
terre la diuine & ſouueraine Puiſſance. Ils le
menent proceſſionellement à la porte Royalle
de l'Egliſe chantans auecque le Clergé.

Premierement marchent les Archers du grand *Ordre tenu à la proceſ-*
Preuoſt de l'Hoſtel du Roy. Puis le Clergé qui *ſion qui*
a acompagné leſdits deux Prelats. Les Suiſſes de *acompagne*
la Garde. Les Trompettes. Les Herauts. Les *le Roy à*
Cheualiers du S. Eſprit. Les Huiſſiers de la Cham- *l'Egliſe.*
bre du Roy auecque leurs Maſſes. Les Archers
des gardes. Les Eſcoſſois prés de la perſonne du
Roy. Au deuant de ſa Maieſté, Mõſieur le Conneſtable, l'eſpee nue au poing, & reueſtu de Tu- *Eſpee por-*
nique, manteau , & cercle d'or ſur la teſte en la *tee deuant*
maniere des Pairs Comtes Laiz. Apres va ſeul *le Roy.*
le Chancelier de France, veſtu de ſon manteau &
epitoge d'eſcarlatte rouge rebrouſſé & fourré
d'Hermines, deux Limbes de meſme couuertes
de paſſement d'or ſur chacune eſpaule, & le mortier de drap d'or en la teſte. Monſieur le Grand

Cc

Baston du grand Maistre.

Maistre ayant le baston droit en la main, suit. A sa dextre est Monsieur le grand Chambellan de France. A sa senestre Monsieur le grand Escuier tenant son lieu de premier Gentilhomme de la Chambre. Ces trois Seigneurs sont vestus de Tuniques & manteaux comme les Pairs Laiz, Monsieur le grand Chambellan a en la teste vn chapeau Ducal, comme vn Duc Pair. Les autres deux des Cercles comme les Côtes Pairs, & deux limbes sur leurs manteaux. Le Roy en l'habit tel que l'auons representé cy dessus ayant sur son chef vn Ciel ou Daix de precieuse estofe, auecque des clochettes sonnates. Et de ce magnifique appareil, auons nous vn authentique tesmoignage dans Froissard au couronnement de Henry de Lenclastre Roy d'Angleterre, en ces termes. *En venant dudict Palais à l'Eglise, auoit sur le Chef dudit Duc vn drap de soye de couleur Inde, & quatre clochettes d'or sonnantes : & portoient ledict Ciel quatre bourgeois, pour la cause que c'est leur droit, & auoit à chacun costé l'Espee de l'Eglise, & l'espee de Iustice, & portoit l'Espee de l'Eglise le Prince de Galles son aisné fils, & l'Espee de Iustice, Messire Henry de Persi Comte de Nortambelland, & Connestable d'Angleterre.*

Arriuee du Roy à la porte de l'Eglise.

Si tost que le Roy est arriué le Clergé s'arreste, & lors l'Euesque de Beauuais dit vne Oraison, à ce que Dieu qui a donné à sa Maiesté domination sur le plus bel & florissant Estat de l'Vniuers l'ayde & fortifie tellement de sa vertu d'enhaut qu'il puisse profiter à ses sujets & rapporter son gouuernement au bien public, non à son contétement propre & particulier, qui est la plus haute & plus parfaicte louange que les anciés Sages ont iugé se pouuoir donner aux plus grands Monarques. Apres laquelle Oraison le Roy entre deuotemét en l'Eglise auec les Archeuesques, Euesques, Princes, & autres grands Seigneurs qu'il veut qui y entrét, & ce auát que l'eau beniste soit faicte, où les Chanoines marchans au deuant chantent par vn concert agreable de differentes voix le Psalme 20. qui commence, *Domine in virtute tua lætabitur Rex*, pour rendre vn public tesmoignage de l'esiouissance que chacun a d'vne action si solenne. *Entree du Roy en l'Eglise.*

Estant approché du grand Autel, il est par lesdits Euesques de Laon & de Beauuais presenté à l'Archeuesque preparé à faire l'office du sacre. Et par ce que c'est chose sainte & louable de procurer la conseruation de son Prince legitime, & que chacun naturellement est obligé non seulement d'y employer ses vœux, & ses moyens, mais aussi de reseruer ses forces & son sang, pour les conuertir en des tesmoignages d'affection & de fidelle obeissance, ledit Archeuesque fait à cette fin vne priere en l'accueillant : & sa Maiesté la fait de sa part, tres-deuotement, pour obtenir de Dieu (par lequel tous Roys regnent) la grace de si bié presider sur ses suiets ; que fortifié de cet appuy auec l'assistáce de la valeureuse & magnanime Noblesse de Fráce, amour & reuerence de son peuple, il n'ayt matiere ny occasion de redouter aucús desseins, efforts ou atétats des ennemis de sa grádeur. *Roy presenté à l'Archeuesque. Prieres du Roy à l'Autel.*

Apres sa priere il presente à Dieu ses dons & offrandes sur ledict Autel : & ladicte oblation faicte est bien reueremment conduict par les susdicts deux Euesques, en ceste belle

Cc ij

Chaire qui luy est preparee, vis à vis de celle de l'Archeuesque officiant: où s'estant sis, ledit Archeuesque luy dône de l'eau beniste, ensemble à Messeigneurs les Pairs, Officiers de sa Maiesté, & à l'assistance, afin que par la rozee de cet element sanctifié des prieres de l'Eglise au nom & en la vertu de la Saincte Trinité, tout bô heur & prosperité leur aduienne.

Arrinee de la saincte Ampoulle.
Ce faict entre Prime & Tierce les Moynes de S. Remy viennent en procession auec les Croix & Cierges, & la susdicte saincte Ampulle, laquelle est portee par l'Abbé tres-reueremment souz vn Poisle de soye, duquel les quatre bastons sont portez par quatre Religieux, vestus en Aubes. Et quand ils sont arriuez en l'Eglise S. Denys, ou pour la presse, si elle est trop grande, iusqu'à la grande porte d'icelle, l'Archeuesque accompagné des autres Archeuesques, Euesques & Barons, Chanoines & enfans de Chœur (si faire se peut) portans Croix, Chandeliers, & Encensoirs: va au deuant de ladicte saincte Ampoulle, la reçoit de la main dudit Abbé, & luy promet, voire s'oblige tres-etroitement & de bonne foy, de la luy rendre le sacre estant paracheué.

A l'instant lesdits Chanoines & enfans de Chœur chantent vne oraison, apres laquelle l'Archeuesque & ceux qui l'assistent entrent au Chœur de l'Eglise. Il y porte à descouuert la susdicte saincte Ampoulle, la monstre au peuple, & pose en toute reuerence sur le grand Autel: le Roy se souleuant en sa Chaise à le venue d'icelle, & deuotement la venerant ainsi que faict toute l'assistance.

L'Abbé de S. Remy, & aucuns de ses Moynes se rengent és enuirons dudit Autel, comme gardians & tesmoins oculaires de ce qui sera faict, ou en la Chappelle S. Nicolas, attendās iusques à ce que tout soit parfaict, & que ladite S. Ampoulle soit rapportee.

L'Archeuesque lors s'appareille à la Messe vestu des plus insignes vestemens, & du Palle, auec les Diacres & Souz-Diacres. Et en ceste maniere vestu vient à l'Autel en procession, selon qu'il est accoustumé, & le Roy se leuant, & le reuerant, quand il est à l'Autel, il demande à sa Maiesté pour toutes les Eglises à luy suiettes, ce qui ensuit. *Nous vous requerons nous oĉtroyer que à nous, & aux Eglises à nous commises, conseruiez les priuileges canoniques, droites loix, & iustice, & que vous nous defendiez, comme vn Roy en son Royaume doit à chacun Euesque, & Eglise à luy commise.* Et le Roy respond. *Ie vous promets & oĉtroye que ie vous conserueray en vos priuileges Canoniques, comme aussi vos Eglises, & que ie vous donneray de bonnes loix, & feray Iustice, & vous defendray aydant Dieu par sa grace selon mon pouuoir, ainsi qu'vn Roy en son Royaume, doit faire par droit & raison à l'endroit des Euesques & Eglises à luy commises.* Requeste de l'Archeuesque au Roy

Responce du Roy à l'Archeuesque.

Apres la response les Euesques de Laon & de Beauuais le sousleuent de sa Chaise, & estant debout, demandent aux assistans s'ils l'acceptent pour Roy : Non que cette acception se prenne pour election, ayant ce Royaume, comme i'ay desia dit, esté de tout temps hereditaire, & successif au plus prochain masle : Mais pour declaration de la submission & fidelle obeissance qu'ils luy doyuent, comme à leur Prince souuerain de l'ordonnance expresse du Roy des Roys. Ainsi est-il recité au Sacre & Couronnement de Philippes I. fils du Roy Henry I. fait en l'annee 1059. que *Geruais Archeuesque, par le consentement du Roy Henry pere esleut ledit Philippes son fils en Roy. Et apres les Legats du S. Siege de Rome (combien que là fut traité & declaré que le consentement du Pape n'y estoit requis, & qu'en ce que ses Legats y assistoient, c'estoit par honneur & amitié) Apres eux les Archeuesques, Euesques, Abbez, & Clercs. Puis les Ducs & Comtes, & apres eux les Cheualiers & le peuple tant grands que petits, le consentans d'vne voix l'approuuerent, criās par trois fois, Nous l'approuuons, nous le voulons, soit fait.*

Serment fait par le Roy entre les mains de l'Archeuesque.

Ayant esté par l'vnanime consentement de tous les Ordres recognu pour leur Prince legitime, l'Archeuesque luy presente le serment du Royaume, qui est le S. & sacré lien des loix fondamentales de l'Estat : & luy pour tesmoignage de l'affection qu'il a de le mettre à pleine & entiere execution, sans l'enfraindre & violer par ordonnances contraires, le preste publiquement & de bon cœur, & honore sa promesse de la presence de sa Maiesté Royalle, auec inuocation de l'aide diuin, ses mains sur les saints Euangiles, ainsi que s'ensuit, *Ie promets au nom de Iesus Christ ces choses aux Chrestiens à moy suiets. Premierement que ie mettray peine que le peuple Chrestien garde vne vraye & perpetuelle paix à l'Eglise de Dieu. Item que ie defendray à toutes sortes de personnes, toutes rapines & iniquitez. Item qu'en tous iugemens ie commanderay equité & misericorde, afin que Dieu clement & misericordieux, fasse misericorde à moy & à vous. Item que de bonne foy, i'emploieray tout mon pouuoir à chasser loin de ma terre & iurisdiction à moy commise tous les heretiques declarez par l'Eglise. Toutes les susdites choses ie confirme par serment, Ainsi Dieu m'ayde, & ces saincts Euangiles de Dieu.*

Il promet aussi, & s'oblige selon la coustume de ses ancestres, de garder aussi soigneusement les biens de sa Couronne, que le tuteur, les biens de sa tutelle, & de n'aliener en façon que ce soit le Domaine. Et de cette obligation tirent origine tant de beaux Edits & Ordonnances sur le fait du Domaine, les vnes contenans la non-alienation, les autres les reuocations de son alienation, les autres le rachapt d'iceluy, les autres les declarations de ce qu'il comprend, & des fiefs & arrierefiefs releuás & mouuás de luy, & à quels deuoirs ils sōt tenus, & les autres plusieurs autres choses. Domaine inalienable

Ce serment ne se change és sacres des Roys, ains y est de toute antiquité exactement gardé comme declaration de la loy Salique fondamentale de l'Estat, ainsi que Dieu par Samuel establit la loy du Royaume d'Israel, à la conseruation du peuple qu'il s'estoit peculierement esleu.

Henry I. faisant couronner son fils Philippes, vn vieux Liure contenant la vieille forme des sacres dit que *il fut sacré par l'Archeuesque Geruais en la grande Eglise de Rheims deuāt l'Autel nostre Dame en cest ordre. La Messe cōmencee, auāt l'Epistre, ledit sieur Archeuesque se tourna deuers luy, & luy exposa la foy Catholique luy demandant s'il la croyoit & vouloit deffendre. Ayant ledit sieur Roy respondu qu'ouy, fut apporté son serment, lequel il print, leut, & souz-signa n'estāt encore agé que de 7. ans. Estoit le dit Sermēt tel. Ie Philippes par la grace de Dieu, Roy de France,* Sermēt de Philippes I.

promets au iour de mon sacre deuant Dieu & ses Saincts, que ie conserueray le priuilege Canonique, loy & Iustice deuë à vn chacun de vous Prelats, & vous defendray tant que ie pourray (Dieu aydant) comme vn Roy doit par droict defendre en son Royaume chacun Euesque, & l'Eglise à luy commise : & octroiray au peuple à nous commis la defense des loix en leur droit, consistant en nostre autorité. *Lequel serment leu, ledit sieur Roy Philippes le mist es mains dudit sieur Archeuesque*, presens plusieurs autres Archeuesques & Euesques.

Sermēt de Louys XI.

Le Roy Loys XI. si tost qu'il eut iuré à son sacre, Monstrelet dit, *qu'il enuoya son serment a la Cour de Parlement de Paris*, en Auril 1482. pour l'y faire enregistrer, *et la pria de le vouloir acquiter de ce qu'il auoit si solennellement iuré*, & faire bonne Iustice à ses suiets.

Serment d'Henry IV.

Et l'Acte de celuy que le Roy à present regnāt presta en pleine Eglise fut signé de sa propre main, & souz-signé par le sieur de Beau-lieu Ruzé, l'vn des Secretaires de ses Commandemens, & Conseiller en son Conseil d'Estat, & depuis deliuré à l'Euesque de Chartres, pour faire mettre en perpetuelle memoire, tāt au Tresor des Titres de l'Euesché, qu'és Archiues du Chapitre, & Hostel cōmun de la ville. Ce qui fut fait par Maistre Anthoine Mussart Notaire dudit Chapitre, & Martin Fresnot Procureur fiscal dudit Euesché.

Or comme les Princes, Magistrats, & persónes publiques exerceans leurs charges & Estats vsent de certains habits differents des autres pour se rendre plus augustes & plus venerables au peuple. Ainsi doiuent auparauant auoir esté mis sur l'Autel les ornemens & marques de la dignité Royale, à sçauoir la Couronne Imperiale close, & la moyenne, l'espee enclose dans le fourreau, les esperons d'or, le sceptre doré auec vne fleur de Lys au bout, & la verge à la mesure d'vne coudée au plus, ayant au dessus vne main d'iuoire : aussi les Chausses appellees Sandales ou botines de Soye de couleur de bleu azuré, semées partout de fleurs de Lys d'or, & la Tunique ou Dalmatique de mesme couleur & œuure, faite en maniere de Chasuble de laquelle les Diacres sont vestus à la Messe, & auec ce le Surcot, qui est le Manteau Royal totalement de semblables couleur & œuure, fait à bien pres en maniere d'vne Chappe sans Chapperon. Toutes lesquelles choses l'Abbé de S. Denis en France doit de son Monastere apporter à Rheims, & estre à l'autel pour les garder. *Habillemēs Royaux apportez de S. Denis pour le Sacre des Rois, & mis sur l'Autel.*

Lors les susdits Euesques de Laon & de Beauuais conduisent le Roy audit Autel, où le premier Gentil'homme de sa Chābre le depouille premierement de ses vestemens, fors la camisole de Satin & sa chemise, qui sont ouuertes bien à val deuant & derriere, sçauoir est à la poitrine, & entre les espaules : les ouuertures de ladite camisole estans recloses & reiointes ensemble par agrafes d'argent : Et l'Archeuesque ayant dit vne oraison sur le Roy, assis sur vne Chaise portee là pour cet effet, le grand Chambellan luy met les chausses Royales de velours, couuertes de fleurs de Lys d'or, que l'Abbé de S. Denis luy baille. *Conduite du Roy à l'Autel pour estre vestu des habits Royaux.* *Botines & Sandales baillees au Roy.*

Le vieil autheur de la vie de Louys le Debonnaire, appelle ces Chauſſes, *Botines dorées*. Et Froiſ-ſard au Sacre de Henry de Lenclaſtre dit *qu'on luy chauſſa vn veloux vermeil en guiſe de Prelat*, ce qu'il dit pour autant que les Papes & les Eueſques (comme il appert par le Pontifical) ont auſſi couſtume d'vſer de Sandales en leurs ornemés Pontificaux. Les Rois de Perſe entre leurs habits Royaux auoiét les Chauſſes & Braſſards, ainſi que teſmoigne Iſidore au liure 19. de ſes Origines, Et Iuſtin parlant de Semiramis. Entre les Romains les Ceſars auoient des Socs dorez, & enrichis de pierreries. Et entre les ornemens des Empereurs de Conſtantinople eſtoient auſſi les Sandales ou botines ſemees d'Aigles. Car Georgius Codinus en ſes offices parlant de l'Empereur dit *qu'il eſtoit chauſſé de Botines ſur leſquelles brilloient des Aiſgles faites de perles & pierres precieuſes*. Ainſi Georgius Phranzez au liure 3. de ſes Chroniques traduites de Grec en Latin par Pontanus, parlant de la priſe de Conſtantinople, teſmoigne que *le corps mort de l'Empereur, fut recognu à ſes Sandales Jmperiaux, eſquelles ſuiuant la couſtume des Empereurs on voyoit des Aigles d'or depeintes*. Et plus haut au liu. 1. il dit encore qu'apres la mort d'Andronicus, *Manuel eſleu Empereur à la faueur de la Nobleſſe, demeure en la ville, prend les Chauſſes teintes en rouge, & eſt recognu de tous pour ſucceſſeur de l'Empire*. Et comme ces Sandales des Empereurs eſtoient remplies d'Aigles ſur vn fond rouge, celles de nos Rois ſont auſſi pleines de fleurs de Lis d'or, ſur vn fond de bleu azuré, comme nous l'enſeigne Monſtrelet diſcourant de la mort de Charles huictieſme en ces mots. *Et ſi auoit vne*

Chauſſe noire, & vn ſoulier de veluel d'azur, ſemé de fleurs de Lis d'or. Où faut noter qu'il dit *veluel* pour *velours*.

Apres les Sandales le Duc de Bourgongne luy met les Eſperons dorez par le commandement de l'Archeueſque, & à l'inſtant les luy oſte. Froiſſard allegué cy-deſſus du Couronnement d'Henry de l'Enclaſtre, les appelle *Eſperons à pointe ſans mollette*. Et y a en iceux vne particuliere marque de la puiſſance que Dieu luy donne, qui eſt certainement de haut luſtre & de grande ſplendeur, Car les Eſperons dorez, eſtoient des Cheualiers, & les blancs des Eſcuyers: voire Valſingan recite que c'eſtoit vne couſtume pratiquée en Angleterre, pour vne ignominie nō vulgaire, de rompre les eſperons, comme en France on oſte l'eſpee & le collier. Et toucheray encore ce mot, que l'Auteur des geſtes de Monſieur ſainct Louys, parlant de ſon voyage en Leuant dit, que *depuis ce temps il ne voulut iamais ſe ſeruir d'eſperons & de freins, ſinon tous blancs, & de fer, ſans dorure aucune.*

Eſperons dorez.

Puis l'Archeueſque ayant beny l'Eſpée & la ceinture, la ceint tout ſeul au coſté du Roy, & auſſi toſt la luy deceint, & la tirant hors du fourreau lequel il met ſur l'Autel, il poſe ladite eſpée en la main du Roy auec prieres faites a Dieu de luy donner de la valeur, & l'exorte à deffendre l'Egliſe & ſon Eſtat.

Eſpée ceinte au Roy.

Et ſa Maieſté l'ayant receuë en humilité la tient droite, la pointe eſleuée iuſques à la fin de quelques oraiſons, leſquelles finies il la baiſe, & l'offre à l'Autel, ſur lequel elle eſt miſe en

Espée offerte à l'Autel par le Roy.

tesmoignage de son zele & affection à la deffense de l'Eglise, & pour monstrer que pour le seruice de Dieu, qui la luy donné il veut l'employer à l'exemple de ses tres-religieux ancestres qui en ont tousiours esté le ferme soustien, & les colomnes plus asseurées. Puis la reprend reueremment à genoux de la main de l'Archeuesque & la baille

Espée rendue au Roy.

incontinant au Connestable de France s'il en a, ou s'il n'en a, à celuy de ses Barons qu'il luy plaist, pour la porter deuant luy, & lequel allant à l'offrande la porte & raporte, deuant ledit Seigneur, comme aussi apres la Messe iusques au Palais, afin

Espée portée deuant le Roy par le Connestable.

qu'aux rayons etincelans, aussi bien qu'aux etincelles rayonnantes de ce glaiue, ses suiets recognoissent l'authorité & Puissance souueraine que Dieu luy donne sur eux : & l'Archeuesque ayant encore dit quelques Oraisons, sa Majesté s'oste la ceinture & le fourreau, & les fait remettre sur l'Autel.

I'ay remarqué de ceste coustume, & de ceste espée, ce qu'en dit Rigordus en la vie de Philippe Auguste. *Ce iour là,* dit il, *le Comte de Flandre, porta l'espée en toute reuerence deuant le Roy, comme est la coustume.* Et celuy qui a escrit la vie de Philippes tiers, fils de S. Louys. *Pource,* dit-il, *que depuis le temps de Charles le grand Roy de France, & Empereur des Romains, les Rois de France ont accoustumé de faire tenir & porter deuant eux par vn de leurs Barons, l'Espée dudit Charles Roy & Empereur appellée Ioyeuse, au iour de leur Sacre, & pendant qu'on celebre l'office de leur Couronnement, en faueur de l'heureuse souuenance d'vn si victorieux Prince: le Roy la bailla à porter ce iour* là à Robert Comte d'Artois son parent, hôme de grande probité. Où ie croy qu'il appelle ceste Espée Ioyeuse, comme les François premiers, ce dit Aymon le Moine, appelloiét les leur *les Françoises*. De sorte que ces noms d'espée qui se trouuent en nos vieux Romans comme de Durandal, & de Flamberge, ont quelque apparence de verité. Les Histoires des regnes de Charles le Chauue, & de Louys le Begue son fils l'appellent, l'Espée de S. Pierre, & la mettét entre les Ornemens Royaux, pour montrer comme ie croy, que c'est le propre office de nos Rois d'employer leurs armes pour l'auancement & seruice de l'Eglise dont S. Pierre fut le premier chef apres Iesus-Christ.

Espées des vieux François auoient des noms.

Espée S. Pierre.

Et les Rois d'Angleterre se faisoient aussi porter à leur Sacre vne espée nue, qu'ils appelloient l'espée de Iustice, ainsi que nous apprenons de Froissard. Ce qu'ils faisoiét pour imiter les Rois de France.

Espée de Iustice.

Ie ne veux obmettre chose semblable à cette coustume Royalle, de la Noblesse ancienne de France. Car lors que les Gentils-hommes estoiét sortis hors de page, le pere & la mere faisoient chanter Messe, & y conduisoient leur fils, & alloyent à l'offrande, ayans chacun vn cierge en la main: & apres l'offráde, le Prestre prenoit de dessus l'Autel vne Ceinture & vne espée, sur laquelle ayant fait plusieurs oraisons & benedictions, il la ceignoit au ieune gentil-homme, & luy disoit, *Monsieur, ie vous ceints ceste espée, pour la deffence de l'honneur de Dieu, & de l'Eglise, & du Royaume, & des orphelins, & pauures affligez. Dieu vous face la*

Espée ceinte aux Gétils-hómes sortans de page par le Prestre.

grace de vo° en aquiter. Et luy dōnoit sa benedictiō.

Onction comme preparée pour le Sacre.

Ce que dessus fait, l'Archeuesque retourne vers l'Autel pour y preparer la sacrée Onction en ceste maniere. Le sainct Chresme estant mis à l'autel sur vne patene consacrée, l'Archeuesque ouure la saincte Ampoulle apportee par l'Abbé S. Remy, & estant sur ledit Autel en tire auec vne petite verge d'or vn peu de l'huyle enuoyé du Ciel, de la grosseur d'vn pois, & le mesle du doigt auec le sainct Chresme preparé en la patene, pour oindre le Roy, pendant que le Chœur chante.

Ladite Onction preparée, sont par ledit Archeuesque desermées les agrafes des ouuertures des vestemens du Roy deuant & derriere. Et sa Maiesté prosternée à genoux auec l'Archeuesque deuant l'appuy de son Oratoire vacquēt à deuotes contemplations, & requierent en leurs prieres priuées l'assistance de la grace de Dieu pour la cōseruation de la France, outre lesquelles les Euesques de Laon & de Beauuais commençans la Letanie, font auec l'Eglise supplication publique à Dieu, & implorēt sa misericorde par les Suffrages des saints, à ce que comme la Dignité Royale est la plus noble de toutes les Dignitez de la terre, estant accompagnee de Maiesté, qui a quelque chose de venerable, & plus que de l'humain, le Roy la puisse dignement soustenir, & religieusement exercer vne fonction si excellente.

La Letanie finie le Roy se leue, & se met à genoux deuant l'Archeuesque, lequel assis cōme il sied quand il consacre les Euesques, dit trois oraisons, & le benit: puis les oraisons acheuées, il luy fait porter le Chresme qu'il a appresté, meslé auec vn peu de liqueur de la saincte Ampoulle. Apres on ouure la robbe cramoifie que fa Maiefté porte, & l'abbat-on tellement que la poitrine, les efpaules, & les bras iufqu'au coude demeurent defcouuerts, & fa Maiefté refte couuerte, en ces parties de fa chemife feulement, qui eft ouuerte en tous les endroits,efquels on le doit oindre.

L'Archeuefque s'approche lors du Roy & ayāt dit l'Oraifon de la confecration, & mis le pouce droit en la patene de la facrée Onction, cōmence à oindre & facrer fa Majefté en fept parties faifant le figne de la Croix: premierement au fommet de la tefte, fecondement fur la poitrine, tiercement entre les deux efpaules, quartement en l'efpaule droite, à la cinquiefme fois en l'efpaule feneftre, à la fixiefme au ply & iointure du bras dextre, & à la feptiefme en celle du bras gauche: a ce qu'apres telle exterieure ceremonie, le peuple ne puiffe ignorer l'authorité & fouueraine puiffance, que Dieu luy attribue, ains fuïr comme peftes & pertes de l'Eftat, ceux qui ne portent ce caractere.

Confecration du Roy

Les Rois des Hebrieux fouloient eftre oingts du S. Huile au tēps du vieil Teftament, cōme furent Saul, Dauid, Afahel, & Iehu. Par cefte externe Onction la grace du S. Efprit leur eftoit inuifiblemēt infufe pour les faire tous profperer. En cefte maniere Saul le receut, & à l'inftāt le cœur luy fut changé autrement qu'il ne l'auoit eu auparauant, & depuis le mefme S. Efprit affifta Dauid, & le fift exceller fur tous les autres Princes.

Maniere d'oindre les Rois.

Auiourd'huy les Rois Chreftiens font par anciēne coutume receuë de main en main oints en l'efpaule & au bras: ce qui defigne leur Principauté figurée par l'efpaule induftrieufemēt referuee à Saul au feftin que prepara Samuel en l'eftabliffant

Roy d'Israel. Et les Rois de France ont seuls entre les Princes Chrestiés cet illustre priuilege, d'estre oingts non seulemét du sainct Huile en l'espaule & au bras, mais de la celeste liqueur és susdites parties, & encore à la poitrine & au chef, à ce que fortifiez de l'assistance diuine, ils executét serieusement ce qui est de leur charge. Tant Dieu a versé sur eux de miracles & tant il leur a donné de tesmoignages visibles de ses faueurs, soit en ladite liqueur enuoyée du Ciel pour le Baptesme & Sacre de Clouis premier Roy spirituellement regeneré en la France, present celeste des Fleurs de Lys tant celebrées en l'Escriture saincte, preseance deuant tous les Monarques Chrestiens, & infinies autres Prerogatiues & Grandeurs. Outre la miraculeuse guerison des escrouëlles, & la conseruation de l'Estat par vne duree & suite d'annees si longue qu'il semble les auoir voulu esleuer en gloire & honneur par dessus tous les Rois de la terre.

Onction pourquoy necessaire aux Rois.

Beaux effets du Sacre des Rois de France.

Cette onction encore qu'elle n'augmente l'essence de la Royauté, comme elle n'attribue aux prelats aucune puissance de la faire, ou la deffaire, ainsi que disoit tresbien l'Empereur Frederic II. escriuant à vn Roy de Fráce : si est-ce que le beau nom & titre de Tres-Chrestien qui appartient aux Monarques des Lis par dessus tous les Monarques Chrestiens, semble requerir qu'ils soient sacrez. Ainsi la benedictió celeste respandue sur leur Chef, est vne declaration à leurs suiets de la grace diuine, qui les fait Rois. Et comme la coustume de France receuë & autorisée par plusieurs annees donne le Royaume à l'hoir masle, & saisit
le plus

le plus habile à succeder: l'Onction Royalle leur rend les cœurs de leurs sujets plorans de joye, & ployans sous les dignes commandemés de leurs sacrees Majestez. Ainsi la grace diuine fait voir à leurs sujets leurs Sacres si heureux, & accompagnez de tant de bons effets, qu'ayans la vertu cōfirmée de leurs predecesseurs, ils peuuent non seulement guerir ceste cruelle maladie des escrouëlles, dont le souuerain Medecin a mis le remede singulier en la secrette puissance de leurs mains Royalles; & pour laquelle ils faisoient iadis leur neufuaine à sainct Marcoul, mais ont pouuoir de chasser tous les maux de leur Estat. Ainsi leurs sacres sont suiuis d'vn effet beaucoup meilleur que ceux des Empereurs de Constantinople; qui estans sacrez d'vn baume saint loué par Balsamon Archeuesque d'Antioche, pensoiét que leur Onction apportoit la guerison & l'expiation à leurs crimes inexpiables. Car leurs Majestez qui sont sans crime respandent les graces du Ciel decoulees en elles, sur tous leurs deuots & fideles sujets; & fortifiées par la benediction de l'onction Royale demeurét inuincibles. Ainsi cette Onction est remarquable & sureminente, & autant singuliere en son excellence, qu'estoit iadis celle des Rois de Iudée: de laquelle l'efficace & la vertu fut si grande, que Dieu ne voulut pas seulement qu'ils ne fussent touchez par leurs suiets: mais se priua luy-mesme du pouuoir d'estendre la main sur eux. Bref l'on recognoist en leurs Sacres les vrayes marques d'vn Sacre diuin. Car on y voit vne effusion d'huile sacré meslé auec le celeste, pour signe exterieur

Dd

de la grace exterieure du S. Esprit respanduë sur des Rois mortels, pour les illuminer par enseignement diuin, & munir contre les tentatiõs des esprits malins. Et ainsi les chefs triõphans de leurs Majestez enuironnez de prudence & de bonheur donnent le repos à leurs suiets, & la paix signifiée par l'onction, à leur Royaume : & Dieu leur fait la grace quand ils ont fait le serment solennel & accoustumé de garder les droits & franchises de l'Eglise Gallicane & de l'Estat, de conseruer en leur maison le thresor desirable, & l'huile qui est en la demeure du iuste selon le Prouerbe du Roy des Sages, & du Sage des Rois, attendant que la gloire d'auoir emporté les rudes aduersaires de Dieu, leur apporte, non les fresles couronnes dont l'on souloit anciennemét honorer les vainqueurs, mais celles qui brillent dans le Ciel, sans iamais pouuoir flestrir, pour estre etofees & tissues des mesmes doigts du fils de Dieu.

Aprés les Onctions faites l'Archeuesque dit trois Oraisons à ce qu'il plaise à Dieu faire escouler sur le chef du Roy, la celeste liqueur en telle surabondance de ses sainctes graces, & benedictions, qu'elle penetre l'interieur de son cœur, pour luy en faire heureusement sentir les effects au bien & salut de son ame. Lesquelles acheuees sont les fentes de la Chemise, Camisole & vestement du Roy fermees par ledit Archeuesque, & les Euesques de Laon & de Beauuais, pour la reueréce desdites Onctions sacrées.

Et lors le grand Chambellan de France vest au Roy les deux habillemens acoustumez estre mis en tel acte fur fa Camifole, fçauoir la Tunique ou Dalmatique, de bleu azuré, & femée de fleurs de lis d'or, à la façon de celles des Soudiacres & Diacres qui chantent l'Epiftre & l'Euangile, & par deffus le Manteau Royal de mefme eftoffe & couleur auecque les fleurs de Lis: de forte que la main dextre eft à deluire vers l'ouuerture dudit Manteau, efleué fur la feneftre comme la Chafuble d'vn Preftre. La Tunique ou Dalmatique monftre qu'il eft Diacre, qui eft dignité de Preftrife, pour l'augmentation, conferuation & deffenfe de la Religion. Et le Manteau Royal, qu'il eft Roy pour commander à fes fuiets & procurer le bien de fon peuple. *Habillemēs Royaux des Sacres, que reprefentēt.*

Et certes les Rois de France n'ont iamais efté tenus purs Laiques, mais ornez du Sacerdoce & de la Royauté tout enfemble. Pour monftrer qu'ils participent de la Preftrife, ils font premierement oingts comme les Preftres, & fi ils vfent encore de la Dalmatique fous le manteau Royal, afin de tefmoigner le rang qu'ils tiennent en l'Eglife. Cette Dalmatique, qui a tiré fon nom de la Dalmatie, eft vn habillement court dont vfoient les Efclauons, & fans manches, finon iufques au coude, propre à faire quelque miniftere d'autant qu'il n'eft aucunement empefchant. Et c'eft le fujet pour lequel les Diacres s'en feruoient, & s'en feruent encore auiourd'huy en l'Eglife à la Meffe, pource que leur function eft de miniftrer à l'autel. Froiffard parlant du Couronnement de Henry de Lenclaftre, & de fon Sacre, *Là*, dit-il, *le Roy fut* *Rois de France Rois et Preftres.* *Dalmatique.*

vestu des draps d'Eglise comme vn Diacre, c'est à dire de la Tunique ou Dalmatique. La function des Diacres estoit d'auoir soin de tout ce qui estoit en la Sacristie ou Thresor, & entre autres des Reliques, lesquelles ils portoient eux-mesmes aux processions à cause qu'ils en estoient tenus, & en rendoyent conte. Ce que souuent ont fait nos Princes, comme Diacres.

Celuy qui a fait les Annales qu'on appelle *Autheur incertain*, dit de Charles le Chauue, qu'il alloit à l'Eglise vestu de sa Dalmatique. Le Seneschal de Ioin-ville dit du Roy sainct Louys, auec l'Enqueste de sa Canonisation, qu'il portoit auec le Comte Thibaud de Champagne, *la derniere chasse, estant habillé comme vn Diacre, auec sa Dalmatique*. Et encore de nostre temps, comme le Roy Charles neufuiesme d'heureuse memoire eust enuoyé à vn Prince son voisin les corps de sainct Eugene & de saincte Euphemie, le Prince vint iusques sur la frontiere de ses pays, & les ayant receus deuotieusement, les portoit en toute reuerence par les villes habillé d'vne Dalmatique. Voire Monstrelet au troisiesme volume escrit d'vne procession faite à Paris, *Que le premier President du Parlement, & le President de Nenterre, aussi le President en la Cour, & le President des Comtes Laudriesche, & le Preuost des Marchands porterent en la procession le corps de sainct Innocent, habillez à la façon des Diacres*. Ce que i'adiouste, pour monstrer que c'estoit comme representans les Princes absens esdites processions.

Et quant au Manteau Royal de ces grands

Monarques il a certainement de grandes choses, & qui meritent bien qu'on les discoure en particulier.

Car si vous considerez la matiere, & la couleur, & l'ornement, vous direz que le Ciel l'a composé pour couurir les espaules des plus grands & plus iustes Rois qui ayent esté iamais en la terre. Ce Manteau n'est que velours, & azur, & or: qui sont les plus belles choses qui puissent entrer aux habits des Princes, voire les plus illustres Ornemens de la Nature. Le velours pour l'etoffe, l'azur pour la couleur, & l'or pour l'enrichissement. L'on ne peut ietter l'œil sur cet habit qu'on n'y trouue quelque chose de singuliere beauté, & de remarque non vulgaire. Et diroit-on que Dieu l'a basty sur le modelle dont il a fait le Ciel, qui sur vn fond d'azur fait voir ses Estoilles d'or, druës, & brillantes, & resplendissantes de beauté & de merueille tout ensemble. Aussi le Ciel est le vestement de la terre, comme ce manteau est le vestement de la Royauté de la terre. Et si le Ciel n'a qu'vne Couronne aux astres, le monde n'a qu'vne Royauté en la terre, qui est la Royauté Françoise.

I'ay souuenance d'auoir leu en quelque Poëte que les Nymphes des Eaux façonnerent vn Manteau bleu à Neptune, luy qu'ils font Roy de la Mer: Et ie dis que toutes les Prouinces de la France, ont tissu & brodé cet honorable Manteau de nos Rois, comme aux Neptunes qui auoient en la Chrestienté rasse-

Manteau bleu de nos Rois.

rené tant de tempestes, accoisé tant de troubles esleuez contre le sainct Siege, & contre leurs voisins, & qui comme vrays Neptunes auoient en ce grand Ocean appaisé les flots & les orages dont le Nauire de Monsieur S. Pierre estoit agité.

De ce Manteau couuert de fleurs de lis d'or, il y a vn petit fragment en nos Histoires Françoises. Car Monstrelet escrit *qu'à l'entrée du petit Henry sixiesme Roy d'Angleterre en la ville de Paris, vers la porte du Chastelet, il y auoit vn eschafaut, sur lequel estoit le personnage d'vn petit enfant en semblance de Roy, vestu de fleurs de Lis, & deux Couronnes sur son Chef*, qui estoit le portraict de ce petit Roy de France & d'Angleterre, & qui toutefois n'estoit que Roy d'Angleterre, & l'auoit on là representé à la façon que sont habillez les les Rois de France, bien qu'il ne le fut, ains seulement le pensoit estre.

Manteau de nos Rois semé de fleurs de Lis d'or.

Qu'il fut semé de fleurs de Lis les tesmoignages en sont assez rares és autres vieux Autheurs, & toutefois c'est la verité que tel estoit & est encore l'Habillement de nos Rois en leurs Sacres. On le void en leurs sepultures, & aux vitres de plusieurs Eglises, & en quelques plates peintures qui sont aux maisons des particuliers. Et quand il n'y auroit autre marque, l'on sçait qu'en guerre leurs Cottes d'armes sont toutes couuertes de fleurs de Lis, leurs Sandales aussi pleines de fleurs de Lis, l'espée qu'ils baillent à leurs Connestables toute semée de fleurs de Lis, & leur Ceinture toute estoffée de mesmes fleurs de Lis, leur Armet couronné de fleurs de Lis, leur Dais, leurs licts, & autres vtensiles, toutes ornées de fleurs de Lis.

Fleurs de lis des Habillemens de nos Rois que signifiet

Comme le Ciel a esté fait pour estre admiré, & pour cognoistre qu'il y a quelque esprit caché, & qui ne nous paroist point, qui a basty tout ce grand ouurage du monde. Ainsi il y a quelque esprit incognu qui a taillé & desseigné ce Manteau, pour cognoistre les vertus de ceux qui l'ont porté, & pour donner vne notion des insignes ornemens de ce Royaume. Car comme au Ciel il n'y a petite Estoille qui n'ait son influence : aussi n'y a-il entre tant de fleurs de Lis, dont cet habit est semé, aucune fleur qui ne designe les hautes vertus des Princes François, pour les faire mirer & admirer par leurs Successeurs, & pour les faire reuerer par leurs peuples, mesme apres leur trespas. Car l'vne represente la foy & Catholique Religion de Clouis qui a esté l'Ame viuifiante de cest Estat : l'autre le courage des Clotaires contre les Arriens : l'autre les largesses de Dagobert vers l'Eglise ; les victoires de Martel, la vaillance de Charlemagne, la Pieté de Debonnaire, l'humilité de Robert, le grand cœur de Louys septiesme, la magnanimité de nostre Auguste, la chasteté de Louys huictiesme, la saincteté de Louys neufuiesme, la temperance de Philippe troisiesme, la sagesse de Charles cinquiesme, la patience de Charles sixiesme, le bonheur de Charles huictiesme, la prudence de

Dd iiij

Louys vnziefme, la debonnaireté de Charles huictiefme, la bonté de Louys douxiefme, la courtoifie de François premier, la clemence & douceur d'Henry quatriefme, & vne infinité de hautes & grandes parties, qui ont paru en l'efprit de nos Rois, & qui les ont non feulement fait aymer de leurs peuples, mais auffi craindre & reuerer des eftrangers. Auffi tient-on que les Lis de France, font venus du Ciel, du moins nos premiers Hiftoriés l'ont efcrit, voire au mefme temps que la fainéte Ampoulle, & ont touiours efté fans nombre, iufqu'à Charles fixiefme qui les laiffa pour prendre les trois feulement, & les pofer à fon Efcu.

Lis de Frãce venus du Ciel.

Et comme le Lis eft le fymbole de pureté & de candeur, ainfi peut-on dire qu'il n'y eut onc Eftat, où les Rois fuffent plus affables à leurs fuiets, les fuiets plus affectionnez à leurs Rois, plus humains aux eftrangers, & plus debonnaires à leurs ennemis. C'eft la fignification de ces Lis, lefquels eftans d'or monftrent le haut efclat, qu'ils ont donné, & donneront encore, auec la faueur de la diuine Prouidence, de leur admirable fplendeur par toute la circonference du monde.

Lis d'or és Habillemẽs Royaux, & pourquoy.

Ce n'eftoit pas affez que ces Lys fuffent Lys, & comme Lys, qu'ils euffent les vertus que la nature donne aux Lys: cette Prouidence a voulu encore que ces Lis fuffent d'or, pour monftrer que les vertus des Rois de France font vertus qui excedent les vertus des autres en perfection, & en qualité, voire en quantité, comme l'or est la plus belle chose de toutes les choses inanimees. Ie dis ces lis qu'elle a autrefois preferez aux ornemens du plus magnifique Roy qui fut onc sur la terre, & iceluy habillé non de ses vestemens communs & mediocres, mais des ornemens de sa plus grande gloire, quand enseignant les Apostres de jetter leur soucy en elle, elle leur disoit, *que Salomon mesme en toute sa gloire n'a point esté acoustré comme l'vn d'iceux.* Qui estimeroit cela verité, si la verité mesme ne le disoit ? Taschons d'en tirer quelque mystere, puis que c'est la verité, & trions ce qui faict pour nos Princes de ces propres paroles. Les Roys de France par antonomasie & excellence ont esté nommez les Lys, pour exceller en vertus tous les Roys, comme le Lys surpasse en candeur & beauté toutes les fleurs. Car par le Lys est designe la pureté, & la netteté qui s'est recognuë aux Roys & Princes de France. C'est pourquoy Froissard les appelle souuent *les Lys*. Ainsi Iesus fils de Syrach, en son Ecclesiastique, compare Simon fils d'Onias grand Prestre aux roses & aux Lys, ainsi les Peres ont appellé l'Eglise, le Lys : Ainsi sainct Hierosme, nostre Seigneur & les ames des fideles. Voyez vous donc comme nous entendons que veritablement parle la verité, disant que les Lys sont mieux vestus que Salomon? Voyez vous comment les Monarques des Lys vestus d'habits conuenables à leurs vertus, sont mieux vestus que les plus riches Princes de la terre? Voyez-vous di-je comme Salomon en sa gloire vestu de pourpre & de soye, paré de drap d'or, eclatant de Diamans, Esmeraudes, Escarboucles,

Roys de France appellés Lis.

Saphirs, & autres pierres, que la vanité des hommes a faict nommer precieuses, n'estoit point si bien vestu que les Lys de la France, ny si bien orné que les Roys de nos Lys?

J'adiousteray que ce Manteau ainsi semé de fleurs de Lis, va iusques aux talons, pour monstrer l'amplitude de leur douceur, & benignité Royalle, estât capable de couurir non seulement les membres de leur Estat, & les suiets qui se jertent souz ce Manteau, mais encore les peuples estrangers, & leur donner protection, comme ils ont fait par plusieurs fois aux plus grands Princes de la terre en leurs aduersitez & infortunes. Ainsi estoit le Manteau des Roys de Perse tout brillant d'or & descendant iusqu'aux talons. Les Roys de Cypre ont demandé ceste protection, & l'ont obtenue autrefois, les Roys d'Armenie, les Roys de Ierusalem, ceux de Portugal, & de Hongrie, & entre nos proches voisins nul ne l'a requis qui en ayt esté escôduit: De sorte que ce Manteau Royal a donné ombre à tous les affligez, & tous les Roys Chrestiens de la terre se sont mis dessouz à l'abry, comme l'on void souz vn grand arbre, que toutes sortes d'oyseaux se perchét pour y trouuer de l'ombre.

Ce Manteau a sa fourrure de blanc, marqué de noir, & est ainsi varié, comme estoit celuy des Roys de Perse de blanc & de rouge. Le blanc en ce manteau sont hermines, dont la candeur passe toute candeur, & sont comme vne marque de la clemence & debonnaireté des Roys de France, acompagnee de perpetuelle prosperité à cause de

Manteau Royal descendât iusqu'aux Talons, & pourquoy.

Manteau Royal fourré d'hermines que signifie.

leur douceur. Et quant aux petites mouchetures de noir, ce sont petits grains qui les admonestent qu'il n'y a rien si prospere, qui n'ayt quelquefois des marques de sinistre fortune : & font repasser deuant leurs yeux ceste consideration : que se plongeants en tant de delicieuses ondes, voire nageants entre tant de felicitez, que la moindre est capable de porter les plus grands Roys au plus haut etage du bon heur, *ils ne s'eleuent comme le Taureau en la pensee de leur ame, de peur que par auanture leurs vertus ne soient estoufees par la folie* : Et que comme l'hermine, qui est blanche, a droitement au petit bout de la queue cette tache noire : ainsi la fortune prospere a tousiours au bout quelques grains d'aduersitez, pour les faire ressouuenir des choses humaines, & qu'ils sont hommes ainsi que le pere d'Alexandre. Car comme les Romains, bien que destinez à l'Empire du monde, ont toutefois senty la iournee du Lac de Trasimene, & celle de Cannes & autres : Aussi les François ont ils senty quelquefois en Leuant, contre les Salladins, & contre leurs voisins de sinistres euenemens de guerre, qui toutefois les ont faict paroistre dauantage, s'estans genereusement releuez en barbe s'il faut ainsi dire du malheur, & ayans plus courageusement triomphé de la mauuaise fortune.

Par dessus ce Manteau ledit Archeuesque accommode au Roy les Colliers des Ordres, puis luy oingt les mains auec le sainct huyle de l'Ampoulle & le cresme, qu'il met en ceste sorte deuant sa poitrine, & les y tient iointes tandis que l'Archeuesque dit vne Oraison : apres laquelle il

Mains ointes au Roy.

Gāds baillez au Roy.

benist & arrouse d'eau beniste des gans deliez, dont il reuest les mains de sa Maiesté, à ce qu'il ne touche rien à nud, pour la reuerence de l'onction sacree.

Anneau baillé au Roy le iour du sacre.

Et par ce qu'à ce iour de Sacre, le Roy espouse solennellement son Royaume, & est comme par le gracieux, & amiable lien de mariage inseparablement vny auecque ses suiets, pour mutuellement s'entr'aimer ainsi que font les Espoux: l'Archeuesque luy presente cōme le premier anneau, & les premieres arres de ceste reciproque conjonctiō: je dis vn aneau auec vn beau & grād Rubis, lequel il met au quatriesme doigt de la main dextre de sa Maiesté, que nous appellons le doigt medecinal, apres l'auoir benist: à ce que comme le peuple par exprés commandement de Dieu auteur, amateur & protecteur de la dignité des Roys ses oingts, sacrez & commis pour representer sa Maiesté en terre, doit à son Prince souuerain toute obeissance, subiection, seruice, fidelité, respect, honneur, & reuerence: ainsi faut il que le Prince s'affectionne & bien-vueille à ses sujets, voire prefere leur bien & salut à son profit & contentement particulier, & que si l'vn a de l'afflictiō elle retombe sur l'autre, Voire ie dis cet Anneau nuptial, symbole de la S. foy, marque de la fermeté du Royaume, par lequel il est faict capable de reunir ses sujets, & estraindre leur perseuerance au seruice de Dieu, d'vn nœud vrayment Gordien.

Le Sceptre.

Apres l'Anneau baillé au Roy, l'Archeuesque prend sur l'Autel le Sceptre, & luy met en la main droite pour marque de souueraine puissance, afin de l'exciter à bien gouuerner son peuple, & que le peuple se dispose de sa part à luy rendre vne fidele obeissance. Puis luy baille en la senestre la verge de Iustice & de droiture ayant dessus vne main d'yuoire, pour luy donner à entendre qu'il doit presider sur ses sujets, non comme vn formidable Tyran, mais ainsi que le pere de famille sur les enfans, qu'il doit di-je si bien vnir la Iustice au pouuoir, & le pouuoir à la Iustice, qu'il ne comande que pour asseurer les bons, & n'asseure les bons que pour faire craindre les mauuais : qu'il soit honoré comme Roy, aymé comme pere, & redouté des seuls ennemis de l'equité. *La main de Iustice.*

Voylà les deux Sceptres qu'ont les Roys de France, l'vn en la main droite, l'autre en la gauche, l'vn de Puissance, & l'autre de Iustice, & tous deux de pur or. Le premier commun à tous les Roys de la terre qui ont esté, voire à ceux qui sont encore: l'autre particulier, & à l'exclusion des autres Roys appartenant seulement aux Rois de France. Car qui des Roys estrangers s'est iamais orné & atourné d'vn Sceptre de Iustice? On ne desire point ce que l'on ignore, & comme dit Monsieur sainct Cyprian, *il est aisé de negliger ce dont on n'a point de cognoissance.* Iamais les Roys de la terre n'ont mis la main à ceste main de Iustice, iamais ils ne se sont ingerez de porter ce Sceptre. Car ils l'ont recognu n'appartenir qu'à vn Roy, & à vn seul Roy sur la terre, qui est le Roy de France. *La verge d'equité, c'est la verge de son Royaume.* *Deux Sceptres des Roys de France.* *Main de Iustice particuliere aux Roys de France.*

Ces deux Sceptres representent l'vn la puissance, & l'autre la Iustice, l'vn l'Autorité, & l'autre

Deux Sceptres des Roys de France que représentét.

la droiture, l'vn la rigueur, & l'autre la douceur; l'vn est *le Droit*, & l'autre est *la Force*, qui sont les deux machines par lesquelles les hommes sont tirez à leur deuoir. Car si la raison ne profite, il faut recourir à l'autre, mais en vser temperamment & modestement. C'est entre ces deux Deesses que les Princes des Lis sont assis, c'est entre ceste Puissance, & Iustice, qu'est posé le Throne de leurs Maiestez Royalles. *On recognoist ces deux choses en eux, qu'ils ont la Puissance & Debonnaireté, sur tous les Roys de la terre.*

Main de Iustice à la gauche & pourquoy.

Mais peut estre quelqu'vn demandera-t'il pourquoy la main de Iustice est tenuë des Roys de Frãce en la main gauche, & le Sceptre de Puissance de la main dextre, veu que l'on dit, *que le cœur du iuste est en la partie droite, & le cœur de l'iniuste en la partie gauche*. Aussi que la senestre est tousiours prise pour mauuaise part. Dauantage que la main gauche ne fut iamais droite, & sẽble mal cõuenir à la droiture à la Iustice. Mesme qu'il est escrit, *Ta dextre est réplie de Iustice*, & qu'elle sied à la dextre de Iupiter disoit Anaxarche au grand Alexandre. Voire que de mettre la verge à la gauche c'est signe & indice de submission. Car Dion au liure 37. parlant de la reuerence que portoiẽt les Romains au Magistrat, dit que le trouuant par la rue, s'ils estoient à cheual, ils s'arrestoient & mettoient pied à terre, & passoient la baguette qu'ils portoient de la main droite à la main gauche. Et à la verité la Iustice est plus naturelle à l'homme que la Puissance: Et les Roys de France ont esté plus glorieux, & plus celebres de leurs Iustices, que de leurs armes: qui toutefois se sont eſtendues iuſques aux dernieres bornes de la terre. I'adiouſte que l'homme naiſt armé de raiſon, & deſtitué de toute force. Il n'y a animal ſi grand en raiſon que luy : en croiſſant la raiſon luy croiſt, mais ayant creu ſa force luy diminue, où ſa raiſon s'augmente.

Eſt-ce point donc que la Puiſſance eſt premiere en la Royauté que la Iuſtice, & que l'vne y eſt comme vne proprieté naturelle, & l'autre comme choſe accidentale? Eſt-ce point auſſi que l'on vſe moins de l'vne que de l'autre? mais eſt-ce point pluſtoſt, que de ſoy la Iuſtice eſt foible, & imbecille comme la main gauche, & celle des armes eſt forte, nerueuſe, & valeureuſe, plus propre à ſe faire obeyr que la raiſon, qui ſe mépriſe meſme des hommes nais à la raiſon, & qui ſouuent demeure inexequutee faute de Puiſſance? C'eſt pourquoy ſouuent la Iuſtice eſt violee, & n'eſt point vengee, & les deshonneurs qu'on luy faict demeurent impunis. Mais nos Roys la mettent à la gauche, afin que la droite, qui porte le Sceptre de la Puiſſance & de l'Autorité, la maintienne, & qu'elle coure ſoudain à la force, pour la faire obeyr, & reſpecter en ſes commandemens. C'eſt en quoy ceſte dextre eſt excellente, qui ſçait ſi bien defendre ſa ſœur, & la maintenir en ſon pouuoir. Le Roy Louys XII. faſché qu'vn grand de ſa Nobleſſe auoit excedé vn de ſes Sergens, vint au Parlement le bras gauche en echarpe, & demanda luy meſme decret de priſe de corps contre ce Seigneur. Il monſtra lors que la main droite ſçauoit fort bié reuécher la main gauche, & la faire obeyr. Et toutefois des

Sceptre à la droite, & pourquoy.

anciens Roys, les vns portoient leurs Sceptres à la gauche, les autres les auoient à la dextre.

Mais pour tirer de plus haut l'excellence de leur origine, ie dis qu'ils sont les enfãs aisnez de la Royauté, & qu'il ne se trouue Roy qui pour prerogatiue & preeminence, n'ait porté le Sceptre.

Sceptre marque d'autorité.

Entre les Hebreux le Sceptre est pris pour la Royauté : & chacun des Princes d'Israel auoit vne verge, & mesme Ionathas fils de Saul en portoit vne pour marque de sa Principauté, & qu'il estoit fils de Roy. Moyse en portoit vne pour signe de son autorité. Et Homere entre les Grecs donne des Sceptres à tous ses Princes, mais nulle Couronne : Car alors il n'y auoit parmy eux que les Dieux couronnez. Entre les Perses, Medes, Assiriens, & les Egyptiés, les Roys auoiét tous des Sceptres en la main. Xenophon attribue vn Sceptre à son Cyrus. Et est fait mention en la Genese, du Sceptre de Pharaon. Comme aussi la verge d'Assuere, qui estoit Artaxerxes dont parle le Liure d'Hester, estoit son Sceptre.

Sceptres des Roynes & enfans des Roys.

Ce qui estoit commun non seulement aux Roys, mais aussi aux Roynes. Car dans Hester on la faict porter les mesmes ornemens qu'auoient les Roys, & le Sceptre entr'autres. Et les filles des Roys pareillement portoient Sceptres, comme aussi tous leurs enfans. Car dans Virgile, *La fille aisnee de Priam auoit porté le Sceptre dans Ilium.*

Sceptre des Prestres.

Voyre tous les Prestres portoient anciennement des Sceptres pour la prerogatiue de leur prestrise. Car en la Bible, entre les verges de tous les Princes, il n'y eut que celle d'Aaron qui florist.

florift. Et Homere fait fon Crifeis portant vn Sceptre. Auffi qu'il y en auoit beaucoup en l'Antiquité qui eftoient Roys & Preftres, comme eftoit Melchifedec dans la Genefe.

C'eft pourquoy nos Euefques encore auiourd'huy ont leurs Croffes, qui font leurs Sceptres, & qui rapportent de façon au bafton augural des anciens Romains, comme eftants courbees. Auffi nous les appellons Croces, pour croches, non pas qu'ils ayent pris des Payens la forme de porter leurs baftons : car dans les Lettres fainctes ils les auoient. Et quand ils les auroient prinfes de la forme des Payens, fe faut fouuenir que ce Sage & grand Roy Salomon ne fift point de fcrupule de fe feruir pour le baftiment de la maifon du Seigneur, des Cedres du Liban qui croiffoient en la terre des Gentils. C'eft bien vn facrilege de fondre l'or du Sanctuaire, pour le conuertir à des vfages communs, mais non de tranfporter en la Paleftine l'or & l'argent des Egyptiens pour s'en accommoder, & de la Couronne de Moloch en faire vne à Dauid.

Croffes des Euefques.

Ainfi les Roys & Empereurs és inueftitures qu'ils faifoient des Archeuefchez & Euefchez, auoient couftume d'inueftir les Prelats, en leur prefentant vn Anneau, & vne Verge, qui eftoit vn petit bafton, appellé *Paftoral*, pour figne & marque de la dignité de Pafteur. Ce qui n'eftoit que pour le temporel : mefme les Seigneurs eftoient par le bafton inueftis de leur gouuernement. Car Varfingan en la vie de Richard II. *Cette anneé là*, dit-il, *Iean Duc de Lenclaftre fut faict Duc de Guienne par la Verge & le bonnet*,

Bafton, marque de puiffance.

E e

qu'il receut de la main du Roy.

A l'imitation de quoy il y eut plusieurs Coustumes en Picardie, esquelles pour mettre vn homme en possession de la chose par luy acquise il prenoit tantost vne Verge, tantost vn petit Baston. Et en vserent diuersement: car és Coustumes d'Amiens, Laon, Rheims, & Artois ceste possession & saisine, qu'ils appelloient autrement *Vest*, se faisoit par la tradition d'vn baston que le Vendeur mettoit entre les mains de l'Achepteur. En la Coustume de Chauny il faut receuoir le Bastō par les mains du Iuge. Par celle de l'Isle, tout hōme qui veut auoir quelque heritage par retrait lignager, se doit retirer par deuers le Preuost du lieu, & quatre Escheuins pour le moins, & là faire sa protestation offrant or & argent à descouuert, tant pour le sort principal, que loyaux coustemens. Quoy fait, le Preuost ou son Lieutenant le doit mettre en possession de la chose par luy requise, *par raims & baston*, sauf tous autres droits, à condition que l'offre soit signifiee par vn sergent à l'achepteur dedans sept iours, afin qu'il vienne consentir ou dissentir le retrait.

Baston rōpu signe de deuest.

Voyre comme ce *Vest* & possession se faisoit par la tradition d'vn baston: aussi le *Deuest* se faisoit il par la rupture d'iceluy. Car nous trouuons en Frinsingense, *exfusticare*, pour ce que l'on dit autrement *se demettre de sa possession*, mot qui vient du Latin *Fustis*, qui signifie Verge, & dont se sert Aymon au Liure cinquiesme Chapitre trente six, pour ce que Monstrelet des-

Bastō signal de possessiō.

criuant l'effigie du Roy d'Angleterre, dit, *qu'il tenoit en sa main le Sceptre, ou verge Royalle.* Et en cas non du tout semblable, mais aussi non du tout dissemblable nous voyons qu'aux obseques de nos Roys, lors que l'on a fourny & satisfait à toutes les ceremonies le Grand Maistre rompt son baston sur la fosse du deffunct Roy. Et apres auoir crié par trois fois, *Le Roy est mort*, on commence de crier, *Viue le Roy*, comme si la rupture de ce baston estoit le dernier Adieu, que l'on prenoit du deffunct. *Baston du grand Maistre.*

Somme doncques que le Sceptre est signe de puissance, & de possession: mais entre les puissances & possessions des Roys, celle des Roys de France est la premiere pour estre accōpagnée de Iustice, & de moderation.

Or comme l'antiquité des Sceptres est grande, leurs façons & matieres anciennes ne sont à mespriser; les premiers en Homere & Virgile n'estoient que de bois à cloux d'airain qui y estoient fichez. Depuis on les fist d'yuoire, tels que les Roys de Rome les portoient, & enuoyoient aux Roys leurs alliez. Les Indiens les portoient d'ebene: & il y en auoit d'airain, voire de fer dont disoit Dauid, *Tu les gouuerneras d'vne verge de fer*, si ce n'est qu'il se prenne pour vne Royauté seuere & tyrannique. Ronsard en son Hymne de l'Eternité attribue à Dieu vn Sceptre aymantin; autres vsoient de verges d'argent, & les autres en portent d'or, comme est celle de *Sceptres de diuerses matieres.*

Ee ij

Marc Antoine dans Florus, comme Roy d'Egypte, celle que Cleopatre enuoya à Auguste, & celle d'Assuere, dont disent les Bibles, qu'*il estendit vers Hester sa verge d'or qu'il tenoit en la main, & que, lors elle s'approcha, & baisa le bout de la verge.* Tels Sceptres estoient encore quelquefois remplis de pierres precieuses, comme Pline dict de Neron au chap. 2. du Liure 36. & tel estoit aussi celuy de Marc Antoine, estant auec sa Cleopatre, & ces Sceptres n'estoiét que les Verges Royalles, marques de Principauté, que les vns appelloient Colomnes, comme Dio: car elles estoient tournees en forme de Colomne, & quelques vnes auoient au bout vne Aigle, comme celles des Romains, les autres vne Cigoigne, les autres vn Hippopotame.

Sceptre d'or des Roys de France.

Le Sceptre de nos Roys est d'or, comme estant le plus noble des Sceptres: car l'or est le plus noble des metaux, voire la chose la plus noble des choses inanimees. Il est si noble qu'on le dit estre enfant du Soleil. Et ce Sceptre est fort long, parce que la puissance des Roys de France s'estend bien loing, & qu'ils ont faict sentir la longueur de leur main aux peuples plus esloignez. Voire il porte la fleur de Lis au bout, pour signe que toute ceste Puissance des Princes des Lis a esté pleine de suauité, de douceur, & de bonne odeur.

Main de Iustice pourquoy portee par les Roys de France.

Et quant à la verge ayant vne main de Iustice entaillee au haut, comme vn Empereur Romain auquel on reprochoit estre issu d'vn ferronnier, disoit qu'il vouloit bien qu'on sçeust qu'il sçauoit bien manier le fer. Aussi nos Roys du tout addonnez à la Iustice, ont voulu porter en leur main la main de Iustice, pour nous monstrer que telle main leur seoit fort bien en la main, & qu'ils sçauoient fort bien s'en ayder. Voyre ils la portent, à la façon, si ie l'ose dire, que les Dieux du Paganisme portoient tous en la main quelque marque du mestier dont ils estoient de leur viuant: *Les Enseignes*, dit Tertullian, *estoient mises à leurs Statues, conformes à l'age, à l'art, & au commerce du deffunct*. Car s'il auoit esté guerrier comme Mars, il auoit vne hache, s'il auoit esté armurier comme Vulcain, il auoit vn marteau, s'il auoit esté vn tonnerre en ses actions comme Iupiter, il tenoit vn foudre.

Et certes comme nos Maieurs ont esté si sages qu'ils n'ont rien dit ny rien fait, qu'il n'y eust quelque sapience cachee: Aussi ie croy qu'en ce Sceptre de la main de Iustice ils nous ont caché quelque secret, qui est des appanages de la Royauté.

La main en l'Escriture saincte (en laquelle nos premiers peres estoient suffisamment instruits) est prise pour le symbole d'autorité & de puissance. Les Iurisconsultes la prennent en cette signification. Et les Payens voulans adorer la puissance de leurs Dieux (qui toutefois estoit vne vaine puissance) ils le faisoient par l'adoration de la main : car ils leur alloient baiser les mains, les ayants mis à l'entree de leurs portes. Mesme les anciens soldats incontinent apres la victoire baisoient celles de leur Empereur, pour marque de cette adoration de sa puissance. Mais quand ceste puissance est

Main signe & marque de puissance.

Iustice compagne des Roys.

accompagnee de Iustice, c'est le point souuerain du gouuernement.

Car la Iustice compagne de la Maiesté, c'est comme vn Roy que la Royne accompagne, vestu de ses plus illustres ornemens. Ainsi disoit-on que Dieu se promenoit par toute la Nature acompagné de la Iustice. Le Roy, dit Philon, est vne Loy animee, & la Loy est vn Roy iuste : faisant le Roy & la Loy tout vn, liez de la ceinture des Graces, & ioints ensemble par la Iustice. C'est ce que nos Roys nous ont voulu signifier par ceste main moderatrice des Estats, voire viuifiante, d'autant que la Iustice anime les Royaumes, leur donne vie & vigueur, comme l'ame au corps, voire les conserue en perpetuelle santé : & nos Roys sont les sacrez gardiens des priuileges de la Iustice, les puissants protecteurs de sa grandeur : & dont la sacree Maiesté a tousiours faict reluire & esclater par tout la gloire & la felicité, mais sur tout dans les Palais où elle regne, qui sont des temples venerables, bien-heureux seiour du Soleil de la diuinité, au milieu desquels Dieu luist d'aussi viues lumieres que dedans le Ciel mesmes.

La main a deux fonctions fort propres à la Iustice, qui est de reserrer, & de relascher ; l'vn estant le commencement, & l'autre la fin des iugemens. Elle a encore qu'elle sçait conduire auec asseurance : Et disoit on des anciens Gaulois que leur Hercule les sçauoit conduire par l'oreille, Mais à meilleur titre on peut dire que les François ont esté tousiours conduicts par nos Roys auec ceste main de Iustice, en toute tranquilité &

seureté, depuis douze cens ans ou enuiron.

J'adiousteray vne particuliere marque de cette iuste Autorité que Dieu a donnée à nos Roys plus iustement qu'aux autres Roys de la terre en la distribution de la Iustice, qui est certainement de haut lustre, & de grande splendeur. Que la main est le principal instrument pour faire œuures de merite & de gloire, comme aussi de peché & de peine quand elle est employee à mal faire, & qu'elle represente naiuement la puissance, la liberté, & toutes les qualitez de la volonté, & qu'elle en porte l'image. A cette façon il dit, *Dieu a constitué l'homme dés le commencement, & la delaissé en la main de son conseil*, c'est à dire en sa liberté. Item: *Il a mis deuant toy l'eau & le feu, estens ta main auquel tu voudras.* C'est à dire ta franche volonté. Et n'a-il pas fait la semblable pour le regard du merite? La main n'est-elle pas en sa façon le fondement exterieur de vertu ou de vice, de louange ou de gloire, de blame ou d'ignominie, a la semblance de la volonté, qui est la vraye origine de tout merite? n'est-elle pas le principal officier, & le proche executeur de ses actions? Y a-il œuure bonne ou mauuaise, y a-il vertu ou vice qui ne soit signifié par la main, mesmes en la saincte Escriture, comme estant la main, le principal instrument & organe de la volonté pour ouurer? N'est-ce pas elle qui bastist les Temples, qui dresse les Autels, qui offre les Sacrifices? Dauid exhortant les hommes à pieté & deuotion les aduertit d'esleuer les mains. La nature aussi nous enseigne de les esleuer au

Main signe & image de liberté & de volonté.

Ciel, voulans inuoquer Dieu, & par elles signifier la religion interieure de l'ame. Estendre la main au pauure, selon le langage des Sainct, est faire l'aumosne. Estre innocent de la main, c'est estre pur & sans tache. Voyla pourquoy Pilate se laua la main, pour se monstrer innocent, mais il eut l'image & signe exterieur de vertu, non la verité interieure : d'autant que la seule main ne faict pas l'homme sainct, si le cœur est souillé. Pource le mesme Dauid conjoinct tous les deux disant, que, *celuy qui a la main innocente, & le cœur net, est de ceux qui montent à la montagne du Seigneur.* La main est l'instrument de toutes bonnes œuures, en guerre, en paix, au temple, en la maison, & par la main Dieu veut estre seruy, moyennant qu'elle s'accorde au cœur. Seruir Dieu de la main, le chercher de la main, comme faisoit Dauid, c'est le seruir, dict sainct Augustin, par bonnes œuures.

Donner donc à nos Roys la main de Iustice en la main, c'est vouloir signifier, que toutes leurs puissances, toutes leurs libertez, voire toutes leurs volontez, & toutes leurs œuures tant bonnes que mauuaises sont tousiours esclairees de quelque rayon de Iustice, & que les aspects de leurs resplandissantes Maiestez luy sont par tout fauorables, je dis de ces Maiestez Royalles qui ont de tout temps esté les premieres du monde à la punition des temeraires, les premiers au chastiment des detestables qui ne fomentent que l'injustice, & font la guerre à ceux qui soutiennét l'equité & la droiture.

de la France, Livre II. 441

Or ceste main de Iustice est vn autre Sceptre d'or qu'ils portent à la gauche, & à la pointe duquel est ceste main de Iustice, qui est d'yuoire. Aymon le Moine chapitre 36. du liure 5. parlant de Charlemaigne dit en ces termes. *Il inuestit son fils Louys du Royaume, par l'espée saint Pierre, & par l'habillement Royal, & par la Couronne, & par la verge d'or semée de pierres precieuses.* Et le mesme Autheur met ailleurs, *Entre les marques & Enseignes Royalles, la Couronne, l'Espee, le Sceptre, & la Verge.* Voire il donne les mesmes Ornemens aux Rois de la premiere lignée, & n'oublie pas ceste Verge, qui est le Sceptre de leur main de Iustice: car il distingue *le Sceptre du baston, ou verge,* qui monstre que l'vn estoit le Sceptre de Iustice, & l'autre le Sceptre d'authorité & de puissance.

Main de Iustice, sceptre d'or.

I'ay parlé au premier liure, & mesme cy-deuant en celui-cy, de l'espee de Iustice des Rois d'Angleterre, qu'ils l'ont prise de l'emulation de la main de Iustice de nos Rois, mais bien esloignée en vertus de ceste main. A laquelle ie reuiés maintenant pour dire qu'elle est d'yuoire, matiere propre à la Iustice. Car l'yuoire est ou la Corne ou la dent de l'Elephant: Corne, comme l'appelloit Iuba Roy d'Affrique: Dent, comme les Latins l'ont nommée.

Espee de Iustice.

Main de Iustice d'yuoire, & pourquoy.

Ie dis de l'Elephant, pour ce que sur tous les animaux il a des parties en luy fort propres pour la iustice, & pour la religion. Cardan escrit qu'en la Cour de l'Empereur Ferdinand il y en auoit vn qui recognoissoit l'Empereur, & le saluoit sur tous autres, & qui pareillement faisoit reuerence à tous les Princes de la Cour, dont il recognois-

Elephans iustes & religieux.

soit les grades & les rangs : qui est vne Iustice, de rendre à la Royauté le droit de subiection & reuerence qui luy appartient. Et Pline qui escrit de sa nature dit *qu'il a de la religion enuers les Astres, & qu'il adore le Soleil & la Lune*. De sorte que comme les anciens Payens sachans comme cest animal estoit iuste & religieux, & que ces deux parties estoient agreables à la Diuinité, faisoient tailler en yuoire les images de leurs Dieux, & se delectoiét d'estre effigiez en ceste matiere. Aussi de plus noble matiere ne pouuoit-on figurer la diuinité de la Iustice, s'il faut ainsi dire, que par vne main d'yuoire, qui est toute pure & reluisante en sa candeur. Et comme les Lits des vieux Romains estoient estofez de ceste matiere. Nos Rois pareillement ont voulu que leur lit de Iustice en fut marqueté, comme se plaisant en la pureté & netteté, & hayssant toutes ordures vitieuses.

Maisons d'yuoire.

Monsieur sainct Hierosme sur le Psalme 44. interprete *les maisons d'yuoire*, pour amples & spatieuses, à cause que l'yuoire vient de l'Elephant qui est le plus grand des animaux. A quoy nous pouuons rapporter ceste Iustice de France, qui n'a iamais rien eu de pareil en la terre. Et comme les Rois d'Israel issus de Dauid, edifierent leurs Maisons d'yuoire appellées *les Maisons de la dent*, pour ce qu'elles estoient toutes incrustees de lames d'yuoire, qui en Ethiopie, & en tous les confins, comme en Syrie, est si frequent, qu'on en fait des paux pour la separation des heritages : Aussi les Rois de France issus de la maison de Monsieur sainct Louys, ont voulu edifier vne maison d'yuoire à la Iustice, figurée par ceste main.

Maison excellente en amplitude, admirable en architecture & incroyable en paremens & vtensiles qui y resident en abondance. Ie dis cette Maison & ce Palais Royal, Auguste domicile de la Themis Françoise, ce redoutable Lit de leur Iustice, ceste Chambre ou repose quelquefois leurs Maiestez dessous ce Daix tât honorable, & ie dis ceste Chambre de qui les voutes dorées, ou plutost ces Salles Royales dont les Lambris esmaillez, & les sacrez aureillers remplis de fleurs de lis, ne peuuent estinceler de feux sans la glorieuse splendeur de leurs autoritez, non les fleurs de Lis paroistre au milieu de l'azur, sans l'esclatante Maiesté de leurs triomphantes couronnes, dont il est parsemé, ny les cercles de ses annuelles reuolutions, resplendir de feux celestes, sans les astres benins de leur amour. Et tout ainsi que les mesmes Rois d'Israel edifierent leur maison de parfums, où estoiēt toutes sortes de bonnes odeurs, & senteurs excellentes, & que ceste maison ne se pouuoit approcher, que l'on ne sentist soudain vne incroyable suauité. Aussi nul n'approche de ceste Maison de Iustice, qui de loing ne perçoiue vne senteur d'excellentes & gratieuses odeurs qui y resident: ie dis de ceste Iustice, laquelle cōme les fleurs de Lis, embasme l'air de la douceur de ses graces.

Maison de Iustice.

Maisons de parfums.

Ce n'est pas sans raison que l'ancien Anaxagoras mettoit en la main la cause de toute la sagesse de l'homme, comme estant le plus propre, & le plus artificiel outil qui se puisse trouuer. Et certes qui sçait bien iouër de la main de Iustice, & dextrement la manier, il en tire des coups ad-

Main cause de toute sapience.

mirables, ie dis des coups ausquels on ne sçauroit parer. C'est ceste main qui ouure & qui ferme, qui attache & qui plante, qui destruit & qui re-bastit. C'est elle qui tire la malice cachée de ses plus profonds cachots, & la descouure au iour: & tel pensoit auoir dextremét couuert son dol, que ceste main le fait paroistre auec sa nudité, à la grande vergongne de l'entrepreneur. Les serpens se cachent dans la terre, & mettét leur venin à couuert, mais le Cerf qui est l'image de la Iustice, de son haleine les fait sortir du creux, & les ecrase de son pied.

La main de Iustice descouure les tromperies plus cachées.

Par la blancheur les saintes lettres & les profanes denotent la pureté, la simplicité, & la liesse, qui sont toutes vertus fort propres à la main de Iustice. Mais l'yuoire dont elle est composée ne demeure pas tousiours en sa blancheur : car quelquefois elle varie, & se tourne sur le rouge. *Plus rouge que l'yuoire, plus belle que Saphir*, dit Hieremie en ses Lamentations : Elle deuient quelquefois vermeille & rouge de sang, & autant rouge qu'elle estoit blanche auparauant. Les eaux, voire toutes choses diaphanes, prennent la couleur des choses qui leur sont presentées. Si ce qu'on leur obiette est rouge, elles demeurent rougés, s'il est blanc elles prendront mesme couleur. Il en est ainsi de ceste Main de Iustice. En iugeant l'innocence elle est pleine de candeur, de douceur, & d'amœnité; mais si elle iuge la malice, elle est teinte en rouge, le feu luy monte partout, & d'vne main blanche comme estoit la sienne, elle deuiét vermeille, & de couleur de sang. Si elle iuge les meschans, c'est le glaiue executeur sur le col, son

Main de Iustice rougist quelquefois, & pourquoy.

couteau puniſſeur ſur leur chef, le bourreau à leur dos, pour venger de ſi griefues offenſes qu'ils luy font non inutiles ſeulement & en fardeau à la France, autant que ces Eſſeuiens, qui ne ſeruoiēt que d'empeſchement à la terre, mais bien en horreur au Ciel, duquel l'indignation les doit bien toſt reduire au neant. Ce ſont les functions de ceſte main de Iuſtice, cādide aux bons, & rouge aux meſchans, à la vengeance deſquels elle eſt armée. C'eſt ceſte main de l'Aurore qu'on dit eſtre de couleur de roſe, qui porte ſes eſpines, & qui ſe fait ſentir iuſques au ſang.

Ie ne veux oublier que ceſte main eſt dextre, par ce que *le Iuſte n'a point de gauche*, dit S. Hieroſme, & nos Rois n'exercent point la Iuſtice auec la ſeneſtre : Et diray encore qui eſt faite en forme de main qui donne benedictiō : ayāt trois doigts abbaiſſez & ioints, & deux autres eſleuez, pour ce que la terre eſt heureuſe qui eſt gouuernee par vn Roy iuſte. Ainſi dans Iſaye pour le bon-heur de la terre de Sion il eſt dit, *Le Roy regnera auec iuſtice, & ſes Princes preſideront auec iugement*. *Main de Iuſtice en forme de main qui donne la benedictiō, & pourquoy.*

Or il y a doubles benedictions, dit Monſieur S. Hieroſme ſur l'Epiſtre aux Epheſiens, les temporelles, & les ſpirituelles. Les benedictions ſpirituelles ne peuuent eſtre cōtenues ſous les temporelles, pource que le plus petit vaiſſeau ne peut contenir le plus grand. Donc les benedictions que ceſte main de Iuſtice a données à la France, ſont temporelles, mais qui attirent les ſpirituelles. Les temporelles ſont d'auoir en ſon Eſtat grādement fleuriſſant de l'auoir en ceſte fleur, & paiſible & puiſſant : & de ceſte paix & puiſſance a- *Benedictiōs de la France.*

uoir si long temps iouy, qu'il n'y a Estat au monde si vieil, que celuy des François. Car les maladies qui corrompent & renuersent les Estats, ne l'ôt touché que peu, ou point du tout. C'est Estat a fleury dedans en vertus, & particulierement en Iustice, il a esté en paix, foisonnant en richesses, nulle enuie entre les Princes, nuls meurtres, nulles cruautez, toute douceur, & toute beauté. Dehors il a esté puissant, & autant redouté de ses voisins, qu'aymable & desirable aux regnicoles. Ses benedictions spirituelles sont d'auoir esté par grandeur, appellé le Royaume tres-Chrestié; le Royaume de l'Eglise, l'heritage de Dieu, sa part & portion, qu'il a choisie en la terre, & le Royaume qui a succedé au Royaume de Iuda. En vn mot c'est la terre de promission que Dieu s'est reseruee en la terre Chrestiéne, & en laquelle il s'est pleu merueilleusement.

Eliocation des Pairs.

Ce que dessus fait & finy, Monsieur le Chancelier, & Chancelier du plus grand Royaume que le Soleil regarde, l'œil sacré de la Iustice, le bras droit du Roy, sa main, ceste main de Iustice qu'il porte, son Lys le plus flairât, son plus doux nourrisson, sa fidelle creature, & le bel Astre de toute la France, ce grand Chancelier di-ie estant en vn lieu haut pres de l'Archeuesque, appelle les Pairs l'vn apres l'autre, & selon leur dignité & ordre les lais les premiers, & puis les Ecclesiastiques, en lisant leurs noms dans vn papier ainsi que s'ensuit.

Monsieur le Duc de Bourgongne presentez vons à cet acte.

de la France, Liure II. 447

Monsieur le Duc de Normandie, presentez vous.

Monsieur le Duc d'Aquitaine presentez vous.

Monsieur le Comte de Tholouse presentez vous.

Monsieur le Comte de Flandres presentez vous.

Monsieur le Comte de Champagne presentez vous.

Monsieur l'Euesque Duc de Laon presentez vous.

Monsieur l'Euesque Duc de Langres presentez vous.

Monsieur l'Euesque Comte de Beauuais presentez vous.

Monsieur l'Euesque Comte de Chaalôs presentez vous.

Monsieur l'Euesque, Comte de Noyon presentez vous.

Et s'il y en a de morts, ou d'absentez, il nomme ceux qui seruent en leur place, & à mesure qu'ils respondent, il les fait venir pres du Roy, qui est à genoux, attendant la Couronne.

Cette presence des Pairs ainsi desiree au Sacre & Couronnement des Rois, semble auoir pris son premier trait de l'ellection de Hugue Capet, lequel se voulant rendre paisible de l'Estat, suiuit toutes les mesmes traces qui luy auoient esté enseignées par son pere. Aussi que quand il y eust voulu proceder autrement la Noblesse ne l'eust permis. Et comme ainsi

Pairs en quel temps commencerent d'estre desirez a x Sacres des Rois.

fuſt, que Eude Robert, & Raoul Rois adoptez & non naturels, fuſſent venus à la Couronne par election, voire que ceſte meſme procedure euſt eſté tenuë en Loüys d'Outremer, Lothaire, & l'autre Loüys, auſſi luy conuint-il faire le ſemblable, & par vne grande ſageſſe, qui luy faiſoit perpetuelle compagnie, il choiſit & les Prelats & les Princes qui auoient eu la meilleure part en la querelle, c'eſt à ſçauoir entre tous les Prelats de la France ſix, qui eſtoient des Prouinces où l'on auoit mené les mains: dont il fit chef l'Archeueſque de Rheims, chef non ſeulement pour ſa qualité, mais auſſi que d'ancienneté il côſacroit les Rois: au deſſous duquel il mit pour ſecond l'Eueſque de Laon, pour l'obligation qu'il luy auoit, & ainſi des autres ſelon le plus où le moins de reſpect qu'il leur portoit. Comme auſſi entre les Princes & Seigneurs ſeculiers il choiſit ceux, qui auoyent eſté principalement employez pour ſon party. Les Ducs de Bourgongne, Normâdie, & Guyenne, & les Côtes de Flandres & Languedoc, & par ſpecial le Duc de Bourgôgne, qui fut le Doyen de tous ces Seigneurs: non que ce Duché fuſt de plus grande recommendation que les autres, ains par ce qu'Othon ſon frere en eſtoit Duc, & par conſequent meritoit lieu de Primauté. Auec leſquels il adiouſta Thibaud Côte de Chartres, Blois, & Tours, qui n'eſtoit ſi grâd terrien, mais par ce qu'il auoit eſté l'vn des premiers, & plus obſtinez entremetteurs à la conduite des troubles. Et ſa poſterité ayant acquis tant par droit ſucceſſif que de biéſeance, les pays de Champagne & de Brie, l'on miſt puis apres au rang

Erection des douze Pairs.

Duc de Bourgôgne Doyen des Pairs.

rang des autres les Comtes de Champagne.

Tous ceux-cy tindrent les premiers lieux, lors que Hugue Capet fut esleu Roy, ce qui ne se cōtinua d'vn fil si entier en sa posterité, que leurs Seances aux Parlemens & Assemblées generales esquelles on vuidoit toutes causes tant d'Estat que de Iustice, comme nous dirons aux traitez suiuans: parce que depuis son couronnement, on ne trouue point que ces Pairs ayent fait professiō d'assister aux Sacres & Couronnemens, horsmis en celuy de Philippe Auguste, où l'on remarque que Henry le ieune Roy d'Angleterre s'y trouua comme Pair & vassal de France. Mais c'estoit vne honneste submission qu'il faisoit au Roy, pour monstrer qu'il ne se pretendoit souuerain des Seigneuries qu'il possedoit dans le Royaume.

Le Roy Louys le Ieune voulant faire sacrer & couronner Roy ce Philippe son fils l'an 1179. departit aux Pairs de France lors creez leur office & Estat particulier au sacre d'iceluy, comme à celuy de Rheims, de faire la charge accoustumée, qui est d'oindre & sacrer le Roy: à l'Euesque de Laon de porter l'Ampoulle: à celuy de Beauuais, le Manteau Royal: à celuy de Noyon la Ceinture ou Baudrier: & à celuy de Chaalōs l'anneau. Et quant aux Laiz, au Duc de Bourgongne de porter la Couronne de sa Maiesté, au Duc de Guyenne la premiere banniere carrée: au Duc de Normādie la seconde: au Comte de Thoulouse les Esperons: au Comte de Champagne la banniere Royalle, ou l'estendard de guerre: & au Cōte de Flandres l'espée Royalle. Et n'a depuis ledit

Ff

Sacre & Couronnement esté fait que peu souuét sans lesdits Pairs. Pour le moins voit-on ce beau titre dés & depuis son regne plus en vsage que deuant. Guillaume de Naugy nous raconte que vers l'an 1259. en paix faisant entre S. Louys petit fils d'Auguste, & Henry Roy d'Angleterre, il fut accordé que la Normandie, Poitou, Aniou, Maine, & Touraine demeureroient aux François, & la Gascongne, Lymosin, & Perigord aux Anglois, à la charge que le Roy d'Angleterre recognoistroit les tenir de nos Rois, en foy & hommage, & s'appelleroit Duc d'Aquitaine & Pair de France. Mais repassez en quatre ou cinq lignées subsecutiues, en Louys 8. & 9. Philippe 3. Philippe 4. dit le Bel, & en ses trois enfás, vous ne voyez les sacres de nos Rois estre honorez de ceste parade de Pairs. Parquoy ie dirois volontiers auec vn grád personnage de ce temps, Monsieur Pasquier que ie nomme par honneur, s'il m'estoit permis, que lors qu'ils commencerent de naistre, ils commencerent de renaistre, c'est à sçauoir apres que tous ces anciens Duchez & Comtez furent reunis à la couróne fors & excepté celuy de Fládres. Car voyans nos Rois que leur Royaume n'estoit plus diuisé en tant d'echantillós: ils voulurent representer par image ces anciennes Pairries: vray qu'auec vn discours grandemét esloigné. Car au lieu qu'autrefois on auoit erigé les grandes Prouinces en Royaumes, pour lotir les enfans de Fráce, & eux morts sans enfans on les reduisoit en Duchez & Pairries, on erigea depuis en Duchez & Pairries les simples Baronnies: & lors on ne douta de tirer en ceremonies, aux sacres de nos

Rois, ce qui auoit esté fait par necessité à l'auenement de Hugue Capet à la Courône. De maniere que les Prelats demourerent en leurs anciénes prerogatiues de Pairs, & les nouueaux Pairs Lais representerent les anciens, comme estant ceste representation sans danger. Ainsi dit l'Histoire d'Henry II. que *le 27. iour de Iuillet 1547. il fut sacré à Rheims, auec les ceremonies accoustumées en presence des douze Pairs, Ecclesiastiques & Seculiers.* Et le liure des Ceremonies du Sacre de nostre tres-valeureux Héry IV. dit que Messires Philippes du Bec, Henry Maignan, Henry Descoubleau, Claude de l'Aubépine, & Charles Miron, Euesques de Nantes, Dine, Maillerais, Orleans & Angers, furent subrogez au lieu des Euesques de Laon, Langres, Beauuais, Chaalons & Noyon Pairs Ecclesiastiques, les vns desquels estoiét absents, ou mal disposez ou morts: comme aussi Messeigneurs les Princes de Conty, Comte de Soissons, Duc de Mont-pensier, & le sieur de Luxembourg Duc de Piney, auec Messieurs les Ducs de Raiz, & de Vantadour, deputez par sa Maiesté pour respectiuement tenir les lieux des Ducs de Bourgongne, Normādie, Aquitaine, & Comtes de Tholouze, Flandres, & Champagne.

Les Pairs de France estans venus, l'Archeuesque prend sur l'Autel la grande Couronne clause, & l'ayant leuée en haut auec les deux mains la monstre au peuple, puis la souleue seul sur le chef du Roy sans le toucher, & incontinent tous lesdits Pairs tant Clercs que Laiz mettent les mains & la soustiennent & tiennent suspendue de tous costez iusques à ce que l'Archeuesque

Couronne mise sur la teste du Roy.

FF ij

la prenant de la main seneſtre la benisse, & la poſant seul sur la teſte de sa Maieſté, conuie les Pairs d'y rapporter tous les mains. Et lors il accompagne les benedictions de pluſieurs deuotes prieres pour le Roy couronné, criant que son regne soit heureux, & qu'il soit plain de religion & de prosperité.

Couronnes particulieres de la Diuinité entre les Payens. Anciennement il n'y auoit entre les Payens, que les Dieux qui fuſſent courónez. Ils leur reſeruoient cet honneur, & n'eſtimoient pas qu'il y euſt teſte digne de couronnes, que celles qui auoient de la diuinité. Depuis les Sacrificateurs les prirent, & se couronnoient eux & leurs victimes: & depuis encore les vainqueurs des cóbats sacrez, & à leur imitation les Triomphateurs Romains, qui toutefois donnoient aux Dieux les couronnes qu'ils auoient portées.

Couronnes portees par les anciens Rois. C'eſt toutefois vne tref-ancienne couſtume, qu'ont eu les Rois, que d'eſtre couronnez. Dauid aux lettres ſaintes ayant deſtruit l'idole de Moloc, en priſt les perles & les pierres precieuſes, & s'en fiſt vne couronne. Et eſt eſcrit du Roy Salomon,

Diademe & Couronne en quoy different. *Filles de Sion voyez le Roy Salomon orné du Diadéme, dõt sa mere l'a couronné.* Il y a difference de la Couronne & du Diademe. Car la couronne eſtoit d'or, laquelle anciennemét n'appartenoit qu'aux Dieux: & le Diademe n'eſtoit qu'vn ruban dont les Rois ſe ceignoient la teſte, lequel eſtoit de blanc & de pourpre à quelques vns, comme à ceux des Perſes & de Babylone: aux autres il eſtoit tout blanc, cóme à ceux d'Affrique. Et ſe portoient ces Diademes en telle quantité, que celuy qui les portoit auoit de Royaumes.

Nos Rois de France ont vsé de Couronnes, & non de Diademes. Couronnes qui ont tousiours esté de pur or quât à la matiere & enrichies de pierreries. Car quand Anastase en enuoya à Clouis, il l'enuoya d'or solide, remplie de perles & de pierres precieuses. Et Froissard au Couronnemét de Charles VI. escrit ainsi, *Seoit le Roy en Maiesté Royalle, la Couronne tres-riche, & outre mesure precieuse au Chef.* Et quant à la forme elles estoient Circulaires, & dont les cercles se pouuoient demonter, afin qu'ils fussent plus portatifs, cercles enrichis de perles & de fleurs de Lis qui estoient signes & marques de puissance souueraine en la France. Les Couronnes des Comtes n'auoient que le cercle, & les perles au dessus, celles des Ducs auoient le cercle & quelques pointes, à la sommité desquelles il y auoit des perles fichées. Mais celles des Rois estoient d'or à perles & fleurons, & pierreries, & pour fleurons les fleurs de Lis hautement exaucées : encore qu'à S. Denis, où sont leurs sepultures, il y en a plusieurs qui ont couronnes, esquelles il n'y a que fleurs, & aux autres des fleurs de Lis. Et ne veux obmettre qu'anciennemét telles couronnes n'estoiét closes. Car en l'Eglise du susdit S. Denis où ils sont presque tous, il n'y en a aucune iusques au Roy Charles 8. qui soit fermée. Et se void encore dans Monsieur du Tillet le pourtrait d'vn vieil seel de Philippe Auguste, qui est vne couronne ouuerte dont il vsoit pendant qu'il estoit en Leuant. Ce que toutefois ils pouuoient faire iustement, pour ce que les Rois de France sont Empereurs en leur Royaume, comme le traitent tous les Docteurs

Couronnes des Rois de France de pur or enrichies de pierreries precieuses.

Couronnes des Rois de France n'estoiét closes anciénemét

Rois de Frãce Empereurs.

de droit, & particulierement les estrangers, voire mesme les Italiens, qui le confessent, & la Glose sur la Pragmatique Sanctiō le touche. Que les couronnes Imperiales ayēt esté closes, il est vray, mais ce n'a esté que depuis Constantin, & chacun peut voir le portrait d'Heraclius Empereur trainé dans son char portant la Pomme en la main, & sur le chef la couronne clause: comme encore celuy de nostre grand Charles, tel qu'il fut mis apres sa mort, auoit vne Couronne clause, à la pointe de laquelle il y auoit vne croix, & ie dis vne croix, pource que d'ailleurs il se portoit vne croix deuant les Empereurs.

Mais pour reuenir à la Couronne dont nos Rois sont couronnez au iour de leur Sacre, les Pairs Ecclesiastics & seculiers la leur soustiennēt *Deux couronnes aux Sacres.* pour la pesanteur. Car il y a vne grande & petite couronne. La grande est pour le sacre, & la solemnité d'iceluy, la petite pour le disner: l'vne se soutient, & l'autre non. Car incontinent que la gran- *Couronne soustenue par les Pairs* de est mise sur le chef du Roy par l'Archeuesque de Rheims seul, Monsieur le Chācelier fait venir & appelle tous les Pairs, Clercs & Laiques, qui tous & de tous costez soutiennent ceste couronne, & lors l'Archeuesque prononce ses oraisons sur le chef du Roy nouuellement couronné.

Couronne posee sur le chef du Roy par l'Archeuesque seul, & pourquoy. Que l'Archeuesque de Rheims seul la pose sur le chef du Roy, c'est pour aduertir sa Maiesté, que elle tient sa couronne, pour raison de laquelle de Dieu seul elle doit à Dieu recognoissance lige, & perpetuelle fidelité & obeissance. Aussi les lettres de nos Rois le portent; qui ont en teste ces mots. *Par la grace de Dieu*, &c. Car de Dieu seul dependent les Rois de France, & de nulle

de la France, Liure II. 455

autre puissance qui soit en terre, & à luy seul ils sont contables.

Et quant aux Pairs qui soustiennent la Couronne, pour sa pesanteur, c'est qu'il n'y a charge si grande, que de rendre compte de tant de sujets que Dieu leur a commis, voire iusques aux plus petits, & que tous les grands le doiuent assister de conseil, & d'armes, pour maintenir, & soustenir le faix de ceste couronne. Faix assez esprouué de ce Monarque Persié, lequel disoit que la couronne estoit si pesante, que qui sçauroit combien elle est difficile à porter ne daigneroit la releuer s'il la rencontroit en chemin.

Couronne pourquoy soustenue par les Pairs

Et pour monstrer que ceste ceremonie n'est pas nouuelle, que les Pairs de France soustiennét ceste couronne, & non autres, ie ne veux autre tesmoignage que de Rigordus, lequel au Sacre de Philippe Auguste escrit ces mots. *Philippe Auguste fut couronné à Rheims, assistât Henry Roy d'Angleterre, & soustenant d'vn costé la couronne sur le chef du Roy, par vne deuë & humble subiection, auec tous les Archeuesques, Euesques, & autres Princes du Royaume, & tout le Clergé auec le peuple criant à haute voix, viue le Roy, viue le Roy.*

Ie dis toutefois que le Roy, comme ne tenant point sa couronne des Ecclesiastiques, nobles & peuple, il la peut prendre sans qu'aucun d'eux y mette la main, puis qu'il ne la recognoist que de Dieu. Ainsi trouuons nous que l'entendoit Charlemagne, puis qu'il declara souuerain Louys son fils, sans que les Euesques ou Nobles touchassent à la couronne, laquelle il luy commanda d'aller prendre de dessus l'autel,

Couronne peut estre prise du Roy sans qu'aucun de son Royaume y mettre la main.

F f iiij

Louys Debonnaire couronné par Charlemagne son pere.

comme de la main de Dieu, ce doit-on croire. Car des vieilles Chroniques ou Annales disent sous l'an 813. *Il couronna Louys son fils, & le fist son compagnon en l'Empire.* Et en la vie dudit Charlemagne faite par vn Moine d'Angoulesme, *Puis ayant tenu à Aix vn Parlement general, il couronna Louys Roy d'Aquitaine.* En la vie dudit Louys faite à la relation d'Ademar. *Il admonesta, & puis le couronna, & declara, qu'auec l'aide de Dieu nostre Seigneur Iesus-Christ, la souueraine puissance de toutes choses deuoit estre par deuers luy.* Mais ce que dit Tegan aux gestes dudit Louys, que quand il fut couronné, Charlemagne son pere fist mettre vne Couronne d'or sur l'autel, & apres auoir pris le serment de son fils de maintenir l'Eglise & garder Iustice, il luy commanda que seul il leuast ceste couronne de l'Autel, & la mist sur sa teste : cela est plus exprés, & monstre la souueraine puissance de nos Rois pour le regard de leur couronnement. *Le susdit Empereur,* disent les paroles de cet Escriuain en l'article VI. *cognoissant approcher la fin de ses iours, (car il estoit ja fort vieil) appella son fils pres de soy: & toute sa puissance, Euesques, Abbez, Ducs, & Comtes, Auec lesquels assemblez au Palais d'Aix, il eut vn grand Parlement, Où paisiblement & honnestement il les admonesta de monstrer leur fidelité enuers son fils: les interrogeant du grand iusques au petit, s'il ne leur plaisoit pas qu'il donnast son nom (à sçauoir d'Empereur) à Louys son fils. Tous respondirent que cela estoit vn aduis de Dieu. Cela fait, le prochain Dimanche il se para d'Habillemens Royaux, & ayant la Couronne sur sa teste, bien noblement & richement vestu, ainsi qu'il appartenoit, il s'achemine vers l'Eglise qu'il auoit fait* bastir depuis les fondemens: & vint iusques à vn Autel plus haut esleué que les autres, consacré en l'honneur de nostre Seigneur Iesus-Christ, sur lequel il commanda estre mise vne autre Couronne que celle qu'il portoit au chef. Apres que le pere & le fils eurent assez longuement prié Dieu, l'Empereur parla à son fils deuant toute la multitude des Euesques & de la Noblesse: l'admonestant sur tout d'aymer Dieu, & le craindre: de garder en tout ses commandemens, gouuerner les Eglises de Dieu, & les defendre des meschans hommes, se monstrer misericordieux enuers ses freres & sœurs puisnez, comme aussi à ses neueux & parens: Honorer les Prestres comme ses Peres, & traiter le peuple comme ses enfans : Contraindre les Superbes & méchans de cheminer la droitte voye: & d'estre le consolateur des Monasteres & des pauures. Qu'il n'eust à chasser aucun de son Estat sans iuste cause, & se monstrast soy-mesme irreprehensible deuant Dieu & les hommes. Apres qu'il eut dict ces parolles, & autres deuant la multitude du peuple, il demanda à son fils s'il vouloit pas se rendre obeissant à ses commandemens. A quoy il respondit, que volontiers auec l'ayde de Dieu il les garderoit. Lors son pere luy commanda qu'auec ses propres mains il allast leuer la Couronne qui estoit sur l'Autel, & se la mist sur sa teste, en souuenance des commandemens que son pere luy auoit faits: & le fils accomplit les commandemens de son pere. Car voylà les mots de l'Ancien Auteur, ie croy lors viuant, ou bien tost apres, que i'ay d'autant plus volontiers mis en François.

Que si l'on dit que cet acte est seul, & fait pour la Couronne Imperialle, l'on peut respondre que les mots, la souueraine puissance de toutes choses, s'entendent de la succession totale des Royaumes

François; comme aussi l'article qui parle de la misericorde & charité enuers ses neueux & parens, monstre que l'Empereur l'entendoit faire maistre de ses Royaumes. Dauantage Charlemagne faisant cet acte à la presence des Seigneurs François entendoit saisir son fils de toute son autorité: car il n'y auoit là ny Pape ny Romain, comme quand il fut declaré Empereur.

Louys le Debonnaire en fist autant à Charles le Chauue son fils, ainsi que dit Aymon. *L'Empereur y demeurant tout l'Esté y assigna vn Parlement general au temps d'Autonne : là où Louys l'Empereur ceignit d'armes viriles, (c'est à dire de l'espee) ou fist Cheualier Charles son fils, & luy mist sur la teste vne Couronne Royalle, luy donnant vne partie du Royaume, que Charles, duquel il portoit le nom auoit eu, c'est à dire Neustrie.* Et ie croy qu'il en faut autant penser auoir esté faict des autres enfans declarez Roys par leurs Peres.

Voylà ce que i'ay particulierement recueilly de de la Couronne des Roys de France, à laquelle il n'y a iamais eu couronne qui ayt osé se comparer: non pour l'excellence des pierres precieuses, ny pour l'œuure de la Couronne en soy, mais pour les rares vertus qui ont tousiours accompagné les Princes portans ceste Couronne, & qui ont esclaté par le monde plus que les plus belles perles, & les plus riches & precieuses pierres de l'Orient.

On dit que Ptolomee, Roy d'Egypte, apres auoir vaincu, & defaict son gendre, faisant son entree dans Antioche, print deux Couronnes sur son Chef, & se fist proclamer Roy d'Egypte, de la France, Liure II.

& d'Asie. Dieu en donne deux à nos Princes comme à luy, vne grãde aux Ceremonies de leur Sacre, & l'autre plus petite pour le difner en leur Palais: mais il leur donne plus qu'à luy, qu'il leur met au Chef la Couronne des Couronnes. Car la feule Couronne de France, dont Dieu les honore, quand il les monte à cefte Royauté, a quelque chofe de plus haut que n'eurent oncques, ny les Couronnes d'Afie, ny celles d'Egypte. Et comme il n'y a qu'vne Couronne au Ciel entre les Aftres, auffi n'y a-il qu'vne Couronne en terre, qui eft la Couronne qu'ils portent. *Couronne de France, Couronne des Couronnes.*

Ceux qui aux jeux Olympiques, pouuoient meriter vne Couronne d'Oliue, penfoient auoir acquis honneur & reputation pour toute leur vie. Mais fi c'eft honneur redoubloit, & qu'ils remportaffent la Couronne pour la feconde, c'eft lors qu'ils penfoient auoir acquis vne immortalité. Iugez François, s'il vous plaift, combien les Couronnes de vos Roys, font plus honorables, quand ils ne les ont de la main des hommes, mais de la main de Dieu: & qu'elles ne font de l'aurier ou d'oliue, ou de quelques fueilles mortes qui n'ont qu'vn foir, ou vn matin, mais deux Couronnes de pur or, dont la matiere eft autant excellente fur tout le refte des metaux, que leur Couronne a d'excellence fur tout le refte des Couronnes. *Couronnes des ieux Olympiques.*

I'ay fouuenance d'auoir leu dans Froiffard qu'apres la bataille de Calais, le Roy d'Angleterre Edouard III. tira vn Chappelet de perles qui ferroit fes cheueux, & apres le fouper, & les tables leuees, en la prefence de tous les Princes, Baron *Chappelet de Perles.*

& Cheualiers, il le mist sur la teste d'vn Cheualier François, Messire Eustache de Ribaumont auec honneur. Car il luy dist. Messire Eustache, ie vous donne ce Chapelet, pour le mieux combatant de la iournee, de dedans, & de dehors, & vous prie que vous le portiez ceste anhee pour l'amour de moy. Ie sçay bien que vous estes gay & amoureux, & que volontiers vous trouuerez entre Dames & Damoiselles: si dictes par tout où vous serez que ie le vous ay donné, si vous quitte vostre prison, & vous en pouuez partir demain, s'il vous plaist. C'estoit à la verité beaucoup d'honneur d'estre preposé à tant de grands Princes & Cheualiers, qui auoyent ce iour-là faict preuue de leur vertu. Mais c'est encor dauantage que ceste louange vint d'vn Prince ennemy, & à l'endroit d'vn François: & de la part d'vn Roy estranger, voyre d'vn Anglois, & d'vn Roy si grād, si hardy, & si renommé, qu'on le tenoit pour l'vn des plus nobles Princes qui fut oncques. Aussi print il en bataille deux des plus grands Roys de l'Europe. Mais tous ceux qui voyent les Roys des Lis en ce haut degré de Maiesté où ils sont montez le iour de leur Sacre & Couronnement, pensent voir la fortune (i'vse de ce mot selon le vulgaire) qui fait vn festin à tous les Roys de la terre, & qui en leur presence, & à leur veuë desliant les Couronnes qu'elle a sur la teste, les impose sur la leur, & declare hautement qu'elle leur donne, comme ayans esté les plus magnanimes Princes qui aient combattu contr'elle: dequoy toute la France s'esiouist.

Le Roy donc estant Couronné, & les benedictions acheuees l'Archeuesque le prend par la manche du bras dextre, & en la compagnie de tous les Pairs mettans autant qu'ils peuuent les mains à sa Couronne, le conduit depuis le grand Autel par le Chœur de l'Eglise iusques au Throne preparé au Iubé d'icelle, auecque vn Daix au dessus. *Conduite du Roy à son Throne Royal.*

En allant le Roy tient tousiours en ses mains le Sceptre & Verge de Iustice auec vn graue port tres-seant à la Maiesté des Lis, estant accompagné de douceur tellement empreinte en elle, qu'elle ne se pourroit deposer par contraire habitude. Au deuant marche Monsieur le Connestable l'espee nuë en la main. Monsieur le Chancelier seul le suit. Apres va Monsieur le grand Maistre à la dextre duquel est Monsieur le grand Chambellan, & à la senestre Monsieur le premier Gentil-homme de la Chambre. La queuë du manteau Royal est portee par celuy des Princes, ou Seigneurs qu'il semble bon à sa Maiesté.

Estans tous arriuez audit Throne, & haut Siege preparé au pupiltre, l'Archeuesque tenant le Roy par la main, qui tourne le dos contre la nef, le fait seoir en sorte qu'il peut estre veu de tous, priant Dieu de le confirmer en son Throne, & le rendre inuincible & inexpugnable contre ceux, qui iniustement s'efforcent de rauir la Couronne à luy legitimement escheuë. Aussi que nulle n'est si bien appuyee, qui ne puisse tomber en terre: ny Sceptre si ferme qui ne soit en hazard d'estre arraché des mains des plus braues Princes: ny Throne si solidement fondé qui ne s'ebrausle & tombe en fin souz ses ruines *Inthronisation du Roy.*

auec le temps, sans l'ayde de la Prouidence diuine.

Throne de Dieu.

Ce Throsne est vn nom releué, & vn nom d'excellence plus conuenable aux Roys, & aux iustes Roys de France, qui sont iustement Couronnez pour distribuer par apres la Iustice à leurs peuples, que non pas la simple Chaire, ou le Tribunal. Les Lettres sainctes attribuent ce mot à la Maiesté duquel est, & a esté, & sera à iamais redoutable, & digne de respect, tant pour sa Iustice que pour sa puissance. Et dans les apparitions de S. Iean il ne se parle que du Throne du fils de Dieu, qui est porté sur les Cherubins & Seraphins comme sur ses coursiers.

Throne de Salomon.

Apres ce Throne de Dieu, celuy de Salomon est fort recommandé en l'Escriture saincte, voire diuinement descrit en ces mots. *Le Roy Salomon fist vn Throne d'yuoire fort grand, & le couurit d'or tres-iaune, lequel auoit six degrez, & la sommité d'iceluy estoit ronde par derriere, & deux mains de part & d'autre, tenans vn siege, & deux lions esleuez pres de chaque main, & douze lionceaux sur les six degrez de costé & d'autre. Il n'a iamais esté fait d'œuure semblable en tous les Royaumes de la terre.*

Throne d'Artaxerxes.

Le Liure d'Hester fait mention du Throne d'Artaxerxes qui estoit vne chaire d'or magnifiquement etoffee, ayant les pieds d'argent, où le Roy estoit posé, comme disent Philostrate en la Peinture seconde, & Quintus Curtius en son dernier liure des gestes d'Alexandre.

Ceux qui depuis cent, ou six vingts ans ont nauigé en l'Ethiopie, nous ont escrit que le grand Negus, qui est le Roy ou l'Empereur de ces contrees, ne loge iamais dans les villes, mais qu'en plaine campagne on plante les pauillons de luy & de sa Cour, qui sont quelquefois plus de cent mille, & que le sien est dressé de Toiles peintes, à la façon d'vn grand & spaticux Chasteau flanqué de tours, comme si c'estoit vne maison Royalle, bastie de pierre ou de marbre, & que ceux qui le vont saluer, le trouuent resident sur vn haut lit magnifiquement paré, où il est assis auec force aureillers de soye de toutes sortes, qui est le Throne dont il a accoustumé d'vser. *Throne du grand Negus.*

Les Cesars n'ont pas esté si somptueux, mais ils auoient leurs Chaires d'or enrichies de figures, où ils se seoient, & dans lesquelles il n'estoit permis de se seoir à autres qu'à leurs Maiestez. Et Dio recite qu'vn Cheualier Romain nommé Vibius Ruffus, qui en quatriesmes nopces auoit espousé Terentia femme de Cicero (car elle vescut cent deux ans, & eut quatre maris, Ciceron, Saluste, ennemy de Ciceron, Messala Coruinus, & ce Vibius) acheta celle de Iule Cesar, sans toutefois qu'il en fust recherché par Auguste. Mais les troubles luy donnerent ceste impunité, & depuis, la nouueauté faicte en l'Estat. *Chaires des Cesars.*

Aussi est-il certain que le Throne, ou le Tribunal ont tousiours esté marques de sublimité & de Maiesté. Car au 4. des Roys chap. 9. quand Iehu par permission de Dieu, & pour chastier l'impieté des Roys d'Israel eut empieté la Principauté, il est dit. *Ie t'ay oing Roy sur Israel. Chacun prit en haste son manteau, & le mist soux les pieds d'iceluy en façõ de Tribunal, & sonnerẽt les Trõpettes, crierẽt, Iehu regnera.* Et Tacite descriuãt cõme Tyridates vint au *Throne marqueʼ de sublimité.*

camp des Romains, où commandoit Corbulo, & comme il posa aux pieds de Neron la Couronne d'Armenie, dit que Corbulo auoit faict dresser la Chaire curule, où estoit posee l'effigie de l'Empereur, & que ce Prince s'aprocha, & l'adora & posa la Couronne d'Armenie à ses pieds.

Throne de nos anciens Roys à leur Couronnement.

Nos anciens Roys de France, n'ont pas desiré coustumierement & en leur particulier beaucoup de grandeur, & n'ont voulu paroistre si grands en pompe ordinaire comme en vertus, ainsi que i'ay monstré au Traité precedent: & encore que la terre ne voye point plus grande Maiesté entre les hommes, toutefois quand il s'est presenté vn iour pour paroistre, tel que celuy de leur Sacre, ils n'y ont rien obmis. Froissard au Couronnement de Charles VI. l'a dit. *Si fut le ieune Roy en habit Royal, en vne Chaire esleuee moult haute, & paree de drap d'or, & tous les ieunes Cheualiers dessouz à ses pieds, sur eschafauts couuerts de drap d'or.* Et parlant de celuy d'Angleterre Henry de Leclastre, *S'assit le Duc Hery en Siege Royal lequel Siege estoit haut esleué en la Salle, & estoit couuert tout d'vn drap d'or, & à Ciel dessus.* Mais de ce Thone nous en parlerons amplement cy apres au Traité de leur Habillement tenans leur lit de Iustice. Car ie prens aisement creance que c'est vne marque de Iustice, & qu'ils se seent principalement en iceluy le iour de leur Sacre, pour estre misterieusement aduertis qu'ils sont les Chefs de ceste Deesse, & qu'ils la doyuent religieusement administrer à leurs suiets. A Rome il n'y auoit si petit Magistrat, qui n'eust vn Tribunal pour enseigne

seigne de sa Dignité. Et les Augustes, comme nos Roys en auoient vn particulier en leur Palais, où ils seoient, & donnoient audiance à tous ceux qui v ouloient Iustice.

Et quant au Ciel ou Daix, qui est dessus le Throne, c'est encore vne marque tres-remarquable de la Maiesté Royalle. Ce n'a iamais esté que les personnes honorables, pour la reuerence qu'on leur portoit, n'eussent quelque part qu'ils fussent, & principalement en public, quelques marques de sublimité sur leurs testes, mesme en leurs maisons particulieres. Mais principalement les Roys qui sont comme personnes publiques. Car Plutarque dit que *pour ornement & marque de Maiesté, on mist vn Daix*; (ou plutost vn au-uan, ainsi que nous le nómons auiourd'hui) *au deuãt de la maison de Cesar*. Entre les Perses la Maiesté de leurs Roys deuoit estre rarement veuë, & comme dit Valere le Grand, *par vne humble coutume il falloit que tout ce qui estoit esleué sur leur grandeur, fust vuide*. Ainsi dit Apulee, parlant de ces Roys, que, *ils ne se faisoient temerairement voir à aucun*. Nos Roys de la premiere race voulurent demeurer ainsi retirez sans se faire voir qu'vne fois l'an, comme les Assyriens. Et en ces derniers temps le Roy d'Espagne ayant acheué la conqueste de Portugal qu'il estimoit la couronne de ses labeurs, cõme celle qui luy rendoit tant de Sceptres tributaires aux Indes, qui luy ouuroient la barriere pour effleurer, quand il luy plairoit les Couronnes plus puissantes de l'Europe, il s'enferma dans l'Ecurial en intention de n'en sortir plus, & de voir en seureté les ondes & les flots se iouer de

Ciel ou Daix marque de Maiesté.

Solitude du Roy d'Espagne.

toute la terre. Les actions de son corps estoient en vn seul lieu, celles de son ame s'epanchoient & se dilatoient par tout le monde, & vieil & nouueau, faisant autant à la pointe de sa plume, que ses predecesseurs à la pointe de leur espec. Tant plus que ses sujets ont esté esloignez de luy, tant plus ils l'ont redouté, conceuans par l'eloignement vne grandeur adorable, & quelque chose de plus que ce qui est commun aux autres. Il tenoit sa veue si rare aux Espagnols, que nul pour grand qu'il fust ne le voyoit sans auoir long temps poursuiuy sa veue comme vne extreme faueur. Il estoit si graue & seuere que iamais il ne donna moyen à ses plus familiers de rabattre vn seul point de la crainte & du respect qu'ils luy portoient: Et y en a mesme qui sont morts, pour auoir esté mal veus de ce Prince.

C'est pourquoy les Payens voiloient leurs Dieux, afin que ceste diuinité ne fust prophanee, principalement à Midy, de peur que la grande lumiere ne les monstrast trop à l'ouuert. Car ils pensoient que les Dieux ne se vouloient familiariser aux humains. Et à ces considerations nos Roys ont leur Daix, tant au iour de leur Sacre, qu'autres seances Royales, pour marquer la Grandeur de leurs Maiestez, ainsi que nous monstrerons par exemples & tesmoignages aux Traitez ensuyuans.

Baiser presenté au Roy par l'Archeuesque.

Le Roy ainsi assis en son Siege Royal, l'Archeuesque dit quelques prieres, apres lesquelles il oste sa mitre, & faict au Roy tres-humble reuerence nue teste, & le baise disant à haute voix par trois diuerses fois VIVE LE ROY, à la der-

niere desquelles il adiouste, VIVE ETERNEL-
LEMENT.

Les Pairs tant Ecclesiastiques que Laiz, luy *Baisers* font mesme reuerence l'vn apres l'autre, & le *presetez par* baisent auec pareille acclamation, puis se séent *les Pairs.* és sieges à eux preparez, les Ecclesiastiques à la dextre du Roy, & les Laiz à la senestre.

Le peuple assemblé en nombre indicible en la nef de l'Eglise, oyāt l'esiouissance des Pairs s'ecrie *Acclama-* aussi-tost de mesme allegresse à diuerses fois, & *tion du* à si haute voix, VIVE LE ROY, que le cry *peuple.* en monte iusques au Ciel, pour prier Dieu d'adiouster à ses ans iours sur iours, de generation en generation, en certaine esperance de ioye à l'aduenir, d'vn regne le plus doux, gra-
cieux, & tranquile, qui se puisse souhaiter: ain-
si que faisoient les Israelites és Sacres de leurs Roys, pour l'intime affection qu'ils leur portoiét auec tout respect & reuerence.

Ceste priere est acompagnee du melodieux son de toutes sortes d'instrumens de Musique, *Son d'is-* auec clairons, haut-bois, trompettes, tambours, *strumens.* & coups d'artillerie, chacun recognoissant que le bon-heur de tous en particulier depend de la felicité publique & vniuerselle.

Durant ladite acclamation est faite donnee par les Herauts de nombre de plusieurs pieces d'or & *Largesse au* d'argent, tant de la monnoye courante, qu'autres *peuple.* expressément fabriquees & marquees à l'image du Roy, auec la datte du iour & année de son tres-heureux Sacre & Couronnement. Ce qui se pratiquoit anciennémét en quelque ioie ou feste publique que ce fut, pour inciter le peuple à rédre

Gg ij

les acclamations d'allegresse : car les Roys ouuroient lors leurs cofres, & espandoient de l'or & de l'argent d'vn costé & d'autre parmy le peuple.

Sa Maiesté estant inthronisee en son Siege Royal, l'Archeuesque descend du Pulpitre par l'Escalier gauche, & à l'endroict de l'Aigle du Chœur commence à haute voix *Te Deum laudamus*, qui est suiuy & acheué en Musique par la Chapelle du Roy.

Cantique Te Deū.

Ledit Cantique finy, l'Archeuesque chante vne Messe solemnelle en l'ordre accoustumé: à l'Euangile de laquelle le Roy se leue de sa Chaise, pour y donner deuote & attentiue audience, & luy est a ceste fin ostee la Couronne Royalle de dessus la teste par le Duc de Bourgongne, & & mise sur vn carreau à l'accoudoir du pulpitre.

Deportement du Roy à la lecture de l'Euangile.

Apres ledit Euangile, le plus grād des Archeuesques ou Euesques, en l'absence des illustrissimes Cardinaux, qui ont accoustumé de faire cet office quand ils assistent aux Sacres des Roys, prend le texte, & faisant trois humbles reuerences au Roy, l'vne au pied de l'echafaut du pulpitre, la seconde au milieu, & la troisiesme au haut d'iceluy, le presente à baiser à sa Maiesté, puis audit Archeuesque celebrant la Messe.

Texte de l'Euangile presenté au Roy pour baiser.

Le Cantique de l'Offertoire dit, les Herauts d'armes & Huissiers de la Chambre, montent au haut de l'Echafaut pour aller au deuant du Roy se disposant de venir à l'offrande, & luy ayans fait les reuerences en tel cas acoustumees, descendēt incontinent & marchent les premiers, puis les

Desseīe du Roy pour aller à l'offrande, & l'ordre qui y est tenu.

Seigneurs commis à porter les honneurs de l'offrande qui sont, vn vaze d'or plein de vin, vn pain d'argent, vn autre pain d'or, & vne bource garnie de treize pieces d'or. Apres eux Monsieur le Chancelier, puis le grand Maistre, & le Connestable portant l'espee nue deuant sa Majesté, laquelle les suit conduite & enuironnee des douze Pairs soutenans sa Couronne, & porte le Sceptre en sa main dextre, & la main de Iustice en la senestre : les sieurs grand Chambellan & premier Gentil-homme de la Chambre demeurans au Iubé comme pour garder le Throne & Siege Royal en cette absence. *Garde du Throne Royal en l'absence du Roy.*

Le Roy estant arriué à l'Autel pour y faire son offrande, les Herauts & Huissiers, ensemble lesdits sieurs Grand-Maistre, Chancelier, & Connestable se retirent des deux costez, & font place aux Seigneurs commis pour prédre des mains de sa Maiesté, l'vn le Sceptre, & l'autre la main de Iustice, à fin de l'en décharger : Et lors ceux qui portent les honneurs & présens les mettent l'vn apres l'autre en la main du Roy, qui les offre à l'Autel, & baille à l'Archeuesque officiant. *Arriuee du Roy à l'autel pour y faire son offrande.*

L'offrande faicte le Roy reprend son Sceptre & main de Iustice, & s'en retourne en son Throne acompagné comme dessus. *Retour de l'offrande.*

Les Chantres recommencent plus fort que deuant à s'escrier, VIVE LE ROY, afin d'exciter le peuple à le recognoistre pour son Prince souuerain legatimément receu par l'Eglise, & se disposer volontairement à luy rendre les vœux d'obeissance & soumission deuz à sa Majesté. *Acclamatiõ des Chantres.*

Gg iij

Benedectiõ solennelle.

Et comme Dieu qui est le premier Prince & Roy des Roys, gouuernant par sa singuliere prouidence les dominations de ce monde ayt accoustumé d'estre protecteur des Roys qu'il a establis, l'Archeuesque auant que de chanter, *Pax Domini sit semper vobiscum*, le prie solennellement de verser ses benedictions & miracles sur le Roy qu'il a faict seoir au Throne d'vn si grand & noble Royaume, pour y paroistre & surexceller en toutes vertus seantes à vn genereux Prince, gouuerner prudemment son Estat, & maintenir ses suiets en paix & tranquilité.

Il donne pareille benediction aux assistans, à ce que recognoissans l'Autorité du nom Royal pleine de grandeur & de Maiesté, ils rendent au Roy tout respect & reuerence. Puis ayant chanté ledict *Pax Domini*, celuy qui a porté baiser à sa Maiesté le Liure des Euangiles, prend la paix dudit Archeuesque, le baisant en la jouë, & à l'instant remonte au Iubé, & la presente au Roy par le mesme baiser. Ce que tous les Pairs font de leur part chacun en son ordre, en signe de mutuelle vnion, accord, & charité Chrestienne, ainsi que sainct Paul enioignoit de se saluer reciproquement en baiser sainct, & d'auoir paix auec toutes personnes, à ce qu'estans paisibles, le Dieu de paix demeurast tousiours auec eux.

Baiser de Paix presenté au Roy.

Charistie, ou banquet solennel entre parens.

Ces pauures Ethniques Romains, és tenebres de leur Idolatrie, se monstroient si faciles à remettre les iniures, & maintenir vne amitié mutuelle, qu'entr'eux ils auoient de coustume tous les ans (comme le rapporte Valere le grand) de faire vn festin solennel, où appellant les parens & alliez, ils s'informoient de toutes sortes de querelles, qui auoient peu naistre des vns côtre les autres, & composoient tout à l'amiable, sortans de la table les mieux d'accord du monde, quelque chose qui se fust passee auparauant: Et à raison de cela appelloient le banquet *Charistie*, pour les graces, qui se donnoient à lors & pour les reconciliations qui se faisoient. C'eust esté vn sacrilege entre eux de deshonorer ce festin par la continuation des haines. Mais l'Eglise a vn bien plus glorieux & plus illustre festin; ie dis ce sacré festin de l'Eucharistie, auquel est perçeu le vray sacrement de paix, vnion, & charité Chrestienne par ceux qui sont enfans adoptifs d'vn mesme Pere, regenerez spirituellement de mesme eau, & de mesme sainct Esprit, expiez du mesme sang de Iesus-Christ, alimentez de mesme pain celeste, instruits de mesme doctrine en mesme Eglise, maintenus en mesme foy, & mesme esperance de salut. Pour ce le Prestre baisant la Patene en la Messe, prie specialement pour celuy qui la luy presente, puis pour toute l'Eglise militate, en la maniere exprimee au Missel. Et ce fait elle est portee de l'institution du Pape Leon II. aux assistans pour baiser, comme si par ce signe il leur communiquoit la paix, & vne commune dilection les vns enuers les autres.

La Messe finie les Pairs tant clercs que seculiers auec la compagnie estant au Iubé, amenent le Roy deuant le grand Autel, où il reçoit par la main de l'Archeuesque la communion des precieux corps & sang de Iesus-Christ, souz les deux especes de pain & de vin. Quoy fait ledit

Communion faicte par le Roy.

Archeuesque luy oste la grande Couronne qu'il a sur la teste, & luy en remet au lieu vne plus legere & moyenne qu'il porte en retournant à son Palais.

Petite Couronne donnee au Roy apres la communiō.

Le seruice diuin entierement acheué le Roy retourne en son hostel vestu de ses habits & ornemens Royaux, en la mesme compagnie, ordre, & ceremonies qu'il estoit venu en l'Eglise pour y estre sacré; La grande Couronne y est portee deuant sa Maiesté sur vn riche oreiller, le Sceptre, & la main de Iustice par les Seigneurs à ce deputez, & l'espee Royale nuë deuant luy par Monsieur le Connestable.

Retour du Roy en son hostel.

Et apres lesdits Sacre & Messe, les susdits Barons reconduisent la saincte Ampoulle iusqu'à sainct Remy, honorablement & seurement, & est remise en son lieu.

Renuoy de la saincte Ampoulle.

Le Roy estant de retour, entre en sa Chambre pour changer d'habits, lauer ses mains, & bailler sa chemise & gands à son Aumosnier, pour les faire brusler. Puis commande que les habits Royaux destinez au Sacre, soient baillez en garde en la maniere accoustumee, aux Religieux, Abbé & Conuent de sainct Denys en France.

Habits chāgez par le Roy à son retour.

Ainsi sa Maiesté reuestuë d'autres tres-precieux habillemens se sied à table sur vn haut daix preparé en la salle Archiepiscopale, & ornee d'excellentes tapisseries, souz vn grand daix de singuliere etofe. Sa table est de neuf pieds de longueur ou enuirō, vn pied plus haut que celles des Pairs: lesquelles sont dressees aux deux bouts

Festin Royal & ordre d'iceluy.

de la sienne: estant à sa dextre & au bout plus prochain de luy l'Archeuesque de Rheims, & consecutiuement les autres Pairs Ecclesiastiques en habits Pontificaux, & selon leur ordre. A la gauche y a vne autre table pour les Pairs Laiz reuestus des habits portez par eux au Sacre. Et au dessous desdites tables en est dressee vne autre pour Messieurs les Ambassadeurs qui sont lors à la suite du Roy, Monsieur le Chancelier, officiers de la Couronne, ceux qui ont porté les honneurs, & autres Seigneurs accoustumez de seoir en telle assemblee. Ainsi apres le sacre & Couronnement du Roy Louys XI. *à la table il estoit assis au milieu, les Prelats Pairs à sa dextre, les Pairs Laiz, Ducs, & Comtes à sa senestre.* L'Archeuesque la benist selon l'ancienne & loüable coustume des Chrestiens, à ce que Dieu qui par sa saincte prouidence nourrist toutes creatures en temps opportun, vueille donner aux aliments corporels vigueur & vertu nutritiue, voire salubre, pour luy en rédre loüanges, & actions de graces.

Benedictiō de la table.

Monsieur le Grand maistre porte le baston haut, marchans deuant luy les Maistres d'hostel les bastons bas, le Panetier, l'Echançon, le Trenchant. Les Gentils-hommes de la Chambre portent la viande. Chacun seruice accompagné du son des trompettes, clairons, & haut-bois: Entre les seruices chant de Musique tres-melodieux. Et tant que le disner dure, Monsieur le Connestable est tousiours debout au haut de la table de sa Majesté, tenant en la main sur vn carreau de drap d'or l'espee Royalle nue & droite. Ainsi apres le sacre & Couronnement du susdit Louys vnzies-

Ordre du seruice.

me. Au deuant de la table du Roy estoit le Connestable de France tenant l'espée nuë en sa main: le Comte Portien seruoit pour grand Maistre de France, Joachin Rouaut seruoit pour premier & grand Escuyer de France.

Retraite du Roy en sa Chambre.   Le disner acheué en telle pompe & magnificence, & à porte ouuerte, le Roy apres les graces accompagné desdits Pairs, tant Ecclesiastiques, que Lais, Ambassadeurs, & susdits officiers de la Couronne, se retire en sa chābre, ledit sieur Connestable portant deuant luy l'espee royalle nuë & droite.

Cour ouuerte & planiere apres le Sacre.   Apres toutes ces solennitez, le Roy nouuellement couronné tient Cour planiere, & Royallement traite tous ceux qui s'y trouuent, & comme aux entrees & autres festes honorables dōt nous parlerōs cy apres, leur fait quelque largesse: voire sont quelquefois dressees tables par les ruës, où il s'assied qui veut, & est-on seruy aux despens du Roy, ou de la ville. Ce que ie recueille d'vn petit tesmoignage qui se void dans Mōstrelet au couronnement de Charles VII. en ces termes. *Le ieudy ensuiuant estoit vne table mise par les rues, & y auoit vins & viandes en grande abondance, pour tous venans, tout aux despens de la ville, lesquels auec ce firent plusieurs grands dons au Roy.*

Ordre de Cheualerie receu au sacre par le Roy.   Et i'adiousteray encore, qu'à ce sacre ou apres iceluy le Roy reçoit l'ordre de Cheualerie des mains de quelque Prince, ou noble Seigneur qu'il choisist pour cet effet entre ceux de sa Cour, ou bien de celles de l'Archeuesque : puis fait de nouueaux Cheualiers, & ouure ordinairemēt vn tournoy, où se font ioustes, dances, & autres esbatemens, pour donner du passetemps aux Dames. Ainsi le Roy Loys XI. l'an 1461. le 14. iour

de la France, Livre II. 475

d'Aoust, ayant fait son entrée en sa ville & cité de Rheims pour y estre sacré & couronné, fut fait *Chevalier au dit sacre & couronnement*, par la main de Monsieur le Duc de Bourgongne. Et ledit Roy fist apres cêt dix sept Chevaliers desquels les premiers furent Monsieur de Beaujeu, Monsieur Iacques de Bourbon, le Côte de Geneue, le Comte de Portien, le Comte de Virtemberg, Messire Iean de Luxembourg, le fils du Marquis de Saluces. Et ainsi Henry 4. à present regnant voulut suiuāt les statuts de l'Ordre militaire du benoist S. Esprit receuoir au lendemain de son sacre 28. de Feurier 1594. le Collier dudit Ordre par les mains de l'Euesque de Chartres, Messire Nicolas de Thou, qui l'auoit sacré.

Au partir de Rheims sa Majesté a accoustumé aller à S. Marcoul, & y faire faire sa neufuaine. Apres, & nō plustost, il touche les Escrouëlleux, qui est chose miraculeuse. Le Roy Philippes le Bel approchāt de sa mort, fist appeller Louys Hutin son fils aisné, l'instruisit en la maniere de toucher lesdits malades, luy apprenant les saintes & deuotes paroles qu'il auoit accoustumé de dire en les touchant, & le prescha de tenir son ame pure & nette de toutes ordures & saletez, pour faire cet attouchemēt, luy remonstrāt que selon l'Escriture sainte, Dieu n'oyt ny ne preste l'oreille aux vicieux, & ne fait par eux ses miracles.

Escrouelleux touchez par les Rois apres leur sacre.

Mais cōme ce n'est riē des dignitez & prerogatiues Royalles, si elles ne sont liées du nœud de la vertu, puis que selon la pureté ou impureté du Mercure & du soufre les metaux sont engendrez purs ou impurs : ce n'est rien de porter la Couronne sur la teste & le sceptre en main, vestir le Manteau Royal, monter sur cet eminent

Conclusion

Thrône, s'affeoir auec tant d'efclatante Maiefté deffus les fleurs de Lys, s'il le Roy ne releue ces grandeurs d'vne integrité de vie, qui faffe reluire au dehors la candeur de fon ame. Et côme on dit des cieux que d'autât plus que l'vn d'eux eft haut, d'autant plus fon mouuement eft grand en vertu & moindre en nombre, il faffe paroiftre que la beauté de fa charge eft enrichie de fes merites & de fes perfections, & que ne receuant telle charge côme pour s'en honorer, ains comme fe donnant foy-mefme pour honorer cefte charge, il fe configne du tout au public. Lors plus que iamais il confiderera de quel amour fes fuiets reuerent fes Couronnes, de quelle loyauté ils feruent fon Eftat, & quelle obeiffance ils rendent à fon Diadefme: fideles, & tous fidellement, & fans feintifes a luy, trop inuiolablement attachez à leur deuoir, pour receuoir nulle mauuaife impreffion contre fon feruice : mais comme les formes s'vniffent par nœuds perpetuels à la diuine penfée, ils feront vnis de mefme à fes Couronnes par les nœuds indiffolubles de l'obeiffance. Afin qu'ainfi que du mariage de Iupiter, & de cefte Dœffe qui nous figuroit l'obeiffance deuë par les fujets aux Princes, fortit la felicité : de mefme le bonheur de la France naiffe de cet heureux accouplement de leur fidelité & de fa Puiffance: affeurant fa facrée Majefté, qu'ils luy ferôt tref-deuots, tres-obeiffants, & tres-fidelles fujets.

DES ENTREES DES ROYS DE FRANCE.

Et le bel ordre des Pompes & Magnificences publiques qui se font en icelles.

TRAITTE' III.

C'EST vne coustume ancienne, & cómunement pratiquée en France, que le Roy nouuellement venu à la Couronne, arriuãt és meilleures & plus celebres villes de son Royaume, comme pour exéple en celle de Paris, qui n'a point sa seconde, ceste ville qui en son grand Ocean de richesses ne trouue rien d'impossible, prepare ordinairement & selõ les loix de son deuoir, de faire vne Entrée à sa Majesté digne d'vn Monarque sans pair: sinõ qu'il trouue bon que ce qui s'employeroit en chose de si peu de durée, se reserue pour vne œuure plus durable. Et ceste entrée est vn triomphãt appareil qu'elle donne à la personne du Roy, & les appareils de ceste grande & Royalle entrée sont les honneurs qu'elle rend à sa Majesté, pour

Entree des Rois de France.

la bien-eigner en sa capitale ville, laquelle luy ouurât ses portes, & les portes de ses Temples, fond en ioye, & chacun se monstre afferé à magnifier son heureuse arriuée, auec vn ordre tel à peu pres que s'ensuit.

Preparatifs de la ville de Paris pour l'etrée du nouueau Roy.

Les Preuost des Marchands & Escheuins de la susdite ville, ayans esté aduertis par les Courriers de sa Majesté, du iour de ceste pompe & magnificence, qu'ils luy rendent plus grande qu'en nulle autre part, font diligence en ceste occasiõ de tesmoigner leur affection enuers leur Prince, & s'ils n'ont assez de iours pour vne si grande œuure, ils les multiplient à la façon de ce Roy d'Egypte, qui aduerty par l'Oracle qu'il ne viuroit plus que six ans, se resolut malgré les Parques, d'en viure douze, faisant de la nuict le iour. En ce terme ils acheuent les arcs triomphaux, les Pyramydes, les temples, les theatres, parent la porte, qui est celle de S. Denis, d'armoiries, & de festõs, sement la place de fleurs, & dressent par tout à sa gloire des Tableaux & des Trophées pour marques de la ioye & liesse incroyable qu'ils reçoiuent de la future & nouuelle venue de leur souuerain & naturel Seigneur, en leur dite ville, qui doibt estre le Theatre de son Triomphe.

Comme ce grand Prince approche de Paris, le Gouuerneur auec la Noblesse du pays & de la ville, luy va au deuant, & luy ayant fait la reuerence en pleine campagne, remonte à cheual,

Theatre pour ouyr les harangues.

& sa Maiesté se vient rendre au Prieuré S. Ladre lés Paris, où l'on a dressé vn Theatre couuert & paré de riche tapis, & tapisseries, au milieu du-

de la France, Livre II. 479

quel est tendu vn Daiz, sous lequel se pose le Throne Royal couuert d'vn riche tapis de velours azuré, semé de fleurs de Lis d'or, auquel il reçoit les hôneurs, & entend les vœux & les prieres de tous les Ordres de la ville.

Ie laisse les trompettes & clairōs resonnans ses louanges, & les cris & acclamations de bon-heur, faites à son arriuée. Ie ne parle point des deuises & cartels Royaux escrits pour magnifier sa Majesté entrāt en sa capitale ville, laquelle luy tesmoigne l'ardeur de son seruice. Et ne veux encore rien dire de tant de riches Panegiriques, de tant de chants diuins, & de tant de Poemes & Theatres d'applaudissement donnez à son honneur, pour decrire le bel ordre & magnifique appareil de ladite entrée. *Panegiriques & louanges pour magnifier la gloire de sa Majesté.*

Ie diray seulement que les Suisses auecques les Allemans & Grisons, ont priuilege de parler debout à ces Entrees solennelles de nos Rois. Tous les François parlent à genoux, & protestent aux pieds de leurs Majestez leur obeissance, & la fermeté de leur affection. Les Suisses seuls apres le Clergé sont en possession de ne haranguer à genoux. Ainsi à l'entrée de la Royne en la ville de Lyon, le Clergé harangua debout. Tous les autres parlerent à genoux, excepté ceux qui porterent la parole des Allemās, des villes Imperialles, Suisses, & Grisons. Le Chancelier leur dist qu'ils se missent au mesme deuoir que les autres, & qu'ē ceste action les estrangers n'auoiēt point de priuilege, & se deuoient ranger à ce que font les sujets du Prince sous les loix duquel ils demeurent. *Suisses ont priuilege de parler debout aux Rois de Frāce à leurs entrées.*

Ils remonstrerent qu'ils estoient en possession de parler debout, qu'à l'entrée du Roy Henry II. ils ne s'estoient presentez autrement, & que pareille difficulté estant suruenuë à l'entrée du Roy à present regnant en la mesme ville, sa Majesté ne trouua pas mauuais, qu'ils demeurassent en ces termes. Le Conestable qui estimoit qu'vne actiõ de telle consequence ne deuoit estre passée legerement, ny la verité recherchée nonchalamment, comme il aduient souuent en semblables rencõtres, où l'on ne iette les yeux qu'à ce qui se void, voulut estre informé s'il estoit vray qu'aux autres entrees les Suisses & Allemans se fussent presentez au Roy autrement que les François. Le Gouuerneur de Lyon rapporta ce qui estoit de la verité, à laquelle on s'arresta.

Ordre que tiẽt la ville pour aller faire la reuerence au nouueau Roy lors de son entrée.

Vne bonne heure & demie ou enuiron apres l'arriuée de ce grand Roy, & du plus grand Roy du monde, commencent à marcher au deuant de sa Majesté les quatre Ordres des Mendians, apres eux les Eglises, & puis l'Vniuersité, au mesme habit & ordre qu'elle a en pratique en telles magnificences & festes publiques. Ceux là passez vient le corps de la ville en l'appareil & equippage qui s'ensuit, à sçauoir de deux à trois mille hommes de pied, choisis & esleuz des dixsept mestiers de ladite ville, conduits par leurs Capitaines & Lieutenans, leurs Enseignes au milieu, tous richement parez des liurees du Roy. Apres lesquels marchent les Imprimeurs richement armez iusqu'au nombre tousiours de trois ou quatre cens, lesquels il fait tousiours bon voir. Puis suiuent les menus officiers de ville à pied iusques au nombre au nombre de 150. reueſtus de robbes mi-parties de drap rouge & bleu, les chauſſes de meſme, portans chacun vn baſtõ blanc au poing. Au dos deſquels s'auancẽt à cheual les cent Archers de ladite ville habillez de leurs hoquetõs d'orfeurerie, aux armes d'icelle ville, & deuant eux trois Trõpettes, leur Capitaine, Guidon, & Enſeigne, & ont chacun la pertuiſanne en la main. Les ſix vingts Harquebuſiers viennent apres en meſme ordonnãce & parure, garnis chacun de ſa harquebuze à l'arçõ de la ſelle, & du feu en la main. Et à leur queuë les ſoixante Arbaleſtiers, en ſemblable ordonnance & habits, portans auſſi comme les Archers vne pertuiſanne au poing.

Ces trois cõpagnies paſſees ſe monſtre vn grãd nõbre de ieunes hommes, enfans des principaux Marchans & Bourgeois de ladite ville, ayãs leurs Capitaine, Lieutenãt, Enſeigne, & Guidon, tous pretieuſement veſtus, & tres-richemẽt couuerts. Leſquels ſont ſuiuis par les Maiſt. des œuures de Charpenterie, & Maſſonnerie, auec le Capitaine de l'Artillerie, & vne troupe de ſergens fort bien habillez. Et apres eux marche le preuoſt des Marchands monté ſur vne mule ſomptueuſemẽt enharnachée, ayãt à coſté de luy le plus anciẽ Eſcheuin de la ville, & à ſa ſuite les autres Eſcheuins & le Greffier: apres leſquels ſõt le Procureur de leur congregatiõ, & les ſeize Conſeillers d'icelle ville: ayãs à leur queuë 16. Quarteniers de ladite ville, & au dos d'iceux les Maiſt. Iurez des meſtiers, à ſçauoir 4. gardes de la Draperie, 4. Eſpiciers, 4. Merciers, 4. Pelletiers, 4. Bonnetiers, & 4. Orfeures, & ſont leſdits Iurez ſuiuis en allant d'vn grand nõbre des principaux defdits meftiers diuerfement habillez, mais au retour ils portét le Poifle & Ciel de parement fur la Majefté du Roy, chacun à fon tour & ordre, ainfi qu'il fera declaré cy apres.

Ceux-là paffez, vient le Cheualier du guet auec fon guidon, fes Lieutenant & Sergent tous à cheual, habillez de leurs hoquetons d'orfeurerie auec leurs deuifes accouftumées, portans chacun vne pertuifanne en la main. Apres eux les 220. fergés à pied, en bonne ordonnance, diuerfemét & richement parez. Puis les quatre Sergens fiefez à cheual, à la queuë defquels font les Notaires habillez de robbes longues noires, & fuiuant eux les Commiffaires du Chaftelet en paremens de mefme façó & de mefme eftoffe. Puis encore les Sergens de la douzaine à cheual, couuerts de hoquetons d'orfeurerie auec la deuife du Roy.

Tous les deffufdits paffez vient le Preuoft de Paris veftu tres-fomptueufement, & couuert de tref-riches armes, ayant deuát luy fes deux Pages, tous montez fur de genereux Courfiers. Apres les trois Lieutenans, Ciuil, Criminel, & Particulier, & les Aduocats & Procureurs du Roy audit Chaftelet, portans robbes d'efcarlate, & deffus chapperós de drap noir à longue cornette; à leur fuitte les Confeillers & puis les Aduocats & Procureurs plus notables au fufdit Chaftelet, apres lefquels fe trouuent les Sergens à Cheual, leur Enfeigne & Guidon deuant eux, tenás chacun la pertuifanne en main.

Ordre de la Ifticede Paris allát au deuant du Roy à fon entrée.

Le Corps de la ville paffé en l'ordre que deffus, les gens de Iuftice commencent à marcher quelque efpace de temps apres. Et premierement

de la France, Liure II. 483

les Generaux des Monnoyes, leurs quatre Huissiers allant deuant, & apres eux leur Greffier: & à leur queuë les Officiers de la Monnoye, & les Changeurs. Apres lesquels sont les Generaux de la Iustice des Aides, aussi precedez par leurs Huissiers, & leur Greffier vestu de robbe d'escarlate, auec son Chapperon de drap noir à longue cornette: & ayans à leur suite les Esleus des Aides & Tailles en l'Election de ladite ville.

Messieurs de la Chambre des Comptes viennent consecutiuement, ayans leurs Huissiers deuant eux, & suiuant iceux leurs deux Greffiers. Apres lesquels marchent Messieurs de la Cour de Parlemét souueraine du Royaume en leur ordre accoustumé, leurs Huissiers deuant eux, les quatre Notaires, & les Greffiers, tant Criminel, & des Presentations, que Ciuil.

Les Presidéts sont reuestus de leurs Chappes & manteaux d'escarlate, leurs mortiers en la teste en la maniere accoustumée: Et les Conseillers tát Lais qu'Ecclesiastiques, auec les deux Aduocats, & le Procureur general, portent tous des robbes d'escarlatte, leurs Chapperons de mesme fourrez de menu vair. Car ainsi le tesmoigne Monstrelet à l'entree du Roy Henry d'Angleterre à Paris, quand il dit, *Vint Maistre Philippes de Moruilliers premier President en habit Royal, & tous les Seigneurs de Parlement vestus de longs habits de vermeil.* En habit Royal, c'est à dire auec robbe & manteau d'escarlatte, auec vn bonnet de veloux en forme ronde, passementé d'or, que les Rois anciennement portoient à la teste. Car il est certain que l'habit donné par ces Princes des Lys à Messieurs les

Habillemés de Messieurs de la Cour aux entrées des Rois.

Hh ij

Presidents de leur Parlement, estoit le vray habit dont estoient vestues leurs Majestez.

A mesure que tous les dessusdits paruiennét au lieu de S. Ladre, ils trouuent le Roy sur le Theatre qui a esté dressé, accompagné des Princes, Cheualiers de l'Ordre, & autres grands Seigneurs de sa Cour, & mesmement à ses deux costez, Messeigneurs le Connestable & Chancelier de France. Et apres luy auoir fait la reuerence, & selon la coutume porté leur parole par les principaux d'entr'eux, mesme les Preuost des Marchands & quatre des Escheuins plus anciés presenté auec les clefs de la ville, vn Poisle de riche estoffe, sous lequel il est conduit au Palais, ils s'en retournent au mesme ordre qu'ils sont venus, reseruez les quatre Escheuins, qui demeurent pour porter ledit poisle. Puis estant sa Maiesté saluée d'vn grand nombre de Canons, par ladite ville, ceux qui sont de sa suite & compagnie commencent peu de temps apres à marcher en l'ordre qui s'en suit.

Ordre des gens de la suite du Roy, à son entrée.

Premierement Messeigneurs les Maistres des Requestes, ayans deuant eux les deux Maistres d'Hostel de Monseigneur le Chancelier, & à leurs talós les deux Huissiers de la Chancellerie, portás robbes de velours cramoisi violet, & leurs masses au poing. A la suite desquels sont les Audiencier de France & Commis du Contrerolleur de l'Audience: puis le seel du Roy en son coffret, couuert d'vn grand crespe, posé sur vn aureiller de velours bleu, tout semé de fleurs de lis d'or, porté par vne haquenée couuerte d'vne housse de mesme estoffe, aussi semée de fleurs de Lys, trainant

Seel Royal porté à l'entrée du Roy.

iusques en terre. Et est conduite ceste haquenée par deux laquais de Monseigneur le Chancelier, & costoyée par les quatre Chauffecires, qui portent les courroyes dudit seau, ayans eux, & lesdits laquais les testes nues. Ce qui est vn droit à eux particulierement reserué en l'Edit de noſtre Roy de l'an 1605. sur la creatiõ des Chauffecires hereditaires en l'estendue de chacun Parlement de la France : car les mots y sont tres-exprés, qu'ils seront establis aux mesmes droits, profits, & emolumens que les quatre Chauffecires ordinaires de la grande Chancellerie de France, comme aussi à semblable droit d'heredité, & à pareils priuileges, franchises, exemptions, prééminẽces & honneurs, que lesdits quatre Chauffecires ordinaires, fors & excepté le droit d'habillement, & l'honneur d'assister aux solẽnelles Entrées de nous, & de nos successeurs Rois. *Droict des Chauffecires d'assister aux entrées des Rois.*

Suyuant ce Seel marche Monseigneur le Chancelier en habit Royal, c'est à dire vestu de robbe, manteau, & chapperon d'escarlate ou de cramoisi fourré de menu vair, monté sur sa mule ayant à ses deux costez quatre laquais, & à sa suite l'vn de ses Escuiers auec l'vn de ses Secretaires. Que telles couleurs & habits fussent les vrayes couleurs & habits des Rois, Monstrelet dit parlant de l'entrée du Roy Charles VII. à Rouen au liure troisiesme de son Histoire. Car il escrit que *Messire Jean Juuenal des Ursins Chancelier, estoit lors vestu en habits Royaux, & auoit robbes, manteau, & chapperon d'escarlate fourré de menu vair, & sur chacune de ses espaules, rubans d'or en trois proufils de letices.* Et lors que le mesme Roy Charles septiesme prist possession de la ville *Habit de Monsieur le Chancelier aux entrées des Rois.*

de Bordeaux, le mesme Autheur escrit que, Monseigneur le Chancelier estoit armé d'vn corcet d'acier, & monté à cheual, & sur ses armes il auoit vne iacquette de velours cramoisi. Voire à l'entrée d'Henry deuxiesme en sa bonne ville & cité de Paris le seiziesme iour de Iuin mil cinq cens quarante & neuf, suiuant le seel Royal marchoit Monseigneur le Chancelier vestu de robbe de drap d'or sur champ cramoisi, monté sur sa mule, enharnachée d'vn harnois de velours cramoisi brun, frangé d'or, & couuert de boucles d'or, la housse de mesme parure.

Apres viennent les Pages des Gentils-hommes seruants du Roy, & à leur queuë ceux des Gentils-hommes de la Chambre, Capitaines, Comtes, & autres grands Seigneurs & Pensionnaires meslez ensemble ; puis des Cheualiers de l'Ordre, & suyuant eux des Mareschaux, & Connestables de France, ensemble des Princes estans auec le Roy montez sur Coursiers, Roussins, Cheuaux Turcs, & Genets d'Espagne, portans en leurs testes les armets, & aux mains les Lances de leurs Maistres, garnies au bout de banderolles aux couleurs du Roy, & les armets de grands & riches pennaches.

A la queuë marchent les deux Preuosts de l'Hostel ; auec leurs Lieutenans & Procureurs du Roy, leurs Greffiers, & tous leurs Archers vestus de leurs hoquetons d'orfeurerie à la deuise du Roy, chacun la peruisanne au poing. Lesquels passez suyuent plusieurs ieunes Gentils-hommes & Seigneurs precieusement & somptueusement vestus : & à leur suite les Gentils-hommes seruants, couuerts de riches armes: puis les Gentils-hômes de la Chambre, & parmy eux plusieurs Comtes, Capitaines, & autres grands Seigneurs aussi armez, & parez de riches étofes.

Apres les dessusdits sont les Cheualiers de l'Ordre, portans leurs Colliers & Cordons au col, aussi couuerts de diuerses armes & parures. Et à leur queuë les Suisses de la garde conduits de leurs Capitaine & Lieutenant. Puis ceste bande passée en fort bon ordre, ainsi qu'il leur est de coustume, viennent à Cheual les Phiffres & Trompettes du Roy, sonnants de leurs instruments, lesquels sont suiuis des Herauts & de leurs poursuiuans, & apres eux treize pages d'honneur montez sur treize cheuaux du Roy, diuersement & tref-richement en harnachez.

A leur queuë les Escuyers d'Escuirie montez aussi sur cheuaux du Roy, portans les Marques & Enseignes de guerre de sa Maiesté, l'vn le Manteau Royal, l'autre le Chappeau, l'vn les Gantelets, & l'autre l'Armet, couuert du mantelet Royal de velours bleu, semé de fleurs de Lys d'or, fourré d'hermines mouchetées, & couronné d'vne Couronne close. Car c'est la verité que les Roys de France, allans en guerre portoient anciennement à l'entour de leurs Heaumes, au iour des batailles, vne Couronne, & tout au feste vne fleur de Lys à quatre quarres, afin que de tous les quartiers qu'on la verroit elle retint la forme de fleur de Lis. Et pource que ces

Habillemens de guerre du Roy, portez par ses Escuyers.

Hh iiij

grands Princes des Lys és iours des batailles vouloient paroiftre, & faire fçauoir qui ils eftoient, voire remarquer leurs perfonnes en plein cóbat, c'eft la verité que leurs heaumes eftoient couronnez. Monftrelet le dit en ces parolles, *Pothon de fainčte Treille portoit le heaume du Roy fur vn bafton contre fa cuiffe, lequel heaume eftoit couronné d'vne moult riche Couronne, & fur le milieu de ladite Couronne, auoit vne double fleur de Lys.* Et au chapitre 148. du premier volume, parlant du Roy d'Angleterre eftant en bataille, *Le Duc d'Alençon* dit-il, *le ferit de fa hache fur fon armet, & luy abbatit vne partie de fa Couronne.* Ce que i'allegue, pour monftrer que les Rois d'Angleterre ont voulu imiter nos Monarques en leurs Ornemens de guerre auffi bien qu'en ceux de Paix, entre lefquels eft la main de Iuftice, dont nous auons parlé au Traité precedent, & au Difcours de la Iuftice.

Heaumes des Rois de France couronnez en bataille.

Les Marefchaux de France vont apres richement armez, & parez d'eftofes precieufes: à la fuite defquels tiennent leur rang à pied, les Sommeliers d'armes du Roy. Suiuant iceux eft le Cheual de fa Majefté, entierement couuert d'vn grand capparaçon de velours azuré, femé de fleurs de Lys d'or, trainant en terre, lequel porte au cofté droict de l'arçon de fa felle la maffe Royalle, & de l'autre part l'Eftoc, & eft ledit Cheual mené par deux Efcuyers d'Efcuyrie, allans à pied ainfi qu'il eft de couftume.

Cheual de Parade du Roy.

Le grand Efcuyer de France marche apres, ar-

de la France, Liure II. 489

mé & monté sur vn autre cheual du Roy, couuert de mesme capparaçon, que celuy de parade, *Espee de*
lequel porte en escharpe l'espee de parade de sa *Parade du*
Maiesté, comme le tesmoigne Monstrelet, quand *Roy.*
parlant de Poton de saincte Treille, il dit, *Le Sire*
de saincte Treille grand Escuyer d'Escurie du Roy, & du
Bailly de Berry, lequel estoit armé tout à blanc, & mon-
té sur vn grand Destrier, pareillement couuert & enhar-
naché de veloux asuré à grands affiches d'argent doré,
lequel portoit en echarpe la grande Espee de parement du
Roy. Tout le pommeau, la croix, la blouque, le mor-
guant, & la bouterolle de la gaine estoient couuerts de
veloux azuré, & par dessus semez de fleurs de Lys
d'or.

Le Connestable de France paroist consecutiuement sur son rang, tenant l'espee de Connestable nue en la main, & vestu de precieux habille- *Espee de*
mens tous semez d'espees nues, & de fourreaux *Connestable*
& ceintures de velours bleu, enrichies de fleurs
de lis d'or, qui sont les deuises & marques des
Connestables. Car quand ils sont esleuz, le
Roy leur presente de sa propre main vne espee,
laquelle ils portent tousiours depuis en toutes
festes & pompes honorables au deuant de sa
Maiesté. Ainsi apres la bataille d'Azincourt le
Connestable d'Armagnac receut l'espee de la
propre main du Roy. Et Monstrelet parlant du
Comte de sainct Paul, premier volume, dit ainsi.
Et là tantost apres comme Cheualier sage, discret, & de
grande prudence, & digne de remuneration, fut par le
Roy, & par son Conseil esleu & commis Connestable de
France, & là luy fut baillee l'espee, en faisant par ledict

Comte le serment, de bien & loyaument exercer ledit office, duquel fut deposé, & iugé comme indigne, Messire Charles d'Albert.

Et fait icy à noter que le Maistre des ceremonies, ayant à l'entree de la ville disposé chacun selon son ordre, estant suiuy de deux Archers de la garde, va çà & là pour faire entretenir ledit ordre.

Habillemēs des Roys à leur entree. Ainsi la Maiesté du Roy precedee par tous les dessusdits marche en Habillemens Royaux, souz vn Ciel de velours bleu semé de fleur de Lis d'or à franges de mesme. Et premierement quant aux Habits, ils sont longs & pacifiques, comme ceux qui ont plus de splendeur & d'autorité. Car le Iournal d'vn homme d'Eglise Parisien, qui a escrit depuis l'an 1409. iusques à l'an 1449. parlant de l'entree du Roy dans Paris, dit, *qu'il estoit vestu d'Escarlate comme les Presidents de la Cour de Parlement.* Maistre Alain Chartier en dit autant en sa Chronique: Et certes bien à propos. Car il est certain que l'habit donné par les Roys à Messieurs de Parlement, (i'entens de Messieurs les Presidens) estoit le vray habit dont estoient vestues leurs Maiestez. Et cest habit leur a esté donné, afin qu'estans habillez comme les Roys on creust que les Arrests qu'ils donnoient estoient Arrests de Roys, & eussent pareille autorité que ceux qui estoient prononcez par les Roys. Monstrelet aussi dit du Roy Charles huictiesme, que faisant son entree à Naples. *Il estoit vestu d'Escarlate.* Mais ces Roys en telles solennitez, ont leur Couronne sur la teste, qu'ils n'ont voulu donner à porter à ces Presidents, & se la sont reseruée, pour ne la communiquer à personne qu'aux Roynes leurs Espouses. Car Froissard parlant de la Royne Isabeau de Bauiere, femme de Charles sixiesme, faisant son entree à Paris. *Ils tenoient en leurs mains*, dit-il *du preuost des Marchans, & Escheuins, vne tresriche Couronne d'or, garnie de pierres precieuses, & la mirent sur le chef de la Royne, laquelle elle donna à nostre Dame de Paris.* *Roynes Couronnees à leurs entrees.*

Pour le regard du Ciel ou Daix, le Preuost des Marchands, auec les plus anciens Escheuins l'apportent & mettent sur la teste du Roy. Ainsi le dit Monstrelet, second volume, où il escrit que, *les Preuost des Marchands & Escheuins apporterent vn Ciel d'azur semé de fleurs de Lys d'or, & le mirent & porterent parmy la ville par dessus le Roy.* A l'entree du Roy Charles septiesme. *Si mirent iceux Preuost & Escheuins vn Ciel bleu, couuert de fleurs de Lys d'or, & le porterent tousiours apres par dessus le chef du Roy.* Et à celle de la Royne dans Marseille, *quatre Consuls de la ville luy presenterent auec les Clefs vn Poisle de drap d'argent, souz lequel elle fut conduicte au Palais.* *Ciel sur la teste des Roys à leur entree.*

Voire estoit ce Poisle ordinairement acompagné de torches & flambeaux allumez, pour confirmation que la Maiesté des Roys n'est iamais sans quelque splendeur, & lumiere. L'addition de Monstrelet l'asseure disant, que le Roy de Portugal faisant son entree à Paris, durant le Roy Louys XI. comme il fut au bout du Pont nostre *Torches allumees à l'entree des Roys.*

Dame, vers le marché Palu, cinquante torches allumees, l'accueillirent, & le conduisirent auec le Poisle iusques en son Hostel, rue des Prouuaires. Et le fortifie l'ordre, gardé à l'entree de la Royne dans Lyon, laquelle ayant entendu les bonnes affections, dit l'Histoire, & veu les belles troupes de la ville, entra par la porte qui reçoit les Dauphins. Elle passa aux flambeaux, parmy les cris d'allegresse de tout le peuple. Façon à la verité

Feu porté deuant les Roys & Princes.

fort anciéne & pratiquee parmy plusieurs autres Roys & grands Princes ausquels on faisoit cet honneur, de porter du feu deuant eux. Ie dis honneur, pource que comme Dieu vouloit du feu tousiours, & de la lumiere dans son temple: Aussi les Princes qui sont enfans de Dieu appellez Anges & Saincts en l'Escriture, c'est à bō droit qu'on tient des flambeaux allumez deuant eux, & sur tout aux Solennitez & magnificences publiques de leurs Maiestez. Ainsi dans le Liure de Iudith, il se lit qu'Holoferne fut receu auec lampes ardentes en plusieurs lieux. *Vne si grande fraieur saisit ces Prouinces là, disét les mystiques paroles de ce liure, que les Princes, & honorables Seigneurs auec le peuple de toutes les villes, allerent luy faire la reuerence à son arriuee, l'accueillans auecque Couronnes & flambeaux, dançans au son du tambour & de la fluste.* Iules Cesar au iour de son Triomphe Gaulois, *Fut conduit au Capitole,* dit Suetonius, *auecque des lumieres, quarante Elephans portans des lampes allumees à dextre & à senestre.* Et fut ceste coutume retenue par ses Successeurs, que tousiours on portoit du feu deuant leurs Maiestez. Car aux Portraits de l'Empereur Eraclius, où il est posé dans son char Imperial, auec la pomme d'or en la main étoffee de la Croix, il y a vn nombre de lampes qui sont peintes. Et ceux qui depuis cent ans ont trauersé iusques en l'Ethiopie racontent que ceux qui vont saluer le grand Negus, autrement Prestejan, qui est le Roy ou Empereur de ces contrees, le trouuent resident sur vn haut lit magnifiquement paré, où il est assis auec force aureillers de soye, & à l'entour force flambeaux, n'estant iamais, voire en plein midy, & aux plus chauds iours d'Esté, sans l'assistance de plusieurs sortes de lumieres. A quoy ie ioindray ce qu'Oliuier de la Marche dit de l'Empereur Sigismond, qu'estant venu voir le Duc de Bourgongne, on fist vn grand festin, où ledict Empereur dança, mais qu'on luy portoit deuant luy deux torches. D'où est venu en France le branle que nous nommons, *le branle de la torche.* *Branle de la torche.*

Mais pour renouer le fil de mon discours, le *Roy ainsi hautement & richement vestu, comme bien luy apparrient* (c'est ce que disent nos Historiographes François du haut & magnifique appareil de ces grands Monarques) a deuant luy ses laquais, & apres eux ses Escuyers d'Escuyrie, sans les deux qui menent son Cheual de Parade: puis en queuë l'vn de ses Porte-manteaux, & deux Huissiers de sa Chambre, tous precieusement vestus selon leur qualité. Autour de sa personne sur les deux costez sont à pied les 24. Archers de la garde de son Corps, auecque leurs hallebardes & hoquetons faicts d'orfeurerie, à la deuise de sa Maiesté: & à sa dextre vn peu derriere marche Monsieur le grand Chambellan, à gauche le premier Chambellan, & à sa suite les Princes du sang, & autres Princes & grands Seigneurs de sa Cour.

En cette pompe & magnificence bien ordonnee, il entre en la ville par la porte S. Denys, souz vn riche Ciel, porté premierement par quatre Escheuins de la ville iusques deuant l'Eglise de la Trinité: & de là iusques deuant l'Eglise de S. Leu, S. Gilles, par les quatre Gardes de la Draperie de ladite ville, seconds en ordre: qui le mettent és mains des quatre Maistres Espiciers, lesquels le portent depuis icelle Eglise iusques à S. Innocent: où les Merciers le reçoiuent, & depuis le deliurent aux Pelletiers, qui s'en aquitent iusques deuant le Chastelet: & la les Bonnetiers le viennent prendre, pour en faire leur deuoir par le Pont nostre Dame iusqu'à sainct Denys de la Chartre: où ils le deliurent aux Orfeures, qui le portent iusques à nostre Dame, en laquelle il entre pour faire ses prieres, ainsi qu'il est de bonne & louable coustume, suiuy seulement des Princes & Cheualiers de l'Ordre, & au sortir lesdicts Orfeures le reprennent, & marchás par la rüe de la Calendre, le rendent dans son Palais, qu'il trouue paré & acoustré non seulement de belles & riches tapisseries, mais aussi d'autres singularitez infinies.

Ciel par qui porté sur nos Roys, à leurs entrees.

Et croy qu'anciennemét à ces Entrees les Roys tenoient leur Tinel, c'est à dire Cour ouuerte, faisoient honorable feste en boire, mágers, ioustes, dances, feux, & autres esbatemens, & defonçoient les muids de vin par les rues, comme en vne ioye publique, ainsi qu'il se lit dans Monstrelet quand

Cour ouuerte aux entrees des Roys.

il parle de la venue du Roy d'Angleterre en France, qui espousa Madame Catherine de France, fille du Roy Charles VI. C'est au Liure premier, où il escrit telles solennitez fort particulierement en ces termes. *Et tindrent à ce dit iour lesdits Roys & Royne noble Cour, & large, & tous leurs Anglois qui estoient là venus à ceste feste, & le peuple de Paris en grand nombre allerent audit Chastel du Louure, pour voir lesdits Roys & Roynes d'Angleterre seans ensemble, en portans Couronnes : mais les peuples, sans estre administrez de boire, & de manger par nuls des Maistres d'Hostel de leans, se partirent contre leur Coutume, dont ils murmurerent ensemble. Car au temps passé quand ils alloient en si hautes solemnitez à la Cour de leur Seigneur le Roy de France, estoient administrez des Gouuerneurs de boire & de manger en sa Cour, qui estoit à tous ouuerte. Et là ceux qui se vouloient seoir, estoient seruis tres-largement par les seruiteurs du Roy, des vins & viandes d'iceluy.* Et au Traité de la Reconciliation de ceux de Gand au Duc de Bourgongne, *Le tout fut par eux accepté à si grande ioye, que ce fut vne grande merueille, car ils firent allumer des feux, & permirent que les gens du Duc entrassent en la ville, & au banquet fait apres la reconciliation en l'Hostel de la ville du Duc de Bourgongne, & disoit on que ledit banquet seroit à tous venans, & comme Cour ouuerte, & qu'il cousteroit plus de dix mille escuz.*

Le mesme Autheur parle du vin publiquement espandu, quand le Roy Charles sixiesme & la Royne Isabel de Bauiere sa femme, vinrent à Paris, *Tout le iour*, dit-il, &

toute la nuict, découloit vin en aucuns carrefours abondamment par robinets d'airain, & autres conduits ingenieusement faicts, afin que chacun en prinst à sa volonté. Voire quelquefois ils donnoient de l'hypocras. Car ainsi escrit le mesme Monstrelet à l'entree de Charles VI. Il y auoit, dit-il, dessouz l'echafaut vne fontaine jettant hyppocras, & trois Seraines dedans, & estoit ledit hyppocras abandonné à chacun. Et à l'entree du Roy Louys XI. il dit ainsi. En la rue sainct Denys estoit vne fontaine, qui donnoit vin & hypocras à ceux qui boire en vouloient. Le Roy remonta à cheual, & s'en alla au Palais, où tout estoit tendu, & paré moult noblement, & tint là Cour planiere. Et pour le regard des tournois & ioustes, cela est si vulgaire qu'il n'est besoin de tesmoignage, pour en asseurer la verité. Ie diray seulement ce que celuy, qui a escrit la vie d'Henry II. rapporte à ce propos, que le 16. iour de Iuin le Roy fist son Entrée magnifique à Paris, & y ouurit vn Tournoy, pour donner du passetemps aux Dames.

DE L'HABIT

DE L'HABIT DES ROYS
DE FRANCE AVX FESTES
plus solemnelles.

Et comme ils les celebroient auec vn haut & magnifique Appareil.

TRAITTE' IIII.

IL est vray que les Grandeurs esleuees sur les autres perdent beaucoup de la reuerence qui leur est deue, & rabaissent & rauallent leur Autorité quand elles paroissent trop souuent. Mais comme i'ay de-ja dit plusieurs fois, il y a des occasions où il faut faire voir la Maiesté du prince au Throne de sa gloire, & en son Appareil plus magnifique. Et rarement a bien pris à ceux qui ont tousiours voulu demeurer retirez, comme resueurs & melancoliques entre l'Oratoire & l'Autel de Numa. Nos Roys de la premiere race tenans leur veuë si rare à leurs sujets que nul pour grand qu'il fust ne les voyoit sans l'auoir long temps poursuiuy comme vne extreme faueur : ne se

Roys doiuent faire paroistre leur grandeur en quelques occasions.

monstrans, di-je qu'vne fois l'an comme les Assiriens, & non encore en leurs Orněmés Royaux, ils furent incontinent mesprisez de leurs sujets (ausquels il n'y a rien qui plaise tant, ny qui tant les contente, que de pouuoir contempler leurs Princes en la Gloire de leurs Maiestez,) & tost apres depouillez de leur Royaume. C'est pourquoy ceux de la seconde lignee, qui ont faict voir qu'il appartenoit aux Roys de France de regner aussi bien, & plus heureusement que les autres Roys, obseruerent ceste coustume mieux que Princes de leur temps, de paroistre aux festes solennelles en leur Pompe Royalle, & ont faict que tous ceux qui ont auec la plume combatu le temps pour l'immortalité de leur gloire, en ont faict le mesme iugement. Ils faisoient tousiours, s'il estoit possible leurs festes solennelles és grandes villes, pour donner exemple de deuotion à leurs suiets, & paroissoient lors en Habillemens Royaux, tant au diuin seruice de l'Eglise qu'au disner, tenoient Cour ouuerte, & leur Tinel, qu'ils appelloient, comme en vne ioye publique, & dressoit-on des tables par les ruës, où il s'asseoit qui vouloit, & estoit-on seruy aux despens du Roy. Et finalement apres les festes commençoient leurs Parlemens, où ils receuoiét les hommages de leurs vassaux en leurs Lits de Iustice, & distribuoient le droit à qui le demandoit. Il n'y a rien si frequent en nos Histoires que tout cela. Nous parlerons de la belle Solennité de ces festes au present Traité : Et au suyuant nous depeindrons la pom-

de la France, Liure II.

pe & magnificence de leurs Maieſtez tenans leur Parlement.

Qu'ils fiſſent donc leurs bonnes feſtes aux grandes villes, & les celebraſſent Royallement & auec grandes ſolemnitez, les teſmoignages en ſont communs dans tous les Eſcriuains de l'Antiquité. Monſtrelet, *Les Roys*, dit-il, *celebrerent chacun en droict ſoy Royallement la ſolennité de la Pentecoſte.* Et parlant du Duc de Bourgongne, *Item, apres que le Duc de Bourgongne eut ſolemnellement celebré la feſte de la Natiuité noſtre Seigneur à Arras.* I'adiouſteray du Roy Robert vn tiltre de l'Abbaye ſainct Denys, afin de monſtrer qu'il promiſt deſormais ne celebrer les feſtes ſolemnelles à ſainct Denys, pour ne donner empeſchement au ſeruice des Religieux. Car il dict, *Nous donc qui auions couſtume de tenir noſtre Cour audict Chaſtel, afin de ne donner plus de trouble ny d'empeſchement au ſeruice que les Religieux d'icelle Egliſe font à l'honneur de Dieu, & de noſtre glorieux protecteur & patron ſainct Denys: par le conſeil & aduis des Archeueſques, dont nous auons ſouſcrit les noms, il a pleu à noſtre Sereniré, que dés à preſent, & cy apres, nous, ny aucun de nos Succeſſeurs ne preſumerons en façon quelconque, tenir noſtre Cour ſolenne audict Chaſtel, pour y celebrer les feſtes de Noel, des Roys, de Paſques, & de la Pentecoſte.* Ce que faiſoient auſſi les Roys d'Angleterre Chreſtiens, qui celebroient toutes ces bonnes feſtes ſolemnellement

Feſtes annuelles Royallement celebrees par nos Roys.

& en magnifique appareil en leurs Chasteaux, comme il se void en Froissard, quand parlant du Roy d'Angleterre il dit, *Si vint tenir le Roy sa feste à à Vvindesore, & fut la grande quantité de Barons, & ses oncles.* Et le mesme. *Le Roy tint sa feste tres-solemne à Vvestmonstier le iour de Noel, qu'on dit en France le iour des Calendes.* Mais pour reuenir à nos grands Princes, Monstrelet parlant du iour de la Toussaints, *Pendant lesdits apointemens, faicts entre les gens du Roy, & lesdits Anglois, solemnisa le Roy la feste de la Toussaints, audit lieu de saincte Catherine, à grand ioye.* Comme aussi Brito au Liure premier, *Desia le premier iour de Nouembre tant desiré de chacun estoit venu, lequel sanctifié de longue ancienneté en memoire de tous les SS. est encore marqué d'vne beaucoup plus auguste & sureminente saincteté, maintenant que le genereux Roy des Lys oingt de l'huile celeste, resplendist & respand par tout les raions eclatans de son honorable Maiesté.* Et bien à propos, *resplendit*, pource qu'en telles solennitez, ils se reuestoient de leurs habits Royaux, pour paroistre dauantage, & monstrer en vn rayonnant appareil la splendeur & le lustre de leur gloire. Ainsi Charles le Grand dit Tegan, *le premier Dimanche se vestit d'ornemens Royaux, & mist la Couronne sur sa teste, & marchoit moult hautement & richement vestu, comme bien luy appartenoit.* Et son fils Louys le Debonnaire, *ne se couuroit iamais de draps d'or, ce dit sa vie, sinon aux grandes festes, à la façon de ses deuanciers: & ne vestoit ces iours-là autre chose qu'vne chemise & des chausses brodees d'or, portant à son costé vne ceinture & vne espee toutes raionnantes d'or, des botines dorees, vn manteau tout broché d'or, vne Couronne d'or resplen-*

Habits de nos Roys aux festes solennelles.

dissante sur sa teste, & vn Sceptre d'or en sa main. Où l'Escriuain n'a pas couché sans sujet, à la façon de ses deuanciers, ou predecesseurs. Car c'est la verité que cette coustume a esté en pratique, aux Roys mesmes de la premiere lignee, & aux premiers Roys d'icelle, comme l'escrit de Clouis, vn docte personnage de ce temps en ces termes. Il publia vne solemnelle Magnificence aux François, lesquels s'estans assemblez en grand nombre dans l'Eglise S. Martin, il s'orna des augustes presens que l'Empereur Anastase luy auoit enuoyez, à sçauoir de la Tunique, du Manteau Royal, & de la Couronne d'or enrichie de pierres precieuses: Solennité qui parut si belle à toute la France, que depuis la feste de son Christianisme, il n'auoit point rayé de semblable clarté sur ses yeux.

Et suiuant cet vsage, l'habit de Charles le Chauue est ainsi descrit és Annales d'vn incertain Auteur, estant de retour d'Italie en France, auoit accoustumé d'aller en l'Eglise aux Dimanches & iours de festes, vestu d'vne Dalmatique qui descendoit iusqu'aux talons, ceint par dessus de son espee, & couuert depuis la teste iusqu'aux pieds d'vn long manteau de velours, ayant la Couronne sur le chef.

Ces grands Princes donc alloient à l'Eglise ainsi parez de leurs Ornemens Royaux, & au retour se rendoient à leur palais, où ils tenoient leur Tinel, ou Cour ouuerte à tous allans & venans, comme tres-bien nous l'apprend Froissard en ces parolles, *Le Roy de France alla tenir son Estat au Palais, & demeura là iusques au iour de S. Thomas ensuyuant, où il celebra moult solennellement la feste de la Natiuité nostre Seigneur. Et est à sçauoir que ledict iour se seoit le Roy à table à disner. Le Roi assis au milieu*

Cour ouuerte aux festes solennelles.

de la table, moult noblement orné, & vestu d'habillemens Royaux. Estoient pour ce iour venus devers le
Roy, & à son mandement grande quantité de Princes:
c'est à sçauoir le Roy de Nauarre, les Ducs de Berry, de
Bourgongne, de Bourbon, de Brabant, le Duc Guillaume
Comte de Haynau, le Duc de Lorraine, Louys de Bauiere
frere de la Royne, & bien dix-neuf Comtes, & plusieurs autres, iusques au nombre de dix-huict cens Cheualiers, sans les Escuyers, ayans acompagné les Princes.
Aussi estoit ce aux festes principales de l'an,
comme en plusieurs autres solennitez, que se
faisoient festins publics, où l'on donnoit à manger au peuple au Royaume de France. Monstrelet parlant des Ambassadeurs d'Angleterre, venus à Paris, *Le Roy de France*, dit-il, *fist vne honorable
feste dedans Paris, en boire, māger, ioustes, dances, &
autres esbatemens.* Et le Registre du Parlement,
quand il parle du Concile de Pise, où les deux
Anti-papes furent demis, *Cedit iour fut faicte
moult grande & ioyeuse feste par toute la ville, tant
en feux, que mangerie.* Ce qui se faisoit par nos
Roys à l'imitation de ceux de Iudee, & depuis
des Cesars & Empereurs Romains. Car il se lit
en la Bible au second Liure des Roys, que Dauid en vne feste solemnelle, ayant sacrifié, distribua à chacun du peuple, *des eschaudez, ou pains
faicts en triangle, & de la chair pour manger.* Et Iules Cesar, qui par profusion, vouloit s'obliger le
peuple Romain, luy faisoit des banquets publics
d'vne despense immense. Et depuis luy Auguste, & ses Successeurs, comme Septimius Seuerus, lesquels donnoient de l'huyle, du vin, &
autres choses necessaires à la vie, à fin de se con-

cilier l'amour de leurs fuiets, qu'ils prenoient par la bouche, comme l'on prend les poiſſons par l'ameço. Ce qui a touſiours, & par vne louable couſtume, eſté pratiqué, à fin d'vnir le peuple au Roy, ainſi que les pieds à la teſte, pour affermir le corps politique, & le lier par vne gracieuſe, voire neceſſaire correſpondance.

Ii iiij

DE L'HABIT DES ROYS
DE FRANCE EN LEVR
Lit de Iuſtice.

Et quel eſtoit le magnifique appareil de leurs Maieſtez, tenans leurs Parlemens.

TRAITE' V.

Ous auons monſtré au precedent Traité, comme les Roys de France faiſoient touſiours anciennement, s'il eſtoit poſſible, leurs feſtes ſolemnelles és grandes villes, pour donner exemple à leurs ſuiets. En ceſtuy-cy nous traiterons comme apres les feſtes ils commençoient leurs parlemens, & tenoient leur Lit de Iuſtice en toute pompe & magnificence, accompagnez de leurs pairs, & reueſtus d'habillemens Royaux, pour faire eſclater par tout les raions reſplandiſſans de leurs grandeurs, & les ſplendeurs rayonnantes de leurs gloires Royalles.

Et premierement quant aux Pairs, ils estoient toufiours auec nos Rois aux entrees de leurs Parlemens, à la reception des hommages qui se rendoient à leur Couronne, & à la distribution de leur Iustice, non seulement pour leur aider de Conseil, mais aussi pour monstre de leurs Majestez. *Pairs de France assistoient les Rois en leur siege de Iustice.*

Il y a à Bruxelles entre les belles & riches tapisseries des Ducs de Bourgongne (qui venus d'vn enfant de France, ont donné aux Pays bas les Ornemens de grandeur qu'ils ont encore auiourd'huy: & les Pays bas où nos Princes ont commandé, ont receu d'eux de grandes & hautes marques d'excellence) il y a di-ie vne particuliere tapisserie où le Roy de France est pourtraict assisté de ses Pairs, & tenant son lict de Iustice: ayās estimé les Princes voisins, que ceste action honorable de nos Rois ainsi hautement assistez, meritoit bien d'estre mise en Pourtraiture, & en tapisserie, comme vne chose des plus celebres qu'ō puisse voir. Car tout ainsi que le Roy tenoit le premier rang d'honneur en ses Parlemens, aussi estoit-il assisté de plusieurs grands Princes & puissans Seigneurs, que depuis nous auons appellé Pairs ou Peres de France, à l'imitation des Patrices qui furent sous les Empereurs, auec lesquels estoient plusieurs Conseillers & Assesseurs, tant Barons, que Prelats. Et pour autant qu'en ces Assemblées ne se traitoient ordinairement que causes de grands poids, pour celles qui se presentoient communement en la Cour du Roy, l'on auoit de coustume d'employer non seulement quelques Seigneurs de sa suite, qui estoient du *Pairs pourpourquoy ainsi nommez.*

corps du Parlement, mais les Rois mesme donnoient souuentefois audience aux parties, assistez de ces Seigneurs lesquels pour authoriser dauantage leurs Cours, ils appellerent Pairs, & leur donnerent voix en leurs iugemens. Froissard au liure premier, chapitre septante. *Quand Monsieur Charles de Blois*, dit-il, *qui se tenoit à cause de sa femme estre droit hoir de Bretaigne, entendit que Monseigneur Jean le Comte de Mont-fort conqueroit ainsi par force le pays, & les forteresses qui deuoient estre siennes par raison, il s'en vint à Paris complaindre au Roy Philippes son oncle. Le Roy Philippe eut conseil à ses douze Pairs, quelle chose il deuoit faire, si luy fut conseillé qu'il falloit que le Comte de Mont-fort fust mandé & adiourné.* Et ailleurs. *Adonc le Comte de Flandre fist hommage au Roy, presents les Pairs qui là estoyent, de la Comté d'Artois, & le receut à homme.* Et à la plaincte du Connestable de Clisson, le Roy luy dist, *Je manderay incontinent nos Pairs de France & regarderay quelle chose sera bonne à faire.* Voire se trouue que l'an mil cent vingt & deux. *Jean Roy d'Angleterre fut appellé par Philippe Auguste à la Cour des Pairs, & condamné, pour auoir tué un prisonnier de sa propre main.* Et durãt le regne de Philippe Auguste Mõstrelet dit, *que par iugement des Pairs de France, la Normandie comme confisquée luy fut adiugée sur le Roy Iean d'Angleterre.*

Pairs des Rois d'Angleterre. Et est à noter que les Rois mesme d'Angleterre auoient leurs Pairs à l'imitation de ceux de France, mais au nombre de cinq seulement qui n'estoit compagnie suffisante pour iuger en dernier ressort, & de la vie des grands. Ce que côfirme Froissard au 4. volu. *Le Roy, dit-il, parlant de Henry de l'Enclastre, retourna en la Sale pour disner & fist la premiere table du Roy. La seconde des cinq Pairs d'Angleterre. La tierce des vilains de Londres.* Le mesme Autheur au premier volume fait vn chapitre, qui est le deux cens quarante & sept. *Comme le Roy de France enuoya adiourner le Prince de Galles, par vn appel en la Chambre des Pairs, contre les Barons de Gascongne.* Et auparauant souz le Roy Philippes de Valois le Comte de Mont-fort fut adiourné au Parlement des Pairs à la requeste de Charles de Blois, auquel depuis la Duché de Bretagne fut adiugée. *Les Pairs de France,* dit encore Froissard parlant des masles de Philippes le Bel, *ne donnerent point le Royaume de France à leur sœur qui estoit Royne d'Angleterre, pourtant qu'ils vouloient dire & maintenir, & encore veulent, que le Royaume de Frãce est bien si noble, qu'il ne doit mie aller à femelle, ny par consequẽt au Roy d'Angleterre son aisné fils. Car ainsi comme ils veulent dire, le fils de la femelle ne peut auoir droit ne succession de par sa mere, venant là où sa mere n'a point de droit. Si que par telles raisons les douze Pairs de France, & les Barons donnerent de leur commun accord le Royaume de France à Monsieur Philippes, nepueu iadis du beau Roy Philippes de Frãce.* Et ailleurs, *que les douze Pairs furent appellez pour estre presents à l'hõmage du Roy d'Angleterre, qu'il fist de la Duché de Guienne.* Par deuant lesdits Pairs fut adiourné le Connestable de Clisson. Et mesmes au procés du Duc d'Alençon, on inthima au Duc de Bourgõgne de s'y trouuer auec les autres Pairs de France.

Cour des Pairs.

Le Parlement est la Cour de ces Pairs, d'autant qu'ils en sont la plus noble partie, de laquelle le tout prend à bon droit sa denomination. C'est leur conclaue, leur Pretoire, le propre siege de leur dignité si eminente, & si inuiolable, que ce qui concerne la vie, l'honneur ou l'estat d'vn Pair, ne peut estre agité ailleurs qu'en ce mesme Senat garny des autres Pairs, & le Roy y seant.

Vn Pair ne peut estre iugé que par la Cour des Pairs.

Vn Pair ne peut estre iugé que par le Roy & par les Pairs, mais le Roy ne s'y trouue point, quand il est partie, & que l'accusation du Pair regarde sa personne, son honneur, ou son Estat. Charles cinquiesme voulut estre Iuge auec les Pairs du crime du Duc de Bretagne, & Charles septiesme du Roy de Nauarre. Les Pairs protesterent que le Iugement leur appartenoit, & demanderent acte de la protestation, qui fut ordonnée, & non expediée.

Le Roy estant partie ne peut iuger auec ses Pairs.

Aussi est-ce contre la loy naturelle que quelqu'vn soit Iuge & partie, & si les Rois s'y trouuent, ils n'y ont point d'opinion : les iugements se donnent par les Pairs. Et l'exemple de cecy se trouue en l'Arrest de Pierre de Dreux Mauclerc Comte de Bretagne accusé de rebellion, & de Robert Comte d'Artois, accusé de faux, le Roy Louys neufuiesme n'ayant voulu opiner contre celuy-là, ny le Roy Philippe le Bel contre cestuy-cy. On trouue toutefois qu'au procés de Iean Duc d'Alençon l'an mil quatre cens cinquante sept, la Cour remonstra au Roy Charles septiesme, qu'il ne pouuoit estre iugé de leze Majesté, sinon en la presence du Roy, & des pairs de France.

Et encores que l'ordre ancien des pairs soit

auiourd'huy en plus grand nombre que de la premiere inſtitution, parce que de ſix Pairries layes les cinq ſont reunies à la Couronne, la ſixieſme n'obeiſt plus au Roy : ſi eſt-ce que les nouueaux créez iouyſſent de pareils priuileges & prerogatiues que les douze anciens, & le dernier quoy que ſupernumeraire ne doit eſtre iugé que par les Pairs, peut aſſiſter au iugement d'vn autre, & y auoir autant de voix que le Duc de Bourgongne, qui eſt le Doyen des Pairs. Les femmes meſmes dont les terres ſont erigées en Pairries, ou qui les tiennent par ſucceſſion, y peuuent aſſiſter. Mathilde ou Machaud Comteſſe d'Artois pair de France, fut appellée, & dit ſon opinion auec les autres Pairs au iugement de Robert Comte d'Artois, lequel condamné par contumace en l'an mil trois cens vingt & neuf, ſe retira en Angleterre vers le Roy Edouard. Et la Ducheſſe d'Orleans s'excuſa enuers le Roy Charles cinquieſme, de ce qu'elle ne ſe pouuoit trouuer au iugement du procés de Iean de Mont-fort Duc de Bretagne. Mais ſi les Pairs adiournez ne veulét comparoir, on ne laiſſe de paſſer outre. La forme de l'adiournement ſe fait en deux Lettres patentes. Par les premieres le Roy adiourne le Pair à ſe trouuer en ſon Parlement, ou au lieu où ſe doit iuger le procés. Par les ſecondes il eſt mandé à quelque officier du Roy cóſtitué en dignité, comme vn Maiſtre des Requeſtes de l'Hoſtel, vn Conſeiller en Parlement, vn Bailly ou Seneſchal, de preſenter les premieres au Pair parlant à ſa perſonne, ou à ſes officiers. Ainſi ces années paſſées les Pairs de France furent appellez & aſſignez au iugement

Pairs nouueaux iouiſſent de pareils priuileges que les anciens.

Pairs cõme ſont adiournez à comparoir.

du procés du Duc de Biron Pair supernumeraire, la Baronnie de Biron ayant esté erigée en Duché & en Pairrie par le Roy. Mais les vns pour estre parés ou suspects, les autres pour leur absence ne comparurent point.

Pairs de France pour quoy tant recommendables. Voila donc comme ces Ducs & Pairs de France ont esté de longue ancienneté en tres-grand credit, & comme ils ont eu les premieres seances aux Parlemés, & generales Assemblées, qui se tenoient par nos Rois. Et ce qui les a rendus si recómendables, & plus que tous les Pairs des Iustices des Rois voisins, ont esté deux choses. La premiere, les Arrests admirables, & pleins de Sapiéce que donnoiét nos Rois en leurs iugemets. Car toute la terre les a trouuez merueilleusement iustes & sages. Et cóme il y a vne herbe nommée Potamétis, de laquelle dés qu'ó a tasté, on est tout transporté. Aussi ayant gousté les fruits de ceste Iustice, tout le monde en est deuenu amoureux. La seconde raison est l'authorité & dignité de ces Pairs de France, qui estoiét des Seigneurs de haute & grande excellence: & qui plus est, nourris en crainte de Dieu, & appris à toute sagesse & prudence.

Habits Royaux de nos Rois, en leur lit de Iustice. Et quát aux Rois, il est croyable, que lors qu'ils tenoient ainsi leur Parlement, ou Lit de Iustice, ils estoiét vestus de leurs Habits Royaux, la Couronne en teste, & le Manteau long, & semé de fleurs de Lys, le Sceptre en vne main, & la main de Iustice en l'autre; comme le porte le grand seel de France, qui est la vraye representation du Roy tenant sa Iustice.

La premiere presomption qui me dóne creance de cest vsage est qu'encore auiourd'huy quand ils tienent leur Lit de Iustice, ils ont quelques restes de la grandeur de ces premieres ceremonies.

La seconde est des anciénes Peintures & Tapisseries, où le Roy rendant Iustice est reuestu de ses habits Royaux.

La troisiesme, que Monsieur du Tiller en ses Memoires a representé plusieurs figures de nos Rois assis en leurs Chaires en habits Royaux, ayás souz leurs pieds des Lyons pourtraicts, que ie pense estre la representation des Rois tenans leur lit de Iustice. Car ils vouloient par ce Lyon figurer que la force ployoit en leurs iugements souz la raison, comme vne esclaue souz sa maistresse. Ce que la nature nous enseigne, qui a logé en l'hóme la raison, au plus haut estage du corps, qui est au chef, où elle est cóme en vne tour haute, esleuée sur le reste du bastiment, & ayant souz elle les passions, ausquelles elle doit, & luy appartient de commander.

La quatriesme presomption qui me fait croire que nos Rois en leur lit de Iustice estoient en leur haut appareil, c'est que les esprits des Rois de France, ont esté tels, qu'il n'y a eu Roy, qui ait approché de leur grandeur, laquelle ils ont tousiours voulu faire paroistre.

La cinquiesme c'est le passage de Iob, qui tesmoigne cet vsage entre les Rois de s'habiller de leurs habits Royaux, voulans rendre Iustice, disant que la Iustice dót il procedoit au iugemét de ses suiets estoit plus belle, & plus resplendisante, que les precieux habits dont il estoit vestu. Et dans Esaïe, *Je me resiouïray au Seigneur, & mon ame fondra en liesse deuant mon Dieu, pour ce qu'il m'a paré du vestement de salut, & m'a vestu des habits de Justice.* A quoy i'adiousteray aussi que les Rois des Perses rendant la Iustice estoient vestus de precieux Ornemens pour dôner plus de lustre à leur dignité, & à leurs iugemens, & toute leur Cour n'estoit que magnificence. Voire les poëtes Payens qui n'ont veu que l'ombre de la Iustice, disent que les Rois, qui la distribuoient à leurs suiets, auoient d'autres habits que les vulgaires.

La sixiesme & derniere raison est, qu'en tels actes, qui sont les premiers entre les actions des Rois, il estoit raisonnable de faire paroistre la grâdeur de leurs Maiestez, autant par l'ornement externe que par les vertus qui luy soient en leurs esprits. Aussi que ces habits resplendissants dont ils se vestoient, apportoient honneur & splêdeur à leurs personnes, & ornement à la Iustice qu'ils rendoient.

Lit de Iustice, ou Throne des Rois de France.
Le Roy donc ainsi Royallement orné & habillé, accompagné de ses Pairs, entroit en son Lit de Iustice, & se seoit dans son Throne, ou siege Royal. L'Auteur de la vie d'Henry deuxiesme, le declare quand il dit que *les ieux (de son entrée) finis, il alla tenir son Siege, & seoir en son Lit de Justice au Parlement, où il presida, auec les Princes & Pairs du Royaume, suiuant la coustume obseruée par ses predecesseurs.* Car il n'y a rien si frequent en nos Histoires, que cela. Lors que le Roy Charles septiesme condamna

damna le Duc d'Alençon, Monstrelet dit, *s'en-suit le diction du Roy, qui fut leu illec, en presence, le Roy seant en son siege iudiciaire, par la bouche de son Chancelier.*

Et vn peu deuant parlant du iugement de ce Duc, escrit, *qu'il fut condamné comme criminéux de leze Maiesté en la ville de Vendosme, le Lit de Iustice illec seat*, où il l'appele Lit de Iustice, auecque Froissard & tous les anciens Escriuains, se fondant peut estre sur le Ciel, qui est tendu sur la teste du Roy, & sur les aureillers sur lesquels sa Maiesté se repose comme dans son Lit. Le mesme autheur au 30. chapitre de son volume, Le Roy, dit-il, *fut en presence au Conseil, & les Princes, & fut en siege Royal.* Et parlant de Charles VII. *Ils entrerent en la Salle où le Roy estoit assis en sa Chaire richement ornée, parée de drap d'or, ceux de son Conseil auec luy.*

Nos anciens Rois se sont quelquefois contentez de Chaires tapissées de fleurs de Lys, dans lesquelles ils se seoyent. Car ils n'ont pas desiré coustumierement beaucoup de grandeur, & n'ont voulu paroistre si grands en dignité comme en vertus, Mais encore que la terre ne voye point vne plus grande Majesté entre les hommes: toutefois quand il s'est presenté vn iour pour paroistre, ils n'y ont rien espargné. Lors qu'ils rendoient Iustice ou qu'ils vouloient receuoir quelques Insignes Ambassades, ou de pays lointains, ou de leurs voisins, ou quand ils ont voulu se monstrer en vne celebre iournée, c'est lors qu'eux & leur Siege, ou Lit de Iustice ont esté magnifiquemét parez comme

Throne de nos Rois magnifiquement paré.

Kk

quand on demãde vengeance de la mort du Duc d'Orleans, il est dit, *que le Roy demeurant en son Palais vint en la Chambre du Parlement, qui estoit noblement preparée, & seit de sa personne au Siege Royal. Et depuis. Le Duc d'Aquitaine representant la personne du Roy, estant en habit Royal en la grand Salle du Louure.* Monstrelet depeint toutes ces augustes solemnitez fort particulierement au premier volume chap. 59. en ces mots. *En suiuant les besongnes dessusdites, le Roy auec la Royne & en sa compagnie le Duc d'Aquitayne leur fils, apres qu'il eut tenu plusieurs conseils sur les affaires & regimes de son Royaume, fist vn certain iour ordonner en la salle du Parlement dudit Palais, vn siege Royal, de grande magnificence, & là par luy mandez & appellez plusieurs grands Seigneurs, Prelats, Clergé, & autre populaire, qui là fut assemblé, le Roy en habit Royal seant audit siege, & au plus pres de luy estoit le Roy de Nauarre, le Cardinal de Bar, & à l'autre costé estoit son fils le Duc d'Aquitaine, & le Duc de Berry auec les autres Ducs & Comtes, seans tous par ordonnance és autres sieges, & pareillement les Prelats, le Clergé, & la Cheualerie, auec grande multitude d'autres gens, qui estoient chacun selon son estat.* Et de là nous apprenons qu'à la prononciation des Arrests, & actes honorables ils estoient non seulement en leurs Thrones vestus de leurs habits Royaux, & assistez de leurs Pairs, mais aussi des Princes, Ducs, Comtes, Barons, Prelats & autres grands Seigneurs de France, tant d'Eglise, que Laiz. Dequoy nous auons encore d'autres exemples dans les vieux Autheurs. Car Froissard parlant de l'Arrest donné contre Messire Pierre de Craon, monstre comme la prononciation d'iceluy fut faite en telle magnificence. Voicy ce qu'il en dit au quatriesme volume, chapitre 70. *Or fut le iour determiné & nommé que les Seigneurs du Parlement rendroient leur Arrest. Car ia estoit-il tout escrit, determiné, & clos, iusques à tant que les choses dessusdites fussent en l'estat où elles estoient. Et au iour que les Seigneurs du Parlement rendirent leur Arrest, y auoit vn grand nombre de nobles du Royaume de France, afin que la chose fust plus authentique, & y estoit la Royne de Sicile, & de Hierusalem, Duchesse d'Aniou, Comtesse de Prouence, & son fils Charles, Prince de Tarente, & Jean de Blois dit de Bretagne, Comte de Pontieure, & de Limoge, les Ducs d'Orleans, & de Berry, & de Bourbõ, le Comte de Brienne, l'Euesque de Lyon. Et d'autre part Messire Pierre de Craon.*

Il y a autre prononciatiõ d'Arrest, contre Messire Oliuier de Clisson, Connestable de France, qui est aussi memorable. *Apres auoir esté appellé,* dit-il, *à l'huys de la Chambre du Parlement, & publiquemẽt à la porte du Palais, & aux degreZ, & à la porte de la Cour du Palais (car ce sont les vieilles formes) il fut condamné à estre banny à tousiours de France, & condãné en cent mille marcs d'argẽt pour extorsions faites en son estat de Connestable, & demis d'iceluy sans iamais y rentrer. A ceste sentence fut mandé le Duc d'Orleans, & n'y voulut estre, mais les Ducs de Berry & de Bourgongne y furent, & grande foison de Barons du Royaume de Frãce.*

En la prononciation aussi de l'Arrest contre le Duc d'Alençõ à Vendosme, *Le Roy,* dit-il, *fut en personne, en si tres-noble estat, que noble chose estoit à regarder, & si y comparurent tous ceux qu'il eut mandeZ, ou procureurs pour eux. Et lors que ledit iour fut venu, &*

K k ij

que tous cōparurent deuant luy, & qu'ils n'estoient illec que deux Pairs tēporels, c'est à sçauoir le Roy, & les Procureurs d'iceux nōmez pour le Duc Philippes de Bourgōgne, le Roy de son autorité, constitua Pair le Duc de Bourbon, & le Comte de Foix, le Comte de la Marche, & le Comte d'Eu. Et se trouue mesme dans Monstrelet que, le 11. May ont esté assemblez entre la Sale du Palais & la Chambre du Parlement, & les grandes Galleries, par bas, au grand Preau, premierement le Roy, Messieurs le Roy de Sicile, les Ducs de Berry, de Bourgongne, & plusieurs autres Seigneurs Ducs, Comtes, & Barons, Cheualiers, Escuyers, Bourgeois, Archeuesques, Euesques, Abbez, Prelats, Religieux, Clergé, & par special l'Vniuersité, & proposa Messire Iean Courtecuisse Maistre en Theologie publiquement contre le Pape Benedic qui auoit excommunié le Roy, & tous ses adherens.

Voila donc comme les Rois en personne, à la façon de tous les Rois de la terre, distribuoient la iustice à leurs suiets, Voila les habits qu'ils portoient, & le Throne où ils se seoient en habits si insignes. *Parlement Sedentaire.* Mais apres auoir fait le Parlement Sedentaire à Paris, pour estre le Lit de la Iustice de France, & le vray siege de la Cour des Pairs, ils choisirent gens pleins de Religion, de bonnes *Presidēts & Conseillers.* mœurs, & de conscience, ennemis de toute auarice & ambition, & comblez de science, pour exercer dignement les charges de Iuges, & iuger leur peuple auec droiture & equité, ausquels premierement ils donnerent de bons & suffisans gages, pour l'honorable soulagement d'vne charge si grande, & desquels gages ils se deuoient contēter sans prendre riē d'aucunes personnes que de leurs Maiestez.

Ils leur quitterét apres leur maison, & ce Palais *Palais con-*
Royal, tel que nous le voyós encore; basty & edi- *sacré par*
fié souz Philippe le Bel, par Messire Enguerrād de *nos Rois à*
Marigny: Palais qui en edifice & singularité d'Ar- *la Iustice.*
chitecture est encore auiourd'huy censé & repu-
té l'vne des plus belles & superbes besongnes,
qui soient au monde.

Et encore n'ōt ils estimé estre assez de les loger,
si pour les honorer dauantage, ils ne leur essent
baillé leurs vestemēs pour estre respectez & auto-
risez, cóme si c'estoiēt leurs personnes, & tous les *Habits*
ans leurs dōnoiēt des robbes neuues, pour nous *Royaux des*
apprendre que ce Parlement receuoit de leurs *Presidents.*
mains le vestement d'honneur, qui le defendoit
de toute sorte d'iniure, & qu'ils se dépouilloient
pour le vestir. Dans l'Escrit. sainte, le Roy Assue-
rus demandant à Aman quelle chose il falloit faire à celuy qui auroit sauué le Roy d'vn insigne
dāger, pour grandemēt l'honorer, *Celuy* dit Amā,
que le Roy *desire honorer, doit estre vestu des Habillemēs*
Royaux, monté sur vn cheual de l'Escuyrie du Roy, *&*
prendre le Diadesme Royal sur son Chef. Et fut vn insigne honneur à Helisee d'estre couuert & honoré du manteau d'Helie. Mesme S. Hierosme tiēt
à grand honneur que Nepotian luy eust laissé sa
chappe, dont il faisoit sacrifice à l'autel, & chātoit
la Messe. Toute la secularité est pleine des exēples
de ceux qu'on a honorez par les habits. Vous ne
voyez qu'habits qui sont dōnez, en Homere par
Priā à Achilles, vous ne voyez qu'habits qui sont
dōnez par Enee à Euander, & par Andromache à
Enee. Pour vn singulier presēt du Roy des Perses,

Kk iij

c'est qu'il donne le droit à Demarathus de porter le bonnet pointu comme luy. Et Plutarque recite en la fortune d'Alexandre que Darius donna droit à Bagoas, de porter vne robbe & bonnet semblables à la siéne. Voire ce Medecin qui guarit vn Roy Persien est mis à sa table, & honoré de ses habits.

Il est dit és sacrez cayers pour vn honneur insigne que, *Saul vestit Dauid de ses habillemens.* Dans Comines, le Roy Louys XI. faisoit habiller ses plus loyaux seruiteurs de mesmes drap que luy. Et Froissard au quatriesme liure dit que, *le Duc de Turaine auoit pour lors tellement à grace Messire Pierre de Craon, qu'il le tenoit pour son compagnon, & le vestit de mesme drap que luy.* Ainsi les Rois de France n'ont fait vn petit honneur à Messeigneurs de parlement que de leur donner leurs habits, ceste magnifique courône, ie dis ce mortier de velours à tout son cercle d'or, antique, mais superbe Diadesme des premiers Rois de France, ceste robbe de pourpre Tyrienne, dont ils paroissent encore auiourd'huy reuestus & parez en leur plus haut appareil, au lieu de la Tunique des payens à teste de cloux dont les Senateurs vsoié: ce manteau d'escarlate agrafé de boutons d'or, fourré d'hermines, pour signe de Royauté, au lieu de la trabée, de cet ancien vestemét des vieux Rois de Rome.

Que ces habits fussent habits de Roy, Monstrelet le dit au liu. 3. de son histoire en ces mots. *Messire Jean Juuenal des Vrsins Chancelier estoit lors vestu en habits Royaux, & auoit Robbe, Manteau, & Chapperon d'escarlatte, fourré de menu vair, & sur chacu-*

ne de ses espaules rubens d'or en trois proufils de lettres. Quant à l'escarlatte il n'estoit loisible à personne aucunement de s'en parer, qu'à ceux à qui le Prince vouloit faire cest honneur, comme peut estre à Pierre de Fonte-ville dans Monstrelet, lequel *portoit vne escharpe, & vn manteau d'escarlate pourpre aussi fourré d'ermines*. Et comme nos Rois l'ont communiquée à Monseigneur le Chancelier, Chef de la Iustice de France, l'œil sacré de sa gloire, sa main, ceste main de Iustice, son Lys le plus flairant, son plus doux nourrisson, sa fidelle creature. Ils l'ont aussi communiquée à Messeigneurs de la Cour, faisans leur Parlement sedentaire. Car le mesme Monstrelet parlant de l'entree du Roy Henry d'Angleterre à Paris, *vint*, dit-il, *Maistre Philippe de Moruilliers, premier President, en habit Royal, & tous les Seigneurs de Parlement vestus de longs habits de vermeil*. Et pour le regard des Rubens, combien que ç'ait esté vne coustume entre nos Rois d'auoir plusieurs personnes habillez comme eux, d'autant qu'ils font coustumierement cómunication de leurs habits à leurs amis : Ils ont toutefois voulu auoir quelque marque particuliere, par laquelle ils eussent quelque prerogatiue sur les autres, & pour estre recognus pour Rois se sont reseruez ces trois boutons, que Monstrelet appelle rubens, & qu'ils ont depuis communiquez à Messieurs les Chanceliers, & premiers Presidéts, ainsi qu'ils se voyent encore figurez en leurs sepultures. Mais la façon a changé d'autant qu'ils ne se portent plus que sur l'espaule dextre, & se voyent encore auiourd'hoy aux Audiences & actes publics sur les Robbes de Messieurs les premiers Presidents aux Parlements. Froissard en parle, & les fait porter aux Chevaliers d'Angleterre, à l'imitation peut-estre de nos Rois, qui les ont ainsi liberalement donnez aux chefs de leur Iustice. Car il dit ainsi au 4. volume. *Le lendemain le Duc de Lenclastre les fist tous Chevaliers à la Messe, & leur donna longues cottes vertes à estroites manches, fourrees de menu vair en guise de prelats, & auoient lesdits Chevaliers sur la senestre espaule vn double Cordeau de soye blanche, à blanches houpettes pendantes.* Voire il les donne aux Roy, Ducs, Comtes, & Barons en vn autre lieu, où il vse de ces mots. *Et peu apres s'en retourna la procession en ladite Eglise, & le Roy ensuyuant apres, & tous les Seigneurs auec le Roy, & les Ducs, Comtes, & Barons, auoient longues houppelandes d'escarlatte, & longs manteaux fourrez de menu vair, & grands Chapperons aussi fourrez en celle maniere: & tous les Ducs & Comtes auoient trois honobles de menu vair assises sur l'espaule senestre d'vn quartier de long, ou enuiron, & les Barons n'en auoient que deux, & tous autres Chevaliers & Escuyers, auoient houppelandes fourrees de liurées, & estoient d'escarlatte.* Par où il se void que ces boutons estoient diuers. Car les vns les auoient de soye blanche, les autres de menu vair: les vns les portoient plus longs, & les autres plus courts. Mais les Rois de France les ont portez en or, & les ont donnez à leurs Chanceliers & premiers Presidents, n'y ayant qu'eux en la Cour à qui ces ornemens appartiennét. Ainſi à l'entree d'Henry II. Les quatre Presidents eſtoient reueſtus de leurs chappes d'eſcarlatte, leurs mortiers en la teſte en la maniere accouſtumee: ayant Monſieur le premier Preſident, ſur l'eſpaule gauche de ſa chappe, trois petites bandes de toile d'or pour la difference des autres Preſidents.

Et quant aux fourrures, Meſſieurs de la Cour ne portoient point de draps de ſoye au Parlemét, & dehors ſeulement les plus grands, encore rarement, mais ils vſoient de robbes de laines, c'eſt à dire de draps, qui eſtoient fourrez. Car les fourrures lors eſtoient fort eſtimees, tãt aux hommes de qualité, qu'aux femmes.

Fourrures des habits de Meſſieurs de la Cour.

Monſtrelet parlant de la belle Agnez. *Elle auoit eu au ſeruice de la Royne toutes plaiſances mondaines, comme de porter grands & exceſſifs atours, des robbes fourrees, & des colliers d'or.* En vn autre lieu, *En ceſte annee delaiſſerent les Dames & Damoyſelles les queues à porter en robbes, & en ce lieu mirent bordures à leurs robbes de gris, fourrees de letices de martres, de veloux, & d'autres choſes.* Et où il parle de la iouſte du Seneſchal de Hainault, contre Iean de Cornuaille Anglois, il dit. *Il y auoit deux pages apres luy couuerts d'hermines.* Voire c'eſtoit l'acouſtremét des Roys, Ducs, & plus grãds du Royaume. Le meſme Auteur parlant du Duc de Sombreſſet. *Eſtãt au Palais à Rouen, eſtoit le Duc veſtu d'vne martre ſublime, & ſur la teſte vn chapperõ de velours vermeil, fourré de pareilles martres.* Et de Pierre de Touteuille. *Il eſtoit,* dit il, *armé tout à blanc monté ſur vn grand Deſtrier, couuert & enharnaché de velours aʒuré à grandes affiches d'argent doré, & ſur la teſte vn chapeau pointu deuant, de veloux vermeil, fourré d'hermines.*

lequel portoit en echarpe vn manteau d'Escarlate pourpre, aussi fourré d'hermines. A l'entree du Roy Charles VII. à Rouen. *Le Comte de Dunois son Lieutenant general monté sur vn destrier couuert de veloux vermeil, vestu d'vne iaquette de velours vermeil, fourré de martres, & auoit ceint vne moult belle espee, garnie de pierreries, de diamans, rubis, balais, prisee à quinze mille escus.* Et à l'entree du Roy de Portugal à Paris. *Issirent hors pour aller à luy les Preuost des Marchands, & Escheuins de ladicte ville, qui pour ladicte venue furent vestus de robbes de draps de damas blanc & rouge, fourrees de martres.*

Aussi portoit-on les chapperons fourrez, à la façon que le Recteur, & les Procureurs des Nations les portent encore de present : car ce sont les restes des habits du temps passé. Et les auoient Messieurs de la Cour en toutes magnificences du Parlement, afin d'estre honnestement vestus, & dignes d'vne si digne action qu'est la distribution de la Iustice. Mesme les Aduocats : car ainsi le tesmoigne Messire Iuuenal des Vrsins parlant de l'entree de Sigismond en ce Palais Royal en ces termes. *Il vint à la Cour qui estoit bien fournie de Seigneurs, & estoient les Aduocats bien vestus, & en beaux manteaux & chapperons fourrez.*

Chaperons fourrez.

Ie ne parleray dauantage icy de ces fourrures: car i'en ay discouru au Traité des Sacres. Seulement ie diray que les manteaux des premiers Presidents estoient fourrez comme ceux de nos Roys, & que Froissard appelle ceste fourrure, *menu vair*, qui estoit le mot du temps, pour la varieté d'icelle. Car c'estoient petites pieces de peaux de diuerses couleurs qu'ils cousoient, &

& en faisoient des fourrures, ou plutost c'estoiét des hermines marquetées de blanc & de noir, telles qu'on les void encore auiourd'huy à leurs manteaux, & aux Aumusses des Chanoines.

Auant ce Parlement sedentaire, le Throne de nos Roys tenans leur lit de Iustice, n'estoit qu'vne Chaise haut esleuee, où leurs Maiestez estoient assises. Ie l'ay amplement monstré cy dessus, & adiousteray encore ce que dit Mostrelet parlant de l'accord faict à Chartres entre le Duc de Bourgongne, & les enfans d'Orleans, *qu'on auoit esleué vne grande aisselee au Roy dessouZ le Crucifix à la grande Eglise de Chartres, qui estoit en échafaut où le Roy seoit en sa Maiesté.* Le Parlement faict sedentaire on en fist vn Throne haut esleué en la grand Chambre du Parlement, où le Roy se sied, & à costé de luy ses Pairs tant Ecclesiastics, que seculiers. Lequel Throne est fixe & perpetuel en ladicte Chambre, à l'exemple de celuy qu'Auguste fist bastir en son Palais, & dont la description est au cinquiesme Liure de Vitruue.

Throne de nos Roys fait perpetuel au Parlement.

Ce Tribunal quand le Roy n'y est point, n'est paré que de Tapisseries ordinaires de fleurs de Lys. Quand il y est, il y a vn grand drap de velours asuré semé de fleurs de Lys d'or, qui sert de dossier à son Throne, & coulant par dessouz les oreilliers où il sied, vient à descendre par les degrez, & s'auance bien auant dans le parquet, & faict vne magnifique apparence de siege. Ainsi le Tribunal des Roys Payens estoit tout tapissé de pourpre, comme il se void dans Athenee. Voicy de ce Siege, ce qu'en dit Monstrelet discourant du temps qu'on demanda iustice de la mort du Duc d'Orleans. *Le second iour enſuyuant le Roy de France demeurant en ſon palais, vint en la Chambre du Parlement, qui eſtoit noblement preparee, & ſied de ſa perſonne en ſiege Royal*, auquel lieu en la preſence des Ducs & Princes Royaux, auec pluſieurs Nobles, le Clergé, & le peuple, par ſon Conſeil fiſt vn Edict.

Daix du Siege des Preſidents.   Et quant au Ciel ou Daix qui ſe void encore en la grand Chambre du Parlement, c'eſt vn Daix de drap d'or traict, auec les deuiſes de Port'eſpic, & ce mot, *Vltus auos Troiæ*, qui monſtre que c'eſt du Roy Louys XII. lequel ayant emporté le deſſus en la bataille de Rauenne & vengé les torts faicts aux François en Italie, priſt ceſte deuiſe. Car les anciens François ont touſiours penſé qu'ils eſtoient deſcendus des Troyens, & n'y a eu vieil Auteur François qui ne l'ayt laiſſé par eſcrit. Et le ſuiet pour lequel ce Daix du Roy Louys XII. eſt poſé ſur ce Throne, c'eſt que d'ordinaire il alloit en la grand Chambre du Playdoyé, oyoit les cauſes, & faiſoit prononcer les Arreſts par la bouche de Monſieur le Chancelier, ou du premier Preſident. En ce Tribunal alloit le Roy quelque-fois, pour aſſiſter aux cauſes, & ſa Maieſté repoſoit quelquefois en cet auguſte domicile de la Themis Françoiſe, en ce redoutable lit de Iuſtice, deſſouz ce Daix tant honorable, ie dis en ceſte Chambre de qui les planchers ſont dorez, & les ſacrez aureillers remplis de fleurs de Lys. Quelquefois auſſi il y alloit pour faire l'ouuerture du Parlement, & y ſeoir en ſon haut appareil, ainſi que faiſoit ſouuent le Roy Henry ſecond, la vie duquel adiouſte ces de la France, Liure II.

mots à ce propos. *Les anciens Roys de France estoient soigneux & ordinaires à ouyr les plaintes de leurs suiets. Depuis quelques centaines d'annees s'en sont fiez à leurs officiers, & voyẽt par les yeux d'autruy, presque en tous affaires, ce qui soulage le peuple, & faict regner Justice & pieté.*

Le Siege donc du Roy est au Palais fort esleué, comme bien luy appartient, & n'y a rien de plus sublin. Les autres Sieges s'abaissent tousjours du sien d'vn degré & plus, de sorte que s'il y a des Roys, comme de nostre siecle, on y a veu le Roy de Poulongne, & auparauant les Roys d'Armenie, d'Escosse, de Portugal, de Cypre, de Sicile, de Hierusalem, & autres, ils sont d'vn degré ou de deux, & autres de trois plus bas que luy. *Siege du Roy au Parlement.*

Et quant aux Empereurs, lors que nos Roys les ont introduits en ce lit de Iustice, ils n'ont voulu s'y trouuer, ains par vne grace & courtoisie Françoise, leur ont donné leur siege, & les ont voulu laisser en leur maison, pour y auoir l'autorité en leur absence. Ainsi Messire Iuuenal des Vrsins parlant en son Histoire de l'entree de Sigismond Empereur au Parlement, *Il vint,* dit-il, *à la Cour, qui estoit bien fournie de Seigneurs, & estoient tous les Sieges d'en haut pleins, & les Aduocats, bien vestus, & en beaux manteaux & chapperons fourrez. Et s'assit l'Empereur au dessus du premier President, où le Roy s'asseoit quand il venoit, dont plusieurs n'estoient pas contents, & disoient, qu'il eust bien suffi qu'il se fust assis au dessouz des prelats, & à costé d'eux.* *Lit de Iustice cedé aux Empereurs par nos Roys.*

D'où ie recueille qu'en ce consistoire du Prince, chacun pour l'honneur d'iceluy, ou des Roys auquels il y permettoit l'entree, deuoit estre honnestement paré & habillé.

Monstrelet le dit parlant du Roy de Portugal venu en France. *Et premierement fut mené en la Cour de Parlement qui fort triompha à ce tour: car toutes les Chambres y furent tendues & parees. Et en la grand Chambre se trouua Monseigneur le Chancelier Doriole, Messigneurs les Presidents, Prelats & Conseillers, & autres Officiers tous honnestement vestus.*

Sieges des Pairs au Parlement. Aux costez de ce Tribunal sont deux longs Sieges tapissez de fleurs de Lis, auec les cuissins & oreillers, où se sieent les Pairs de France, tant Ecclesiastiques que Laiz, & apres eux ceux que veut le Roy: comme Messieurs du Conseil priué, & Messieurs les Maistres des Requestes, auecque plusieurs Archeuesques, Euesques, & Abbez. Mais le Roy absent, Messieurs les Conseillers y sont assis, lors que l'on tient les Playdoiries, & que l'on iuge les causes à l'Audience. Et ne veux

Roses presentees à la Cour par les Pairs. obmettre que ces Pairs presentent des roses à la Cour, pour honorer sa Maiesté, & son lit de Iustice. Car les fleurs ont esté tousiours vn honneur qu'on a faict aux grands, la part où ils alloiēt & venoient, on leur jettoit des fleurs, & ceux qui alloient au deuant estoient tous couronnez de fleurs. Voire encore auiourd'huy les Papes be-

Roses d'or donnees par les Papes à vne Princesse tous les Ans. nissent tous les ans le 4. Dimanche du Caresme vne Rose d'or qu'ils donnent à quelque princesse: mais ce present ordinaire est pour aduiser ceux qui le reçoiuent, que comme il n'y a rien qui se passe & fletrisse plutost que la rose, ny

rien de plus durable, ny moins corruptible que l'or, il faut croire qu'apres cette vie perissable, caduque & mortelle, on arriue à l'immortalité sans mort ny corruption.

Ie laisse maintenant ce Throne de nos Roys, & le haut appareil de leurs Maiestez en ces actiós publiques de leur Iustice, pour monstrer qu'ils seent aussi en quelque sublimité, tenans leurs Estats, ou receuans les Ambassadeurs des princes estrangers. Quand le Roy tint ses trois Estats en la ville de Tours, il estoit en vne haute chaire, en laquelle il falloit monter trois hauts degrez, laquelle Chaire estoit couuerte d'vn veloux bleu semé de fleurs de Lys en lances d'or, & y auoit Ciel & Dossier de mesme : & estoit le Roy vestu d'vne longue robbe de Damas blanc, broché de fin or de Cypre, bien dru boutonnee deuant de boutons d'or, & fourree de martres sublimes, vn petit chapeau noir sur sa teste, & vne plume d'or de Cypre. Et quand le Roy Henry II. vint auec Monseigneur le Dauphin en la Chambre sainct Louys 1557. Le Roy estoit en la Chaire esleuee de six degrez, & plus haute que celle de Monseigneur le Dauphin d'vn degré, vestu d'vne robbe de Satin noir, fourree de martres, sur sa teste vn bonnet de veloux, auec vne plume rouge papillotee d'or, & portoit le grand Collier de son Ordre sur luy. Le Roy fist luy-mesme sa proposition, & luy respondirent, pour l'Eglise Mósieur le Cardinal de Lorraine: le Duc de Neuers pour les Princes & la Noblesse, & le sieur de Mortier pour le tiers Estat. Voyre de ce temps ont esté veus les Estats tenus à Orleans, &

Habillemés des Roys tenans leurs Estats.

à Blois, où le Roy auoit vn haut & sublime tribunal esleué, & où residoit sa Maiesté en magnifique appareil, parlant à ses Estats.

Ils auoient aussi d'autres Habits que les vulgaires, quand ils donnoient Audience aux Ambassadeurs. Car nous lisons du grand Roy François, que quand quelque Ambassadeur de Princes estranger venoit pour parler à luy, il prenoit sa piece de drap d'or, faicte comme vn corps de saye, & qui s'attachoit par dessouz l'aisselle, afin de paroistre dauantage, & monstrer en vn excellent habit l'excellence de sa vertu & de sa dignité. Et a t'on veu pareillement la legation de Poulongne receuë par le Roy Charles IX. en sa maison du Louure, estant assis en vne Chaire couuerte d'vn grand drap de velours azuré, semé de fleurs de Lys, & le Daix au dessus. Legation aussi excellente & belle, qu'elle estoit nouuelle aux yeux des François. Car il y auoit vn grand nombre des premiers, plus illustres, & plus excellents Princes & Seigneurs dudit pays, qui arriuerent par la porte S. Martin, en des chariots, tels que les Pollaques ont accoustumé de mener. Au deuant desquels furent plusieurs grands Princes & Seigneurs de Frāce, enuoyez par le Roy, auec les Preuosts des Marchands, & Escheuins, & tous ayās esté receuz, furēt logez en la ville, & traitez tant que dura la legation, aux frais & despens du Roy, auec toute somptuosité & magnificence. Et apres s'estre quelques iours reposez, vinrent au Louure magnifiquement vestus à la Pollaque, auec l'arc en la main, & le carquois sur le dos, & montez sur cheuaux capparaçonnez fort superbement,

Habits de nos Roys donnans audience aux Ambassadeurs.

bement, auec force pierres precieuses & perles de haut pris, dont les bardes & brides desdits cheuaux estoient ornees & enrichies, & vinrent pres de trois cens ainsi equipez trouuer le Roy au Louure, qui les attédoit. Et le tambour sonnant entrerent en la maison du Roy, & descendirent vis à vis le grand escalier, où ils monterét. Le Roy estoit assis en sa Chaire, en la salle haute, & vn Daix au dessus de luy, ladicte Chaire esleuee de six marches, & estoit le Roy vestu d'vn habit de drap d'or, à frond cramoisy. L'Archeuesque de Guesne entrant en la salle, luy fist trois grandes reuerences, l'vne à l'entree de la salle, l'autre au milieu, & la derniere au pied du Roy, comme firent les autres Princes & Seigneurs de ladicte legation. Il exposa sa charge en Latin fort elegant, & auec vne grande grace, à laquelle le Roy brieuement respondit, & laissa le reste à dire en Latin par Monseigneur le Chancelier de Birague, & s'en retournerent en leur logis, & depuis en leurs pays.

DES OBSEQVES ET FV-NERAILLES DES ROYS de France.

Et quel est l'Ordre des Magnificences & Ceremonies qui s'y obseruent.

TRAITTE' VI.

Es Grandeurs & les pompes de la Royauté, ne sont pas capables d'empescher que les Princes ne fondent tous dans les cofres de la mort. Les rayonnantes Couronnes, les Sceptres dorez, les precieux Habillements, les Ciels de Lits tous enflez d'or & de perles, & en fin les autres marques & enseignes de Maiesté n'ont aucune vertu de les garder du trespas. Nous voyons que c'est vn arrest signifié au genre humain, & aussi bien aux Princes & aux Roys, qu'aux plus infimes de la commune, qu'il faut mourir, & rendre la vie à celuy qui nous la donnee. Voire c'est vn aduertissement que leur a autrefois donné Solon aux dépens de Cresus, que quelque beau visage que fortune leur face, ils ne se peuuent appeller heureux, iusques à ce qu'on leur ayt veu passer le dernier iour de leur vie, pour l'incertitude & varieté des choses humaines, qui d'vn bien leger mouuement se changent d'vn estat en autre tout diuers. A ce dernier trait se doyuent toucher & esprouuer toutes les actions de nostre vie: C'est le maistre iour, c'est le iour iuge de tous les autres: & c'est le iour, dit vn ancien, qui doit iuger de toutes nos annees passees. *La mort seul iuge de l'heur des hommes.*

Mais sur tous les Princes & Roys de la terre, ceux des Lys ont signalé cette recognoissance, & donné par leur mort, aussi bien que par leur vie, reputation à la gloire de leurs Diademes. Ce sont ces Roys sur lesquels Dieu a versé autant de benedictiós & de miracles que sur ceux des douze lignees de Iacob: & comme on a autrefois escrit pour fortifier le blasme de la Principauté que tous les bons Princes pouuoient estre aisement pourtraits dans le fonds d'vn Anneau, nous le pouuons dire des mauuais Roys de France, auec raisons beaucoup plus iustes & legitimes, tant ils ont tous laissé de bonnes odeurs de leur vie en la memoire de la posterité.

Aussi croy-je à ceste cause, que l'on deroberoit beaucoup à de si grans & de si bōs Roys, & aux plus grās & meilleurs Roys de la Chrestienté, qui les poiseroit sans les Honneurs & grandeurs de leur fin. Car si en la prosperité de leurs regnes, ils ont par tout fait eclater leur gloire par le magnifique appareil de leurs Maiestez, ainsi que nous auōs mōstré cy deuāt: il sēble raisōnable que nous *Honneurs rendus aux Roys de Frāce apres leur mort.*

LI ij

prouuions comme ils en ont pareillement faict luire les raiz & les splendeurs en leurs Obseques & Funerailles, & comme l'appareil a tousiours esté grand & somptueux, pour les derniers offices de leurs Sepultures.

La particularité des Ceremonies, & des magnificences qui s'obseruent en icelles, n'a point d'asseurances que foibles & peu certaines, parce que plusieurs, qui ont eu la charge des Conuoys Royaux, ont par l'erreur du passé, faict de grandes mutations & changemens non seulement és Pompes qu'ils ont augmentees & enrichies, (ce qui est de peu d'importance) mais és formes anciennes & signifiantes, lesquelles pour necessité quelconque ny en quelque occasion que ce fust ne deuoient estre interrompues : pource ie les toucheray toutes en ce dernier Traité, le plus brieuement qu'il sera possible.

Corps du Roy mort enseuely, mis en vne Chambre richement paree.

Soudain apres le trepas du Roy, est pris son pourtrait en cire appliquee sur sa face, pour sur iceluy en tirer l'effigie au vif. Et pendant qu'elle se dresse le Corps enseuely par les Chambellans & Gentils-hommes de la Chambre, mis en cercueil de plomb couuert de boys, & de velours noir croisé de Satin blanc, est porté par les Archers du corps en quelque chambre paree richement, & mis dessus vn Chaslit, ayant soubastemens de drap d'or, & dessus ledit corps vne grande couuerture de drap d'or, trainant en terre sur lesdits soubastemens. Et en ladicte Chambre y a vn Autel paré pour dire & continuer les Messes & Seruices, tant que ledit corps y demeure.

Apres que l'effigie est preparee, elle est posee

en sale tres-richement paree, ayāt tout à l'entour sieges ou formes couuertes de drap d'or raié, sur lesquelles se sieent les Prelats, Seigneurs, Gentils-hommes & Officiers acōpagnans ladite effigie, laquelle est sur vn lit de parement garny d'vne couuerture de drap d'or frizé, trainant de tous costez en terre, bordee de bordures d'hermines mouchetees, passant en largeur ladite couuerture, de deux pieds de large, & est attachee à ladite couuerture, souz ladite bordure de Hollande plus large d'vn pied que ladite bordure.

Lit de parement de l'effigie du Roy mort

Ladicte effigie est vestue, premierement d'vne chemise de toille de Hollande, bordee & faicte à l'esguille de soye noire au collet & aux manches. Par dessus vne camisole de satin rouge cramoisi, doublee de tafetas de mesme couleur, bordee d'vn petit passement d'or. Autour de laquelle Camisole l'on ne void que les manches iusques au coulde, & le bas enuiron quatre doigts sur les iambes, pour ce que la Tunique couure le reste: laquelle est au dessus de ladite camisole, faicte de satin asuré semee de fleurs de Lys d'or à vn passement d'or & d'argent de la largeur de quatre doigts, ayant les manches iusques au coulde. Dessus icelle Tunique est le Manteau Royal, de velours violet cramoisi azuré, semé de fleurs de Lys d'or, de longueur de cinq aulnes, compris la queue. Ledit Manteau ouuert deuant sans manches, doublé de taffetas blāc: le collet rond d'hermines, renuersé d'enuiron vn pied, & les paremens & queue aussi fourrez d'hermines. Au col de ladite effigie sur ledit Manteau est le grand Ordre du Roy, sur la teste vn petit bonnet de

Effigie du Roy mort parée d'Ornemens Royaux.

velours cramoisi brun, & dessus la Courône garnie & enrichie de pierreries. Les jābes sont chaussees de botines de toile d'or trait, semelées de satin cramoisy rouge; & les mains jointes. A l'entour sur le cheuet deux oreillers de veloux rouge cramoisy, faits autour à broderie & pourfilure d'or: sur l'vn desquels à la main dextre est le Sceptre presque aussi long que ladite effigie : & sur l'autre à la main senestre, la main de Iustice ouuerte, le bastō long enuiron deux pieds & demy. Au dessus en haut vn Dercelet tres-riche, & sans aucun rideau autour: & au coing du cheuet du costé droit, la chaise de drap d'or, & dedans icelle vn carreau de mesme: qui sont les marques & Ornemens vrayement Royaux de la Maiesté Françoise, auec lesquels ladicte effigie & le corps sont portez en chariot de Parade en l'Eglise nostre Dame, & de là à S. Denis, comme nous dirons cy apres. Ainsi descrit Monstrelet l'Habit Royal d'Henry de Léclastre Roy d'Angleterre, mort en France au Chasteau de Vincennes, excepté qu'il fait la semblance de cuir bouilly, & non de cire, *Ils auoient faict*, dit-il, *sa semblance de cuir bouilly, peint moult gētiment, portant en son chef Couronne d'or moult precieuse, & tenoit en sa main dextre le Sceptre ou verge Royalle, & en sa main senestre auoit vne pōme d'or & gisoit en vn lit sur le chariot dessusdit, le visage vers le Ciel.* Il decrit aussi le Roy Charles VI. mort en ceste façō, *Le corps estoit sus vne litiere moult notablemēt, par dessus laquelle auoit vn pauillon de drap d'or à vn chāp vermeil d'azur, semé de fleurs de Lys d'or. Par dessus le corps auoit vne pourtraiture faicte à la semblāce du Roy, portāt Couronne d'or & de pierres precieuses moult* riche, tenant en ses mains deux escuz, l'un d'or, l'autre d'argẽt, & auoit en ses mains gãds blancs, & anneaux moult bien garnis de pierres precieuses, & estoit icelle figure vestue d'vn drap d'or à vn champ vermeil, à iustes manches, & vn mantel pareil fourré d'hermines, & si auoit vne chausse noire, & vn soulier de veluel d'azur semé de fleurs de Lys d'or. Amian Marcelin narre la coutume de porter les Empereurs Romains auec leurs acoustremẽs de pourpre à leurs exeques & funerailles. Et celuy qui a escrit la vie de nostre grand Charles, voicy comme il le figure vestu apres sa mort. Son corps fut embasmé, ceint au costé d'vne espee doree, vestu des acoustremens Imperiaux, ayant vn suaire sur la teste, attachee pour estre tenue droicte par vne chaine d'or: lequel suaire couuroit le visage, & par dessus estoit le Diadesme ou Couronne, au dedans de laquelle y auoit de la vraye croix. Fut mis dans la voute du tõbeau, assis en vne chaise doree, tenant en ses mains le liure des quatre Euangiles escrit en lettres d'or: & deuant luy furent posez ses Sceptre, escu, ou bouclier d'or consacrez par le Pape Leon III. Ce faict fut le tombeau seellé. Mais reuenons à nostre effigie.

Au bas & pres du lit est vne scabelle couuerte de drap d'or, sur laquelle est la Croix d'argent doré. Plus bas autre scabelle aussi couuerte de drap d'or, sur laquelle est le Benoistier d'argent doré. Et aux deux costez dudict Benoistier deux autres scabelles couuertes de drap d'or rayé, sur lesquelles sont tousiours assis deux Herauts, & leurs Cottes d'armes vestues, pour presenter l'Asperges aux Princes venans donner de l'eau beniste: car entre tous les Herauts sont departies les heures, afin qu'il y en ayt toujours deux pour l'honneur.

Au fonds de ladicte sale, droit à l'effigie y a vn Autel paré tres-richement, & demeure icelle effigie en ladite sale à la veue commune huict ou dix iours. Pendant lesquels auprés du corps, & ioignant icelle, les formes & façons des seruices Royaux sont entretenues & gardees, tout ainsi qu'il estoit accoustumé faire du viuant du Roy, sçauoir est, la table dressee par les Officiers de fourriere, aux heures de disner & souper: le *seruice de table entre tenus aupres du corps.* apporté par les Gentils-hommes seruants, l'Huissier marchant deuant eux, & à leur suite les Officiers du retrait de Gobelet, qui couurent ladite table auec les reuerences, & essais accoustumez: puis apres le pain defait & preparé, la viande & seruice conduits par vn Huissier, Maistre d'Hostel, Panetier, Pages, Escuier de cuisine, & Garde-vaisselle: la seruiette presentee par ledict Maistre d'Hostel, au plus grand personnage qui s'y trouue, pour essuyer les mains; la table beniste par vn prelat ou Aumosnier; les bassins à lauer presentez à la Chaire dudit Roy, comme s'il estoit viuant & assis: les trois seruices de ladite table continuez, sans oublier ceux du vin, auec la presentatiõ de la Coupe aux endroits que sa Maiesté auoit accoustumé boire à chacũ repas. La fin duquel continuée par dóner à lauer, & les graces dites par ledit prelat ou Aumosnier, cóme de coustume, y joignãt les Psalme & Oraison des Trespassez, assistans à chacũ repas les personnages qui souloient parler ou respondre à telles heures au Roy viuãt, & autres suruenãs tant Princes & Princesses, que Prelats, ou gens de sa maison: puis les viures donner aux pauures.

Seruice de table entre tenus aupres du corps.

de la France, Liure II. 537

Ceste effigie oftée apres ces seruices, on apporte en son lieu le corps du Roy au milieu de la sale, & le met-on sur des Treteaux de hauteur (y compris le cercueil) d'enuiron quatre pieds & demy, couuert d'vn grand Poisle de velours noir trainant iusqu'en terre, marqué au milieu d'vne grande Croix de satin blanc, & sur chacun quartier dudit poisle est vn Escusson aux Armes de France. Les Couronne & Ordre de sa Maiesté autour, & sur ledit poisle de velours, autre grand Poisle de drap d'or frizé, marqué aussi au milieu d'vne grande Croix de satin blanc, les pareilles Armes de France, & plus petites estans sur chacũ bout de ladite croix plus estroite. Au bord & tour dudit Poisle est attaché vne piece de velours violet azuré, & semée de fleurs de Lys d'or, de la largeur dudit veloux : & à icelle vn bord d'vn get d'hermines de quatre doigts de large. Sur lesdits Poisle & cercueil par haut, à la teste, vn oreiller de drap d'or frizé, sur lequel est la Couronne, au milieu des Sceptre & Main de Iustice, le Sceptre à la dextre, & la main de Iustice à la senestre.

Ornēmens du Corps du Roy estant encor en la sale.

Aux pieds sur ledit cercueil la croix d'argent doré, & dessus lesdits corps & cercueil, vn Dercelet de velours noir de fort riche parure. Aux pieds embas vne selle couuerte de drap noir, sur laquelle est le Benoistier, & aux deux costez scabelles basses, couuertes de mesme, sur lesquelles sont assis les deux Heraux vestus de leurs cottes d'armes, & Chapperons en teste, quand on dit les grandes Messes, ou que les Princes & Cardinaux arriuent, pour venir presenter l'Asperges. Pour lesquels Princes & Cardinaux est dressé vn

Sieges pour les Princes & Cardinaux.

banc couuert de drap noir, ioignant lesdits Herauts, où ils se seent durant la Messe, & le seruice.

  Autour du corps ou cercueil y a vne lice ou
barriere peinte de noir. Et toute la sale est entierement tendue en dueil, tant aux costez & fonds,
qu'és formes & sieges qui sont autour, pour asseoir les Officiers assistans au seruice. Au bout de
laquelle y a deux Autels parez, voisins l'vn de
l'autre: sçauoir est celuy de la grande Chappelle
auquel sont dittes les grandes Messes, & celuy
de l'Oratoire, auquel sont dites les basses. A la
grande Messe des Trespassez dite la derniere en
Musique, & à la Messe de l'Oratoire dite par le
Chappelain ordinaire du feu Roy, assistét lesdits
Seigneurs, Gentils-hommes, & Officiers, &
la Garde tous en dueil. Et sont chacun iour lesdits seruices continuez, & souuent le sermon,
iusques à ce que le corps soit transporté pour
luy rendre les derniers offices de la sepulture.

Autels pour dire messes pour le Roy trespassé.

  Cependant le Roy successeur vestu du Manteau Royal de pourpre, ayant le chapperon de
mesme en teste, (duquel máteau la longue queuë
est portée par cinq Princes, & luy conduit par
qui il luy plaist) vient en la Salle, où luy est
presenté par le premier Gentil-homme de la
Chambre le carreau, sur lequel apres deuës reuerences, il s'agenouille, fait ses oraisons, puis
donne de l'eau beniste au corps, auec l'Asperges
à luy presenté par quelque Prelat, auquel l'vn des
Herauts l'a baillé. Quoy fait il se leue, & apres
autres reuerences despouille son Manteau qu'il
donne ausdits Herauts, & se retire.

Habit du Roy succes-seur pẽdant les seruices du defunct.

de la France, Livre II. 539

Et ce Mâteau est de pourpre ou escarlatte rouge, parce que c'est celle proprement que vestent les Rois mesme en temps de dueil, comme les Roynes la couleur tannée. Monstrelet au commencement du deuxiesme volume de sa Chronique, chapitre premier, le dit, parlant du Roy Charles septiesme, portant le dueil du Roy son pere, en ces mots. *Par l'ordonnance de son Conseil, le Roy fut vestu de noir, pour la premiere iournée, & le lendemain à la Messe fut vestu d'une robbe de vermeil.* Mais plus clairement au Couronnement du Roy Louys vnziesme. *Le seruice fait*, dit-il, *tout incontinent le Roy se vestit de pourpre, qui est la coustume de France : pour ce que si tost que le Roy est mort son fils plus prochain se vest de pourpre, & se nomme Roy, car le Royaume n'est iamais sans Roy.* {*Escarlatte dueil des Rois.*}

Le iour des funerailles venu, le corps mort & effigie sont leuez quelquefois par les Hanouards de Paris qui sont porteurs de sel, en vertu du priuilege, qu'ils en ont ; & quelquefois par les Gentils-hommes de la Chambre, & portez en l'Eglise Cathedrale de nostre Dame. La pompe est de la famille du Roy, voire partie de luy, parce qu'elle porte les insignes Royaux. Les Herauts d'armes, les estendards, bannieres du Royaume vont en teste de ce funebre cõuoy, les seruiteurs de la maison, & les Officiers marchét apres en cet ordre. {*Ordre des funerailles du Roy.*}

Le 1. Escuyer trenchant en dueil, porte à pied le Phanon de France fait de velours bleu azuré, semé de fleurs de Lys de riche broderie d'or, couuert d'vn crespe noir, au trauers duquel on voit ledit Phanon. {*Phanon de France.*}

Trompettes & Tabours. Suiuent les Haut-bois, Tabourins, & Phiffres non sonnás, & l'embouchoir de leurs instruments contre bas, le Chapperon auallé, & la teste nuë: les Trompettes, leurs trompettes contre bas, & banderolles déployées.

Armes portées à l'enterrement. Au plus pres d'eux les Escuyers d'Escuirie portans les esperons, les gantelets, l'escu, la cotte d'armes de velours violet à fleurs de Lys d'or, en broderie perlée, le heaume tymbré à la Royale; Et sont lesdits Escuyers vestus de dueil, & leurs montures houssées de velours noir, croisées de satin blanc: Autour d'eux plusieurs pages de ladite Escuyrie vestus en dueil.

Cheual de Parade. Le Cheual de Parade marche apres, houssé & entierement couuert de velours violet cramoisi azuré, semé de fleurs de lys d'or de Chypre depuis les oreilles iusques en terre, mené par deux Escuiers de ladite Escuyre.

Herauts d'armes. Autour dudit Cheual d'vn costé & d'autre bō nombre d'Heraux d'armes à pied, reuestus de leurs cottes d'armes, chapperons en teste.

Espée Royalle. Le grād Escuyer apres, sur vn Coursier houssé & couuert de velours noir, au milieu vne grande croix de satin blanc; l'Espée Royalle ceinte en escharpe, garnie de velours bleu, semé de fleurs de Lys d'or, chapperō en teste, & à ses costez quatre autres Herauts d'armes à pied, accoustrez cōme les precedens.

Effigie portée en chariot parée des Ornemens Royaux. Apres la figure du Roy faite en cire, assise sur le corps mort, en la façon qu'il presidoit en son Lit de Iustice, n'ayant les mains iointes comme elle auoit en la salle, ains tenant à la dextre le Sceptre, & la Main de Iustice à la gauche, portée en vn chariot tiré de six cheuaux, bardez de velours noir, & les Preuost & Escheuins, trois de chaque costé, portans vn Poisle pour couurir le chariot, à l'entour duquel y a des Bannerolles, la grande Banniere de France, de velours cramoisi violet, toute semée de flames d'or, telle, qu'on void encore à S. Denis celle du feu roy Charles dernier, de bonne memoire: & de chaque costé quelques fois les Gentils-hommes de la Chambre, & quelquefois les Archers, & leur Capitaine: mais tousiours autour, deuant, & derriere, & par les flancs, Messieurs du Parlement, pour tesmoignage que le propre office des Rois de France, est de distribuer la Iustice à qui elle appartient, & que s'en estans acquitez durãt leur vie, ils aduertissent leur Successeur d'en procurer la conseruation, voire donnent à cognoistre que par leur mort elle ne perd rien de son lustre: Au plus pres du corps l'Euesque de Paris & le grand Aumosnier. *Banniere de France.*

Vient le grand Dueil apres fait par les Princes de la Couronne montez sur petites mules, les queuës de leurs mãteaux fort longues, & portées chacune par vn Gentil-homme à pied, aussi vestu en dueil. Suyuẽt les Ambassadeurs en dueil sans chapperon en teste: Les Cheualiers de l'Ordre ayans le grand Collier, & chapperõs de dueil, comme tous les Seigneurs venans apres, parmy eux quelquefois les Gentils-hommes de la Chãbre & les Capitaines des gardes & Archers portans auec le dueil leurs hoquetons argentez, s'ils ne sont point autour de la figure. *Grãd dueil fait par les Princes & Seigneurs.*

En l'Eglise nostre Dame est fait le seruice solennel, le soir, & le lendemain matin. Et l'apres- *Seruice en l'Eglise nostre Dame.*

Conduite du Roy mort à S. Denis.

dinée dudit lendemain est le conuoy fait en pareil ordre iusques à la Croix qui panche, appellee la Croix du fien, où le Conuent sainct Denis vient processionellement receuoir les corps & effigie, s'ils sont ensemble de la main de l'Euesque, qui s'en retourne auecque son Clergé, & ledit Conuent les coduit en son lieu iusques dans son Eglise. Et dés l'arriuée de la ville S. Denis, le poisse est porté par les Religieux de l'Abbaye.

A l'entrée de l'Eglise, le corps est tiré hors du Chariot, la figure du Roy mise au Lit de parade auec tous les ornemens Royaux, & le cercueil couuert de velours porté apres le seruice par les Gentils-hommes de la Chabre iusques à la voute ou caue, où il doit estre inhumé. Puis deualé qu'il est en icelle, l'vn des Rois d'armes y descend, & crie à haute voix aux autres Rois d'armes & Herauts qu'ils viennent faire leur office : Ils s'approchent incontinent, & depouillent les cottes d'armes qu'ils mettét sur le tour du bois estant au dessus de ladite voute. Le Heraut qui est dans la fosse appelle les Escuyers l'vn apres l'autre, qu'ils apportent le Heaume, l'escu, la cotte d'armes, les gantelets, les esperós, ce qu'ils font : puis crie au premier Vallet trenchant qu'il apporte le Phanō, Aux Capitaines des Archers de la garde & des deux cens Gentils-hommes de la maison qu'ils apportent leurs enseignes; au grand Escuyer qu'il apporte la grande Banniere : ce qu'ils font : Et finablemét au

Bastons des maistres d'hosteliettez en la fosse du Roy.

Grand Maistre qu'il vienne faire son office : au deuant duquel tous les Maistres d Hostel marchét, & iettent en la voute leurs bastons, & luy le sien. Qoy fait ledit Roy d'armes qui est en cefte caue crie par trois fois, *Le Roy eſt mort*, & que l'on prie Dieu pour ſon ame : & à l'inſtant crie trois autres fois auſſi hautement VIVE LE ROY SVCCESSEVR, qu'il nomme par ſon nom. Puis en crie autant vn autre Heraut du pulpitre de l'Egliſe, & ſoudain les trompettes & tabourins ſonnent, & l'aſſiſtance va diſner.

Lors le grand Maiſtre accompagné des Prelats & Cheualiers de l'ordre vient à l'endroit de la principalle table du Parlement où les Officiers du Roy deffunct ſe ſont aſſemblez, & graces dites declare auſdits Officiers qu'ils n'ont plus de Maiſtre, que chacun ſe pouruoye, & en ſigne de roupture de maiſon rompt le baſton magiſtral. Ce qui me fait ſouuenir de deux Officiers domeſtiques de Charles huictieſme, l'vn Sommelier, l'autre Archer de ſa garde, leſquels à ceſte roupture, ſaiſis de triſteſſe, pouſſerent ſoudainement les derniers ſouſpirs de la vie.

Baſton du grand Maiſtre rompu apres la mort du Roy.

Et ne veux icy oublier la couſtume ancienne de rendre des publics & vniuerſels teſmoignages aux Rois apres leur mort, de leurs vertus. Il me plaiſt qu'en vne ſi ſainte police que la Françoiſe ſe ſoit meſlée vne ſi belle ceremonie à leur mort. Depuis que Philippe le Bel fut par cry public ſurnómé le Catholic, à la pourſuite du Clergé, on tira cela en pratique, & chercha l'on apres le decés de nos Roys dans leur vie paſſée, les plus grandes vertus qui euſſent reluy en eux, pour les en honorer à ſon de trompe, comme nous liſons que Iean fils de Philippes de Valois, fut apres ſa mort enrichi du glorieux

Epithetes d'honneur donnez aux Roys apres leur treſpas.

titre de Bon, Charles cinquiesme appellé le Sage, & le Riche, Charles VI. le Bié-aymé, Louys XII. Pere du peuple, François I. le Clemét, & Zelateur des bonnes lettres, & Héry son fils le Belliqueux. Chose qui se faisoit du commencement sans aucune solennité, par vn taisible consentement de tout le peuple, selon les merites qu'on auoit veu regner en eux. Tant les François se sont pleus de donner en tout temps des preuues, non seulemét de la subiection & obeissance qu'ils doiuent à leurs Princes, mais aussi de l'affection, aussi bien que de l'estimation qu'ils ont aux actions Royales de leurs Majestez.

Voila ce qu'à la gloire de ces grands Monarques, i'ay recueilly sur le sujet des marques plus signalees & belles de leur Grandeur. Et voilà ce que pour signaler leur Grandeur, i'ay recherché touchât les enseignes plus augustes de leur Gloire. Il manque encore vne marque à la perfection de ceste Grandeur, & vne enseigne à la gloire de ceste perfection, que ie veux representer au troisiesme liure de cett' Oeuure entrepris pour magnifier l'honneur d'vne si haute & sacrée Maiesté, qu'est celle des odorans Lys de la France.

FIN DV II. LIVRE.

LA

LA SVITE
MAGNIFIQVE
DE LA MAISON DES
ROYS DE FRANCE: ET
le bel Ordre de
leur Cour.

LIVRE TROISIESME.

PREFACE.

COMME ie ne croy pas que les Empereurs, les autres Rois, ny mesme les grands Turcs ayét des portraits de la Vertu, qui occupent & attirét les yeux des Illuftres à les regarder, pour les admirer, comme ont nos Rois de France. Auſſi n'eſtimay-ie point que leur COVR soit plus releuee & reſplendiſſante de Faces magnanimes, que celle de nos grands Princes.

La renommee des Hiſtoriens preſte ſes aiſles aux eſtrangers, pour voler à les venir voir & co-

Cour magnifique des Rois de Frãce.

Mm

gnoistre : Et la gloire de leurs vertus, qui sont les ames agissantes de toutes les Histoires, conduit les François plus vertueux en leurs Palais, & en leurs Louures, pour y voir les honneurs de leurs Majestez, & honorer le bel ordre des seruiteurs, & Officiers de leur Maison.

Il n'y a rien qui tant contente & plaise aux François, que d'estre cognus, & de pouuoir approcher de leur Prince. Le Roy d'Espagne ayant acheué la conqueste de Portugal, par laquelle il disoit qu'il tenoit en bride la France, l'Angleterre, & l'Irlande, comme de fait incontinent il mōstra iusqu'où pouuoit aller ceste conqueste, il a commencé de ne paroistre plus que comme le feu sainct Elme, qui se relance en la nuée, quand la tourmente est passée : & a gouuerné les Indes Orientales & Occidentales sans bouger de l'Escurial, ausquelles il a esté si bien obey, & tellement redouté, qu'vn seul homme authorisé de ses commandemēs, & d'vne peau de parchemin, y a plus fait que tant de milliers de gens de guerre, & de millions d'or n'ont peu faire ailleurs. Il tenoit sa veuë si rare aux Espagnols, que nul pour grand qu'il fust ne le voyoit, sans auoir long tēps poursuiuy sa veuë comme vne extresme faueur. Il estoit si graue & si seuere, que iamais il ne donna moyen à ses plus familiers de rabattre vn seul point de la crainte & du respect qu'ils luy portoient. La grauité sied tousiours bien à vn Prince, mais ce qui est bon en vn païs pour vn peuple, n'est pas bon en l'autre. Si vn Roy de France traitoit ses sujets cōme cela, s'il se tenoit caché quinze iours à S. Germain, ou à Fontainebleau, on

Le Roy d'Espagne renfermé en l'Escurial.

croiroit qu'il ne seroit plus. Les Rois de la premiere race voulans demeurer retirez, sans se faire voir qu'vne fois l'an, comme les Assyriens, furent incontinét mesprisez de leurs sujets; & tost apres dépouillez de leur Royaume: Les Latins se promirent d'auoir le dessus d'Ancus Martius, quand ils le virent enfermé entre l'Oratoire & l'Autel, comme vn marmiteux & faineant. Et rarement a bien pris aux Princes, de demeurer tousiours resueurs & melancoliques en vne solitude esloignée de leur peuple: si ce n'est à cest Espagnol qui y rendit ses esprits plus libres au maniment des affaires du monde: mais il ne se peut dire sans estonnement. Les François entre tous veulent presser leur Prince, aussi bien en la Paix, comme en la guerre: & se plaisent de voir le magnifique appareil de sa Maison, & le bel ordre de sa suite.

Et quant aux estrangers, leurs Princes mesme, & les plus grands Princes du monde, ont admiré ceste grãde Cour de nos Rois, de ces grands Monarques des Lis; si bié seruis & reuerez de tous: Et se sont souuent esmerueillez de les voir sortir de leurs Louures, entourez de tant de Gardes, de tãt de Seruiteurs & Officiers, de tãt de Princes, Cheualiers, & principaux Seigneurs du Royaume qui les accõpagnent: Et ne les ont veu qu'auec estonnement ore à cheual, ore portez dans leurs Carrosses, où l'artifice & industrie de l'ouurier sembloient disputer la prééminence auec l'or, l'argét, & la soye. Aussi sont-ce des Rois, qui se sont tousiours preparez à leur faire cognoistre, que la Maiesté leur sied bien par tout, & qu'elle est honorée

Cour des Rois de Frãce admirée des estrangers.

par leurs sujets, autrement que les autres Princes.

Vn Prince ne doit perdre aucune occasion qui fasse voir aux Estrangers la grandeur de son Estat, pour en leur donnant sujet de l'admirer, maintenir ses sujets en la reuerēce qu'ils luy doiuent. Vn Roy ne porte pas tousiours la Couronne, le Sceptre, le Manteau Royal, ny ces autres marques de reuerence & de respect que les Romains emprunterent des Toscans, qui les tenoiēt en partie des Roys de Perse & de Lydie. Il n'est pas pour se tenir tousiours en son Throne, & auoir autour de luy toutes les dignitez de l'Empire: mais en la suite de sa Maison, & au magnifique appareil de sa Cour ordinaire, où il va de l'honneur & de la reputation de sa Couronne, il doit rechercher & y apporter tout l'ordre qui peut esleuer & esclairer la grādeur & le lustre de sa Majesté, & la mettre au plus haut étage. Les Rois de France, qui ont fait voir qu'il appartiēt aux François de paroistre aussi bien, & plus Royallement que les autres hommes, ont tousiours obserué cela, mieux que Princes de leur âge, & ont fait que tous ceux qui ont veu la Frāce, en ont fait le mesme iugemēt. Le train, les seruiteurs, les Officiers, le seruice & ceremonie qu'ils ont ordōnées pour leur grandeur, les ont souuent fait pasmer en leurs douces merueilles.

Et nous, qui auons projetté de former vn dessein sur le parfait Tableau de ceste Grandeur Royalle, apres nous estre donnez l'honneur & le bon-heur de faire voir ces magnifiques Salomōs de la France au Throne de leur gloire : nous depeindrons encore icy tout le magnifique appareil de leur Maison, & le bel ordre de leur Cour: ie dis de ceste venerable Cour des Lis, & de la Cour des plus grands & plus glorieux Rois du monde: en laquelle ayants presenté nos vœux à leurs sacrées Majestez, & adoré les plus belles de leurs vertus, nous trouuerons des choses dont la poursuite sera aussi delectable & heureuse, que la prudence de les auoir remarquées, fructueuse & profitable.

DE LA COVR ROYALLE.

CHAPIT. I.

Cour du Prince & sa signification.

ES demeures des hommes signalez de ce têps sont appellées Maisons : celles des Seigneurs qui ont quelque sureminence plus remarquable, Palais : & celles des Princes souuerains, Cours. Et croy-ie que cela a esté introduit, pource que quand on va où les grands Princes habitent, on void leur grandeur en la premiere entrée, sçauoir est en la Court, où la multitude s'arreste, pource qu'il n'y a que les Grands qui montent, ou ceux qui doiuent traiter quelque affaire. Et pource que les Rois reçoiuent & tirent de l'honneur du nombre, & de la qualité de leurs officiers, il est venu en vsage que la Cour signifie semblablement les familles Royalles. Partant quand on dit d'vn Roy, qu'il a vne belle ou grande Cour, on l'entend du magnifique appareil & du bel ordre de sa Maison. Et ce terme ne peut conuenir aux hommes priuez, ny aux Seigneurs

de la France, Liure III. 551

qui releuent & font vaſſaux des Princes fouue-
rains, encore que ceux-là ſoyent riches, & que
ceux-cy ayent grand nombre de ſeruiteurs, qu'ils
ont vne belle Cour, mais vne belle Maiſon ou famille.

Ainſi donc eſt-ce choſe vulgaire en France, que la ſuite du Roy s'appelle Cour : & la
part où eſt le Prince, on dit touſiours que là
eſt la Cour. Ioannes Salberienſis, qui a fait
vn Liure, *des Friuoles des Courtiſans*, prend ce
mot pour ceux qui ſont à la ſuite du Prince.
Et l'on nomme ceux-cy Courtiſans, comme
hommes qui demeurent à la Cour ; combien
que ce nom ne conuient pas proprement aux
hommes d'Authorité, qui ſont au Conſeil, Magiſtrats, ou qui manient les choſes de la guerre,
mais ſeulement à ceux qui ſe pourmenent par la
Cour ; pource que les autres entrent aux Chambres, & aux lieux plus ſecrets. D'où vient que
quand quelqu'vn eſt allé pour ſeruir, ou pour ne-
gotier, ou pour autres affaires, chez le Roy, on dit
qu'il eſt allé à la Cour. Et quant à le prendre pour
le lieu ou le Prince reſide, Virgile le prend en ceſte façon quád il décrit le Palais du Roy Latinus.

Il y a d'autres ſignifications de ce mot, leſquelles ne ſont à rejetter, encore que peu neceſſaires à noſtre deſſein ; mais qui toutefois en tirent l'excellence de leur origine.
Comme quand nous honorons le Parlement
du nom de Cour ; car c'eſt ou bien à cauſe qu'il *Cour pour*
a eſté premierement eſtably au Palais du Prin- *Parlemēt.*
ce, qui a touſiours porté ce titre, & ie dis à
ce Palais, qui eſt auiourd'huy, s'il faut ainſi

Mm iiij

dire, le Temple de Iustice : ou bien c'est à cause du Conseil qui s'y tient, pource que deuant que le Parlement fust sedentaire, c'estoit le Conseil priué du Roy. Et dit Varron fort à propos, qu'il y auoit double Cour en l'ancienne Rome, l'vne où les Prestres s'assembloyent pour tenir Conseil des choses diuines, l'autre où se tenoit le Senat, & s'assembloit pour consulter des choses humaines. Ainsi les Grecs auoyent leur Cour, qu'ils appelloient Prytanee & l'Areopage, où ils exerçoient la Iustice. Et sous les Empereurs, & depuis Constantin le Grand, il y auoit deux Senats & deux Parlemens, l'vn à Rome, & l'autre à Constantinople, l'vn en Orient, & l'autre en Occident, l'vn en la vieille Rome, & l'autre en la Rome neufue : lesquels deux portoient le nom de Cour. Voire la Iustice de sainct Denys est aussi appellée Cour, en vne chartre de Charles le Chauue : Et peut-on encore dire de ceste Cour de Parlemēt, qui est souueraine Cour du Royaume, que c'est la Cour, pource que c'est la Cour des Pairs, que nos feudes appellent *Pares Cortis*.

Cour du Prince appellée Chasteau. Mais pour reuenir à la Cour Royalle, & à la Cour de ces grands Roys de France, c'est aussi l'ordinaire des Courtisans, qu'en quelque endroict que reside le Prince, & en quelque part qu'il fasse son sejour, quand ce seroit aux grottes des Pyrenées, comme le Roy des Bandouilliers : quand ce seroit és pierres des deserts, comme le Roy des Arabes : ou és arenes du Midy, comme le grand Negus

Cour double à Rome.

d'Ethyopie : si est-ce que par vne inclination qu'ils ont naturelle à la gratification des grands, ils l'appellent ordinairement le Chasteau. Et à peut estre Monstrelet touché ceste façon de parler au Liure premier, où il honore le Louure, seiour ordinaire de nos Princes, de ce nom glorieux de Chasteau, en ces mots que i'ay desia recitez ailleurs parlant du Roy Henry d'Angleterre, qui espousa la fille de France. *Et tindrent à cedit iour lesdits Roy, & Royne, noble Cour & large, & tous leurs Anglois qui estoient la venus à ceste feste, & le peuple de Paris en grand nombre allerent au Chastel du Louure, pour voir lesdicts Roy & Royne d'Angleterre seans ensemble, en portans Couronne: mais les peuples sans estre administrez de boire & de manger, par nuls des Maistres d'Hostel de leans, se partirent contre leur Coutume, dont ils murmurerent ensemble. Car au temps passé quand ils alloient en si hautes solemnitez à la Cour de leur Seigneur le Roy de France, estoient administrez des gouuerneurs, de boire, & de manger en sa Cour qui estoit à tous ouuerte. Et là ceux qui se vouloient seoir, estoient seruis tres-largement par les seruiteurs du Roy, des vins, & viandes d'iceluy.*

Passage que i'ay repeté tout au long, à cause qu'il semble nous instruire d'vne Coustume que i'ay aussi touchee au Liure precedent, mais de laquelle ie diray encore icy quelque chose, pour ce qu'elle conuient fort bien auec le suiet que nous traitons. C'est que les Roys és ioyes publiques, & festes plus honorables tenoiét leur Cour ouuerte, & leur Tinel, qu'ils appelloient, desfonçant les muids de vin par les rues, & quelquefois y faisant dresser des tables où s'asseoit qui vouloit, & estoit on seruy aux despens du Roy, comme à l'entreueuë du Roy Louys XI. & du Roy d'Angleterre à Amiens. Tinel, c'est à mon aduis la Cour : car Froissard en parle ainsi. *Si descendit le Comte aux Predicateurs, & fut là logé son Corps, & son Tinel, & ses gens se logerent au plus pres de luy.* Et le Manuscrit de la vie de Louys de Bourbon. *La Duchesse de Bourbon tint son Tinel à Belle-Perche.* Les anciens François l'appellent, Palais general, comme Tegan en la vie de Louys Empereur, *L'an suyuant*, dit-il, *il tint son Palais general, & là Lothaire son filz aisné de par la Royne prist à femme la fille de Hugue le Comte.* Et nous le nommons Cour planiere, Cour ouuerte, & noble Cour & large. A quoy i'adiousteray que les principaux Seigneurs du Royaume alloyent à ceste Cour des Roys aux festes solemnelles de l'annee, & leur faisoient les hommages des fiefs & Seigneuries qu'ils tenoient de leur Couronne. Froissard le dit parlant de Charles sixiesme & du iour de Noel, auquel il receuoit hommages, *Pour celuy iour*, dit-il, *se tenoient de lez le Roy moult de nobles de Royaume de France, ainsi qu'à vne telle solemnité les Seigneurs vont voir volontiers le Roy, & est l'vsage.* Et Monstrelet, *Vn autre iour que le Roy estoit en assez bonne prosperité & santé, les dessusdicts freres suplians, auec le Duc de Berry leur oncle, & autres Princes & Cheualiers de France, & Messire Renauld de Corbie premier President au Parlement, grand nombre d'Officiers Royaux, s'en allerent en l'Hostel sainct Paul, auquel lieu ils trouuerent le Roy, qui de sa Chambre estoit descendu au Jardin,*

Tinel Cour du Prince.

Palais general.

Cour ouuerte & planiere.

de la France, Liure III. 555

& apres que tres-humblement l'eurent salué, luy firent les trois freres hommages des Seigneuries qu'ils tenoient de luy.

Ie ne veux obmettre que ce nom de Cour n'est en commun à toutes les Monarchies, & Principautez souueraines, ny à toutes les Republiques. Car à Rome la Maison du Pape est bien appellee Cour par quelques-vns, & pareillement celles des Cardinaux: mais les vnes & les autres sont communément appellees Maisons, & peut estre pour faire paroistre vne plus grande humilité en la grandeur mesme. Et generalement aussi quand quelqu'vn, petit, moyen, ou grand, y va pour seruir, ou pour affaires, on dict bien qu'il va à la Cour de Rome: mais quand on doit traiter auec le Pape, auec le Consistoire, ou auec les Congregations des Cardinaux, on dict qu'on recourt au sainct Siege, & ce que les autres nomment Cour, est icy appellé Siege, pour monstrer les meures resolutions qu'on donne estant assis, & aussi la dignité & la grandeur du Magistrat qui est le Vicaire de Iesus-Christ, qui doit estre au Siege, & au Throsne, & estre reueré des autres auec vne humilité interieure & exterieure: partant c'est à luy seul qu'on baise les pieds, & c'est de luy que l'on a coustume de dire, qu'on recourt aux pieds de sa Saincteté. Ce qu'on ne doit point dire d'aucun Prince de la terre: encore que l'ambition Espagnolle ayt depuis quelques annees mis en pratique ceste façon de

Maison du Pape comment appellee.

S. Siege de Rome.

Pieds baisez au Pape.

dire au Roy par escrit, & de viue voix, qu'on baise les mains & les pieds de sa Maiesté.

On ne se sert pas aussi de ce terme de Cour, quand on parle de la Republique de Venise, peut estre pource que la diuerse forme de gouuernement n'admet ny Cour ny Courtisans : ains dit-on de ceux qui vont negocier ou rechercher quelque chose pres la personne de ce Prince, & pres le Prince de ceste fleurissante Seigneurie, qu'ils sont allez aux Degrez, ou *alle scale*, d'autant que par des degrez tous les Senateurs montent aux Sieges, & Tribunaux, où l'on iuge les causes, où l'on donne les graces, & où l'on resout des affaires publiques : & ainsi tous ceux qui negotient ont accoustumé de s'arrester en ces degrez, pour se recommander à ceux qui les peuuent fauoriser. Mais pour les Agents des Princes, ou d'autres grands Seigneurs, on n'employe pas ce nom, pource qu'ils ne s'arrestent pas en ces degrez, ains montent à cause de leurs dignitez en des lieux plus hauts & plus eminents. Et toutefois on ne dit pas non plus de ceux-cy qu'ils sont enuoyez à la Cour de Venise, mais au Senat, à la Republique, ou au Prince de Venise, qui sont des mots plus conuenables à la forme de ce gouuernement, & à la Maiesté de ces sages Peres.

Degrez de Venise.

Senat de Venise.

Ce nom pareillement n'a point d'vsage prés le Turc : ains ce que nous appellons Cour en France, & chez quelques autres Princes Chrestiens, ce que l'on nomme Degrez à Venise, & à Rome S. Siege, à Constantinople seiour ordinaire du grand Seigneur, on l'appelle Porte, en la signification toutefois que nous auons dict au commencement de ce Chapitre, des Courts, où s'arreste la multitude tant des Officiers & Seruiteurs de la Maison, que de ceux qui ont des affaires, ou qui sont là seulement pour voir: car aux Courts des Princes souuerains de la Chrestienté on laisse entrer dans la Cour vn chacun, & passer la porte: mais là il faut demeurer dehors, ou pource que les familles de sa Maison, qu'il appelle *Serrail*, & qui consistent pour la plus grand part en concubines, & autres personnes du tout dissolues, sont tenues fermees, à fin de couurir tant qu'il peut la puanteur de ses adulteres & paillardises infames: ou pour signaler aussi la vanité d'vn plus grand orgueil, & faire conceuoir à ses suiets vne grádeur plus adorable, en la poursuite dificile de sa veue. Quelques vns ont dit en se jouant qu'elle est nommee Porte, pource qu'on n'y entre pas si l'on ne porte, fortifiant en cela le blasme de l'Auarice des Ottomans qui ne se laissent voir qu'à ceux qui leur font des presens. Mais la plus veritable raison de ce nom, ie croy que c'est la Coutume de Tartarie d'où ils sont sortis. Car les Tartares tenoient la porte de leur Prince pour vne chose si saincte & sacree, (& l'entree principalemont) qu'il n'estoit loisible à aucun pour grand qu'il fust d'en approcher, sans vne euidente demonstration de la reuerence & du respect qu'il luy portoit : & entre eux par vne ancienne loy, inuiolablement gardee depuis Cingi leur premier Seigneur, il y a tousiours eu peine de mort

Porte du grád Turc.

Serrail.

establie contre celuy qui toucheroit seulement auec le pied le sueil de la porte, si bien qu'il la failloit passer d'vn pas ou d'vn saut: autrement ils tenoient que c'estoit vn crime enorme, & qui meritoit punition corporelle.

DV ROY DE FRANCE.

Et quel est le respect dont vsent les François parlans à sa Maiesté.

CHAP. II.

Vis qu'il n'y a rien qui tant contente & plaise aux François, que de pouuoir approcher leurs Princes, ie veux icy dire quelque chose du respect qu'ils leur portent parlant à leurs Maiestez : & monstrer comme ces grandeurs esleuees sur les autres, n'ont iamais rien perdu de la reuerence, qui leur estoit deuë, pour n'auoir tenu leur veuë rare, & de difficile poursuite à leurs suiets. Nous auons donné les deux premiers Liures à l'honneur de la gloire, & au bon-heur des vertus Royalles de ces grands Monarques. Et nous dressons encore cettuy-cy de leur suitte & de leur Maison, pour faire paroistre dauantage la splendeur & les rayons qui eclatent en tous lieux de leurs augustes personnes, & donnent aux yeux tant des estrangers que de leurs peuples: sur lesquels pource qu'ils sont éleuez, comme le mont Athos sur les basses plaines, & que les aduantages peu communs de leur Autorité sont des aduantages dignes de grands ressentimens, & de submissions peu communes: ou plutost pource que le pois de ceste Souueraineté touche presque en toutes occasions les François, qui n'ayment vne vie retiree & casaniere, ains veulent ouyr parler de leur Maistre, non vne fois l'an comme du Roy de Perse, mais tous les iours le recognoistre par quelque demonstration de subiection essentielle & effectuelle: ie graueray icy les formes plus solennes de l'humble parler, dont ils vsent, & les marques principales des respects & courtoises reuerences qu'ils rendent à la Royauté.

Ce peuple donc comme i'ay desia dict ailleurs ne se presente & ne parle à son Prince qu'à genoux, excepté le Clergé, lequel est en possession de haranguer debout: & encore a coutume en parlant à luy d'honorer sa parole de diuers tiltres, & l'enrichir de diuerses qualitez, puisees du vray fonds de sa grandeur. *François parlet à leur Roy à genoux.*

Car il y rapporte ordinairement les mots, ou de SIRE, ou de MAIESTÉ, qui sont mots augustes & reuerables. Et premierement quant à celuy de Sire, ie ne fais aucun doubte que nous ne l'ayons emprunté du Grec, non pas de la poussiere des Escoles Gregeoises, ains des ceremonies de nostre Eglise, és plus solemnelles prieres de laquelle, mesmes au sacrifice de la Saincte

Messe, nous louons Dieu souz ceste grande parole de *Kyrie*, qui signifie en Grec vn Seigneur, mais Seigneur plein de certitude & de iustice: & c'est pourquoy par vne noble Metaphore on donne ce noble Epithete entre les Grecs aux Principes beaux, & certains, & aux propositions indubitables. Et de faict nos anciens François parlans de Dieu, vsoient ordinairement de ce mot de S I R E, comme on void au commencement de l'Histoire de Villardouin, où parlant des miracles que Dieu faisoit par Foulques Curé de Nuilly sur Marne, il dict ainsi, *Nostre Sire fist maints miracles par luy.* Et Hugue de Bercy en sa Bible Guiot.

A hy beau Sire Dieu comment
Seme preudhom' mauuaise graine.

Et dans le Roman de la Rose, Nature discourant auec Genius Archyprestre, de la puissance que Dieu luy auoit donnee.

Cettuy grand Sire tant me prise
Qu'il m'a pour sa Chambriere prise.

Ainsi le peuple estimant que les Roys estoient entre leurs sujets, les plus expresses images de Dieu, & s'il faut qu'ainsi ie le die, de secõs Dieux en terre, qui deuoient estre & peres & Seigneurs d'iceux, les voulut aussi enrichir du glorieux tiltre de S I R E. Tiltre qu'il mettoit seul, soit en escriuant, soit en parlant à leurs Maiestez. Non toutefois que cela ayt esté vne regle stable & infaillible à nos ancestres. Car le Roy Philippes de Valois ayant par lettres de cachet commandé à Messieurs des Comptes de rechercher tous les dons qui auoient esté faicts à Louys Seigneur de

Sire, qualité attribuee à Dieu.

Sire, titre raporté aux Roys, & pourquoy.

Seigneur, mot approprié parlant au Roy.

de Bourbon, ils luy rescriuirent par leurs premieres Lettres en ceste façon, Tres-cher, & tres-redouté Seigneur, vous nous auez mandé. Et depuis ayans faict la recherche de ce que le Roy vouloit, ils firent vne autre recharge de telle teneur, Tres-puissant & redouté Seigneur, comme vous ayez mandé à nous les gens de vos Comptes, &c. Qui monstre que parlant au Roy on l'appelloit lors Seigneur, aussi bien que Sire.

Mais depuis, comme les choses tombent en abus, les Princes, grands Seigneurs, & Cheualiers qui approchoient de plus pres de ce grand Soleil, se firent aussi appeller SIRES. Car és Amours du Comte Thibaud de Champaigne, du temps de sainct Louys, il y a vne Chanson où il introduict vn Comte Philippes, qui luy faict plusieurs demandes.

Sire attribué aux Princes & Seigneurs.

Bons Roys Thibaut Sire conseillez moy.

En ce vers il luy faict porter le nom honorable de Sire, comme au Roy de Nauarre, & en deux couplets precedents, il l'honore de ce mesme tiltre comme simple Comte de Champagne & de Brie.

Par Diex Sire de Champaigne & de Brie,
Je me suis moult d'vn riens merueillé.

Mesmes quelques anciennes familles de France affecterent que ce mot tombast particulierement sur elles, comme le Sire de Pont, le Sire de Montmorency, & specialement le Seigneur de Coussi, lequel portoit en sa deuise.

Je ne suis Roy ny Prince aussi,
Je suis le Sire de Coussi.

Et encore ces Roys, qui pour leur excellence &

prerogatiue de dignité ont esté honorez par leurs sujets de ceste auguste & sureminente qualité de SIRE, n'ont peu empescher que la mesme qualité n'ayt esté baillee aux simples Marchands. D'où est venu ce gaillard Epigramme de Clemēt Marot, auquel il appelle deux Marchands ses creanciers, Sire Michel, & Sire Bonauenture.

Et pour le regard du mot de MAIESTE', dont vsent aussi en France ceux qui gouuernent les Roys, ou qui parlent à eux, ie croy qu'il est pareillement employé en leur faueur, & tout de la mesme sorte, que leur a esté communiqué celuy de Sire, approprié à Dieu par nos Ancestres: car c'est ce mesme Dieu que nous appellons proprement *la Supreme & redoutable Maiesté*. Il ne fut iamais que l'on ne parlast de la Maiesté d'vn Roy en vn Royaume, tout ainsi que de celle d'vn peuple en vn Estat populaire: mais nos peres en ont vsé auec vne plus grande sobrieté que nous. Lisez les huict premieres Liures d'Amadis de Gaule, où le Seigneur des Essars voulut representer souz vn Perion de Gaule, & sa posterité, ce qui estoit des ceremonies & apparences de Cour: Lisez le Palmerin d'Oliue, vous ne trouuerez point que ceux qui se presentent aux Roys vsent de ceste façon de parler *Vostre Maiesté*, façon toutefois qui s'est tournée en tel vsage au milieu de nos Courtisans, que non seulement parlant au Roy, mais aussi parlans de luy, ils ne couchent plus que de ceste maniere de dire, *Sa Maiesté va à sainct Germain, sa Maiesté vient de Fontaine-bleau.* Vsage qui a commencé de prendre son cours entre nous souz le regne de Henry II. au retour

Sire, tiltre donné aux Marchāds.

Maiesté, tiltre & qualité Royalle, & de son origine.

du Traité de paix faict auec l'Espagnol, l'an mil cinq cens cinquante neuf en l'Abbaye d'Orcan. Belle chose & bien seante à vn suiet parlant à son Roy de l'honorer de ce sainct nom de Maiesté: mais en son absence de rapporter toutes ses actions à ce mot, & tourner le masculin en vn feminin, nos ancestres n'en vserent de ceste façon, & m'asseure qu'ils ne respectoient leurs Roys, auec moindre deuotion que nous.

Ie ne veux obmettre, qu'à l'imitation de ceste reuerence & respect deuz & rendus par nous à la Maiesté Royalle, nous vsons aussi de la qualité d'Altesse empruntee de l'Espagnol, enuers les Ducs souuerains, & du mot d'Excellence enuers ceux qui ne sont souuerains: toutes façons & manieres de parler tirees par le progrés du temps, de la diction de SIRE, par laquelle nous parlons à nos Roys. Ausquels ie diray dauantage que nos deuanciers ont quelquefois donné le tiltre de MONSIEVR, que nous employons auiourd'huy seulement, à gens d'honneste qualité; mais que nous ne pensons point tenir plus de rang que nous. Car en vne des Lettres de la Chambre du Roy Philippe de Valois, parlant du Roy decedé, on l'appelle *Monsieur le Roy*. Si nous auions maintenant à parler en troisiesme personne des Princes, nous nous donnerons bien garde d'vser de ce mot de MONSIEVR, & encore moins parlans du Roy, lequel n'est iamais appellé MONSIEVR que par ses freres & sœurs, ou en ligne collaterale par celuy qui est le plus proche de la Couronne au dessouz de luy. Et

Altesse.

Excellence.

Monsieur, qualité donnee aux Roys, comment, & par qui.

encores mettons nous ce mot en pratique pour les Princes, d'vne façon particuliere. Car iamais nous n'appellons vn Prince MONSIEVR, cela est pour le commun des gens de marque: mais si nous les nommons par leurs propres noms, nous en vsons de ceste façon. *François Monsieur, Duc d'Alençon: Henry Monsieur Prince de Condé.* Ce qui toutefois n'estoit pas en vsage souz le regne de Philippes de Valois, parce qu'en la seconde Lettre que la Chambre des Comptes luy escriuit, & dont i'ay faict mention cy dessus, parlant du Duc de Bourbon, Messieurs des Comptes l'appellent *Monsieur Louys de Bourbon.*

Voyla les tiltres glorieux, & les qualitez honorables que les François donnent à leurs Roys en leur humble parler, & qui ne doyuent pas estre reputez moins grands ny moins reuerables que leur Empire.

DES GRANDEVRS,
AVTHORITEZ, ET PREROgatiues des Roynes de France.

CHAP. III.

QVAND i'ay recité les grandes & graues Preeminences des Roys de France, pour signaler la gloire de la Maiesté Françoise, il me semble que i'aye en mesme temps obligé ma plume, de deduire les Grandeurs, & les Autoritez & Prerogatiues particulieres qui sont de tres-haute, & de tres-auguste marque, dont ils ont noblement & glorieusement apennagé les Roynes, leurs fidelles & legitimes Espouses.

Ces grands Princes, qui ont tousiours recherché tout ce qui pouuoit esclairer le lustre de leurs Grandeurs, ont si bien dressé leurs femmes à toutes les perfections Royalles que le monde admire, qu'il n'y a iamais eu Roynes deuant elles, ny de leur âge, qui ayent mieux entendu ce qui appartient aux Roynes. Ils les ont faict passer par tous les honneurs qui sont deuz aux femmes des Roys, aux plus grandes actions du Royaume, plus magnifiquement & Royallement beaucoup, qu'aucuns Roys de la terre. La loy ciuile des Empereurs anciens a bien egalé les Empe-

Roynes de France honorees de grandes prerogatiues par nos Roys.

rieres en toutes excellences & marques de sublimité aux Empereurs leurs Espoux, afin que par la reuerence renduë à l'Auguste Compaigne du Prince, la dignité en fust plus adorable, & le Monarque souuerain mieux affectionné enuers ses suiets : mais ces Excellences & toutes ces marques de respect & de sublimité sembleroient auiourd'huy imaginaires aupres des aduantages Principesques & peu communs, que celle de la France a de tout temps communiquez à ses grandes Roynes. Car les Roys des Lis, lesquels asseurez de la durée de leur Monarche sur la constance de leurs vertus Royalles, ont esté des plus heureux Roys de la terre en leurs mariages, ont aussi esleué leurs Espouses au plus haut estage de grandeur, les approchants non seulement des dignitez de leur Empire, mais aussi faisans luire sur elles les preeminences, & les rayons qui esclatent de leurs Maiestez en diuerses manieres que nous toucherons icy brieuement & en peu de paroles.

Et pour commencer aux Roynes de la premiere race, & entre elles à celle, qui enrichit le Diademe François des pierres precieuses de la Religion Chrestienne, nous lisons dans Idace & Fredegaire que Clouis premier voulant espouser Clothe, ou Clotilde niepce de Gombault Roy de Bourgongne, enuoya son Ambassadeur, & Paranymphe pour traiter le mariage, & luy fist offrir vn sol & vn denier, suiuant ainsi qu'il est croyable, la Coutume des peuples Septentrionaux, qui portoient à leurs espouses certaines som-

Clote ou Clotilde espousee par Clouis, auec treise pieces de monoye.

mes d'argent auant que de les mener en leur maison: & dont possible vient nostre coustume que le mari presente treize deniers au Prestre: ce qui s'appelle dans les loix Bourguignonnes, *le prix de la fille*, comme s'il l'eust achetee en l'espousant: Ceremonie ou coustume, qui n'estoit pas si barbare que les Romains n'en ayent tenu quelque chose, prenans leurs femmes comme par vn achapt imaginaire, apres auoir donné & receu L'As Caian.

Cette recherche fut si aggreable à Gombault, qu'il n'y eut point de difficulté, & estimant que la perfection du mariage ne consistoit qu'en l'égalité & conformité du consentement, iugea que la Princesse sa niepce deuoit estre tenuë deslors pour Royne de France. C'est pourquoy tout aussi-tost il luy fist rendre les honneurs conuenables à ceste qualité, & publier auec solemnité la resolution de ce mariage. On en fist vne feste honorable, comme en vne ioye publique, & tout le peuple se mist en allegresse. La constitution matrimoniale n'est specifiee dans ces Autheurs: mais l'on peut voir dans l'Histoire de Gregoire de Tours que les Roynes dés ce temps là tenoient des terres de propre & de douaire, dont elles iouissoient & leurs heritiers: Mesmes que quand les Roys mouroient elles prenoient part aux meubles acquis de leur temps ainsi qu'il appert au quatre vingt cinquiesme chapitre de la continuation de l'Histoire dudit Gregoire de Tours. Ce qui me donne vne facile creance qu'elles estoient prises auec conuentions. Encore que quelques vns de ces premiers Roys côme sentans le Paganisme, se soient doné de grãdes licéces en leurs mariages, & que se soucians beaucoup plus d'asseurer leur Sceptre dedãs, par multiplicatiõ de lignée, & l'affermir auec vne plus bonne obeissance & correspondance des membres au chef, & des enfans à la Maiesté redoutable de pere, que de le cimenter par dehors auec amitiez & confederations, ils ayent quelques fois eu plusieurs femmes & concubines appellees Roynes; car ils n'estoient pas en cela fort contredits des Euesques Gaulois qui à mon aduis pensoient retenir ces nouueaux Chrestiens, par vne liberté semblable à celle des Roys d'Israel, sur lesquels du commencement ils endurerent qu'ils formassent leurs desirs. Les exemples en sont communs dans l'Histoire de Gregoire. Dagobert en tenoit quatre, sans les cõcubines, qui estoient en grand nombre: & le plus souuent estoient des esclaues achetees à prix d'argent, lesquelles faisans des enfans, en estoient d'autant plus honorees, & quelquefois portoiẽt tiltre de Roynes. Mais tous n'ont pas esté si desbordez, & y en a eu qui ont aussi bien que Clouis, espousé les filles des Roys & Princes leurs voisins: Sigisbert Roy d'Austrasie son fils, Brunehault fille d'Athanagilde Roy d'Espagne: & Chilperic son propre frere, Gosuinte sœur de ladite Brune-hault. Et dés lors toutes ces Roynes ont eu des Officiers pareils aux

Domaines & douaire des premieres Roynes.

Femmes des premiers Roys en grand nombre.

de la France, Livre III. 569

Roys leurs Espoux : & iusques à des Maires de leurs Palais, referendaires, Comtes d'Estable, & autres Seruiteurs neçessaires, pour faire paroistre la magnificence de leurs Maisons. *Officiers des premieres Roynes.*

Les Roys de la seconde lignée ont esté plus modestes & reserrez en leurs mariages; & n'ont si publiquement ysé de concubines, ny honoré de la qualité glorieuse de Roynes, que leurs femmes espousées, ou leurs filles.

Et Hugue Capet & ses successeurs gardans encore mieux l'hónesteté des mariages, ont enuoyé chercher bien loin les belles filles des Roys & Princes souuerains, pour les espouser, pluſtost que celles de leurs voisins plus laides, encore que plus richès: comme s'ils eussent eu crainte de perdre quelque chose de ceste Majesté qui dauantage accompagne les Rois quand Nature met les perfections de son espargne en leur visage: estant vne maxime fort en creance, que cela leur donne de l'authorité enuers le peuple, lequel fait iugement des mœurs de son Prince par sa belle ou laide presence. Qui peut estre la cause pourquoy le premier Poëte des Latins a dit du Prince Eurialus. *Roynes de la troisiesme race cherchées chez les Princes & Rois estrangers.*

Et sa vertu croissant auec vn si beau corps,
Plus agreable estoit.

Aussi void-on par les Histoires que les Roys de ceste troisiesme race ont tous esté beaux hômes, fors Charles huictiesme, fils d'vne mere, qui n'estoit guere agreable, si nous adioustons foy à Philippe de Comines. Voire ils n'ont espousé que *Rois de France tous beaux.*

des Princesses, afin de ne se mesler auec leurs suiets, lesquels tant plus ont esté esloignez d'eux en ce point, tant plus ils les ont reuerez, conceuans par l'esloignement vne grandeur adorable, & quelque chose de plus que ce qui est commū aux autres : Et ie dis des Princesses, lesquelles ces beaux Soleils regardans amoureusement comme des Lunes en la plenitude de leurs vertus, ils sont entrez en conionction de leur lumiere auec elles, & en ont produict des rayons, qui ont esté agreables à la France, & qui ont illustré le reste de la Chrestienté. Ce sont les maisons des Roys, Princes & Potentats, où ils ont choisi leurs alliances, où ils ont esleu les Roynes leurs compagnes, afin de donner des enfans à eux, à la France, & à tout le genre humain. Et ces loyales compagnes ils les ont tant aymées qu'ils les ont esleuées à tous les Aduantages, & à toutes les Prerogatiues qui se rendent aux compagnes des Rois ; aux plus grandes & plus honorables actions des Monarchies.

Prerogatiues & Autoritez des Roynes. Elles ont souscrit les Chartres Royalles, elles ont eu leurs Entrées, & magnificences publiques, elles ont esté couronnées Roynes, elles ont eu seance en l'assemblée des Estats du Royaume, & en leurs Lis de Iustice, elles ont receu les Ambassadeurs auec plus ou moins de respect selon la dignité du Prince d'où ils estoient enuoyez, elles ont eu la reserue du gouuernement, la collation des offices, & le pouuoir d'aliener en la necessité de l'Estat, le sacré Domaine de la Courône apres la mort des Roys de la France, Livre III. 571

leurs maris.

En premier lieu donc les villes principales du Royaume, ont de tout temps preparé des Entrées à leurs Maiestez, auec autant de pompe, & de magnificence qu'à leurs Princes mesmes. Il n'y a rien si frequent en toutes nos Histoires. I'en produiray deux ou trois exemples, seulement, & des plus proches de mon âge, pour esclairer la grandeur de ceste Prerogatiue. *Entrees des Roynes.*

En l'an 1548. Le Roy Henry II. ayant visité toutes les fortes places du pays de Piedmont, repassa les monts, & firent luy & la Royne Catherine de Medicis son Espouse leur triomphante entree en la ville de Lyon le 24. iour de Septembre. La reception fut tres-magnifique auec Theatres somptueux, arcs triomphaux, pyramides, obelisques, festons, trophees, temples, pegmes, comedies, ports, naues, Centaures, Bucentaures, galeres modernes & antiques, combats par terre, & par eau, Naumachies, mommeries & mille autres telles inuentions signalees & belles. Et le 16. iours de Mars de l'annee suyuante, le mesme Roy fist son entree à Paris, & la Royne le lendemain auecque les mesmes solénitez que nous auös décrites au liure precedent. Car tous les Estats de la ville, chacun en son rang & brauement acoustrez l'allerent querir iusques à l'Eglise S. Lazare, qui est hors la porte S. Denys par laquelle toute la monstre passa. La ville magnifiquement paree, & la Royne saluee en entrant par l'artillerie, puis conduite souz vn poisle de drap d'or à la grāde Eglise de nostre Dame, & de l'Eglise au Palais, où l'attédoit le souper Royal à la Table de marbre: souper *Entrée du Roy Henry II. à Lyon & de la Royne sa femme. Entree de la Royne à Paris.*

digne de la grandeur de ceste Princesse & de la ville, & souper fait auecque toutes les ceremonies & solennitez ordinaires, ainsi qu'a peu pres

Souper à la table de Marbre.

Monstrelet à l'entrée du Roy Charles parlant de son disner à ceste table, en tesmoigne l'ancienneté. *Apres la Messe finie, le Roy,* dit-il, *retourna au Palais, & se sied & disna à la table de marbre, enuiron le milieu d'icelle. Et au costé de la Chambre du Parlement, à celle table le Cardinal de Vincestre, Messire Pierre Cochon, Euesque de Beauuais, & Messire Jean de Mailly Euesque de Noyon, comme Pairs de France estoient suyuans.*

L'on a veu pareillement ces années passez nostre grand Henry faire rendre les mesmes honneurs à la Royne sa fidelle compagne, la faire receuoir en ses villes honorablement, & la traiter comme il appartenoit à Dame de si haute Maison & parentage, afin de faire voir sa grandeur. Sur

Princes & Seigneurs enuoyez pour receuoir la Royne.

l'aduis que sa Maiesté receut de son embarquement, il pourueut à sa reception à Marseille, & donna l'ordre de son intention à Monsieur le Duc de Guise, son Lieutenant general en Prouence. Il y enuoya aussi son Connestable, & son Chancelier, Messieurs les Ducs de Nemours, de Guise, & de Vantadour pour la receuoir. Les Cardinaux de Ioyeuse, de Giury, & de Sourdy s'y trouuerent, auec plusieurs Euesques, & quelques Seigneurs de son Conseil, & entre autres de Maisse & de Fresnes.

Entrée de la Royne à Marseille.

La Royne sortant de la Galere, entra au Theatre dressé sur deux bateaux, auquel aboutissoit vn pont qui regnoit iusques à son palais. Le Connestable la receut. Le Chancelier luy dist le commadement qu'il auoit du Roy , Quatre Confuls de Marfeille auec les robbes rouges de leur charge, luy prefenterent auec les clefs de la ville, vn poiſle de drap d'argent, ſous lequel elle fut conduire au Palais. L'vne des plus remarquables actiõs qui parut en ſon ſeiour, fut la reuerence que luy fiſt le Parlement de Prouence en la grande Salle du Palais : pour lequel du Vair premier Prefident porta la parole.

De Marfeille elle paſſa à Aix, & d'Aix à Auignon, où elle fut receuë auec plus de pompe & de magnificence qu'en nulle autre part, la ville voulant en cefte occaſion, teſmoigner l'affection de ſon Prince le Pape, & la ſienne enuers la Courõne de France. Il eſt vray que ce qui ſe repreſenta eſtoit plus pour les victoires & pour les triomphes du Roy, que pour la particuliere action de ſon Mariage. La ville, n'ayant pẽu rendre les honneurs à la perſonne de ſa Maieſté, les rendit à ſon portrait ſous l'effigie d'Hercules, (ſans laquelle les anciens ne faiſoient point de triomphe) comme Adrian fiſt triõpher le tableau de Trajan : le tout auec telle perfection que la Royne & toute ſa Cour l'eut agreable.

Entrée de la Royne à Auignon.

Honneurs rendus au pourtrait du Roy.

Elle ne demeura que trois iours à Auignon, ne fiſt point de ſeiour par les villes de Prouence, paſſa à Valence, & de là à Rouſſillon, où l'on luy monſtra le portrait de relief du Roy François, & la meſme barbe qu'il portoit.

Elle faiſoit diligence de ſe rendre à Lyon où elle eſtoit plus defirée qu'attenduë, parce que la ville auoit beſoin de plus de patience pour dreſſer l'appareil d'vne grande & Royalle entrée. El-

le n'auoit donné aux Courriers que quinze iours
pour vne si grande œuure, ils en eurent trente,
faisans de la nuict le iour. En ce terme ils acheue-
rent les arcs, les pyramides, les statues, les temples, les theatres, selon la description que la Royne en receut au mesme temps de la main de l'autheur. Comme elle approchoit de Lyon, le Gouuerneur auec la Noblesse du païs & de la ville luy
alla au deuãt, & luy ayant fait la reuerence en plaine campagne remonta à cheual, & s'alla rendre au
logis où elle deuoit descendre. Là elle trouua des
nouuelles du Roy, que Roquelaure luy donna, &
luy presenta de la part de sa Majesté le grand Collier Royal d'inestimable valeur, qui embellit
ses autres parures, le lendemain qu'elle entra
en la ville. On auoit dressé à la Motte vn
Theatre couuert & paré de riches tapis & tapisseries, au milieu duquel estoit esleué le Throne de la Royne, où elle ouyt la Messe, disna solennellement, receut les honneurs & l'hommage, & entendit les vœux & les prieres de tous les
Ordres de la ville. Le Chancelier fut en ceste a-
ction l'interprete de la ville. Le Clergé harangua
debout, tous les autres parlerent à genoux, excepté ceux qui porterent la parolle des Allemands,
des villes Imperialles, Suisses & Grisons, pource
qu'ils ont priuilege & sont en possession de ne
parler à genoux aux Rois & Roynes de France.
Tous les corps de la ville protesterent aux pieds
de la Royne leur obeyssance, & la fermeté de leur
affection. Baltazard de Villars presidẽt en la Iustice de Lyõ parla pour le corps de la Iustice, & em-
porta l'honneur & la grace & de la grauité des ha-

Entrée de la Royne à Lyon.

tangueurs, & de l'eloquence des Harangues. La Royne ayant entendu les bonnes affections, & veu les belles troupes de la ville, entra par la porte qui reçoit les Dauphins. Elle passa aux flambeaux, parmy les cris d'allegresse de tout le peuple.

De Lyon elle arriua à Paris au commencement de la foire sainct Germain: son premier logis fut celuy de Monsieur de Gondy, son premier Gentil'homme d'honneur: le second, celuy de Zamet surintendant de sa maison: le Louure fut le dernier. La ville de Paris, qui en ce grand Ocean de richesses ne trouue rien d'impossible, auoit aussi preparé de faire vne entrée à sa Majesté digne d'vne Princesse, qui n'a point sa seconde, & d'vn Paris sans pair: Mais le Roy trouua bon que ce qui s'employeroit en chose de si peu de durée se reseruast pour vne œuure plus durable. Toutes les Dames de la Cour, & des principales maisons de France, & des plus honorables de la ville se presenterent, pour baiser les mains, & faire la reuerence à sa Majesté. *Arriuée de la Royne à Paris.*

Voilà comme vne representation abbregée des grandes pompes, & puliques magnificences couenables à l'actiō & au dessein que les Rois de Frāce ont tousiours eu d'honorer les entrées & arriuées des Roynes leurs espouses en leurs meilleures villes, & de faire voir l'affection qu'ils ont à leur grandeur.

Et est à remarquer que ces Roynes ainsi choisies pour Roynes & femmes legitimes ont en telles solēnitez & autres ioyes publiques porté la Couronne cōme nos Rois mesme Froissard discourāt des noces de la Royne Isabeau de Bauiere fēme de Charles 6. *Elle auoit*, dit-il *la courōne au chef* *Roynes portās la Couronne à leurs nopces & entrées.*

qui valoit tout l'auoir d'vn pays. Et de son Entree à Paris, *Ils tenoient en leurs mains,* dit-il des Preuost des Marchands & Escheuins de la ville, *vne tres-riche couronne d'or, garnie de pierres precieuses, & la mirent sur le chef de la Royne,* laquelle elle donna à nostre Dame de Paris. Et Monstrelet parlant du disner fait au Louure à la venuë du Roy d'Angleterre en France, qui auoit espousé Madame Catherine fille de Charles VI. & de ceste Isabeau. *Le peuple de Paris en grand nombre allerent audit Chastel du Louure pour veoir lesdits Roy & Royne d'Angleterre seans ensemble, en portans Couronne.*

Ceinture de la Royne.

Voire comme il failloit entre les Perses, que les villes baillassent aux Roynes tout ce qui leur estoit necessaire : l'vne tout ce qu'il falloit pour parer son chef, l'autre pour le col, l'autre pour les bras, & ainsi du reste : aussi a-t'on autrefois payé à Paris la Ceinture de nos Roynes.

Roynes deliurent les prisonniers à leurs entrées.

Et y a encore en ces honneurs vne particuliere faueur de la puissance que nos Rois ont donée & communiquée aux Roynes leurs femmes, qui est certainement de haut lustre & de grande splendeur, que lors qu'elles font leurs entrées Royalles és villes principales du Royaume, elles sont en possession de deliurer les prisonniers par vn priuilege qu'elles ont commun auecque ces grands Princes.

Roynes Couronnées & sacrées comme les Rois.

Les Roynes sont aussi couronnées & sacrées en France, auecque pareille ou peu differente ceremonie que les Rois leurs espoux, excepté qu'elles sont oingtes d'autre Cresme que celuy de la saincte Ampoulle, qui n'est employé que pour les Rois : Leurs Tuniques & chemises sont ouuertes

uettes iusqu'à la ceinture, & l'Archeuesque de
Rheims, si c'est à Rheims, ou autre officiât si c'est
ailleurs, les oingt du S. Huile au chef & en la poitrine, puis leur met és mains le Sceptre moindre,
& d'autre maniere que celuy des Rois, & la main
de Iustice semblable à la leur. Il leur met aussi l'Anneau au doigt, & la Couronne sur le chef, laquelle est soutenue de toutes parts par les Barons, qui
les meinent & colloquent en leur Throne.

I'ay adiousté que non seulemét ces ceremonies
estoient faites à Rheims par l'Archeuesque, mais
aussi par vn autre officiant, si c'estoit ailleurs qu'à
Rheims. Ce que i'ay dit par vne excellence singuliere, & vne remarquable & sureminente marque de l'autorité qu'elles ont eu en cela commune auec nos Princes. Car tout ainsi que ces grâds
Monarques n'ont pas tousiours esté sacrez en la
ville de Rheims, ny n'ont tousiours receu leur
Couronne des mains de l'Archeuesque: ainsi ont
les Roynes femes de ces Rois esté ointes & couronnées quelquefois à Rheims, & quelquefois
en d'autres villes, selõ les meilleures deliberatiõs
& plus louables desirs de leurs Majestez.

Il y a eu des Roynes qui ont esté sacrées & cou- *Roynes sa-*
ronnées à Rheims auec les Rois leurs maris, cô- *crées auec*
me Clemence seconde femme du Roy Louys *leurs maris*
Hutin, Ieanne premiere, femme du Roy Philip- *à Rheims.*
pes de Valois, Ieanne seconde femme du Roy
Iean, & Ieanne femme du Roy Charles cinquiesme. Car lors que la Couronne est escheuë
aux Rois apres qu'ils estoient mariez, ils ont ordinairement fait sacrer & couronner leurs femmes auec eux.

Oo

Roynes couronnées ailleurs qu'à Rheims.

Mais quand ils se sont mariez apres leur Sacre & Couronnement, les Roynes leurs femmes ont esté ointes & couronnees ailleurs qu'à Rheims, & se sont les Rois assez souuent trouuez à ces couronnemens en habits & Or-

Rois assistoient aux sacres des Roynes Leurs femmes.

nemens Royaux, pour en honorer dauantage la magnificence. Ainsi furent sacrées & couronnées les femmes du Roy Louys le Ieune; Constance espousée en secondes nopces, à Orleans par l'Archeuesque de Sens, & Alix sa troisiesme à Paris, au couronnement de laquelle il assista, portant la Couronne Royalle sur son chef, pour luy rendre plus d'honneur. Ainsi Marguerite femme du grand sainct Louys, receut le diuin & celeste caractere de ceste Majesté, en la ville de Sens. Ainsi Marie seconde, femme du Roy Philippe troisiesme, & Ieanne femme du Roy Charles le Bel en la saincte Chappelle du Palais à Paris par les Archeuesques de Rheims, pource qu'elle est exempte de ceux de Sens, lesquels sont en possession de sacrer les Rois, quand ils prennent la Couronne ailleurs qu'en la ville de Rheims. Et ainsi encore la Royne Isabeau premiere femme du Roy Philippe Auguste à S. Denis, où seoit aussi le Roy en Majesté Royalle, la Couronne tres-riche & outre mesure precieuse au chef, pour esclairer la solénité d'vn plus grãd lustre, & l'esleuer à vn plus haut estage de grandeur. Ce qui a esté plus communément en pratique depuis le regne de Charles sixiesme. Car en l'an mil cinq cens

Roynes couronnées à S. Denys.

quarante & neuf, le lundy d'apres la feste de la Pentecoste dixiesme iour de Iuin, fut Madame

Catherine de Medicis apres plusieurs autres, sacrée & couronnée Royne de France en grande pompe à sainct Denys en France. Et depuis elle Isabeau d'Austriche seconde fille de l'Empereur Maximilian deuxiesme en l'an 1571. le 28. de Mars aussi oingte en ceste mesme Abbaye de sainct Denys par Charles Cardinal de Lorraine Abbé du lieu.

Nul ne doute encore que l'approbation des Chartres Royalles ne soit de grand poids, & le sein & le seel dont on en fortifie l'authorité, d'vne importance peu commune, Et toutefois du temps que la forme estoit de les approuuer & authoriser par les seings des Princes & grands Officiers de la Maison de France, comme elle l'est auiourd'huy par les publications & Registres des Parlemens, Comptes, Generaux des Aydes, & autres Corps & Compagnies d'Officiers Ordinaires, nos Roys ont voulu que les Roynes leurs Epouses eussent cet aduantage, & permis qu'elles peussent souscrire telles lettres & escritures, afin de leur donner plus d'authorité ; comme on void qu'en deux telles Chartres, qui sont en l'Abbaye sainct Denys, l'vne de Philippes premier, & l'autre de Louys le Gros, Anne, & Alix leurs femmes y sont soubsignées, & Messire Robert & Hugue de France, enfans Royaux. Ce qui est vn signalé & beau tesmoignage du Pouuoir des Roynes, & de ce qu'elles ont de tout temps eu de Prerogatiue en ce Royaume.

Titres & Chartres signées par les Roynes.

Oo ij

Tittres dattez du regne des Roynes.

D'autres de ces grands Monarques dattans leurſdites Lettres & Memoires par la ſupputation des ans de leur regne, y ont adiouſté ceux du couronnement & regne de leurs Eſpouſes, afin qu'on veiſt que non ſeulement la Couche Royale, mais encores les dignitez & la Majeſté de leur Empire eſtoient communiquées à nos Roynes. Ainſi en vſa Louys le Gros en trois Titres qui ſont, deux à ſainct Denys dattez de ſon regne l'an douzieſme & quatorſieſme, & de celuy de la Roine Alix ſa femme, le ſixieſme & huictieſme : L'autre en l'Egliſe de Paris datté de ſon meſme regne l'an vnzieſme, & de celuy de ladite Roine Alix le cinquieſme. Auſquels puis que le mot de Regne eſt attribué à l'Eſpouſe du Roy, s'enſuit que le regner luy eſtoit commun, & qu'elle auoit vne égale préeminence auecque ſa Maieſté.

Mais où eſt-ce que l'on peut mieux contempler ceſte Majeſté d'vn Roy de France, qu'en ſon Throne & Lit de Iuſtice, puis qu'il a en ſon dépoſt la balance, laquelle Dieu a miſe en ſes mains pour le repos non ſeulement de ſon peuple, mais preſque de tous les hommes?

Ie n'ignore pas que les femmes eſtant cõſiderées ſimplement, & par les conditiõs de leur ſexe, ne ſoiẽt eſloignées de l'adminiſtratiõ & diſtribution de la Iuſtice. Mais ie ſçay bien auſſi que depuis qu'elles ſont enrichies du glorieux auantage de Principauté ſouueraine, & qu'elles ont l'honneur de porter l'auguſte nom de Roynes, elles repréſentent vne autre perſonne, vne grandeur plus adorable, & quelque chose de plus sacré, que ce qui est commun aux autres femmes.

C'est pourquoy plusieurs de nos Rois seans en leur Siege Royal, & tenans le Lit de leur Iustice, ont fait asseoir les Roynes tant leurs meres que leurs Espouses, en leurs Parlemens, ioignant leurs Majestez, & à leur dextre comme esgales à leur Royauté, & ayant voix deliberatiue, tout ainsi que peut auoir vn Pair de France. Ainsi Charles cinquiéme en l'assemblee des Estats qu'il tint en la Chambre de son Parlement à Paris le 9. & 11. de May l'an 1369. fist asseoir à son costé la Roine Ieāne de Bourbō sa femme. Et de fraische memoire le Roy Charles IX, que Dieu absolue, a communiqué voix & authorité à la Roine sa mere, tant aux Estats generaux tenus à Orleans, que presque en toutes les assemblées publiques faites au Parlement & ailleurs, pour les affaires du Royaume. Comme aussi Louyse de Lorraine Roine, & femme d'Henry III. dernier mort, eut sa séace par deux fois en l'assemblee de ces Estats. Mesme il y a des raisons tres-certaines, & des presomptions asseurees, qui nous donnent creance de ceste illustre prerogatiue. Car si les femmes des Pairs de France sont appellées à ce Throne, & au propre siege de ceste dignité si eminente ; pourquoy les Roines, qui sont souueraines sur toutes les Pairries, n'y auroiēt elles autant de voix comme elles ? Que les femmes mesmes dont les terres sont erigées en Pairries, ou qui les tiennent par succession, y puissent assister, il n'y a rien

Roynes assises au Parlement & Lit de Iustice pres des Rois.

Les femmes des Pairs appellees au Conseil. si commun en nos Histoires. En l'arrest du Comté de Clairmont en Beauuoisis adiugé au Roy sainct Louys par la Cour des Pairs, la Comtesse de Flandres est nommée entre les Pairs comme presente. Mathilde ou Machaud Comtesse d'Artois fut appellée en l'an mil trois cens vingt & neuf, & dist son opinion auec les autres Pairs au iugement de Robert Comte d'Artois. La Duchesse d'Orleans s'excusa enuers le Roy Charles cinquiesme, de ce qu'elle ne se pouuoit trouuer au iugement du procés de Iean de Mont-fort Duc de Bretaigne. Et Froissard parlant de l'arrest donné contre Messire Pierre de Craon, monstre comme la prononciation d'iceluy fut faite en telle solemnité. *Et au iour, dit-il, que Nosseigneurs de Parlement rendirent leur Arrest, y auoit grand nombre de nobles du Royaume de France, afin que la chose fut plus authentique, & y estoit la Royne de Sicile & de Hierusalem, Duchesse d'Anjou, Comtesse de Prouence, & son fils Charles Prince de Tarente,* &c. A quoy ie ioindray qu'elles se sont mesme trouuées quelquefois aux sacres & couronnemens de nos Rois, au rág des autres Pairs, comme à ceux du Roy Charles cinquiesme, & de la Roine sa femme, assista la Cõtesse de Flandre & d'Arthois, faisant son office de Pair de France. Qui empesche dõc de croire que les Roines, dont la Dignité passe de beaucoup celle des Comtesses & autres femmes tenãs terres erigees en Pairries, ne puissent assister aux iugemens de nos Rois lors qu'ils tiennent le lit de leur Iustice aussi bien que celles là ont de la France, Livre III. 583

voix a ce Senat & Conclaue des Pairs, lors qu'il s'agite quelque fait concernāt la vie, l'honneur, ou l'estat d'vn de ces mesmes Pairs?

Soit encore consideré pour vne tres-haute & tres-auguste marque de ceste puissance & autorité Royalle, que nos Rois ont departie à ces Roines leurs loyales espouses, qu'elles ont si elles veulent ressort & Grands Iovrs en leurs terres, soit de domaine ou de doüaire, afin d'y cognoistre des premieres appellations : Et que l'appel desdits Grands Iovrs vient en la Cour ou Pretoire des Pairs de France, & non ailleurs: quoy que les terres soient du ressort d'vn autre Parlement. {.sidenote} *Roynes peuuent tenir des Grāds Iours en leurs terres.*

Sur cecy fut faite vne expresse declaration par le Roy Philippe le Long l'an 1317. & a esté depuis authorisée par Arrest de la Cour de Parlement à Paris le 18. de Mars 1382. en faueur de la Royne Blāche, par lequel fut dit que les terres du doüaire de ladite Roine, assises en Normandie, ne ressortiroient point à l'Eschiquier de Rouën, ains audit Parlement de Paris.

En somme tous les priuileges, & toutes les prerogatiues, qu'ont les Pairs de France, ces Augustes & grandes Roines les ont communes auec eux : ne voulans nos Rois que leurs meres ou espouses leur attouchans de si pres, & participans auec eux aux rayonnants honneurs de la Maiesté Françoise, fussent de moindre Autorité que les dignitez des Pairries. Mais ces grāds Monarques qui les ont regardées autrement que les autres femmes, & qui les ont mises à part, pour verser

Oo iiij

sur elles tous les thresors de leurs grandeurs, & les faire des Miracles de la Royauté, leur en ont encore donné d'autres particulieres, qui les ont rendues esmerueillables, non a eux seuls, ny à leurs sujets seulement, mais à tous leurs voisins, & aux plus esloignez Princes de l'Europe. Car iadis ces Roynes ont eu comme nos Rois des officiers portans le nom & le titre de Grands, pour l'honneur de leur seruice, & pour le seruice de leur Maison. Ainsi la Royne Isabeau de Bauiere, femme de Charles sixiesme auoit & grand Maistre & Chancelier, autres que ceux de la personne du Roy, puis que nous trouuons dans les Histoires qui combattent pour l'immortalité de son nom, que Messire Philippe de Sauoye estoit son Grand-Maistre, Messire Iean de Nesle son Chancelier d'honneur; Messire Robert le Masson, & Messire Robert Quarteau ses Chanceliers à diuers temps. Et ces Grand-Maistres & Preuosts de l'autel de ces Roines ont exercé leur Iustice, & eu leur Iurisdiction en leurs Hostels, & Suites: dont les appels ont ressorty à la Cour de Parlement. Comme aussi leurs Officiers & seruiteurs domestiques, iouyssent de mesmes immunitez & franchises, que ceux qui sont au seruice & à la Cour des Rois leurs espoux.

Grands Officiers des Roynes.

Et à fin que la gloire des Roines, & de ces grandes Roynes des Lys, fut encore plus rayonnante, le Pape Clement 6. donna vne bulle en faueur des terres de leur doüaire, & les gratifia en particulier de cet aduantage, qui n'est cõmun aux autres Roynes & Princesses, qu'elles ne peussent

Terres des Roynes de France affranchies des interdis de Rome.

de la France, Liure III. 585

estre mises en interdit Ecclesiastique sans exprés mandemēt du sainct Siege Apostolique: le priuilege ne s'estendant plus auant, & n'ayant lieu és terres de leur Domaine.

Bref ces augustes & sacrees Roynes ont presque toutes les grandeurs de nos grands Roys, & toutes les authoritez & prerogatiues, que i'ay deduites au premier Liure, comme perles & pierreries qui surhaussent l'excellence & la Maiesté du Diademe François, leur sont communes auec ces puissans Monarques, & les premiers & plus anciens Monarques de l'Estat Chrestien. Et quād ie recite tant de grandes & graues preeminences qu'ont ces Roynes, non iamais nommees auec assez de respect, & de reuerence, ie touche autant les clauses des grandes obligations qu'elles ont aux Princes des Lis, qui les ont montees à ce souuerain Theatre d'honneur, que les plaisirs des riches possessions, & acquisitions souueraines d'icelles. Quand ie les considere, & que neantmoins ie ne les puis si viuement penetrer ne si grauement peser comme elles, qui les sentent, & en ont l'aise, ie m'en esiouis, & m'en esbahis tout ensemble.

Et jettant l'œil sur leurs Royalles Maiestez, quand ie les contemple en leurs Thrones comme Roynes, & Regentes du plus florissant & plus puissant Royaume de l'Europe, voire de toute la terre, que ie les voy autant aymees & redoutees de leurs suiets, que les Roys mesmes, ie demeure comme esperdu, & m'est aduis que ie songe. Certainement ie ne voy que merueilles

Roynes de France recommādees par leur prudence en leurs Regences.

en leurs gouuernements, ie nevoy qu'esbahissemens en leurs actions pures Royalles, & en des actions si grandes, qu'elles estonneroient autant d'Hercules. Nous auons veu de nostre âge vne Royne en Angleterre qui a faict voir qu'il appartient aux femmes de regner aussi bien & plus heureusement que les hommes, & d'obseruer aussi Royallement les ceremonies de Maiesté. Mais les Roynes de France qui ont eu la reserue du gouuernement comme Regentes, ont fait sentir qu'il appartient aux Roynes des Lis de presider aussi sagement & prudemment sur les hommes, que les Rois mesmes les plus sages.

Aussi est-ce la plus grande dignité qu'elles ont euë de tout temps en ce Royaume, que d'estre Regentes, ore pédant les minoritez de leurs enfans, ore és absences, ou grands empeschemés & maladies des Rois: & ceci quelquefois seules, & quelquefois ayans des associez en ceste charge.

Gouuernemens des Rois mineurs par les Roynes leurs meres. Et combien que religieusement les François aient obserué la Loy Salique au desaduantage de ces femmes, pour le regard de la succession du Roiaume, si ne leur voulurent ils oster le gouuernement des Rois leurs enfans au temps de leurs minoritez: Car nous en auons leu plusieurs és anciennes Histoires auoir eu & le maniment du Roiaume, & la charge de leurs enfans iusques à ce qu'ils eussent atteint vn âge capable de l'Autorité Roialle. En céste façon tint Amalassonte le gouuernement de son filz Athalaric entre les Ostrogots, elle toutefois qui iamais n'aspira au Sceptre. Et entre nous la Roine Brunchault ou Brunechilde, fut faicte Regente de France, &

de la France, Liure III. 587

tutrice des Rois THEODEBERT & Thierri mineurs. Et Fredegonde apres mania toutes les affaires du Roiaume pendant le bas-âge du Roi Clotaire son filz: voire les mania si dextrement, qu'il se veid auant que de mourir Monarque souuerain des Gaules & des Allemagnes. Le semblable fist Nautilde veufue du Roi Dagobert, à l'endroit du Roi Clouis, second de ce nom, aussi son filz: Et long entrejet de temps apres Blanche femme de Louys huictiesme & mere de ce sainct Louys duquel la iustice diuine a conserué l'heritage à nostre souuerain Prince, eut par deux fois la reserue du gouuernement: la premiere par l'ordonnance du Roy son mary pour la minorité de son filz: la seconde lors que sainct Louys fist le voiage de la Terre saincte, & lors auec elle furét Regens, Matthieu Abbé de sainct Denis, & Simon de Clairemont Seigneur de Nesles.

En quoy elle se comporta auec vne telle sagesse que tout ainsi que les Empereurs de Rome se faisoient appeller Augustes en commemoration de l'heur qui s'estoit trouué au grand Empereur Auguste, aussi toutes les Roines meres anciennement apres le decés de leurs maris vouloient estre nommees Roines Blanches, par vne honorable memoire tiree du bon gouuernement de ceste sage Princesse, & de la vertu d'vne autre Roine Blanche veufue du Roi Philippes de Valois, laquelle vescut iusqu'au temps de Charles sixiesme: non ainsi qu'estiment quelques-vns fondez sur l'opinion populaire, à cause des voiles blancs qu'elles

Roynes veufues appellees Roynes Blanches.

porroient durant leur viduité : encore qu'à dire vray dans les anciens regiſtres & memoires toutes les autres veufues ſont recognues par leurs nős propres, & ne portent ce tiltre ny cette qualité de Roynes Blanches. Mais pour renouer le fil & la trame de mon diſcours, Philippes le Bel eſtant au boys de Vincennes l'an 1294. ordonna que la Royne Ieanne ſon eſpouſe fut Regente du Royaume, tant qu'elle demeureroit en viduité, & luy ſubſtitua Charles Comte de Bloys, frere de ſa Maieſté, voulant que ſondit frere obeyſt immediatement à la Royne ſeule, & qu'au reſte il euſt anthorité comme aſſocié en la Regence. Meſme Charles V. eſtant à Melun l'an de grace 1374. ordonna que ſa femme Ieanne de Bourbon fut Tutrice principale, gouuernante & garde tãt des perſonnes de Meſſieurs ſes enfans que du Royaume : & auec elle Philippe Duc de Bourgógne, frere dudit Roy, & Louys Duc de Bourbon, frere de la Royne : mais l'alteration des affaires, & l'ambition des oncles, violerent ceſte ordonnáce. Et s'il nous faut encore deſcendre plus bas, pendant que le Roy Charles VI. ſe trouua alteré de ſon bon ſens, & que la France s'abiſmoit dans la cõfuſion, quel plus prompt remede trouua on que de deferer le gouuernement du conſentement de tout le conſeil, à la Royne Iſabelle ſa femme ? Ce fut ce meſme Charles, lequel pour eſleuer la dignité des Roynes à vn plus haut eſtage de grandeur, ordonna le lendemain de Noel l'an 1407. que de là en auant il n'y auroit aucuns Regens en France, pour minorité des Roys : mais qu'en quelqu'âge que fuſſent les aiſnez, apres la mott de leurs peres, ils feroient couronnez & facrez, & le Royaume adminiſtré en leur nom, par le conſeil deſdites Roynes leurs meres, Princes du Sang, Conneſtable & Chancelier de France. Mais ceſte ordonnance fut rompue par Louys XI. qui voulut que Madame ſa ſœur Anne de Beaujeu eut l'adminiſtration du Royaume durant que Charles VIII. ſeroit en minorité. Et Louys XII. le dernier iour de May l'an 1505. voulut, & ordonna, que luy mourant, durât la minorité de François, Monſieur d'Angouleſme, & Duc de Valois, qui auoit eſpouſé ſa fille aiſnee, & eſtoit le plus proche Prince du ſang, & à luy eſcheant le droit de la Couronne, la Regence du Royaume fut miſe entre les mains de la Royne Anne ſon eſpouſe, & de Madame Louyſe de Sauoie, mere du ſuſdit Seigneur Duc de Valois, appellez au conſeil auec elle le Seigneur Legat d'Amboiſe, le Comte de Neuers, le Chancelier, le Seigneur de la Trimouille, & Meſſire Florimont Robertet Secretaire: mais les effects de ce Teſtament ne parurent, à cauſe que quâd le Roy fondit dans les cofres de la mort, le ſuſnommé Succeſſeur de la Couronne eſtoit majeur & par conſequent capable de tenir le frein de l'Eſtat, & guider le cours de l'Empire. Et de la memoire de nos Peres, pendant la priſon du meſme Roy Frâçois, cette Louyſe de Sauoye ſa mere, ſe môſtra ſi heureuſe en toutes les actions Roialles, dôt elle auoit la reſerue, qu'apres le retour du Roy ſon fils elle fuſt tout le reſte de ſa vie honoree de ce grand tiltre de Regente, quand on parloit d'elle. Comme auſſi la mere de Charles IX. pendant

Teſtament de Louys XII. pour le fait des Regences.

son voyage en Allemagne, eut la mesme authorité & puissance au maniment des affaires. Ce qui nous rend assez certains que nos ancestres ne voulurent veritablement balancer les Regences de mesme poids que le droit successif du Royaume, mais que pour faire paroistre leur grandeur, par la grandeur mesme des Roynes leurs loyales & legitimes espouses, ils leur departirent le iuste pouuoir de presider sur leurs sujets, pendant que leurs enfans mineurs en furét incapables, ou que pour leur eloignemét ils n'en peurent procurer la conseruation ny le salut.

Acquests des Roys.

Est à noter neantmoins qu'encore qu'en France y ayt communauté des acquests entre le mary & la femme: si est ce que les Roynes ne participent en rien aux acquisitions souueraines de leurs maris, qui se font pendant leur regne, pource qu'elles appartiennent toutes à la Couronne: & sont pour le bien du Royaume & du peuple, à quoy ces Roynes par coutume ne peuuent auoir ny pretendre chose quelconque. Mais de celles qui sont faites auāt la possessiō du Sceptre, elles y sont en communauté de toutes choses: & ainsi Philippe de Valois fist raison des conquests qu'il auoit faits auant son Couronnement à son Espouse Madame Ieanne de Bourgongne. Encore qu'anciennement il en alloit d'vne autre façon, comme nous apprenons de Flodouard parlant de Raoul Roy de France. *Raoul Roy de France*, dit-il, *tint son Parlement à Attigny:* D'ou deliberant de s'acheminer au Royaume de Lothaire, il fut surpris d'vne si grieue maladie, que iettant vn desespoir de salut en l'ame de plusieurs, il se fist porter à Rheims en l'Abbaye

Communauté des Roynes.

S. Rhemy, laquelle il honora de quelques dons: Et tout ce qui luy restoit de ses thresors, outre la part & portion de sa femme, il le distribua par les Monasteres de France & de Bourgongne.

Voilà l'obligation, & voilà l'hypotheque que ces grands Roys ont voulu auoir sur les Roynes leurs femmes & loyales espouses, & d'où elles ont bien sçeu leur satisfaire. Car leur ayant donné tant de glorieux titres, & tant d'honorables preeminences, elles ont bien sçeu leur rendre le profit qu'ils en attendoient. Elles ont fait ce que font les bons miroirs ausquels si on presente vne belle face, ils la rendent belle, & par reflexion ils renuoyent la beauté à son Auteur: Elles leur ont produit des enfans semblables à eux, lesquels ont non seulement esté tres-agreables à la France, & dignes d'augmenter le nombre des Roys Chrestiens & Catholiques leurs predecesseurs, qui l'ont gouuernee, mais qui ont illustré toute la terre de leurs rayonnantes vertus.

DES CEREMONIES ET MAGNIFICENCES OBSERuées de tout temps aux Naissances & Baptesmes des Enfans de France.

CHAPIT. IV.

Les Enfans & Successeurs certains des Roys, asseurent leur Estat.

VICONQVE a dit que si la fortune oste aux Monarques & Princes souuerains les appuits & supports qui leur font besoin pour leur manutention, (i'entends des enfans & Successeurs certains) ils seront dedaignez, & beaucoup mesprisez pour ce respect, & chacun se rangera à quelque autre esperé & nouueau Soleil: encore que ce soit Tacite, cette ame des seules Histoires Romaines, si a-il dit la verité pour tous les Royaumes & Empires en general. Alexandre le Grand l'a bien recognu & s'en est pleint: *Je suis mesprisé*, disoit-il, *pource que ie n'ay point d'enfans*. Et de vray comme dit le Tragique Euripide, *L'appuy & le maintien de la Cour, sont les enfans du Prince*. Aussi les armees ny de mer ny de terre ne sont point appuys ny supports tels que le nombre d'enfans, dict vn autre Ancien.

Mais entre tous les Rois & Princes de la terre qui ont esté asseurez de la duree de leurs Empires

sur

sur la constance de ce soustien, & sur la fermeté de ceste Colomne: ceux de la France tiennent à iuste tiltre, & plus iustement que tous les autres, le premier rang, pour l'heureuse fecondité des Roynes & Princesses leurs Espouses. Et ie dis des Roynes & Princesses, lesquelles ont eu ceste vertu en telle abondance en ce Royaume plein de fleurs de Lys, qu'il n'y a eu petit brin sorty d'elles qui n'ait porté des fleurs admirables, voire des fruicts incomparables, & dignes de rare singularité. La terre vniuerselle a obserué en elles cette fecondité si admirable, que l'on peut dire qu'elles ont esté nées pour produire force grás, tãt Rois que Roines, & tãt Princes que Princesses, qui tous ont faict paroistre la grandeur de leur vertu, pour defendre & peupler non la France seulement, ny l'Europe, mais toute la Chrestienté. Et nos Rois, ces grands Rois des Lis ont esté les esprits viuifians, qui ont animé & faict mouuoir à la vertu toute ceste noble posterité: laquelle on n'ignore pas qu'elle ayt eu de soy des vertus excellentes, voire singulieres, & singulierement belles & recõmendables: car qui est des humains qui n'ait aimé & estimé la generosité & les grandes perfections des Enfans de France? Mais ils les doiuent imputer à ces chefs, comme le bon arbre faict ses fruicts à sa racine, & la racine sa fecondité à la bonne terre qui l'alimente. Les Enfans de Seleucus auoient tous à la cuisse vne ancre imprimee, pour la marque certaine du tige de leur extraction: & la race de Pithon de Nisibe, auoit l'impression au corps d'vne hache, qui tesmoignoit l'honneur, & le grand

Enfans de France louez pour leurs vertus

Pp

courage de leur lignee. Mais en la race des Lis & de ces odorans Lys de France, les anciens ont remarqué, qu'ils naissoient tous, & naissent encore la hache en la main, & la prudence en la teste, & la generosité au cœur, qui est l'ancre ferme pour sister au port les plus nobles Estats, & les tirer des plus perilleux destroits, où les jette la tempeste.

Ce n'est donc sans suiect que le Ciel, qui autrefois pour la Naissance de Minerue pleut à Rhodes de l'or, a tousiours versé en France vne grande pluye de ioye, & d'allegresse, pour la naissance tant des fils, que des filles legitimes de nos Roys. Et ceux qui ont creu que la felicité ne pouuoit estre en l'enfance, puis qu'elle demande vne suite non entrecoupee d'annees, & vne constante intelligence de la vertu & de la fortune, n'ont pas entendu parler des enfans des Roys, & sur tout de ceux de la Couronne de France, lesquels dés le point de leur naissance ont de tout temps veu plouuoir sur leurs testes toutes les faueurs, que le Ciel peut espandre sur ceux qu'il veut rendre bienheureux. Autour de leur Berceau l'Eternelle prouidence, qui a vn soin particulier de ce Royaume, a tousiours ordonné ses Anges pour leur garde : Et les François leur ont donné cognoissance des affections de leur cœur, par les festes honorables, qu'ils ont publiquement faictes, & par les belles ceremonies qu'ils y ont employees pour louer & remercier Dieu de ce qu'il luy a pleu leur donner des Princes issus de la premiere Couronne du

Les enfans ne se peuuēt dire heureux.

Naissance ioyeuse & heureuse des enfans de France.

monde, qui ont porté au cœur, la generosité des peres, & aux yeux la douceur & debonnaireté des meres. Ie dis des princes, voire des Roys, qui en grandeur de courage, & en reputation de braues & immortelles actions, ont passé toute la gloire des princes de la terre & de la mer; comme le Dauphin, duquel les premiers nez portent le nom, passe en vitesse & legereté tous les animaux de la terre & des eaux. La ioye de la France a esté infinie en leur naissance, pour auoir preueu de tous siecles que ses felicitez estoient imparfaictes sans cela, & a eu les mouuemens de sa resiouissance d'autant plus grands & extremes, qu'elle a eu des sujets plus veritables d'adorer en leurs viuants images l'inuisible Maiesté du Dieu viuant, & auec vn ordre & appareil tel à peu près que ie le veux icy representer pour hommage de sa tres-humble & tres-fidelle subiection à leurs Altesses.

C'est l'ancienne loy des ceremonies de la Couronne, que les douleurs de l'enfantement saisissans la Royne, le Roy & les princes du Sang entrent en la Chambre, afin que les interessez à la succession ne puissent dire qu'il y ayt supposition, & que la loy Salique soit maintenue : comme aussi à l'on coutume de presenter à sa Maiesté la nouuelle creature, pour inuoquer sur elle la saincte benediction du Ciel, & luy donner la sienne. Ce que le Roy faisant, si c'est vn filz, il luy met l'espee en la main, pour en vser à l'honneur de nostre Dieu, & pour la protection du

Princes du Sang se trouuet aux couches de la Royne, et pourquoy.

Benedictiõ du Roy à sa fix nouueau ne.

Espee mise en la main du nouueau né.

Royaume de France, & des François, *La puisse tu mon filz*, ce dit-il, *employer à la gloire de Dieu, à la defense de la Couronne & du peuple*. Car c'est la verité que l'Espee est la marque & le hieroglife de conseruation & de defense, & le vouloir icy prouuer, ce seroit vouloir auertir les François qu'il est iour en plein Midy, & que c'est vne leçon que les Rois d'vn si riche & noble Royaume sçauent dés leur enfance. La France a trop d'exemples de cecy en la personne de ses ieunes Princes. Car nous lisons du Roy Charles V. dit le Sage, qu'ayant faict mettre sur vn aureiller de veloux en vne salle, vne Couronne d'or, & vn Sceptre, & sur vn autre vn armet & vne espee, y voyant entrer son filz encore ieune prince, il luy commanda de choisir des deux ce qui luy seroit le plus agreable. Mais il choisit le heaume & l'espee, sçachant que c'est peu d'vn Royaume, qui n'a l'armet & l'espee pour le garder. L'espee & l'armet acquierent les Royaumes, les Rois sans espee & sans armet, perdent leurs Roiaumes.

Publiques resiouissances & actiós de graces pour la naissance des enfans de France.

Tous les Princes & Seigneurs accourent pour s'esiouir de ceste nouuelle grace, y apportent à l'enui leurs applaudissemens & congratulations, & saluent ce petit Prince, (si c'est comme i'ay dit vn masle, & le premier né: auquel ceste Monarchie faict auiourd'huy des aduantages qu'elle ne faict point aux puisnez, comme faisoient iadis les Rois des Perses à l'endroict de leurs enfans aisnez) le saluent di-je comme s'il portoit à descouuert la Couronne sur la teste, & le Sceptre en la main, & comme celuy qui peut dire plus veritablement que Commodus, *le mesme iour qui m'a veu homme, m'a veu Roy.* L'allegresse est grande, & le Roy pressé des congratulatiōs & applaudissemens de ceux qui l'enuironnent & l'accompagnent en l'Eglise, pour aller rendre grace à Dieu de ce benefice, & si pressé que passant son chappeau a demeuré quelquefois parmi la presse, ainsi qu'il arriua à nostre grand Henry le iour de la naissance de Monseigneur le Dauphin son premier filz. Naissance de laquelle toutes les circonstances, du temps, du lieu, de l'année, du iour & de l'heure furent accompagnees de rencontres admirables. Car elle fut en l'Equinoxe d'Automne, auquel on a remarqué celle des plus grands Princes du monde, comme de Romulus, d'Octauian, de Cesar, de Charlemagne. Le lieu a esté Fontaine-bleau, lieu mesme où nasquit Philippes le Bel il y a plus de trois cens ans. L'année fut la premiere du siecle, & du Iubilé. Le premier Roy du monde & le plus grand prince de toute la terre ne deuoit naistre autrement. Le iour fut du Ieudi au Vendredi, iour heureux pour auoir les douces constellations, de deux si fauorables planettes qui le dominent. Iour qui signalant dés lors cete nouuelle grace, d'vne allegresse inimitable, fist croire par vn tremblement de terre, qui l'auoit precedé de dix iours esbranlant plusieurs endroits de l'Europe, que comme le Ciel le fist naistre du plus grand & magnanime Roi qui viue sur la terre, aussi fera-il vn iour trembler toutes les Nations de la terre souz la domi-

Naissance de Monseigneur le Dauphin le 27. de Sept. 1601.

nation de son Sceptre, & que Dieu donnant longue & heureuse vie aux premiers Rois de ceste tres-illustre lignee, affermira la Couronne sur le chef de leur posterité: si que se tenans l'vn l'autre comme par la main de pere en filz, leurs peuples conçoiuent esperance, que par leur bon mesnage ils redonneront à la France son ancienne splendeur: & que leurs regnes accompagnez de bonté & de sagesse, seront suiuiz de tous heureux succez. Iour di-je si heureux au Roy & au Royaume, qu'il n'y a perle assez blanche pour le marquer, ny plume de Cygne assez blanche pour l'escrire aux sestes de la France. Et l'heure encore fut fauorable, pour l'heureux ascendant de ce Prince, qui est vrayment nostre Phœbus à la naissance duquel la France incertaine flotant sur la mer des diuisions ciuiles, a esté du tout affermie & asseuree: & vraymét la Nef d'Argo, laquelle arrestera les Symplegades, c'est à dire ces deux grádes factiós, qui ne demeurét en pied, & toujours s'entrechoquent. Aussi failloit il vn Dauphin sans fiel, pour adoucir les aigreurs, amertumes, & animositez des choses passees. Ce que i'ay voulu inserer icy pour signaler les vœux de deuotion, que faisoit toute la France pour obtenir ceste benediction, & voir ce qu'elle n'auoit veu depuis le Roy Charles huictiesme: Les premiers deuoirs de ma subiection m'ayans vn peu conduict à gauche du droict fil de ces Ceremonies. Reprenons le, & allons voir ce que font de plus les François aux naissances de si grands enfans, & des enfans de si grands peres, pour faire paroistre leur res-

de la France, Liure III.   599

jouissance plus belle.

Apres l'enfantement les Secretaires d'Estat depeschent incontinent par toutes les Prouinces pour leur donner la part d'vne commune, & si grande ioye. Le premier depesche est apporté à Paris au Chancelier, à la Cour, & à l'Hostel de ville. On court incontinent aux actions de graces. Les peuples les tesmoignent par vne affluence aux Eglises, & les celebrent par Cantiques d'exultation. Les feux de ioye paroissent partout le Royaume en signe d'allegresse, ainsi que les Romains en allumoient par les quarrefours en leurs liesses & resiouissances. *Feux de ioye aux naissances des enfans de France.*

Et y a quelquefois le peuple chanté Noel, pour manifester dauantage son allegresse. Car aux registres de la Chambre des Comptes, le Greffier soucieux d'enregistrer ce qui se faisoit de solemnel dans la ville de Paris, recitant le Baptesme de Charles sixiesme dans l'Eglise sainct Paul, dit que le troisiesme Decembre 1368. nasquit Charles sixiesme qui fut tenu sur les fonds en l'Eglise sainct Paul lez Paris par Charles Seigneur de Montmorency, & lors y auoit vne grande multitude de peuple, qui commença de crier Noel. Ce qui se pratiquoit aussi pour signification de quelque ioye publique que ce fust: n'ayant la France moyen plus ouuert pour denoter sa ioye, quand elle vouloit congratuler à vn grand prince, que de crier en lieu public ces chants d'allegresse, qui sont les tiltres & qualitez plus glorieuses de ces Chansons spirituelles faictes en l'honneur de la Natiuité de nostre Seigneur, par *Noel crié par les rues pour signification de ioye publique.*

Pp iiij

lesquelles nous nous esiouïssons deuant les festes de Noël, que nous appellons les Aduents. Ainsi Iean de Bourgongne reuenant à Paris apres auoir fait assassiner le Duc d'Orleans, Monstrelet dit au chap. 37. du premier liure, *que les Parisiens en furent si ioyeux, qu'à son arriuee les petits enfans crioyent par les rues Nouel*: Ainsi en l'an 1429. Philippes Duc de Bourgongne ramena sa sœur au Duc de Belhfort dans Paris, *à la venue duquel fut faicte moult grande ioye des Parisiens*, dict le mesme Monstrelet, *si y crioit-on Noel par tous les carrefours ou ils passoient*. Et quand Charles VII. fist son entree dans Paris l'an 1437. *il y auoit*, dit encore ce mesme Auteur, *si grande multitude de peuple par les rues, qu'à peine pouuoit-on passer. Lequel en diuers lieux crioit à haute voix tant qu'il pouuoit Noel, pour la ioyeuse venue de leur Roy, & naturel Seigneur, & de son filz le Dauphin*. Cela mesme est fort frequent dans l'Histoire de Louys XI. que l'on appelle la Medisante, laquelle on a retrachee en diuers endroits.

Presens du Pape à Monseigneur le Dauphin.

Il y a de plus que le Pape amy des fleurs de Lis, ayant sçeu la Naissance de Monseigneur le Dauphin enuoya incontinent au Roy & à la Roine, vn Referendaire de l'vne & l'autre signature & Clerc de la Chambre Apostolique, pour se coniouir auec eux de ceste naissance, & porter au petit Prince des drapeaux, bendes, couuertures, & autres meubles de ceste premiere enfance benis par sa Saincteté. Et tous les Princes aussi amis de ceste couronne, enuoierent semblablement faire les complimens d'vne si grande & heureuse occasion.

Voila les ioyes & ceremonies plus ordinaires que la France pratique en ces Royalles naissances de ses nouueaux Princes, & qu'elle reitere autant de fois que l'heureux accouchement des Roynes, luy en fait naistre de nouueaux sujets, & qu'il benist ses Rois de secondes ou tierces benedictions domestiques par autres naissances d'autres fils ou filles.

Naissances qui les ont bié faits Princes mortels, que les saincts cayers honorent du titre de Dieux, & leur ont bien ouuert les portes des Royaumes & Principautez transitoires: mais il estoit expedient que par vne renaissance spirituelle ils deuinssent enfans du grand Dieu immortel, & que le Baptesme leur donnant entree en l'Eglise Chrestienne, il leur ouurist aussi le Royaume immortel & celeste, imprimât en leurs visages le caractere des fils de Dieu, comme sur leurs fronts l'image de Dieu mesme. Renaissance tant glorieuse, & Baptesme de si haut lustre, que sainct Louys honorable ancestre & parent de la Royalle race de Bourbon, souloit dire, *Que le plus grand honneur qu'il eut iamais estoit d'auoir esté baptisé, & mis au rôle des Chrestiens.* Comme de fait quand il vsoit de ses plus hauts titres, & de ses plus insignes qualitez, il s'appelloit *Louys de Poissy*, pource qu'il auoit esté baptisé à Poissy.

Baptesme & renaissance spirituelle des enfans des Rois.

Nous auons dit au commencement de ce Chapitre, que l'vne des singulieres benedictions que le Ciel eslargist aux hommes, & entre les hommes à ceux qui president sur les hommes, c'est la pluralité d'enfans, qui portent l'image du pere, & le font comme renaistre en leur naissance : Ainsi que d'vne viue racine naissent de nouuelles plantes qui produisent mesmes fruits que leur tige primitif. Le souuerain Protecteur de ceste Monarchie auoit en l'annee mil six cens & six appuyé la Paix & le repos de la France sur trois precieuses Colonnes de sa largesse, & nous les regardions comme fermes estançons de sa grace. Le Sacrement de Baptesme leur auoit esté conferé peu de iours apres leur naissance, mais les ceremonies en furent differées iusques à l'opportunité. Le Roy la desiroit dés long temps, si plusieurs rencontres n'en eussent trauersé le compliment. La mort du Pape Clement huictiesme, l'auoit retardée. Leon XI. cy-deuant Cardinal de Florence, vid presque en mesme temps le dernier de ses iours, que le premier de son Papat. Paul V. son successeur aduerty que la celebration de la solennité estoit assignée au 14. de Septembre, escriuit à l'Illustrissime Cardinal de Ioyeuse, François de nom aussi bien que de nation & d'affection,

Le Cardinal de Ioyeuse destiné Legat de Monseign. le Dauphin

Qu'il vouloit qu'elles se fissent par son ministere en la benediction du Seigneur : & que n'y pouuant assister en personne, il l'auoit esleu pour faire ce compliment selon la dignité du siege Apostolique, & des enfans du fils aisné de l'Eglise. Puis que par l'honneur de son rang, par la noblesse de son sang, par sa prudence, foy, & pratique aux affaires, il estoit agreable au Roy, & recommendable au Royaume. Les Princes & Seigneurs de la Cour s'efforçoient à qui se deuâceroit l'vn l'autre en despenses & magnifiques appareils. L'Eglise de nostre Dame estoit destinée à ce Royal spectacle si la contagion ne l'eust remis à Fontainebleau, que le bon Roy sainct Louys appelloit ses deserts & solitudes.

Spectacle vrayment Royal, & dont ie veux icy mettre le bel ordre & les ceremonies, comme dessein tiré sur le portraict & patron de celles qui luysent en diuers lieux de nos Histoires, & qui ont dés les premiers siecles esté en pratique aux renaissances spirituelles de ces grands fleurons des Lys: mais dessein surhaussé des pierreries & riches paremens de quelques nouuelles magnificences.

Ainsi donc le 14. de Septembre, iour clair & serain, fut neantmoins esclairé de force lumieres & flambeaux, & la Ceremonie se fist sur les cinq heures du soir, en la cour du Dongeon (car ny la Chappelle, ny la plus grand' Salle du Chasteau n'eust pas esté capable de tenir tant de milliers d'hommes accourus à si rare merueille des deux bouts de la France, & du milieu) sur vn grand & haut Theatre, enuironné de riches & somptueuses tapisseries, au milieu duquel estoit vn quarré de 5. toises en tout sens, clos de barrieres couuertes de tapis, & tapissé par le bas: & au frot d'iceluy vn Autel fort paré des Ornemés de l'Ordre du S. Esp. & couuert de paiz: auec vne table couuerte d'vn precieux tapis & d'vn Dais empruntez des Ornemés dudit Ordre. Derriere la table vn marchepied de 3. marches tapissé, & au milieu du marche-pied, vne maniere de grand pied d'estal orné de toile d'argēt, sur lequel estoiēt les Fōds couuerts d'vne fort exquise tauayole; & par dessus vn Dais. Aux deux costez de l'Autel, deux eschaffauds pour deux Chœurs de Musique. Au dessous, & à costé à main droite, vn banc tapissé pour seoir plusieurs Prelats. Entr'autres trois Archeuesques, neuf Euesques,

Ceremonie du Baptesme de Monseigneur le Dauphin & de Mesdames.

trois Abbez, à gauche les Seigneurs du Conseil, & deuant l'Autel, le Cardinal de Gondy, enuironné de plusieurs Aumosniers & Chappelains : & grand nombre de spectateurs assis sur plusieurs degrez en forme de ceux des Theatres. Autour du Theatre estoient rangez les Suisses de la garde du corps tenans chacun vne torche ardente en la main.

Monseigneur le DAVPHIN, & Mesdames ses sœurs estoiēt en leurs Chambres, sur des grāds Lits à la Royalle esleuez en Tribunal souz vn Daiz, auec leurs couuertures d'hermines mouchetées : Et furent apportez à la table du quarré, precedez des Gentils hōmes seruants auec chacun vn cierge en main : des Ordinaires, des Gentils-hommes de la Chambre, auec fifres, tambours, haut-bois, trompettes, Herauts ; & des Cheualiers du S. Esprit, auec les trois honneurs en suite.

Au premier, pour Madame, puisnée, le vase, le bassin, l'oreiller, le cierge, le chresmeau, la saliere estoient portez par le Baron fils du Mareschal de la Chastre, par les Sieurs de Montigny, de la Roche-pot, de Chemerauld, de Liencour, de Fetuacques Mareschal de France : & Madame, par le Mareschal de Bois-daufin, suyuie de Charles Duc de Lorraine Parrain, & de D. Iean de Medicis, frere de Ferdinand grād Duc de Toscane, representant Chrestierne fille du Duc de Lorraine, & femme du grand Duc : la Duchesse de Guise, les Comtesses de Guische, de Saulx, la Marquise de Mont-laur, & autres Dames marchoient en suite.

Les Mareschaux de Lauerdin & de la Chaſtre, les Ducs, de Suilly, (cy-deuant Mareſchal de Roſny,) de Mont-bazon, d'Eſpernon, d'Eſguillon, faiſoient le meſme office pour Madame, l'aiſnée. Le ſieur de Ragny la portoit, au lieu de Diane Ducheſſe d'Angouleſme, qui repreſentoit l'Inſâte Claire-Eugene-Iſabelle Archiducheſſe d'Auſtriche: ſuiuie de Meſdamoiſelles de Rohan, de Montmorency, de Mayéne, filles; des Ducheſſes de Rohan, de Suilly, & autres.

Le troiſieſme honneur pour Monſeigneur le DAVPHIN, fut ſeruy par le Comte de Vaudemont, le Cheualier de Védoſme, le Duc de Vendoſme ſon frere aiſné (tous deux enfans naturels du Roy) le Duc de Mont-penſier, le Comte de Soiſſons, le Prince de Conty, tous trois Princes du ſang : & Monſeigneur le Dauphin porté par le ſieur de Souuray ſon Gouuerneur, au lieu de Monſieur le Prince de Condé premier Prince du ſang, qui pour ſa maladie ne luy pouuoit faire autre ſeruice, que de le tenir d'vne main. Le Duc de Guiſe portoit ſa queuë, & le Cardinal de Ioyeuſe le ſuyuoit, repreſentant le Pape Paul V. ſacré parrain de ce grand Fleuron : Eleonor femme de Vincent Duc de Mantouë, & les Princeſſes du ſang fort parées.

MONSEIGNEVR le DAVPHIN apporté ſur la table du quarré, le Cardinal de Gondy deſtiné pour le compliment des ceremonies, s'approcha de luy, & l'ayant ouy pertinemment reſpondre aux demádes faites, par l'Auſmoſnier, ſelon les formes ordinaires, & pronócer l'oraiſon

Dominicale & le Symbole des Apoſtres, il fut exorciſé, oingt, & nommé Louys par le Cardinal de Ioyeuſe Legat. A la nomination duquel on vid le viſage du Roy ſon pere s'eſpanouyr de ioye, & monſtrer en l'exterieur, le contentement interieur qu'il receuoit au ſouuenir que ſainct Louys neufuieſme du nom, Roy de France, eſt premier parent & anceſtre de la famille de Clermont; de laquelle eſt iſſue celle de Bourbon auiourd'huy ſeante au Throne de ce ſainct Deuancier, & l'vne des plus heureuſes branches, qu'ayt porté iamais le tronc de la Couronne de France. Et le doux applaudiſſement de l'aſſemblée teſmoigna que ce glorieux nom eſt fort aggreable, & de treſbon augure à la France.

Meſdames furent en ſuite apportées ſur la table l'vne apres l'autre : & nommées, l'aiſnée ELIZABETH par la Ducheſſe d'Angouleſme repreſentant l'Archiducheſſe ſa Marraine ſans parrain : la puiſnée CHRISTIERNE, par D. Iean de Medicis, pour la grand Ducheſſe de Toſcane.

Au feſtin le Roy fut ſeruy par les Princes du ſang. Le Prince de Condé ſeruit de Panetier. Le Prince de Conty d'Eſchanſon. Le Comte de Soiſſons en ſa charge de Grand-Maiſtre. Le Duc de Mont-penſier d'Eſcuyer trenchant. Le Duc de Guiſe & le Comte de Vaudemont ſeruirent la Royne. Et le Duc de Suilly, le Legat. Les Parrains furẽt aſſis, les Princeſſes, les Dames, & Seigneurs en ſuite. Au grand bal le Duc de Lorraine preceda par l'ordre du Roy, en consideration seulemét de ce qu'il estoit Parrain.

Le lendemain fut donné l'esbatement & le plaisir de la bague, pour donner du passetéps aux Princesses & Dames de la Cour, desquelles la beauté, l'ornement, & le lustre, faisoiét des esclats aux yeux des plus clairs-voyans, & emplissoient les ames plus fermes de leurs esmerueillables merueilles. La veuë humaine ne pouuoit soustenir la splendeur rayonnante de l'or, ny la candeur admirable de l'argent, ny le bril esclatant des perles & pierreries, qui couuroyent leurs habillemens. Tout ce qui se peut recouurer de precieux & de rare en estoffes reuestoit les Princes & principaux Seigneurs. Et la robbe de la Royne estoit estoffee de trente & deux mille perles, & de trois mille Diamans, qui la mettoient hors de pair & de prix.

DES TITRES, GRAN-
DEVRS, ET EXCELLENCES
des Enfans de France : &
de leurs Apen-
nages.

CHAP. V.

QVAND i'ay ramenteu les naissances de ces grands & sacrez Fleurons de la Royale fleur des Lis, ie dis de ces grands & genereux Enfans de France; ce n'a pas esté pour m'esloigner de leur grandeur; C'a esté plutost pour l'exprimer dauantage, & la rapporter au plus haut point de sa gloire, & de sa felicité. Et croy que ceux qui liront cecy, en songeront dauantage que ie n'en sçaurois escrire. Aussi que ie ne veux reciter que les grands & graues Aduantages, desquels ils ont tousiours esté d'autant plus glorieusement & noblement appennagez, que plus pres ils ont approché de la Royauté & Couronne de France.

Du mesme iour donc que ces Enfans de nos Roys voyent la lumiere, le Soleil les saluë grands Princes, fils de grands Roys, & la France les confessant nez ses Seigneurs, non seulement conuie les François de recognoistre leur Puissance, & s'auouër leurs fidelles vassaux; mais aussi les honore d'Illustres

re d'Illustres Titres, & de tres-glorieuses qualitez sur tous les Princes de la terre. Et comme les Rois de Perse (le Lecteur me pardonne si ie recite si souuent ceste mesme comparaison, puis que c'est pour le lustre de la grandeur Royalle) comme di-ie ces anciens Rois faisoient des aduantages à leurs enfans aisnez, qu'ils ne faisoient point aux puisnez : Aussi ce Royaume qui regarde les premiers nez de sa Couronne, autrement que les autres, & qui les met à part, pour les monter à ce souuerain Theatre d'honneur qui est la Royauté, leur en donne de particuliers, qui sont de tres-riche & de tres-rayonnante marque, & qui ne sont communs aux autres enfans.

Car premierement il leur donne titre de Princes, & non Princes seulement, mais de Princes Dauphins. Princes Dauphins non faits d'auenture, mais Princes Dauphins nez & formez de nature. Qui n'est pas vne petite qualité, ny vn don de petit moment : d'autant qu'il y a plusieurs Princes, qui sont Princes & fortuitement & naturellement : mais de naistre Princes Dauphins, c'est vn honneur singulier, & qui n'appartient qu'aux fleurons aisnez de la Royalle Fleur des Lis. C'est vne dignité bien haut esleuée sur la troupe des Princes tant d'adoption que d'extraction, & qui regarde sa sommité, ou seulement qui contemple son ombre, il a iuste raison de s'en esmerueiller. C'est la Nature des Dauphins, d'aymer la Musique, & les bons accords : & ç'a tousiours esté l'action de Messeigneurs les DAVPHINS & premiers nez de France, de nourrir & entretenir cest Estat en

Titres & qualitez des premiers nez de la Couronne de France.

vne politique vnion, & harmonique confonance. Les Dauphins paſſent en vitteſſe & legereté tous les animaux de la terre & des eaux; & ces Princes ont touſiours paſſé toute la gloire des Princes de la terre & de la mer tant en grandeur de courage, qu'en reputation de braues & immortelles actions : Voire ils ont eſté les plus grands Princes de la Chreſtienté.

Louanges de Monſeigneur le Dauphin.

Et tout ainſi qu'vn Dauphin ſauua du naufrage le pauure & miſerable Arion; ainſi la France en a elle vn auiourd'huy, lequel a ſauué de la tempeſte ce pauure Royaume affligé, & encré ſa nef en vn ſi bon port & en telle ſeureté, qu'en vain les flots murmureront contre elle. Ie ſçay bien que les Dauphins ſont preſages de la tourmente ſur la mer, & que quand ils s'eſleuent & ſe iouënt dans les eaux c'eſt ſigne que l'orage eſt prochain. Mais ce DAVPHIN Royal, que la France tient d'autant plus cher qu'elle en eſt demeurée priuée depuis la mort du Roy Charles huictieſme, plus de ſoixante ans, nous eſt vn gage de l'eternité de noſtre ſalut, & de l'aſſeurance de noſtre repos. Souuent la France auec vn œil ioyeux a veu la naiſſance de tels Princes : mais iamais auec plus d'occaſion. Car les autres naiſſoient pour continuer vne ſucceſſion : ceſtuy-cy eſt né pour l'vnion de ceſt Eſtat, voire pour ſa conſeruation. Et la ioye de la France a eſté infinie pour auoir preueu, que la benediction de la Paix ne pouuoit viure, ſi elle ne voyoit naiſtre celuy qui ſeroit la mort de tous les pretextes des guerres ciuiles.

de la France, Liure III.

Il luy falloit vn Dauphin sans fiel, pour addoucir les aigreurs & amertumes des choses passées. Et vn Prince DAVPHIN, qui sera vrayment comme i'ay dit, la Nef d'Argo, laquelle arrestera les Symplegades, c'est à dire ces deux grandes factions qui ne demeurent iamais en pied, & tousiours s'entrechoquent.

L'Origine d'vn si glorieux titre est assez recognuë & recommandée par nos Histoires. Humbert de la Tour Prince DAVPHIN donna la Prouince du Dauphiné à la Couronne de France, à ceste condition que le premier fils du Roy, l'heritier presumptif du Royaume en seroit Seigneur souuerain dés sa naissance. Il y en a qui content que ce Prince attristé de la mort de son fils vnique deliberant de quitter le monde, se renfermer dans vn Conuent de Iacobins, & vendre son Estat à bien petit pris au Pape; La Noblesse de son pays, qui aymoit mieux estre sujette aux Roys, qu'aux Papes, le persuada de le vendre au Roy de France; & que Philippe de Valois l'acheta, à la charge que d'ores en auant les fils aisnez de France, heritiers presumptifs de la Couronne, s'appelleroient DAVPHINS. Mais on trouue par le contract de donation dudit Humbert DAVPHIN de Viennois, que se voyant hors d'esperance de pouuoir auoir des enfans, il donna ladite Prouince hereditalement à tousiours-mais, tant en possession qu'en proprietez à Philippes fils second du Roy Philippes de Valois, ou en cas de la mort dudit Philippes, ou autre legitime empes-

Prouince du Dauphiné donnée au premier fils de France.

Qq ij

chement, à vn des fils de Iean Duc de Normandie fils aisné dudit Roy, ou de leurs Successeurs Roys de France, tel que ledit Roy ou ledit Duc Iean, ou leurs Successeurs voudroient eslire par donation, à la charge que celuy qui seroit inuesti du Dauphiné, & ses hoirs & successeurs au pays, seroient tenus de se faire appeller Dauphins de Viénois, & porter les armes du Dauphiné escartelées auec les armes de France, sans pouuoir laisser le nom de Dauphin ny lesdites armes: & que le Dauphiné ne pourroit estre vny au Royaume de Fráce, que l'Empire n'y fust pareillement vny. Ceste donatió faite auec plusieurs autres terres enclauées auiourd'huy dedans ledit païs, fut signée sous plusieurs códitiós inserées au contract d'icelle. Mais depuis nos Rois ne voulás qu'vn pays si voisin de l'Italie & de l'Empire, fust en autre main qu'en la leur, l'ont estroitement, voire inseparablement estreint & lié à la Couróne. Et ont voulu que leurs fils aisnez heritiers presomptifs d'icelle, durant la vie de leurs peres, s'appellassent DAVPHINS, & le premier de ceux qui en porta le nom fut le Roy Charles cinquiesme durant la vie du Roy Iean son pere.

Du mesme iour que ces aisnez voyent le Soleil, ils naissent souuerains Seigneurs de ceste Prouince, & ceux de ceste Prouince deuiennent leurs fideles vassaux, & leurs tres-humbles sujets: de maniere qu'ils rapportent au plus haut point de gloire & de felicité, de ne recognoistre puissance plus absoluë, ny souueraine que la leur, & de leur obeyr auant qu'ils sçachent que c'est de commander. C'est pourquoy ayans receu

Le Dauphin doit porter les armes du Dauphiné.

Deputez du Dauphiné pour faire hommage aux Dauphins.

nouuelles de leurs naissances, ils choisissent aussi tost de tous les Ordres du pays, pour leur aller rendre les premiers deuoirs de leur subiection, & les recognoistre pour souuerains Seigneurs.

Ils auoient sans respirer en leurs peines souspiré plus de cent ans apres le iour qu'ils ont veu naistre ce grand & premier Fleuron de la fleur Royalle, non sans faire des vœux de deuotion, & des feux de ioye pour obtenir ceste benediction, & voir ce qu'ils n'auoient veu depuis le Roy Charles huictiesme. L'ayans receuë, les Estats firent estat de l'enuoyer reconnoistre pour leur Prince & souuerain Seigneur, sous le Roy son Pere, & la Royne sa mere, auec des mouuemens d'alegresse d'autant plus extremes, qu'ils se voyoient auoir en effet ce que le reste du Royaume n'a qu'en esperance. Hierosme de Villars Archeuesque de Vienne, fut le chef de ceste legation, laquelle il conduisit & acheua auec heur & honneur. Ayant fait la reuerence au Roy & à la Royne, & dit à leurs Majestez la charge qu'il auoit des Ordres du pays, auec les autres Deputez, en nombre de quatorze ou quinze, il fut mené à sainct Germain voir le nouueau Prince, qui estoit sous vn grand pauillon de drap d'or, en son berceau, sur vn petit lict, Monsieur le Comte de Soissons, Gouuerneur & Lieutenant General du Dauphiné, sa Gouuernante & sa Nourrice aupres. L'Archeuesque de Vienne luy parla debout, tous les autres vn ou deux genoux en terre. Et ayans offert à son Altesse leurs vies, leurs personnes, & leurs fortunes pour l'hommage de leur tres-humble &

Legatiõ du Dauphiné à Monseigneur le Dauphin.

très-fidelle subiection, accompagnerent leurs belles paroles d'vn beau present.

Present du Dauphiné à Monseigneur le Dauphin.

C'estoit vn buffet entier de vaisselle richement elabourée, & embellie de diuerses figures de Dauphins, qui fut estimée douze mille escus. Tous ceux qui estoient au seruice de ce Prince furent recognus, ou en presens de valeur, ou en medailles faites expres d'vn Dauphin d'vn costé, & de l'autre de Thetis lauant son fils Achille dedans le Stix pour le rendre inuulnerable. Le Roy eut ceste deputation d'autant plus aggreable, qu'elle fut faite à la premiere année de l'enfance de son fils, & qu'il est vray que de toutes les preuues du deuoir & d'affection que les suiets peuuent rendre à leur Souuerain, celles-là sont des plus loüables, qui se font sans dessain.

Gouuernement de la Bourgogne donné à M. le Dauphin

Ce qui m'oblige de n'oublier, que comme le Dauphiné recognoissoit ainsi ce Prince pour son Souuerain Seigneur sous le Roy: la Bourgongne & les pays de Bresse, Brugey, Valromey, & Gez, qui y sont annexez, l'eurent pour Gouuerneur. Mais pendant son bas âge, & en attendant qu'il fut capable de vacquer aux functiōs de ceste charge, le pouuoir de la Lieutenance en fut donné à Monsieur de Bellegarde, premier Gentil'homme de sa Chambre & grand Escuyer de France, lequel en fist le serment le troisiesme iour d'Aoust mil six cens & deux, entre les mains du Roy, les lettres de son pouuoir leuës & enregistrées le septiesme Octobre au

de la France, Liure III. 615

Parlement de Dijon, & luy receu de la ville auecque toutes sortes d'honneurs.

Mais pour remonter, d'où ie suis descendu, les Rois de France ont aussi estendu la grandeur de leur Estat & de leur Maison à ces premiers nez de leur Couronne, & leur ont donné des Officiers, quelquefois dés leur naissance, pour signaler & faire paroistre danantage la gloire, & la magnificence de leurs Maiestez. Ainsi nostre Dauphin, ayant prins naissance, on croyoit que le Roy luy feroit incontinent dresser l'estat de sa Maison, & plusieurs se presentoient pour y auoir des offices. Mais le Roy fist vne responce generale à tous qu'il ne luy dresseroit point d'Estat qu'il n'eust enuiron plus de cinq ans. Le Sieur de Soueray toutefois fut choisy pour son Gouuerneur. *Officiers des Dauphins.*

Voire entre ces Officiers, il y en a eu lesquels ont autrefois porté les noms de Grands. Car en l'annee mil quatre cens quarante & six Messire Pierre de Breze Seneschal de Poictou estoit Grand-Maistre d'Hostel de Monsieur le Dauphin, qui fut apres Roy, Louys vnziesme. Et auoient mesme ces enfans aisnez leurs Chanceleries autres que les Chanceleries de France. Ainsi appert en l'Arrest de Maistre Henry Camus du treiziesme Iuillet mil quatre cens neuf qu'en la Chancellerie de Monseigneur, Louys de France, fils du Roy Charles huictiesme, Duc de Guienne, & Dauphin de Viennois, y auoit Audiencier & Thresorier de ses Chartres. Et les vingt *Chanceliers des Dauphins.*

Qq iiij

huictiesme Auril, & vingt & deuxiesme May mil quatre cens treize Maistres Iean de Vailly & I. de Nyelles, l'vn apres l'autre Chanceliers de Monseigneur le Dauphin furent constituez prisonniers par sedition des habitans de Paris, esmeuë de la faction du Duc de Bourgongne.

Il y en a qui disent aussi que les enfans des Roys naissent Cheualiers: mais ils se trompent. La Cheualerie n'est point vn droict de Nature, ains vn accessoire à la Noblesse & antiquité du sang. Et anciennement nos Roys voulans enrichir leurs enfans de ce tres-glorieux titre de leur Ordre, tenoient Cour ouuerte & faisoient vne feste honorable, tant en tournois, & ioustes, qu'en dances & autres esbatemens: pour à quoy fournir ils leuoient des tailles sur les sujets de leur domaine, ainsi qu'il appert par vn Arrest de Parlement de l'an mil deux cens septante, tenu à la Chandeleur, & fondé sur l'ancienne coustume.

Enfans de France cōme faits Cheualiers

Ces aisnez ont encore d'autres grādes Prééminēces, & d'autres Prerogatiues qui ne sōt de petite marque: car cōme premiers nez de la Courōne de Frāce, estās Rois d'autres Royaumes, ils precedēt les autres Rois, aussi bien que font leurs peres, & tienēt le premier rang d'hōneur aux Assemblees publiques: voire font gloire de ce glorieux titre de fils aisnez, & le vantent bien haut au dessus des Couronnes estrangeres, & des gouuernemens plus insignes de la terre, ausquelles ils ont esté appellez pour la reputation de la Maison de France, & pour les excellentes parties dont Dieu les a honorez. Car Philippes le Bel & Louys enfans de France, & Roys de Nauarre de par leurs mere & femme, du viuant de leur Pere, ne se loüerent iamais tant de leur Royaume que de ceste illustre qualité d'ainesse, du lustre de laquelle ils voulurent eclairer leur premiere grãdeur, & la mettre au premier étage, se disans *Filz aisnez du Roy de France*, auant que de s'honorer du nom Royal en ceste sorte, *Philippes*, ou, *Louys par la grace de Dieu, filz aisné du Roy de France, & Roy de Nauarre*.

Il n'en est pas ainsi des puisnez, lesquels ont pareillement exalé de si suaues odeurs de vertu par les pores de leurs diuins esprits que toute la terre a esté esprise comme d'amour, afin de jouir de leur personne. Car lors qu'il y a eu des Nations, qui voyans la splendeur & generosité de ces Princes, les ont aymez & desirez pour s'assuietir a eux, & les seruir & honorer comme leurs Princes & Souuerains Seigneurs, ils ont pris leur honneur principal de leur conqueste, & à sa suite ont mis le tiltre d'Enfans de France. Ainsi Charles frere du Roy sainct Louys escriuoit, *Charles par la grace de Dieu, Roy de Hierusalem, Naples, & Sicile, filz du Roy de France, Comte d'Aniou, de Prouence & Folcaquier*. Ainsi le Comte de Valois, ayãt receu du Pape les inuestitures des Royaumes d'Aragon & de Valence, mettoit en ses patentes, *Charles par la grace de Dieu Roy d'Aragon, & de Valence, filz du Roy de France, & Comte de Valois*. C'est l'aduantage que la Nature faict à l'aisné sur les puisnez, que son tiltre d'ainesse precede la qualité des Royaumes estrangers : ce que ne faict celuy des puisnez. Et cecy pour l'asseurance certaine qu'il a de venir à la Couronne de France, laquelle est autant excellente sur les Cou-

Tiltres & qualitez des puisnez de France.

ronnes des autres Nations, que la Royauté emporte de preeminence sur les autres hommes. Et toutefois François fils aîné d'Henry second qui fut depuis Roy souz le nom de François second, apres qu'il eut espousé Marie Royne d'Escosse durant la vie dudit Roy son pere, mettoit en les Tiltres celuy de Dauphin apres celuy de Roy d'Escosse, en ces termes, *François par la grace de Dieu Roy d'Escosse, Dauphin de Viennois.*

Comme aussi le feu Roy Henry III. estant Roy de Pologne, ne mettoit point en ses tiltres de grandeur celuy de Fils de France, ains seulement Roy de Pologne, Duc d'Anjou, & des autres Duchez de son Apennage.

Dieu, qui rend nostre fleur de Lys non seulement florissante, mais fructueuse, feconde, & abondante en germe Royal, seul & vray soustien de l'Estat, puis que sa felicité ne s'affermist que par l'asseurance des Successeurs: & ce Dieu qui a coutume d'assembler en la Maison de France, toutes ses graces, & ses plus riches dons, pour la faire l'ornement de l'Europe, qui est l'ornement de la terre, ce Dieu mesme di-je, lequel releue auiourd'huy nos esperances au plus haut Ciel de felicité, pour nous faire voir en nos iours les plus fermes asseurances de nostre repos, promet à tous les François d'esleuer bien tost la gloire de ces qualitez à vn si haut etage d'honneur & de grandeur, que non seulement ils rendront la succession de nos Roys egale à la duree du monde, mais le monde mesme esgal à la succession & au sacré tige de nos grans Roys.

Mais auant que quitter ces oppulentes richesses, & ces riches aduantages de grandeur que les enfans aisnez de France ont en apanage de leurs peres, & en auancement de sa Royalle hoirrie, dés le point de leur naissance: je veux encore en surhausser l'excellence par des prerogatiues honorables que leurs Royalles magnificences ont quelquefois faictes à leur ieunesse, & voire à leur enfance plus aduancee. Car nous lisons en nos Histoires qu'ils les ont autrefois fait presider en leurs Lits de Iustice & les ont faict seoir dans les Thrones de leur Parlement, vestus des marques & ornemens de leurs Maiestez. Ainsi Charles sixiesme pour la foiblesse de son cerueau, l'an mil quatre cens neuf, le douziesme de Septembre, filt Louys son filz aisné surintendant des Finances, & luy donna plein pouuoir de tenir Estat & presider au Conseil en son absence ou empeschement. Et ledict Seigneur Dauphin en vertu de cette permission, le septiesme Ianuier mil quatre cens vnze, vint en Parlement & au Conseil, où il fut assis és hauts sieges, du costé des Conseillers d'Eglise, en la place ou s'assied le second President, eut le Daiz sur la teste: & fut paré comme la Maiesté Royalle, voire assisté de tous les Princes & grans Seigneurs du Conseil: & luy furent faicts par tous tels honneurs & ceremonies qu'à la personne du Roy, sauf que tous les Arrests furent prononcez au nom de ladicte Cour.

Et cettes encore qu'vne vieille prudence, & vn long commerce auec les hômes, soient deux qualitez tres-necessaires en ceux qui prenent la balance, pour peser les affaires d'vn si puissant Empire : si ne faut-il toutefois s'esmerueiller de cette licence. L'Enfance des filz des Roys est bien courte. Il semble que la raison & le iugement leur vienne plutost qu'aux autres. Ils decouurent de bonne heure la prudence de leur entendement, & la generosité de leur courage. Mais sur tous les enfās des Rois ceux de si prudēs & si sages Roys, que sont les Roys de France, ne peuuent qu'ils ne soient prudents & sages à merueilles. Et comme on ne peut accuser les enfans d'Attalus & de Cresus de pauureté, ainsi ne les peut on blasmer d'imprudence. Car naturellement & dés leur naissance ils foisonnēt en esprit & intelligence; en sens & iugement, en generosité & magnanimité, plus que le reste des humains. Les petits Aiglons qui sont les princes de l'air, ne sont si tost éclos, qu'ils regardent asseurément le Soleil aux rayons duquel ils sont exposez pour preuue de leur generosité naturelle. A peine leur prunelle est elle defermee, voire formee, que desia elle faict teste, & tient bon sans cligner, côtre les rayons de cet astre qui esblouit tous autres regards. Ils voyent petits, & en leur duuet, ce que les plus braues oyseaux n'osent aborder en la force de leurs plumes. Et ces ieunes enfans de nos Roys, & sur tous les premiers nez, ont esté seuls recognus capables d'approcher de pres & regarder à veue franche, ce Soleil de la Themis Françoise, qui des rayz de sa Royalle splendeur

Prudence grande és enfans de nos Roys.

esclaire non seulement la France, mais tout le Monde. Tous autres yeux enfantins se fussent esblouys à l'aspect d'vne si grande lumiere: ceux de ces sacrez Fleurons de la Couronne, ont seuls soustenu cet eclair. Et comme on disoit des yeux de l'Empereur Tybere, qu'ils voyoient de nuict comme en plein iour : les yeux de ces Enfans Royaux ne se sont point esblouis à la clarté de la Iustice, & ne se sont obscurcis és tenebres de l'ignorance. Ainsi les Romains deuant le temps donnoient aux ieunes Princes place és charges de leur Estat: pource que deuant le temps ils auoient la prudence & capacité de gouuerner vn Estat. Et en la vieille Repub. Scipion ne demandant que l'Edilité fut faict Consul contre les Loix : pource que la nature auoit deuancé le temps de la loy politique. Car il estoit nay non tant pour s'assuietir à la loy, que pour authoriser & donner vigueur à la Maiesté de la loy.

Plutarque discourant, mais en son paganisme, des grans esprits qui accompagnent les ieunes Roys, dit que les Demons sont au dessus de nous, & qu'ils choisissent entre les hommes ceux qui sont les meilleurs, mais principalement les Princes, comme ayans le naturel grand & genereux, à fin de les instruire à la raison, & les afaiter comme vn bon fauconnier faict son oyseau, auec les longes, ou le braue Escuyer son cheual auec la baguette. Et adiouste que les Roys participent bien plus du feu que le reste des hommes priuez, c'est à dire de la diuinité dont le feu est le vray signe & hieroglife. Mais ce qu'il dict de l'enfance Royalle en general, & comme Payen, nous le pouuons à bien plus iuste tiltre dire en particulier, & comme Chrestiens & Catholiques des enfans de la Couronne de France, que Dieu leur donne de grans & nobles precepteurs pour les instruire, qui sont les Anges, & que du mesme iour qu'ils voyent là lumiere, il leur donne des esprits forts & grans; esprits pleins de viuacité & de subtilité, de prudence & de sapience: ce que n'a pas le vulgaire des enfans. Et certes c'est vne chose qui se remarque en nos Histoires, que les fleurs de leurs nobles entendements, sont ordinairement plutost en fruict, que les esprits de leurs suiets ne sont en bourre: & plutost sont ils paruenus à l'Aoust de leur prudence, recueillans à pleins bras la moisson de leurs sages conseils, que leurs suiets ne sont aux boutons de leur prime-vere. Ils ressemblent à ces rosiers de Pestane, qui portent des Roses deux fois l'an: car ils sont desia à la seconde portee, que les autres sont encore aux fleurs de leur premiere. Ces esprits Royaux sont feconds en toutes sortes. Ils sont comme ces vignes de Smyrne, qui en mesme téps auoient trois sortes de raisins, l'vn qui fleurissoit, l'autre qui grossissoit, l'autre qui estoit en sa pleine maturité. Ou plutost comme ces arbres, qui greffez de toutes pars, portent toutes sortes de fruicts pendus à leurs branches. Leur entendement est comme vn noble Iardin, où non seulement il croist des fleurs douces & belles, amoureuses, & bien-fleurantes, mais aussi des fruicts suaues & excellents au goust, voire autant delicieux à la langue, qu'ils sont bons au cœur, &

agreables à la veuë. Et qui a veu en Aoust vn champ de froment fort espais, & qui iaunist d'espics, grenez & crestez, qui resiouissent l'œil du passant, & le cœur du pere de famille: il void ces esprits Royaux & augustes comme vn champ, où germe l'abondance de conseil en grande quantité, pour substanter, nourrir & alimenter le peuple de leur Estat, & pour donner vigueur & viuacité à tout le corps de leur Royaume. Ce sont les riches vergers d'Adonis & de Semiramis. Ce sont les iardins delectables que les Poetes ont autrefois attribuez aux Roys. C'est la pommeraie du Roy Alcinous, c'est la Roseraie de cet autre Roi de Phrigie tant chanté & tant vanté pour ses richesses: C'est cet Atlantide iardin, où croissoient les pommes de pur or, pour estre le Simbole de la Roialle sapience.

Et quant à la generosité, & magnanimité de courage de ces ieunes Princes, la France n'en a que trop d'exemples en leurs personnes. Ils ont tousiours decouuert de bonne heure la grandeur de leur cœur. Et pour ne m'arrester à ce qui n'est de mon temps: on conte de Monseigneur le DAVPHIN, que fort petit encore, comme le Roi son pere lui eust mis vne Couronne sur la teste, il demanda où estoit l'autre, n'ignorant point qu'il en a deux, & qu'il sera heritier de l'vne & de l'autre. Ce qui est plus esmerueillable en lui, qu'il estoit encore enfant, & qu'il monstroit que le iugement lui paroissoit deuant les ans. Et à la fin de l'annee mil six cens trois, le Connestable de Castille aiant demandé permission de le voir, comme on vint dire à sa

Generosité de Monseigneur le Dauphin.

Gouuernante qu'il estoit-là auec vne grande suite, d'Espagnols: à ce mot d'Espagnols ce petit Prince ouurit les yeux, & fist redire encore vne fois ce mot, *Ce sont des Espagnols qui vous viennent voir. Des Espagnols? repartit le Prince, çà, çà, baillez moy mon espee.* Qui n'eust sçeu que ce mot venoit de son mouuement, eust creu qu'on auoit imprimé en sa fantasie la mesme opinion que les Rois Charles VII. Louys XI. & Charles VIII. auoient eu en leur enfance des Anglois & des Bourguignons. Et si les Espagnols l'eussent ouy, la nouueauté d'vne telle parole les eust mis en apprehension d'vne nouuelle besongne pour craindre & croire ce que dict le Soldat François, qu'à ce ieune Aiglon on ne sçauroit moins presenter pour le coup d'essay de son courage qu'vn Milan & les Corbeaux de Castille. Le Connestable admirant son œil ferme, sa physionomie, s'estonna de tant de hardiesse en cet âge, de tant de iugement en ceste enfance. Monseigneur le Dauphin luy fist des comptes en son langage & en son sens, comme Alexandre aux Ambassadeurs de Perse, lesquels il recueillit tout petit qu'il estoit, & ne leur demanda rien de puerile ny de petit: car il parloit de la distance des lieux, des passages, des combets contre les ennemys. Tous les Espagnols s'en esmerueillerent, & bien plus de ce que la porte auoit esté ouuerte iusques au moindre de leur suite. Ils veirent au pres de luy vne belle & genereuse ieunesse, Alexãdre Monsieur, le Prince de Longueuille, les trois filz du Duc d'Espernon. Ainsi le Lyonceau si ieune qu'il soit, ne redoute rien. Il n'a encores ny
griffes

griffes ny dents, qu'il marche asseuré & court à la proye : & desia le feu luy iaillit des yeux, & sent en son cœur les premieres pointes de sa vigueur. Tel estoit Achille en sa prime ieunesse, chassant auec les Centaures : Tel Cyrus le premier Monarque des Perses. Tel ce Cesar vainqueur de Rome, & Empereur de l'Vniuers. Et qui sçait comme nostre grand Roy aime ses enfans, & sur tous ce premier qui par ses inclinations à la Vertu deuance les desirs, & accroist les esperances, iugera qu'il prefere, ce qu'il plaist à son pere, à tout ce qui est de son contentement.

De ceste prudence & generosité de courage, descouuertes de si bonne heure en l'enfance des filz de nos Roys, & sur tous des premiers nez, est arriué l'auancement de leur Maiorité : Car nos Roys voyans que dés leur naissance ils possedoient de grans esprits auec plenitude, la où les enfans de leurs suiets ne les ont par maniere de dire que par subdiuisions & particules : & pour faire aussi quelque barriere aux preiudiciables gouuernemens des Regents pendant la pupillarité de leurs aisnez, voulurent qu'ils fussent declarez maieurs & tenus capables de gouuerner le Royaume à l'âge de quatorze ans. Et voicy comment, & en quel siecle.

Le desastre qui aduint au Roy Iean pres de Poitiers, fut cause que pendant sa prison, Charles V. son filz prist la generale surintendance du Royaume, non souz le tiltre de Regent, ains de Gouuerneur general seulement : estimant que la qualité de Regent estoit de trop grande Authorité. Toutefois voyant que quelques

Charles V. encore Dauphin, Regent en l'absence de son pere.

Princes & grands Seigneurs abufans de la longue abſence du Roy, brouilloient outre meſure les affaires du Royaume, il fit publier lettres en l'an mil trois cens cinquante ſept au Parlement de Paris, par leſquelles il declara que pour le bien & vtilité de l'Eſtat il prenoit la qualité de Regent: Et de là en auant les tiltres & qualitez de toutes les lettres qu'il decernoit tát en la grande que petite Chancellerie, eſtoient telles. *Charles filz de Roy, & Regent le Royaume de France, Duc de Normandie, Dauphin de Vienne*: Toutes les expeditions tant de Iuſtice, que de Graces, ſe faiſans ſouz ſon nom ſeulement. Vray que pour bannir loing de luy toute ialouſie, apres le retour du Roy ſon pere, il obtint de luy lettres patentes du quatorzieſme iour d'Octobre, mil trois cens ſoixante, portans confirmation des collations par luy faictes des Benefices qui auoient vacqué en Regale: enſemble des dons, graces, pardons & remiſſions par luy octroyees.

Maiorité de nos Roys bornee à 14 ans, par Edict de Charles V.

Or comme il eſtoit Prince de grand ſens, qui par ſoy-meſmes auoit peu cognoiſtre de quelle conſequence eſtoit la dignité de Regent pendant le bas âge d'vn Roy, & qu'il eſtoit à craindre qu'à la longue il n'empietaſt ſur la Couronne quelque authorité extraordinaire: Auſſi voulut il borner la minorité de nos Roys, iuſques à ce qu'ils fuſſent entrez au 14. an. Quoy faiſant il penſoit auſſi preſcrire des bornes à la puiſſance paſſagere des Regents. L'Edit en fut dreſſé au boys de Vincennes 1374. plein de belles raiſons, & Hiſtoires, pour monſtrer qu'il ne vouloit eniamber mal à propos ſur la nature. Car par le narré il estoit porté, Que trois ou quatre Roys d'Israel, auoient esté oingts & Couronnez en fort bas age: comme aussi entre nous nostre bon Roy sainct Louys, lequel fort ieune estoit venu à chef de ses ennemys. Que la presence d'vn Roy de quelque age qu'il fust, estoit de si grand merite & recommendation entre ses subiects, que deux Roys, l'vn de Macedoine, l'autre de France, estans encore en maillot, portez au milieu de leurs armees, les auoient tant encouragees, que deux grandes victoires en demeurerent de leurs costez. Que tous Roys, & specialement ceux de France estoient dés leur enfance, mis en si bonnes mains pour estre instruits, qu'ils s'auantageoient en peu de temps par dessus tous les autres enfans du commun peuple, en bon sens, iugement & conduicte. D'ailleurs, que les grandes & souueraines Puissances ayants esté donnees de Dieu, aux Princes, aussi estoit-il à presumer qu'il leur bailloit vn aduantage de iugement par dessus tous les autres, & de meilleure heure, pour le maniment & direction de leurs affaires: Pour ces raisons & considerations il vouloit & ordonnoit que sans attendre les vingt & cinq ans préfix par les anciennes loix pour la maiorité de nous autres, soudain qu'vn Roy seroit arriué à l'age de quatorze ans, il fust sacré & couronné comme maieur, & que dés lors toutes les affaires de son Royaume se passassent souz son nom & authorité seulement. Cest Edict rehaussé de tant de belles couleurs, encore fut il authorisé d'vne infinité de Princes & grans Seigneurs & autres personnages de marque le vingt-vniesme de May, mil trois cens septante cinq, le Roy seant au Parlement de Paris en son Lit de Iustice: auquel lieu se trouuerent le Dauphin de Viénois son filz aisné, le Duc d'Anjou só frere, le Patriarche d'Alexādrie, les Archeuesques de Rheims & Toulouze, Euesques de Laon, Meaux, Paris, Cornouaille, Auxerre, Neuers, Eureux, les Abbez de sainct Denys en Fráce, l'Estoire, S. Vast, Ste. Colombe de Sens, S. Cyprian, & Vendosme: Monsieur le Chancelier de France, celuy du Duc d'Anjou, le Recteur de l'Vniuersité suiuy de plusieurs Docteurs tant en Theologie, que Decret, les Doyen, Chancelier, & Penitencier de l'Eglise de Paris, & l'Archidiacre de Brie : les Comtes d'Alençon, & de la Marche, Brienne, l'Isle: de Messires Robert d'Artois, & Raymond de Beaufort : & encore des Preuost des Marchands & Escheuins de la ville de Paris: En la presence de tous lesquelles Seigneurs fut l'Edit publié, & verifié auec vn general applaudissement de tous. Mais entendez quelle en fut la suite.

Le Roy Charles V. mourut le 16. Septembre 1380. delaissez deux enfans masles, Charles & Louys, qui n'auoient encore atteint l'age de 14. ans. Il auoit trois freres, les Ducs d'Anjou, de Berry, & de Bourgongne, & vn beau frere, Duc de Bourbon. Dés lors l'ambition se logea au milieu d'eux pour le gouuernement du Royaume. Louys Duc d'Anjou, comme aisné, soustenoit luy appartenir la Regence, le Roy Charles VI. son nepueu n'estant encore arriué à l'âge porté par ceste Ordonnáce. Les autres n'y pouuoiét condescendre. En ce nouueau contraste, Maistre Iean des Marais Aduocat du Roy en la Cour de parlement, bon citoyen & zelateur du repos public, se mist de la partie: remonstrant, *Que quelque loy, qui eust esté de nouueau establie, elle se pouuoit chan-*

ger ou modifier, pour obuier aux inconueniens, & que le meilleur seroit de passer les choses par amiable composition entre'ces Princes. Ce qui fut par eux trouué bon, & se soubmirent au iugement & arbitrage de quelques sages Seigneurs : lesques iurerent sur les sainctes Euangiles d'en donner leur aduis, sans passion : & les Princes d'entretenir en tout & par tout ce qui seroit par eux arbitré. Ce preud'hommes aiant esté quatre iours ensemblément pour se resoudre, furent en fin vnanimément d'aduis, *Que l'Ordonnance de Charles ne pouuoit tellement retarder nos ieunes Roys, qu'ils ne peussent anticiper sur le terme prefix pour leurs Sacres & Couronnemens: Que pour ceste cause le Roy Charles VI. seroit sacré en la ville de Rheims sur la fin d'Octobre* (C'estoit l'annee 1380.) *où tous ses principaux vassaux seroient tenus de se trouuer pour luy faire la foy & hommage. Que le faict de la Iustice se conduiroit souz son nom & seel. Que les personnes du ieune Roy, & de son frere seroient gouuernees par les Ducs de Berry, Bourgongne, & Bourbon, qui les feroient nourrir doucement, & instruire, & endoctriner en bonnes meurs, iusqu'à ce qu'ils fussent paruenus à l'aage de puberté. Et au surplus, que toutes les finances tant du Domaine, que des Aides seroient mises au Tresor du Roy. Mais que pour le regard des meubles, or, argent, & ioyaux, qui auoient esté delaissez par le feu Roy, ils seroient mis és mains de Louys Duc d'Aniou, en laissant toutefois au ieune Roy sa prouision competente: Et qu'à ce Duc demeureroit le nom de Regent, à la charge toutefois de decider toutes les affaires d'Estat auec les trois autres Princes.* Ceste sentence arbitrale redigee par escrit fut embrassee par les quatre Princes, auec plusieurs actions de graces rendues aux

Roys sacrez auant l'age de 14. ans.

arbitres, de ce qu'auec vne si bonne deuotion & diligence, ils auoient assopy les differents qui s'estoient presentez entr'eux. Et combien que par cest aduis la dignité de Regent fust grandement raualee, & reduite au petit pied: toutefois le Duc d'Aniou se voyant estre esclairé de pres par les trois autres, fist publier au Parlement sa puissance ainsi bornee, le premier iour d'Octobre; & le 4. Nouembre le consentement qu'il prestoit au Sacre du Roy, conformémét à l'aduis des preud'-hommes arbitres.

Remontons maintenant vers les âges passez, & nous approchons de la naissance des grādeurs & prerogatiues de ceste lignee Royalle, pour voir les commencemens de leur lumiere, aussi bien que nous auons veu les plus hauts points, & les stations plus éleuees de leur Midy. Ce que nous dirons du droict d'Ainesse, & des Apanages des puisnez nous y esclairera beaucoup, & plus nous les monterons & mettrós pres des rayonnantes Couronnes: l'esclat de cette resplendissante Royauté, dont les aspects leur ont esté fauorables, les montrera d'autant plus grands & releuez en authorité.

Droit d'Ainesse incognu à nos premiers Roys.

Certes quant au droit d'Ainesse, c'est vne question qui tombe souuent en propos, sçauoir si par raison de nature, la Loy doit donner plus de passedroit à l'vn des Enfans, qu'aux autres. Car à dire le vray il semble, que ce soit chose fort estrāge, qu'estans plusieurs enfans sortis d'vn mesme ventre, vn seul soit aduantagé au desauantage des autres. Et combien que ceste loy apporte plusieurs grands profits au Royaume, si est-ce que les premiers anceſtres de nos ſouuerains princes, ne peurent aiſément eſtre induits à l'introduire en leur Monarchie. Et de faict ny les droits d'Aineſſe, ny les Apanages ne furent cognus à leurs predeceſſeurs ſouz la premiere, ny meſme ſouz la ſeconde lignee.

Que cela ſoit vray, nous trouuons qu'apres la mort du grand Clouis, quatre ſiens filz diuiſerent le Royaume en egales parties, & eſtabliſſans chacun d'eux diuerſement leurs principalles demeure aux villes de Paris, Mets, Soiſſons, & Orleans, ils s'en appellerent Roys & ſouuerains Seigneurs: Partage qui fut derechef renouuellé aux quatre enfans de Clotaire premier. *Royaume diuiſé ſouz la premiere lignee.*

Et qui plus eſt, pour monſtrer que tant s'en faut qu'il y eut lors ou Apanages, ou droit de conſanguinité ſi eſtroitement gardez, comme nous faiſons maintenant, c'eſt qu'en defaut d'enfans procreez de leurs corps, ils pouuoient meſmement adopter, & faire des feintes affiliations, ſans s'arreſter au droit d'inteſtat, & proximité de lignage. Car Gontran Roy d'Orleans, adopta ſon neueu Childebert Roy de Mets, au preiudice de ſes autres neueux, & moyennāt ceſte adoption le fiſt heritier vniuerſel de toutes ſes poſſeſſions & acquiſitions ſouueraines. Et nous liſons auſſi que Dagobert aiant eu deux enfans maſles, Sigiſbert aiſné, qui fut Roy d'Auſtraſie, & Clouis ſon puiſné, qui eut pour partage le Roiaume de France: ſe voiant icelui Sigiſbert ſans enfans, inſtitua pour heritier de ſon Roiaume, vn autre Childebert filz de Grimouault Maire de ſon Palais: ſe donnant par ceſte ordonnance puiſſance *Adoptions ſouz la premiere race.*

Rr iiij

de defrauder les enfans de son frere Clouis, de sa succession.

Et si nous voulons descendre plus bas nous trouuerons que Louys le Debonnaire fist vn partage esgal entre ses quatre enfans, & que s'il y eut inegalité ce fut pour auoir inuesti Charles le Chauue son dernier filz de la meilleure de toutes ses Couronnes, luy donnant ce riche & noble Royaume de France. Dont ses trois autres freres ialoux, combien qu'ils emeussent grandes querelles contre luy, si est ce que le partage tint tout de la mesme façon que leur defunt pere l'auoit dressé.

Royaume de France partagé souz la seconde lignee.

Tous ces exemples nous sont autant d'asseurances tres-fortes, & autant de tesmoignages assez suffisans, que le Droit d'Ainesse ne fut cognu souz les deux premieres races de nos Roys. Au moyen dequoy il semble que ceste braue inuention soit venue premierement en credit & en pratique souz la lignee de Hugue Capet : & qu'estant nostre Royaume diuisé en echantillons & parcelles, chasques Ducs & Comtes pour preualoir dauantage en leurs necessitez de guerre, voulurent que la plus grande part & portion des Fiefs de leurs vassaux, vint entre les mains de l'vn des enfans : & fut cet vn approprié en la personne de l'aisné. Car encore que par vne consideration familiere & œconomique le partage esgalé entre les enfans semble estre de quelque merite, si est-ce que pour la protection d'vn pays, il est bon qu'entre gens qui sont destinez pour la guerre, comme sont les Nobles, il y en ait vn qui ait la plus grande

Droit d'Ainesse venu souz la troisiesme lignee.

part au gasteau. Parce que cestuy ainsi aduancé supporte plus longuement la depense d'vne longue guerre. Et les autres qui seulement s'attendent à leur vertu, courent plus hardiment au trauers des perils & dangers, pour trouuer moyen de se pousser & faire cognoistre de leur Prince. A ceste cause voyons-nous qu'és endroits où il y eut grands Seigneurs, qui firent pour quelque temps teste à nos Rois, ils eurent ce droict d'Ainesse specialemét affecté, comme en la Bretagne Guyenne, Normandie, Vermandois. Qui nous enseigne a peu pres, que la necessité des guerres de ces Ducs & Comtes, qui estoient Seigneurs souuerains & comme Roitelets en leurs contrées, nous amena premieremét ceste profitable & noble inuention d'Ainesse.

Car quant aux Apanages qui sont destinez pour les enfans puisnez de la Couronne, il est certain que tant sous la premiere que seconde lignee de nos Roys, mesme bien auant sous la troisiesme, ils estoient incognus tels que nous les obseruons auiourd'huy. Paul Emile diligent perquisiteur de l'histoire Françoise a remarqué des anciens, que ce fut vne inuention que nos Roys emprunterent des voyages qui se faisoient outre mer, pour la recousse de la terre Sainte: Et dit que Baudouyn Comte de Flandres, & Louys Comte de Blois s'estans croisez auecque le Venitien, Baudouin s'estant emparé de l'Empire de Constantinople, departit entre ses principaux Capitaines quelques Prouinces en forme de Panage. Nous y auons adiousté quelques formalitez tirées de nostre Loy Salique. Car au

Apennages quand, & d'où venus en vsage.

lieu que premieremét tous les enfans du Roy eſtoient recompenſez en Royaumes pour leurs partages: & que depuis l'on leur donnoit les grandes contrées par formes de Duchez, auec grandes prerogatiues, & ſoy reſſentans au plus pres de la Royauté ſous le nom de Ducs : nos Roys par vne inuention tres-politique & profitable pour l'accroiſſement de ce Royaume, commencerent de retrancher ceſte grandeur à leurs freres, leur donnans terres & Seigneuries en Apanage. Quoy faiſans ils n'entendoient leur auoir rien donné en partage, fors le domaine & le reuenu annuel; s'eſtans au demeurát reſeruez toute iuriſdiction, enſemble toute ſouueraineté & puiſſance d'impoſer ſur le peuple parties caſuelles, telles que la neceſſité leur conſeilloit.

Et combien que le droit d'Aineſſe, & l'Apanage ſoient choſes nouuelles au regard de la Loy Salique, ſi eſt-ce que pour le profit que noſtre Royaume ſent de telles maximes, nous les rapportons toutes communément, comme ſi elles euſſent eſté introduites auec ceſte loy Salique, veritablement non ſans grande occaſió. Car encore qu'elle n'en faſſe aucune mention; ce neantmoins la meſme raiſon qui pouſſa nos anceſtre à forclorre les filles de l'eſperance du Royaume, fut cauſe que depuis la race de Capet, voulut attribuer aux aiſnez tout le droit de la Couronne, & que par meſme moyen les puiſnez furent ſeulement apennez, ſans leur departir telle puiſſance qu'auoient eu ceux de la race des Pepins, ou des Merouingiens.

Sur ce reglemét fut donné vn Arreſt au Parlement, non encor sedentaire, de la Toussaincts en l'anée 1283. en faueur de Philippes III. touchāt le Comté de Poitou, & terres d'Auuergne querellées par Charles de France Roy de Naples & de Sicile, frere de S. Louys: Et fut dit que les puisnez ne pourroient desormais demander ou disputer certaine part legitime, comme leur estāt deuë en la succession du Roy deffunct leur pere, en tant que le bien du Royaume n'appartiēt qu'à celuy qui est heritier presumptif de la Couronne : mais que seulement ils auroient prouision pour leur viure & entretenement à la volonté & plaisir du Roy ; sauf qu'ils se peussent plaindre s'ils estoiēt à leur aduis mal apanagez.

Arrest contre les puisnez de Frāce.

Et pourtant semble-t'il que ces puisnez de la Maison Royalle ne soyent que les pensionnaires de leurs aisnez, ainsi que l'Histoire Ethiopiënne nous tesmoigne que sont en Ethiopie les Princes du sang plus proches de la Courōne: mais toutefois auec ceste difference, que ceux-la sont nourris aux despens du Roy, & entretenus comme enfans Royaux, en attendant la successiō : & les nostres sont en liberté, & des dons & pensions des Roys, & des reuenus de leurs Apanages, en tirent profit & s'en enrichissent, voire les laissent à leurs hoirs masles, comme leur heritage & patrimoine.

Et afin qu'ils n'estiment que ceste Loy ait pris credit à leur des-auantage & preiudice, qu'ils iettent l'œil sur les dommages que les changemens des siecles passez ont fait aux Successeurs de la Couronne, & ils verront que pour bonne fin, on a fait rempart & deffence de ceste restriction contre l'aduenir, & qu'elle leur est tresfauorable. Car s'il leur estoit loisible de disputer le Sceptre apres le decez de leurs peres, iamais la Fráce ne iouyroit d'vn paisible repos. Et les Rois d'ailleurs emportez de quelques mouuemés particuliers d'affection enuers quelqu'vns d'iceux, leur pourroient faire des auantages si extrauagáts, qu'ils se rendroient aisémét capables de troubler la tranquilité de leurs aisnez.

Il est vray que l'équité de ceste Loy n'arreste & n'enrete tellement la volóté de ces Rois qu'elle les enueloppe en des necessitez contraintes, & seueres : ains disposez par la Nature à de plus faciles impressions, ils ont puissance de faire d'autres auátages à leurs freres, & de leur croistre leurs Apannages : si tant est que la loy cesse, ou le chef de la loy a vne raison au côtraire. Par ceste loy ou coustume plus en pratique, & fortifiée par la pointe de la plume, la proprieté de telle prouision des puisnez est demeurée par deuers la Couronne, sçauoir est en la main des Rois, à cause que c'est le domaine d'icelle, & que les enfás Royaux qui en ont l'vsufruict & la iouyssance, sont estimez parties proprietaires du Roy, sans qu'ils se puissent donner licence d'aliener ny engager rié qui depende d'icelle proprieté.

Et pource que la loy porte que les anciens Apanages sont pour les enfans de Fráce, & leurs hoirs, plusieurs ont suscité de grands debats sur la generalité de ce mot *hoirs*, qui comprend aussi bien les femelles que les masles. La loy neantmoins fait exclusion expresse des femelles és biens qui sont du domaine de la Couronne. Et se trouue vn Arrest solemnel dóné par les Pairs, & plusieurs per-

Apanages retournent à la Couró-ne au defaut d'hoirs masles.

sonnages de marque iusques à 35. en l'annee 1243. par lequel fut ordōné que defaillans hoirs masles du corps, les Apennages retournent au Roy, & non au plus prochain lignager. Cest Arrest prononcé au profit du Roy, pour les Comtez de Poitou & Auuergne, qui auoient appartenu à Alphós, frere du Roy S.Louys, à l'encōtre de Charles Roy de Sicile. Voire il y a eu des Rois lesquels ont baillé les Apanages par expression de retour, au cas que les hoirs masles viendroient à defaillir. Ainsi s'y gouuerna Philippes 4. du nom ordonnant par son Codicille, que le Comté de Poitou qu'il bailloit en Apanage à Philippe son fils puisné, depuis souuerain Seigneur & Prince de l'Estat François sous le nom de Philippe le Long, adiousta ceste clause, *Que son fils mourant sans hoirs masles, ledit Comté retourneroit à la Couronne, à la charge que le Roy qui seroit pour lors, seroit tenu de marier les filles au dire des nommez, & elles iouyroient de la succession de leur pere Philippe le* Bel. Et ayant apanagé Monsieur Charles de France son frere, depuis aussi Roy, il mist & specifia le simple retour & droit de reuersion au defaut d'hoirs: qui fut cause que Madame Blanche Duchesse d'Orleans fille dudit Charles ne voulut former aucunes pretensions sur cet Apanage, instruite que la loy souz le nom d'hoirs emportoit simplemét les masles és possessiōs qui mouuoient de la Couronne.

Ie ne veux oublier que les terres de ces Apanages sont ordinairemét erigées en Pairries, & que ces puisnez de France, y ont prerogatiue de ressort par GANDS IOVRS, Eschiquier, ou Chambre des Conseils, comme les Pairs Lays. Vray est

Apanages erigez en Pairries.

Cas Royaux reseruez. que les droits Royaux annexez & inseparablement vnis à la Couronne, sont reseruez, & ont tousious esté retenues quelques villes és Duchez ou Comtez des Apanages, ausquelles les Rois ont erigé Bailliages Royaux pour la cognoissance desdits droits de leur Couronne: ainsi que fut fait à Montargis lors que le Duché d'Orleans fut donné en Apanage. Mais on y a depuis creé des *Iuges des Exempts.* Iuges des Exempts, côme on fait és Seneschaussées en Gascongne, des Pays & Seigneuries, qui estans de la Soueraineté du Roy, sont toutefois de la proprieté d'autres Seigneurs.

Priuilege des puisnez. Et pour clorre ce discours par les Puisnez, ils sont encore en possession de ce priuilege, que les causes de leurs Apanages, ores que non erigez en Pairrie, sont seulement traitées au Parlement de Paris, lequel seul cognoist & peut cognoistre, comme chef souuerain de toute Iustice, de la proprieté du domaine Royal, duquel seul dependent les Apanages.

DE MESDAMES
FILLES DE FRANCE;
& de leurs Aduantages
& Préeminences.

CHAP. VI.

Ncore que par l'entremise des femmes plusieurs grands affaires se soyent iadis traitez & resolus: si est-ce qu'en France elles n'ont iamais esté tenues si capables de commander aux affaires d'Estat, que les hômes, voire y ont esté de tout téps excluses du Royaume, aussi bien qu'en plusieurs autres braues Monarchies & Republiques.

Au Royaume des Israelites, encore que la Loy de Moyse fust expresse, ainsi qu'il est porté par le vingt & cinquiesme chapitre des Nombres, *Que les enfans masles succedoient premierement, puis en leur defaut les filles, & à faute d'elles les collateraux*, toutefois on ne trouue point que iamais fille ait tenu le Sceptre entr'eux. *Femmes excluses de la Couronne en Iudée.*

Aux Lacedemoniens, Republique fort bien reformée, fut tout le semblable obserué, comme l'on apprend de Plutarque, recitant que le pere de Licurge Roy de Lacedemone, ayant esté *En Lacedemone.*

meurdry par les siens, laissa pour successeur à la Couronne Polidecte son fils aisné, qui mourut laissant sa femme enceincte : Et dit nommément cest Autheur, que Licurge sollicité par quelques vns d'apprehēder le Royaume par le decés de son frere, respondit à ceux qui pour luy penser faire plaisir l'importunoient de ce faire, *Que le Royaume ne luy pouuoit appartenir, là & au cas que sa belle sœur accouchast d'vn enfant masle*. De sorte que l'on peut de ce recueillir, que si elle eust enfanté vne fille, Licurge eust pretendu l'exclurre de l'expectatiue du Royaume.

Entre tous les peuples sortis de Germanie.

Ceste mesme loy fut affectée & en recommendatiō sur toutes autres, non seulement à nos anciens François, mais aussi à la plus part des peuples qui sortirent du profond de Germanie: bien est vray que sous diuerses modifications.

Les Vandales.

Les Vandales possedans l'Affrique, auoient pour loy & institution solennelle, de ne receuoir à leur Couronne que les masles, non toutefois les plus proches parens, comme nous, ains ceux qui en la famille des Rois estoient les plus anciēs du lignage.

Les Ostrogots.

Les Ostrogots presidans sur l'Italie, ne receuoient à la succession du Royaume les femelles, mais aymoient encore mieux auoir vn enfant pour leur Roy, qu'vne femme : tellement que le fils forcluoit la mere. Chose que nous pouuons assez clairement induire de ceste exemple. Car estant Theodoric leur Prince souuerain allé de vie à trespas, delaissée Amalassonte sa fille vnique, qui auoit vn seul fils nommé Athalaric, ieune enfant, âgé seulement de dix ans, le Royaume escheut

cheut à Athalaric, & non à Amalaſſonte ſa mere: meſme depuis la mort d'Athalaric, la Couronne fut deferée à Theodaat, ſans que iamais Amalaſſonte, femme au demeurant treſ-aduiſée, la querelaſt: Ce qu'elle n'euſt pas aiſément permis, ſi la Loy commune du pays luy euſt aſſiſté en ceſte querelle, veu qu'elle eſtoit grandement cherie & fauoriſée de ſes ſujets, pour la memoire de ſon pere.

Et les Anglois arriuans en la grand Betagne, eſloignerent du tout la femme de l'eſperance du Royaume, luy permettans ſeulement de recueillir de la ſucceſſion de ſon pere, ſes meubles, & precieux joyaux. Non en ce grandement eſloignez de la commune couſtume pratiquée parmy nous. De façon que nous pouuons preſque dire que ce fut vne Loy qui couroit generalement entre les Germains, lors qu'ils s'eſleuerét pour fondre de plus grande ſecouſſe ſur l'Empire de Rome, de ne permettre que leur Couronne tombaſt en quenouille.

Les Anglois.

Auſſi eſt-ce la verité qu'ores que les premiers peres & anceſtres de ceſte Nation, de l'eſtoc euſſent accouſtumé d'appeller les femmes aux affaires d'Eſtat tout auſſi bien que les hômes, comme nous aprenôs de Tacite, ſi eſt-ce qu'ils ne defetoient iamais le Sceptre qu'aux enfans maſles.

Et entre nous qui tirons l'excellence de noſtre premiere origine, de ceſte belliqueuſe & victorieuſe race, ceſte meſme Loy a touſiours eſté la plus en creance, & la plus en pratique, voire n'a iamais manqué ny de raiſons, ny d'effets, ainſi que nous en ations de ſignalez teſmoignages, & de tref-certaines preuues tant dans nos Histoire que dans les Escriuains Estrangers.

Filles de la premiere lignee de nos Rois n'ont succedé à leurs peres au defaut d'enfans masles.

Agathias Autheur Grec recite en son Histoire Gothique, que Childebert Roy de la France Occidentale, fils de Clouis premier Roy Chrestien, laissa deux filles nommées Chrodesinte, & Chrosberge, qui n'heriterent à sa Courône: mais pource qu'il n'y auoit enfant masle, y herita le Roy Clotaire premier du nom son frere. Le Roy Charibert fils de Clotaire laissa trois filles, l'vne n'est nommée: les deux autres sont Berthessede & Chrodielde: nulle d'elles n'eut la possession de l'hoirie Royalle, ains Sigebert son frere Roy de la France Orientale. Et Guntran Roy de Bourgongne, ou d'Orleans, aussi fils dudit Clotaire, laissa Clotielde sa fille vnique, apres la mort de ses autres enfans; & toutefois elle n'herita du Royaume, ains le Roy Childebert neueu de son pere, & fils du Roy Sigebert son oncle.

Souz la seconde race il ne se presenta occasion, pour laquelle il fust besoin de magnifier le credit de ceste ancienne & noble Coustume.

Filles n'ont succedé à la Couronne sous la troisiesme race.

Venons à la troisiesme, plus heureuse & meilleure mesnagere de beaucoup que les autres, en laquelle depuis Hugue Capet son premier parét, iusqu'aux enfans de Philippes fils de S. Louys, la Couronne de Frâce a tousiours esté possedée par vne genereuse fecondité de masles. Philippes Hutin mourât sans enfans masles, Madame Ieanne de France sa fille espousant Philippe Côte d'Eureux, herita simplemét du Royaume de Nauar-

de la France, Liure III. 643

et sans que iamais ny elle, ny son mary querelasset rien sur la Couronne de France. Et Charle IV. dit le Bel mourant sans fils, laissa Blanche sa fille vnique espouse de Philippe de France Duc d'Orleás: & toutefois elle n'herita point du Royaume de Frāce; & n'y querella chose aucune; ains souffrit, comme ne s'y sentant aucun droit, que Philippe de Valois plus proche du sang en iouist, suyuant l'antiquité de ceste loy. Mais l'entretenement nous en fut cher vendu, lors que ce Philippe de Valois pour se fermer contre les suscitations de Robert comte d'Artois, la mit en auant contre Edouard III. fils d'Edouard II. Roy d'Angleterre, qui auoit espousé Isabelle fille de Philippe le Bel.

Couronne de France querellée par Edouard III. contre Philippe de Valois.

Et de cecy fut l'occasion pour autant que par vne longue suite d'années non entrecoupee la fortune du temps n'auoit permis (au moins que ie voye bien exprimé dans nos Histoires) que la Couronne se trouuast estre sans hoirs masles en ligne directe, iusqu'à la mort de Louys Hutin. Qui fut cause que les Flamens, pensans que ceste Loy fust de nouuelle impression, appelloient en leurs Farces & Ioingleries, Philippe de Valois, *Roy trouué.* Comme si par vn nouueau droit, & non iamais recognu par la France, il se fut fait proclamer Roy. Aussi se trouua vn riche Citoyen de Compiegne nommé Simon Pouillet (comme dit Guaguin) auquel pour ceste occasion aduint de dire, que le Roy Edouard d'Angleterre auoit plus de droict à la Couronne que Philippes. Ce que venu à la cognoissance du Roy, & de son Conseil, il luy fist couper bras & iambes l'vne

Sf ij

apres l'autre, & puis la teste: laissant son corps seul comme vn tronc.

Et pour esclaircir dauantage ceste dispute, & monstrer que l'Anglois ne pouuoit quereller à iuste raison nostre Couronne, il conuient entendre que Philippes le Bel eut trois enfans masles, & vne seulle fille : C'est à sçauoir Louys Hutin, Philippes le Long, Charles le Bel, & Isabelle qui fut mariee auec Edouard. Apres le Bel, vint à la Couronne Louys Hutin son fils aisné, qui eut pour tous hoirs, vne seule fille, nommée Ieanne, qui fut femme de Louys Comte d'Eureux. Par ainsi si le Royaume fust tombé en quenouille, ceste-cy forcluoit oculairement Isabelle sa tante. Et toutefois ceste question fut dés lors vuidée, & le Royaume declaré par l'aduis du Parlement appartenir à Philippe le Long : lequel aussi eut trois filles seulement, qui ne reuoquerent iamais en doute le droict de la Couronne, ains liberalement accorderent que Charles le Bel leur Oncle en fut inuesty. Et aussi eut cestuy Charles le Bel vne seule fille, nommée Blanche, laquelle se contenta d'auoir pour son partage le Duché d'Orleans, comme nous auons recité cy-dessus. Concurrans donc vnanimément cinq heritieres, qui precedoient cet Edouard, lesquelles sans aucune controuerse s'estoient demises de tous leurs droits sur les masles: & la plus-part mesmement d'entr'elles au profit de Philippes de Valois, il n'y auoit pas grand pretexte pour lequel Edouard deust quereller le Royaume, sinon que contre raison il fust induit à ce faire, par les poursuites & pratiques du susdit

Robert d'Artois, lequel en haine de ce qu'il auoit esté priué par Arrest de la possession du Comté d'Artois côtre Mathilde sa parente, qui auoit mesmement mis en auant de tres-certaines preuues de fausseté contre luy, se voyant non seulement esbranlé de la plus grand' partie de son bien, mais aussi de son honneur, s'estoit transporté comme tout forcené par deuers ce Roy d'Angleterre.

Aussi en fut le different vuidé au conclaue des Pairs de France au profit & honneur de nostre Roy, côme nous l'apprenons de Froissard; Car il dit en mots expres parlant des masles de Philippe le Bel, que *Les Pairs de France ne donnerent point le Royaume de France à leur sœur, qui estoit Royne d'Angleterre, pourtant qu'ils vouloient dire & maintenir, & encore veulēt, que le Royaume de France, est bien si noble, qu'il ne doit mie aller à femelle, ny par consequent au Roy d'Angleterre son aisné fils. Car ainsi comme ils veulent dire, le fils de la femelle ne peut auoir droit ne succession de par sa mere, venant là où sa mere n'a point de droit. Si que par telles raisons les douze Pairs de France, & les Barons donnerent de leur commun accord le Royaume de Frâce à Monseigneur Philippes, neueu iadis du beau Roy Philippes de France.*

Mais combien que les filles soyent exclues de la succession du Royaume; elles n'ont pourtant laissé d'auoir de grandes & graues Prééminences, & d'estre grandement aduantagees en Prerogatiues. Elles estoient anciennement en tel respect & reuerence, que bien qu'elles fussent mariées à de moindres qu'à des Rois, elles tenoient pourtant le rang & auoient l'honneur de porter le nom de Roynes. Honneur

Préeminences & prerogatiues des filles des Rois de Frâce.

Tenoient anciennement rang & nom de Roynes.

qui leur estoit deferé, tant pour monstrer la grandeur & l'antiquité de leur Maison, que pour les contenter par ce glorieux titre, quand elles estoient mariées en lieu plus bas qu'il ne conuenoit à la noblesse de leur sang, & qu'elles n'espousoiét des Rois. Cela se recueille d'vne Chartre Royalle de l'an mil deux cens quarāte & cinq du temps que Madame Constance fille du Roy Louys le Gros fut mariée à Raymond Comte de Tolouse : car le mary ne s'honorant iamais de qualité plus noble que de Comte, ceste Dame se faisoit communément appeller Royne Constance : mais ceste coustume n'a depuis esté mise en pratique, à cause que ce titre imaginaire se tourna dés lors en risée, & fut fait la fable du peuple.

Sont appellées Mesdames. Elles sont appellées MESDAMES du iour qu'elles voyent la lumiere, si elles sont filles des Rois, ou de leurs premiers nez, pour l'asseurance certaine qu'ont leurs peres de succeder au Royaume, sans l'accident de leur mort : les autres ne sont appellées que MESDAMOISELLES, & s'il aduient que leurs peres viennent à estre Roys, on les appelle MESDAMES.

Ainsi Ieāne fille de Philippe Comte de la Marche depuis Roy de France & surnommé le Long, durant le temps qu'il fut Regent, apres la mort de Louys Hutin son frere, n'estoit appellée que Madamoiselle, & n'eut le titre de Madame iusqu'à ce que son pere eut pris la Couronne.

Portent le surnom de France. Et sont encore dés leur naissāce saluées filles de France, & filles des grands Rois de France, voire des plus grands Roys du monde. Et sont seules gloire de ce nom entre toutes les Princesses & grandes Dames de la terre, soit qu'elles soiët nées deuant, ou apres les regnes de leurs peres, auecque cette modification toutefois que celles qui sont nées auant que leurs peres ayent pris le Sceptre, ne s'en louent qu'apres qu'ils sont montez à la Royauté, ainsi qu'il appert par le traité de mariage de Madame Marie Duchesse de Calabre, & fille de Monsieur Charles de France, Comte de Valois, lequel traité daté de l'an mil trois cens trente la nomme Madame Marie, non de Frāce, ains de Valois, pour mettre difference entre les filles des Princes du sang, & celles qui sortent des roys.

Philippe de Valois aussi donnant pouuoir à son fils Iean Duc de Normandie, depuis Roy de France, datté du 3. Feurier l'an 1344. de traiter paix auec le Roy Alphons de Castille, & les mariages de Marie & Ieanne filles dudit Duc, elles ne sont enrichies de cette glorieuse qualité de France, pource que leur pere n'estoit en possession du Royaume. Et Marguerite sœur vnique de François premier, & fille de Charles d'Orleans, Comte d'Angoulesme, s'appelloit Marguerite d'Orleans, combien que le populaire l'appelle communément, Marguerite de Valois.

Quant à leur dot, elles ont souuent esté mariées par argent, & souuent ont eu des terres en partage. Le Roy Charles V. ordonna cent mille francs d'or, qui estoient lors escus, pour le mariage de chacune de ses filles, Marie, & Isabeau de France, & à chacune de celles qui naistroient

Dot des filles de France.

apres soixante mille francs d'or. Le Roy Charles sixiesme en accorda huict cent mille en mariage à Isabeau sa fille, mariee auec Richard II. Roy d'Angleterre. Et si nous voulons descendre plus bas, lors que M. Elizabet de France, fut mariée à Philippe II. Roy d'Espagne, sçauoir est en l'annee 1559. le dot fut de quatre cens mille escus, & le douaire de cent trente trois mille escus vn tiers. D'où il appert que leur dot n'est limité, ains leur donnent les Rois plus ou moins selon le rang & la grandeur des maisons ausquelles ils les allient.

Apanages donez aux filles de France.

Quelquefois leur ont esté baillees des terres du Domaine en apanage, pour elles, leurs fils & filles: & ce par vn aduantage qui n'a point esté fait aux enfãs puisnez. Ainsi iadis le Côté de Sommieres en Languedoc fut erigé & baillé en Apanage à Isabeau fille du Roy Ieã, par son mariage auec Ieã Galeas Vicomte, fils aisné de Galeas Vicôte, Duc de Milan, à la charge de retour, defaillãs fils & filles. Et depuis au lieu dudit Comté de Sõmieres, fut erigé & baillé audit Galeas, le Côté de Vertus en Chãpagne, lequel depuis fut donné en mariage à Valẽtine de Milã fille dudit Duc mariée à Louys Duc d'Orleans, fils du Roy Charles V. & frere de Charles VI. Et depuis ledit Côté escheut en partage à Marguerite d'Orleans fille dudit Duc Louys, & de ladite Valentine femme de Richard de Bretagne, Comte d'Estampes, pere de François premier Duc de Bretagne. Ainsi le Comté de Vexin fut donné en mariage à Margueritte fille du Roy Louys le Ieune mariée auec Henry troisiesme Roy d'Angleterre : Et pource qu'il n'en vint enfans, le Roy Philippe Auguste filz dudict Louys le voulut rauoir à force ouuerte, quand il recognut que les Anglois ne luy en voulurent faire raison. Et ainsi encore Isabeau seur du Roy Philippe le Bel, mariée à Edouard premier du nom Roy d'Agleterre eut le Comté de Ponthieu, duquel Edouard second fist solennel hommage au Roy Philippe de Valois.

Mais à proprement parler ce n'est pas Apanage que ceste maniere de donner terres aux filles de France, c'est plustost vn engagement par faute d'vne assez ample constitution de deniers comptans, en consideration de la grandeur des Maisons où elles entrent. Les Roys leurs peres souloient iadis leuer tailles pour leur dot, sur les suiets de leur Domaine, & en leua Philippe le Bel, pour le mariage de sa seconde fille Madame Isabeau de France, Royne d'Angleterre. Droit assez en pratique, & approuué par trois Arrests du Parlement prononcez à la Chandeleur l'année mil deux cens septante. Et se donnent encore auiourd'huy facultez de creer mestiers és villes du Royaume, esquelles y a mestiers iurez, tant pour les naissances & mariages des aisnees, que pour les mariages des secondes & autres de ces filles.

Tailles leuees pour les mariages des filles de France.

Voila donc les grandes Preeminences, & voila les graues Prerogatiues, que cette Royauté donne en Appanage aux nourrissons, & chers enfans de sa Maiesté. Ie dis ceste Royauté, de laquelle on dit que les femelles naissent pour peupler la Chrestienté, & les masles pour la defendre. Et ceste Royauté Françoise, pour laquelle maintenant que ie n'ay que les vœux, qui sont mon sacrifice du matin & du vespre, ie les employe tres-ardemment & tres-volontairement. Et si la vapeur de cet encens peut penetrer iusques au Throne de Dieu, & qu'elle luy soit agreable, ie prie & supplie sa diuinité qu'il puisse conseruer en elle ces Grandeurs & ces Preeminences tout ensemble. Ie le prie qu'il les vueille augmenter & amplifier au double, d'autant que l'augmentation de la grandeur sera l'accroissement de cest Estat, & celle des Preeminences sera l'honneur & le bon heur de la Maiesté de ses Roys.

DES PRINCES DV SANG, ET DE LEVRS PREROGATIVES, *& Grandeurs.*

CHAP. VII.

Loüanges des Princes de France.

LEs Princes & principaux Seigneurs du Sãg de France, ne sont des moindres Ornemens de la Cour de nos Roys. Ils sont ordinairement à leur suite, auec vn grand trein, & les viennent voir auec le respect & l'humilité conuenable à leurs Maiestez. Ils n'espargnent rien en telles occasions, qu'ils estiment despense plus Royalle que celle qui porte le bril & l'eclat de l'or aux peuples estrãgers: les suiets voyans les Princes si bien suiuis & seruis, se plaisent en la monstre de la grandeur de leurs Roys, & ne se taisent quand il faut publier leurs magnificences. Le train des Princes de France est admirable & tout Royal, aussi est-il que leur equipage monstre la grandeur des maistres qu'ils seruent, qui sont les premiers & plus grans Monarques de la Chrestienté. Le Ciel a son Soleil, & il a ses estoilles: aussi la France a son Roy, & si elle a ses Princes. Et en quelque endroit que reside sa Maiesté, elle est tousiours accompagnee de tres-illustres Princes, de magnifiques Seigneurs, & braues Gentils hommes, pompeusement montez & habillez.

Ce qui me faict souuenir de ramanteuoir icy, comme en quelque part que se soient parquez ces princes, ils ont esté veuz & recognus brillans & eclatés d'vn monde d'Auātages & de prerogatiues, qui les ont tousiours accōpagnez, & qui les ont fait admirer de toutes les natiōs de la terre, & sur tous les princes des Courōnes estrāgeres. Car tout ainsi qu'il y a des choses recōmandees pour les lieux où elles prenent croissance, & que les Lauriers sont recōmādez du parterre des Cesars, & les palmes Royalles des Iardins du Roy de perse: ainsi sont les princes du Verger delicieux de la Maison de France, loüez de leurs prerogatiues & preeminences. Et comme on dit que les philosophes estoient en Athenes, les Mages en Babylone, & les grans Senateurs à Rome : Aussi les grands princes se trouuent à la Cour des Roys de France, & sont renōmez tant pour la hautesse de leurs Auātages, que pour la grandeur de leurs

Princes de France recommandez pour leurs Prerogatiues.

Maistres. Ils ont esté tellement respectez par tout le monde, qu'ils ont mesme en pays estrangers precedé tous autres Ducs souuerains, & eu sur eux la presseance & le premier rang d'honneur.

Les princes de la premiere race estoient tous faicts & creez Roys, & par ainsi distinguez de leurs suiets par la marque de la Cheuelure : Les suiets portoient les cheueux rognez en signe de subiection, & les princes du sang Royal longs en signe & indice de puissance. Et pour ce les laissoient ils croistre dés leur premiere enfance, iusqu'à ce qu'ils venoient à prendre la Courône: les vns longs & pendans côme espousées, derriere les espaules, les autres par deuant & des deux costez annelez & tressez, voire mignardement arrangez & parfumez: comme on void en quelques vieilles figures des anciens portaux de l'Eglise sainct Denys en France, & de S. Germain des prez.

Princes portoient anciennement longue Cheuelure.

Cest ornement & remarque de Maiesté Royalle, fut vne Loy faicte par Clodion, pour ce surnommé le Cheuelu, qui defendit qu'aucũ n'eust à potter longue perruque que les princes du Sãg, & leurs descendans, comme Symbole & hieroglife de liberté: & que le peuple la portast roignee en signe de subiection & de seruitude, Ceste difference est magnifiee par vn exemple tiré de la mort de Clodamire Roy d'Orleans, filz de Clouis premier du nom: lequel aiant esté tué par les Bourguignons en l'auantage d'vne bataille qu'ils auoient eu sur luy, fut premierement à ses longs cheueux recognu pour prince du Sang

Loy des Cheuelures faits par Clodion.

de la France, Liure III. 653

Royal, & puis pour Clodamire. Et n'en manque encore la pratique ancienne d'autres effets qui seruent pour en confirmer la verité. Car Clotaire premier ne voulant aduouer Gondebaut, ou selon les autres, Gondouaut, le fist tondre par plusieurs fois, pour marque de son desaueu. Et le corps de Clouis fils du Roy Chilperic tué à la suscitation de la Royne Fredegonde sa belle mere, & ietté en la riuiere de Marne, fut par vn pescheur recognu à ses longs cheueux.

Mais la race des Merouingiens estant esteinte, la seconde des Carliens, qui est celle de Charles Martel pere de Pepin, iusques à Hugue Capet, commença de negliger ceste longue cheuelure, & en foula le priuilege souz les pieds, encore que les enfans des Roys continuassent d'auoir leurs partages en tiltres de Royaumes.

Et souz la troisiesme, le plus beau lustre, & le plus haut honneur de cette noble & glorieuse qualité de prince du Sang, ne vint en creance qu'apres le regne de Louys huictiesme, pere de nostre sainct Louys, qui eut pour enfans ledict sainct Louys, son aisné & Successeur, Robert Comte d'Artois, qui donna le premier estre à la maison d'Arthois, Alphonce, Comte de Poitou, Auuergne, & Toulouze, & Charles Roy de Sicile. Auparauant, sçauoir est depuis Hugue Capet premier parent de ceste race, iusqu'au susdict Louys huictiesme, on ne parloit guere des Princes du Sang, à cause que les familles des Roys ne foisonnoient en masles. Mais comme on ne peut nier que cette maison pleine de fleurs de

Dignité des Princes du Sang quãd venue en credit souz la 3. race.

Lys, & de Louys, n'ayt esté l'vne des plus genereuses branches, qu'ayt porté iamais le tronc de la Couronne de France: aussi faut il croire, qu'ayant la fecondité en telle abondance qu'il n'y auoit petit brin sorty de cette branche, qui ne portast des fleurs admirables, voire des fruicts incomparables & dignes de rare singularité: les princes du Sang commencerent lors de paroistre en honneurs, & en authoritez, aussi bié qu'en nombre, & s'eleuerent à vne grandeur, de laquelle leur posterité n'a iamais depuis sçeu faire perte.

Princes du Sang ne sont appellés au Combat, Et pourquoi.

Ils sont en possession de grandes preeminences & prerogatiues. Et entr'autres, pource qu'ils sont les mignons & fauoris de la Royalle fleur, & qu'ils reposent souz son ombre comme ses sacrez fleurons, il n'a iamais esté loisible de les appeller aux combats de seul à seul, ny à eux permis de s'y trouuer. Et pour ceste cause ceux qui s'entrequerellent & reuengent quelques dementirs par cartels, y apportent les respects & reuerences deuës, tant à la Maiesté des Roys, qu'aux personnes & excellences de Messieurs les princes.

Ne se mesloient anciennement aux Tournois & ioustes.

Voire ils n'auoient iadis permission de se mesler au hazard des ioustes & Tournois, pour les inconueniens & perils qui naissent ordinairement de tels ieux & passetemps. Et ainsi lisons nous que le Roy Philippes Auguste en l'annee 1209. prist serment de Messieurs Louys de France son filz aisné, & Philippe de France, puisné & Comte de Boulongne (craignant de les perdre) qu'ils ne partiroient sans son congé pour aller à aucun Tournoy en pays estranger, afin d'y ac-

d'apres la Pentecoste. 655

querir louange: mais pres de France y pourroiēt aller pour voir, sans estre couuerts ny armez comme Cheualiers.

Il ne se trouue aussi en ceste lignee des Capets, qui tient encore auiourd'huy le pied ferme sur le milieu du cuir, & regne heureusement dans les cœurs des François, aussi bien que dans le cœur de la France, en la personne de nostre grand Alexandre, il ne se trouue di-je condemnation d'aucun prince du Sang, que par contumace, fors celle de Iean Duc d'Alençon, au temps du Roy Charles huictiesme, mais non executee, & par apres abolie. *Nul Prince du Sang condamné.*

Nos Roys n'ayans point d'hoirs masles, les princes plus proches de la Royauté, sont honorez du tiltre de MONSIEVR, comme les premiers apres leurs Maiestez, & lesquels leur doyuét succeder. Ainsi du regne de Louys XII. François Duc d'Angoulesme & de Valois estāt le premier Prince du Sang portoit ceste glorieuse qualité de Monsieur, non de Dauphin, pour ce qu'il n'estoit pas filz aisné du Roy, mais tel auquel la Loy Salique donnoit la Couronne, puis que le Roy n'auoit aucun enfant masle, pour luy succeder. *Premiers Princes du Sang appellez du nom de Monsieur.*

Ils sont aussi enrichis de l'honorable nom de *secondes personnes du Royaume & de la Couróne*, cōme aiās droit de substitutiō, & sont en possession de creer mestiers és villes esquelles y a des mestiers iurez. Et de ce pouuoir fist vne ample declaration le Roy Louys XII. à l'endroit du susdit François Duc de Valois, le dix-huictiesme de Septembre, l'an mil cinq cens quatorze, & le qualifia *Seconde personne de France*. *Secondes personnes de France.*

Princes plus proches esleuz Regents.

C'est encore à ces Princes qu'appartient le droit de Regence, tant par la disposition ordinaire des Rois qui laissent leurs enfans en bas âge, que par Ordonnance expresse de Charles VI. tenant son Lit de Iustice le vingt-sixiesme de Decembre l'an 1407. Ce sont eux qui ont tousjours esté choisis, ore seuls, ore auec les Roynes meres, pour le conseil & gouuernement des mineurs, & pour la generale surintendence du Royaume. Et quelquefois ils ont pris le tiltre de Regents, quelquefois de Gouuerneurs generaux seulement. Le premier Prince qui se fist appeller Regent fut Philippe le Long, pendant la grossesse de la Royne Clemence sa belle seur veufue du Roy Louys Hutin. Depuis ce temps iusques au regne du Roy Iean, il ne se presenta occasion pour laquelle nous deussions estre gouuernez par autres que par nos Rois. Le desastre qui luy aduint pres de Poitiers fut cause que pendant sa prison Charles V. son filz eut la reserue du gouuernement, non souz la qualité de Regent, ains seulement de Gouuerneur general, estimant que celle de Regent fut de trop grande authorité. Mais voyant que quelques Princes & principaux Seigneurs du Royaume, iettoiét de la confusion aux affaires de l'Estat, fist publier lettres au Parlement de Paris en l'an 1357. par lesquelles il declara que pour le bien & salut des suiets il prenoit le tiltre de Regent.

Mais fouillons plus auant dans ceste mer d'Auantages Principesques, & descendons dans le profond de tant de grandeurs dont faict trophee ce sang de France, sur toutes les Maisons

sons & Familles du monde.

De toute antiquité, & par Ordonnances anciennes, ces grands & nobles Princes de quelque sexe qu'ils soient ont exemptions de peages, & ne sont tenus de rien payer du seel Royal, & lettres seellees en Chancelleries. Et qui plus est Louys XI. donna priuilege à Charles Comte d'Angoulesme, & pere du grand Roy François, de deliurer prisonniers à ses nouuelles entrees, qui est vne prerogatiue & marque de grandeur peu commune, voire vniquement affectee à la dignité Royalle: & en excepta seulement les crimes plus enormes commis contre la Royauté, comme leze Maiesté, fausse monnoye, & autres semblables. Bien est vray qu'il ne voulut que cela fust tiré en consequence, & ne le permist que celle fois seulement, qu'il desiroit faire paroistre les grandeurs & preeminences du noble & ancien Sang de France, en leur plus grand lustre, & les faire voir en leur plus haut étage.

Exemptiõs des Princes du Sang.

Deliurãce de prisonniers octroyee aux Princes du Sang.

Nos Rois mesme ont bié autrefois esté balancez de quelque doute au suiet de faire iouyr les Princes du Sang non Pairs, de mesmes prerogatiues & auantages que lesdits Pairs, mesmement aux iugemens de leurs personnes: mais ils n'ont iamais trouué d'apparences que trop foibles, pour dénier que lesdits Princes du Sang nõ Pairs, ne deussent auoir semblables priuileges que les Pairs en la distribution de leur Iustice, puis qu'ils naissent Conseillers de leurs Maiestez en leur Parlement, & lesdits Pairs ne sont autre chose. Ioint que la Pairrie seule est vne qualité inferieure à la principauté du Sang, en tant que

Princes du Sang iouissent des mesmes prerogatiues que les Pairs.

Tt

celle-cy procede de la Nature, & l'autre n'a de vigueur que par la volonté des Roys. Et par ainsi les solennitez & magnificences requises aux Institutions & Iugemens des Pairs doyuent estre gardees à l'endroit desdits Princes du Sang, s'ils le requierent.

Débats entre les Princes du sang & les Pairs, sur la presseance.

Ie sçay bien qu'il y a eu souuent debat entre les Pairs clercs, & les Princes du Sang, à qui auroit la precedence aux Ceremonies & Assemblees publiques. Quelquefois entre les Princes du Sãg Pairs, & autres non Pairs; mais plus aisnez. Et quelquefois encore entre les Princes du Sang Pairs, & les Princes Paires, qui n'estoient pas du Sang, mais plus anciens Pairs, que lesddits Princes du Sang, ou qui representoient en leur pairrie quelques-vns des plus anciens Pairs, & premiers en qualité que ceux que representoient lesdits Princes du Sang. Et ne veux pas nier non plus que les Princes du sang Ducs plus esloignez de la Couronne n'ayent quelquefois precedé les Princes & Comtes plus proches. Mais ie sçay bien aussi qu'en fin a esté arresté qu'il ne seroit regardé à la qualité Ducale ou Comtale, ains à la proximité seule du sang Royal.

Princes du sang naissent Conseillers du Roy.

I'ay adiousté qu'ils naissent Conseillers de nos grans Rois en la Cour souueraine de leur Iustice, Ce que i'ay dit pour vne autre excellence signalee, & pour vne remarquable & sureminéte qualité. Car tout ainsi que les Planettes voisines du Soleil sont longuement retenues par les raiz d'iceluy és points de leurs Stations: de sorte qu'elles en sont plus tardiues & mal aisees à descédre: aussi plus ces princes qui sont les Planettes du sacré Ciel de la Frâce, plus ils sont prez des rayonnâtes couronnes de nos Rois, l'esclat de ceste resplédissante Royauté, dôt les aspects leur ont toujours esté fauorables, les retiêt plus long têps sur le point de leur midy, sans les voir iamais descêdre ny décheoir de leur Autorité, où leurs Maiestez les ont montez, ny elles non plus tomber au regret de leur auoir donné place pres de leurs persônes, apres les Roynes leurs cheres & loyales espouses, au milieu de leur Parlement, & en la Cour des Pairs, le plus eminêt siege du môde. Ainsi assista le Côte de Védosme au iugemêt de Charles Duc de Bourbon, encore qu'il ne fust point pair, ains pour le seul esgard qu'il estoit Prince du sang, & nay Côseiller du Roy, ayât entree au Parlemêt pour y opiner & deliberer. Et le Roy Héry II. le dernier iour d'Aoust 1551. ordôna dauâtage, qu'il auroiêt opinion en l'audiêce à huits ouuers, sur les causes qui se vuideroient en leur presence & sur le châp: mais à huis clos & au Conseil il ne voulut qu'ils y assistassent, ou y eussent voix deliberatiue, à cause qu'ils n'ont presté le serment entre les mains de Messieurs de la Cour.

Mais encore que par vn cômun changemêt de toutes choses, ces façôs de presseances soient auiourd'huy moins en pratique : si est-ce que ces Princes du sang, & ces grâs Princes du sang Franç̧ois, en quelque part qu'ils se parquêt, sont veuz & recognus brillâs & eclatans d'vn môde d'honneurs, pour estre sortis de la premiere, & plus noble Maison du môde. Le Ciel n'est point si luisât en clartez, côme en diuerses grâdeurs & prerogatiues ils resplédissent par toute la terre. Et par ainsi

Les Princes du sang honorent toutes places où ils sont mis.

Tt ij

faisans honneur à leurs places, & non pas tirans leurs aduantages des places où ils se mettent, ne faut qu'on se soucie s'ils precedent ou sont precedez, puis qu'ils se font assez cognoistre & remarquer par le glorieux & honorable tiltre qu'ils portent, & par les diuerses vertus qui les ont autrefois faict iuger dignes de commander aux prouinces estrangeres, & dignes d'estre aymez & desirez des autres peuples, ainsi que nous auons recité au Chapitre de la Vaillance.

Ce qui me fait souuenir, d'autres titres & qualitez qui sont encore considerables au present suiet. Car il est certain que la qualité de prince n'appartient qu'aux princes du Sang de France. Et l'vn de nos derniers Historiens ne donne à personne le tiltre de Monsieur en toute son Histoire s'il n'est prince du sang de ceste Couronne, pour monstrer qu'il est releué de quelque plus illustre & excellent lustre, lors qu'il n'est indifferemment adiousté aux noms de tous Seigneurs: & que nous ne sommes plus au temps de Philippe de Comines, qui ne donnoit plus haut titre à vne princesse souueraine heritiere d'vne des plus grandes Maisons de la Chrestienté, que de Madamoiselle de Bourgongne.

Princes du Sang honorez du tiltre de Mõsieur.

Et pour fermer ce discours, ces mesmes princes du sang de France, ont priuilege d'entrer auec le Roy en Chambre de la Royne, lors qu'elle est en mal d'enfant, selon l'ancienne loy des ceremonies de la Couronne, afin d'euiter tout soupçon de supposition, & de maintenir la Loy Salique. Ce qui s'obserue aussi ailleurs. Car les interessez à la Couronne de Hongrie y assiste-

Princes du Sang se trouuerent aux couches de la Royne.

gent quand la Royne Anne de Candale femme du Roy Vladiſlas accoucha de Louys. Elle en mourut pourtant, parce que la ſage femme ne peut faire aux yeux des hommes ce qui ne doit eſtre veu que par les femmes.

DES CHEVALIERS DES ORDRES, ET DE LEVRS Preeminences.

CHAP. VIII.

Evx qui eſcriuent la vie d'Auguſte Ceſar, ce grand Empereur de Rome, & Monarque victorieux de l'Vniuers, remarquent cecy en ſa diſcipline militaire, que des dons il eſtoit merueilleuſement liberal enuers ceux qui les meritoiét: mais que des pures recompenſes d'hóneur il en eſtoit bien autant eſpargnant. Si eſt-ce qu'il auoit eſté luy-meſme gratifié par ſon oncle de toutes les recompenſes militaires, auant qu'il euſt iamais eſté à la guerre. C'a eſté vne belle inuention & receue en la plus part des polices du monde, d'eſtablir certaines marques vaines, & ſans prix, pour en honorer & recompéſer la vertu: comme eſtoient entre les Romains les Couróness de laurier, de cheſne, de meurte: la forme de certain veſtement, le priuilege d'aller en coche par ville, ou

Recópenſes d'honneur et de vertu militaire.

de nuit auec flambeau, quelque assiette particuliere aux assemblees publiques, la prerogatiue d'aucuns titres & surnōs, certaines marques aux armoiries, & choses semblables, dequoy l'vsage a esté diuersement receu, selon l'opinion des Nations, & dure encore.

Nous auons pour nostre part, & plusieurs de nos voisins, les Ordres de Cheualerie, qui ne sōt establis qu'à ceste fin. C'est à la verité vne bien bonne & profitable coutume, de trouuer moyen de recognoistre la valeur des hommes rares & excellents, de les contéter & satisfaire par des payemens, qui ne chargent aucunement le public, & qui ne coustét rien au prince. Et ce qui a esté toujours cognu par experiéce ancienne, & que nous auons autrefois aussi peu voir entre nous, que les gens de qualité auoient plus de ialousie de telles recompenses, que de celles où il y auoit du gain & du profit, cela n'est pas sans raison & grāde apparence. Si au prix qui doit estre simplemét d'hōneur, on y mesle d'autres commoditez & de la richesse: ce meslange au lieu d'augmenter l'estimation, il la rauale & en retranche.

Ordres de Cheualerie

Nos Roys donc qui fut leur premiere arriuee auoient toujours recompensé leurs Capitaines & braues Soldats en Fiefs nobles : voyans apres vne longue reuolution d'annees, que le fond de leurs liberalitez estoit pour ce regard mis à sec (d'autant que toutes les terres de leur Royaume estoient réplies) s'auiserent de trouuer vne autre forme de recōpense, non veritablemét si riche & opuléte, mais de plus grād honneur que ces fiefs. Parquoy fut ingenieusement par eux, ou leurs

Cheualerie recompense d'honneur.

sages Conseilliers, l'Ordre de Cheualerie mis en auant. Car au lieu où premierement ils recompésoient leurs suiets en terres & grandes possessiōs, à mesure qu'ils gaignoient les prouinces, de là en auant ils commencerét de les recognoistre pour bōs & loyaux seruiteurs, par grandes & amiables caresses, & par courtoises & humbles accolees de leurs personnes.

Ces acolees depuis se tournerent en religion, de maniere que lors que nos Roys vouloient semondre quelques Gentils-hommes ou braues soldats à bien faire le iour d'vne bataille, ou bien qu'ils leur vouloient gratifier à l'issue d'vne entreprise, les caressoient d'vne acolee. Et en ce faisant, auec quelques autres petites ceremonies, ils estoient reputez Cheualiers: Ayant par ce moyé, comme s'ils fussent sortis des propres costez du Roy, autant de primauté & aduātage dessus le reste de la Noblesse, comme la Noblesse en son endroit dessus le demourāt du peuple. Et tel Ordre qui deslors cōmença d'estre en grand credit parmy nous, n'auoit point plus grande commodité, que celle-là, de n'auoir communicatiō d'aucune autre commodité. Cela faisoit qu'il n'y auoit charge ny estat quel qu'il fust, auquel la Noblesse pretendist auec tant de desir & d'affection, qu'elle faisoit à l'Ordre, ny qualité qui apportast plus de respect & de grandeur: la vertu embrassant & aspirant plus volontiers à vne recompense puremét sienne, plutost glorieuse, qu'vtile. Car à la verité les autres dōs n'ont pas leur vsage si digne, d'autāt qu'on les employe à toutes occasiōs.

Premiere Institution de l'Ordre.

T t iiij

Recompenses d'honneur preferables aux richesses.

Par des richesses on satisfait le seruice d'vn valet, la diligence d'vn courrier, le voltiger, le parler, & les plus viles offices qu'on reçoiue : voire & le vice s'en paye, la flaterie, le maquerellage, la trahison : ce n'est pas merueille si la vertu reçoit & desire moins volontiers ceste sorte de monoye, que celle qui luy est propre & particuliere, toute noble & genereuse. Auguste auoit raison d'estre beaucoup plus ménager & espargnant de ceste-cy, que de l'autre : d'autant que l'honneur c'est vn priuilege qui tire sa principale essence de la rareté, & la vertu mesme.

Cet Ordre fut premierement inuenté en faueur de ceux qui suiuoient les armes, comme mesmement l'etimologie du mot nous en donne certaine asseurāce, & estoit tenuë pour l'extreme marque d'honneur de la Noblesse Françoise, & tres-rare. Toute-fois tout ainsi comme en la Noblesse, aussi par traite de temps au fait de la Cheualerie, quelques gens de robbe longue y voulurēt auoir part, à l'occasiō de leurs offices & dignitez. *Cheualiers des armes & des loix.* Au moyen dequoy on fist double distinction de Cheualiers : Les aucuns estans Cheualiers des Armes, & les autres Cheualiers des Loix. Pour laquelle cause Iean de Mehun en son Roman de la Roze, au lieu où Faux-semblant discourt les cas esquels il estoit loisible de mandier, dit,

Ou s'il veut pour la Foy defendre
Quelque Cheualerie entreprendre,
Ou soit d'Armes, ou soit de Lettres.

Ainsi Froissard au chapitre 170. du premier liure de ses Histoires, parle de trois Cheualiers dont les deux estoient d'Armes, & le tiers des Loix :

Les deux d'Armes, dit-il, Monsieur Robert de Clairmont, gentil & noble grandement, l'autre le Seigneur de Conflans: le Chevalier des Loix, Monsieur Simon de Bussy. Et à ce propos Guillaume de Nangy, qui fut presque contemporain de Charles V. dit que cestuy de Bussy estoit Conseiller au grand Conseil, & premier president en la Cour de Parlement. Qui estoit cause pour laquelle il adioustoit à son nom le titre de Chevalier des Loix, pour autant que les premiers presidents disent que par ancié privilege ils ont annexé l'honneur de Chevalerie à leurs Offices, *Premiers Presidents, Chevaliers.*

Quant aux Chevaliers des Armes, tout ainsi que les vieux Gaulois, encore qu'ils eussent aussi bien que nous gens deputez à la vuidange des procés, si avoiét ils d'vne part Chevaliers du tout affectez à la guerre, souz la devotion desquels de toute vieille coustume se consacroient diversement les gens du tiers Estat, & menu peuple : ne faisans autre conte de mort ou de vie, que celle qui plaisoit au Seigneur souz lequel ils s'estoient voüez : Ainsi ie trouve entre nos François vne sorte de Chevaliers appellez Bannerets, qui pour estre riches & puissants obtenoient permission du Roy de lever Banniere, qui estoit vne compagnie de gens de Cheval ou de pied. En ceste sorte Monstrelet au 93. chapitre du premier volume de ses Histoires parlant du siege que le Roy Charles VI. mist devant la ville de Bourges, dans laquelle s'estoient enclos tous les Princes de la faction du Duc d'Orleans. *Là, devant la ville,* dit-il, *pres du gibet, le Roy fist plus de cinq cens Chevaliers, desquels, & aussi de plusieurs autres, qui n'avoient porté* *Chevaliers des anciens Gaulois.* *Chevaliers Bannerets.*

Bannière furent immemorables Bannieres esleuées. Le Sire de Ioin-ville, recitant côme le Roy S. Louys vouloit renouueller son armée, dit, *qu'il luy demanda s'il auoit point encore trouué aucuns Cheualiers pour estre auec luy : & ie luy respondis, fait-il, que i'auois fait demourer Messire Pierre de Pont-Mou-lin, luy tiers en Banniere.* Et en vn autre endroit plus bas il racôte que des prisonniers, qui estoiêt demourez deuers les Admiraux d'Egypte, en reuindrent quarante Cheualiers qu'il mena deuers le Roy, pour auoir pitié d'eux, & les retenir à son seruice: Et comme quelque personnage du Conseil du Roy luy eust dit, qu'il se deuoit deporter de faire telle requeste à sa Majesté, attendu que son espargne estoit lors courte: *Je luy responds, recite-il, parlant de soy, que la male-aduenture luy en faisoit biē parler, & qu'entre nous de Champagne, auiōs bien perdu au seruice du Roy trente-cinq Cheualiers tous portans Banniere.* Et est encore ceste sorte de Cheualiers trop mieux donnée à entendre par Froissard, au premier liure de son Histoire, la part où le Prince de Gales estant prest de combatre, Messire Bertrand du Guesclin auec Henry Roy de Castille, se presenta deuant luy Messire Iean Chandos: *Là apporta, dit-il, Messire Iean Chandos sa Banniere, entre ces batailles, laquelle n'auoit encore nullement boutée hors de l'ost du Prince, auquel dist ainsi: Monseign. veeʒ cy ma Banniere, ie la vous baille par telle maniere qu'il vous plaise la deuelopper, & qu'auiourd'huy ie la puisse leuer: car Dieu mercy, i'ay bien dequoy, terre, & heritage, pour tenir Estat, ainsi comme appartiendra à ce. Ainsi prist le Prince, & le Roy Dampietre, qui là estoient, la Banniere entre leurs mains, qui estoit d'argent à vn pieu* aguisé de gueules, & luy rendirent, en disans ainsi: Messire Jean, veez-cy vostre Banniere, Dieu vous en laisse vostre peu faire. Lors se partit Messire Jean Chandos, & rapporta entre ses gens sa Banniere, & dit ainsi, Seigneurs veez-cy ma Banniere, & la vostre, si la gardez, come la vostre. Qui est vn passage presque assez formel pour nous apprendre quels furent iadis ces Chevaliers Bannerets.

Au demeurant pour autant que les factions de la maison de Bourgongne & Orleans auoient amené vn grand Chaos & desordre à ceste anciéne police, & que la confusió auoit presque abysmé ces honorables & glorieuses qualitez ; parce qu'à chaque bout de champ les vns & les autres faisoient des Cheualiers à leur poste: Louys XI. pour couper broche à ce desordre & faire barriere à ceste confusion, introduisit dés le premier iour d'Aoust 1469. vn Ordre de Cheualiers par forme de Cófrairie, & leur donna S. Michel pour patron & protecteur. Induit specialemét à ce faire parce qu'il estimoit que S. Michel auoit esté le principal deféseur de ceste Fráce, pendát les guerres des Anglois. Car Ieanne la Pucelle, (du pretexte de laquelle s'estoit grandement aydé le Roy Charles VII. pour le recouurement de ses terres,) publioit en tous lieux qu'elle auoit propos & cómunication de cóseil toutes les nuits auec S. Michel, ainsi que l'ó peut lire dedás le procés, qui lui fut fait. Tellement que Louys XI. estimant que le plus grád ennemy qu'eussent les Anglois, c'estoit ce Sainct: lequel mesmemét n'auoit permis que le lieu où de tout téps & anciennęté on luy a dedié vn téple, appellé le Mont S. Michel, vint en leur

Ordre S. Michel.

subiection & obeissance, voulut dresser ceste Cõ-frairie quasi pour eternel trophée & cõmemoratiõ des victoires que son pere auoit obtenues sur les anciens ennemis de la France : & pour ceste cause il institua d'entrée trente six Cheualiers de cet Ordre dont il estoit le Chef & Souuerain.

Ordre de l'Estoille. Auparauant ceste noble institution, le Roy Iean auoit institué l'ordre de l'Estoile le iour des Rois au Chasteau de sainct Ouen autrement nõmé l'hostel de Clichy pres Paris, le sixiesme iour de Ianuier mil trois cens cinquante vn. Et portoit chaque Cheualier vne Estoile d'or à son Chaperon, pour estre recognu & honoré parmy le reste de la Noblesse, en souuenance de l'Estoille qui estoit apparuë ce iour là aux trois Sages d'Orient que nous appellons Rois, quand ils allerent adorer nostre Seigneur.

Ordre de la Genette. Et si nous voulons remonter encore plus haut, nous trouuerons que Charles Martel pere de la seconde race de nos Rois auoit institué celuy de la Genette, lequel dura iusques au temps du Roy sainct Louys, encore que peu recognu par les Histoires. Et portoient les Cheualiers de cest Ordre vn anneau auquel estoit grauée la figure d'vne Genette, dont la raison ne m'est assez cognue, pour en faire part au public.

Ordre de la Iartiere. Edouard troisiesme Roy d'Angleterre institua l'Ordre de la Iartiere, qui est vn Iartier bleu, que tout Cheualier de cet Ordre est tenu de porter au genoüil droict, Et est là deuise de cet Ordre, *Honny soit il qui mal y pense.* Chose qui proceda pour-autant que ce Roy estant grandement a-

ñoureux de la Comtesse de Salisbery, & l'entre-
tenāt de paroles en la ville de Bordeaux, il aduint
par cas fortuit, que l'vn des Iartiers de ceste Dame tomba, lequel fut par vne promptitude assez
mal seante à ce Prince soudainement releué, & la
cotte & la robbe de la Comtesse leuée si haut que
les Seigneurs là presens virēt son genouil, & s'en
mirent à rire. Elle deuenant rouge de la honte
qu'elle en eut, & blasmant le Roy de ceste trop
grande priuauté, & de ce qu'il auoit apporté matiere de rire à ceux qui luy assistoient, luy respondit, *Honny soit-il qui mal y pense.* Au moyen dequoy
le Roy indigné, protesta dés lors que tel s'estoit
mocqué de la Iartiere, qui s'estimeroit bien heureux de la porter, pour marque d'honneur, & de
Cheualerie. Et de fait tant pour l'amitié de sa Dame, qu'en haine & desdain de ceux qui en auoiēt
fait risée, il institua cet Ordre en ladite ville de
Bourdeaux, qu'il dedia à sainct Georges, & en
celebra la premiere ceremonie en l'Eglise des
Carmes, où il ordōna vingt & six Cheualiers qui
porteroient le manteau de velours violet, & le
Chaperon de velours rouge doublez de damas
blanc, les soux-iambes de velours rouge, souz le
genouil de la Iambe gauche vne iartiere d'or a-
grafee, enrichie de pierreries, & autour de laquelle y auroit escrit, *Honny soit-il qui mal y pense.* Et
au col porteroient vn Collier d'or fait à roses rouges & blanches, soustenant vn image de S. Geor-
ge pendant, & autour desdites roses la mesme deuise de la Iartiere. Voulant dire que l'amitié qu'il
portoit à la Comtesse, & qui luy auoit causé de
leuer sa iartiere, & sa cotte estoit en tout hōneur.

Ordre de la Toison d'or. Il y a eu aussi quelques autres Ordres de marque, entr'autres celuy de la Toison d'or en la Maison de Bourgongne, qui fut introduite l'an 1429. par le bon Duc Philippe de Bourgongne. Les vns disent que ce fut pour la Toison de Gedeon, & autres le fondent sur la fable de la Toison d'or, que Iason auec les autres Argonautes alla côquester en Colchos. Le Duc ordonna que ceste côpagnie seroit garnie de 24. Cheualiers, qui porteroient des Manteaux, & Chapperons faits d'escarlatte, bandee de broderie faite à fusils & flames, & au col vn Collier d'or fait à fusils estincelans de feu, auquel pédroit la forme d'vne peau de mouton, ou Toison d'or, & que ledit Ordre fust celebré le iour S. André 30. de Nouêbre. Mais l'Empereur Charles le Quint changea les habillemés, & voulut que les manteaux fussent de velours cramoisy, & les Chaperons de velours violet, & qu'au dessous il y eust vne soutane de toile d'argent.

Ordre de l'Annonciade. L'Ordre pareillement de l'Annonciade en la Maison de Sauoye fut institué par Amé VI. Comte de Sauoye, surnômé le Cheualier verd, en souuenance d'Amé le grand, aussi Comte de Sauoye, qui auoit secouru les Cheualiers de S. Iean de Hierusalem, lors qu'ils conquirent Rhodes dessus les Turcs en l'annee 1310. Et portoit cet Ordre vn gros Collier d'or fait à trois lacs d'amours esquels estoient entrelassez ces mots, *Fert*, *Fert*, *Fert*, chacune lettre emportant vn mot Latin en ceste sorte F, *fortitudo*, E. *eius*, R. *Rhodum*, T. *tenuit*, qui veulent dire, *Sa force a conquis Rhodes*. Et au bas du chaisnon de ce Collier pendoit vne image de noſtre Dame, & d'vn Ange qui la ſalue.

Charles Duc d'Orleans pere du Roy Louys 12. inſtitua encore vn autre Ordre, auquel il dōna le titre de Port' eſpic, & voulut que les Cheualiers d'iceluy portaſſent au haut du col vn Collier d'or, auquel pendoit la figure de cet animal. *Ordre de Port' Eſpic.*

Et long tēps deuāt luy, ſçauoir en l'annee 1464. René d'Anjou Roy de Sicile, Duc d'Anjou, & Cōte de Prouēce, auoit inſtitué l'Ordre du Croiſſant en l'Egl. S. Maurice d'Angers, les Cheualiers duquel portoiēt au col vn rubā ou chaiſne d'or en tortis, à laquelle pēdoit vn Croiſſant d'or, & deſſus iceluy eſcrit en lettres d'eſmail blanc, Los, qui vouloit dire, LOS EN CROISSANT. Et pource que nul ne pouuoit eſtre receu en ceſt Ordre, qui ne ſe fuſt trouué en vne bataille pour le moins, au milieu du Croiſſant y auoit vn petit baſtō d'or fait en forme de maſt de nauire, au bout duquel y auoit vn petit anneau d'or pour tenir le rubā ou la chaiſne pendāt. Et ce baſtō ſignifioit que le Cheualier s'eſtoit trouué en vne bataille. S'il s'eſtoit trouué en 2. 3. ou 4. il y auoit autant de baſtons. De façon que quand on voyoit vn de ces Cheualiers, on voyoit auſſi le nombre des batailles, auſquelles il auoit aſſiſté. Les Māteaux eſtoiēt de velours cramoiſy, & les chaperōs de velours blanc. *Ordre du Croiſſant.*

Tous ces ordres ſe ſont trouuez de grande recōmendation chacū diuerſemēt ſelon la diuerſité des pays, & contrées. Mais ſpecialement entre nous les Cheualiers de S. Michel, que nous appellons ſimplement, & par excellence Cheualiers de l'Ordre, ont eſté renōmez & montez en honneur sur tous les Cheualiers de la terre.

Ordonnances de l'Ordre S. Michel.

Louys XI. qui en ietta les premiers fondemens voulut que ceux qui en seroient honorez, quittassent tout Ordre, si aucun en auoient, ou de Prince, ou de Compagnie, exceptez les Empereurs, Roys, & Ducs, qui auec cette marque de valeur, & de Noblesse, pourroient encore adiouster celle dont ils seroient chefs, moyennant le gré & consentement du Roy, & des freres de l'Ordre : comme aussi les Monarques François pourroient porter auec cet Ordre les marques des Empereurs, & Princes Souuerains. Et pour remarque de ceste noble compagnie, sa Maiesté donna pour vne fois à chacun des Cheualiers vn Collier d'or fait à coquilles, lacees l'vne auec l'autre d'vn double lacs d'aiguillettes de soye à bouts d'or, qu'on appelle fers (lesquelles depuis le Roy François premier changea en Cordelieres, en memoire qu'il portoit le nō des François, premier fondateur des Cordeliers,) Et au bout dudit Collier y auoit sur vn Roc vne image sainct Michel, qui descendoit sur la poictrine.

Collier de l'Ordre.

Recompēse de l'Ordre, paymēt ancien des fameux Capitaines.

Il est bien certain que la recompense de cet Ordre ne touchoit pas au temps passé seulement la vaillance, elle regardoit plus loing. Ce n'a iamais esté le payement d'vn valeureux soldat mais d'vn Capitaine fameux. La science d'obeyr ne meritoit pas vn loyer si honorable : on y requeroit anciennement vne expertise bellique plus vniuerselle, & qui embrassast la plus-part & plus grandes parties d'vn homme militaire, qui fust encore outre cela de condition accommodable à telle dignité.

Henry II.

Henry II. ayant fait son entree dans la ville de Lyon en l'annee 1548. fut tenu le grād & general Chapitre de cet Ordre, qui de long temps auparauant n'auoit esté veu en France. Le Roy auec tous les Cheualiers assisterēt la vigile de S. Michel à vespres en bel appareil, & le lendemain tous en manteaux de toile d'argent, brodez de riche broderie de croissans lassez, trousses, arcs Turquois, & autres deuises de sa Majesté semées de rayons de feu, les Chaperōs à bourlet de velours cramoisi brodez de pareille broderie que les Manteaux, estēdus sur leurs espaules, & la Cornette du Chaperon autour du Col, le grand Ordre par dessus. Le Cardinal de Guise assistoit comme Chācelier de l'Ordre, en semblable māteau de velours blāc, & le chapperon de velours cramoisi, marchant deuant luy l'Huissier de l'Ordre, auec sa grosse masse d'argent doré, & vestu de robbe longue de Satin blanc. Suiuoit le Greffier & Maistre des Ceremonies en pareil habit, & auoient tous vne coquille d'or pendāte au Col. Apres eux suyuoiēt les Cheualiers au deuant du Roy souuerain chef del'ordre. Et à la suite du Roy marchoiēt les Cardinaux reuestˢ de leurs chapes rouges. Et furēt tous ouyr les vespres du iour en l'Eg. S. Iean, en laquelle à l'endroit de chacun desdits Cheualiers pendoient les Escussons releuez des noms & deuises plus illustres de chacū, ensemble celles des Princes absens honorez dudit Ordre, cōme de l'Empereur, du Roy de Dānemarc, du Roy de Suede, du Roy de Nauarre. Le lendemain ils allerēt ouïr Messe en mesme ordre & equipage ; & apres le

Grād Chapitre de l'Ordre.

Habillemēs des Cheualiers de l'Ordre.

V u

dîner se trouuerent tous aux vespres du soir, reuestus de grandes robbes de dueil, les chapperōs à bourlets par dessus; & le lendemain encore furēt à la Messe celebrer la memoire de leurs Compagnons trespassez.

Il n'y auoit encore lors qualité qui apportast plus de respect & de grandeur, & la Noblesse Frāçoise demandoit le Collier de cet Ordre autant qu'autre chose pour extreme marque d'honneur. Mais il s'y est rencontré vn grād desordre depuis que le mot de Huguenot a pris vogue parmy ceste France : D'autant que là où anciennement on bailloit ce Collier auec vne grande religion & reuerence à peu de personnes, l'on a depuis le commencemēt de ces troubles intestins fait vne infinité de tels Cheualiers auec vn tres-grand abandon, & fort plaisamment. Car au lieu de les monter & hausser de leur place pour y aueindre, on les a bien plus gratieusement traitez, on a raualé & rabaissé ceste noble enseigne de vertu, iusques à leurs espaules, & au dessous. C'est pourquoy aucun homme de cœur n'a plus daigné s'auantager de ce qu'il auoit de commun auec plusieurs. Et ceux qui auoient moins merité ceste recōpense, ont plus fait de contenance de la dedaigner, pour se loger par là au rang de ceux, à qui on faisoit tort d'espandre indignement & auilir ceste maque qui leur estoit particulierement deuë.

Ordre de S. Michel. profané depuis les troubles.

On ne remarque pas pour la recommendation d'vn homme, qu'il ayt soin de la nourriture de ses enfans, d'autant que c'est vne action commune, quelque iuste qu'elle soit: non plus qu'vn grand arbre où la forest est touce de mesme. Ie ne pense pas qu'aucun Citoyen de Sparte se glorifiast de sa vaillance, car c'estoit vne vertu populaire en leur nation, & aussi peu de la fidelité & mespris des richesses. Il n'escheoit pas de recompense à vne vertu, pour grande qu'elle soit, qui est passée en coustume: & ne sçay auec, si nous l'appellerions iamais grande estant commune. Puis donc que ces loyers d'honneur n'ont autre prix & estimation, que ceste-là que peu de gens en iouyssent, il n'est pour les aneantir que d'en faire largesse. Quand il se fust trouué plus d'hommes qu'au temps passé, qui eussent merité cet Ordre, & que plus de gens en eussent esté dignes, qu'il ne s'en trouuoit autrefois, (& peut aisément aduenir que plus le meritassent: car il n'est aucune des vertus, qui s'espande si aisement que la vaillance militaire,) il n'en failloit pas pour tant corrompre l'estimation & s'en rédre plus liberal: voire il eust mieux vallu faillir à n'en estrener pas tous ceux à qui il estoit deu, que de perdre pour iamais l'vsage d'vne inuention si vtile.

Le Roy Henry troisiesme dernier mort, *Ordre du S.* ayant inesperément receu de Dieu deux gran- *Esprit.* des faueurs, & deux fauorables grandeurs: l'vne quand le iour de la Pentecoste 1573. il fut aux Comices generaux des Polaques, proclamé Roy de Polongne; & l'autre quand par le decés du Roy Charles IX. son frere, l'année suyuante ce mesme iour luy escheut la Couronne de France. En commemoration de ces deux grands bienfaits, mesmes pour aucunement reformer ceste debauche qui se trouuoit au susdit Ordre S. Michel, introduisit vn nouuel Ordre de Cheualerie, appellé tantost l'Ordre, tantost la milice du S. Esprit, & ce au mois de Décembre 1598. Et tout ainsi que le Roy Iean qui institua l'Ordre de l'Estoille, auoit intentiō de surhausser l'excellence des vaillans personnages, par quelque marque d'hōneur, mais chacun s'estimant digne d'icelle, & croyant auoir les qualitez requises au merite qu'il failloit auoir, pour en estre honoré, ce Roy se vit tant importuné de le donner, qu'à la Cour on ne voyoit autre chose que Cheualiers de l'Ordre : Voire se recognut tant scandalisé d'auoir exposé à l'ambition, ce qu'il auoit mis à part pour le merite, que pour le faire hayr à vn chacun il ordonna que de là en auant les Archers du guet porteroient vne Estoile, pour estre par ceste marque recognus Archers : Ce qui fut cause que les Gentilhōmes qui portoient auparauant l'Estoile pour signe d'honneur & de vertu, la laisserent : & cet Ordre de soy-mesme se perdit. Ainsi voulant Henry III. faire perdre la memoire de l'Ordre S. Michel, & effacer & abolir le mespris auquel il estoit cheut de son téps, entreprist en vne saison si licentieuse & malade qu'estoit celle, où il se trouuoit lors, de remettre soudain en credit, & renouueller vne semblable coustume. Et en est aduenu que la derniere a encouru dés sa naissance autāt de cōmoditez, que d'incommoditez venoient de ruiner l'autre. Les reigles de la dispensation de ce nouuel Ordre extremement tendues & contraintes, luy ont dōné credit & authorité : & luy en donnent encore auiourd'huy dauātage, que ne fist iamais ceste sai-

Ordre de l'Estoille comment a-uily.

Archers du guet portēt l'Estoille et pourquoy.

son tumultuaire, laquelle à vray dire n'eſtoit guere capable d'vne bride courte & reglee.

Et tout ainſi que les Patrices anciens auoient ceſte prerogatiue ſur le cōmun, qu'ils attouchoiēt de bien pres la perſonne d'vn Empereur. Auſſi ces Cheualiers ont en conſideration de leur Ordre ceſte Prééminence & cet aduantage ſur le reſte de la Nobleſſe, que par là ils ſe reſſentent en quelque choſe de la Majeſté de noſtre grād Prince, & du plus grand & valeureux Prince de la Chreſtienté.

Ce lieu pourroit receuoir quelque diſcours ſur la conſideration de la vaillance, & difference de ceſte vertu aux autres. Mais ma plume eſtant ſouuent retombée ſur ce propos au Diſcours de la Vaillance, ie me meſlerois pour neant de rapporter icy ce que i'en ay dit.

DES GRANDS OFFI-
CIERS DE LA MAISON ET
Couronne de France, estants ioignant la personne de nos Rois.

Et de leurs Priuileges & Prerogatiues.

CHAP. IX.

ENCORE que la suitte admirable & l'ordre tout Royal du seruice de nos Rois, monstrent assez par tout la grandeur de leur Cour & de leur Couronne, si les faut-il voir icy auec les Offices & les ceremonies conuenables aux festins & solennitez publiques de ceste Majesté. Ces grands Princes n'ōt iamais espargné rien en telles occasions, qu'ils ont estimées despenses plus Royalles, que celles qui pouuoient emporter le bril esclatant de leur or, & le bruit de leur thresor immense, aux pays estrangers. Et moy les ayant recognu dans nos Histoires si bien suiuis & si magnifiquement serius en leurs Cours ouuertes, ie me veux plaire icy en la monstre de ceste grandeur, & ne me taire pas quand il faut publier le lustre de ceste magnificence.

Ie trouue donc qu'à mesure que les Gentils-hommes & grands Seigneurs attouchoient de plus pres à la personne de nos Rois par la dignité de leurs Offices, de tant plus estoient-ils requis & honorez. Parquoy estoiét dessus tous cinq Estats plus estimez, le Maire du Palais, que depuis nous auons appellé Grand-Maistre, le Connestable, Chancelier, grand Chambellan, & grand Eschançon, auquel nos anciens donnoient le nom de Grand Bouteiller; Nous estant par cecy monstrée vne grande Oeconomie: car aussi n'y a-il Maison qui vueille tant soit peu paroistre, en laquelle ces cinq Estats ne se trouuent estre necessaires, encore que ce ne soit auec titres de telle splendeur. *Cinq grāds Officiers en la Maison de nos Rois.*

Et pour parler de l'excellence de leur premiere origine, il est certain que nos Rois s'estans emparez des Gaules, n'eschangerent que de bien peu les Offices qui lors estoient en credit en ceste côtrée, voire en empruntérét plusieurs de la Maison Imperiale de Constantinople. Soit que d'vne prudence militaire, ou que par la commune familiarité qu'ils auoiét prise auec les Romains, depuis que leurs legions s'estoiét mises sous la protectiô & sauuegarde de leur Pouuoir, ils fussent semôds à ce faire, la verité est qu'ils laisserent la plus grāde partie des choses en leur entier, non seulement concernant les affaires publiques : mais aussi rapporterent en leur Cour & Suite les Estats des Domestiques, qui se trouuoient au Palais de l'Empereur Grec, & à leur exemple introduisirét les Maistres du Palais, Comtes d'Estables, & autres telles sortes d'offices. *Monsieur Pasquier en ses Recherches.*

V u iiij

Toutefois du comencement ny les Maistres du Palais ny les Côtes d'Estable n'estoient Estats de telle grandeur, comme depuis chacun d'eux se fist par succession de temps, mais n'y auoit grand Prince, qui n'eust en sa maison telle maniere d'Officiers, tout ainsi que maintenant Maistres d'Hostel, & Escuyers de leurs Escuyries. Vray est que le temps qui change auec soy toutes choses, augmenta depuis ces Estats, selon l'opinion de nos Rois.

Comtes d'Estables autres que les Maistres du Palais.

Aussi d'estimer que les Maistres du Palais & Comtes d'Estables fussent titres de dignitez conformes, côme quelques vns de nostre temps veulent donner à entendre pour aplaudir aux grands Seigneurs, c'est vne chose mal songée : car nous voyons dans nos anciens Histories estre fait estat d'vn Maistre du Palais à part, & d'vn autre qui estoit Comte d'Estable : lequel n'estoit autre chose que superintendant de tous les domestiques, qui auoiet charge de l'Escuyrie de nostre Prince. Sous Theodoric Roy de Mets, se trouuent dans Aymoin au 3. li. de ses Histoires, deux personages nommez Roccó & Ebroin, Comtes de son Estable : & au 4. liure ensuyuant, Garnier estoit Maistre de son Palais. Du temps de l'Empereur Charlemagne le mesme Auteur nous raconte au mesme Liure, que cest Empereur enuoya côtre les Esclauons, Adalgise son grand Chambellan, Geilon, Comte de son Estable, & Gorat Comte de son Palais. *Il appella, dit-il, à soy trois de ses Officiers, Adalgise Chambellan, Geilon Comte d'Estable, & Gorat Comte du Palais, leur enioignant de leuer quelques forces des François Orientaux*

Orientaux & Saxons, pour auec leur ayde appaiser au plutoſt qu'il leur ſeroit poſsible l'audace des Eſclauons Orientaux. Souz Louys le Debonnaire, nous trouuons dans ce meſme Auteur Atalard de Maiſtre, ou Comte du Palais, & apres ſon decés Bertric, & tout de ce meſme temps, Guillaume eſtoit Comte d'Eſtable. Et à peu dire, au troiſieſme liure il nous donne aſſez à entendre quel fut ſur l'auenement de nos François, vn Comte d'Eſtable, parlant de Lendegiſile, qui eſtoit Comte d'Eſtable de Gontran Roy d'Orleans, frere du Roy Chilperic, *Lendegiſile*, dit-il, *ſuperintendant de l'Eſcuyrie Royalle, lequel on appelle en commun langage Conneſtable*. Au contraire le Maiſtre du Palais (que depuis nous appellâmes Maire par obmiſſion de deux lettres) eſtoit celuy qui auoit generale ſuperintendance ſur toute la famille du Roy. A cauſe dequoy n'eſtoient commis à ceſt Eſtat que les plus fauoris. Qui leur donna occaſion à la longue d'entreprendre deſſus la Maieſté de leur Prince.

La premiere dignité domeſtique eſtoit ce Maire du Palais, lequel eut premierement charge de la Maiſon du Roy, & de la iuriſdiction ſur les Officiers & ſeruiteurs domeſtiques. Voire eſtoit quelquefois employé hors de la Maiſon à choſes de la Police: ainſi que nous liſons dans Gregoire de Tours au chapitre 30. du neufieſme Liure de ſon Hiſtoire, que Childebert ſecond enuoya Florentin Mejer & Romul Comte de ſon Palais pour raſſeoir & eſgaler le tribut de Touraine & de Poitou, confondu par la mort de pluſieurs, & tombant ſur les veſues & orfelins.

Maiſtre ou Maire du Palais, ſuperintendāt de la Maiſon du Roy.

Cest Estat commença grandement à croistre souz le Roy Clotaire II. lequel ayant esté en l'age de deux ans appellé à la Couroune, & depuis par traite de temps tout le Royaume tant d'Austrasie, que de Bourgongne tombé souz la puissance de luy seul, commença de faire vne generale distribution de ses Prouinces à ses Courtisans: reseruant toutefois au Maire du Palais, qui estoit joignant sa personne toute prerogatiue & honneur: Bien est vray que souz son regne, les Maires n'estoient esleuez à vn si haut estage d'autorité comme depuis ils furent, mais en luy ils prindrent premierement le lustre de leur grandeur. Car au lieu qu'au precedent ils estoient ceux qui auoient commandement sur les domestiques de l'Hostel du Roy, comme maintenant vn Grand-Maistre, Clotaire fut le premier qui en fist noms de gouuernement: & dit Aimoin qu'il crea vn Garnier Maire du Palais d'Austrasie, pour autant que par la faction de luy, ce Royaume estoit tombé entre ses mains: & Rhadon Maire du Palais de Bourgongne: Tellement qu'en ces deux pays, lesquels peu auparauant estoient appellez Royaumes, y furent enuoyez deux personnages pour les gouuerner, qui pour cest effet n'estoient appellez ny Ducs ny Patrices, ains par vn tiltre particulier, Maires du Palais de l'vn & l'autre pays.

Maires du Palais Gouuerneurs des Prouinces.

Ceste dignité depuis le trepas de Clotaire prist plus grandes racines souz Dagobert, duquel nos ancestres firét plusieurs fables pour ses lubricitez & paillardises. Et creut encore dauátage souz le regne de Clouis fils de Dagobert, pour la foibles-

Maires du Palais cōme vindrent à eniāber sur la dignité Royalle.

se & debilité de son cerueau: car pendant ce temps ces Maires trouuerét assez d'occasion & de loisir d'enjamber dessus la dignité Royalle. Tout de la mesme sorte qu'il en prist apres à nos Rois dessouz le regne de Charles le Simple. Car encore qu'apres son decés, & Louys & Lotaire ses Successeurs missent toute diligéce de remettre les affaire de Frãce en bon train, lesquelles auoiét esté detraquees par l'ambitiõ d'Eude, qui s'estoit fait côtre tout droit proclamer roy de France du téps du Simple, si ne peurét ils si bie besongner qu'en fin le Royaume ne tõbast en la famille de cest Eude. Aussi depuis la nonchalãce de Dagobert, & imbecilité d'esprit de Clouis, ceux qui leur succederét ne peurent de la en auant si bien faire que toutes leurs affaires d'importãce ne passassét souz le bon plaisir de leurs Maires. Car non seulement ils empieterent sur la gendarmerie, & voulurent estre côme leurs Lieutenans generaux: & reformateurs de tous les officiers du Royaume: mais aussi demeura par deuers eux petit à petit le vray effet de toute la principauté, & administrerent mesmemét & contrerolerét la despése des Roys, côme bon leur sébloit. Ainsi voiez vous dãs Fredegaire ou Idace continuateurs de l'Histoire de Gregoire de Tours, que Flaocat Maire du Palais de Bourgõgne, voulut chastier Vuillebaud Patrice du mesme pays. Car si vous croiez ledit Auteur les Seigneurs Frãçois élisoiét le Maire du Palais: pour estre superieur de tous autres Officiers. Et vne anciéne Histoire nous descouure leur Puissance & Autorité du tout Principesque, & Royalle, en ces paroles tres-expresses. *En sa chaire seoit le Roy*, dit-elle, *la barbe sur son pis,*

& les cheueux espars sur ses espaules: les Messagers qui de diuerses parts venoient à la Cour, oyoit, & leur donnoit telle responce comme le Maire luy enseignoit, & commandoit ainsi comme si ce fust de son authorité. Par lequel passage l'on peut voir que nos Roys n'estoient de ce temps-là, que comme images & pourtraitures.

Parlement introduit par les Maires. Car ces anciens Maires voulans vnir en leur personne toute l'authorité du Royaume, & vsans de nos Roys par forme de masque, pour ne se mettre en hayne des grans Seigneurs & Potentats, introduisirent vne forme de parlement annuel, qui se tenoit au mois de May, auquel presidoient bien nos Roys en leurs Sieges Royaux, assistez de la plus grand part de leurs Barons, & donnoient responce tant aux plaintes de leurs suiets, qu'aux Ambassadeurs qui venoient de pays estranges: mais le tout selon les instructions & memoires que souz main ils receuoient de leurs Maires.

Et ces pourtraitures estans mises pour exemple, & comme en vn Tableau deuant les yeux de nos Princes, leur doiuent apprendre de ne se laisser aller tellement à la mercy de leurs plaisirs, qu'ils n'ayent en particuliere recommendation les affaires de leur Royaume, & semblablemét de ne se donner de sorte en proye à la discretion de leurs Gouuerneurs, qu'ils ne se reseruent le dernier ressort de la cognoissance des choses. Car tout ainsi qu'en vn mesnage l'on dit que la presence du Maistre sert beaucoup pour l'amendement de son champ: aussi l'œil que le sage Roy a sur ses Conseillers & Ministres, fait que les choses prennent bon trait, & que chacun se tient en son endroict sur pieds. Au contraire, quand il est mené & manié totalement par autruy, estant plus entétif à ses contétemens particuliers, qu'au bien & salut de son Estat, il eschet ordinairement que ceux qui tienent les plus grandes & honorables charges souz luy, rapportent toutes les affaires du public à leur profit particulier, par faute d'estre controlez. Dont il aduient finalement que le Roy & ses suiets s'estans infiniment apauuris, se trouue qu'il n'y a que ses seuls Ministres qui se soient enrichis de la ruine du peuple: prenans quelquefois argument d'arracher le Sceptre du poin de celuy, qui a sans aucune reserue attaché sa confiance sur eux: lesquels pendãt que leurs maistres se donnent licence parmy le luxe, & sommeillent en leurs voluptez, ne veillent à autre chose qu'à iouer au Roy despouillé. Tout ainsi que l'on vit auenir à nos Roys de la premiere race, quand apres vne longue trainee de temps s'estans gouuernez par mines & beaux semblans enuers le peuple, ils furent en fin finale supplantez de leur Couronne par les factions de Pepin Maire du palais, lequel ayant vny ceste Maistrise auec la Maiesté Royalle, ny plus ny moins que les ruisseaux perdent leur nom, par la rencontre & confluent d'vne grande riuiere, aussi cette dignité de Maire fut déflors en auant non veritablement supprimee, mais reduite au petit pied. Car ce Roy craignant comme ie croy vne pareille audace que la sienne, establit des Comtes du palais pour ouyr les causes & differents des gens de sa suite: Et pour le regard du soin des

Maires du Palais reduits au petit pied.

autres affaires domestiques, il mist sur les rangs vn autre Officier qui auroit intendance sur le manger des Roys, & sur tout l'ordre de leur Maison, sans qu'il y eust plus de Maire ou de Lieutenant general, pource que luy ou ses enfans menoient les armees & se trouuoient aux entreprises. Et fut cet Officier appellé des Latins, *Prefait de la Table Royale*, & de nous autres Seneschal de *Scalco*, ou *Siniscalco*, qui signifie en langage Franc Theuc, celuy qui entend sur la viande.

Grand Seneschal de France sous la seconde race.

Ainsi la Chronique, entre les Seigneurs occis à Ronceuaux, y remarque Egibart, qu'vn Auteur du temps appelle *Prefait de la table Royalle*, vn autre *Scalco*, & vn troisiesme *Prince des Cuisiniers*, qui est auiourd'huy le Maistre Keux.

D'autres ont voulu dire que ce nom donné à cet Estat, & grand Officier de famille, vient de Senith, qui signifie en langage Alleman vne famille, & de Schal, qui veut dire, officier, ou seruiteur. Et d'autres encore, personnages veritablement de bon sens, ont estimé que c'estoit vn mot corrompu my-Latin & my-François, signifiant vieil Cheualier, pource qu'il n'y auoit que les Gentils-hommes & Cheualiers plus notables de la Cour du Roy qui tinssent ceste grandeur & charge honorable.

Grand Seneschal autre que Conestable.

Il y en a aussi, lesquels ont osé asseurer que ce Seneschal, & grand Seneschal de France estoit ce que depuis a esté le Connestable. Mais ceste opinion est mal fondee, & sans aucune preuue, que tres-foible & peu certaine : car nous voyons dans nos Histoires estre faict mention d'vn grand Seneschal à part, & d'vn autre qui estoit Connestable. Le Roy Lothaire donna l'Estat de grand Seneschal à Geoffroy Grisegonnelle, Comte d'Anjou hereditaire à sa posterité; & tout de ce mesme temps il y en auoit vn autre qui estoit Connestable.

Or se continua cet Estat de main en main depuis la venüe de pepin, iusques à Hugue Capet, souz lequel les affaires de France commencerent de se composer en meilleur ordre qu'elles n'auoient faict depuis le regne de Charles le Simple, iusques à luy. Et ie trouue encore que bien auant en ceste troisiesme lignee, il fut en grand credit & authorité pres de nos Roys. Car les Romans composez du temps de Philippes Auguste, ou bien tost apres, donnent au Seneschal la principale charge de faire couurir les tables de viandes, & recueillir les nappes. Au Roman de Raoul de Cambray il est dit.

Grand Séneschal souz la troisiesme lignee.

Son Seneschal à Raoul appelé
Qui del manger le seruoit mieux à gré.

Et en vn autre endroit

Et li Baron sont as tables assis,
Li Seneschal s'en sont bien entremis,
De bien seruir chacun fut bien apris.

Et au Roman de la Charette composé par Godefroy de Leigny.

Si Seneschal firent cueillir
Les nappes quand il le conuint.

Voire il est bien certain par les Chartres portans le nom des premiers Roys de la famille de Capet que *Seneschalus*, & *Dapifer* ou celuy qui portoit la viande sur table, est tout vn. Et Theulf en sa Chronique Latine de l'Abbaye de

Marigny pres d'Estampes monstre cela euidemment. Car il dit, *Quand Guillaume Dapifer, qu'on appelle Seneschal, frere d'Anselme fut mort, Estienne Chancelier, frere des deux susdits fut faict Maire, ou grand Maistre de la Maison du Roy.*

<small>Grand Maistre.</small>

D'où ie prens facile creance, que cet Estat estoit celuy que nous appellons auiourd'huy Grand Maistre sans autre suite de paroles. De quelle façon estoient aussi appellez les Maistres du Palais en la Cour de l'Empereur de Constantinople comme nous apprenons de Procope au premier liure de la guerre des Perses, où il est dit que l'Empereur Anastase estant aduerty que Cabades Roy de Perse, tenoit assiegee la ville d'Amidas, il y enuoya vn grand ost, sur lequel commandoient quatre Capitaines dont l'vn estoit, *Celer superintendant des Ordres & Estats du Palais, lequel dans Rome on appelle Maistre.* Comme s'il eust voulu dire que dans Constantinople l'on appelloit le Maistre du Palais, Maistre, sans autre suite. Et Guillaume Archeuesque de Sur, ou Thir, au liure 4. chapitre 5. de l'Histoire d'outremer, qui est la conqueste de Hierusalem, dit en paroles fort approchantes de nostre dessein, *Alexis pourueu de l'Estat du grand Maistre, que nous appellons grand Seneschal, & est le second apres l'Empereur.*

A quoy ie veux encore ioindre deux ou trois tesmoignages & presomptions, qui monstreront tres-clairement que ces deux Officiers differents en noms n'estoient qu'vne mesme dignité en effet.

La premiere est tiree du Roman intitulé Siperis de Vineaux, ou il dit.

Feiray

Ie iray auec vos és primerains Cembaux
A grans cops departir veux estre Seneschaux.

C'est à dire le premier, & comme ie pense le Maistre: car il y auoit plusieuts autres Seneschaux souz la charge du grand, & t els à peu pres que sont auiourd'huy les Maistres d'Hostel, souz le grand Maistre.

La secõde de la fable de l'Aigle & de l'Autour, en laquelle le Seneschal est Lieutenant & premier apres le Roy. Comme aussi d'vne vieille Chronique Françoise qui dit, *En ce temps Ebroin le Seneschal qui auoit occis sainct Leger, fut occis de glaiue, ainsi comme le sainct luy auoit dit.* Car toutes les vieilles Chroniques Latines appellent le mesme Ebroin, Maire du Palais, Et Sigebert dit en belles paroles, que l'an 1170. *à la Chandeleur le filz du Roy d'Angleterre se trouua à Paris, & seruit le Roy de France à table comme Seneschal de France, ou comme l'on disoit anciennement Maire du Palais Royal.*

Et la troisiesme raison est prise & empruntee du susdit Roman de Raoul de Cambray, lequel fait porter vne verge à ce Seneschal en vne Cour pleniere & Royalle, au lieu, comme il est acroire, du baston que porte auiourd'huy le Grand-Maistre, quand il dit.

Apres monterent en la sale pauee
Li Seneschaux à la chere membree
Tint en sa main vne verge pelee,
Il s'escria à moult hault halence
Oyez Baron, France gent honeree
Quelle parole le Roy vous a mandee:

X x

Ni à celuy si ceans fait meslee
Qui ains le vespre n'ait la teste tranchee.

Car la verge ou baston magistral virolé d'or, est l'intersigne de cet officier, pour monstrer que le Roy se doit reposer sur luy és affaires domestiques de son Hostel, qu'il y a iurisdiction, & qu'il peut fraper ceux qui y font quelque chose contre les ordonnances.

Baston du grand Maistre.

Voire ie trouue encore ces deux noms confondus dans Froissard au 32. ch. du 4. volume de son Histoire en ces mots. *Le Gentil & loyal Chevalier Messire Thomas de Percy auoit esté vn grād temps souuerain Escuyer de l'Hostel du Roy d'Angleterre, c'est à dire en François Maistre & Seneschal. Car tout l'Estat du Roy passoit par luy. Et aussi conuient-il qu'il soit passé par l'Escuyer quiconque il soit.*

Ce qui confirme aussi ce que dit vn Roman, que le Seneschal auoit charge de presenter le Cheual au Roy. Car le nom d'Escuyer ne vient pas seulement du seruice de ceux qui portoient l'Escu des Chevaliers, mais aussi de *Scuria*, qui signifie Estable en vieil François. Et dans le Roman de la conqueste d'outre mer faicte par Godefroy Duc de Bouillon, l'Escuyer commence d'aprocher de la table, comme auiourd'huy les Escuyers & Valets trenchans, en ces paroles.

Les tables ont ostees Sergent & Escuyer.

I'ay dit que ce Seneschal ou grand Maistre seruoit le Roy à table, & auoit iadis toute superintendance sur sa maison & sur les officiers d'icelle. Ie veux adiouster qu'il en distribuoit les logis, cognoissoit des differens d'iceux, dōnoit le mot du guet, se faisoit porter les clefs de la maison Royalle & auoit souueraine iustice sur les crimes, exces & larcins, commis en icelle. Ainsi dans le Roman de Raoul de Cambray quand Garnier & Gautier se furent combatus, estans blessez, ils furent couchez en mesme Chambre par ordonnance du Seneschal.

Grans fu la Cor, ens el Palais
As hautes tables firent li Cheualier,
Li Seneschaux ot moult a enseigner,
Ensemble mit Gauterot & Garnier.

Où enseigner, signifie, qu'il eut assez affaire à leur monstrer où ils deuoient loger, & quelle estoit leur Chambre, ou à respondre à ceux qui leur demandoient leurs necessitez.

Ainsi du temps de Charles cinquiesme le grand Maistre cognut en la ville de Melun d'vn different esmeu pour vn logis entre les Ducs de Bourgongne & de Bourbon. Et le quatriesme iour d'Aoust mil quatre cens quatre, s'offrit au Parlement vn differend pour la cognoissance d'vn larron qui auoit derobé de la vaisselle d'argent en l'Hostel du Roy Charles sixiesme à sainct Paul, entre le Preuost de Paris d'vne part, & le Grand Maistre de France, & les autres Maistres d'Hostel du Roy, d'autre: disans que c'estoit à eux d'en cognoistre, non audit Preuost: & mirent en auant qu'anciennement ledit grand Maistre donnoit les offices, cognoissoit des grandes causes en l'absence du Roy, & que lesdits Maistres d'Hostel ont droit de faire porter verges deuant eux au Palais à Paris, & en toutes les Maisons du Roy.

Xx ij

Banniere de France portée par le grand Maistre.

Il portoit aussi la grande Banniere en vn ost Royal, ainsi que tesmoignent les Romans, lesquels nous representent l'Estat de leur temps. Car Raoul de Cambray dit.

De tote France le fit gonfanonnier,
honneur. *Et Seneschal pour ton* t'enor exaucier.

Aubry le Bourguignon.

Seneschaux iet, m'enseigne portera.

Et Garnier de Nantueil.

De Thiebaud d'Aigremont ont fet son Seneschal,
guider. *Por ses hommes,* guier en la terre mortal.

Voire Robert Abbé de S..... de Rheims en dict autant du Dapifer qui est le Seneschal, au 4. Liure de son Histoire. Ce iour l'Euesque du Puy, dit-il, perdit son Seneschal qui souloit porter s'enseigne, en la bataille.

Et tous ces droits & charges, aussi bié que d'autres particuliers, sont assez au long exprimez en vn Liure de l'Abbaye de sainct Aubin d'Angers, qui semble estre vn procés verbal, ou rapport ancien de quelque Cheualier commis pour faire la relation des droits du Seneschal de France, sur le different qui estoit en l'an 1150. ou plus tard, entre le Roy Louys le Ieune, & Henry second filz de Geoffroy d'Anjou, & Mahaut d'Angleterre. Il commence ainsi. *Quant à vous qui voirez cet escrit, sçachez que moy Hues de Cleries ie vy les escrits des Comtes Foulques de Hierusalem, qui sont en l'Eglise du sainct Sepulchre de Loches touchant la Mairrie & Seneschaussee de France, qui luy fut & à ses successeurs donnee par le Roy Robert. Il y auoit dissention entre le Roy Louys filz de Philippes, & le Comte Foul-*

ques, qui depuis fut faict Roy de Hierusalem. Car le Comte Foulques ne le vouloit seruir par ce que le Roy Louys auoit donné la Senechaussee & Mairrie de France à Ansel de Garlande, & depuis à Guillaume de Garlande, desquels le Comte Foulques ne pouuoit retirer ses redeuances & hommages. Il aduint que le Roy Louys eut grosse guere auec le Roy Henry filz de Guillaume le Conquerant d'Angleterre, pour laquelle il requist le Comte Foulques de l'ayder en ceste guerre. A quoy le Comte respondit qu'il ne luy deuoit aucun seruice, puis qu'il l'auoit depouillé de la Mairrie & Senechaussee de France. Le Roy manda au Comte par Amaulry de Montfort oncle dudit Comtes Foulques, par Geofroy Abbé de Vandosme, & Raoul de Boisgency, que de tout cela, & de plus grande chose, il vouloit se tenir à l'aduis des dessusdits, & l'amender si besoin estoit. A ceste cause le Comte Foulques prenant conseil à ses hommes: a sçauoir Robert de Blo lors Seneschal, Salmace lors Eschançon, Hues de Cleries, Boudin de Vegia & plusieurs autres, respondirent au Roy, que s'il falloit cela qu'il luy auoit mandé, que cela, & autre secours qu'ils luy demanderoient, il luy feroit volontiers. Or le iour que ce conseil fut pris, la Cour d'Aniou estoit remplie de bonne & sage Cheuallerie. Lors Amaulry de Montfort, & autres qui auoient apporté les paroles du Roy, persuaderent au Comte de Foulques qu'il respondist au Roy par quelqu'vn qu'il cognust, & auant qu'eux ses Messagers retournassent, il enuoyast en diligence l'en remercier. Lors les Conseillers du Comte Foulques oyans le conseil qu'Amaulry auoit donné, l'approuuerent, & la Comtesse Aremberge fut d'aduis qu'aucun n'y allast fors Hue de Cleries, & pource ie Hue de Cleries allay à Paris, & de là à Guenor ou ie

Xx iij

trouuay le Roy, & le Comte de Beaumont. L'ayant donc trouué à Guenor entre Pontoise & Chaulmont, ie parlay auec Monsieur le Roy, le saluant premierement de la part du Comte, & le remerciant de ce qu'il luy auoit mandé. Puis ie luy dis que le Comte Foulques lui offroit son seruice des à present: ou s'il lui plaisoit apres leur veue & parlement. Et pour ce, iour & lieu fut assigné, pour estre audit parlement, entre Marchesnoir & Bierne en Beaulce. Cependant le Roy manda au Comte qu'il amenast audit parlement Geofroy son filz, qui de present gist en l'Eglise de sainct Iulian du Mans : car il desiroit moult de le voir. Approchant donc le iour, le Roy & le Comte Foulques vindrent au parlement auec leurs Conseillers: où furent recognus les droits du Comte: à sçauoir la Mairrie & Seneschaussee de France. Et Guillaume de Garlande qui lors estoit Seneschal de France, recognut qu'il deuoit hommage de ladicte Seneschaussee de France, & depuis fut en la puissance & discretion dudit Comte. Apres Guillaume fut Seneschal Estienne de Garlande qui fit hommage au Comte : apres Estienne Raoul Comte de Peronne, lequel fist semblablemēt hommage & seruice. Car celuy qui sera Seneschal fera aussi hommage au Comte de tel seruice. Si le Comte va à la Cour de Monsieur le Roy, le Seneschal commandera aux Marechaux de Monsieur le Roy, de preparer & deliurer Hostelleries au Comte. Quand le Comte viendra, le Seneschal ira au deuant, & le conduira en son Hostellerie, lors le Seneschal ira dire au Roy que le Comte d'Aniou est arriué. Si le Comte veut aller trouuer le Roy, le Seneschal le conduira à la Cour, & de la Cour le reconduira en son Hostellerie. Que si le Comte veut aller au Couronnement du Roy, le Seneschal luy fera preparer & deliurer Hostelleries qui sont propres & deues

audit Comte. Et quand le iour de la Couronne viendra
& que le Roy sera assis à table, le Seneschal fera preparer vn Banc couuert d'vn riche drap paillé, ou de tapisserie, là où ledit Comte, & ceux de sa compagnie seront
assis, iusques à ce que la viande vienne. Mais quand le
premier mets sera venu, le Comte se debouclant, se leuera du banc, & prenant de la main du Seneschal le
mets, l'assiera deuant le Roy & la Royne, puis commandera au Seneschal seruir par les autres tables: & le Comte s'en ira r'asseoir, iusques à ce que les autres mets reuiennent, & ce qu'il aura faict du premier, il le fera des
autres. Puis le seruice de la table acheué, le Comte
montera à cheual, & s'en ira en son hostellerie accompagné du Seneschal : lors le Cheual qui aura porté le
Comte en Cour, à sçauoir vn Destrier, sera baillé au
Keux du Roy, comme à luy deu pour son droict de fief, le
manteau dont le Comte sera afeublé, appartiendra au
Dépencier. Mais apres le disner, le panetier enuoyera au
Comte deux pains, & vn septier de vin, le Keux vne
piece de chair, & vne broche, car c'est la liuree du Seneschal. Ce iour les mets seront pris par le Seneschal du
Comte, qui les enuoyera aux Ladres. Dauantage quand
le Comte ira en l'ost du Roy, le Seneschal de France
luy preparera vn pauillon capable de cent Cheualiers,
& vn Sommier pour le porter, & ses cordes & pieux:
& vn homme de Cheual pour le conduire, auec deux
de pied. L'ost finy, le Comte s'il veut rendra au Seneschal son pauillon, & quand bien il ne le rendroit,
pource ne lairra-il d'en auoir vn autre à vn autre
voyage. S'il se trouue ou vient au camp du Roy, sera
l'auant-garde, & au retour l'arrieregarde, & quelque
chose qui luy aduienne, soit bien ou mal, ne sera blasmé de
la bouche du Roy. Je Hue de Cleries ay veu ces ser-

uices estre rendus au Comte Foulques Roy de Hierusalem en deux osts d'Auuergne, & à vn Couronnement
faict à Bourges, & au Comte Geofroy qui est enterré au
Mans, ie le vy rendre à vn Couronnement à Bourges,
& à vn autre à Orleans. Item Gautier de Senlis Eschançon recognut deuant le Roy, moy l'oyant, qu'il tenoit
du Comte d'Aniou tout ce qu'il auoit en la ville de
Senlis, hors les murs, & le forage d'arbrie, estre du fief
du Comte d'Angers, & tous les casemens. Raoul de
Martray & Thomas son frere, souloient seruir en Aniou
de leur fief. Et moy Hue de Cleries parlant au Roy
Louys, j'ouys dire au Roy ces mots : Raoul de Martray
voyez Hues de Cleries Cheualier du Comte d'Aniou
vostre Seigneur, allez seruir le fief de vostre Mareschal-
lerie, & hosteller Hue. Car vous tenez ce fief du Comte. Lors Raoul me logea comme Mareschal: ie le vy, &
le Roy adiousta, Dieu merci ie suis bien auec le Comte
d'Aniou. Au surplus ledit Comte est appelle Mai-
tre en France, pour la garde, & arriere garde
qu'il faict en l'ost de France. Item quand il sera en
France, ce que sa Cour aura iugé, demourera ferme &
stable. Que s'il naist diferend du iugement donné en
France, le Roi mandera que le Comte le vienne amender.
Et s'il ne veut venir, les escrits des deux parties lui seront
enuoiez : & ce que sa Cour en iugera, sera ferme & stable. Ce que ie Hue de Cleries ai veu en plusieurs iugemens faits en France, & Aniou amendez. Comme fut
celui de guerre au champ de bataille fait à sainct Aumer:
& de plusieurs plaids & iugements. I'ai veu cela, &
plusieurs auec moi, &c.

Ie diray dauantage pour fermer ce discours
que ces Seneschaux & Grands-Maistres sont en
quelques Estats de nos Roys appellez, Grans &

Souuerains Maiſtres, comme en l'Eſtat du Roy Philippe le Bel Arnoul de Vuiſemale, & Mathieu de Trye, ſont appellez *grands & ſouuerains Maiſtres de France*, Es Eſtats du Roy Philippe de Valois Robert de Dreux ſire de Beu eſt auſſi appellé *grand & ſouuerain Maiſtre*, & en ceux de Charles cinquieſme tous les grands Maiſtres de ſon temps ſont pareillement nommez *Grands & ſouuerains Maiſtres*.

Et diray encore que depuis que ce nom de Grand-Maiſtre, commença d'eſtre magnifié à la Cour de nos Rois, au lieu du grand Seneſchal, les Iuges des Prouinces ayans la charge & conduite des vaſſaux d'icelles, pour le Ban, & Arriereban, ſe firent communément appeller Seneſchaux. *Seneſchaux des Prouinces.*

APRES le Grand-Maiſtre, qui eſt le chef du manger de nos Rois, marche le Grand Bouteiller, ou grand Eſchançon chef de leur boire, lequel n'eſtoit pas iadis de petit credit pres de leurs perſones. Car ſa charge eſtoit de preſenter la coupe à leurs Majeſtez, & d'auoir ſoin de leurs Bouteilles, ainſi que ſon nom le demonſtre aſſez. Et ainſi dit l'Autheur du Roman de Brut. *Grand Bouteiller.*

Bediers de l'autre partie
Seruoit de la Bouteillerie.
Et puis autre part
Bediers deuant il alloit
Ki le Cope le Roy portoit.

Ceſt Eſtat s'authoriſa fort depuis la venuë de Hugue Capet, iuſques bien auant ſous le regne de S. Louys, & eut diuers droits à ſoy diuerſement attribuez. Entr'autres à chaque mutation d'Arche- *Droits & authoritez du grand Bouteiller.*

uefque, Euefque, Abbé, ou Abbeffe, il auoit droit de prendre cent fols. Et fe trouue au plus ancien Regiftre de la Chambre des Comptes intitulé, *Le liure Croix*, que ce droit fut payé à Iean Diacre grand Bouteiller, par les Archeuefques de Rheims, Sens, Bourges, Tours, Lyon, & Rouën: par les Euefques de Langres, Laon, Beauuais, Chaalons, Noyon, Paris, Soiffons, Tournay, Senlis, Terouenne, Meaux, Chartres, Orleans, Auxerre, Troye, Neuers, Mafcon, Chaalon fur Saulne, Autun, Arras, Clairmõt, Limoges, Amyens: Abbez de S. Denys, S. Germain des Prez, fainte Geneuieue, S. Magloire, Saincte Cornille de Cõpiegne, S. Medar de Soiffons, l'Abbé de Corbie, de Monftrueil fur la mer, fainéte Sulpice de Bourges, de Tournay, fainct Meffan, Ferriere, Sainte Colombe de Sens, de Valery, de Montigny lès Eftampes: Abbeffes de Cheles, de Noftre Dame de Poiffy, Montmartre, Farefmontier.

Grands Bouteillers de France Prefidens en la Chambre des Cõptes. L'Eftat de Prefident en la Chambre des Comptes, luy fut auffi particulierement affecté par vne opinion qui fe forma au defaduantage des Seigneurs Cheualiers, aufquels il eftoit ordinairement deftiné. Ainfi fe trouue que le vingt & feptiefme Iuillet mil trois cens nonante & fept, Meffire Iacques de Bourbon, coufin du Roy Charles fixiefme, eftant pourueu de l'Eftat de grãd Bouteiller, vint faire le Serment à la Chambre. *Et le 16. iour d'Aouft enfuyuant*, porte le Memorial, *il fift le ferment accouftumé en la Chambre des Comptes de Paris, pour l'Eftat du premier Prefident Lay en icelle. Eftat que l'on difoit eftre affecté au grand Bouteiller do*

France, quel qu'il fuſt, ores que ſes lettres de prouiſiō n'en fiſſent aucune mention. De tous les Preſidents Laiz auparauāt luy, il ne s'en trouue vn tout ſeul qualifié grand Bouteiller. Le premier des Seigneurs Laiz qui a tenu lieu de Preſident en la Chambre fut le Sire de Sully l'an 1316. & le Sire de Couſſi l'an mil trois cens trente & quatre, vn Paſtourel, vn Meſſire Oudard des Colombs. Ce neātmoins les affaires de la France eſtans infiniment brouillees ſous le regne de Charles VI. la Chambre voulut gratifier vn Prince du ſang de cet eſtat de Preſident, encore qu'il ne fuſt fondé en titre ny en poſſeſſion, parce que lors de ſa reception, on n'en parloit qu'à perte de veuë, comme l'on peut recueillir de la lecture du paſſage. Et s'il y eut quelque ſujet d'y proceder de ceſte façon, c'eſt qu'en vn vieux bouquin de la Chambre intitulé *Pater*, en recitant diuers droicts qui appartenoient au grand Bouteiller, on adiouſte qu'il eſtoit ſouuerain des Comptes. Tant y a que vous pouuez recueillir quelle eſtoit la grandeur de la Chambre, puis qu'vn Prince du Sang, grand Bouteiller, s'eſtimoit eſtre honoré de porter titre & qualité de Preſident de ceſte compagnie.

Or depuis que le pas fut ouuert en la maniere que deſſus, ceſte opinion ne tomba pas puis apres ayſement en terre. Car comme toutes choſes nouuelles plaiſent, auſſi fut depuis cela authoriſé par deux Edits, dont le premier, qui fut publié, le vingt & neufuieſme Octobre mil quatre cens & huict, portoit ceſt article. *Item que le nombre ancien* de nos Officiers de la Chambre des Comptes, demeure aux gages accoustumez. C'est à sçauoir le President Prelat, & le grand Bouteiller de France, qui ordonné y a esté, & y doit estre. Et par le second du 21. Iuillet 1410. on passe plus outre: d'autant que le Prelat est mis hors du compte, & est ordonné qu'il n'y auroit plus que deux Presidents, dont le grand Bouteiller seroit l'vn, ainsi que du temps passé auoit accoustumé, & l'autre Maistre Eustace de Laistre. Lors estoit grand Bouteiller Messire Guillaume de Melun Comte de Tancaruille, successeur immediat du Seigneur de Bourbō, lequel assez souuent alla tenir son siege en la Chambre. Et apres luy successiuement Messires Pierre des Essars, Ieā de Crouy, Charles d'Albret, Valeran de Luxembourg, Robert de Bar, tous grands Bouteillers de France, firent le serment de President. Vray qu'ils en iouïssoient plus par hōneur q̃ d'effet. Et le dernier auquel ie trouue le pas auoir esté clos, est Messire Robert de Bar, vers l'an mil quatre cens dixsept, auquel tout ainsi que le nom, la dignité de grand Bouteiller commēça de s'afoiblir. Aussi ne se trouue-t'il plus qu'il fut parlé que tel Estat fust affecté au president Lay. Quoy que soit, le quinziesme de Nouembre mil quatre cens vingt & quatre, vn Iean de Neuf-Chastel, Seigneur de Montigny, neufuiesme en son Estat de grand Bouteiller de France, fist le serment en la Chambre, mais nulle mention de l'Estat de President.

De ce grād Officier de la Courōne non seulement la memoire est auiourd'huy oubliée en la Cour du Roy, mais il n'y a rien de si bas, que la charge de Bouteiller. Et pour ceste cause ceux qui sont en telles charges sont appellez Sommeliers.

Le Grand Chambellan, ou Châbrier destiné pour auoir le soin de la Chambre, estoit d'aussi grande authorité, que le Bouteiller & autant proche de la personne du Roy, mais plus vieil & ancien comme ie croy. Car les Rois de la premiere race en ont vsé ; Gregoire de Tours au liure quatriesme, chapitre vingt & vniesme, dit que Carresigille Chambrier de Sigibert fils du Roy Clotaire fut tué quant & son Maistre. Et au chapitre vingt & vniesme du septiesme liure, que le Roy Guntran voulant sçauoir qui auoit occis Chilperic son frere, la Royne Fredegonde en chargea Euroul Chambellan, disant encore qu'il auoit emporté beaucoup des choses du Thresor Royal. Grand Châbellan ou Chambrier.

Sous la seconde lignée cet Estat commença d'estre donné à personnes nobles & honorables. Car nous trouuons que Bernard frere de la Royne Iudith femme de Louys le Debonnaire Empereur & Roy de France, qui fut Duc de Septimanie, estoit aussi Chambellan du Palais, & desia il commandoit aux portiers.

Et sous la derniere il s'est esleué au plus haut estage de sa grandeur, & mis en possession de plusieurs beaux aduantages & prerogatiues. Il auoit vn certain droit sur les vassaux qui releuoient nuement du Roy leurs fiefs en foy & hommage. Car comme ainsi soit que le vassal se presentant à la Chambre du Roy, pour estre receu en foy, fust introduit par le grand Chambellan, ou autres Chambellãs: aussi pour recognoistre ceste cour- Droits du grãd Châbellan.

toifie, les vaſſaux luy faiſoient preſent de certaine ſomme de deniers. Et comme il aduient ordinairement que toutes choſes qui ſont du commencement introduites de curialité, & comme diſent les Eccleſiaſtics, d'vne louable couſtume, ſe tournent par progres de temps en obligation : Auſſi fut-il par Arreſt de l'an 1272. ordonné que les Chambellans auroient droit de prendre de tous vaſſaux qui releuoient du Roy vingt ſols pour vn fief de cinquante liures de rente, & au deſſouz: cinquante ſols pour vn fief qui vaudroit cent liures de reuenu : & cent ſols le tout Pariſis pour celuy qui valoit cinq cens liures, & au deſſous. Droit qui ſe recueille du Regiſtre de S. Iuſt Maiſtre des Comptes, & dont l'ancienneté eſt remarquée par l'Autheur du Romā de Renault de Mōtauban, lequel en fait vn fief, & au lieu d'argent luy attribue le Manteau de celuy qui vient faire l'hommage, quand il introduit Charlemagne qui parle à vn fils de Regnault en ceſte ſorte.

*c'eſt Nobleſſe.

*Je vous donray vn Fief voyant tout mon * barneʒ*
Chamberlan de ma Chambre touſiours mes en ſereʒ
Ne viendra nul haut homs qui de mere ſoit nez
Pou terre ne par fief auoir & releuez
Que n'ayez le mantel qu'il aura afeublez,
Par mon chef ce dit Neſmes, bon fief as recouurez.

Le grand Chambellā introduiſoit es vaſſaux au Roy.

Et que le Chambellan preſentaſt les vaſſaux pour faire le ſerment de fidelité au Roy, i'en produiray vn notable & ſuffiſant exemple. L'vne des plus ſolennelles fois & hommages qui fut iamais faite en France, eſt celle de François Duc de Bretagne à noſtre Roy Charles VII. en la ville de Chinon le 14. de Mars 1445. où le

Seigneur de Varennes grand Chambellan fist approcher le Duc, luy disant telles paroles. Monsieur de Bretagne vous faites la foy & hommage lige au Roy vostre souuerain Seigneur cy preset à cause de sa Couronne, de vostre Duché de Bretagne, ses appartenances & dependances, & luy promettez foy & loyauté, & le seruir enuers & contre tous, sans aucū excepter. A quoy le Duc respondit adresslant sa parole au Roy. Monsieur ie vous fais la foy & hōmage telle & semblable, que mes predecesseurs Ducs de Bretagne ont accoustumé de faire à vos predecesseurs. Auquel hommage il fut receu en ceste façon, & luy en furent decernees lettres. Ie represente icy par expres cet exéple, pour monstrer qu'en ces hommages signalez, le grand Chambellan estoit celuy qui auoit la charge d'introduire les vassaux au Roy.

Mais i'y veux adiouster vne autre remarque belle & signalee prise de la Châbre des Comptes de Paris. Car nos Rois s'estās voulus garétir de ceste importunité de receuoir entre leurs mains le serment de fidelité de leurs vassaux: & ayās remis ceste charge à la Chambre des Comptes, lors qu'elle fut establie à Paris, toutes & quātefois qu'vn vassal y est introduit par le premier Huissier ou son Cōmis, pour y faire l'hommage, il luy doit en deniers, certain droit qu'ō appelle le Châbellage, & ce à mon iugemēt, pour autant que ce droit estāt deu au Châbellan par ce qu'il introduisoit le vassal au Roy: Aussi les premiers Huissiers faisans le semblable enuers la Châbre, ils se firent accroire qu'ils deuoient iouyr de mesme droit. *Châbellage*

Et peut estre que ce droit du grand Chambellan estoit la dixiesme partie de ce que le vassal payoit au Seigneur feodal aduenant changement de main. Car ie croy que c'est ce que veut dire le Roman de Graal, que Messire Robert de Bourron ou Borron translata de Latin en François enuiron l'an mil cens cinquante, par le commandement de saincte Eglise, quand il dit aux Propheties de Merlin. *Ay cheu temps estoit coustume que li Chamberlent auoient la disme partie de che qui venoit à la bource de les Seignor.* Et l'on trouue entre les vieils Memoires de la Chambre des Comptes les noms des Euesques, Abbez & Abbesses, desquels le Chambrier de France du teps de S. Louys prenoit à leur nouuel aduenement cent sols.

Grand Chãbellan li soit durant le disner & souper Royal.

Vne Chronique Françoise assez ancienne donne vne autre fort honorable charge à ce grãd Chamberlan. Car parlant de la maniere de viure de Charles le grand, l'Auteur dit, *Durant le disner & souper il oyoit volontiers aucune chose notable, ou dictié honneste: ou vn homme qui lisoit les histoires & faits vertueux & louables des Princes & autres personnes dignes de renommée*, representant ceux que Suetone appelle Libraires. Ainsi souloit estre fait en France: Et mesmement aux festes que le Roy & la Roine doiuent estre en Estat & habit Royal. Et cet office de reciter tels faits à telles festes souloit faire le Comte de Tancaruille au temps du Roy Charles 6. de ce nom, pere du Roy nostre Sire qui est à present.

Et la mesme charge faisoit vn predecesseur dudit de Tancaruille du temps du Roy Iean: duquel Gares de la Vigne, Auteur du Roman des Oyseaux, dit, parlant du banquet solennel du Roy Modus.

Là fu li Queux de Tanquaruille

En luy

En luy n'ot ne Barat ne Guille.

Car l'Eſtat du grand Chambellā de France, eſtoit tenu par Iean Vicomte de Melun, fait Comte de Tencaruille l'an 1302. ainſi que porte vn memoire de la Chambre des Comptes.

¶ Ils portoient auſſi l'argent de la deſpence & des offrādes que le Roy donnoit à la Meſſe, ainſi que le monſtre euidemment le Roman de Doon de Nantueil en ces mots,

Li Kamberlans le Rois qu'en auoit le meſtier,
Apporta au Seigneur, trois offrandes d'ormier
Ce furent trois Beſans, c'eſt offrande à Princier.

Et le Roman de la conqueſte de Hieruſalem

Al departit commande ſon Chamberlan Geofroy
Qu'il lor donnaſt cinq ſols par le ſouuerain Roy.

Il y auoit d'autres Chamberlans inferieurs & moindres employez au ſeruice de la Chambre, & tels à peu pres qu'ont eſté depuis les Valets de Chambre, Eſcuiers trenchans, & Gentils-hōmes ſeruants, leſquels durant la premiere race eſtoient tirez comme tous autres communs Officiers domeſtiques, des maiſons champeſtres appartenans aux Rois. Mais ce n'eſt icy le lieu d'en parler.

Auiourd'huy les grands Chambellans de France portent la Banniere Royalle aux funerailles de nos Rois. Et ainſi la porta François Duc de Guiſe à l'enterrement du Roy Henry II. non au lieu du Grand-Maiſtre, ainſi que penſent quelques-vns, mais cōme grand Chambellan: auſſi eſtoit-il en poſſeſſion de l'vne & l'autre dignité, prés la perſonne de ſa Majeſté.

Le Conneſtable eſtoit auſſi iadis Officier domeſtque de nos Rois, & comme chef de leur

Cōneſtable

Escuyrie : mais parce qu'il ne touchoit de si pres aux personnes de leurs Maiestez que les trois precedents, il n'auoit au commencement tant de credit. Toutefois comme l'Escuyrie du Roy semble estre en partie destinee pour les hazards & necessitez de la guerre, ils commencerent par la de s'accroistre & amplifier en grandeur, & gaignerent au long aller, qu'au lieu où auparauant ils estoient seulement superintendants de ceste Escuyrie, ils commencerent d'estre estimez pour Lieutenans generaux de toute la gendarmerie de la France : qui n'est pas estat de petite consequence en vn Royaume. Aussi en ces premiers Estats, il ne faut que trois personnages fauorisez successiuemennt de leurs Maistres pour acquerir vne infinité d'auantages & passedroits dessus les autres. Partant ou la vaillantise, ou bien la faueur qu'obtindrent par leur prudence nos Connestables, les fist monter à ce grand credit, qu'ils tiennent auiourd'huy parmy la France. Et commença ceste grandeur, ainsi qu'il se peut recueillir des Histoires, vers le téps de Louys VIII. pere de sainct Louys, sous lequel on fait vn singulier Estat de Mathieu de Montmorency, au fait de la guerre. Cestuy comme nous enseignent les Annales des Flamens, espousa vne fille du Comte de Hainaut, nommee Laurence : & sous le Roy Philippe Auguste fut en grande estime & reputation pour le regard des armes, & se trouua en la iournée de Bouines contre Othon Empereur d'Allemagne, en laquelle il donna maintes braues preuues de sa prouesse: au moyen dequoy il gaigna depuis grande authorité enuers son Maistre, tant que finalement sous Louys fils de Philippes, la premiere annee de son regne il fut creé Connestable de France. Depuis ce temps, ie ne ly point les Connestables, qu'auec titre de superiorité & super-intendance des armes, & pour dire le vray, Lieutenans generaux du Roy. En signe dequoy quand ils estoient appellez à vne tant honorable charge, ils receuoient des mains de nos Rois l'espée droite & nue, à deux trenchans, la poignée d'azur semee de fleurs de Lys d'or, & le pommeau & la croisée de mesme: laquelle ils portoient deuant leurs Maiestez en toutes les ceremonies & solennitez ordinaires de la Couronne de France. Ainsi Messire Bertrand, appellé par quelques vns du Resclin, par les autres du Clasquin, du Guesquin, & du Guesclin, ou comme vn Gentil'homme remonstroit à Froissard, du Gayaquin, fut choisi par Charles cinquiesme dit le Sage, pendant les plus grands troubles de la France, afin d'estre son Connestable, & en fist le sermét en ses mains le 2. Octobre 1377. Or le mist le Roy en possessió de ceste charge & dignité luy baillant vne espee entre ses mains laquelle Guesclin degaina, en presence du grád Conseil, protestát qu'il l'éployeroit pour le seruice du Roy & de sa Couronne. Ce qu'il fist autant heureusement, qu'heureusement il auoit esté choisi par sa Majesté. Car vn plus digne Cheualier n'entra iamais en ceste charge. Il s'en excusa fort au commencement, disant que luy estant Breton (car la Bretagne nous a donné deux Connestables

Espee du Cónestable

fort renommez, cestuy-cy, & Oliuier de Clisson) & d'ailleurs estant simple Gentil-homme, il n'auroit pas moyen de se faire obeyr des grands de France. Mais le Roy l'ayant asseuré de ceste part il l'auroit accepté, à la charge toutefois que iamais le Roy ne croiroit de luy ce qu'on luy rapporteroit de mal, qu'il ne l'eust ouy auparauant. Et entré en sa charge il fist tant de vaillance en Guienne contre les Anglois, & en Espagne contre les Espagnols, qu'auiourd'huy la memoire nous en reste admirable. Il r'enuoya son espee au Roy fasché d'vn Courtisan, qui auoit fait à sa Majesté quelque sinistre rapport de luy. Toutefois le Roy luy renuoya l'espée par Monseigneur de Bourbon, & ne la voulut reprendre. Et quelque temps apres il mourut de maladie, assiegeant vne place, qui fut prise par ses gens le lendemain de sa mort.

Par les lettres d'office de Connestable, qui fut donné par le Roy Charles VII. à Artur de Bretagne Comte de Richemont, on peut recueillir que le Cōnestable estoit le chef principal apres le Roy, pour la conduite des guerres, & que selon l'vsage ancien luy estoit commise la garde de l'Espee du Roy, dont il luy faisoit hōmage lige. Et par ces lettres qui sont du 7. de Mars 1424. estoit mādé aux Mareschaux de France, Maistres des Arbalestiers, Admiral, & tous autres Seigneurs faisans profession des armes, de luy obeyr pour le fait des guerres.

Apres la bataille d'Azincourt, le Connestable d'Armagnac receut l'espee de la propre main du Roy. Et Monstrelet parlant du Comte de S. Paul aussi Connestable, au 1. volume dit ainsi. *Et là ran-*

toſt apres cõme Cheualier ſage, diſcret, & de grande prudence, & digne de remuneration, fut par le Roy, & par ſon Conſeil eſleu, & cõmis Conneſtable de France, & là luy fut baillée l'eſpée en faiſant par ledit Comte le ſermẽt, de bien & loyaument exercer ledit office, duquel fut depoſé & iugé comme indigne Meſſire Charles d'Albret.

Or c'eſt choſe fort antique d'honorer d'vne eſpee les vertueux Cheualiers. Car à Rome l'Empereur Trajã bailla ſon eſpée à vn digne Cheualier prononçant ces mots, *Si ie commande mal, contre moy, ſi bien, pour ma defence.* Et me ſouuient d'vn nommé Maris lequel au liure 6. de Silius Italicus faiſoit gloire de ce que Regulus ce grand Capitaine Romain luy auoit fait preſent d'vne eſpée, pour marque honorable de ſa valeur. Marcellus eſtoit appellé l'eſpée de la Republique, cõme Fabius en fut appellé le Bouclier. C'eſtoit l'hõneur des vaillans hommes. Et meſmes les Empereurs ſouloient donner des eſpees & des poignards en recompenſe des merites. Des eſpees aux Capitaines de leurs gardes, des poignars aux Tribuns & Centurions. A quel propos il me ſouuient de ce qu'on dit du Roy Charles IX. d'heureuſe memoire, qu'acompagné de pluſieurs grands Princes, comme vn iour vn Seigneur luy demãda s'il luy plaiſoit qu'il portaſt ſon eſpée, il reſpondit ſoudain, *Ie ne ſçache homme en mon Royaume plus digne de porter mon eſpée que moy.* Qui eſt vn mot digne d'vn Roy de France, & qui a d'autant plus de luſtre, que lors il eſtoit fort ieune. Mais il parloit de ſon eſpee ordinaire, non de celle qu'on baille aux Conneſtables.

Voila comme ces Eſtats de domeſtiques du

Eſpées, recompenſes de valeur.

Roy ont pris diuerses reuolutions, & comme selon l'entresuitte des temps, les Maires du Palais ont eu premierement la vogue, puis les Connestables à leur rang. Et si puis dire que combien que les Connestables n'ayent iamais attaint au point de grandeur que gaignerent iadis les Maires, & qu'ils soyent encore auiourd'huy au premier rang des grádeurs de ce Royaume, & que pour les armes tout depende de leurs commandemens, si semble-il que cet Estat ayt esté pour quelque temps suspect & odieux à nos Rois, & mesmes qu'ils ayent eu en opinion de le supprimer : Parce que depuis la mort du Connestable de Luxembourg qui fut du temps du Roy Louys XI. le nom & titre de Connestable sont enseuelis iusques au regne du grand François, lequel voulut gratifier de cet Estat Messire Charles de Bourbon, & depuis Messire Anne de Montmorency, Cheualier sage & aduisé.

Ancelier appellé Referendaire du commencement.

En tãt que touche le Chãcelier, il semble que du cõmencement il fut appellé grand Referendaire: cõme nous apprenons d'vn passage exprés d'Aimoin au 4. liure, *Audoen*, dit-il, *auoit esté Referendaire du Roy Dagobert : lequel Referendaire estoit ainsi appellé, parce que l'on luy apportoit toutes les lettres publiques, lesquelles il corroboroit & confortoit du cachet du Roy, ou bien du seel, qui luy estoit commis.* Et de cet Estat est faite mention dans Gregoire de Tours au dixiesme liure de ses Histoires, chapitre dixiesme la part où il deduit l'accusation & poursuite qui fut faite encontre Gilles, Euesque de Rheims, auquel entr'autres crimes, on imputoit qu'il iouissoit à fausses enseignes de quelques terres appartenātes au Roy: luy au contraire soustenant qu'il auoit belles lettres du don qui luy en auoit esté faict. *Parquoy*, dit l'Auteur, *Gilles representant ses lettres, le Roy Childebert nia qu'il luy eust faict aucun don: au moyen dequoy fut enuoyé querir Othon qui estoit adonques Referendaire, lequel sembloit auoir souz-signé ceste lettre. Il compare, & dénie l'auoir souscripte: car aussi auoit-on falsifié son sein en icelle.* Desquels deux passages nous pouuons tirer, & que le Referendaire signoit, & pareillement seelloit les lettres, n'y ayant pour lors tel abandon de Secretaires, comme nous voyons auiourd'huy. Depuis cest Estat est creu en toute authorité & grandeur. De maniere que tout ainsi que le Connestable entre les Estats militaires, obtient le premier rang & degré, aussi nostre Chancelier est reputé le chef de tous les Estats de la Iustice. Car non seulement il presidoit au grād Conseil, auant qu'il y eut des Presidens establis, & l'alloit souuent tenir en la Chambre des Comptes, mais aussi tenoit quelquefois le Parlement, & prononçoit les Arrests de nos Roys seans en leur lit de Iustice. Ainsi portent les Registres du Parlement en l'annee mil quatre cens cinq, comme de long temps au Parauant, *le douziesme Nouembre, Messire Arnaud de Corbie Cheualier & Chancelier de France tint le Parlement, auquel la Messe du sainct Esprit fut dicte fort solemnellement en la grande salle du Palais, entre six & sept heures du matin.* Il n'y a rien si frequēt dans nos anciens Autheurs que cela.

Priuilege du Chancelier.

Et a ce grand Officier de la Couronne, aussi bien que le Connestable, ce priuilege de ne perdre l'hõneur qu'auec la vie, & qu'on ne luy peut oster l'Estat qu'auec la teste. Il n'y a pretexte ny excuse qui ne rende sa demission honteuse, si ce n'est par la mort naturelle, ou pour ne consentir à quelque chose iniuste, comme fist le Chancelier de Bourgongne qui ayma mieux quitter les seaux que de passer l'iniustice d'vn commandement du Duc: mais le Duc voyant sa constance, reuoqua son commandement. Aussi est-ce vne charge, que la garde des loix & de la souueraine conduite de la Iustice du Royaume, & dont le grand Chancelier est tuteur pour le Roy, laquelle ne sçauroit estre exercee trop dignement.

Prerogatiues des grãs Officiers de France.

Voila donc les cinq Estats pres de nos Roys anciennement fort authorisez depuis la venue de Hugue Capet, le Grand Maistre, grand Chambellan, grand Bouteiller, Connestable & Chancelier. Authorité de si grand credit, que l'on ne passoit aucunes lettres patentes, ausquelles ne fut requise la presence de ces cinq Officiers domestiques, *Le Dapifer* pour grand Maistre de la Maison Royalle, *le Buticularius*, pour Eschançon, *le Camerarius*, pour Chambellan, le *Constabularius* pour Escuyer qui auoit soin des cheuaux & de l'estable, & le *Cancellarius* pour apposer son sein au dessouz des autres. Telles sont successiuemét toutes les Lettres que l'on void des Roys, Robert, Henry, Philippe, Louys le Gros, Louys le Ieune, Philippe Auguste.

Aussi auoient ils seance au parlement auec les pairs, & au Throne de iustice, d'où nos Rois prononçoient leurs Arrests, & dattoient leurs patentes. Car en la Chartre par laquelle Louys le Ieune casse les mauuaises coustumes d'Orleans, il est dit, *Donnees à Paris l'an 1168. au Palais ou estoit le Queux, Thiebaud nostre Seneschal, Guillaume, Bouteillier: Renaux le Chambrier: Raoul le Connestable, la Chancellerie vaquante.* Et plus ouuertement en vnes procedures tirees des Memoriaux de la Chambre des Comptes qui furent faictes l'an 1124. entre la Comtesse de Flandres & le Sire de Nesle, que ie veux icy transcrire encore que le lãgage ne soit si vieux qu'estoit celuy de ce temps là. *Sur vn different qui estoit en Parlement entre Ieanne Comtesse de Flandre, & Iean de Nesles, la Comtesse comparant au iour proposé, disant qu'elle n'auoit pas esté suffisamment semonce par deux Cheualiers, & fut iugé qu'elle auoit esté suffisamment semonce. Elle demanda depuis le renuoy de sa cause par deuant ses Pairs, qui estoient en Flandres. Iean de Nesles disoit quelle auoit failly de droit, par ses Pairs, dont il auoit appellé ladicte Comtesse, ou il estoit prest de la conuaincre de defaut de droit, & fut iugé par le Roy que Ieã de Nesles ne retourneroit en Flandres. Lors comparurent le Chancelier, le Bouteillier, le Chambrier, & le Connestable, qui sont officiers de l'Hostel du Roy. Les Pairs soustenoient qu'ils ne deuoient asister au iugement des Pairs de Frãce: soustenans lesdits Officiers le contraire. Par Arrest fut dit que lesdits Officiers y assisteroient & iugeroient.* Voire ils estoient des plus proches de sa Maiesté apres Monseigneur le Dauphin & les Roys qui s'y trouuoient, & sur de grands carreaux de velours à ses pieds, dequoy Monsieur du Tillet nous laisse quelques marques, mais rares. Car en l'an 1378. il dit. *Le Roy nostre Sire estoit assis en sa Maiesté Royalle, en la maniere qu'il a accoustumé, quand il sied pour iustice, & assez pres de luy estoit Monsieur le Dauphin. Et ailleurs. Le Roy estoit en son siege Royal tenant son lit de Iustice, pour monter auquel y auoit sept degrez couuers d'vn tapis de velours bleu, semé de fleurs de Lis d'or en façon de broderie, & au dessouz vn ciel de mesme, & à l'entour, & derriere ledict Seigneur, & souz ses pieds quatre grands carreaux de mesme. Le Duc de Longueuille grand Chambellan de France, couché en terre sur le plus haut degré. Louys de Brezé grand Seneschal de Normandie esleué sur le troisiesme degré, &c.*

Ils auoient encore viures pour eux au taux du Roy, tout ainsi que les Roynes & Enfans de France. Car en la Chartre du Roy Philippe le Bel donnee en l'Aumonne de Citeaux l'an 1249. le Mardy apres l'inuention S. Estiéne, *il est defendu à aucun de prendre viures à Paris au taux du Roy, fors luy, la Royne, ses enfans, qui sont en sa maison bournie, le Chãbrier, Connestable, Bouteiller, Seneschal, & Chancelier de France.*

Aujourd'huy quand les Roys font quelques festes ou magnificences solemnelles ausquelles est requise la presence de ces honorables Officiers de leur Couronne, s'il n'y a Princes ou Seigneurs en leur Cour, qui en tiennent les charges, leurs Maiestez nomment & choisissent qui bon leur semble pour en representer les grandeurs & autoritez.

Conclusion. Voilà donc les merueilles, & voila les marques de Maiesté, que Dieu a mises en la Royauté Françoise, comme il les donne en apanage aux bons Roys, qui font les nourriſſons & chers enfans de ſa diuinité.

Si ie ne les ay exprime es ſelon le merite de leur luſtre, la grandeur de la matiere ſeruira d'excuſe à la foibleſſe de ma plume: Et ceux qui verront que les paroles dignes du ſuiet m'ont manqué auſſi bien que l'eloquence, pourront, s'ils en ont les threſors en faire part au public. La France receura s'il luy plaiſt en ce preſent l'hommage que ie rends à ceſte ſupreme & honorable Maieſté de ſes Lis, à laquelle i'offre mon cœur comme agreable victime de ma tres-humble obeyſſance.

FIN DV III. LIVRE.

Aduertissement au Lecteur, sur les fautes suruenues en l'impression de cet Oeuure.

AMY Lecteur, si te donnant la peine de lire ce Liure, tu y as trouué quelques fautes ou pluſtoſt tant de fautes de l'impreſſion, en si peu de fueilles, ie croy que ce ſeroit faire tort à ta ſuffiſance de la prier de ne s'y arreſter. Il m'en déplaiſt, mais c'eſt vne incommodité preſque du tout ineuitable en ce ſiecle. Les plus notables ſont à ceſte fin, n'ayant peu ſouffrir qu'elles te rebutaſſent dés le commencement.

EN la page 210. ligne 4. *Poiſſy*, liſez Pincey pag 215. lig. 17. *Louys XI.* liſez *Louys IX.* car ce ſeroit dementir l'hiſtoire, pag. 240. lig. 24. *Turcs.* liſez pluſtoſt *Scythes*, comme auſſi en la pag. 345. lig. 10. car je croy qu'il n'eſtoit encore parlé des Turcs en ce temps là. pag. 255. lig. 8. *Louys XI.* liſez *Charles VI.* car ainſi l'ay-je cité au parauant en la page 147. & telle eſt la verité de l'hiſtoire. pag. 454. lig. 28. *pour raiſon de laquelle de Dieu ſeul*, liſez, *de Dieu ſeul, pour raiſon de laquelle*.

TABLE DES MATIERES
PLVS SIGNALEES ET BEL-
les contenues en ce
Liure.

A.

Acqvets des Rois. 590
Adoptions sous la premiere race de nos Rois. 631
droit d'ainesse incognu à nos premiers Rois 630. venu sous la troisiesme lignée. 632
Alexandre grand en toutes ses actions. 328
Alexandre le grand Bourgeois de Corinthe. 61
Alexandre le grád destine l'estuy de Darius pour son Homere. 111
Alliance de Venise 57. de Florence ibid. des Suisses 58. rompue 61. renouuellée 62. forme du serment 63. vtilité d'icelle. ibid.
Altesse. 563
Ambassadeurs des Rois de France precedent les autres. 317
S. Ampoulle enuoyée du Ciel 371. 388. 389. louée & recommandée. 389. 390

ZZz

TABLE.

S. Ampoulle de Mairemouſtier 391. apportée à S. Martin par vn Ange. 392

S. Ampoulle en quel Ordre arriue pour le ſacre du Roy. 404

la S. Ampoulle renuoyée apres le ſacre. 472

Anneau baillé au Roy le iour du ſacre. 428

Apanages quand, & d'où venus en vſage 633. retournent à la Couronne au defaut d'hoirs maſles 636.637. erigez en Pairries. 637.638

Appel comme d'abus au futur Concil general. 162

Archers du guet portent l'Eſtoille, & pourquoy. 676

l'Archeueſque de Rheims cōme arriue à l'Egliſe le iour du Sacre 396. la requeſte qu'il fait au Roy auant que le ſacrer 405. le ſacre 414. luy met la Couronne ſur la teſte 451. luy preſente le baiſer. 466

Armes Royalles portées à l'enterrement. 540

Armonie du Ciel premier patrō de la Religiō. 166

Arreſt donné contre Iean Tanquerel, pour auoir nié le pouuoir de nos Rois eſtre ſouuerain. 142

autre Arreſt contre Florentin Iacob, pour le meſme ſujet. 143

Auſteritez grandes de S. Louys 212. de Guillaume Duc de Guienne, & de Foulques d'Anjou. 213

Authorité merueilleuſe des Rois de France 126. 127. comparée à vn grand fleuue 128.129. ſoumiſe à Dieu ſeul. 129

Authorité des Rois de France, ſur les loix & couſtumes 149. propoſitions qui la concernent. 152

Authorité de nos Rois, Colōne de l'Egliſe 175. & comme s'eſtend ſur icelle. ibid.

TABLE.

Authoritez & Prerogatiues des Roynes de France. 570

B.

Baiser presenté au Roy Couronné par l'Archeuesque 466. par les Pairs. 467
Baiser du texte de l'Euangile 468. de la Paix. 470
Banniere de France aux funerailles des Rois. 542
Baptesme de Clouis, & des François. 16
Baptesme & renaissance spirituelle des enfans de France 601. & les ceremonies qui s'y obseruent 603. 604.
Barbe dorée des premiers Rois. 344
Baston du grand Maistre. 690
Baston du grand Maistre au sacre des Rois. 402
Baston, marque de puissance 433. signal de possession 434. rompu signe de deuest. ibi.
Baston du grand Maistre rõpu sur la fosse du Roy mort. 435. 543
Bastons des Maistres d'hostel iettez en la fosse du Roy mort. 542
Baudouin en la Palestine contre l'infidele. 34
Bazan le iuste. 235
Beauté requise en ceux qui commandent 341. recommandée en Iesus-Christ. ibid.
Beauté des hõmes en la procerité & hauteur. 342
Benediction du Roy à son fils nouueau né. 595
Benedictions de la France. 445
Blanche mere de S. Louys. 224
Blasphemateurs comme punis par Philippe Auguste 223. par S. Louys. 225
Boniface VIII. comme braue Philippes le Bel 193.

TABLE.

est mesprisé de luy ibid. voulut eniamber sur la puissance de nos Rois, mais en vain. 140
Bottines Royales comme baillées au Roy le iour du Sacre. 409
Bottines des Empereurs. 410
Duc de Bourgongne Doyen des Pairs. 448
grand Bouteiller 697. ses droits & prerogatiues. 697.698
grands Bouteillers de France Presidents en la Chambre des Comptes. 698
Branle de la torche. 493

C.

Capets grands iusticiers. 243
Capuchins & Minimes à Nantes 230
Ceinture de la Royne. 576
grand Chambellan ou Chambrier 701. ses droits 701.702. introduisoit les vassaux au roy pour faire l'hommage 702. lisoit durant le disner ou souper Royal. 704
Chambellage que c'est, & d'où ainsi nommé. 703
Chambres establies par Philippe le Bel. 246
Chancelier comme habillé aux entrees des Rois. 485
Chancelier appellé Referendaire du commencement 710. Chef de la Iustice 711. ne peut perdre l'Estat qu'auec la vie. 712
Chanceliers des enfans de France. 615
Chanoine d'honneur que c'est. 172
Chappelet de perles en façon de Couronne. 459. 460

TABLE.

S. Chappelle fondee & enrichie par S. Louys. 203

Chapperons fourrez. 522

Charistie banquet solennel entre parens. 470

Charles Martel défait les Sarrasins. 25

Charles le grand transfere l'Empire Romain aux François 26. ses guerres & victoires pour la Foy 26.27. ses louanges. 28

Charlemagne fort pieux & deuot 218.& comme recommande l'Eglise à son fils. 219

Charles le Chauue loué par vn Pape. 28

Charles V. encore Dauphin, Regent en l'absence de son pere. 625.626

Charles VII. valeureux contre les Anglois. 97

Chartres Royales signees par les Roines 579. dattees de leur regne. 580

Chasses de sainct Louys & Charlemagne en la petite Chappelle du Palais. 204

Chauffecires ont droit d'assister aux entrees des Rois. 485

Cheual de parade du Roy à son entrée. 488

Cheualerie recompense d'honneur 662. voyez Ordre.

Cheualiers des armes & des loix. 664

Cheualiers des anciens Gaulois. 665

Cheualiers Bannerets. 665

Cheuelure longue, ancienne marque de la Majesté des Rois de France. 344

Childeric quatriesme Roy des François. 91

le Ciel n'a point de proportion auec la terre. 54

TABLE.

Ciel, voiez Daix.
Cire iaune particuliere au seau des Rois de France. 164
Clement V. auoüa l'authorité de nos Rois soueraine. 141
la Clemence mere des prosperitez mondaines. 297
Clemence comparée à vne pierre precieuse 289. beau fleuron de la Couronne de nos Rois 290. cause de la durée de leur Empire 292. les a fait aymer sur tous les Rois du monde 293. les a fait longuement & seuremenr regner. 295
Clemence inseparable de la Iustice 276. ne luy est en rien contraire 277. comparée à la Lune, & la Iustice au Soleil. 279
Clemence cõmune aux Rois de France depuis Clouis 281. plus esclatante en eux qu'és Princes estrangers. 288. 289
Clemence de Clouis 281. de Charlemagne enuers son fils Pepin & sa fille 282. 283. de Charles sixiesme 284. de Louys douziesme. 285.
la Cloche pourquoy sonne à Midy, & par qui cela fut institué. 227
Clodamire tué par les Bourguignons en bataille. 344. 345
Clodion court les pays voisins du Rhin. 89
Clotilde espousée par Clouis auec treize pieces de monnoye. 566
Clotilde sœur de Childebert mal traitée de son mary Arrien. 217

TABLE.

Cloud rendu Moyne à S. Cloud. 218
Clouis premier Roy Chrestien 7. se fait baptiser 16. sa modestie & douceur. 17
Clouis en quel siecle & pourquoy se fist baptiser auec son peuple 18. ses guerres contre les Arriés pour la Religion 19. defait les Visigots 19. retire la Guienne de l'erreur Arrienne ibi. reçoit de riches presens de l'Empereur Anastase ibid. sa mort. ibi.
Clouis fort pieux & liberal enuers les téples 201. 216. tue vn soldat Sacrilege 217. grand iusticier. 236
Clouis vray promoteur des François en la Gaule 91. ses exploits contre les Visigots & Bourguignons. 91
Clouis conuerty par Clotilde sa femme 369. 370. son entrée à Rheims, & à l'Eglise pour receuoir le Baptesme. 370. 371
Communauté des Roynes. 590
Conciles assemblez en France par l'authorité de nos Rois. 178
Conciles celebrez sous la prémiere lignée 178. sous Charlemagne. 180
Connestable iadis Officier domestique 705. 706 maintenát Lieutenant general de nos Rois ibi. receuoit l'espée de la main du Roy. 707
Cónestables autres que les Maires du Palais. 680
Constitutions de Charlemagne & de Louys Debonnaire. 181
Cour des Pairs. 505. 506. 508
Cour ouuerte & planiere apres le Sacre 474. aux Entrées 494. aux festes solennelles. 501. 502
Cour magnifique des Rois de France 545. admi-

Z z iiij

TABLE.

rée des estrangers. 547
Cour du Prince, & sa signification. 550
Cour, pour Parlement. 551
Cour double en l'ancienne Rome. 552
Cour du Prince, appellée Chasteau 552. Tinel 554. palais general. 554
Cour ouuerte & planiere. 554
Couronne d'or enuoyée à Rome par Clouis. 201
Couronne de France, Couronne des Courônes. 459
Couronne mise sur la teste du Roy par l'Archeuesque 451. 454. soustenuë par les pairs 452. 454. & pourquoy. 455
Couronne peut estre prise du Roy sans qu'aucun de son Royaume y mette la main. 455
petite Couronne donnée au Roy apres la cômunion. 472
Couronne des ieux Olympiques. 459
Couronnes particulieres de la diuinité entre les Payens 452. portées par les anciens Roys. 452. en quoy differentes des Diadesmes ibidem.
Couronnes des Rois de France de pur or, enrichies de pierres precieuses 453. n'estoient anciennement closes. ibid.
deux Couronnes au Sacre des Rois de France, 454
Couronnes des Rois de France en bataille. 488.
Couronnes Ducales & Comtales differentes, & en quoy. 397. 398
Croisades d'où denommees. 36

TABLE.

S. Croix d'Orleans rebastie. 229
Crosses des Euesques. 455

D.

Dagobert fort pieux 202. fonde l'Eglise S. Denys. ibid.
Daix, ou Ciel, marque de Maiesté. 465
Daix porté sur la teste des Roys à leur entree 491. par qui. 494
Daix du siege des Presidents. 524
Dalmatique, quel vestement, & pourquoy vestuë à nos Roys le iour de leur sacre. 419. 420
Dauid ne voulut offenser Saul son ennemy, & pourquoy. 169
Monseigneur le Dauphin loué 610. fait Gouuerneur de Bourgongne 614. recognu par les deputez du Dauphiné 613. 614. sa generosité. 623
Dauphins de France d'où, & pourquoy ainsi appellez 609. 610. doiuent porter les armes du Dauphiné. 612
Dauphins seants au Lit de Iustice, ou pres des Roys leurs peres. 619. 620
Dauphiné donné au premier filz de France 611. enuoye deputez pour faire hommage aux premiers nez de France 612. à Monseigneur le Dauphin. 613
Decimes & impositions permises aux Roys de France sur le Clergé. 196
Degrez de Venise. 556
Dieu comparé à vn fondeur. 5
Dieux mensongers patrons & tutelaires des polices anciennes. 15
Dignité grande des Roys de France. 368
Disme Saladin. 34

TABLE.

Dissimulation & feintise tesmoins de lascheté & couardise 52. hayes des Rois de France ibi. inutiles au Prince. 53
Domaine inalienable. 407

E.

Edits de nos Rois verifiez en parlement 264. & l'vtilité de ceste verification. 264.265
Edit iniuste reuoqué par Louys XI. 266
Effigie du Roy mort paree d'ornemens royaux 533. portee en chariot à l'enterrement. 540
Eglises enrichies & fondees par les Rois de France. 200
Elections des prelats confirmees par le Roy seul en France. 187
Elephans iustes & religieux. 441
Empire des Turcs promis à la valeur des fleurs de Lis 119. en quel temps doit prendre fin. 119
Enfans des Rois de Perse instruits en la Religion, auant que prendre la Couronne. 166
les Enfans & successeurs certains des Rois, asseurent leur Estat. 592
Enfans de France louez pour leurs vertus 593. heureux dés leur naissance. 594
Enfans de France louez pour leur prudence & generosité. 620.621. & seq.
Enfans de France comme faicts Cheualiers. 616
Enfans de nos Rois successeurs de la Couronne, declarez maieurs à 14. ans. 629
Enfans aisnez de France appellez Princes Dauphins. 609

TABLE.

Enfans puifnez de France, & leurs qualitez. 617

Entrées des Rois de France 477. preparatifs pour icelles 478. 479. ordre que tient la ville pour leur aller faire la reuerence. 480

Entrée de Catherine de Medicis à Lyon, 571. à Paris 571. de Marie de Medicis à Marseille 572. à Auignon 573. à Lyon. 574

Epithetes d'honneur donnez aux Rois apres leur trefpas. 543

Escarlate, dueil des Rois. 539

Eschelles dreffées par le commandement de S. Louys pour punir les blafphemateurs. 225.

Escrouelleux gueris par les Rois de France. 167

Escrouelleux touchez par nos Rois apres leur facre. 475

grand Escuyer, & son office. 690

Espagne feudataire de l'Empire, & de la France. 131

Espagnols perfides. 50

Espée marque de Iustice. 235

Espee portee deuant le Roy allant au facre 401

Espée ceinte au Roi par l'Archeuefque 411. offerte à l'autel par le Roi 412. rendue au Roi ibid. portee deuant lui par le Conneftable ibidem.

Espee S. Pierre. 413

Espée de Iustice. 413. 441

Espée ceinte par vn Preftre au Gentil'homme

TABLE.

sortant de page. 413
Espee de parade à l'entree des Roys 489. du Connestable. ibid.
Espee Royale portee à l'enterrement. 540
Espee presentee par le Roy au Connestable en l'inuestissant de son office. 707. 708
Espee nuë mise en la main du premier né de Frāce si tost qu'il a veu la lumiere. 596
Espees des vieux François auoient des noms. 413.
Espees deposees en Caresme allāt visiter les lieux saincts. 212
Espees donnees par les anciens pour recompenses de valeur. 709
Esperós dorez baillez au Roy le iour du Sacre. 411
Estat des Roys de France sans pareil. 323
Euesques pourueus par les Roys de France. 185
Euesques anciens fournissoient gens de guerre à nos Roys. 295
Excellence. 563
Excommunications de Gregoire VII. contre l'Empereur Henry IIII. 159
Excommunications du Pape Adrian contre Charles le Chauue rejettees en France 154. de Boniface VIII. contre Philippe le Bel 157. de Benoist XIII. contre Charles VI. 158. de Iules II. contre Louys XII. ibid. contre Henry IV. brulees. 159
Excōmuniez affranchis par la table de nos Roys, de toutes censures. 153

F.

Femme de bien & d'honneur quelle 116
Femmes des Pairs appellees aux iugemēs. 582

TABLE.

Femmes & filles excluses de la Couronne en Iudee 639. en Lacedemone ibid. entre les Vandales & Oftrogots 640. Anglois. 641

Feſtin Royal apres le ſacre, & l'ordre d'iceluy. 472. 473

Feu porté deuant les Roys & Princes. 492

Feux de ioye aux naiſſances des enfans de France. 599

Flambeaux & torches allumees à l'entree des Roys. 491. 492

Filles de la premiere lignee de nos Roys n'ont ſuccedé à leurs peres au defaut d'hoirs maſles 641. non plus ſouz la troiſieſme race. 642. 643

Filles de France tenoient iadis rang & nom de Roynes 645. appellees Meſdames 646. portét le ſurnom de France ibid. leur dot 647. apanagees quelquefois 648. tailles leuées pour leur mariage. 649

Fleurs de Lis enuoyees à Clouis par le miniſtere d'vn Hermite. 371

Fleurs de Lys és habillemens de nos Rois que ſignifient. 423. 424

Fourrures des habits de nos Roys 352. 426. des Preſidents. 521

Foy, colonne de l'Eſtat 42. louange de la Foy 43. ſon autel près de Iupiter à Rome 43. ne doit eſtre rompuë par force ny par fraude. 48

Foy donnee doit eſtre gardee à l'infidele meſme. 50

France louée & recommandee. 39. 128

France n'a que Dieu de ſouuerain. 193

la France a intereſt que ſes alliez ſoient en paix 65. franche & libre 72. tres-fidele & obeyſſante

TABLE.

à ses Roys. 73
France commodément située 305. inuincible, 306. fort peuplee ibid. fertile. 307. riche ibid.
France assez forte d'elle mesme pour resister à tous ses ennemis. 78
France seule franche & souueraine. 132. 133
France, asyle & refuge des Papes. 28
France inuincible autrement que par soy-mesme 94. comparee au feu, ibid. premiere affranchie de la seruitude de l'Empire. 100
François premier loyal & fidele à Charles le Quint Empereur 47. appellé pere des Ligues. 61.
François baptisez auec Clouis. 217
François appellez Germains au commencement 81. leur ancienne demeure ibid. leurs desseins & projets sur la Gaule. 82
François hardis aux entreprises, & malaisement assaillis en leur premiere demeure 82. leurs courses valeureuses. 83
François s'offencent plus aigrement du reproche de mensonge, que de nul autre vice. 70
François tres-obeyssans à leurs Princes souuerains 309. les aiment & reuerent. 311
François tres-religieux sur toutes nations. 20
François fideles & loyaux 44. libres sur tous peuples. 59
François appellez Merouingiens. 91
François parlent à leur Roy à genoux. 559
François redoutez des Romains en la tuition de leur Gaule 85. recherchez d'alliance par eux, & employez en leurs gueres ibid. opiniastres en la conqueste des Gaules contre eux. 86
Estat des François auant qu'ils fussent Chrestiens

TABLE.

15. l'etendue de leur domination auant Clouis & depuis souz luy-mesme. 17
capitaines François de grande valeur souz les Empereurs. 88
effets des François contre Valentinianus. 88
trois François d'vn magnanime courage. 113
Funerailles & obseques des Roys de France 530. 531. & l'ordre d'icelles. 539. 540

G.

Gands baillez au Roy le iour du Sacre. 428
S. Geneuieue fondee par Clouis. 201
Germains nation vaillante & belliqueuse 79. & comme Cesar presagissoit la ruine de l'Empire Romain deuoir venir d'eux. 79. 80
Giste deu à nos Rois par les Euesques. 195
Godefroy s'achemine en la Palestine 31. est faict Roy de Hierusalem. ibid.
Grecs sans parole & sans foy. 43
Guerre contre les Infideles saincte & iuste. 36
Guerre ciuile en Suisse. 66
Guerres de Clouis pour la religion 19. de ses enfans 24. de Charles Martel contre les Sarrasins 25. de Pepin 26. de Charles le grand. 26

H.

Habillemens cómuns & ordinaires des Rois doiuét estre simples 346. de nos Rois estoiét lōgs & fourrez 352. courts de quelques vns. 358
Habillemét simple d'Auguste 347. de Seuere. ibi.
Habillemens simples des Rois de France 348. de S. Louys 349. de Louis XI. ibid.
Habillemens d'or & de soie meprisables, & pourquoi. 350
Habillemés Royaux donnent de l'autorité & du respect 354. meprisez fōt mepriser l'autorité. 355

TABLE.

Habillements precieux de l'Ange Apostat. 360
Habillemens des Pairs Laics au sacre. 397
Habillement du Roy preparé pour le sacre. 400
Habillemens Royaux apportez de sainct Denis pour le sacre des Rois, & mis sur l'Autel 409. que representent. 419
Habillemens changez par le Roi apres le sacre. 472
Habillemens des Rois de France tenans leur lit de Iustice. 255. 510
Habillemens de nos Rois tenans leurs Estats 527. donnans audience aux Ambassadeurs. 528
Habillemens de nos Rois à leurs entrees. 490
Habillemens de nos Rois aux festes solemnelles. 500
Habillemens de Messieurs de la Cour aux entrees des Rois 483. du Chancelier. 485
Habillemens Roiaux des Presidens 517. fourrez. 521
Habillemens de guerre du Roy portez par ses Escuyers à son entree. 487
Habillemens de nos Rois en leurs funerailles. 533. 534
Habillement du Roy successeur pendant les seruices du defunct. 538
Habillemens des Cheualiers de l'ordre. 673
Heaumes des Roys de France couronnez en bataille. 488
Henry II. fort pieux & deuot. 208. 209
Henry III. empesche la guerre entre les Cantons. 66
Henry IV. loué pour sa clemence 287. pour sa grandeur

TABLE.

grandeur & ſes autres vertus. 327
Henry IIII. enuoye vn Ambaſſadeur en Suiſſe, pour les empeſcher de rompre leur foy. 67
Henry IIII. recommandé pour ſa valeur 97. 98. dit notable de la Royne d'Angleterre à ſa louäge. 99
Henry IIII. tres-affectionné à l'Egliſe Catholique 37. 39. appaiſe le different de Veniſe & du Pape 38. fait eſtablir des Ieſuiſtes à Pera. 39
Hercule grand en toutes ſes actions 332. dompteur des monſtres ibid. ſes labeurs. 333
l'Homme eſtimable par ſes vertus, & non par ſes atours. 351
Hongrie donnee par Soliman. 131
Honneurs rendus aux Roys de France apres leur mort. 531
Honneurs rendus au pourtrait du Roy à Auignon. 573
Hypocras donné par les Roys à leurs entrees. 496.

I.

Iean premier, Roy de Fräce, garde la foy donnee aux Anglois. 47
Ieſuiſtes eſtablis à Pera lés Conſtantinople par la faueur du Roy. 39
Ieuſnes des Roys de France. 210. 211
Inueſtiture conteſtee par les Papes aux Empereurs, non à nos Rois. 195
Cardinal de Ioyeuſe deſtiné Legat pour le Bapteſme de Monſeigneur le Dauphin. 692
Iubilé d'Orleans en l'an 1601. 229

TABLE.

Iuges corrõpus punis & pourſuiuis par S. Louis 245. dons & preſens à eux defendus. 246

Iugement remarquable d'vn grand Seigneur. 245

Iulian l'Apoſtat enuoié cõtre les François en Gaule. 87

Iuriſdiction des Rois de France ſur leurs Egliſes. 177

Iuſtice louee 233. comme depeinte. ibi.

Iuſtice d'vn Roi Sicambrien. 235

Iuſtice ſource de tout bonheur, & de la longue durée de la France 236. Soleil d'icelle. 237

Iuſtice compagne des Rois. 438

Iuſtice de France en grand credit par tout le monde. 260. 261

Iuſtice des enfans de Clouis 238. de Dagobert. 239

Iuſtice principal deuoir d'vn Roy 240. fait aimer les Princes 240. lien de l'Eſtat. 252

Iuſtice de Louys le Debonnaire 242. de Louys ſeptieſme 243. de Philippe Auguſte à ſoi-meſ-me. 244

Iuſtice de Charles V. 247. de Ieanne de Bourbon ſa femme ibid. de Charles VI. 248. de Louys XI. 248. de Louys XII. 249

L.

LArgeſſe au peuple le iour du Sacre. 467

Le Comte de Laual en Hongrie. 106

Legats *à latere* comme exercent leurs facultez en France. 145

Legats de Benoiſt treizieſme en France eſchar-

TABLE.

faudez & mitrez. 158

Legions Romaines se donnent aux François apres leur Baptesme. 17

Legislateurs infideles & payens indignes de louange. 115

Liberalitez des Empereurs és jeux. 269

Lit de Iustice, ou Throne des Rois de France. 512. magnifiquement paré. 513

Lit de Iustice cedé aux Empereurs par nos Rois. 525

Lit de parement de l'effigie du Roy mort. 533

Louys le Debonnaire loué par vn Pape. 28

Louys Debonnaire couronné par Charlemagne son pere. 456. 457

Louys le Ieune outre mer pour la Religion. 34

Louys le Gros sacré à Orleans, & pourquoy. 373

S. Louys tres-religieux en ses Serments. 68

S. Louys grand iusticier 244. reuoque vne grace qu'il auoit donnee. 245

S. Louys fondateur d'vn grand nombre d'Eglises. 202. 203

S. Louys deferoit beaucoup aux Prestres & Religieux 207. estoit fort austere 212. 213. fort charitable. 215

S. Louys fait plusieurs voyages pour la Religion 34. sa sainteté. 35

Louys XI. fauorise les Suisses contre le Duc de Bourgongne. 60

Louys vnziesme compose les differents des Suisses. 65

Louys douziesme grand amateur de la Iustice. 249

AAa ij

TABLE.

Louys XII. s'oblige les Papes de plusieurs bienfaits. 31
Loy des Cheuelures faite par Clodion. 652
Loy impie des Empereurs prohibitiue de receuoir les soldats en Religion. 137
Loix Imperiales de quel vsage & effet és Parlemens de France. 148
Lys de France venus du Ciel. 424
Lys d'or és habillemens Royaux 424. voyez Fleurs.

M.

Magnanimité de nos Roys, argument de leur Clemence. 292
Maiesté des Rois de France a paru en toutes occasions. 339
Maiesté que c'est, & d'où ainsi appellee 340. fille de l'honneur & du respect. ibi.
Maiesté, tiltre & qualité Royalle, & de son origine. 562
Maiesté des Rois de France, au dessus de toutes louanges humaines. 1
Main signe & marque de puissance 437. de liberté & de volonté 439. cause de toute sapience. 443
Main de Iustice. 257
la Main de Iustice baillee au Roy le iour du Sacre 429. particuliere aux Rois de France ibid. & 436. portee à gauche, & pourquoy 430. Sceptre d'or 441. & la main d'yuoire ibi. descouure les mechancetez plus cachees 444. rougist quelquefois, & pourquoy ibid. en for-

TABLE.

me de main qui donne la benediction, & pour-
quoy. 445
Mains oingtes au Roy. 427
Maires du palais, superintendants de la Maison
du Roy 681. gouuerneuts des prouinces 682.
comme vinrent à enjamber sur la dignité Roy-
alle 682. 683. reduits au petit pied. 685
Maison du pape comment appellée à Rome. 555
Maisons d'yuoire en l'Escriture saincte 442. de
Iustice 443. de parfums. ibid.
Maisons des Rois reputees sacrees. 171
grand Maistre, & son origine 688. voiez grand
Seneschal.
grand Maistre cognoissoit des differents de la
Maison du Roy 691. portoit la banniere de
France en l'ost Royal 691. ses droits & charges. 693. 694. 695
Maistres des Requestes, & leur premier office.
254
Manteau Royal de nos Rois, bleu, & pourquoy
421. 422. semé de fleurs de Lis d'or 422. descé-
dant iusqu'aux talons 426. fourré d'hermines.
ibidem.
Marques & enseignes de Royauté 359. des perses
361. des Rois payens chez les poetes 361. des
Israelites & Africains 362. des François. ibid.
le Duc de Mercure en Hongrie. 105
Merouee troisiesme Roy des Fráçois, & premier
qui se promena hardiment par la Gaule. 90
sept Meruccilles du monde. 313
Monarchie Françoise parangonnee aux Atours
du Chef des Roynes. 4
Monsieur, qualité comment & par qui donneé

AAa iij

TABLE.

aux Rois. 565
la Mort seul iuge de l'heur des hommes. 531

N.

Naissance ioyeuse & heureuse des enfans de France 594. actions de graces pour icelle. 596
Naissance de Monseigneur le Dauphin. 597
le Duc de Neuers en Hongrie. 106
Noel crié publiquement au Baptesme de Charles VI. 599. aux entrees de quelques Ducs & Rois. 600

O.

Obelisque d'Egypte. 259
Officiers des Rois francs & exempts des censures de Rome. 163
Officiers des premieres Roynes. 569
grands Officiers des Roynes. 584
grands Officiers des Dauphins. 615
cinq grands Officiers de la Maison & Couronne de France 679. & leur premiere origine ibid. leurs droits & prerogatiues 712. signoient les patentes 712. seoient aux pieds du Roy en son Lit de Iustice 713. auoient viures au taux du Roy. 714
Oingts de Dieu ne doiuent estre touchez ny maudits de personne. 168
l'Oliuier n'a point esté noyé au deluge, & pourquoy. 278
Onction des Rois Chrestiens commencee en ceux de France 303. voiez Sacre.
Onctiō cóme preparee pour le Sacre du Roy. 414
Onction pourquoy necessaire aux Rois. 416
Ordre de Cheualerie receu au sacre ou apres, par le Roy. 474

TABLE.

Ordre de Cheualerie pourquoy inuentee 662.
   comment & quand instituee. 663
Ordre de Cheualerie paiment ancien des fameux
   Capitaines. 672
Ordre S. Michel 667. 672. 673. de l'Estoille 668.
   de la Genette ibi. de la Iartiere 668. 669. du S.
   Esprit. 675
Ordre S. Michel profané depuis les troubles. 674
Ordre de l'Estoille comment auili. 676
Ornemens Roiaux mesprisez font mespriser les
   Rois 356. voiez Habillemens, Marques, & Ve-
   stement.
Ornemens Royaux de la Maiesté Françoise, &
   leur origine 363. enuoiez au successeur de la
   Couronne par le Roy mourát 364. renouuel-
   lez par Philippe Auguste 365. par Henry secód
   ibi. brisez & rompus par la ligue ibi. refaits de
   neuf par Henry IV. ibi. & 366
Ornemens du corps du Roy mort, estant encor
   en la sale. P. 537

PAirs cóme arriuent à l'Eglise pour l'office du
   sacre 397. leur habit 397. conferét, 400. deputez pour aller querir le Roy ibi. euoquez au
   couronnement 446. 447. en quel téps commencerent d'estre desirez au sacre 447. 448.
   par qui, & quand erigez. 448
Pairs assistoient les Rois en leur lit de iustice 505.
   pourquoy ainsi nommez ibi. iugeoient des affaires du Roiaume. 506
Pairs des Rois d'Angleterre. 506
Pairs ne peuuent estre iugez que par la Cour
   des Pairs 508. nouueaux iouissent de pareil
   priuilege & droict que les anciens, 509.

AAa iiij

TABLE.

comme adiournez à comparoir 509. pourquoi tant recommendables. 510

Paix de Veruins 56. de Crespy en Valois. 64

Palais basti par Philippe le Bel 246. consacré à la Iustice. 254. 517

Palais general, pour Cour planiere. 554

Papes secourus & enrichis par les Rois de France 28. remis en leurs sieges. 30

Papes n'auoient anciennement aucune iurisdiction 177. ny aucune domination sur le temporel. ibid.

Papes ne se doiuent mesler de la temporalité, 141

Papes esleuz confirmez par les Rois de France. 189

Papes n'ont aucun pouuoir sur le temporel de la France. 134

Papes qui ont recognu les Rois de France souuerains. 135

Papes qui se sont soumis à l'authorité des Empereurs. 136

Parfum d'odeur esmerueillable. 110

Parlement introduit par les Maires. 684

Parlement meslé de Iuges Laics & Ecclesiastiques. 176

Parlemens fondez par Charles Martel. 241

Parlemens de France en gloire & honneur sur toutes les Iustices de la terre 251. composez des plus grands de France 252. auoient iadis grand pouuoir. 263

Parlement, lien de l'Empire François. 266

Parlemement sedentaire. 516

Pauures seruis par nos Rois le Ieudi sainct 215

TABLE.

Pays bas ne sont souuerains. 132
Pelerinages de Charlemagne 205. des Seigneurs Gaulois en Hierusalem ibid. des Rois de Fráce à Rome 206. en diuers lieux Saints. ibid.
Perfides & déloyaux ne prosperent iamais, & sont tost ou tard punis de Dieu. 49
Perfidie detestée. 54
Periures punis de mort en Egypte. 67
Phanon de France à l'enterrement des Rois. 539
Pharamond court les pays voisins du Rhin. 89
Philippe Auguste se plaint contre le Pape Luce. 30
Philippes II. outre-mer pour la foy. 34
Philippe le Bel comme méprise le Pape Boniface. 193
Philippe II. Roy d'Espagne fort solitaire 465. renfermé en l'Escurial. 546
Philopœmen mécognu pour prince à cause de sa laideur & deformité. 343
Pieds baisez aux Papes. 555
Pieté & Iustice sœurs germaines. 197
Pieté de nos Rois recogneuë par les estrangers. 198
Pieté du Roy Robert 220. de Louys VII. 221. de Philippe 222. de Louys VIII. 223. de S. Louys 224. de Charles V. 225. de Charles VI. 226. de Charles VII. 227. de Louys XI. 227
Pieté de Henry III. 228. de Henry IV. ibid. de la Maison de Bourbon. 229
Porte du grand Turc 557. & d'où ainsi nommee, ibid.
Pragmatique Sanction. 183
Prééminences & Prerogatiues des Rois de Franç

TABLE.

ce sur les autres Rois. 8

Preseance des Rois de France 316. à eux adiugée par l'Anglois sur l'Espagnol 317. par le Pape 318. maintenue courageusement ibid. disputée au Traité de Veruins 319. accordée aux Deputez du Roy par ceux d'Espagne. 320

Presens du pape à Monseigneur le Dauphin. 600

Present du Dauphiné à Mõseigneur le Dauphin. 614

Presidents & Conseillers quãd establis 516. leurs habits aux entrees Royalles 485. estoient habits Royaux. 517

premiers presidents Cheualiers. 665

Prince pieux comparé à vne plante genereuse. 230

les princes qui méprisent la foy, ne sçauroient biẽ faire leurs affaires. 53

Princes de France recommandez pour leur valeur & generosité 108. recherchez des Nations estrangeres pour leur commander. 111

Princes de France comparez aux Dieux Tutelaires des Romains. 112

Princes du sang se trouuent aux couches de la Roine, & pourqnoy. 595. 660

Princes du Sang recommandez pour leurs prerogatiues 651. portoient iadis longue cheuelure 652. quand venus en credit sous la troisiesme race 653. ne sont appellez au combat 654. ne se mesloient iadis aux ioustes & tournois. ibid.

Princes du sang n'ont iamais esté condamnez. 655

TABLE.

premiers princes du Sang appellez du nom de Monsieur 655. secondes personnes de France. ibidem.

princes plus proches de la Couronne esleuz Regents. 656

princes du Sang iouissent de mesmes prerogatiues que les pairs 657. leurs exemptions. 657. naissent Conseillers du Roy 658. honorent toutes places où ils sont mis 659. ont seance parmy les pairs. 658. 659

R.

Recompenses d'honneur & de vertu militaire 661. preferables aux richesses. 664

Regale que c'est 190. ordonnance de Charles VII. pour icelle. 191

Regences reglées par le testament de Louys XII. 589

Religion, colonne de l'Estat 14. necessaire à la societé des hommes ibid. mesprisée cause la ruine & le mal'heur des princes. ibi.

Religion premier portrait de l'Estat. 166

Religions nouuelles & fausses inuentées pour tenir les peuples en bride. 14

Reliques de la saincte Chappelle. 103

Requestes presentees aux Rois doiuent estre iustes. 254

Robe Royalle d'Herode. 361

Robert Roy de France enuoye vne coquille d'or de grand prix à S. Iean Baptiste 204. fort affectionné aux gens d'Eglise 208. sa grande deuotion ibidem, miracle fait en sa faueur. ibid.

Robert grand aumosnier, & tres-charitable enuers les paunres. 214. 215

TABLE.

Romains chassez du tout des Gaules par Clouis. 18

Rome ancienne, & son Estat. 44
Roses presentées à la Cour par les Pairs. 526
Roses d'or donnees par les Papes à vne Princesse tous les ans. 526
definition de Roy par Aristote insupportable en France. 149
Roy de Mexico superbe en habits. 348
vn Roy de France doibt ruiner l'Estat & Empire des Turcs. 37
le nouueau Roy comme s'achemine à Rheims afin de se faire sacrer 387. son habit 400. conduit à l'Eglise 401. en quel ordre ibid. arriue à l'Eglise, 402. entre en icelle 403. se presente à l'Archeuesque 403. prie à l'autel ibi. respód à la demande de l'Archeuesque 405, fait le Sermét 406. est conduit à l'autel pour estre vestu des habits Royaux 409. est consacré 415. conduit au throne Royal 461. inthronisé 461. son deportement à la lecture de l'Euangile 468. baise le texte ibidem. descend pour aller à l'offrande 468. 469. arriue à l'autel 469. retourne au Throne ibi. baise la paix 470. communie 471. retourne en son hostel 422. change d'habits ibidem. disne Royalement. ibidem.
corps du Roy mort enseuely, mis en vne chambre richement parée 532. seruices de table entretenus pres de luy. 536
Royaume de France diuisé sous la premiere lignée 631. sous la seconde. 632
Royaume de France hereditaire, non electif. 385

TABLE.

Royaume de France premier de la Chrestienté 302. le plus ancien & premier affranchy ibid. premier Chrestien ibid. premier honoré de la dignité de l'Empire 303. sa puissance. ibid.

Royaume de France conservé par la Iustice si lõguement. 236.237

Royaume de France querellé par Edouard III. contre Philippe de Valois. 643. adiugé à Philippe par la Cour des Pairs. 645

Royaumes conquis par les François. 101

Royaumes plus florissants de petite durée au pris de celuy de France. 120

Royaumes donnez ou vendus par Cesar. 130

Royaumes laissez par Auguste à leurs possesseurs à foy & hommage. 131

Royauté sœur de la Religion 164. mariée auec l'Eglise. 185

Royautez vrayes, quelles. 2

Rois, viues images de Dieu. 5

Rois & Monarques enfans de Dieu, voire Dieux en terre. 124

Rois tenus de rendre Iustice à leurs sujets. 232

Rois des Sacrifices entre les Romains. 165

Rois ornez de la prestrise. 165

Rois & Princes excommuniez par les Papes, & despouillez de leurs Royaumes. 151

Rois doiuent faire paroistre leur grãdeur en toutes occasions. 497

Rois de France non susceptibles de flaterie commeles autres 2. esleuz & choisis du Ciel, pour estre les chefs de la Chrestienté 3. comparez au mont Athos ibid. au Soleil & aux planettes 4. images de Dieu plus excellentes que les au-

TABLE.

tres Rois 6. Lieutenans de Dieu ibid. douez à l'extreme ligne des plus belles qualitez de tous les autres Rois 7. vrays Hercules Gaulois. 9

Rois de France participans de la Prestrise autrement que les autres Rois 167. medisance contr'eux defendues à peine d'excommunication. 170

Rois de France tous beaux. 569

Rois de France de grande Authorité. 126.127

Rois de France ont de tout temps procuré l'auācement de la Religion 13. souuerains Rois & fermes colonnes de la Chrestienté. 20

Rois de France celebroient Royallement les grādes festes 499. en habit Royal. 500

Rois de France redoutables par la seule reputatiō de leur nom 93. ont tousiours releué la grādeur de leur Monarchie. 96

Rois de Frāce appellez Lis, & pourquoy 425. Empereurs. 453

les Rois estans parties ne peuuēt iuger auec leurs pairs. 508

Rois de France ont soumis leurs Edits à leurs Parlemens 264. leurs dons & largesses. 267

Rois assistoient aux Sacres des Roines leurs femmes. 578

Rois de Frāce Soleils de leurs Parlemens 253. dōnent de grāds gages à leurs Officiers de Iustice. 258

Rois de France grands iusticiers sur tous les autres 232. 274. Chefs de la Iustice 251. donnoient tous les ans des robes neuues à leurs Parlemens. 252

TABLE.

les Rois de France n'ont plus glorieux titres que de Iusticiers 250. declarez Majeurs à l'age de 14. ans. 626

Rois de France ont le premier rang d'honneur sur tous les Rois de la terre 316.317. tous grands & genereux. 325

Rois de France de grande authorité 308. anciens ibid. tous naturels François ibi. familiers auec leurs sujets 309. distribuent tous leurs offices aux François. 310

Rois de France quand, comment & par qui peuuent estre excommuniez 157. leurs droits communs & ordinaires. 163

troisiesme lignée des Rois de France louée pour sa grandeur & fecondité. 326

Rois des Lys, Alexandres de la France 329. Hercules Gaulois voire plus grãds qu'Hercule. 333

Rois de France ennemis des Schismes & diuisiõs 21. n'ont iamais desnié leur puissance aux fidelles affligez 22. appellez tres-Chrestiens & fils aisnez de l'Eglise 23. peres & protecteurs de la Chrestienté 27. leurs actions toutes bonnes & heureuses. 41

Rois de France francs & exempts des censures de la Cour de Rome 152. & leur priuilege contre icelles. 160

Rois de France pouruoiẽt les Prelats de leurs benefices en France 185.186. confirment leurs eslections 187. par toute la Chrestienté. 188

Rois de France pieux sur tous les Rois de la terre. 198.199.

Rois de Fráce, seuls inuincibles 78. & cõment ib.

Rois de France ont releué l'Empire Romain en Occident 101. leurs exploits & victoires contre

TABLE.

les infideles heretiques. 102
Rois de Fráce protecteurs & chefs de toute l'Europe 103. seuls capables de ruiner le Turc. 104
Rois de France portoient anciennement les cheueux longs, & pourquoy 344. la barbe ibid. simples en leurs habits ordinaires. 348
Rois de France tref-clemens & debonnaires. 277. assis entre la Iustice & la Clemence. 278
Rois anciennement condamnez aux despens, & executez tout ainsi qu'vn Particulier. 271
Rois de France sacrez à Rheims 372. ailleurs 372. 373
Rois de France premiers Chanoines des Eglises Cathedrales de leur Royaume. 171
Rois de France passoient les bonnes festes aux grandes villes 209. ieusnoient le Caresme. 210
Rois de France fideles & veritables en leurs paroles & promesses, sur tous les Rois du monde 43. soigneux de garder la Foy donnée 46. ayment la verité 51. haissent la feintise & dissimulation. 52
Roines femmes de nos premiers Rois en grand nombre 568. leurs premiers douaires 568. leurs Officiers. 569
Roines de la troisiesme lignée cherchées chez les Princes & Rois estrágers 569. ont leurs Entrées 571. couronneés en icelles. 491. 575
Roines signoiét les chartres & titres de nos Rois 579. assises au Parlement & lit de Iustice pres des Rois 581. peuuent tenir grands jours aux terres de leur douaire 583. auoient iadis de grands Officiers 584. leurs terres affranchies des interdits de Rome. ibid.

Roines

TABLE.

Roynes de France honorees de grandes prerogatiues par nos Rois 565
Roynes deliurét prisonniers à leurs entrées. 576
Roynes couronnées & sacrées comme les Rois. 576. auec leurs maris à Rheims. 577. ailleurs. 578. à S. Denys 578. 579.
Roynes de France Regentes recōmandées pour leur prudence 585. ont eu le gouuernement de leurs enfans mineurs 586. appellées Roynes Blanches. 587

S.

Sacre & onction des Roys de France. 167
Sacre & Couronnemét, & de leur origine 389. ordre des sieges pour ceux qui y assistent 394. 395. beaux effets d'iceluy. 416. 417
Sacre des Roys de France ordonné à Rheims, & pourquoy 372. celebré ailleurs, & pourquoy. 372. 373.
Sacre de Clouis. 371
Sacre de Gontran & Charibert 380. de Pepin 380. de Charlemagne & Carloman 381. de Louys Debonnaire ibid. de Louys le Begue ibid. de Robert fils de Capet. 382
Sacre hors Rheims par les Archeuesques dudit Rheims 382. arresté à Rheims. 383
Sacre de Charles VII. 386. de S. Louys ibid. d'Henry III. ibid. d'Henry IIII. ibid.
Sacre des Empereurs de Constantinople. 168
Sacre & couronnemét des Roynes 576. à Rheims 577. ailleurs 578. à S. Denis. 578. 579
Sandales, voyez Botines.
Ducs de Sauoye comment reputez Chanoines à S. Iean de Lyon. 173

BBb

TABLE.

Le Sceptre baillé au Roy le iour du Sacre 428. 429. à la droite, & pourquoy 431. marque d'autorité. 432

Sceptres de diuerses matieres 435. d'or des Rois de France. 436

deux Sceptres des Rois de France 429. que representent. 430

Sceptres des Roynes & enfans de Rois 432. des Prestres. 432.433

grand Seau des Rois de France 255. argument de leur clemence. 299

Seau Royal porté à l'entrée du Roy. 484

Seigneur, titre attribué aux Rois. 560

Senat de Venise. 556

grand Seneschal de France souz la secóde lignée 686. autre que Connestable 686. 687. sous la troisiesme lignée, 687

Serment des Rois à leur Sacre, de garder la Religion, & la Iustice. 262

Serment que signifie, & pourquoy ainsi appellé. 68

Sermét employé aux preuues des crimes en deux façons. 69

Serment des Iuges. 263

Serment du Roy le iour du Sacre 406. 407. de Philippe I. ibi. de Louys XI. 408. d'Henry IIII. ibid.

Sermét de Fidelité que les Euesques font au Roy. 194

Serment de fidelité des François à leurs Princes. 74

formulaire des Sermés de nos Rois en leurs Traitez, 55

TABLE.

ceremonies des Sermens des anciens. 56
Serrail du grand Seigneur. 557
S. Siege de Rome. 555
Siege de nos Rois au Parlemēt 525. des Pairs. 526
Sigismond Empereur en France 147. cause plaidée deuant luy au Parlement ibid. refusé d'eriger vn Duc en France. 148
Sire, qualité attribuée à Dieu 560. aux Rois ibid. aux Princes & Seigneurs 561. aux marchands. 562
Souper Royal à la table de marbre. 572
Suisses ont priuilege de parler debout aux Rois de France. 479
Suisses en quelle estime à Cesar 59. cōjoints auec les Gaulois par la vaillance 60. affranchis de la domination d'Austriche ibid. departis de l'alliance de France. 61

T.

Temple d'Homere en Egypte. 110
Terre sainte asseruie à l'infidele 32. deliurée par Godefroy. 32. 33.
Terres des François aux Indes. 304
Throne marque de sublimité. 463
Throne de nos anciens Rois à leur Couronnement. 464
Throne Royal comment dressé pour le Sacre des Rois. 396. 397
Throne de Dieu 462. de Salomon ibid. d'Artaxerxes ibid. du grand Negus 463. des Cesars ibid.
Throne de nos Rois en leur Parlement, voyez Lit de Iustice.
Throne de nos Rois fait perpetuel au Parlement. 235

TABLE.

Tinel, pour Cour ouuerte. 554
Titres communs des Rois. 77
Titres particuliers des Rois de France. 77
Titres magnifiques que le Turc donne au Roy de France en ses lettres. 118
Titres des premiers nez de France 609. des puisnez. 617
Treillis d'argent à S. Martin de Tours. 204
Tyrannies de peu de durée. 132

V.

Vaillance populaire en France 113. premiere vertu des François. 116
Vaillace du Capitaine Bayard & de ses ancestres. 114. 115.
Valeur & puissance des Rois de France 78. capable de ruiner le Turc. 104. 119
Valeur des François contre les infideles. 105
Valeur & generosité des Princes de France. 108
Valeur des François sans exemple. 117
Vertu Maistresse des Dieux, & l'Amäte des Rois de France. 6
Verité requise en vn Roy. 45
Verité & loyauté, propres qualitez des Roys de France. 51
Verité, vraye vertu des François. 71
Vestemét attribué à Dieu, & pourquoy. 359
Vin donné publiquement aux entrées des Rois. 495. 496

Z.

Zele des Rois de France au seruice de Dieu espandu par toute la terre. 32
Zele & affection de nostre Roy à l'Eglise. 39
Zele de Charlemagne au seruice diuin. 209

FIN.

PRIVILEGE DV ROY.

HENRY par la grace de Dieu Roy de Fráce & de Nauarre, à nos amez & feaux Conseillers les gens tenans nos Cours de Parlement, Preuost de Paris, Baillif de Rouen, Seneschaux de Lyon, Tolose, Bordeaux, & Poitou, & leurs Lieutenans : Et à tous nos autres iusticiers & officiers qu'il appartiendra Salut. Nostre bien aymé Iean Petit-pas, marchand Libraire & Imprimeur en l'Vniuersité de Paris, nous a faict remonstrer qu'il a recouuré vn Liure intitulé, *Les Antiquitez & Recherches de la Grandeur & Maiesté des Roys de France, Recueillies pour la plus part des meilleurs Escriuains tant anciens que modernes, Et diuisees en trois Liures*, Lequel il feroit volontiers imprimer, mais il craint qu'apres l'auoir exposé, autres Imprimeurs & Libraires de cestuy nostre Royaume, le voussient semblablement imprimer, ou suscitassent les estrangers à ce faire, & par ce moyen frustrer ledit Petit-pas de ses frais & mises, rendre sa peine inutile & luy faire receuoir perte & dommage. Pour à quoy obuier, & afin qu'il se ressente du fruict de son labeur, il nous a tref-humblement fupplié & requis luy permettre faire imprimer ledit liure en tel caractere que bon luy femblera, & interdire à tous autres Libraires & Imprimeurs de l'imprimer, & aux eftrâgers d'en apporter, vendre ne diftribuer en aucune maniere que ce foit, & à ces fins luy octroyer nos lettres neceffaires. NOVS A CES CAVSES defirant l'aduancement de la chofe publique en ceftuy noftre Royaume, & ne voulant permettre que le fuppliant foit fruftré de fes frais, peines, & labeurs, vous mandons & enioignons par ces prefentes que vous ayez à permettre comme nous permettons audit Petit-pas, imprimer ou faire imprimer ledit liure, vendre & diftribuer iceluy en telles formes & caracteres que bon luy femblera : faifant tres-expreffes inhibitions & defenfes à tous autres Imprimeurs, Libraires, & autres perfonnes de quelque eftat & condition qu'ils foient, de l'imprimer ou faire imprimer, vendre & diftribuer, contrefaire ou alterer fans le confentement dudict Petit-pas, durant le terme de fix ans, apres que ledit liure fera paracheué d'imprimer, & aux eftrangers d'en apporter, vendre ne diftribuer, finon que de ceux qu'aura fait imprimer ledict fuppliant, fur peine aux contreuenans de vingt cinq liures tournois d'amende pour chacun exemplaire, applicables moitié à nous, & l'autre moitié audit fuppliant, confifcation d'iceux, defpens, dommages & interefts. De ce faire vous donnons pouuoir & mandement fpecial, nonobftant oppofitions ou appellations quelfconques, pour lefquelles & fans preiudice d'icelles ne voulons estre differé, Clameur de Haro, Chartre Normande, & priuilege de pays aufquels nous auons derogé & derogeons par cefdictes prefentes ; Et pource que d'icelles le fuppliant pourra auoir affaire en plufieurs & diuers lieux, nous voulons que, au vidimus d'icelles fait par l'vn de nos amez & feaux Confeillers, Notaires & Secretaires, foy foit adiouftee comme au prefent original, & outre qu'en mettant par briefle contenu du prefent priuilege, au commencemét ou fin dudit liure, que cela ait forme de fignification, & foit de tel effect, force & vertu, que fi cefdictes prefentes auoient efté particulierement monftrees & fignifiees: Car tel eft noftre plaifir. Donné à Paris le vingtdeuxiefme de Decembre, l'an de grace mil fix cens huict, & de noftre regne le vingtiefme.

Par le Roy en fon Confeil.

Signé Brigard.

Et fellée du grand Seau de cire iaune.

www.ingramcontent.com/pod-product-compliance
Lightning Source LLC
Chambersburg PA
CBHW052037290426
44111CB00011B/1530